§ 18

(Behandlung unbegründeter Eintragungsanträge, Prüfungspflicht des Grundbuchamts bei Anträgen)

(1) Steht einer beantragten Eintragung ein Hindernis entgegen, so hat das Grundbuchamt entweder den Antrag unter Angabe der Gründe zurückzuweisen oder dem Antragsteller eine angemessene Frist zur Hebung des Hindernisses zu bestimmen. Im letzteren Fall ist der Antrag nach Ablauf der Frist zurückzuweisen, wenn nicht inzwischen die Hebung des Hindernisses nachgewiesen ist.

(2) Wird vor der Erledigung des Antrags eine andere Eintragung beantragt, durch die dasselbe Recht betroffen wird, so ist zugunsten des früher gestellten Antrags von Amts wegen eine Vormerkung oder ein Widerspruch einzutragen; die Eintragung gilt im Sinne des § 17 als Erledigung dieses Antrags. Die Vormerkung oder der Widerspruch wird von Amts wegen gelöscht, wenn der früher gestellte Antrag zurückgewiesen wird.

Übersicht:

1 I. Bedeutung und Zweck der Vorschrift

Dazu *Brand-Schnitzler* GBSachen § 37, *Glaser* GBWesen 109, 118, 184, *Güthe* GBO § 18 Bem 1ff., *Haegele* GBRecht Bem 85, Unterrichtsbriefe (GrStRecht 48, 54, 63), Merkbuch 35, *Haegele-Riedel* RPfleger-Handbuch GBRecht XI, XIIa, *Hesse-Saage-Fischer* GBO § 18 Bem I, *Horber* GBO § 18 Bem 1, *Krämer-Illner* GBPraxis § 131, *Meyer-Zöller* Unterweisungen Bem 172ff., *Müller* DJ 1943, 419, *Planck-Kettnaker* Führung des GBuchs § 22, *Riggers* Die Entwertung der Zwischenverfügung Rpfleger 1957, 181, *Schubert* JR 1949, 115, *Thieme* GBO § 18 Bem 1,
über die Entstehungsgeschichte der Vorschrift *Güthe* GBO § 18 Bem 1

Die endgültige Zurückweisung eines nicht begründeten Antrags hätte, wenn seine Mängel ohne besondere Schwierigkeiten beseitigt werden können, Unbilligkeiten und unnötige Härten, namentlich für geschäftsungewandte Personen, zur Folge. Diese Nachteile werden durch die Zulassung der Zwischenverfügung vermieden, § 18 Abs 1. Die Zwischenverfügung bildet weiter einen gewissen Ersatz für die Härten, die sich daraus ergeben, daß im GBVerfahren eine Beweisaufnahme unzulässig ist; dazu *Bem 10, 11, 22, § 1 Bem 16, 19.*

Die Zwischenverfügung nach § 18 Abs 1 würde, da der Antrag, zu dessen Gunsten sie erlassen wird, durch ihre Erlassung nicht erledigt ist, infolge des in § 17 ausgesprochenen Grundsatzes, daß mehrere Anträge in der Reihenfolge ihres Eingangs zu erledigen sind, eine Sperre des GBuchs zur Folge haben, die, wie in der Reichstagskommission hervorgehoben wurde, zB bei der Monatsfrist des § 1139 BGB von Nachteil wäre. Deshalb ermöglicht § 18 Abs 2 die Vornahme weiterer Eintragungen, auch ehe der 1. Antrag seine endgültige Erledigung gefunden hat.

§ 18 gilt auch bei Ersuchen nach § 38; dazu *Bem 3.*

Keine Zurückweisung, auch keine Verfügung nach § 18 ist erforderlich in Fällen, in denen die Eintragung ohnedies erfolgen kann. So ist die Neueintragung einer inhaltlich unzureichend eingetragenen beschränkten persönlichen Dienstbarkeit mit richtiger Inhaltsangabe ohne neuen Antrag zulässig und wirksam; dazu **LG Lübeck** SchlHA 1965, 213 = DRspr IV (473) 90d.

II. Voraussetzungen des § 18 Abs 1 2

Dazu *Güthe* GBO § 18 Bem 4ff., *Hesse-Saage-Fischer* GBO § 18 Bem II 1, *Horber* GBO § 18 Bem 2ff., *Thieme* GBO § 18 Bem 1, 2,
im übrigen LitHinweise zu *Bem 1*

Es wird nach § 18 Abs 1 vorausgesetzt:

1. Ein Antrag muß gestellt sein; dazu *Bem 3*.
2. Der Antrag muß auf eine Eintragung gerichtet sein; dazu *Bem 4*.
3. Kein Hindernis darf der Eintragung entgegenstehen; dazu *Bem 5ff*.

1. Antrag 3

Es muß ein Antrag vorliegen; dazu *Güthe* GBO § 18 Bem 5. Ob der Antrag beim GBA **eingereicht** oder zu dessen **Niederschrift** erklärt wird, ist gleichgültig. Wird eine Erklärung zu Protokoll gegeben, so darf es die Beurkundung nicht deshalb ablehnen, weil der Erklärung ein Hindernis entgegensteht; es hat vielmehr über die Erklärung eine Niederschrift aufzunehmen und erst dann nach § 18 zu verfahren. Der GBBeamte wird aber die Beteiligten vorher darüber aufklären, welche Hindernisse dem Vollzug der beantragten oder bewilligten Eintragung entgegenstehen und, wenn sie gleichwohl auf der Beurkundung bestehen, in der Niederschrift bzw außerhalb derselben als Aktenvermerk bei Anlaß feststellen, daß die Aufklärung erfolgt ist; dazu *Henle-Schmitt* GBWesen GBO § 18 Bem 1. Dies kann wegen § 16 KostO (*Anh*; dazu *§ 13 Vorbem 217*) oder wegen ev Haftung (dazu *§ 11 Bem 20ff.*) bedeutsam sein. Über die Gleichstellung eines schriftlichen und eines zu Protokoll erklärten Antrags § 102 bayDA (Vorschrift belehrenden Inhalts; dazu *§ 2 Bem 4*).

Es muß ein **wirksamer Antrag** vorliegen. Da der Antrag eine empfangsbedürftige Erklärung ist, muß er ordnungsgemäß beim GBA eingereicht sein; dazu *§ 13 Bem 9ff.* Eine unbefugte Vorlage eines Antrags beim GBA würde nicht genügen und muß zur Abweisung des Antrags führen; dazu *Güthe* GBO § 13 Bem 15, § 18 Bem 4.

Ein **Ersuchen einer Behörde** nach § 38 steht dem Antrag gleich; dazu *Güthe* GBO § 18 Bem 4, *Hesse-Saage-Fischer* GBO § 18 Bem II 1, auch *Bem 40*.

Dagegen findet § 18 keine Anwendung auf **Verfahren von Amts wegen** (dazu *§ 1 Bem 16, § 13 Bem 6ff.*), da ein Antrag vorausgesetzt wird, **KG** JFG 13, 127; dazu *Güthe* GBO § 18 Bem 4, auch *Bem 11*.

So gilt § 18 im Berichtigungszwangsverfahren nach §§ 82ff. nicht. Es kann daher in einem solchen Verfahren die Beschaffung der zur Berichtigung des GB notwendigen Unterlagen nicht durch eine Zwischenverfügung nach § 18 Abs 1 aufgegeben werden, **BayObLG** JFG 23, 70 = HRR 1942 Nr 164.

2. Eintragung 4

Es muß der Antrag (dazu *Bem 3*) auf die Eintragung gerichtet sein. Über den Begriff der Eintragung *§ 13 Vorbem 2ff.*

Auf **andere Anträge** wird § 18 nicht angewendet. Es kommen hier zB in Betracht Anträge auf Erteilung eines neuen Hypothekenbriefes nach § 67 oder auf Ergänzung eines Briefes nach § 57 Abs 3. Für solche Anträge bestehen keine besonderen Vorschriften. Steht aber ihrer Eintragung ein Hindernis entgegen, so wird man den GBBeamten für befugt halten dürfen, entweder den Antrag zurückzuweisen oder dem Antragsteller zur Behebung des Hindernisses eine Frist zu setzen; dazu *Güthe* GBO § 18 Bem 5, *Hesse-Saage-Fischer* GBO § 18 Bem II 1, *Meikel* SeuffBl 71, 575. Für eine entsprechende Anwendung kommt nur § 18 Abs 1, nicht Abs 2 in Frage.

5 **3. Hindernis**

Nur wenn der beantragten (dazu *Bem 3*) Eintragung (dazu *Bem 4*) ein Hindernis entgegensteht, ist § 18 anwendbar. Liegt kein Eintragungshindernis vor, so ist für die Anwendung des § 18 kein Raum, **OLG Dresden** OLG 4, 182. Soweit ein Antrag nach § 13 nicht auf Unzulässiges oder mit dem Zweck der GBEinrichtung Unvereinbares seinem Inhalt nach geht, muß er vollständig erledigt werden, **LG Bayreuth** NJW 1962, 2162.

Kein Hindernis liegt vor, wenn es sich nur um die **Neueintragung einer inhaltlich unzureichenden Eintragung** ohne neuen Antrag handelt, etwa bei einer beschränkten persönlichen Dienstbarkeit, **LG Lübeck** SchlHA 1965, 213 = DRspr IV (473) 90d.

6 **a) Art des Hindernisses**

Welcher Art das Hindernis ist, ist belanglos; dazu *Güthe* GBO § 18 Bem 6. Es ist insbes unerheblich, ob der Grund im formellen oder im materiellen GBRecht (dazu *E 23ff.*) liegt, ob eine Bestimmung zwingenden Rechts oder eine bloße Ordnungsvorschrift entgegensteht. In Betracht kommen vor allem Mängel der Zuständigkeit, der Eintragungsfähigkeit, des Antrags, der Eintragungsbewilligung und der sie ersetzenden Urkunden und Nachweise, ferner Nichteingetragensein des Betroffenen nach § 39, Nichtvorlage des Briefs nach § 41. Fehlen einer vorgeschriebenen behördlichen Genehmigung usw. Es ist nicht immer gleichgültig, ob das Hindernis den **ganzen Antrag** betrifft oder nur einen **Teil** desselben. Letzterenfalls ist mit dem ganzen Antrag nach § 18 zu verfahren, wenn ein teilweiser Vollzug **unzulässig** ist; ebenso *Güthe* GBO § 18 Bem 6, **aA** *Ricks* GBPraxis 271. Wenn ein **Teilvollzug möglich** ist, kommt es darauf an, was der Wille der Beteiligten ist, bei Antragstellung ist dies erforderlichenfalls durch Rückfrage und Zwischenverfügung nach § 18 zu klären. Der Wille der Beteiligten hat insbes Bedeutung bei Teilnichtigkeit des Inhalts des Rechtsgeschäfts; dazu *Bem 29, 144*. Es ist also durchaus denkbar, daß bei mehreren Anträgen oder bei einem einheitlichen teilweise aber vollziehbaren Antrag die Beteiligten Wert darauf legen, daß Klarstellung erfolgt und daß sie die beschränkte Eintragung wollen; dazu *Bem 29, 144*. In diesem Falle kann das GBA einen Antrag, wenn nur teilweise Abweisungsgründe vorliegen, einen Teil abweisen. Ist dies nicht von dem Antragsteller gewollt, so ist einheitlich abzuweisen, falls der Weg des § 18 über eine Zwischenverfügung keine Lösung bringt.

Es ist jedoch zu beachten, daß das GBA nicht zur Ablehnung einer Eintragung deshalb berechtigt ist, weil ihm bekannt ist, daß sie **mit der wirklichen Rechtslage nicht im Einklang** steht, sondern nur dann eine Eintragung ablehnen darf, wenn der Eintragung als solcher ein Hindernis im Wege steht. Ist der Rechtsvorgang wirksam, so ist die Eintragung vorzunehmen, auch wenn dadurch möglicherweise das GB unrichtig wird. Nur dann ist die Eintragung abzulehnen, wenn sie mit Sicherheit eine GBUnrichtigkeit herbeiführen würde; dazu **LG Wuppertal** NJW 1960, 1814 = DNotZ 1960, 479 (*Hieber*) = Rpfleger 1961, 199 (*Haegele*) = DRspr IV (473) 64b, auch *Bem 141, 145ff.*, *Güthe* GBO § 18 Bem 10. Im Hinblick auf § 82 müssen vor allem unrichtige Eigentumseintragungen vermieden werden. Daher ist es unzulässig, ein von in Gütergemeinschaft lebenden Eheleuten erworbenes Grst auf diese als Miteigentümer nach Bruchteilen umzuschreiben, **RG** RGZ 155, 344 = JW 1937, 3038 = DJ 1937, 1620, oder einen in Gütergemeinschaft lebenden Ehegatten als Alleineigentümer einzutragen, ohne daß die Vorbehaltsgutseigenschaft nachgewiesen ist, **KG** JFG 15, 192; über den derzeitigen Rechtszustand im Eherecht *§ 13 Vorbem 24, 180, § 33 Bem 27ff.* Wenn nur Bedenken gegen die Rechtsgültigkeit einer Eintragung bestehen, muß diese vom GBA ausgeführt werden, etwa wenn es sich um die Auflassung eines Grst handelt und zweifelhaft ist, ob der Vertrag und die Verfügung über das Grst gegen ein gemeinschaftliches Testament von Ehegatten verstoßen und eine sog Aushöhlung desselben (dazu *Bem 143*) vorliegt, **OLG Stuttgart** DNotZ 1960, 600 = BWNotZ 1961, 39 Ls = DRspr IV (473) 64c; dazu *Rahn* Die „Aushöhlung der Testamente und die Frage der GBFührung BW NotZ 1959, 313.

Der Eintragung entgegenstehende Hindernisse sind nicht nur dann zu berücksichtigen, wenn sie aus dem GB hervorgehen, sondern auch, wenn der GBBeamte in anderer Weise davon in amtlicher Eigenschaft Kenntnis erhält, **KG** JFG 2, 320, **OLG Dresden** JFG 3, 306; dazu *Bem 82ff., § 1 Bem 16c.*

b) Maßgebender Zeitpunkt 7

Maßgebender Zeitpunkt ist nicht der Zeitpunkt, in dem der Antrag beim GBA eingeht (dazu *§ 13 Bem 24ff.*), sondern der Zeitpunkt der Erledigung des Antrags, **KG** RJA 10, 231, KGJ 37, 289, **BayObLG** BayObLGZ 1948/1951, 360 (365), *Güthe* GBO § 18 Bem 7, *Hesse-Saage-Fischer* GBO § 18 Bem I 1. Über Erledigung eines Antrags *§ 17 Bem 7ff.*

Der GBBeamte hat daher sowohl, wenn der Antrag ursprünglich begründet war, wenn aber nachträglich Tatsachen eingetreten sind, die jetzt die Eintragung als unzulässig erscheinen lassen, wie auch umgekehrt, wenn der beantragten Eintragung ursprünglich ein Hindernis entgegenstand, aber nachträglich Tatsachen eingetreten sind, die dieses Hindernis beheben, diese Tatsachen zu berücksichtigen; so auch *Güthe* GBO § 18 Bem 8, 9, **aA** (wohl überholt) **OLG Dresden** OLG 4, 182.

Demnach kann der GBBeamte nachträglich auftauchende Hindernisse oder den nachträglichen Wegfall von Hindernissen solange berücksichtigen, als er noch seine **Entscheidung ändern** kann; dazu auch *§ 1 Bem 22* über Änderung von Verfügungen.

1. Hat der GBBeamte den **Antrag zurückgewiesen** oder **nach § 18 Abs 2** 8
eine **Frist bestimmt,** so kann er seine Entscheidung jedenfalls solange ändern, als sie nicht durch Bekanntmachung wirksam geworden ist, § 16 Abs 1 FGG (*Anh*). Nach diesem Zeitpunkt ist er zur Änderung nur berechtigt, wenn entweder ein neuer Antrag gestellt oder Beschwerde eingelegt wird, § 18 Abs 1 FGG (*Anh*), § 75 GBO, **KG** JW 1937, 478 = HRR 1937 Nr 261, *Hesse-Saage-Fischer* GBO § 18 Bem II 2a, **aA** *Güthe* GBO § 18 Bem 26; dazu *§ 1 Bem 22.* Bei Beschwerdeeinlegung besteht die Änderungsbefugnis solange, bis das Beschwerdegericht entschieden hat.

2. Hat der GBBeamte mit der **Eintragung** ins GB begonnen, so ist er zur 9
Änderung nur solange befugt, als sie nicht gemäß § 44 S 2 unterzeichnet ist; dazu *§ 1 Bem 103, § 44 Bem 2ff.*, ferner *Güthe* GBO § 53 Bem 3, *Horber* GBO § 18 Bem 1, Nach der Unterzeichnung der Eintragung dh nach Vollendung der Eintragung iSd § 44 steht nur der Weg des § 53 und der der GBBerichtigung nach § 22 offen. Ist die Berichtigung hiernach zulässig, so darf sie nur in der Form einer neuen Eintragung vorgenommen werden.

10 III. Behandlung unbegründeter Eintragungsanträge

1. Allgemeines

Steht der beantragten Eintragung ein Hindernis entgegen, sind also die Voraussetzungen des § 18 Abs 1 erfüllt (dazu *Bem 2ff.*), so kann das GBA

entweder den Antrag ablehnen

oder eine angemessene Frist zur Behebung des Hindernisses bestimmen.

Der GBBeamte hat also die Wahl zwischen der sofortigen Ablehnung und der Erlassung einer Zwischenverfügung. Dieses Wahlrecht ist aber insofern kein unbeschränktes, als in gewissen Fällen die Natur der Sache keine Zwischenverfügung zuläßt, also die sofortige Ablehnung erfolgen muß (dazu *Bem 17ff.*), während im übrigen der Zweck der Vorschrift auf die Erlassung einer Zwischenverfügung als Regel hinweist (dazu *Bem 22ff.*). Dagegen kann § 18 nie dazu führen, daß lediglich auf Grund eines mangelhaften Antrags etwas anderes, als beantragt ist, eingetragen wird, zB eine Brief- anstatt einer Buchhypothek, **KG** RJA 1, 22; dazu auch *§ 13 Vorbem 35.*

Aus § 18 ergibt sich weiter, daß das Gesetz **nur 3 Möglichkeiten der Erledigung eines Eintragungsantrags** kennt:

Vornahme der beantragten Eintragung,

Abweisung; dazu *Bem 16 ff,*

Zwischenverfügung nach § 18 Abs 1; dazu *Bem 16, 40ff.*

Dazu *Güthe* GBO § 18 Bem 11ff., *Hesse-Saage-Fischer* GBO § 18 Bem II 2, 3, 4, *Horber* GBO § 18 Bem 2ff., *Thieme* GBO § 18 Bem 3, 4,
im übrigen Lit Hinweise zu *Bem 1*

Dagegen sind nicht möglich:

Tätigkeit von Amts wegen; dazu *Bem 11,*

Aussetzung des Verfahrens; dazu *Bem 12,*

formlose Erinnerungen; dazu *Bem 13,*

Nachbringung von Unterlagen ohne Fristsetzung; dazu *Bem 14,*

Verweisung des Antragstellers auf den Prozeßweg; dazu *Bem 15.*

Wer nur einen schuldrechtlichen Anspruch auf Einräumung eines dinglichen Rechts hat, kann durch seinen Widerspruch oder durch eine Beschwerde die Eintragung des Rechts für einen anderen nicht hindern, **KG** DR 1943, 705 = DFG 1943, 44. Anders ist es nur, wenn eine Vormerkung besteht, **BayObLG** BayObLGZ 1955, 48.

Der Notar, der die einseitige Erklärung über die Abtretung einer Hypothek beurkundet und den Umschreibungsantrag beim GBA stellt, ist nicht verpflichtet, dem aus der Abtretungsurkunde ersichtlichen Zessionar in dessen Interesse Gelegenheit zur Behebung gbamtlicher Beanstandungen zu geben, wenn der Zedent damit säumig wird und die Gefahr der Zurückweisung des Umstellungsantrags (dazu *Bem 29ff.*) besteht, **OLG Celle** NJW 1961, 461.

11 2. Unzulässige Wege der Erledigung eines Antrags

a) Tätigkeit von Amts wegen

Eine Tätigkeit von Amts wegen zur Beseitigung von Mängeln kommt also in keinem Falle in Betracht; dazu *Bem 3, 145.* Der Antragsteller hat vielmehr den Beweisstoff selbst herbeizuschaffen, **KG** OLG 43, 173, DNotV 1930, 492; dazu *§ 1 Bem 19.*

Zu Unrecht geht **BayObLG** DNotZ 1956, 596 (*Schweyer*) = NJW 1956, 1800 davon aus, daß das GBA eine Ermittlungspflicht im Rahmen des § 18 habe, wenn es unter Hinweis auf *Güthe* GBO § 1 Bem 44 glaubt annehmen zu müssen, das GBA habe die Verpflichtung Zweifel selbst aufzuklären, erforderlichenfalls durch persönliche Anhörung des Antragstellers. Demgegenüber betont *Schweyer* aaO, daß für ein solches

Recht oder gar eine solche Pflicht die Grundlage fehle. § 18 dient gerade dazu, bei Mängeln von Anträgen eine grbgemäße Sachbehandlung sicherzustellen, und geht davon aus, daß im Bereiche des Antragsgrundsatzes amtliche Ermittlungen ausgeschlossen sind; dazu *Bem 1, 10*. Daher muß die vom BayObLG aaO in der erwähnten Entscheidung für notwendig gehaltene Handhabung als mit dem GBRecht unvereinbar bezeichnet werden. Es ist dazu darauf hinzuweisen, daß **BayObLG** BayObLGZ 1953, 333 = NJW 1953, 1914 = DNotZ 1954, 31 = Rpfleger 1954, 45 = DRspr I (113) 73b in Gegensatz zu dem anderen Beschluß die richtige Auffassung vertritt, daß im gbamtlichen Antragsverfahren für eine Beweisaufnahme kein Raum ist.

Ausgeschlossen ist auch, daß der GBBeamte bei der Beseitigung von Hindernissen in der Weise mitwirkt, daß er die Beteiligten, ohne vorerst eine Zwischenverfügung zu erlassen oder den Antrag abzuweisen, die Beteiligten über die etwa notwendigen Maßnahmen zur Ergänzung des Antrags schriftlich oder mündlich aufklärt; dazu *Bem 13*.

Für das frühere Land **Württemberg** ist auf § 70 GBVO (*GT 24*) hinzuweisen, wonach das GBA den Antragsteller bei der Beseitigung vorliegender Hindernisse beraten und unterstützen soll, ohne jedoch von Amts wegen tätig zu werden. Diese Vorschrift belehrenden Charakters (dazu *§ 2 Bem 5*) kann als gültig angesehen werden; dazu *Baur* in Thieme GBO 3. Aufl Sonderanhang Württemberg S *7* und *39*, *Schmid* WürttNV 1950, 65 (76). Nach **LG Ravensburg** GBPrErl vom 24. Januar 1957 BWNotZ 1957, 156 ist es zwar grundsätzlich nicht angängig Anträge ohne Zwischenverfügung liegen zu lassen, wenn ein Hindernis im Wege steht, jedoch es ausnahmsweise im Einzelfall dann zu rechtfertigen ist, wenn die Beteiligten alles getan haben, was von ihnen billigerweise erwartet werden konnte, um das bestehende Hindernis aus dem Wege zu räumen, sie jedoch keinerlei Einfluß auf die Zeit seiner Beseitigung haben. Gegen eine derartige Praxis bestehen erhebliche Bedenken; dazu auch *Bem 13*.

b) Aussetzung des Verfahrens 12

Eine Aussetzung des Verfahrens, um den Antragsteller Gelegenheit zur Beschaffung weiterer Unterlagen zu geben, ist der GBO fremd und daher unzulässig; dazu **KG** DNotZ 1930, 494 (offen gelassen KGJ 34, 233, überholt OLG 43, 2), **OLG Dresden** JFG 3, 301 (dazu *Bem 21*), *Fumian* BayNotV 1925, 494, *Güthe* GBO § 18 Bem 11, *Thieme* GBO § 18 Bem 4. Dies darf auch nicht mit Zustimmung des Antragstellers (**aA** *du Chesne* KGBl 1911, 130) oder sämtlicher Beteiligter erfolgen, **KG** JW 1932, 2890 = HRR 1932 Nr 1475, *Güthe* aaO, **aA** *Unger* ZZP 39, 105. Dazu auch *Bem 14, 26, 44, 51, 65, § 16 Bem 5*.

Der GBBeamte darf jedoch die Entscheidung über einen Eintragungsantrag, der ausdrücklich mit der Maßgabe gestellt ist, daß über ihn erst nach Ablauf einer gewissen Frist entscheiden werden soll, bis zum Ablauf dieser Frist zurückstellen; dazu **KG** KGJ 34, 312. Hier handelt es sich um keine Aussetzung im eigentlichen Sinne, sondern um Angabe des frühesten Zeitpunkts der Entscheidung seitens des Antragstellers, der den Antrag ebensogut auch später hätte einreichen können, nämlich zu dem von ihm angegebenen Zeitpunkt, ihn aber aus irgendwelchen Gründen schon früher einreicht, etwa mit Rücksicht auf eine Auslandsreise. Es bestehen deshalb keine Bedenken, in solchem Falle die Entscheidung zurückzustellen.

c) Formlose Erinnerungen 13

Für **Bayern** sah § 72 bayDA das Verfahren der formlosen Erinnerungen vor. Es wurde gestattet, daß in den Fällen, in denen ein Antrag infolge eines offensichtlichen Irrtums oder Versehens des Antragstellers einen leicht zu beseitigenden Mangel enthielt oder auf einem offensichtlichen Irrtum beruhte, dem Antragsteller vor der Erlassung einer förmlichen Zwischenverfügung Gelegenheit zur sofortigen Ergänzung oder Berichtigung oder zur Zurückziehung des Antrags gegeben wurde, wenn es mit der Geschäftslage vereinbar war und nicht in Rechte Dritter eingegriffen wurde. Dieses Verfahren wurde vor allem dann als zweckmäßig angesehen, wenn der Antrag durch Vermittlung einer Behörde, insbes eines Notars, einging und die unverzügliche Behebung des Mangels zu erwarten war. Dieses Verfahren war keine Erledigung iSd § 17, noch gab es die Befugnis zur Eintragung eines Widerspruchs oder einer Vormerkung nach § 18 Abs 2. Deshalb wurde empfohlen, wenn ein weiterer Eintragungsantrag eingeht, sofort eine Zwischenverfügung zu erlassen. Eine ähnliche Praxis bestand auch in anderen Ländern; dazu auch *Bem 11.*

Dieses Verfahren kann seit der Neufassung der GBO vom Jahre 1935 (dazu *E 1*) nicht mehr angewendet werden. Es ist mit § 18 nicht vereinbar, wie wohl allgemein anerkannt ist; dazu **RG** RGZ 60, 395, *Güthe* GBO § 18 Bem 11, *Hesse-Saage-Fischer* Bem GBO § 18 I, *Horber* GBO § 18 Bem 1. Früher wurde die gegenteilige Auffassung vertreten von *Henle* Recht 1912, 75, *Henle-Schmitt* GBWesen GBO § 18 Bem 4g, *Ricks* GB-Praxis 102. Über Beratung bei Protokollierung des Antrags *Bem 3.*

Die Zulassung eines formlosen Erinnerungsverfahrens kann leicht zu Haftungen (dazu *§ 11 Bem 20ff.*) führen, **RG** JW 1905, 334, *Henle-Schmitt* aaO 410, bayDA 72 Fußn 32. Daher darf nicht von der Vorschrift des § 18 abgewichen werden. Es fehlt sonst eine genügende Gewähr dafür, daß § 18 Abs 2 in jedem Falle eingehalten wird. Auch fordert konsequenterweise die in *Bem 11, 12, 14* geschilderte Handhabung die Ablehnung eines solchen formlosen Verfahrens.

14 d) Nachbringung von Unterlagen

Unzulässig ist es auch, einen Antrag, zu dem gewisse Unterlagen fehlen, deren Nachbringung aber für einen späteren bestimmten oder unbestimmten Zeitpunkt angekündigt wird, ohne Fristsetzung bis zur Vorlage der fehlenden Unterlagen unerledigt liegen zu lassen. Auch solche Anträge sind nach § 18 zu behandeln, also uU auch sofort zurückzuweisen, *Güthe* GBO § 18 Bem 11, **aA** überholt durch Neufassung der GBO im Jahre 1935 (dazu *Bem 13*) **KG** KGJ 34, 312/50, 136, RJA 6, 231 = OLG 12, 149. Dazu auch *Bem 12, 23, 26.*

Über den besonderen Fall des § 130 Abs 3 ZVG *Bem 28.*

15 e) Verweisung des Antragstellers auf den Prozeßweg

Eine Verweisung des Antragstellers auf den Prozeßweg ist gleichfalls ausgeschlossen. Das GBA muß selbst eine Entscheidung über den Antrag treffen und kann sich dieser Entscheidung auch bei zweifelhaften oder bei Vorfragen nicht dadurch entziehen, daß es von den Beteiligten die Vorlage einer Entscheidung des Prozeßgerichts verlangt. Dies darf auch nicht im Wege der Ablehnung des Antrags ohne sachliche Entscheidung geschehen. Dazu **BayObLG** 16, 93, **KG** KGJ 41, 188, **OLG Dresden** JFG 3, 301, *Thieme* GBO § 18 Bem 4. Dazu auch *Bem 26, 142, 143.*

Anders liegt der Fall, wenn die Vornahme einer **Eintragung** von der rechtskräftigen **Feststellung eines bestimmten Rechtsverhältnisses durch das Prozeßgericht abhängt**; hier kann dem Antragsteller durch Zwischenverfügung die Beschaffung der rechtskräftigen Entscheidung aufgegeben werden, **KG** DNotV 1930, 494. Eine gesetzliche Ausnahme enthält **§ 106** im Verfahren zur Klarstellung der Rangverhältnisse; dazu *§ 1 Bem 16b.* Ferner kann bei der Frage der Umstellung vom GBA auf das amtsgerichtliche Verfahren nach der **40. DVO UmstG** verwiesen werden; dazu *Thieme* GBO § 18 Bem 4.

Unstatthaft ist es auch, dem Antragsteller die **Auflage** zu machen, einen nach Ansicht des GBA unzulässigen oder unbegründeten **Antrag** binnen bestimmter Frist bei Meidung der Zurückweisung **zurückzunehmen.** Eine solche Verfügung ist rechtlich als bloße Meinungsäußerung des GBBeamten zu deuten und nicht als eine beschwerdefähige Entscheidung anzusehen, **KG** JFG 13, 111, **LG Danzig** Danziger JZ 1938, 13 = Recht 1938 Nr 1850. Dazu auch *Bem 16, 43, 48.*

Wenn auch keine eigentliche Verweisung auf den **Rechtsweg** zulässig ist, so folgt doch aus der Begrenzung des Umfangs der Prüfungspflicht seitens des GBA (dazu *Bem 82ff.*), daß die **Beteiligten** bzw Betroffenen **von sich aus** diesen Weg beschreiten, weil sie anders nicht zum Ziele kommen. Lehnt nämlich das GBA eine Eintragung nicht ab, weil ausreichende Gründe fehlen, so ist damit unter den Beteiligten nicht immer klargestellt, daß die Eintragung zu Recht erfolgt ist und deshalb die gewünschte Wirkung hat, die damit verbunden ist. Die weitere Austragung von Streitpunkten im Prozeßwege bleibt den Beteiligten offen. Sie können einen Rechtsstreit anhängig machen und, wo ein Bedürfnis besteht, im Wege der einstweiligen Verfügung, eine etwa nötige Zwischenregelung herbeiführen; dazu **OLG Stuttgart** NJW 1960, 1109 = DNotZ 1960, 335 = BWNotZ 1961, 39 Ls = *Haegele-Riedel* RPfleger-Handbuch II. Teil GB-Recht XII a S 49 Ls = DRspr IV (473) 64c.

Die **Eintragung** der Rechtshängigkeit im GB kann nicht auf Grund urkundlichen Nachweises dieser Tatsache erfolgen, sondern **nur auf Grund einstweiliger Verfügung**; dazu **OLG München** NJW 1966, 1030, **OLG Stuttgart** aaO, auch *§ 13 Vorbem 164.* Vor Erlaß der einstweiligen Verfügung hat das **Prozeßgericht** nicht nur zu **prüfen**, ob Rechtshängigkeit vorliegt, sondern auch, ob ein Rechtsschutzbedürfnis am Eintrag vorliegt; es hat die einstweilige Verfügung abzulehnen, wenn der Klageantrag so abgefaßt ist, daß seine Eintragung im GB keine Wirkung haben könnte oder wenn aus besonderen Gründen die Gefährdung des Anspruchs ausgeräumt ist, während die Aussichten der Klage im allgemeinen nicht zu prüfen sind, **OLG München** aaO.

3. Zurückweisung oder Zwischenverfügung 16

Dazu *Güthe* GBO § 18 Bem 15, *Hesse-Saage-Fischer* GBO § 18 Bem II 2 bis 4, *Horber* GBO § 18 Bem 3, 4, *Thieme* GBO § 18 Bem 3, 4

§ 18 Abs 1 sagt nicht, in welchen Fällen der Antrag sofort zurückzuweisen und wann eine Zwischenverfügung zu erlassen ist. Es ist daher dem GBA die Wahl zwischen beiden Möglichkeiten gelassen; dazu *Bem 10.* Das Wahlrecht ist jedoch ausgeschlossen, wenn der Natur der Sache nach die Erlassung einer Zwischenverfügung unzulässig ist, also insbes, wenn der dem Antrag anhaftende Mangel nicht mit rückwirkender Kraft geheilt werden kann. Es ist nicht zulässig, anstatt einen dauernd unbegründeten Antrag zurückzuweisen, dem Antragsteller durch Zwischenverfügung Gelegenheit zur Stellung eines neuen begründeten Antrags zu geben, **RG** RPfliB 1923, 36; dazu auch *Bem 15.* Eine Frist zur Behebung eines Eintragungshindernisses darf ferner nicht bestimmt werden, wenn die beantragte Eintragung auch nach Beseitigung des Hindernisses nicht erfolgen kann, **KG** JFG 8, 236 (240), **OLG München** JFG 14, 317. Im übrigen *Bem 22* sowie *Habscheid* Die Entscheidung des GBA nach § 18 GBO NJW 1967, 225.

a) Notwendigkeit der Zurückweisung 17

Dazu *Güthe* GBO § 18 Bem 12ff., *Hesse-Saage-Fischer* GBO § 18 Bem II 3, *Horber* GBO § 18 Bem 3, *Thieme* GBO § 18 Bem 3

Die Zurückweisung des Antrags muß in folgenden Fällen erfolgen:

1. Die Behebung des Hindernisses ist unmöglich; dazu *Bem 18.*
2. Die Eintragung einer Vormerkung oder eines Widerspruchs zugunsten des gestellten Antrags ist ausgeschlossen; dazu *Bem 19.*
3. Die erstrebte Vorrangwirkung kann nicht erreicht werden; dazu *Bem 20.*

4. Antrag ist wegen mangelnder Verfügungsberechtigung nicht vollziehbar; dazu *Bem 21*.

Im übrigen auch *Bem 43, 47*.

18 **1. Unmöglichkeit der Behebung des Hindernisses**

Der Antrag ist zurückzuweisen, wenn die Behebung des Hindernisses unmöglich ist; dazu *Güthe* GBO § 18 Bem 13, *Hesse-Saage-Fischer* GBO § 18 Bem II 3a, *Horber* GBO § 18 Bem 3, *Kretschmar* ZBlFG 4, 14. In diesem Falle hat die Erlassung einer Zwischenverfügung keinen Sinn. Dazu **OLG Celle** NdsRpfl 1953, 185 = DNotZ 1954, 32 (*Keidel*) = DRspr IV (473) 24a, **OLG München** HRR 1937 Nr 262, **LG Münster** JMBl NRW 1953, 199 = DRspr IV (473) 22b, auch *Bem 27, 43*.

Dies ist insbes der Fall, wenn das **Recht**, dessen Eintragung begehrt wird, nicht **eintragungsfähig** ist oder einen **unzulässigen Inhalt** hat, **KG** OLG 6, 488, **OLG München** DNotZ BayBeil 1935, 274 = HRR 1936 Nr 271, *Güthe* GBO § 18 Bem 13; dazu *§ 13 Vorbem 14ff., 38ff.* Handelt es sich dagegen nur um eine der Eintragung nicht fähige Nebenbestimmung eines an sich eintragungsfähigen Rechts, so ist die Erlassung einer Zwischenverfügung nicht ausgeschlossen. Ist die beantragte Eintragung der Nebenbestimmung deshalb unzulässig, weil die Eintragung überflüssig ist (dazu *§ 13 Vorbem 29ff.*), so kann die sofortige Eintragung unter Weglassung des überflüssigen Zusatzes ohne weiteres erfolgen (dazu *§ 13 Vorbem 37*); so auch *Güthe* aaO. Auch dann ist der Antrag zurückzuweisen, wenn die dem Antrag beigefügten Grundlagen (Eintragungsbewilligung usw) nichtig sind, **KG** OLG 6, 488; denn ein nichtiges Rechtsgeschäft ist nicht verbesserungsfähig, sondern muß, um die von den Beteiligten gewollte Wirkung zu äußern, nochmals vorgenommen werden (dazu *Bem 26*). Sofort zurückzuweisen ist auch ein Antrag, der mit einer Einschränkung, vor allem einer Bedingung (§ 16 Abs 1) versehen ist oder der gegen ein absolutes Verfügungsverbot verstößt (dazu *Bem 21*). —

Über den Fall, daß ein Antrag bei einem unzuständigen GBA eingeht, *§ 13 Bem 31*; dazu *Güthe* GBO § 18 Bem 12.

Beispiele aus Rspr:

Ist ein Grst zeitlich nacheinander an 2 verschiedene Erwerber aufgelassen und der Eigentumswechsel nur auf Grund der 2. Auflassung im GB eingetragen worden, so kann der Eigentumsübergang auf Grund der 1. Auflassung auch bei Zustimmung des eingetragenen Eigentümers, des Erwerbers der 2. Auflassung, im GB nicht eingetragen werden, **OLG München** DNotZ 1941, 30. Da die lastenfreie Abschreibung eines Grst oder GrstTeils als Löschung anzusehen ist, darf sie nur vorgenommen werden, wenn es sich um eine grbmäßige dh eine im GB eingetragene, nicht um eine außerhalb des GB bestehende Belastung handelt, **OLG München** HRR 1937 Nr 262. Der dem GBA formlos mitgeteilte Widerruf einer Auflassungsvollmacht ist als Umschreibungshindernis zu beachten, **OLG Kiel** SchlHAnz 1946, 428 = NJW 1947/48, 155. Ein Eintragungsantrag, der beim GBA mit dem Vorbehalt, daß er nur zusammen mit anderen, erst zu stellenden Anträgen erledigt werden solle, gestellt wird, ist ohne Zwischenverfügung zurückzuweisen, wenn der Antragsteller durch die Vollziehung des späteren Antrags erst das für sein Antragsrecht maßgebende Verfügungsrecht erlangen will, **KG** JW 1938, 2227 = HRR 1938 Nr 1124; dazu *§ 16 Bem 11*, bez des Notars *§ 15 Bem 16*. Eine Zurückweisung hat zu erfolgen, wenn das notarielle Protokoll, das Grundlage der Eintragung ist, unwirksam ist und daher eine neue Beurkundung vorgenommen werden muß, **OLG Celle** NdsRpfl 1953, 185 = DNotZ 1954, 32 (*Keidel*) = DRspr IV (473) 24a; dazu *Bem 23, 97*. Der Antrag auf Eintragung einer Grundschuld ist in vollem Umfang zurückzuweisen, wenn nach der Eintragungsbewilligung vereinbart ist, daß sofortige Auszahlung der Grundschuld verlangt werden kann, wenn die dingliche

Sicherung des Darlehens aus irgendeinem Grunde unwirksam ist, **OLG Hamm** DNotZ 1956, 43 (*Fritz Riedel*) = Rpfleger 1956, 343 (*Bruhn*). Ein Eintragungsantrag ist abzulehnen, wenn in Gütergemeinschaft lebende Ehegatten (dazu *§ 33 Bem 27ff.*) sich als Miteigentümer nach Bruchteilen eines gemeinsam erworbenen Grst in das GB eintragen lassen wollen, **RG** RGZ 155, 344 = JW 1937, 3038 = DJ 1937, 1620.

Zurückweisung des Antrags hat auch zu erfolgen, wenn das als Grundlage einer Eintragung dienende eingereichte Protokoll des Notariats oder einer anderen Behörde aus irgendwelchen Gründen (dazu *Bem 95ff.*, *§ 29 Bem 34ff.*) unwirksam ist; dazu **OLG Celle** NdsRpfl 1953, 183.

2. **Eintragung einer Vormerkung oder eines Widerspruchs ausgeschlossen** **19**

Eine Zurückweisung des Antrags muß auch erfolgen, wenn die Eintragung einer Vormerkung oder eines Widerspruchs zugunsten des gestellten Antrags ausgeschlossen ist, insbes wenn diese mit einem unzulässigen Inhalt eingetragen werden müßten, **OLG München** DNotZ BayBeil 1935, 274 = HRR 1936 Nr 271, *Hesse-Saage-Fischer* GBO § 18 Bem II 3bγ, *Kretschmar* ZBlFG 4, 14. Dies ergibt sich auch aus § 18 Abs 2; dazu auch *Bem 62.*

Eine Zwischenverfügung ist demnach zB unstatthaft, wenn bei dem Antrag auf Eintragung einer **Zwangshypothek** auf mehreren Grst der Betrag nicht gemäß § 867 Abs 2 ZPO auf die einzelnen Grst verteilt ist; dazu *§ 19 Bem 50* (*3*). Dies ist hM, so insbes **BGH** BGHZ 27, 310 = NJW 1958, 1090 = MDR 1958, 498 = Rpfleger 1958, 216 (*Riggers*) = DNotZ 1958, 480 = BB 1958, 574 = LM § 13 GBO Nr 2, § 867 ZPO Nr 2 (*Piepenbrock*) = DRspr IV (473) 50b, **BayObLG** BayObLGZ 1952, 49, **OLG Karlsruhe** Justiz 1961, 332, **KG** OLG 33, 122 (abweichend OLG 42, 40), **LG Münster** JMBl NRW 1953, 199, *Güthe* GBO § 18 Bem 14, *Hesse-Saage-Fischer* GBO § 18 Bem III 2, **aA** (überholt) **OLG Darmstadt** RJA 13, 246, *Fumian* BayNotV 1925, 447, *von Rozycki-von Hoewel* GBRecht § 18, *Stein-Jonas* ZPO § 867 Bem V; dazu auch *Hornisch* NJW 1958, 1526, *Rahn* Die gbrechtliche Behandlung von Eintragungshindernissen beim Antrag auf Eintragung einer Zwangshypothek Justiz 1962, 58, *Schneider* RpfliB 1910, 379. Der Rang bestimmt sich in einem solchen Falle bei Nachholung der Verteilung nach dem Zeitpunkt, in dem der die Verteilung enthaltende Antrag bei GBA eingeht; dazu *Bem 20, 46, 59.* Eine Zwischenverfügung ist bei einer Zwangshypothek darüber hinaus auch sonst ausgeschlossen, wenn eine vollstreckungsrechtliche Voraussetzung für die Eintragung fehlt, **BayObLG** BayObLGZ 1956, 218 = NJW 1956, 1800 = DNotZ 1956, 596 (*Schweyer*) = Rpfleger 1957, 22 = DRspr IV (473) 38cd; dazu *Hoche* Zwischenverfügung und Rangschutzvermerk bei Anträgen auf Eintragung einer Zwangshypothek DNotZ 1957, 3.

Eine Zwischenverfügung kommt auch dann nicht in Betracht, wenn der **Antrag** so **unbestimmt** ist, daß eine Vormerkung nicht eingetragen werden könnte. Zweifelhaft ist die Frage, ob bei nicht fest bestimmten Zinsfuß einer Hypothek eine Zwischenverfügung zulässig ist; dazu **OLG Karlsruhe** JFG 4, 404, **KG** RJA 12, 67, *Güthe* GBO § 18 Bem 14. Da die Handhabung bez der Zinseintragungen in neuer Zeit immer großzügiger werden (dazu *§ 3 Bem 325*), weitet sich die Möglichkeit für eine Zwischenverfügung aus. Auch bei der Pfändung mehrerer Eigentümergrundschulden durch das FA bei unterlassener Eklärung, in welcher Höhe die einzelnen eingetragenen Sicherungshypotheken Eigentümergrundschulden geworden sind, ist auf den Einzelfall abzustellen und es kann nicht gesagt werden, daß stets ein nicht behebbares Hindernis vorliegt; dazu **OLG Köln** Rpfleger 1961, 206 (*Stöber*) = DRspr IV (473) 68a.

3. **Erstrebte Vorrangwirkung kann nicht erreicht werden** **20**

Auch dann ist der Antrag zurückzuweisen, wenn die mit der Zwischenverfügung verbundene Vorrangwirkung mit anderen zwingenden gesetzlichen Normen sich in

Widerspruch setzen würde. Eine Zwischenverfügung ist unzulässig, wenn das Eintragungshindernis nicht mit Rückwirkung auf den Zeitpunkt des Antragseingangs zu beseitigen ist, **SchlHOLG** SchlHA 1957, 336 = DRspr IV (473) 46b. Dazu *Bem 19, 21, 27, 43, 46, 59.*

So ist die Eintragung einer **Zwangshypothek** erst dann zulässig, wenn die prozessualen Voraussetzungen der ZwV, nämlich Schuldtitel, Vollstreckungsklausel, Zustellungsnachweis, vorliegen, **BayObLG** 24, 11, DNotZ 1956, 596 (*Schweyer*) = NJW 1956, 1800, **LG Berlin** HW 1951, 155 = DRspr IV (473) 17a, **LG Mosbach** NJW 1954, 1940 = DRspr IV (473) 29a, *Güthe* GBO § 18 Bem 14, *Horber* GBO § 18 Bem 3Ad, *Kretschmar* ZBlFG 4, 18, *Ricks* DNotZ 1932, 753. Würde daher auf diesen Antrag eine Zwischenverfügung erlassen, weil das Urteil noch nicht zugestellt ist, so würde, wenn die nachträgliche Zustellung des Urteils erfolgt, für den Rang der Hypothek ein Zeitpunkt maßgebend sein, in dem eine ZwV noch nicht zulässig war. Der Antrag ist daher zurückzuweisen. Dasselbe gilt auch für andere im Wege der **ZwV** oder des **Arrestverfahrens** (dazu *§ 19 Bem 51*) erfolgende Eintragungen; dazu **KG** JR 1926 Nr 2048 bez fehlender oder mangelnder Bezeichnung des Schuldners in der Vollstreckungsklausel und **KG** JFG 14, 444 = JW 1937, 892 bez des fehlenden Antragsrechts des Pfändungsgläubigers bei einer Briefhypothek, solange er den Brief nicht in Besitz hat (dazu *§ 17 Bem 9*). Anders liegt der Fall, wenn nur der Nachweis der Zustellung nicht vorgelegt wird. Dann ist nämlich eine Zwischenverfügung nicht unzulässig, **KG** OLG 7, 376, **LG Konstanz** BadRspr 1902, 203 = ZBlFG 3, 256, *Cammerer* BayNotV 1925, 317. Hat der GBBeamte eine Zwischenverfügung erlassen, weil der Nachweis der Zustellung nicht erbracht war, und stellt sich nachträglich heraus, daß zZ der Antragstellung der Vollstreckungstitel noch gar nicht zugestellt war, so ist der Zeitpunkt der Vorlegung des Zustellungsnachweises maßgebend, und zwar selbst dann, wenn der GBBeamte nach § 18 Abs 2 in der Zwischenzeit eine Vormerkung eingetragen hat, *Güthe* GBO § 18 Bem 14; dazu auch *Bem 27.*

Sind bei einer Zwangseintragung dagegen die Voraussetzungen der ZwV gegeben und liegt **nur ein grbechtliches Hindernis** vor, so ist eine Zwischenverfügung unbedenklich zulässig, **RG** RGZ 85, 167, **KG** RJA 11, 232; dazu *Güthe* GBO § 18 Bem 14, *Predari* GBO § 18 Bem 3.

Dies kommt etwa in Betracht, wenn die vorgeschriebene Bezeichnung des Grst fehlt, § 28 S 1, oder wenn die Eintragung einer Zwangshypothek an einem dem Schuldner aufgelassenen, auf ihn aber noch nicht umgeschriebenen Grst, § 39, beantragt wird, **BayObLG** 24, 11, *Fumian* BayNotV 1925, 442, **aA** *Cammerer* BayNotV 1925, 315; jedenfalls darf dann eine Kaufpreishypothek nur gleichzeitig mit der Auflassung, § 16 Abs 2, also im Vorrang vor der Zwangshypothek, eingetragen werden, *Fumian* BayNotV 1925, 442; dazu *§ 16 Bem 14.*

21 **4. Nichtvollziehbarkeit des Antrags wegen mangelnder Verfügungsberechtigung**

Ist der **Antrag** wegen mangelnder Verfügungsberechtigung (dazu *Bem 86*) **nicht vollziehbar**, so ist eine Zwischenverfügung nur zulässig, wenn der Mangel **mit rückwirkender Kraft geheilt** werden kann, *Güthe* GBO § 18 Bem 14. Dazu *Bem 19, 20, 27, 43.*

Dies kommt zB in Betracht bei voraussichtlicher Genehmigung der Verfügung durch den Berechtigten, § 184 Abs 1 BGB, nicht aber, wenn etwa die Heilung durch den Erwerb des Rechts durch den Verfügenden, § 185 Abs 2 BGB, erfolgen soll, **KG** OLG 43, 179 = JFG 1, 301, KGJ 39, 166, JFG 14, 444 (446).

a) **Mangel im Antrag**

Eine Zwischenverfügung ist unzulässig, wenn der Mangel dem Antrag selbst anhaftet, zB dem Antragsteller die Antragsberechtigung fehlt, **KG** KGJ 37, 212, JFG 14, 444 = JW 1937, 892; dazu *Horber* GBO § 18 Bem 3 Aa.

Dagegen ist eine Zwischenverfügung möglich, wenn Zweifel bestehen, ob der Antragsteller oder ein anderer Beteiligter die für die Eintragung wesentliche Erklärung in einem Zustand vorübergehender Störung der Geistestätigkeit abgegeben hat, **OLG München** JFG 17, 187 = DNotZ 1938, 535; dazu *Bem 98*. Eine Zwischenverfügung zwecks Aufklärung des Berechtigten kann in Betracht kommen, wenn ein Wechsel in der Person oder Bezeichnung des Berechtigten eintritt und dadurch Unklarheiten bestehen; dazu **LG Hof** Rpfleger 1965, 367 = BWNotZ 1966, 113 Ls bez des Trägers der Sozialhilfe anstelle des Fürsorgeverbandes.

b) **Verfügungsbeschränkung**

Der Antrag ist ohne Zwischenverfügung zurückzuweisen,

wenn er einer **absoluten Verfügungsbeschränkung** widerspricht,

ferner bei Vorliegen einer **relativen Verfügungsbeschränkung** dann, wenn mit dieser die *Übertragung der Verwaltung* des von ihr betroffenen Vermögensgegenstandes *an ein eigenes Organ* verbunden ist und der Eintragungsantrag auf einer Verfügung des in der Verfügung Beschränkten beruht. Es sind dies insbes die Fälle des Konkurses, der Nachlaßverwaltung und der Testamentsvollstreckung. Es ist jedoch auch hier die nachträgliche Genehmigung der Verfügung durch das verfügungsberechtigte Organ möglich und eine Zwischenverfügung daher nicht unbedingt ausgeschlossen. Beim Vorliegen der *übrigen* relativen *Verfügungsbeschränkungen* kann eine Zwischenverfügung zum Zwecke der Beibringung der Zustimmung desjenigen, zu dessen Gunsten die Verfügungsbeschränkung besteht, oder — abgesehen von Löschungen — der vorherigen Eintragung der Verfügungsbeschränkung am Platze sein.

Über Verfügungsbeschränkungen *§ 13 Vorbem 118ff.*

Ist dem GBBeamten bekannt, daß gegen den GrstEigentümer ein nicht im GB eingetragenes relatives Verfügungsverbot besteht, so hat es eine dem Verbot widersprechende Eintragung davon abhängig zu machen, daß entweder das Verfügungsverbot in das GB eingetragen wird oder ihm nachgewiesen wird, der Geschützte habe der Eintragung zugestimmt oder die Eintragung sei ihm gegenüber wirksam, **KG** JFG 18, 205 = JW 1938, 3122 = HRR 1938 Nr 1545 = DFG 1938, 238. Der Mieter einer noch nicht bezogenen Wohnung kann im Wege der einstweiligen Verfügung die gbmäßige Eintragung des Wohnungseigentums für einen Dritten nicht dadurch verhindern, daß dem Vermieter und Veräußerer geboten wird, seinen Eintragungsantrag vorerst zurückzunehmen, **LG Mannheim** MDR 1964, 1007.

Der Eintragungsantrag muß auch dann sofort zurückgewiesen werden, wenn dem Antragsteller durch **einstweilige Verfügung** oder durch **Urteil** verboten ist, den Eintragungsantrag zu stellen oder eine Urkunde zum Vollzug zu bringen bzw geboten ist, einen Eintragungsantrag zurückzunehmen, auch wenn die einstweilige Verfügung erst nach Stellung des Eintragungsantrags wirksam geworden ist, **KG** JFG 1, 379 (382)/2, 324, DNotZ 1962, 400 = Rpfleger 1962, 177 = DRspr IV (473) 75a, **aA** (zu Unrecht) **OLG Dresden** JFG 3, 301 (305), wonach Frist bis zur rechtskräftigen Entscheidung gesetzt werden kann (dazu *Bem 12*). Solche Anordnungen sind namentlich von Bedeutung, wenn der Übergang des Eigentums auf den Erwerber noch nach Erklärung der Auflassung verhindert werden soll; sie haben dann den Charakter eines **gerichtlichen Erwerbsverbots**. Sie schaffen ein vom GBBeamten zu beachtendes Eintragungshindernis. Dazu **RG** RGZ 117, 287/120, 118, **BayObLG** 22, 164, 312, 328, **KG** JFG 1, 322/2, 320 = OLG 43, 65, RJA 16, 123, **OLG Dresden** JFG 3, 301 (306);

dazu auch **OLG Augsburg** JW 1921, 533 (*Abel*), 1359 (*Stolz*)/1922, 214 (*Lindenmeyer*), 782 (*Wunderlich*), 783 (*Wiener*)/1923, 42 (*Marcuse*), 43 (*Fuchs*), 276 (*Wiener*), 743 (*Samter*), **OLG München** JW 1923, 1049 (*Baumann* und *Schultz*), ferner *Münzel* JW 1928, 287. Auch der Notar kann nicht nach § 15 einen dem Berechtigten verbotenen Eintragungsantrag stellen, **BayObLG** 22, 314. Dem GBA ist die Zustellung der einstweiligen Verfügung nachzuweisen. Gleichgültig ist, ob die Zustellung vor Stellung des Eintragungsantrags oder später erfolgt ist; § 878 BGB ist nicht anwendbar, **RG** RZG 120, 118, **KG** JFG 1, 383 = OLG 43, 165, JFG 2, 320 = OLG 43, 65. Der GBBeamte hat zu prüfen, ob die Frist des § 929 Abs 2 ZPO gewahrt ist, **KG** JFG 1, 383 = OLG 43, 165; die Frist des § 929 Abs 3 ZPO ist hier gegenstandlos, da die einstweilige Verfügung in diesem Falle mit ihrer Zustellung an den Schuldner vollzogen wird.

Wird entgegen einem solchen Erwerbsverbot die Eintragung des Erwerbers vorgenommen, so wird das GB unrichtig, **KG** JFG 1, 383 = OLG 43, 165; es ist ein Amtswiderspruch (§ 53) einzutragen, **BayObLG** 22, 314.

Das Eintragungshindernis fällt fort, wenn die einstweilige Verfügung durch ein vorläufig vollstreckbares Urteil aufgehoben wird; die Rechtskraft des Urteils braucht nicht abgewartet zu werden, **KG** JFG 1, 386.

Unzulässig ist eine einstweilige Verfügung, die nicht ein Gebot oder Verbot an den Antragsteller enthält, sondern anordnet, daß die Eintragung der Rechtsänderung in das GB zu unterbleiben habe, sich also unmittelbar an das GBA wendet; dies würde einen unzulässigen Eingriff in die Rechte des GBBeamten darstellen und braucht daher in dieser Form nicht berücksichtigt zu werden; dazu **RG** RGZ 120, 118, **KG** KGJ 32, 185, JFG 1, 322, 383 = OLG 43, 165, JFG 2, 320 = OLG 43, 65, **OLG Braunschweig** OLG 43, 164. *Güthe* GBO § 19 Bem 125, S 1740. Regelmäßig wird freilich eine einstweilige Verfügung solchen Inhalts dahin auszulegen sein, daß ein Verbot an den Antragsteller in dem oben erwähnten Sinne gemeint ist; dazu *Ricks* GBPraxis 115, 236, 237.

Zum **Eintragungsersuchen des Prozeßgerichts** § 941 ZPO; dazu **OLG Düsseldorf** JMBl NRW 1965, 204, *§ 38 Bem 22.* Ein im Wege der einstweiligen Verfügung ergehendes Ersuchen des Prozeßgerichts an das GBA, einem bereits gestellten Antrag auf Eintragung einer Grundschuld nicht zu entsprechen, ist unzulässig; das GBA kann aber in eigener Zuständigkeit darüber befinden, ob eine zu seiner Kenntnis gebrachte einstweilige Verfügung die beantragte Eintragung hindert, **LG Wuppertal** DNotZ 1962, 192 Ls.

22 **b) Wahlrecht zwischen Ablehnung und Zwischenverfügung**

Dazu *Güthe* GBO § 18 Bem 15ff., *Hesse-Saage-Fischer* GBO § 18 Bem II 3, 4, *Horber* GBO § 18 Bem 4, *Thieme* GBO § 18 Bem 4

Das Wahlrecht zwischen Ablehnung und Zwischenverfügung kommt in den Fällen in Betracht, in denen nicht eine Zurückweisung des Antrags erfolgen muß; dazu *Bem 17ff.* Es darf jedoch nicht willkürlich oder nach Belieben ausgeübt werden. Die **Wahl** des im einzelnen Falle angebrachten Weges ist in das **pflichtgemäße Ermessen** des GBBeamten gestellt, **BayObLG** 12, 372/28, 744, **OLG Colmar** OLG 14, 139, *Fumian* BayNotV 1925, 433, *Güthe* GBO § 18 Bem 15, 16, *Henle-Schmitt* GBWesen GBO § 18 Bem 3b, 4a, *Hesse-Saage-Fischer* GBO § 18 Bem II 4, *Horber* GBO § 18 Bem 4Aa, *Thieme* GBO § 18 Bem 4. Die **Erlassung einer Zwischenverfügung** soll die **Regel** bilden; dazu **RG** RGZ 126, 107 = JFG 7, 17, **BayObLG** 8, 52, **KG** OLG 8, 30, **OLG Colmar** OLG 14, 139, *Kretschmar* ZBlFG 4, 14, auch *Bem 42.* Es kommt aber bei der Entscheidung stets auf die **Lage des einzelnen Falles** an, *Güthe* GBO § 18 Bem 15, 17. Der GBBeamte hat hierbei auch die Belange des Antragsteller, insbes sein Interesse an der Wahrung des Vorrangs seines Antrags vor anderen Eintragungsanträgen zu berücksichtigen und unnötige Härten zu vermeiden. Anderseits muß er auch das Interesse späterer Antragsteller daran, daß die Feststellung des endgültigen Ranges nicht längere Zeit im Ungewissen bleibt, ferner den Zweck der GBEinrichtung, nämlich die Schaffung klarer Rechtsverhältnisse, und das Interesse der Allgemeinheit an der Zuverlässigkeit der GBEinsicht im Auge behalten. Diese sich gegenüber stehenden Interessen sind nach verständigem Ermessen gegeneinander abzuwägen. Jedenfalls darf keine Sperre des GB eintreten, **KG** JR 1954, 465; dazu *Bem 1*.

Da ganz auf den Einzelfall abzustellen ist, ist die systematische Abgrenzung der Fälle der notwendigen Zurückweisung (dazu *Bem 17ff.*) von den Fällen des Wahlrechts (dazu *Bem 22ff.*) nicht immer eindeutig durchzuführen; dazu *Bem 20, 27*.

Für die Beurteilung der Mängel ist der Zeitpunkt der Erledigung des Antrags, nicht der seines Eingangs maßgebend.

Es sind hierbei im wesentlichen folgende Grundsätze zu beachten:

1. Bei bewußter Einreichung eines unvollständigen Antrags ist zu prüfen, ob Anlaß zu sofortiger Abweisung besteht; dazu *Bem 23*.

2. Im übrigen kommt es auf die mehr oder minder leichte Behebbarkeit des Hindernisses an (dazu *Bem 24ff., 43*), also
ob es leicht (dazu *Bem 25*), schwer (dazu *Bem 26*) oder überhaupt nicht zu beseitigen ist (dazu *Bem 27*).

3. Eine Besonderheit besteht im Falle des § 130 Abs 3 ZVG; dazu *Bem 28*.

Landesrecht kann hierbei nur insoweit berücksichtigt werden, als es sich um Grundsätze handelt, die mit § 18 vereinbar sind, also um Vorschriften belehrenden Inhalts (dazu *§ 2 Bem 4, 5*).

Für **Bayern** sind §§ 64ff., 102 bay DA zu erwähnen, die nur insoweit noch herangezogen werden können, als sie nicht die formelle Behandlung betreffen, als sie sich also auf die Handhabung des Ermessens beziehen. Nach § 102 S 2 bay DA ist bei einem Hindernis in der Regel von § 18 GBO Gebrauch zu machen, wobei zu ergänzen ist, falls die Voraussetzungen hierzu vorliegen. § 64 bay DA fügt zu § 18 Abs 1 S 1 GBO erläuternd bei, daß die Frist von Amts wegen oder auf Antrag verlängert werden kann; dazu *Bem 50*, auch **BayObLG** BayObLGZ 1956, 122 (127). Die Zwischenverfügung wird für den Regelfall empfohlen, da es dadurch ermöglicht wird, der beantragten Eintragung den Rang zu wahren, der dem Zeitpunkt entspricht, in dem der Antrag eingegangen ist. Die sofortige Zurückweisung eines Antrags wird nur dann geboten sein, wenn der Antrag sich zweifellos als unbegründet darstellt, zB wenn die Eintragung eines nicht eintragungsfähigen Rechts beantragt wird oder wenn von vornherein feststeht, daß das Hindernis überhaupt nicht oder nicht in absehbarer Zeit behoben werden kann (dazu *Bem 24ff.*), oder wenn die Eintragung eines Widerspruchs oder einer Vormerkung zugunsten des gestellten Antrags ausgeschlossen ist (dazu *Bem 19*).

Für das ehemalige **Württemberg** ist auf § 69 GBVO (*GT 24*) hinzuweisen. Diese Vorschrift enthält den Wortlaut des § 18 Abs 1 und erwähnt nur noch die Möglichkeit der Fristverlängerung; dazu *Bem 50*. Gegen die weitere Anwendung der Bestimmung bestehen daher keine Bedenken; so auch *Baur* in Thieme GBO 3. Aufl Sonderanhang Württemberg S *8* und *39*, *Planck-Kettnaker* Führung des GBuchs 176ff., *Schmid* WürttNV 1950, 65 (76).

Im einzelnen ist dazu auf folgendes hinzuweisen:

1. Bewußte Einreichung eines unvollständigen Antrags 23

Wenn der Antrag in Kenntnis des Mangels lediglich zu dem Zweck gestellt wird, mit ihm einen besseren Rang zu wahren, so ist er **zurückzuweisen**; denn es handelt sich hier nicht um die Abwendung unnötiger Härten. Dies ist hM, so insbes **KG** RJA

11, 230, **OLG Dresden** JFG 5, 357, *Frey* ZBlFG 3, 368, *Güthe* GBO § 18 Bem 20, *Predari* GBO § 18 Bem 3, *Ricks* GBPraxis 273, *Ripfel* DNotZ 1936, 673, **aA** zu Unrecht (überholt) *Fumian* BayNotV 1925, 437. Dasselbe wird regelmäßig auch gelten müssen, wenn diese unlautere Rangwahrungsabsicht zwar nicht besteht, dem Antragsteller der Mangel aber bekannt ist und er auch nicht mit einer abweichenden Rechtsanschauung des GBA rechnet; Kennenmüssen des Mangels darf aber nicht dem Kennen gleichgestellt werden. Auch dies ist hM, so insbes **KG** JFG 4, 303, KGJ 50, 136, **OLG Dresden** JFG 5, 357, *Güthe* GBO § 18 Bem 20, **aA** zu Unrecht (überholt) *Fumian* BayNotV 1925, 437. Doch berechtigt die bewußte Einreichung eines unvollständigen Antrags das GBA nicht schlechthin und in jedem Fall zur alsbaldigen Zurückweisung, **RG** RGZ 126, 107 = JFG 7, 17, *Güthe* GBO § 18 Bem 17, 20, *Hesse-Saage-Fischer* GBO § 18 Bem II 4; dazu auch **OLG Celle** NdsRpfl 1953, 185 = DNotZ 1954, 32 (*Keidel*) = DRspr IV (473) 24a.

Eine **Ausnahme** wird insbes dann zu machen sein, wenn der Mangel voraussichtlich leicht und rasch behoben werden kann, zB wenn nur eine bereits ausgestellte Vollmacht nachzubringen ist, **KG** OLG 8, 308. Dagegen hat Zurückweisung zu erfolgen, wenn bei einer beantragten Hypothekeneintragung das notarielle Protokoll unwirksam ist, etwa weil es die Schuldverpflichtung und die Hypothekenbestellung nur als Anlage enthielt, und daher eine neue Protokollierung vorgenommen werden muß, **OLG Celle** NdsRpfl 1953, 185 = DNotZ 1954, 32 (*Keidel*) = DRspr IV (473) 24a; dazu *Bem 18, 97*. **RG** RGZ 126, 107 = JFG 7, 17 betont, daß es auf die Umstände des Einzelfalles ankommt. Das dem Antragsteller bekannte Fehlen der steuerlichen Unbedenklichkeitsbescheinigung rechtfertigt für sich allein nicht eine Zurückweisung des Antrags, es müssen noch besondere Umstände hinzukommen; dazu *Bem 25*.

Über das in Aussicht gestellte Nachreichen von Unterlagen bei Einreichung des Antrags *Bem 14*.

24 2. **Behebbarkeit des Hindernisses**

Im übrigen dh außer den Fällen der *Bem 23* — wobei festzustellen ist, daß die Abgrenzbarkeit nicht exakt erfolgen kann — entscheidet es sich nach der mehr oder minder leichten Behebbarkeit des Hindernisses, ob eine Zwischenverfügung erlassen wird oder Zurückweisung des Antrags erfolgt. Es kann jedoch nicht gesagt werden, daß leichte Behebbarkeit des Mangels ausnahmslos in allen Fällen zum Erlaß einer Zwischenverfügung führen muß. Überwiegende andere Interessen können auch in einem solchen Falle die sofortige Zurückweisung rechtfertigen. Dazu **RG** RGZ 126, 107 = JFG 7, 17, **LG Köln** JMBlNRW 1949, 99, *Güthe* GBO § 18 Bem 17ff., *Habscheid* (vgl *Fußn 16*) aaO, *Hesse-Saage-Fischer* GBO § 18 Bem II 4, *Horber* GBO § 18 Bem 4.

25 a) **Hindernis leicht behebbar**

Ist das Hindernis leicht zu beseitigen und die Beseitigung wahrscheinlich und in kürzerer Zeit zu erwarten, so ist die Erlassung einer Zwischenverfügung nicht nur zulässig, sondern auch nach der Absicht des Gesetzes (dazu *Bem 1*) geboten, selbst wenn der Mangel leicht hätte vermieden werden können, **BayObLG** 8, 52, **KG** OLG 4, 186/18, 200, *Güthe* GBO § 18 Bem 20, *Horber* GBO § 18 Bem 4Aa*β*, *Thieme* GBO § 18 Bem 4. Ob der Mangel auf formellem oder materiellem Recht beruht, ist gleichgültig, **KG** OLG 18, 199. Dazu *Habscheid* (vgl *Fußn 16*) aaO.

Beispiele:

1. Eine Zwischenverfügung wird vor allem dann veranlaßt sein, wenn ein nach § 8 KostO (*Anh*) eingeforderter **Kostenvorschuß** nicht bezahlt wird, **OLG München** JFG 15, 74; über Kostenvorschuß *§ 13 Vorbem 201ff.* Die Verfügung, durch welche die

Eintragung von der Vorschußzahlung abhängig gemacht wird, und die Zwischenverfügung sind miteinander unter Setzung einer einheitlichen Frist zu verbinden, **KG** JFG 15, 314 = DFG 1937, 148, **OLG München** JFG 17, 322 = DNotZ 1938, 681 = HRR 1938 Nr 973 = DFG 1938, 152. Eine Zwischenverfügung, in der die Nichtzahlung eines Kostenvorschusses als Eintragungshindernis bezeichnet wird, ist unvollständig, wenn aus ihr die Höhe des zu zahlenden Kostenvorschusses nicht ersichtlich ist; daß dem Kostenschuldner die Kostennachricht mitgeteilt wird, beseitigt die Unvollständigkeit der Zwischenverfügung nicht, **OLG München** JFG 18, 26 = HRR 1938 Nr 1292 = DFG 1938, 179. Ist die Eintragung in das GB durch Zwischenverfügung von der Zahlung eines Kostenvorschusses abhängig gemacht, so ist das Hindernis nicht erst zZ des Eingangs der Zahlungsanzeige beim GBA, sondern schon durch die Einzahlung des geforderten Betrags bei der Gerichtskasse beseitigt, **OLG München** JFG 20, 206. Zur Frage, wann ein gbrechtlicher Eintragungsantrag wegen Nichtzahlung des Kostenvorschusses zurückgewiesen werden kann, *Feldmann* DR 1939, 1370, *Kuhn* DFG 1936, 101. Dazu auch *Horber* GBO § 18 Bem 4Bc.

2. Leichte Behebbarkeit des Hindernisses kommt auch in Betracht, wenn lediglich der **Nachweis eines Eintragungserfordernisses** fehlt, zB der Vollmacht, des Güterstandes oder wenn der Hypothekenbrief nicht vorgelegt wird, **OLG Karlsruhe** JFG 7, 241, *Kretzschmar* ZBlFG 2, 814, **aA** *Predari* GBO § 18 Bem 7. Dazu auch *Güthe* GBO § 18 Bem 14, 20.

3. Ferner gehören die Fälle hierher, in denen der Mangel in dem **Nichtvorhandensein eines Eintragungserfordernisses** besteht, aber nur wenn die Nachholung **voraussichtlich bald** erfolgen kann; dazu *Güthe* GBO § 18 Bem 20, *Thieme* GBO § 18, 4.

a) Zu erwähnen ist das **Fehlen von Zustimmungserklärungen Dritter** oder deren **Vollmacht** oder einer **behördlichen Genehmigung**; zu letzterer **KG** DR 1940, 1568 = DNotZ 1940, 496 = HRR 1940 Nr 1077, **LG Düsseldorf** JMBl NRW 1948, 150.

Bei fehlender **vormundschaftsgerichtlicher Genehmigung** kann ein Fall leichter Behebbarkeit vorliegen; dazu **OLG Saarbrücken** SaarlRuStZ 1950, 95. Bei Minderjährigen usw ist zu prüfen, ob eine vormundschaftsgerichtliche Genehmigung erforderlich ist oder nicht, §§ 1643, 1821, 1822 BGB; dazu *Bem 125ff.* So bedarf es keiner solchen Genehmigung, wenn Auflassung eines hypothekarisch belasteten Grst an einen über 7 Jahre alten Minderjährigen durch seinen gesetzlichen Vertreter erfolgt, **OLG München** JFG 18, 115 = HRR 1938 Nr 1478. Wenn der Vater eines über 7 Jahre alten minderjährigen Kindes in Erfüllung eines Schenkungsversprechens ein Grst aufläst, an dem er sich den Nießbrauch vorbehalten hat, so können auf Grund der Auflassung und der mit Einwilligung des Vaters erklärten Nießbrauchbestellung der Eigentumswechsel und der Nießbrauch in das GB erst eingetragen werden, wenn die Zustimmung eines zu bestellenden Pflegers nachgewiesen ist, **OLG München** JFG 23, 230 = HRR 1942 Nr 544. Wird dem GBA die Ausfertigung eines rechtskräftigen Urteils vorgelegt, das einen Minderjährigen zur Erklärung der Auflassung eines Grst verurteilt, so muß das GBA zur Eintragung der Auflassung daneben auch noch seinerseits den Nachweis der vormundschaftsgerichtlichen Genehmigung verlangen, ob es sich um ein Versäumnisurteil handelt oder nicht. Dies ist strittig; dazu **BayObLG** BayObLGZ 1953, 111 = MDR 1953, 561 = DRspr I (169) 27c, auch *Bem 110, § 19 Bem 46.*

Bei Zweifel an der Zurechnungsfähigkeit eines Beteiligten kann auch Anlaß bestehen, zu prüfen, ob eine Genehmigung des gesetzlichen Vertreters oder des Vormundschaftsgerichts erforderlich ist; dazu **OLG München** JFG 17, 187 = DNotZ 1938, 535 = DFG 1938, 1070.

Es kommen weiter **behördliche Genehmigungen** in Betracht, insbes in Landwirtschaftssachen, in Rückerstattungsverfahren; dazu *Bem 148ff., § 20 Bem 82ff.*

Es gilt auch hier der Grundsatz, daß das GBA zu prüfen hat, ob eine Genehmigung einer Behörde usw zur Eintragung eines Vorgangs notwendig ist, jedoch bindet eine bereits vorliegende Genehmigung das GBA; dazu **BayObLG** BayObLGZ 1952, 52. Liegt eine Genehmigung in gültiger Weise vor, so behält diese ihre Wirksamkeit auch bei späterer Gesetzesänderungen, falls sich das spätere Gesetz nicht rückwirkende Kraft beilegt. Da über die Frage der Genehmigungsbedürftigkeit nach dem gegenwärtigen Rechtszustand zu entscheiden ist, darf wegen bevorstehender Gesetzesänderung die Eintragung nicht abgelehnt werden, **OLG Celle** NdsRpfl 1947, 62 = JR 1948, 318; eine Ausnahme muß für den Fall gelten, daß das Inkrafttreten des Gesetzes vor Vollzug der Eintragung erfolgt. Dazu *Bem 27, 43.*

Zu erwähnen ist, daß der Grundsatz, daß Eintragungsbewilligungen unbedingt sein müssen, auf Zustimmungen und behördliche Genehmigungen nur anzuwenden ist, sofern diese verfahrensrechtliche Bedeutung haben. Auch soweit der Grundsatz der Unbedingtheit bei den erwähnten Erklärungen Platz greift (dazu *§ 19 Bem 23*), ist vor Zurückweisung des Antrags eine Zwischenverfügung auf Beibringung einer unbedingten Erklärung notwendig, wenn mit deren alsbaldiger Beibringung gerechnet werden kann. Dazu **KG** HRR 1940 Nr 1077.

Hinzuweisen ist auch auf die sog **Unbedenklichkeitserklärungen von Behörden**. Bei der **Grunderwerbssteuer** ist nach § 189d AO, § 9 GrEStDVO dem GBA eine Unbedenklichkeitsbescheinigung des FA vorzulegen; dazu **RG** RGZ 126, 107 = JFG 7, 17 (dazu *Bem 23*), **KG** OLG 41, 23/43, 178, KGJ 52, 149, zum GBAnlegungsverfahren *§ 3 Bem 367a*, im übrigen *§ 20 Bem 80*. Strittig ist, ob bei Rückerstattungsverfahren eine solche Bescheinigung auch vorgelegt werden muß. Mit **BGH** BGHZ 7, 53 = NJW 1952, 1056 = DRspr IV (473) 21a ist anzunehmen, daß eine solche Bescheinigung entbehrlich ist, wenn der Verfolgte, dem das Eigentum entzogen worden ist und dessen Rückerstattungsanspruch durch rechtskräftige Entscheidung oder durch rückwirkende dingliche Vereinbarung der Parteien stattgegeben worden ist, im GB eingetragen werden soll; nur wenn der Rückerstattungsanspruch auf Erben übergegangen ist, ist die Bescheinigung notwendig. Die abweichende Auffassung des **OLG Celle** NdsRpfl 1951, 160 = DRspr IV (473) 18a wurde vom BGH nicht gebilligt. Dazu auch **BayObLG** Rpfleger 1952, 189. Ob ein Fall vorliegt, wonach eine Bescheinigung vorzulegen ist, hat das GBA zu prüfen, **BayObLG** JZ 1952, 184; dazu auch *Bruhn* Vereinfachungen im GBVerfahren Rpfleger 1951, 147. Liegt aber eine Bescheinigung vor, so ist sie für das GBA bindend. Soweit im **Preisrecht** (dazu *§ 20 Bem 81*) eine Genehmigung erforderlich war und keine Unbedenklichkeitsbescheinigung notwendig war, war diese vorzulegen; dazu **BayObLG** BayObLGZ 1952, 145. Jetzt hat das Preisrecht keine Bedeutung mehr; dazu *Bem 156.*

b) Über den Nachweis der Nichtausübung des **gesetzlichen Vorkaufsrechts** eines gemeinnützigen Siedlungsunternehmens, des Heimstättenausgebers ua **KG** OLG 41, 172, auch *§ 20 Bem 83, 87.*

4. An **weiteren Fällen**, in denen durch Fristsetzung abgewartet werden kann, sind hervorzuheben:

die Beseitigung eines unzulässigen Vorbehalts, § 16 Abs 1, **aA** *Hesse-Saage-Fischer* GBO § 18 Bem II 3b *β* die hier in jedem Falle eine Zwischenverfügung ablehnen; dazu *§ 16 Bem 5,*

die Berichtigung des GB, wenn nur der eine der in Gütergemeinschaft lebenden Ehegatten im GB als Berechtigter eingetragen ist, **KG** OLG 8, 307, oder ein Nachlaßgegenstand auf den Erben noch nicht umgeschrieben ist, ferner die Eintragung des Erwerbers, der über das erworbene Grst bereits verfügt hat (über Verfügungen des noch nicht eingetragenen Erstehers *Bem 28*) oder gegen den eine Zwangseintragung beantragt ist, **BayObLG** 24, 11, **KG** JFG 2, 418.

Hat der Erwerber eines Grst im Kaufvertrag die Eintragung einer Restkaufgeldhypothek bewilligt und beantragt und wird gleichzeitig mit dem Kaufvertrag eine löschungsfähige Quittung des Gläubigers dieser Restkaufgeldforderung sowie eine Verzichtserklärung des Gläubigers auf Eintragung der Hypothek im GB eingereicht, so kann der GBBeamte nicht die formelle Zurücknahme des in dem Kaufvertrag gestellten Eintragungsantrags verlangen, **OG Danzig** DFG 1938, 261.

5. Endlich wird auch bei **inhaltlichen Mängeln** der Eintragungsbewilligung oder der sonstigen Eintragungsgrundlagen häufig die Zwischenverfügung zu wählen sein,

zB wenn das Grst nicht nach § 28 S 1 bezeichnet ist, **KG** OLG 30, 409 (abweichend früher OLG 4, 185), **OLG Dresden** OLG 6, 489, **OLG Hamm** NJW 1966, 2411, *Turnau-Förster* GBO § 18 Bem II 1, oder wenn die Eintragungsbewilligung gegen § 47 verstößt, *Freudenthal* ZBlFG 4, 624, oder wenn sich Eintragungsantrag und Eintragungsbewilligung nicht decken (dazu *§ 13 Bem 16*), auch wenn es sich um die Währungsart handelt, **BayObLG** 30, 399. Zur Eintragungsbewilligung *§ 19 Bem 21, 22.*

6. Schließlich ist eine Zwischenverfügung geboten, wenn der Eintragungsantrag der **Klarstellung** bedarf, weil er oder seine Unterlagen Widersprüche aufweisen, **KG** HRR 1935 Nr 866.

Bewilligt der Erwerber eines Grst im Kaufvertrag die Eintragung einer Restkaufgeldhypothek und in einer anderen Urkunde vom gleichen Tag ohne Rangangabe eine andere Hypothek an einen anderen Gläubiger, so besteht Zweifel, ob beide Hypotheken wirklich gleichen Rang haben sollen, so daß eine Zwischenverfügung und, wenn Eintragung ohne Nachprüfung zu gleichem Rang stattgefunden hat, im allgemeinen Amtswiderspruch gerechtfertigt sind, **KG** JW 1936, 1475.

Unklarheit besteht auch, wenn das Grundgeschäft noch offengelegt werden muß, zB zum Nachweis der Entgeltlichkeit der Verfügung eines befreiten Vorerben oder eines Testamentsvollstreckers, **KG** JFG 7, 284; dazu *Bem 141.*

Dagegen liegt kein Grund zur Ablehnung eines Eintragungsantrages vor, wenn bei einer Übergabe des Anwesens sich ergibt, daß auf dem übergebenen Anwesen Grundpfandrechte aus früherer Zeit eingetragen sind, deren Schicksal im Vertrag nicht näher geregelt ist, **LG Nürnberg-Fürth** Rpfleger 1959, 55 (*Haegele*) oder wenn bei Beantragung der Eigentumsschreibung eine Negativbescheinigung zum Vorkaufsrecht nach § 24 BBauG (*Anh*) fehlt, **KG** NJW 1962, 1446 = MDR 1962, 653 = Rpfleger 1962, 267 (*Haegele*) = DRspr IV (473) 73b; dazu *§ 20 Bem 83.*

b) Schwer zu beseitigendes Hindernis 26

Handelt es sich um **schwer zu beseitigende** Hindernisse oder um solche, deren **Behebung erst nach längerer Zeit zu erwarten** ist, so ist die sofortige Zurückweisung des Antrags gerechtfertigt, *Güthe* GBO § 18 Bem 19, *Turnau-Förster* GBO § 18 Bem II 1.

Dies ist zB der Fall, wenn eine Eintragungsbewilligung oder eine sie ersetzende Urkunde überhaupt fehlt bzw nichtig ist (dazu *Bem 18*), es sich also nicht bloß um den Nachweis einer Eintragungsvoraussetzung handelt, **KG** OLG 12, 149, *Güthe* GBO § 18 Bem 19. Dasselbe gilt, wenn ein Eintragungserfordernis erst im Wege des Aufgebotsverfahrens oder im Prozeßwege beigeschafft werden muß, zB wenn ein Dritter seine Zustimmung verweigert, **KG** KGJ 20, 275, *Güthe* aaO; dazu *Bem 12, 14, 15.*

27 c) **Nicht zu beseitigendes Hindernis**

Endlich ist die Zurückweisung ohne weiteres am Platze, wenn feststeht, daß das **Hindernis überhaupt nicht beseitigt** werden kann,

zB wenn ein Nichtberechtigter den Antrag stellt und nachträgliches Wirksamwerden nach § 185 BGB ausgeschlossen ist, die beantragte Eintragung also nur auf Grund eines neuen und nicht des vorliegenden Antrags erfolgen könnte, **KG** KGJ 37, 212, *Güthe* GBO § 18 Bem 18.

Eine Zwischenverfügung darf auch nicht erlassen werden, wenn die beantragte **Eintragung auch nach Behebung des Hindernisses nicht** erfolgen kann, **KG** JFG 8, 236 (240), **OLG München** JFG 14, 317; dazu auch *Bem 20*.

Künftige Ereignisse, denen keine rückwirkende Kraft zukommt, dürfen bei der Prüfung nicht in Rechnung gestellt werden, **KG** JFG 1, 301 (203). Dies kann auch bei § 16 Abs 1 oder bei Änderung der Gesetzgebung in Betracht kommen; dazu *Bem 25*. Über Abweichung von der wirklichen Rechtslage *Bem 6*.

Im übrigen *Bem 25, 43*.

28 3. **Sonderfall des § 130 Abs 3 ZVG**

Eine Ausnahme besteht im Falle des § 130 Abs 3 ZVG; dazu *Horber* GBO § 18 Bem 1.

Der Ersteher ist nämlich berechtigt, schon vor seiner Eintragung Eintragungsanträge, zB bez Hypothekenbestellung, Auflassung ua, an das GBA einzureichen, damit dieses sie durch Eintragung erledigt, sobald dies gesetzlich zulässig ist, also erst nach Vollzug des Ersuchens des Vollstreckungsgerichts, § 130 Abs 1 ZVG. Hier darf die noch nicht vollzogene Berichtigung des GB gegenüber einer vom Ersteher beantragten Eintragung nicht als Hindernis iSd § 18 GBO angesehen werden. Dasselbe gilt für Anträge Dritter auf Zwangseintragungen gegen den Ersteher; dazu *§ 17 Bem 22*. Bez Einzelheiten *Steiner-Riedel* ZVG § 130 Bem 8.

Das GBA darf solche Anträge weder zurückweisen noch darf es eine Zwischenverfügung erlassen, **RG** RGZ 62, 140, RJA 6, 268, **BayObLG** 18, 260, *Henle-Schmitt* GBWesen GBO § 18 Bem 4h, *Steiner-Riedel* ZVG aaO; dazu auch *Güthe* GBO § 18 Bem 20.

Die Anträge werden vom GBA entgegengenommen und bei den Akten behalten, um im unmittelbaren Anschluß an die GBBerichtigung und im Rang nach den Sicherungshypotheken nach § 128 ZVG erledigt zu werden. Das GBA hat dafür zu sorgen, zB durch einen Vermerk im Handblatt oder auf dem Deckel der Grundakten, daß ihm solche Anträge nicht außer acht kommen. Dazu *§ 17 Bem 22*.

29 IV. Zurückweisung des Eintragungsantrags

Dazu *Güthe* GBO § 18 Bem 21ff., *Hesse-Saage-Fischer* GBO § 18 Bem II 2a, *Horber* GBO § 18 Bem 3, *Thieme* GBO § 18 Bem 5,
im übrigen LitHinweise zu *Bem 1*

1. Entscheidung

Dazu *Güthe* GBO § 18 Bem 21 bis 23, *Hesse-Saage-Fischer* GBO § 18 Bem II 2a, *Horber* GBO § 18 Bem 3Ba, b, *Thieme* GBO § 18 Bem 3

Das GBA hat über **eingereichte Anträge** zu entscheiden. Soweit keine Bedenken bestehen, hat es ihnen stattzugeben. Im übrigen hat Zurückweisung zu erfolgen, soweit keine Zwischenverfügung (dazu *Bem 40ff.*) erlassen wird; dazu **LG Bayreuth** NJW

1962, 2162. Erfolgt Zurückweisung eines von mehreren Anträgen im Falle des § 16 Abs 2 entgegen einer getroffenen Bestimmung, so ist die in Zusammenhang damit erfolgende Eintragung wirksam; dazu *§ 16 Bem 17*. Wenn mehrere Anträge nacheinander eingereicht werden, so ist § 17 zu beachten; dazu *§ 17 Bem 12ff*. Keine Zurückweisung ist die Zwischenverfügung nach § 18 (dazu *Bem 40ff.*), *Rohs-Wedewer* KostO § 130 Bem IIb. Es muß also nicht immer so verfahren werden, daß entweder dem Antrag **einheitlich** stattgegeben wird oder daß einheitlich Zurückweisung des Antrags erfolgt. Es ist auch eine **teilweise Zurückweisung** möglich, während im übrigen Eintragung in das GB erfolgt. Hierbei wird aber vorausgesetzt, daß der oder die Antragsteller bei einer teilweisen Verbescheidung eine Eintragung gewollt haben. War nur eine Gesamteintragung gewollt, so kann das GBA nicht eine teilweise Zurückweisung vornehmen; dazu **LG Münster** JMBl NRW 1958, 60. Erforderlichenfalls ist dies durch Zwischenverfügung nach § 18 zu klären, bevor entschieden wird; zur Frage der Auslegung von Erklärungen und GBEintragungen *§ 13 Vorbem 12, Bem 13, § 19 Bem 22, 23*, zur Teilzurückweisung *Bem 6, 30, 144*.

Die Zurückweisung erfolgt durch Beschluß oder Verfügung — welche Bezeichnung gewählt wird, ist gleichgültig —, und zwar entweder schriftlich oder durch Bekanntmachung zu gerichtlichem Protokoll, *§ 1 Bem 20*. Sie muß unter Angabe der Gründe erfolgen dh unter Bezeichnung der Hindernisse, welche der Eintragung entgegenstehen, damit der Antragsteller in der Lage ist, eine sachgemäße Entschließung über die weitere Wahrung seiner Rechte zu fassen, insbes ob er Beschwerde einlegen oder den Antrag ergänzen will; dazu Mot. Der GBBeamte soll den Antrag, auch wenn er einen Mangel enthält, der von vornherein die Zurückweisung rechtfertigt, trotzdem noch auf weitere Hindernisse prüfen und diese, insbes soweit es sich um behebbare Mängel handelt, in der abweisenden Verfügung mitteilen, **RG** JW 1914, 652. Dazu *Güthe* GBO § 18 Bem 21, *Hesse-Saage-Fischer* GBO § 18 Bem II 2a, *Horber* GBO § 18 Bem 3Ba.

Über die äußere Form der Entscheidung und deren Bekanntmachung an den Antragsteller, auf die § 55 nicht anzuwenden ist, *§ 1 Bem 20*, über die Bekanntmachung an den Notar *§ 15 Bem 21*. Über Zuständigkeit des GBBeamten *§ 1 Bem 30ff*. Der Unterschrift ist die Amtsbezeichnung beizufügen; wenn ein RPfleger entscheidet, ist dies anzugeben, § 11 RPflegerG (*Anh*); dazu *§ 1 Bem 78a*, auch *Horber* GBO § 18 Bem 3Ba.

Der ablehnende Beschluß ist dem Antragsteller auch dann bekannt zu machen, wenn er auf die Mitteilung der Eintragung verzichtet hat. Die Mitteilung erfolgt nur an den oder die Antragsteller, nicht an alle Antragsberechtigten; dazu *Güthe* GBO § 18 Bem 22, *Horber* GBO § 18 Bem 3Bb. Förmliche Zustellung ist nicht erforderlich, aber zweckmäßig, *Güthe* aaO. Dazu *Bem 31*.

Über Rückgabe des Antrags mit Beilagen *§ 10 Bem 15, § 15 Bem 22*, auch *Horber* GBO § 18 Bem 3D.

2. Kosten 30

Dazu *Horber* GBO § 18 Bem 3Bc

Für die **Zurückweisung** eines Eintragungsantrags wird als **Gebühr** die Hälfte der vollen Gebühr, höchstens jedoch ein Betrag von 60 DM (dazu *§ 13 Vorbem 184*) erhoben, § 130 Abs 1 KostO (*Anh*); dazu *Horber* GBO § 18 Bem 10.

Die Gebühr wird nach dem Geschäftswert berechnet, der für die Eintragung, wenn sie antragsgemäß vorgenommen würde, maßgebend wäre; über Geschäftswert *§ 13 Vorbem 186ff*.

Die zu erhebende Gebühr darf jedoch den Gebührensatz nach oben nicht überschreiten, der für die Vornahme der Eintragung zu erheben wäre, § 130 Abs 3 KostO

(*Anh*); dazu *Horber* aaO. Würde dieser zB nach § 67 KostO (*Anh*) nur ¼ der vollen Gebühr betragen, so beträgt auch die Zurückweisungsgebühr ebenfalls nur ¼ der vollen Gebühr.

Die Gebühr nach § 130 KostO (*Anh*) fällt nur an, wenn es bei der Zurückweisung endgültig verbleibt. Wird diese vor ihrer Bekanntmachung von Amts wegen oder auf Beschwerde wieder rückgängig gemacht (dazu *Bem 35*), so fällt auch die Gebühr fort. Erfolgt die Zurückweisung erst in der Beschwerdeinstanz, nachdem das GBA dem Eintragungsantrag stattgegeben hatte, so ist die Zurückweisungsgebühr, nicht die zunächst angesetzte Eintragungsgebühr geschuldet.

Bei **teilweiser Zurückweisung** des Eintragungsantrags ist die Zurückweisungsgebühr nach dem Wert des zurückgewiesenen Teils, jedoch nur insoweit zu erheben, als die Gebühr für die Erledigung des ganzen Antrags die Gebühr für die teilweise Erledigung übersteigt, § 130 Abs 4 KostO (*Anh*), dazu *Horber* aaO. Als Zurückweisungsgebühr kommt also, wenn die an sich geschuldete Zurückweisungsgebühr und die Gebühr für die nach Antrag vorgenommene Eintragung zusammen den Betrag übersteigen, der für die Vornahme der ganzen Eintragung entstanden wäre, nur der Unterschiedsbetrag zwischen der Gebühr für die erfolgte Eintragung und der Gebühr, die bei Erledigung des ganzen Antrags hätte erhoben werden können, in Betracht. § 130 Abs 4 KostO (*Anh*) gilt jedoch nicht, wenn der Antrag auf Vornahme mehrerer kostenrechtlich selbständiger Eintragungen gerichtet war; hier entsteht für jede Eintragung, die zurückgewiesen wird, eine besondere Zurückweisungsgebühr; dazu **KG** JW 1935, 3047, *Lauterbach* Kostengesetze KostO § 130 Bem 1B, *Rohs-Wedewer* KostO § 130 Bem IIa. Über Teilzurückweisung des Antrags *Bem 6, 29, 144.*

Nach § 16 Abs 1 S 1 KostO (*Anh*) kann **Gebühren- und Auslagenfreiheit** wegen unrichtiger Sachbehandlung gewährt werden; dazu *§ 13 Vorbem 217.* Wenn ein Antrag auf unverschuldeter Unkenntnis der Verhältnisse dh auf einem nicht schuldhaftem Irrtum über tatsächliche für die Entscheidung maßgebende Umstände (wenn zB bei Beantragung einer Eintragung nicht bekannt war, daß die verlangte Eintragung bereits von Amts wegen oder auf Antrag eines anderen Beteiligten vollzogen wurde) oder auf Unwissenheit dh auf Rechtsunkenntnis beruht, so kann nach § 130 Abs 5 S 1 KostO (*Anh*) von der Erhebung von Kosten abgesehen werden. Es handelt sich also um eine Ermessensentscheidung. Ist der Eintragungsantrag durch einen Vertreter gestellt worden, so ist dessen etwaiges Verschulden dem Antragsteller zuzurechnen. Dasselbe gilt, wenn der Antrag von dem Notar nach § 15 GBO gestellt worden ist. Über das Vorliegen der Voraussetzungen entscheidet nach § 16 Abs 2, § 130 Abs 5 S 2 KostO (*Anh*) das Gericht bzw der GBBeamte von Amts wegen; dazu *Rohs-Wedewer* KostO § 16 Bem V, VI. Daneben besteht auch die Möglichkeit, daß im Verwaltungsweg entschieden wird, jedoch nur solange, als keine gerichtliche Entscheidung vorliegt. Im übrigen *§ 13 Vorbem 217.*

Nach § 8 KostO(*Anh*) ist bei Geschäften auf Antrag ein entsprechender **Kostenvorschuß** zu leisten; dazu *§ 13 Vorbem 201.* Bevor GBEintragung erfolgt, ergeht eine **Eintragungsverfügung**; dazu *§ 3 Bem 248 ff.* Es gibt verschiedentlich eine Praxis, wonach mit Anforderung des Kostenvorschusses die Eintragungsverfügung entworfen wird. Eine solche Handhabung ist nicht zweckmäßig, ja uU sogar unrichtig, weil sich bei der Kompliziertheit vieler Fälle oft der weitere Gang der Antragsbehandlung nicht voraussehen läßt. Auch steht oft nicht einmal fest, ob der RPfleger oder der GBRichter zuständig sein wird, je nach der Kompliziertheit des Falles; dazu *§ 1 Bem 79b.* Es könnte daher eine derartige Anordnung auch nicht im Aufsichtswege bindend angeordnet werden, da dies aus dem angegebenen Grunde gegen das RPflegerG(*Anh*) verstoßen würde.

3. Wirkung der Zurückweisung 31

Dazu *Güthe* GBO § 18 Bem 25ff., *Hesse-Saage-Fischer* GBO § 18 Bem II 2a, *Horber* GBO § 18 Bem 3 C, *Thieme* GBO § 18 Bem 5

Die Zurückweisung wird wirksam mit der Bekanntmachung an den Antragsteller, § 16 Abs 1 FGG (*Anh*); dazu *Bem 29, 35, § 1 Bem 20.*

Wird der dem Eintragungsantrag anhaftende Mangel noch vor der Bekanntmachung beseitigt, so ist die Zurückweisung gegenstandslos und die Eintragung muß vorgenommen werden.

Es ist zu unterscheiden zwischen materieller Wirkung (dazu *Bem 32*) und formeller Wirkung (dazu *Bem 33ff.*).

a) Materielle Wirkung 32

Dazu *Güthe* GBO § 18 Bem 25, *Hesse-Saage-Fischer* GBO § 18 Bem II 2a, *Horber* GBO § 18 Bem 3Cc

Eine materielle Wirkung äußert die Zurückweisung des Einstellungsantrages nicht, **KG** JFG 9, 398. Die materiellen Rechtsverhältnisse werden durch sie nicht beeinflußt. Durch die Zurückweisung des Antrags wird insbes die rechtsgeschäftliche Bindung eines Erklärenden, die nach den materiell-rechtlichen Vorschriften eingetreten ist (zB in den Fällen von § 873 Abs 2 und § 875 Abs 2 BGB), nicht berührt. Ist zB eine Verzichtserklärung auf eine Reallast von den Erben des Berechtigten abgegeben und erfolgt die Abweisung wegen nicht genügenden Nachweises des Erbrechts, so bleibt die Unwiderruflichkeit der Verzichtserklärung bestehen und bleibt der Eigentümer nur den mit der *publica fides* des GBuchs infolge des Fortbestehens der Eintragung verbundenen Gefahren ausgesetzt, wie die Mot hervorheben, *Güthe* GBO § 18 Bem 25. Ein endgültig zurückgewiesener Eintragungsantrag hat aber — anders als ein durch Zwischenverfügung erledigter Antrag; dazu **OLG Celle** OLG 17, 352 — nicht die Wirkung, daß gemäß § 878 BGB eine später eintretende Verfügungsbeschränkung der beantragten gegenüber unwirksam ist, **RG** RGZ 60, 394, **BayObLG** 11, 397.

b) Formelle Wirkung 33

Dazu *Güthe* GBO § 18 Bem 26ff., *Hesse-Saage-Fischer* GBO § 18 Bem II 2a, *Horber* GBO § 18 Bem 3Cc, *Thieme* GBO § 18 Bem 5

In formeller Beziehung enthält die ablehnende Entscheidung nicht eine Feststellung der Unzulässigkeit der Eintragung, durch die das GBA sich selbst bindet, sondern sie ist einfach die Verweigerung einer tatsächlichen Maßnahme, der Eintragung in das GB, welcher die Gründe für die Versagung beigefügt sind; dazu Mot. Bei *Güthe* GBO § 18 Bem 26 wird von einer negativen Bedeutung der Antragszurückweisung gesprochen.

Die Ablehnung erzeugt daher keine Rechtskraft, weder eine formelle noch eine materielle; dazu *Bem 35.* Deshalb kann der abgewiesene Antrag jederzeit erneuert werden und die Eintragung erfolgen, auch wenn der Antragsteller keine neuen Unterlagen beischafft, sondern nur in der Lage ist, die in dem abweisenden Beschluß niedergelegte Rechtsauffassung zu widerlegen, **KG** RJA 11, 257, KGJ 39, 44, **BayObLG** 28, 476, **OLG Colmar** OLG 4, 198, *du Chensne* JW 1910, 740, BayNotV 1912, 133, *Güthe* GBO § 18 Bem 26, *Hesse-Saage-Fischer* GBO § 18 Bem II 2a, *Horber* GBO § 18 Bem 3Cc, *Thieme* GBO § 18 Bem 5.

Im einzelnen ist hierzu noch auf folgendes hinzuweisen:

1. Mit der Zurückweisung dh schon mit der Erlassung der Entscheidung und 34
nicht erst mit ihrer Bekanntmachung, insbes Zustellung an den Antragsteller (dazu *Bem 29*), ist der **Antrag** für das GBA **erledigt**; den späteren Eintragungsanträgen, durch die dasselbe Recht betroffen wird (dazu *§ 17 Bem 12ff.*), kann nunmehr stattgegeben werden; dazu *Güthe* GBO § 18 Bem 27, *Horber* GBO § 18 Bem 3Cb. Bei *Güthe*

aaO wird dies als positive Bedeutung der Antragszurückweisung bezeichnet. Es geht damit eine Vorzugsstellung verloren; dazu *Bem 37*.

35 2. Ist die Zurückweisung des Antrags durch Bekanntmachung an den Antragsteller wirksam geworden, so ist das GBA nach § 18 Abs 1 HalbS 2 FGG (*Anh*) zu einer **Änderung seiner Entscheidung nur auf Antrag**, nämlich auf erneute Anregung oder bei Beschwerdeeinlegung, befugt, wobei der neue Antrag oder die Beschwerde auch von einem anderen Antragsberechtigten als dem ursprünglichen Antragsteller ausgehen kann; dazu *§ 1 Bem 22c* (*b*). Dagegen ist der GBBeamte nicht berechtigt, von Amts wegen seine Entscheidung zu ändern; dazu **KG** JW 1937, 478 = DNotZ 1937, 271 = DFG 1936, 258, *du Chesne* BayNotZ 1912, 133, *Güthe* GBO § 18 Bem 26, *Hesse-Saage-Fischer* GBO § 18 Bem II 2a, *Horber* GBO § 18 Bem 3Cc, *Predari* GBO § 18 Bem 4, *Thieme* GBO § 18 Bem 5. Zu § 18 FGG *§ 1 Bem 22*. Ist Beschwerde eingelegt, so ist das GBA zur Änderung solange berechtigt, als nicht das Beschwerdegericht entschieden hat; dazu *Güthe* GBO § 18 Bem 26, *Hesse-Saage-Fischer* GBO § 18 Bem II 2a, *Horber* GBO § 18 Bem 3Cc, *Thieme* GBO § 18 Bem 5. Weiter erlangt durch die die Beschwerde abweisende Entscheidung des Beschwerdegerichts der Abweisungsbeschluß des GBA formelle Rechtskraft und kann nicht mehr geändert werden, **KG** RJA 11, 257; dazu *Güthe* GBO § 18 Bem 26, *Hesse-Saage-Fischer* GBO § 18 Bem II 2a, *Horber* GBO § 18 Bem 3Cc, *Thieme* GBO § 18 Bem 5.

36 3. Erfolgt eine Änderung des abweisenden Beschlusses durch das GBA oder durch das Beschwerdegericht (über die Zulässigkeit *Bem 35*), so wird die **Eintragung** auf Grund des ursprünglich gestellten Antrags vorgenommen; eine Ausnahme besteht nur für den Fall, daß die Beschwerde auf neue Tatsachen gestützt wird, **KG** KGJ 52, 122.

Nach dem Zeitpunkt des Eingangs des ursprünglichen Antrags bemessen sich daher der der Eintragung zukommende Rang sowie die sonstigen mit der Stellung eines Eintragungsantrags verbundenen Wirkungen. Der Vorrang verbleibt ihm jedoch nur hinsichtlich der noch nicht erledigten, später eingegangenen Eintragungsanträge. Soweit diese dagegen durch Eintragung erledigt sind, ist der Vorrang endgültig verloren; die Eintragung hat daher an nächst offener Rangstelle zu erfolgen. Die zwischen der Zurückweisung und ihrer Aufhebung vorgenommenen sonstigen Eintragungen bleiben unberührt. Dazu **RG** RGZ 135, 378, **KG** KGJ 52, 122, JFG 1, 305 = OLG 42, 159, *Güthe* GBO § 18 Bem 26, *Henle-Schmitt* GBWesen GBO § 18 Bem 3a, *Hesse-Saage-Fischer* GBO § 18 Bem II 2a, *Horber* GBO § 18 Bem 3Cb, *Thieme* GBO § 18 Bem 5.

Nicht ausgeschlossen ist, daß der Antrag durch die inzwischen erfolgten Eintragungen seine Begründetheit verloren hat; dazu *§ 17 Bem 12ff*.

37 4. Für den Antragsteller hat die Zurückweisung des Antrags die Bedeutung, daß die für ihn durch den Eingang des Antrags beim GBA gewahrte **Vorzugsstellung** (§§ 17, 45) **verloren geht**. Darin liegt die positive Bedeutung der Antragszurückweisung dazu *Bem 3*.

Wird der Antrag später wiederholt — was zulässig ist (dazu *Bem 33*), und zwar auch nach Zurückweisung der Beschwerde gegen die Abweisung des ersten Antrags (dazu *Bem 35*) — oder wird der Antrag berichtigt oder ergänzt, so ist er regelmäßig als **neuer Antrag** zu behandeln. Der Rang der beantragten Eintragung richtet sich dann nach dem neuen Antrag, **KG** JFG 9, 398 = HRR 1932 Nr 274; dazu *Güthe* GBO § 18 Bem 27, *Henle-Schmitt* GBWesen GBO § 18 Bem 3a, *Hesse-Saage-Fischer* GBO § 18 Bem II 2a, *Horber* GBO § 18 Bem 3Cc, *Thieme* GBO § 18 Bem 5.

Ist allerdings der neue Antrag ebenso begründet wie der frühere, so kann der GBBeamte in dem neuen Antrag die Anregung erblicken, die den **ursprünglichen Antrag** zurückweisende Verfügung aufzuheben und die Eintragung auf Grund des früheren Antrags vorzunehmen; dazu *Bem 35*. Dann ist dieser vor einem noch nicht erledigten dasselbe Recht betreffenden weiteren (etwa 3.) Antrag zu erledigen, der zwischen den Anträgen (nämlich dem 1. und 2. Antrag) eingegangen ist; dazu *Güthe* GBO § 18 Bem 27.

5. Sind **mehrere Anträge** nach § 16 Abs 2 miteinander verbunden, so sind, wenn nur bei einem einzelnen Antrag die Zurückweisung gerechtfertigt ist, sämtliche Anträge zurückzuweisen, und zwar der mangelhafte als unbegründet, die übrigen im Hinblick auf den Vorbehalt des § 16 Abs 2; dazu *§ 16 Bem 15, 16.* **38**

4. Rechtsmittel gegen die Zurückweisung **39**

Dazu *Güthe* GBO § 18 Bem 24, *Horber* GBO § 18 Bem 9a

Gegen die Zurückweisung des Antrags sind die fristlose Beschwerde und weitere Beschwerde zulässig, §§ 71, 78. Beschwerde gegen einzelne von mehreren selbständigen Zurückweisungsgründen ist unzulässig, da nicht die Entscheidungsgründe, sondern die Entscheidung selbst angefochten wird; dazu **KG** RJA 12, 248. Die Beschwerde kann nicht nur damit begründet werden, daß ein Hindernis für die Eintragung nicht vorliegt, sondern auch damit, daß das GBA eine Zwischenverfügung (dazu *Bem 40ff.*) hätte erlassen sollen; dazu *Güthe* GBO § 18 Bem 24. Dann hat die Beschwerde, auch wenn ihr stattgegeben wird, nicht die Wirkung, daß die inzwischen erfolgten Eintragungen nachträglich unwirksam werden, **BayObLG** 8, 52. Die Frage, ob das GBA von dem ihm zustehenden Ermessen den richtigen Gebrauch gemacht hat, unterliegt der Nachprüfung des Beschwerdegerichts, **OLG Dresden** OLG 4, 182 (185). Dagegen kann die weitere Beschwerde hierauf nur dann gestützt werden, wenn geltend gemacht wird, daß sich das Untergericht in einem eine Gesetzesverletzung darstellenden Rechtsirrtum befunden habe, weil es zB annahm, daß der Mangel nicht behebbar sei, **OLG Dresden** OLG 6, 489, oder daß für eine Zwischenverfügung kein Raum sei, weil der Antragsteller bei einiger Aufmerksamkeit den Mangel hätte erkennen müssen, **KG** OLG 8, 307, **OLG Karlsruhe** JFG 4, 405; dazu *Güthe* GBO § 18 Bem 24. Weist das GBA, das den Antrag abgelehnt hat, bei der Vorlage der Akten an das Beschwerdegericht noch auf einen weiteren Mangel hin, so muß dieses, wenn es sich das Bedenken aneignen will, vor seiner Entscheidung den Beschwerdeführer hören und ihm Gelegenheit geben, das Bedenken durch Beibringung neuer Beweise oder neue Rechtsausführungen zu beseitigen, **BayObLG** RPfliB 1905, 108.

Über das Verfahren bei Entscheidung durch einen RPfleger oder im früheren Land Württemberg *Bem 48.*

Über Rechtsmittel im Verfahren nach Fristablauf *Bem 50*, bei Erlaß einer Zwischenverfügung *Bem 48*, im Falle des § 18 Abs 2 *Bem 69*, über Löschung von Vormerkung und Widerspruch *Bem 71.*

V. Zwischenverfügung **40**

Dazu *Güthe* GBO § 18 Bem 28ff., *Hesse-Saage-Fischer* GBO § 18 Bem II 2b, *Horber* GBO § 18 Bem 5, *Riggers* Die Entwicklung der Zwischenverfügung nach § 18 GBO Rpfleger 1957, 181, *Thieme* GBO § 18 Bem 6, auch *Habscheid* Die Entscheidung des GBA nach § 18 GBO NJW 1967, 225, im übrigen LitHinweise zu *Bem 1*

1. Allgemeines

Zwischenverfügung ist die dem Antragsteller gegenüber erfolgende Bestimmung einer angemessenen Frist zum Zwecke der Beseitigung eines Eintragungshindernisses; dazu **KG** DR 1943, 705 = DFG 1943, 44, *Güthe* GBO § 18 Bem 28.

Unzulässig ist es, die Zwischenverfügung in der Form einer aufschiebend bedingten Zurückweisung auszusprechen dh den Antrag mit der Maßgabe zurückzuweisen, daß die Wirkung der Zurückweisung nicht eintreten soll, wenn innerhalb einer bestimmten Frist eine gewisse Bedingung erfüllt wird, **RG** JW 1905, 433, **KG** OLG 10, 426, *Güthe* GBO § 18 Bem 38.

Die Zwischenverfügung ist auch gegenüber den **Eintragungsersuchen von Behörden** zulässig, **KG** KGJ 52, 155, *Fumian* BayNotV 1925, 437; dazu *Bem 3.*

Auch das **Beschwerdegericht** kann eine Zwischenverfügung erlassen; zu erledigen ist sie gegenüber dem GBA, **KG** JR 1927 Nr 389.

Im **GBAnlegungsverfahren** wie in jedem von Amts wegen betriebenen Verfahren ist für eine Zwischenverfügung kein Raum, **KG** KGJ 48, 157, JFG 13, 127, *Güthe* GBO § 18 Bem 3, 4; dazu *Bem 3.*

41 **2. Form und Inhalt der Zwischenverfügung**

a) Zuständigkeit

Über Zuständigkeit zur Entscheidung *Bem 29, § 1 Bem 34ff.* Zur Unterschrift ist die Amtsbezeichnung hinzuzufügen; ein RPfleger hat anzugeben, daß er in dieser Eigenschaft unterzeichnet, § 11 RPflegerG (*Anh*); dazu *§ 1 Bem 78a*, auch *Horber* GBO § 18 Bem 3Ba und **BayObLG** BayObLGZ 1948/51, 53.

42 **b) Inhalt**

Zum **Inhalt** der Zwischenverfügung gehören nach § 18 Abs 1 S 1

die Angabe des Hindernisses bzw der Hindernisse und eine Fristsetzung; dazu *Bem 43, 44.*

Weiteren Inhalt braucht die Zwischenverfügung nicht zu haben.

Unzulässig wäre es, Ordnungsstrafen für den Fall der Nichtbeseitigung der Hindernisse anzudrohen.

Als Zwischenverfügung muß diese nicht **bezeichnet** sein; dazu *Bem 45.*

Über Entscheidung bei **mehreren Anträgen** *Bem 45, § 16 Bem 15, 16.* Die Entscheidung bez Erlaß einer Zwischenverfügung ergeht nach **pflichtgemäßem Ermessen** unter Abwägung der sich gegenüberstehenden Interessen nach Lage der Umstände, wobei unnötige Härten vermieden werden sollen; dazu **RG** RGZ 126, 107 (112), **OLG Celle** DNotZ 1955, 542 = DRspr IV (473) 34e, auch *Bem 22.* Daher ist eine Zwischenverfügung auch dann möglich und zulässig, uU sogar angebracht, wenn ein als unvollständig oder mangelhafter Antrag eingereicht ist, **RG** und **OLG Celle** aaO, **aA** (überholt) **KG** KGJ 50, 136. In dem gbamtlichen Verfahren ist es sinnlos, den Erlaß einer neuen Zwischenverfügung gleichen Inhalts hilfsweise für den Fall der rechtskräftigen Abweisung des Hauptantrags zu beantragen; dazu **OLG Celle** aaO. Es darf in solchem Falle die Zwischenverfügung nicht bewußt außer Acht gelassen werden, auch wenn ein bestimmter Rechtsstandpunkt vom Antragsteller durchgesetzt werden will, **OLG Celle** aaO. Wenn allerdings hier angenommen wird, der **Hilfsantrag** sei unzulässig, weil sich in solchem Falle der Antragsteller mit einer Beschwerde gegen die Zwischenverfügung (dazu *Bem 48, 50*) begnügen müsse, so dürften gegen diese Auffassung Bedenken entgegenstehen, wenn man die Grundsätze über Rechtskraft im FGG-Verfahren (dazu *§ 1 Bem 24*) berücksichtigt. Da der erwähnte als Hilfsantrag bezeichnete Antrag nur für den Fall einer rechtskräftigen Ablehnung gestellt ist, handelt es sich eigentlich um einen Neuantrag, dem auch der Einwand der Rechtshängigkeit nicht entgegensteht. Es ist also nochmals zu entscheiden, auch wenn der Antrag sofort abgelehnt wird, weil nichts Neues vorgetragen ist.

Die Zwischenverfügung muß so **abgefaßt** sein, daß sie dem Antragsteller eine sachgemäße Entscheidung über die weitere Wahrnehmung seiner Rechte ermöglicht; dazu **OLG Hamm** JMBl NRW 1963, 180, **KG** KGJ 50, 229, *Güthe* GBO § 18 Bem 30. Wenn Anlaß besteht, muß die Zwischenverfügung auch ersehen lassen, aus welchen Gründen die Anordnung getroffen wurde, damit die Beteiligten sich darnach richten können, **OLG Hamm** aaO, auch *Bem 43.* Wenn hiernach zB das GBA im Falle des

§ 35 Abs 1 S 2 durch Zwischenverfügung die Vorlegung eines Erbscheins verlangt (dazu *§ 35 Bem 41ff.*), so muß es nicht nur begründete Zweifel tatsächlicher Art wegen des behaupteten Erbrechts haben, sondern nach den Umständen in der Zwischenverfügung auch zu erkennen geben, welcher Art seine Bedenken sind. Die nur auf Vermutungen gestützte Möglichkeit, daß ein vorgelegtes Testament durch eine spätere Verfügung abgeändert worden ist, kann das Verlangen nach Vorlegung eines Erbscheins nicht rechtfertigen.

Hierzu ist im einzelnen folgendes zu bemerken:

Grundsätzlich ist eine **einheitliche Zwischenverfügung** in einer Angelegenheit zu erlassen. Es ist aber auch zulässig, **mehrere Zwischenverfügungen** zu erlassen; dies sollte aber nur bei besonderem Anlaß erfolgen.

1. Angabe des Hindernisses 43

Die Zwischenverfügung muß ebenso wie der abweisende Beschluß (dazu *Bem 29ff.*), die Angabe des Hindernisses enthalten, das der Eintragung entgegensteht. Liegen mehrere Hindernisse vor, so sind sie alle anzugeben, **KG** KGJ 44, 291, JW 1935, 3042; dazu *Güthe* GBO § 18 Bem 30, *Hesse-Saage-Fischer* GBO § 18 Bem II 2b , *Horber* GBO § 18 Bem 5Aa, b. Eine stufenweise Beanstandung ist möglichst zu vermeiden, unzulässig ist sie nicht. Es ist ja möglich, daß das GBA anfangs nicht alle Hinderungsgründe sofort erkennt oder daß während der gesetzten Frist neue Hinderungsgründe auftreten. Eine nicht einheitliche Beanstandung schädigt die Interessen des Antragstellers ohne zwingende Notwendigkeit und bedeutet für das GBA selbst nur eine Verzögerung des Verfahrens und eine Erschwerung des Geschäftsbetriebs. Deshalb hat der GBBeamte den Eintragungsantrag schon bei der ersten Würdigung sorgfältig nach allen Richtungen auf seine Vollständigkeit zu prüfen. Ergibt sich nach Erlaß der Zwischenverfügung trotzdem ein weiterer bisher nicht gerügter Mangel, so ist eine weitere Zwischenverfügung zu erlassen.

Die Zwischenverfügung soll möglichst **die zur Beseitigung des Mangels erforderlichen Maßnahmen angeben**; dazu **KG** KGJ 50, 229/52, 208, *Güthe* GBO § 18 Bem 30, *Hesse-Saage-Fischer* GBO § 18 Bem II 2bα, *Horber* GBO § 18 Bem 5Ab. Sind zur Beseitigung eines Hindernisses **mehrere Wege** möglich, so darf die Zwischenverfügung nicht einen bestimmten dieser Wege vorschreiben, **KG** JW 1935, 3042. Zu denken ist etwa an den Fall, daß der Nachweis der Vertretungsbefugnis durch ein Zeugnis des Registergerichts nach § 32 oder durch eine beglaubigte Abschrift des Registers bzw einen Registerauszug geführt werden kann; dazu *§ 29 Bem 42, 78, § 32 Bem 33.* Die Angabe von **Gründen** ist nicht erforderlich, aber, wenn auch nur durch Hinweis auf die Gesetzesstellen, häufig zweckmäßig, uU jedoch nötig aus sachlichen Erwägungen heraus, um die Gründe für Zwischenverfügung ersehen zu lassen; dazu *Bem 42.*

Die Zwischenverfügung muß zur **Beseitigung des Hindernisses** bzw der Hindernisse erlassen werden. Sie darf also außer auf Nachbringung von Unterlagen nur auf Klarstellung oder Einschränkung, zB wenn nicht eintragungsfähige Nebenbestimmungen zur Eintragung beantragt sind (dazu *§ 13 Vorbem 32ff.*), nicht aber auf die Zurücknahme oder Abänderung des gestellten Antrags hinwirken, **KG** KGJ 44, 268, OLG 34, 236 = KGJ 46, 179, HRR 1935 Nr 866, JFG 1, 439/4, 315. Eine Ausnahme besteht nur insofern, als von mehreren nach § 16 Abs 2 verbundenen Anträgen nur ein einzelner zu beanstanden ist bzw einzelne nicht in Ordnung sind; in diesem Falle muß einheitlich entschieden werden; dazu auch *Bem 42.* Es ist jedoch möglich, daß die Eintragung in Aussicht gestellt wird, wenn der zu beanstandende Antrag geändert oder zurückgenommen wird; dies gilt auch bez mehrerer beanstandungswürdiger Anträge. Dazu **KG** JFG 1, 439/13, 111 *§ 16 Bem 15, 16*, auch *Güthe* GBO § 18 Bem 30, *Hesse-Saage-Fischer* GBO

§ 18 Bem II 2bα, *Horber* GBO § 18 Bem 5Ab. Bei solcher Handhabung bleibt es natürlich unbenommen, wenn bei den unbeanstandeten Anträgen sich bei weiterer Prüfung ergibt, daß doch Eintragungsfähigkeit nicht besteht, abweichend von der erlassenen Zwischenentscheidung die Anträge zu verbescheiden.

Keine Zwischenverfügung, überhaupt keine beschwerdefähige Entscheidung, sondern nur eine **Ansichtsäußerung** des GBBeamten verbunden mit der Ankündigung der Ablehnung im Falle der Aufrechterhaltung des Antrags liegt daher vor, wenn das GBA die Auflage macht, einen von ihm für unzulässig oder unbegründet erachteten Antrag binnen einer bestimmten Frist bei Meidung der Zurückweisung zurückzunehmen, **KG** JFG 13, 111. Die Beschwerde gegen eine solche die Abänderung oder Zurücknahme des Antrags verlangende Zwischenverfügung, auch wenn sie sich als solche bezeichnet, wäre unzulässig, **KG** KGJ 46, 179 = OLG 34, 236, JFG 13, 111; dazu *Bem 15, 16 ,48, § 71 Bem 11.* Dagegen können, wie erwähnt, mehrere nach § 16 Abs 2 verbundene Anträge, von denen einer nicht eintragungsfähig ist, durch Zwischenverfügung dahin verbeschieden werden, daß den übrigen Anträgen bei Rücknahme oder Abänderung des unzulässigen Antrags stattgegeben wird, **KG** JFG 1, 439, *Güthe* und *Horber* aaO. Bei einer Mehrheit von Anträgen kann auch gerügt werden, daß einzelne Anträge fehlen, **KG** JFG 4, 315. Eine Aufklärungspflicht mit Einwirken auf sachgemäße Anträge, wie es für das Zivilprozeßverfahren § 139 ZPO vorschreibt, besteht im Rahmen der Verbescheidung der gestellten Anträge beim GBA nicht. Soweit es geschieht, als eine Auskunft gegeben wird, ist wegen der Haftung Vorsicht geboten, besonders wenn es sich, wie häufig im GBRecht, um schwierige Fragen handelt und die Rechtslage wegen weiterer Anträge nicht vollkommen überblickbar ist; dazu *§ 11 Bem 24ff.*

Die Zwischenverfügung darf **inhaltlich nicht etwas Unzulässiges** verlangen; dazu *Bem 17ff., 22ff.* Bei einer unter einer Auflage erteilten Genehmigung eines Grst-Vertrags darf das GBA die Eintragung nicht von dem Verzicht der Beteiligten auf Rechtsmittel gegen den Genehmigungsbescheid abhängig machen, **OLG Koblenz** DNotZ 1950, 282. Ein Antrag auf Berichtigung des GB kann mittels einer Zwischenverfügung nur dann beanstandet werden, wenn das Hindernis in dem Falle des Nachweises der gegenwärtigen Unrichtigkeit besteht, dagegen nicht, wenn die Unrichtigkeit erst geschaffen werden muß, **KG** DFG 1943, 97 = DR 1944, 124. Ebenso ist von dem gegenwärtigen Rechtszustand auszugehen, nicht dagegen darf eine bevorstehende Gesetzesänderung abgewartet werden, **OLG Celle** NdsRpfl 1947, 62 = JR 1948, 318; dazu *Bem 25.* Unzulässig ist auch die Verhängung einer Ordnungsstrafe; dazu *Bem 42.*

44 2. **Frist**

Ferner muß in der Verfügung eine Frist gesetzt sein, innerhalb deren das Hindernis zu beseitigen ist. Die Fristbestimmung ist also wesentlich für die Zwischenverfügung, **OLG Hamm** JMBl NRW 1963, 180, **KG** JFG 7, 398/8, 342. Ohne **Fristsetzung** kann das GBA nicht die Behebung eines Mangels verlangen. Fehlt die Fristsetzung, so ist die Zwischenverfügung auf Beschwerde schon aus diesem Grunde aufzuheben, **KG** JR 1926 Nr 1386, JFG 7, 397 (398)/8, 340 (342), *Güthe* GBO § 18 Bem 28, *Hesse-Saage-Fischer* GBO § 18 Bem II 2bα, *Horber* GBO § 18 Bem 5Ac, *Thieme* GBO § 18 Bem 6,

Die Frist muß **angemessen** sein. Sie muß also so bemessen sein, daß es möglich ist. das Hindernis innerhalb der Frist zu heben, **KG** JW 1926, 1588, HRR 1940 Nr 1077, *Güthe* GBO § 18 Bem 29, *Hesse-Saage-Fischer* und *Horber* aaO. Für den Regelfall werden 2 bis 4 Wochen genügen. Über Setzung einer Nachfrist bzw Gewährung einer Fristverlängerung *Bem 47, 50.*

Die Frist muß ferner **bestimmt** sein. Es muß also entweder ein bestimmter Kalendertag als ihr Endpunkt angegeben oder es müssen ihre Dauer und der Anfangszeitpunkt (zB Tag der Zustellung) bezeichnet werden; dazu *Güthe* GBO § 18 Bem *28, 30*, *Hesse-Saage-Fischer*, *Horber* und *Thieme* aaO. Nicht zweckmäßig erscheint es, wenn es auch nicht als unzulässig anzusehen ist, das Ende der Frist durch ein bestimmtes Ereignis die rechtskräftige Entscheidung eines Rechtsstreits zu begrenzen; dazu **OLG Dresden** JFG 3, 301. Die Fristbestimmung darf sich in solchem Falle aber nicht als Aussetzung auswirken, sonst wird sie unzulässig; dazu *Bem 12*.

Über Fristberechnung *§ 1 Bem 21*; dazu *Hesse-Saage-Fischer*, *Horber* und *Thieme* aaO.

c) Form, Bekanntmachung ua 45

Die Zwischenverfügung ergeht **schriftlich**. Sie braucht als solche nicht bezeichnet zu sein; dazu *Bem 42*. Umgekehrt macht die **Bezeichnung** als Zwischenverfügung eine Anordnung des GBBeamten, die keine Zwischenverfügung ist, nicht zu einer solchen; dazu *Bem 43*. Über **Zuständigkeit** *Bem 41*.

Über **Bekanntmachung** an den Antragsteller *§ 1 Bem 20*; dazu *Güthe* GBO § 18 Bem 31, *Hesse-Saage-Fischer* GBO § 18 Bem II 2b*α*, *Horber* GBO § 18 Bem 5B. Die Frist muß dem Antragsteller bekannt gemacht werden. Hat der Notar nach § 15 den Eintragungsantrag gestellt, so ist die Zwischenverfügung dem Notar, und zwar nur ihm, bekanntzumachen; dazu *§ 15 Bem 21*. Die Zustellung an den Antragsteller selbst würde in diesem **Fall** die Frist nicht in Lauf setzen, **KG** KGJ 38, 197. Dies gilt auch dann, wenn neben dem Notar auch die Beteiligten den Eintragungsantrag gestellt haben, **KG** KGJ 38, 200. Es hat **förmliche Zustellung** zu erfolgen, § 16 FGG (*Anh*), **OLG Hamm** DNotZ 1950, 42 = DRspr IV (473) 13b; dazu *Güthe*, *Hesse-Saage-Fischer*, *Horber* und *Thieme* aaO. Die teilweise geübte Praxis, ohne Zustellungsnachweis die Zwischenverfügung bekanntzugeben, ist zu beanstanden.

Die den Antrag enthaltende Urkunde und ihre Beilagen sind dem Antragsteller **zurückzugeben**, soweit er sie zur Behebung des Hindernisses braucht; die zur Aufbewahrung bei den Grundakten bestimmten Abschriften sind zurückzubehalten. Dazu auch *§ 10 Bem 15*, *§ 15 Bem 22*.

Bez der **Kosten** gilt folgendes: Eine besondere Gebühr wird für die Zwischenverfügung nicht erhoben, § 69 Abs 3 KostO (*Anh*); dazu *Hesse-Saage-Fischer* GBO § 18 Bem IV, *Horber* GBO § 18 Bem 10, *Lauterbach* Kostengesetze KostO § 69 Bem 4, *Thieme* GBO § 18 Bem 8. Auch Schreibgebühren dürfen für die Zwischenverfügung nicht berechnet werden, da § 136 Abs 1 Z 3 KostO (*Anh*) nicht anwendbar ist; dazu *Lauterbach* aaO KostO § 136 Bem 2 (c), *Rohs-Wedewer* KostO § 136 Bem IIa, IIIc 3. Über Kostenvorschuß bei GBEintragung *Bem 30*.

3. Wirkung der Zwischenverfügung 46

Dazu *Güthe* GBO § 18 Bem 34ff., *Hesse-Saage-Fischer* GBO § 18 Bem II 2b*β*,*γ*, *Horber* GBO § 18 Bem 5C, *Thieme* GBO § 18 Bem 6

a) Wirkung auf Antrag

Dazu *Güthe* GBO § 18 Bem 34, *Hesse-Saage-Fischer* GBO § 18 Bem II 2b*β*, *Horber* GBO § 18 Bem 5Ca, *Thieme* GBO § 18 Bem 6

Der Antrag bleibt in formeller und materieller Beziehung wirksam, **RG** RGZ 110, 206. Seine **Rangstellung** richtet sich nach dem Zeitpunkt seines Eingangs, nicht nach dem der Behebung des Hindernisses; dazu *Bem 19, 20, 59*. Die Fristbestimmung gilt auch nicht als Erledigung des Antrags iSd § 17; diese tritt vielmehr erst dann ein, wenn das GBA nach § 18 Abs 2 verfahren hat, **RG** RGZ 60, 396. Auch die **materiellrechtlichen Wirkungen** des Antrags werden durch die Zwischenverfügung nicht berührt; dazu *§ 13 Bem 9.*

47 b) Bindung des GBA an die Entscheidung

Dazu *Güthe* GBO § 18 Bem 35, 36, *Hesse-Saage-Fischer* GBO § 18 Bem *II* 2bγ, *Horber* GBO § 18 Bem 5Cb, *Thieme* GBO § 18 Bem 6

Das GBA ist an die erlassene Zwischenverfügung nicht gebunden. Über das Verfahren nach Fristablauf *Bem 50, 51.*

Kommt der GBBeamte vor dem Ablauf der Frist zu der Anschauung, daß die Bedenken unbegründet sind, so kann er die **Eintragung vornehmen**, und zwar von Amts wegen oder auf Antrag; dazu *Güthe* GBO § 18 Bem 35, *Hesse-Saage-Fischer* GBO § 18 Bem II 2bγ.

Wenn der GBBeamte sieht, daß das Hindernis nicht oder nicht in absehbarer Zeit behoben werden kann, zB weil der Antragsteller dies erklärt (dazu im einzelnen *Bem 17ff.*), oder wenn die Rechtslage sich ändert, zB durch Konkurseröffnung (dazu *Güthe* GBO § 18 Bem 35), so kann er unter Aufhebung der Zwischenverfügung den **Antrag zurückweisen** (dazu *Bem 29ff.*), und zwar nicht nur auf Antrag, sondern auch von Amts wegen, *Güthe* und *Hesse-Saage-Fischer* aaO, **aA** (überholt) **KG** OLG 8, 307, *Predari* GBO § 18 Bem 3; dazu *Bem 62.* Dies ist auch dann möglich, wenn bereits nach § 18 Abs 2 eine Vormerkung oder ein Widerspruch eingetragen ist, *Güthe* aaO; dazu *Bem 52ff.* Eine Besonderheit gilt, wenn gesetzliche Vorschriften entgegenstehen; so muß der Antrag auf Eintragung einer Arresthypothek zurückgewiesen werden, wenn das Hindernis nicht innerhalb der Frist des § 929 Abs 2 ZPO behoben wird, da der Arrestbefehl erst mit der Behebung des Hindernisses als vollzogen gilt, **KG** KGJ 31, 331; dazu *Horber* GBO § 18 Bem Cb. Im übrigen *Bem 50.*

Es besteht auch die Möglichkeit der **Änderung der Fristbestimmung**, **OLG Hamm** JMBl NRW 1961, 274 (dazu auch *Bem 50, 61, 80*), *Güthe* GBO § 18 Bem 36, *Hesse-Saage-Fischer* GBO § 18 Bem II 2bγ, *Horber* GBO § 18 Bem 5Ac, *Thieme* GBO § 18 Bem 6. Es ist zulässig, die Frist nachträglich **abzukürzen**, da das GBA den Antrag auch zurückweisen kann; dazu *Güthe* und *Hesse-Saage-Fischer* aaO. Umgekehrt ist auch eine **Fristverlängerung** nachträglich möglich; dazu *Güthe* aaO, *Henle-Schmitt* GBWesen GBO § 18 Bem 4e, *Hesse-Saage-Fischer*, *Horber* und *Thieme* aaO. Die Verlängerung der Frist, die Setzung einer Nachfrist erfolgt im Rahmen des freien pflichtgemäßen Ermessens, entweder auf Antrag, auch des Notars, § 15, oder von Amts wegen, also ohne Antrag oder auf Anregung; dazu auch **KG** OLG 10, 426, JW 1926, 1588, anscheinend abweichend **RG** RGZ 60, 396. Die Fristverlängerung wird nur aus triftigem Grunde gewährt, insbes wenn die ursprüngliche Frist sich als zu kurz erwiesen hat, weil sie zu knapp bemessen war, oder wenn veränderte Umstände eingetreten sind oder wenn das GBA infolge eines Wechsels der Rechtsauffassung oder des Gesetzes Anlaß hierzu sieht, etwa weil nunmehr weitere oder andere Unterlagen beschafft werden müssen. Wenn die zur Behebung des Hindernisses beigebrachten Unterlagen mangelhaft sind, so wird man vorsichtig sein, hierwegen ohne weiteres die gesetzte Frist zu verlängern; es kommt aber auf den Einzelfall an, dazu *Fumian* BayNotV 1925, 444. Die Fristverlängerung kann auch noch nach Ablauf der ursprünglich gesetzten Frist erfolgen (dazu *Bem 50*), nicht aber, wenn der Eintragungsantrag bereits endgültig zurückgewiesen ist, **KG** KGJ 51, 276. Verlängerung der Frist kann auch ein späterer Antragsteller beantragen, dessen Antrag von der zuerst beantragten Eintragung abhängig ist, **KG** OLG 42, 159 = JFG 1, 305, *Güthe* aaO. Im übrigen über Fristdauer *Bem 44, 50.*

4. Rechtsmittel

48

Dazu *Güthe* GBO § 18 Bem 33, *Horber* GBO § 18 Bem 9a

Auch gegen die Zwischenverfügung sind, und zwar auch noch nach Ablauf der Frist, solange das GBA eine endgültige Entscheidung nicht getroffen hat, die fristlose Beschwerde und weitere Beschwerde zulässig, §§ 71, 78; dazu **KG** OLG 1, 199, **OLG Colmar** OLG 14, 139, **OLG Jena** OLG 1, 200, auch *§ 71 Bem 11, 29.*

Über unzulässigen Inhalt einer Zwischenverfügung *Bem 43.* Wenn das GBA die Vornahme einer Eintragung von bestimmten Auflagen abhängig macht und die Zurückweisung des Eintragungsantrags für den Fall ankündigt, daß diese nicht fristgemäß erfüllt werden, so liegt eine beschwerdefähige Zwischenverfügung vor, **BayObLG** BayObLGZ 1953, 29.

Die Beschwerde kann entweder damit **begründet** werden, daß die Frist zu kurz bemessen sei, oder damit, daß ein Hindernis überhaupt nicht bestanden habe und daher dem Antrag hätte stattgegeben werden müssen oder sollen. Eine Zwischenverfügung kann auch von einem Antragsberechtigten nicht mit dem Ziele der sofortigen Zurückweisung des Eintragungsantrags angefochten werden, sondern nur mit dem Ziele der sofortigen Vornahme der Eintragung oder der Bewilligung einer längeren Frist, **KG** DR 1943, 705 = DFG 1943, 44. Eine beschwerdefähige Zwischenverfügung liegt dann nicht vor, wenn diese nicht den Zweck hat, den Antragsteller zur Zurücknahme des Antrags zu veranlassen, **OG Danzig** Recht 1938 Nr 1850 wV; über eine Zwischenverfügung, die nur eine Meinungsäußerung enthält, also keine Zwischenverfügung iSd § 18 Abs 1, daher auch nicht beschwerdefähig ist, *Bem 15, 43, § 71 Bem 11.* Zur Frage der Wiederholung des Antrags auf Erlaß einer Zwischenverfügung *Bem 42.*

Der Antragsteller braucht mit der Beschwerde nicht solange zu warten, bis der GBBeamte nach Fristablauf seinen Antrag zurückweist, **KG** OLG 34, 236 = KGJ 46, 179; dazu *Güthe* GBO § 18 Bem 33. Nach Fristablauf ist die Beschwerde solange zulässig, als die endgültige Zurückweisung des Antrags nicht erfolgt ist, **KG** KGJ 45, 204/51, 276; dazu *Güthe* aaO. Die Beschwerde kann auch auf die Anfechtung einzelner Beanstandungen beschränkt werden, ohne daß dabei die Behebung der übrigen nachgewiesen werden muß, **KG** RJA 12, 248, KGJ 43, 139, JFG 8, 237; dazu *Güthe* aaO. Zur Beschwerde ist auch ein anderer Antragsteller berechtigt, der behauptet, durch die Fristsetzung in seinen Rechten beeinträchtigt zu sein.

Die Einlegung der Beschwerde hindert nicht die endgültige Zurückweisung des Antrags durch das GBA, solange das Beschwerdegericht nicht entschieden hat, **KG** KGJ 51, 276; dazu *Güthe* GBO § 18 Bem 33. Doch ist es zweckmäßig, die Entscheidung abzuwarten, wenn nicht besondere Gründe vorliegen, etwa eine Rechtsfrage inzwischen durch eine höchstrichterliche Entscheidung als restlos geklärt angesehen werden kann. Dazu auch *Bem 50.*

Bez der **Entscheidung des Beschwerdegerichts** ist auf folgendes hinzuweisen: Hat das GBA einen Eintragungsantrag durch eine Zwischenverfügung beanstandet, so kann das Beschwerdegericht nicht die Zwischenverfügung aufheben und den Eintragungsantrag ablehnen, **OLG Oldenburg** NdsRpfl 1951, 198. Die Ablehnung eines Eintragungsantrags wegen Nichterfüllung der in einer Zwischenverfügung gemachten Auflage ist im Beschwerdeverfahren auch dann aufzuheben, wenn die Auflage zwar erforderlich war, das durch sie zu beseitigende Hindernis aber ein anderes ist als das in der Zwischenverfügung gerügte, **KG** JFG 12, 336 = JW 1935, 1184; dazu *Bem 50.* Wird ein Eintragungsantrag vom GBA mit Recht beanstandet und nach fruchtlosem Ablauf der gesetzten Frist zurückgewiesen, so muß gleichwohl eine Beschwerde bei nachträglicher Behebung des Hindernisses Erfolg haben, **KG** DR 1941, 935 = DNotZ 1941, 176 = DFG 1941, 47. Die Beschwerde gegen eine Zwischenverfügung bleibt mangels Beschwer erfolglos, wenn anstatt der Zwischenverfügung sofortige Zurückweisung des Antrags geboten gewesen wäre, **KG** KGJ 51, 296. Ist der Antragsteller einer Zwischenverfügung des GBA nicht nachgekommen, ohne sie jedoch mit der Beschwerde anzugreifen, und wendet er sich dann mit dem Rechtsmittel gegen den seinen Antrag zurückweisenden Beschluß, so kann er im Beschwerdeverfahren nicht hilfsweise den Erlaß derselben Zwischenverfügung, die das GBA erlassen hatte und die von ihm nicht beachtet worden war, verlangen, **OLG Celle** DNotZ 1956, 542 = DRspr IV (473) 34e; dazu auch *Bem 42, 50.*

Wird die Zwischenverfügung im Wege der Beschwerde aufgehoben und die Sache zur anderweiten Prüfung und Entscheidung an das GBA zurückverwiesen, so ist dieses nicht an die rechtliche Beurteilung gebunden, mit der das Beschwerdegericht unter Hinweis auf etwaige sonstige der Eintragung entgegenstehende Hindernisse die Zurückweisung begründet; dazu *Freudenthal* ZBlFG 4, 34.

Zur **weiteren Beschwerde** ist zu bemerken, daß diese dann, wenn das Beschwerdegericht die Beschwerde zurückgewiesen hat, auch in dem Fall zulässig ist, daß inzwischen das GBA den Antrag endgültig abgewiesen hat, **KG** RJA 11, 154; dazu auch **KG** HRR 1930 Nr 415/1932 Nr 269, *Güthe* GBO § 18 Bem 33.

Wenn ein **Rechtspfleger** eine Entscheidung nach § 18 GBO trifft (dazu *§ 1 Bem 43*), und zwar auf Grund seiner Zuständigkeit nach § 3 Abs 1 Z 2f., § 17 RPflegerG (*Anh*), so ist zuerst die Entscheidung des GBRichters anzurufen, ehe das Rechtsmittel der Beschwerde in Frage kommt; dazu **BayObLG** BayObLGZ 1948, 51, 53; dazu *71 Vorbem 7.* Wird gegenüber einer Zwischenverfügung des RPflegers der GB-Richter um Entscheidung angegangen, so darf dieser, wenn er die Zwischenverfügung für berechtigt hält, nicht etwa den Antrag zurückweisen, weil das Hindernis nicht behoben sei, **KG** HRR 1941 Nr 604 = DNotZ 1941, 177 = DFG 1941, 48.

In Baden-Württemberg, und zwar im früheren Landesteil **Württemberg** ist, wie aus Art 2 wüAGBGB (*GT 22*) folgt, zunächst um Abänderung der Entscheidung des GBA beim Amtsgericht nachzusuchen; dazu *§ 1 Bem 23a, Haegele* Merkbuch 39, *Planck-Kettnaker* Führung des GBuchs § 22 VI S 182; dazu auch *§ 71 Vorbem 8.*

Über Rechtsmittel bei Antragszurückweisung *Bem 39*, im Falle des § 18 Abs 2 *Bem 69*, über Löschung von Vormerkung und Widerspruch *Bem 71.*

49 **5. Zum grundbuchamtlichen Verfahren**

Das Ende der in der Zwischenverfügung gesetzten Frist ist **in dem Geschäftskalender vorzumerken**; dazu *§ 1 Bem 21b.* Sie kann auch in der in § 6 Abs 1 AktO (*Anh*) vorgesehenen Weise überwacht werden.

Um sicherzustellen, daß der GBBeamte, wenn ein anderer dasselbe Grst betreffender Antrag eingeht, das Vorliegen des früheren Antrags nicht übersieht, sondern die in § 18 Abs 2 zur Sicherung des Ranges des früheren Antrags erforderlichen Maßnahmen (dazu *Bem 52ff.*) von Amts wegen trifft, empfiehlt es sich, den Antrag nicht in die Grundakten (dazu *§ 2 Bem 6ff.*) einzuheften, sondern vorne vor dem Handblatt (dazu *§ 2 Bem 18ff.*) in das **Aktenstück** einzulegen. Zweckmäßig ist auch ein augenfälliger **Bleistiftvermerk auf dem Deckel der Grundakten** oder im Handblatt.

50 **6. Verfahren nach Fristablauf**

Dazu *Güthe* GBO § 18 Bem 37ff., *Horber* GBO § 18 Bem 5, *Thieme* GBO § 18 Bem 6

a) Antragszurückweisung

Nach dem Ablauf der Frist ist der Antrag zurückzuweisen, wenn **nicht** inzwischen die **Behebung des Hindernisses** nachgewiesen ist. Dies gilt jedoch nur dann, wenn der GBBeamte auch jetzt nich der Anschauung ist, daß ein Hindernis für die Eintragung vorliegt; denn die Setzung der Frist bindet den GBBeamten nicht für seine weitere Entschließung. Diese setzt **erneute vollständige Prüfung des Antrags** voraus; der

GBBeamte kann daher frühere Bedenken fallen lassen und neue erheben, **BayObLG** Recht 1903, 152, **KG** RJA 10, 231, **LG Dresden** ZBlFG 1, 156 Nr 107. In letzterem Falle kann er entweder den Antrag zurückweisen oder abermals eine Zwischenverfügung erlassen, wobei aber zu beachten ist, daß durch das Zusammentreffen der beiden Fristen keine ungebührliche lange Verzögerung der Erledigung des Antrags eintreten darf. Dazu *Bem 44, 47, 48*, auch *Güthe* GBO § 18 Bem 38.

Durch Einlegung der Beschwerde gegen die Zwischenverfügung wird das GBA nicht gehindert, den Eintragungsantrag nach Fristablauf zurückzuweisen. Doch wird es sich meist empfehlen, die Entscheidung des Beschwerdegerichts abzuwarten, **KG** KGJ 51, 276; dazu *Bem 48*, auch *Güthe* GBO § 18 Bem 38. Dies kommt einer stillschweigenden Fristverlängerung gleich. Hiergegen ist insbes dann nichts einzuwenden, wenn anzunehmen ist, daß das Beschwerdeverfahren in absehbarer Zeit durchgeführt wird und daß der Beschwerdeführer sich dann fügen werde, **KG** OLG 10, 426, *Güthe* aaO, **aA** (überholt) **OLG Dresden** ZBlFG 10, 39.

Eine **unangemessen kurze Frist** ist nicht wirkungslos, **OLG Hamm** JMBl NRW 1961, 274 (dazu auch *Bem 47, 61, 80*), **aA** (überholt) **LG Aschaffenburg** DR 1941, 1557. Eine solche Fristsetzung hat Gültigkeit. Es würde eine Unsicherheit bedeuten, wenn man annehmen wollte, daß die an die Fristversäumung geknüpften Folgen nicht eintreten würden. Es besteht ja die Möglichkeit, eine Nachfrist zu beantragen oder ein Rechtsmittel einzulegen. Der Rechtsschutz des Betroffenen ist daher gegeben; er braucht nur von den Möglichkeiten Gebrauch zu machen. Das LG Aschaffenburg kam zu dem unbilligen Ergebnis im Anschluß an **RG** JW 1939, 249; letztere Entscheidung bezieht sich aber auf § 519 Abs 6 ZPO aF, wonach an die Nichtzahlung der Prozeßgebühr innerhalb bestimmter Frist Verwirkungsfolgen geknüpft waren (dazu *Stein-Jonas* ZPO § 519 Bem V), kann daher auch nicht sinngemäß angewendet werden. Der abweichende Standpunkt ist daher abzulehnen.

Die **Setzung einer Nachrifst** auf Antrag oder von Amts wegen, zB weil die erste Frist zu knapp bemessen oder die Zwischenverfügung unklar gefaßt war, ist auch noch nach Ablauf der ersten Frist zulässig, **KG** KGJ 20, 275, JW 1926, 1588, *Güthe* GBO § 18 Bem 38, 39, *Hesse-Saage-Fischer* GBO § 18 Bem II 2bγ, *Horber* GBO § 18 Bem 5Ac, *Thieme* GBO § 18 Bem 6, **aA** (überholt) **RG** RGZ 60, 393, *Fumian* BayNotV 1925, 444; dazu auch *Bem 47*. Ist aber der Antrag endgültig zurückgewiesen, so kann keine Nachfrist mehr gesetzt werden, **KG** KGJ 51, 276, *Güthe* GBO § 18 Bem 38.

Gegen den abweichenden Beschluß ist, wie auch sonst (dazu auch *Bem 39*) **Beschwerde** zulässig, und zwar auch dann, wenn der Antragsteller gegen die Zwischenverfügung sich nicht beschwert hat, **OLG Colmar** OLG 8, 153, *du Chesne* ZBlFG 11, 651. Der Zurückweisungsbeschluß unterliegt auf Beschwerde auch dann der Aufhebung, wenn die in der Zwischenverfügung gemachte Auflage zwar erforderlich war, aber das durch sie zu beseitigende Hindernis ein anderes als das in der Zwischenverfügung gerügte ist, **KG** JFG 12, 336 = JW 1935, 1184, *Bem 48*.

Ist der Antragsteller einer Zwischenverfügung des GBA nicht nachgekommen, ohne sie jedoch mit der Beschwerde anzugreifen, und wendet er sich dann mit dem Rechtsmittel gegen den seinen Antrag zurückweisenden Beschluß, so kann er im Beschwerdeverfahren nicht mit Erfolg hilfsweise den Erlaß derselben Zwischenverfügung verlangen, die das GBA erlassen hatte und die von ihm nicht beachtet wurde, **OLG Celle** DNotZ 1955, 542 = DRspr IV (473) 34e; dazu *Bem 42, 48*.

b) Eintragung in das Grundbuch 51

Wird das **Hindernis behoben**, so ist die Eintragung vorzunehmen; dazu *Güthe* GBO § 18 Bem 37. Dies kann selbstverständlich auch schon vor Fristablauf erfolgen.

Ergibt sich nach Beseitigung des beanstandeten Mangels noch ein weiteres Hindernis, so kann eine weitere Zwischenverfügung erlassen werden; es muß jedoch erwogen werden, ob dadurch die Erledigung des Antrags nicht übermäßig lange verzögert wird, da eine Sperre des GB nicht eintreten darf, *Güthe* GBO § 18 Bem 37, *Thieme* GBO § 18 Bem 6, *Turnau-Förster* GBO § 18 Bem II 1; dazu auch *Bem 12*.

Wird das Hindernis zwar erst nach Ablauf der Frist, aber noch vor der Verbescheidung des Antrags behoben, so hat gleichfalls die Eintragung zu erfolgen. Die Zurückweisung wäre unzulässig; denn die Fristsetzung wahrt das Vorrecht auf Eintragung nicht bloß bis zum Ablauf der Frist, sondern bis zur endgültigen Abweisung des Antrags. Dies gilt selbst dann, wenn inzwischen ein anderer dasselbe Recht betreffender Eintragungsantrag eingeht und das GBA es versäumt, den früheren Antrag nach dem Fristablauf zurückzuweisen, und zwar gleichviel, ob es nach § 18 Abs 2 verfahren (dazu *Bem 52ff.*) oder den späteren Antrag gesetzwidrig nicht beachtet hat, **LG Dresden** ZBlFG 1, 552. Es kann allerdings eine Staatshaftung eintreten, wenn eine Pflichtverletzung in Frage kommt; dazu *§ 11 Bem 20ff.* Selbst wenn das Hindernis erst beseitigt wird, nachdem zwar die Zurückweisung verfügt, dem Antragsteller aber noch nicht bekannt gemacht worden ist (dazu *Bem 45*), ist die Beseitigung des Mangels noch zu berücksichtigen und die zurückweisende Verfügung wieder aufzuheben, **KG** OLG 18, 199. Dazu *Bem 71*.

52 VI. Eintragung einer Vormerkung oder eines Widerspruchs nach § 18 Abs 2

1. Allgemeines

Dazu *Güthe* GBO § 18 Bem 40ff., *Hesse-Saage-Fischer* GBO § 18 Bem III, *Horber* GBO § 18 Bem 6ff., *Thieme* GBO § 18 Bem 7,
im übrigen LitHinweise zu *Bem 1*

Über den Zweck des § 18 Abs 2 *Bem 1*. In Ergänzung des § 18 Abs 1 wird geregelt, wann zur Sicherung des Rangs einer beantragten Eintragung eine Vormerkung oder ein Widerspruch in das GB einzutragen ist und unter welchen Voraussetzungen eine Löschung dieser Vormerkung bzw des Widerspruchs erfolgen kann. Es besteht daher ein Zusammenhang mit § 17; dazu *§ 17 Bem 9, 18*.

53 2. Voraussetzungen des § 18 Abs 2

Dazu *Güthe* GBO § 18 Bem 40ff., *Hesse-Saage-Fischer* GBO § 18 Bem III 1, *Horber* GBO § 18 Bem 6, *Thieme* GBO § 18 Bem 7

Voraussetzungen des § 18 Abs 2 sind,

a) daß einer beantragten Eintragung ein Hindernis entgegensteht; dazu *Bem 54*,
b) daß dieser Antrag noch nicht erledigt ist; dazu *Bem 55*,
c) daß eine weitere zulässige und begründete Eintragung beantragt wird; dazu *Bem 56*,
d) daß diese weitere Eintragung vor Erledigung der zuerst beantragten Eintragung beantragt wird; dazu *Bem 57*,
e) daß die beiden Eintragungen unabhängig voneinander sind; dazu *Bem 58*,
f) daß durch beide Anträge dasselbe Recht betroffen wird; dazu *Bem 59*.

Der Fall, daß 2 Anträge in dem Verhältnis des § 18 Abs 2 stehen kann, wenn mehr als 2 Anträge gestellt werden, in verschiedener Richtung auftreten. Es ist dann jeweils zu prüfen, in welchem Verhältnis die verschiedenen Anträge zueinanderstehen. Hierbei ist von besonderer Bedeutung, ob die Anträge voneinander unabhängig sind (dazu *Bem 58*) und ob sie dasselbe Recht betreffen (dazu *Bem 59*).

§ 18 Abs 2 spricht seinem Wortlaut nach von Anträgen, die **nacheinander** beim GBA eingehen, und deren gbmäßiger Behandlung. Die Vorschrift ist aber darüber hinaus auch auf **gleichzeitig gestellte Anträge** entsprechend anzuwenden, **BGH** WM 1958, 326; dazu *Bem 57*.

a) Eintragungshindernis 54

Dazu *Güthe* GBO § 18 Bem 40, *Hesse-Saage-Fischer* GBO § 18 Bem III 1a, *Horber* GBO § 18 Bem 6, *Thieme* GBO § 18 Bem 7

Einer beantragten Eintragung oder einem Eintragungsersuchen (dazu *Bem 3, 4*) muß ein Hindernis entgegenstehen, das eine sofortige Zurückweisung des Eintragungsantrags nicht rechtfertigt; dazu *Bem 16ff*. Häufig wird ein Fall des § 18 Abs 1 vorliegen, uU sogar eine Zwischenverfügung erlassen sein; es ist jedoch keine Voraussetzung des § 18 Abs 2, daß eine Zwischenverfügung nach § 18 Abs 1 bereits ergangen ist.

Dagegen kommt § 18 Abs 2 nicht zur Anwendung, wenn der Antrag begründet ist und vor dessen Erledigung ein ihm widersprechender Antrag eingeht. Wenn daher zB ein begründeter Antrag auf Löschung einer Hypothek gestellt ist und vor dessen Erledigung die Eintragung einer Pfändung dieser Hypothek beantragt wird, so ist nach § 17 zuerst der Antrag auf Löschung zu vollziehen und dann der Antrag auf Eintragung der Pfändung zurückzuweisen. Unzulässig wäre die Eintragung einer Vormerkung zugunsten des Löschungsantrags und Eintragung der Pfändung, **OLG Dresden** OLG 4, 182; dazu *Güthe* GBO § 18 Bem 40.

Ist die Beseitigung des Hindernisses in dem Zeitpunkt, in dem die später beantragte Eintragung erfolgen soll, nachgewiesen, so ist für die Anwendung des § 18 Abs 2 ebenfalls kein Raum. Der 1. Antrag ist dann durch Eintragung zu vollziehen, der 2. je nach Sachlage durch Eintragung, Zwischenverfügung oder Zurückweisung zu erledigen.

b) Nichterledigung des 1. Antrags 55

Dazu *Güthe* GBO § 18 Bem 44, *Horber* GBO § 18 Bem 7A

Über Erledigung eines Antrags *§ 17 Bem 7ff*.

Eine Zwischenverfügung nach § 18 Abs 1 steht der Erledigung nicht gleich (dazu *Bem 46*), ebensowenig der ergebnislose Ablauf der durch die Zwischenverfügung bestimmten Frist, **RG** RGZ 60, 393. Ist der Antrag durch Zwischenverfügung verbeschieden worden, so ist es für die Notwendigkeit und Wirksamkeit der Vormerkung bzw des Widerspruchs nach § 18 Abs 2 gleichgültig, ob die Zwischenverfügung berechtigt war oder ob der Antrag richtigerweise hätte zurückgewiesen werden müssen, **KG** HRR 1932 Nr 1773/1933 Nr 139; dazu *Güthe* GBO § 18 Bem 46.

Ist der Antrag zurückgewiesen, so ändert der Umstand, daß gegen die Zurückweisung die Beschwerde zulässig ist (dazu *Bem 48*), an der Tatsache der Erledigung nichts. Wird Beschwerde eingelegt, so findet die Vorschrift des § 18 Abs 2 nur dann Anwendung, wenn entweder der GBBeamte der Beschwerde insofern abhilft, § 75, als er eine Zwischenverfügung erläßt, oder wenn das Beschwerdegericht unter Aufhebung des abweisenden Beschlusses die Sache an das GBA zur neuerlichen Prüfung und Entscheidung zurückverweist. Doch ist für die Anwendung des § 18 Abs 2 dann kein Raum mehr, wenn der spätere Antrag bereits durch Eintragung erledigt ist, **OLG Colmar** OLG 4, 496.

c) 2. Eintragungsantrag 56

Dazu *Güthe* GBO § 18 Bem 41, 42, *Hesse-Saage-Fischer* GBO § 18 Bem III 1c, d, *Thieme* GBO § 18 Bem 7

Es muß eine 2. Eintragung beantragt sein, bzw ein Ersuchen um Eintragung eingehen; dazu *Bem 3, 4*, auch *Güthe* GBO § 18 Bem 41.

Wenn das Gesetz sagt: „Wird ..... eine **andere Eintragung beantragt**", so ist diese Ausdrucksweise ungenau und unrichtig. Nach dem Zweck der Vorschrift erfolgt die Eintragung einer Vormerkung bzw eines Widerspruchs nicht schon dann, wenn eine 2. Eintragung beantragt wird, sondern erst dann, wenn die beantragte Eintragung wirklich erfolgen soll. Der 2. Antrag muß also zulässig und begründet sein. Wird daher der 2. Antrag zurückgewiesen, so kommt § 18 Abs 2 nicht zur Anwendung; dazu **RG** DR 1944, 124, *Güthe* GBO § 18 Bem 42, *Hesse-Saage-Fischer* GBO § 18 Bem III 1c, *Turnau-Förster* GBO § 18 Bem III 2.

Wird eine **Zwischenverfügung bez des 2. Antrags** erlassen, so ist die Eintragung einer Vormerkung oder eines Widerspruchs zugunsten des 1. Antrags nur dann geboten, wenn das dem 2. Antrag entgegenstehende Hindernis behoben wird, ehe der 1. Antrag erledigt ist.

§ 18 Abs 2 findet auch dann Anwendung, wenn **dem 1. Antrag ein Hindernis entgegensteht** und der **2. Antrag** zwar an sich begründet ist, aber durch die Vornahme der mit dem 1. Antrag begehrten Eintragung **seine Begründung verlieren** würde; dazu *Güthe* GBO § 18 Bem 42. Wird zB auf Grund der Auflassung die Eintragung des neuen Eigentümers und demnächst auf Grund der Bewilligung des Veräußerers die Eintragung einer Hypothek beantragt, so ist, wenn der Eintragung des Erwerbers ein Hindernis entgegensteht, der Eigentumsübergang vorzumerken und die Hypothek einzutragen. Dagegen fällt unter § 18 Abs 2 nicht der Fall, daß der 2. Antrag durch die mit dem 1. Antrag begehrte Eintragung erst seine Begründung erhält. Der 2. Antrag ist hier unbegründet, solange der 1. Antrag nicht vollzogen ist; die Anwendung des § 18 Abs 2 setzt aber einen begründeten 2. Antrag voraus, **KG** JFG 7, 335. Über das Verhältnis mehrerer Anträge zueinander *§ 17* auch *Bem 16, 17*.

57 d) Eingang des 2. Antrags vor Erledigung des 1. Antrags

Dazu *Güthe* GBO § 18 Bem 44, *Hesse-Saage-Fischer* GBO § 18 Bem III 1d, *Thieme* GBO § 18 Bem 7

Über Erledigung eines Antrags *Bem 55, § 17 Bem 7ff.*

Die gesetzliche Fassung **vor Erledigung des Antrags** ist zu eng. Gemeint ist der Eingang des 2. Antrags nach dem 1. Antrag beim GBA, wie aus § 18 Abs 1, 2 mit § 17 zu folgern ist; dazu *Hesse-Saage-Fischer* GBO § 18 Bem III 1d.

Wenn von dem **früher gestellten Antrag** in § 18 Abs 2 die Rede ist, so ist auch dies erweiternd dahin zu verstehen, daß auch **gleichzeitig eingehende Anträge** in Frage kommen können. Dies ist hM, die, soviel ersichtlich, unbestritten ist, so insbes **BGH** WM 1958, 326, *Güthe* GBO § 18 Bem 44, *Hesse-Saage-Fischer* GBO § 18 Bem III 1d, *Turnau-Förster* GBO § 18 Bem III 2. dazu auch *Bem 53*. Die Verfahrenserleichterung, die § 18 Abs 2 im Interesse eines späteren Antrags zuläßt, muß erst recht einem gleichzeitigen Antrag zugute kommen. Zu einer unterschiedlichen Behandlung besteht kein Anlaß. Die beiden beantragten Eintragungen müssen in einem Rangverhältnis zueinander stehen; dazu *Güthe* und *Hesse-Saage-Fischer* aaO.

Gleichgültig ist, ob der andere dasselbe Recht betreffende Antrag vor Beginn, während oder nach Ablauf der dem früheren Antrag gesetzten Frist eingeht. Dies ist heute wohl unbestritten; so insbes *Güthe* aaO, **aA** (überholt) *Achilles-Strecker* GBO § 18 Bem 4c.

58 e) Unabhängigkeit der beiden Anträge

Dazu *Güthe* GBO § 18 Bem 43

Die 2. Eintragung soll unabhängig von der 1. Eintragung erfolgen; dazu *Güthe* GBO § 18 Bem 43. Dies wird als selbstverständlich vorausgesetzt.

Besonderheiten sind bei **§ 16 Abs 2** zu beachten; zu den Voraussetzungen des § 16 Abs 2 ist auf *§ 16 Bem 8ff* zu verweisen. Eintragungen, die zueinander im Verhältnis des § 16 Abs 2 stehen, also voneinander abhängig sind, können gegenseitig nicht nach § 18 Abs 2 behandelt werden; dazu *Güthe* aaO. Wohl aber können die beiden Eintragungen, die iSd § 16 Abs 2 voneinander abhängig sind, zu einer 3. Eintragung im Verhältnis des § 18 Abs 2 stehen. Steht im Falle des § 16 Abs 2 der einen der beiden beantragten Eintragungen ein Hindernis entgegen und ist zu dessen Behebung eine Frist bestimmt, so ist, wenn ein weiterer dasselbe Recht betreffender Antrag gestellt wird, zugunsten der beiden anderen Anträge nach § 18 Abs 2 zu verfahren, *Güthe* aaO; dazu *§ 16 Bem 15.*

f) Dasselbe Recht 59

Dazu *Güthe* GBO § 18 Bem 45, *Hesse-Saage-Fischer* GBO § 18 Bem III 1b, *Horber* GBO § 18 Bem 8Bb

Durch die beiden Anträge muß dasselbe Recht betroffen werden; über den Fall des § 16 Abs 2 *Bem 58.* Über den Begriff des Betroffenseins, der derselbe wie im § 17 ist, *§ 17 Bem 4, 5.*

Die **beiden Eintragungen** müssen also **einander ausschließen** oder **in einem Rangverhältnis zueinander** stehen; dazu *Güthe* GBO § 18 Bem 45, *Henle-Schmitt* GBWesen GBO § 18 Bem 7, *Hesse-Saage-Fischer* GBO § 18 Bem III 1b, *Horber* GBO § 18 Bem 8Bb, auch *Bem 19, 20, 46, 65, 68, 71, 76, 78, 81.* Über das Rangverhältnis *§ 45 Bem 1ff.*

Beispiele:

Keine Anwendung des § 18 Abs 2, wenn der 1. Antrag die Abtretung einer Hypothek und der 2. Antrag die Löschung einer anderen Hypothek an demselben Grst oder die Neueintragung eines Rechts begehrt, da der 2. Antrag sofort vollzogen werden kann.

Dagegen ist § 18 Abs 2 in folgenden Fällen anzuwenden: Der 1. Antrag ist auf Übertragung eines Rechts und der 2. Antrag auf Löschung oder Verpfändung oder ebenfalls auf Abtretung dieses Rechts gerichtet. Die Anträge betreffen die Eintragung 2 verschiedener Hypotheken an demselben Grst. Der 1. Antrag hat die Eintragung einer Grundschuld und der 2. Antrag die Eintragung einer Reallast an demselben Grst zum Gegenstand. Der 1. Antrag ist auf die Eintragung einer Auflassung und der 2. Antrag auf die Eintragung eines Rhts an dem aufgelassenen Grst auf Grund Bewilligung des Veräußerers oder auf Eintragung einer Zwangshypothek auf Grund eines Titels gegen den bisherigen Eigentümer gerichtet. Die 1. Eintragung betrifft eine Rangänderung, die 2. Eintragung eine Inhaltsänderung desselben Rechts; dazu *Güthe* GBO § 18 Bem 45.

Da kein Rangverhältnis zwischen der Sicherungshypothek nach § 128 ZVG und dem Widerversteigerungsvermerk besteht, ist eine Vormerkung nach § 18 Abs 2 GBO nicht notwendig, wenn das Ersuchen um Eintragung des Erstehers zB wegen fehlender steuerlicher Unbendenklichkeitserklärung beanstandet und vor seiner Erledigung um Eintragung des Wiederversteigerungsvermerks ersucht wird; dazu *Seibert* JW 1932, 2954, auch *§ 38 Bem 26ff.*

Nicht hierher gehören die Fälle, in denen die zuerst beantragte Eintragung die später beantragte zur Voraussetzung hat, zB wenn der 2. Antrag die Auflassung betrifft und der 1. Antrag die Eintragung einer Hypothek auf Grund Bewilligung des Erwerbers oder die Eintragung einer Zwangshypothek auf Grund eines gegen diesen gerichteten Schuldtitels. Hier ist der spätere Antrag ohne weiteres vor dem früheren zu erledigen; dazu *§ 17 Bem 21, 22.*

60 3. Eintragung einer Vormerkung oder eines Widerspruchs

Dazu *Güthe* GBO § 18 Bem 46ff., *Hesse-Saage-Fischer* GBO § 18 Bem III 2, 3, *Horber* GBO § 18 Bem 6, *Thieme* GBO § 18 Bem 7

a) Allgemeines

Eine Vormerkung oder ein Widerspruch ist **von Amts wegen einzutragen**, wenn die gesetzlichen Voraussetzungen des § 18 Abs 2 vorliegen; dazu *Bem 52ff.*

Das Gesetz stellt keine verschiedenen Voraussetzungen für die Eintragung der Vormerkung und des Widerspruchs auf. Im allgemeinen wird eine **Vormerkung** eingetragen, wenn die beantragte Eintragung eine Rechtsänderung, ein **Widerspruch**, wenn sie eine GBBerichtigung bezweckt; dazu *Güthe* GBO § 18 Bem 46. Die Vormerkung iSd § 18 Abs 2 ist am Platze zur Sicherung von Rechten, zu deren Dinglichkeit es — abgesehen von den Hindernissen (dazu *Bem 40*) — nur noch an der Eintragung fehlt, der Widerspruch zur Sicherung von Rechten, die ohne Eintragung dinglich sind, wie sich **RG** RGZ 55, 340 (343) ausdrückt. Zu sichern ist nicht ein schuldrechtlicher Anspruch, sondern das sich aus dem dinglichen Rechtsakte ergebende Recht des Antragstellers auf Eintragung. Der Sicherungszweck wird nicht dadurch beeinträchtigt, daß die Eintragung in einer falschen Abteilung des GBBlatts erfolgt oder daß der GBBeamte irrtümlich die Voraussetzungen des Widerspruchs anstatt der der Vormerkung für gegeben erachtet. Eine falsche Bezeichnung schadet also nicht, wenn sich nur aus dem Inhalt der Eintragung ergibt, zur Sicherung welcher Art von Rechten sie dienen soll, und der Sicherungszweck durch sie erreicht wird, **RG** RGZ 55, 340, **OLG Karlsruhe** JFG 6, 270. Eine klare Unterscheidung zwischen beiden Eintragungsarten läßt sich nicht treffen, ist auch nicht wesentlich, da beide Arten einander gleichstehen; dazu auch *Bem 61.*

61 b) Rechtsnatur

Dazu *Güthe* GBO § 18 Bem 46, *Hesse-Saage-Fischer* GBO § 18 Bem III 2, *Horber* GBO § 18 Bem 6A, *Thieme* GBO § 18 Bem 7

Die Vormerkung und der Widerspruch nach § 18 Abs 2 (dazu *Bem 60*) sind lediglich verfahrensrechtliche Schutz- oder Sperrvermerke, die dem früher gestellten Antrag seinen Vorrang sichern sollen, aber keine materielle Bedeutung haben. § 883 Abs 2, §§ 888, 892, 899 BGB sind auf sie daher nicht anwendbar. Sie unterscheiden sich von der Vormerkung und dem Widerspruch nach §§ 883, 899 BGB vor allem in folgender Hinsicht: Die Vormerkung nach § 883 BGB dient zur Sicherung eines privat-rechtlichen persönlichen Anspruchs des Vormerkungsberechtigten gegen den Inhaber des betroffenen dinglichen Rechts auf Einräumung eines dinglichen Rechts; ebenso dient der Widerspruch nach § 899 BGB zur Sicherung des privat-rechtlichen persönlichen Anspruchs auf GBBerichtigung gegen die im § 894 BGB bezeichneten Personen. Dagegen bezwecken die **Vormerkung** und der **Widerspruch des § 18 Abs 2** die Sicherung des aus der Eintragungsbewilligung oder den an ihre Stelle tretenden Urkunden (Schuldtitel, Urteil usw) oder aus dem Nachweis der Unrichtigkeit des GB sich ergebenden **öffentlich-rechtlichen Anspruchs** des Antragstellers auf Eintragung, insbes den Schutz seiner durh die Stellung des Antrags geschaffenen Rechtsstellung gegen die sich aus den §§ 17, 45 ergebenden Rangnachteile. Dazu **RG** RGZ 55, 340/110, 207, Recht 1911 Nr 1372, **BayObLG** 21, 187/30, 438, **KG** OLG 42, 157 (158), RJA 10, 231, HRR 1942 Nr 440 = DNotZ 1942, 195 = JFG 29, 143, *BGB-RGRK* BGB § 883 Bem 2, 4ff., § 899 Bem 3ff., *Güthe* GBO § 18 Bem 46, *Hesse-Saage-Fischer* GBO § 18 Bem III 2, *Horber* GBO § 18 Bem 6A, *Predari* GBO § 18 Bem 8, *Ricks* GBPraxis 391, *Staudinger-Seufert*

BGB § 883 Bem 10, § 899 Bem 3, 37, *Thieme* GBO § 18 Bem 7, **aA** (zu Unrecht) **OLG Hamm** JMBl NRW 1961, 274. Die Vormerkung nach § 18 Abs 2 hat aber mit der nach § 883 BGB die Aufgabe der Rangwahrung gemeinsam; auch sie stellt eine vorläufige Eintragung dar, so daß auch hier der Grundsatz gilt, daß nur vorgemerkt werden kann, was eintragungsfähig ist (dazu *§ 25 Bem 10ff*); über eine Besonderheit *Bem 62*, über die Wirkung der Vormerkung nach § 18 Abs 2 im ZwVerstVerfahren *Lübtow* JW 1931, 3145. Für den Widerspruch nach § 18 Abs 2 gilt dies entsprechend; es muß sich auch hier um eintragungsfähige Rechte handeln, die gesichert werden sollen (dazu *§ 25 Bem 15ff.*). Da dieser Widerspruch mit dem Amtswiderspruch des § 53 (dazu *§ 53 Bem 2ff.*) nicht identisch, ihm auch nicht gleichzusetzen ist, weil die Voraussetzungen viel geringer und mehr formaler Natur sind, darf die Eintragung des Widerspruchs nicht von den Voraussetzungen des § 53 abhängig gemacht werden oder eine Verquickung beider Widerspruchsarten erfolgen. **OLG Hamm** aaO (dazu auch *Bem 47, 50, 80*) scheint den Fehler begangen zu haben, an den Widerspruch des § 18 Abs 2 in jedem Falle die Voraussetzung zu knüpfen, daß das GB unrichtig geworden ist — ein Gedankengang, der dem § 18 Abs 2 widerspricht, und insoweit kann der Entscheidung nicht zugestimmt werden.

c) Anzuwendende Vorschriften und Inhalt der Eintragung 62

Dazu *Güthe* GBO § 18 Bem 46, *Hesse-Saage-Fischer* GBO § 18 Bem III 2, *Horber* GBO § 18 Bem 6A, *Thieme* GBO § 18 Bem 7

Hieraus ergibt sich, daß die Vorschriften über die auf Antrag einzutragenden Vormerkungen und Widersprüche auf die Vormerkung und den Widerspruch nach § 18 Abs 2 keine Anwendung finden. Die Eintragung erfolgt **von Amts wegen**. Es gilt auch nicht der Grundsatz, daß die Eintragung einer Vormerkung oder eines Widerspruchs nur zugunsten eines Anspruchs auf Rechtsänderung oder auf GBBerichtigung erfolgen darf. Deshalb kann die Vormerkung nach § 18 Abs 2 zugunsten des Antrags auf Eintragung des Eigentumswechsels auf Grund Auflassung auch dann eingetragen werden, wenn der zugrunde liegende Kaufvertrag nicht der Form des § 313 BGB genügt, **RG** RGZ 58, 340, *BGB-RGRK* BGB § 883 Bem 82, *Güthe* GBO § 18 Bem 46. Aus dem gleichen Grund kann auch zugunsten einer Zwangshypothek, wenn ihrer endgültigen Eintragung ein Hindernis entgegensteht, eine Vormerkung eingetragen werden, obwohl hier ein persönlicher Anspruch auf Eintragung der Hypothek nicht besteht. Dies ist hM, die nunmehr als unbestritten gelten kann; so insbes *Güthe* GBO § 18 Bem 46, *Hesse-Saage-Fischer* GBO § 18 Bem III 2, *Horber* GBO § 18 Bem 6, *Predari* GBO § 18 Bem 3, *Thieme* GBO § 18 Bem 7, **aA** (früher bestritten, nunmehr überholt) *Henle-Schmitt* GBWesen GBO § 18 Bem 9, *Kretzschmar* ZBlFG 4, 18. Ebenso kann eine Vormerkung oder ein Widerspruch auch zugunsten eines Antrags eingetragen werden, der selbst eine Vormerkung oder einen Widerspruch zum Gegenstand hat. Auch dies ist hM, die unbestritten ist, so insbes *Güthe* GBO § 18 Bem 46, *Predari* GBO § 18 Bem 10, **aA** (überholt) *Kretzschmar* aaO.

Auch die dem formellen GBRecht angehörenden Vorschriften über die auf Antrag zu bewirkenden Eintragungen finden keine Anwendung, insbes **§ 39**, wonach derjenige, gegen den die Vormerkung oder der Widerspruch sich richtet, braucht nicht als Berechtigter eingetragen zu sein (dazu *Güthe* GBO § 18 Bem 46, *Hesse-Saage-Fischer* GBO § 18 Bem III 2, *Predari* GBO § 40 Bem 3c), dann **§ 28** Bezeichnung des Grst, Angabe des Geldbetrags in der geltenden Währung, **§ 47** Angabe der Bruchteile oder des Gemeinschaftsverhältnisses (dazu *Güthe* und *Hesse-Saage-Fischer* aaO), und **§ 41** Vorlage des Hypothekenbriefs.

Die **Eintragung** einer Vormerkung bzw eines Widerspruchs ist dagegen insoweit **ausgeschlossen**, als der Umfang des einzutragenden Rechts nach Haupt- oder Nebensache nicht zweifellos feststeht, da eine solche Vormerkung dem allgemeinen Bestimmungsgrundsatz widersprechen würde; dazu **KG** RJA 12, 67, *Güthe* GBO § 18 Bem 46, *Hesse-Saage-Fischer* GBO § 18 Bem III 2, **aA** (zu Unrecht) **OLG Karlsruhe** DNotZ 1927, 336 bez einer Hypothek mit einem nach dem Reichsbankdiskont sich richtenden Zinssatz ohne Angabe eines Höchstsatzes. Dasselbe gilt, wenn die Vormerkung mit einem materiell-rechtlich unzulässigen Inhalt eingetragen werden müßte, wenn zB die Angabe des Berechtigten fehlt oder die Eintragung einer beschränkten persönlichen Dienstbarkeit zugunsten einer bestimmten Person und deren Erben beantragt ist oder wenn bei einer Höchstbetragshypothek ein Zinssatz eingetragen werden soll. Eine Ausnahme besteht nur dann, wenn lediglich nicht eintragungsfähige Nebenbestimmungen eines sonst eintragungsfähigen Rechts in Frage stehen (dazu auch *Bem 19*), insbes bez § 867 Abs 2 ZPO. In den Fällen, in denen hiernach eine Vormerkung unzulässig ist, ist es zweckmäßig, auch keine Zwischenverfügung zu erlassen, **KG** RJA 12, 67. Ist dies aber geschehen, so ist, wenn ein 2. dasselbe Recht betreffender Antrag durch Eintragung erledigt werden soll, der 1. Antrag unter Aufhebung der Zwischenverfügung endgültig zurückzuweisen; dazu *Bem 47*.

Was den Grad des Nachweises anlangt, so muß auch hier wie bei § 53 (dazu *§ 53 Bem 24*) Glaubhaftmachung genügen; dazu *§ 18 Bem 143*.

63 d) Form der Eintragung

Dazu *Güthe* GBO § 18 Bem 46, *Hesse-Saage-Fischer* GBO § 18 Bem III 3

Für die Eintragung der Vormerkung und des Widerspruchs gelten die allgemeinen Vorschriften, §§ 12, 19 GBVfg (*GT 4*); dazu *§ 3 Bem 295*. Betrifft der Antrag, zu dessen Gunsten die Vormerkung bzw der Widerspruch eingetragen wird, selbst eine Vormerkung bzw einen Widerspruch (dazu *Bem 62*), so erfolgt die Eintragung viertelspaltig. Zu vermerken ist, daß die Eintragung nach § 18 Abs 2 erfolgt.

Landesrechtlich ist auf die Besonderheiten für die früheren Länder Baden und Württemberg hinzuweisen; dazu *§ 3 Bem 295*, im übrigen *§ 3 Bem 292*.

Der **Wortlaut** der Eintragung einer **Vormerkung** kann etwa folgender sein:

Vormerkung zur Sicherung der Eintragung .... Gemäß § 18 Abs 2 GBO unter Bezugnahme auf die Eintragungsbewilligung vom ..... eingetragen am .....

Dazu das Muster Anl 2a zur GBVfg (*GT 6*) 3. Abt lfd Nr 4 sowie *Güthe* GBO § 18 Bem 46.

Nicht dagegen wird eingetragen: *Vormerkung zur Sicherung des Anspruchs auf Eintragung* bzw *Einräumung einer ..... Hypothek*; dazu *Güthe* aaO.

Bei einem **Widerspruch** kann etwa folgende Fassung gewählt werden:

Widerspruch gegen die Löschung ..... unter Bezugnahme auf ..... Gemäß § 18 Abs 2 GBO eingetragen am .....

Ausführlich würde die Eintragung lauten: *Widerspruch gegen die Löschung der Hypothek Nr 4 zugunsten des Antrags des Landwirts Hans Huber in Schönberg auf Wiedereintragung dieser Hypothek unter Bezugnahme auf das Urteil des Amtsgerichts Schönberg vom ..... Gemäß § 18 Abs 2 GBO eingetragen am .....*; dazu *Güthe* GBO § 18 Bem 46.

Der Rang ist nur zu vermerken, wenn ein Rangverhältnis zwischen den endgültigen Eintragungen bestehen kann, **KG** KGJ 38, 262.

Wo für die endgültige Eintragung die Bezugnahme auf die Eintragungsbewilligung zulässig ist, ist sie auch für die vorläufige Eintragung der Vormerkung oder des Widerspruchs nach § 18 Abs 2 zulässig; dazu *§ 3 Bem 303*, auch *Güthe* GBO § 18 Bem 46, bez Vormerkung auch Probeeintragung Muster 2a zur GBVfg (*GT 6*).

In welche Abteilung des GB die Vormerkung oder der Widerspruch eingetragen wird, bemißt sich nach den allgemeinen Vorschriften, richtet sich also nach dem Recht, das durch die Vormerkung gesichert werden soll oder auf das sich der Widerspruch bezieht.

4. Wirkung der Eintragung der Vormerkung bzw des Widerspruchs 64

Dazu *Güthe* GBO § 18 Bem 47, *Hesse-Saage-Fischer* GBO § 18 Bem III 4, *Horber* GBO § 18 Bem 9, *Thieme* GBO § 18 Bem 7

Im folgenden wird die Wirkung der Eintragung einer Vormerkung bzw eines Widerspruchs behandelt. Über den Fall, daß die Eintragung unterlassen wurde, *Bem 81.*

a) Erledigung des Antrags 65

Die Eintragung bewirkt **keine Sperre des GB**, es liegt keine Verfügungsbeschränkung vor; dazu *§ 13 Vorbem 118ff.* Eine Aussetzung des Verfahrens gibt es nicht; dazu *Bem 12.* Die Eintragung gilt vielmehr als **Erledigung** des Antrags **iSd § 17**, wie § 18 Abs 1 S 1 HalbS 2 ausdrücklich ausspricht. Über Erledigung *Bem 55, § 17 Bem 7ff*; die weite, in *Bem 57* erwähnte Auslegung greift hier nicht Platz. Durch die Eintragung der Vormerkung oder des Widerspruchs werden daher weitere Eintragungen in das GB ermöglicht.

Doch darf nicht außer acht gelassen werden, daß die **Eintragung** nur eine **vorläufige**, keine endgültige ist. Dies ist besonders dann von Bedeutung, wenn eine spätere Eintragung erfolgen soll, deren Zulässigkeit von der vorgemerkten Eintragung abhängig ist.

> Steht daher zB der beantragten Eintragung der Abtretung einer Hypothek von *A* an *B* ein Hindernis entgegen und ist, weil *B* die Eintragung der weiteren Abtretung an *C* beantragt hat, eine Vormerkung zugunsten des 1. Antragstellers eingetragen, so darf, wenn *C* die Hypothek auf *D* überträgt, der 2. Antrag ebenfalls nur durch Eintragung einer Vormerkung erledigt werden.

Aus der vorläufigen Natur der Vormerkung und des Widerspruchs ergibt sich weiter, daß, soweit eine Eintragung zu einem Rechtserwerb erforderlich ist, dieser durch die Eintragung der Vormerkung bzw des Widerspruchs noch nicht eintritt. Deshalb verliert die Vormerkung bzw der Widerspruch die Wirkung, wenn vor der endgültigen Eintragung über das Vermögen des von der zuerst beantragten Eintragung Betroffenen der **Konkurs** eröffnet wird. Soweit es sich um eine rechtsgeschäftliche Eintragung handelt, ist § 878 BGB anzuwenden. Eine Zwangseintragung dagegen wird nach § 41 Abs 1 KO unzulässig. § 24 KO findet auf die Vormerkung nach § 18 GBO keine Anwendung. Dazu **KG** RJA 10, 231, *Güthe* GBO § 18 Bem 47, *Hesse-Saage-Fischer* GBO § 18 Bem III 4, *Horber* GBO § 18 Bem 7C, *Predari* GBO § 18 Bem 8, *Ricks* GBPraxis 391.

Die Vormerkung verliert ihre Wirkung ferner mit der **Eintragung des Rechts**, das durch sie gesichert ist; dies gilt auch dann, wenn das Recht nicht den Rang der Vormerkung (dazu *Bem 59*) erhält, **KG** OLG 25, 388, *Güthe* GBO § 18 Bem 47.

Über die später beantragte Eintragung *Bem 68.*

b) Öffentlicher Glaube 66

Der öffentliche Glaube des GB, § 892 BGB, erstreckt sich auch auf die Vormerkung und den Widerspruch nach § 18 Abs 2 GBO. Wer daher das Eigentum am Grst nach der Eintragung der Vormerkung bzw des Widerspruchs erwirbt, muß diese gegen sich gelten lassen, auch wenn er im übrigen als redlicher Erwerber erscheint. Gegenüber bereits beantragten Eintragungen versagt der gute Glaube, **RG** RGZ 62, 377, **BayObLG** 21, 184. Dazu *BGB-RGRK* BGB § 888 Bem 22, *Horber* GBO § 18 Bem 6A, *Staudinger-Seufert* BGB § 888 Bem 10.

67 **5. Kosten**

Dazu *Hesse-Saage-Fischer* GBO Bem IV, *Horber* GBO § 18 Bem 10, *Thieme* GBO § 18 Bem 8

Die Eintragung der Vormerkung und des Widerspruchs erfolgt gebührenfrei, § 69 Abs 1 KostO (*Anh*); dazu *Lauterbach* Kostengesetze KostO § 63 Bem 2 (b), *Rohs-Wedewer* KostO § 63 Bem I 2. Auch Schreibgebühren für die Benachrichtigung der Beteiligten von der erfolgten Eintragung werden nicht erhoben da § 136 Abs 1 Z 3 KostO (*Anh*) nicht anwendbar ist; dazu *Bem 45*.

68 **6. Die spätere Eintragung**

Die später beantragte Eintragung ist erst nach Eintragung der Vormerkung oder des Widerspruchs, jedoch im unmittelbaren Anschluß an diese zu vollziehen. Dabei ist § 45 Abs 2 zu beachten. Insbes ist, wenn beide Eintragungen in verschiedenen Abteilungen vorzunehmen sind, im GB zu vermerken, daß die später beantragte Eintragung der Vormerkung bzw dem Widerspruch im Range nachsteht. Dazu *Bem 59, § 45 Bem 25ff.*

69 **7. Rechtsmittel**

Dazu *Güthe* GBO § 71 Bem 9, *Horber* GBO § 18 Bem 9b, *Thieme* GBO § 18 Bem 7

Beschwerde gegen die Eintragung der Vormerkung bzw des Widerspruchs ist zulässig, und zwar auf Grund der allgemeinen Grundsätze. Dies kann als unbestrittene hM angesehen werden (dazu auch *§ 71 Bem 25*), so insbes **KG** JFG 7, 339, OLG 7, 376, HRR 1932 Nr 1004, *Güthe* GBO § 71 Bem 9, *Horber* GBO § 18 Bem 9b, *Thieme* GBO § 18 Bem 7, **aA** (überholt) *du Chesne* ZBlFG 12, 278, *Predari* GBO § 71 Bem 14, wonach eine solche Eintragung nur als zwangsläufige, vom Gesetz vorgeschriebene Folge der Zwischenverfügung angesehen wird, Beschwerde jedoch gegen diese zulässig ist. § 18 Abs 1 und 2 stehen aber selbständig nebeneinander, daher ist auch die Rechtsmitteleinlegung selbständig zu beurteilen; so auch *Güthe* aaO.

Über Zuständigkeit, wenn ein RPfleger entscheidet oder im ehemaligen Württemberg das GBA, *Bem 48*.

Über Rechtsmittel bei Antragszurückweisung *Bem 39*, bei Erlaß einer Zwischenverfügung *Bem 48*, bei Verstoß gegen § 18 Abs 2 *Bem 81*.

70 **8. Löschung von Vormerkung und Widerspruch**

Dazu *Güthe* GBO § 18 Bem 49ff., *Hesse-Saage-Fischer* GBO § 18 Bem III 4, 5, *Horber* GBO § 18 Bem 8, *Thieme* GBO § 18 Bem 7

a) Voraussetzungen

Die Löschung der Vormerkung und des Widerspruchs erfolgt in den folgenden Fällen (dazu *Bem 71ff.*) von Amts wegen, also ohne Antrag.

Dagegen werden Vormerkung und Widerspruch nicht gelöscht, wenn die früher beantragte Eintragung endgültig vorgenommen wird; dazu *Bem 77*.

71 1. Die Löschung kommt in Betracht bei **Zurückweisung des früher gestellten Antrags**, § 18 Abs 2 S 2; dazu *Güthe* GBO § 18 Bem 49, 52.

Jedoch wird der Beschluß erst mit der Bekanntmachung wirksam und wird gegenstandslos, wenn das Hindernis vorher, wenn auch innerhalb der nach § 18 Abs 1 gesetzten Frist beseitigt wird, **OLG Dresden** Annalen 21, 291 = OLG 1, 482; dazu *Bem 51*. Wird der abweichende Beschluß im Beschwerdeverfahren (dazu *Bem 39, 48*) vom Beschwerdegericht aufgehoben und ist die Vormerkung bereits gelöscht, so erhält die Eintragung ihren Rang erst nach der später beantragten Eintragung. Ist die Löschung versehentlich unterblieben, so wird die nachträgliche Löschung nicht dadurch gehindert, daß der durch die Vormerkung gesicherte frühere Antrag durch eine Entscheidung des Beschwerdegerichts für begründet erklärt worden ist, **KG** OLG 42, 159 = JFG 1, 305, *Güthe* GBO § 18 Bem 49. Eine nach § 18 Abs 2 eingetragene Vormerkung wird bei Zurückweisung des durch sie gesicherten Eintragungsantrags auch dann hinfällig, wenn das GBA die im Gesetz vorgeschriebene Löschung versäumt, verliert also ihre rangsichernde Wirkung im Verhältnis zu später gestellten Eintragungsanträgen und zu den auf Grund dieser Anträge vorgenommenen Eintragungen; die Vormerkung ist deshalb nachträglich auch dann zu löschen, wenn sich im Beschwerdeverfahren ergibt, daß die Zurückweisung des durch die Vormerkung gesichert gewesenen Eintragungsantrags zu Unrecht erfolgt ist, **KG** JFG 23, 143 = DNotZ 1942, 195 = HRR 1942 Nr 440. Dazu *Hesse-Saage-Fischer* GBO Bem III 5, *Horber* GBO § 18 Bem 8Bb, *Thieme* GBO § 18 Bem 7.

2. Dasselbe gilt bei **Zurücknahme des früher gestellten Antrags**; denn Vormerkung und Widerspruch werden durch die Antragszurücknahme gegenstandslos, *Güthe* GBO § 18 Bem 49, *Hesse-Saage-Fischer* GBO § 18 Bem III 5, **aA** *Ricks* GBPraxis 392, der Bewilligung aller Betroffenen für erforderlich hält. **72**

3. Bei **Löschung der später beantragten Eintragung** wird ebenfalls die Löschung der Vormerkung oder des Widerspruchs vorgenommen, *Güthe* GBO § 18 Bem 50, *Hesse-Saage-Fischer* GBO § 18 Bem III 5; denn auch hier werden Vormerkung und Widerspruch gegenstandslos, weil ihre Aufgabe, nämlich Währung des Rangs gegenüber später beantragten Eintragungen (dazu *Bem 61*) entfällt. **73**

b) Form der Löschung **74**

Die Löschung wird wie in den sonstigen Fällen vollzogen; dazu *§ 3 Bem 268*. Es wird ein Löschungsvermerk in das GB eingetragen; dazu *Güthe* GBO § 18 Bem 52.

In den Löschungsvermerk sind die Worte aufzunehmen: *von Amts wegen gelöscht.*

c) Kosten **75**

Die Löschung ist gebührenfrei, § 69 Abs 1 Z 2 KostO (*Anh*) und zwar auch dann, wenn sie wegen Zurücknahme des früher gestellten Antrags oder wegen Löschung der später beantragten Eintragung erfolgt; dazu *Horber* GBO § 18 Bem 10, *Lauterbach* Kostengesetze KostO § 63 Bem 2 (b), *Rohs-Wedewer* KostO § 63 Bem I 2. Schreibgebühren für die Benachrichtigung der Beteiligten von der erfolgten Löschung dürfen nicht berechnet werden, da § 136 Abs 1 Z 3 KostO (*Anh*) nicht anwendbar ist; dazu *Bem 45*.

9. Endgültige Vornahme der zuerst beantragten Eintragung **76**

Dazu *Güthe* GBO § 18 Bem 51, 52, *Hesse-Saage-Fischer* GBO § 18 Bem III 4, *Horber* GBO § 18 Bem 8B, *Thieme* GBO § 18 Bem 7

a) Endgültige Vornahme der 1. Eintragung

Wird das Hindernis behoben, so erfolgt die endgültige Eintragung ohne weiteres. Sie erhält den Rang der Vormerkung bzw des Widerspruchs; dazu *Bem 59*. Eine Zustimmung des späteren Antragstellers nach § 888 BGB oder nach § 22 Abs 2 GBO ist in keinem Fall erforderlich, **RG** RGZ 62, 373/110, 207, **BayObLG** 21, 184/30, 488, **KG** KGJ 53, 109. Ein anderes als das vorgemerkte Recht kann nicht an dessen Stelle eingetragen werden. Unzulässig ist auch die Umschreibung der Vormerkung nach § 18 Abs 2 in eine solche nach § 895 ZPO; dazu *Güthe* GBO § 18 Bem 51.

Die Eintragung ist rechtlich eine **Umschreibung** der Vormerkung bzw des Widerspruchs in die endgültige Eintragung, **RG** ZBlFG 11, 746. Über das Verfahren *§ 3 Bem 297*; dazu Muster Anl 2a zur GBVfg (*GT 6*) 3. Abt lfd Nr 4. Unzulässig ist es, die zur Eintragung des Rechts erforderlichen Angaben durch Bezugnahme auf die Vormerkung bzw den Widerspruch zu ersetzen. Für die Bezugnahme auf die Eintragungsbewilligung gelten die allgemeinen Grundsätze; dazu *§ 3 Bem 299ff.*

77 **b) Gegenstandslosigkeit der Vormerkung bzw des Widerspruchs**

Durch die **endgültige Eintragung** werden die Vormerkung und der Widerspruch gegenstandslos; sie verlieren ihre Wirkung auch dann, wenn die endgültige Eintragung den Rand der Vormerkung bzw des Widerspruchs nicht erhalten kann, **KG** OLG 25, 388. Nachdem die Vormerkung bzw der Widerspruch in die endgültige Eintragung nur umgeschrieben wird, erfolgt keine Löschung, sondern nur **Röten**, § 19 Abs 2, 3 GBVfg (*GT 4*), *§ 3 Bem 269*; dazu *Güthe* GBO § 18 Bem 51, *Horber* GBO § 18 Bem 8Ba, b.

78 **c) Später beantragte Eintragung**

Das Schicksal der später beantragten Eintragung kann sich verschieden gestalten, je nachdem, ob beide Eintragungen in einem Rangverhältnis stehen oder sich gegenseitig ausschließen.

1. Stehen die beiden **Eintragungen** in einem **Rangverhältnis** zueinander, zB verschiedene Rechte an demselben Grst (dazu *Bem 59*), so erhält durch die endgültige Vornahme der zuerst beantragten Eintragung diese auf Grund der Vormerkung den Rang vor der später beantragten; dazu *Bem 76*. Irgendeine weitere Eintragung in das GB ist nicht erforderlich.

79 2. **Schließen sich** dagegen die beiden **Eintragungen gegenseitig aus**, zB wenn beide Anträge die Eigentumsumschreibung betreffen, oder wenn der 1. Antrag die Auflassung und der 2. Antrag die Eintragung einer Zwangshypothek gegen den Veräußerer zum Gegenstand hat (dazu *Bem 59*), so ist gleichzeitig mit der endgültigen Vornahme der zuerst beantragten Eintragung die **entgegenstehende 2. Eintragung von Amts wegen zu löschen**; die Zustimmung des aus der 2. Eintragung Berechtigten oder von sonst zuzustimmenden Dritten ist nicht erforderlich, da die Eintragung nur unter dem sich aus der Vormerkung ergebenden Vorbehalt erfolgt ist, **RG** RGZ 55, 340/62, 373/110, 207, **BayObLG** 30, 438, **OLG Dresden** JFG 2, 445, **OLG Karlsruhe** JFG 6, 270, **KG** OLG 42, 157 (158), *Güthe* GBO § 18 Bem 51, *Hesse-Saage-Fischer* GBO § 18 Bem III 4, *Staudinger-Seufert* BGB § 888 Bem 10. War die Zwischenverfügung wegen Fehlens einer Genehmigung erlassen worden, so muß eine später beantragte Zwangs- oder Arresthypothek dem früheren Antrag auf Eigentumsumschreibung auch dann weichen, wenn § 184 Abs 2 BGB an sich zu einem anderen Ergebnis führen würde, **OLG Karlsruhe** JFG 6, 270.

Ist die **Löschung unterblieben**, so muß sie nachgeholt werden, auch wenn die Vormerkung inzwischen, was unzulässig ist (dazu *Bem 77*), gelöscht worden ist, es sei denn, daß inzwischen auf Grund der späteren Eintragung ein gutgläubiger Rechtserwerb stattgefunden hat, **RG** RGZ 110, 207, **KG** OLG 42, 157, **OLG Dresden** JFG 2, 445, **OLG Karlsruhe** JFG 6, 270, *Güthe* GBO § 18 Bem 51. Eine Ausnahme besteht nur hinsichtlich eines gegen den Veräußerer gerichteten ZwVerstVermerks, der nach Eintragung der Vormerkung zur Sicherung eines auf Eigentumsumschreibung gerichteten Antrags eingetragen wurde; dieser darf nicht gelöscht werden, da die Beschlagnahme mit dem Eingang des Ersuchens des Vollstreckungsgerichts um Eintragung des Vermerks wirksam wird, § 22 Abs 1 S 2 ZVG; dazu **KG** OLG 43, 179 = JFG 1, 310, *Güthe* GBO § 18 Bem 51, *Ricks* GBPraxis 391, *Steiner-Riedel* ZVG § 22 Bem 1b, § 19 Bem 2b.

In dem **Löschungsvermerk** (dazu auch *Bem 74*) sind in diesem Falle die Worte: *von Amts wegen* gelöscht aufzunehmen; dazu *Güthe* GBO § 18 Bem 52.

Die Löschung der entgegenstehenden 2. Eintragung erfolgt **gebührenfrei**, § 69 Abs 1 Z 2 KostO (*Anh*); Schreibgebühren für die Benachrichtigung dürfen nicht berechnet werden. Dazu *Bem 75*.

VII. Verletzung des § 18 80

1. Verletzung des § 18 Abs 1

Dazu *Güthe* GBO § 18 Bem 16

§ 18 Abs 1 stellt die Behandlung eines unbegründeten Antrags in das **Ermessen des GBBeamten**; dazu **OLG Hamm** JMBl NRW 1961, 274 (auch *Bem 47, 50, 61*). Beschwerde mit der Begründung, daß von dem Ermessen nicht richtig Gebrauch gemacht worden sei, zB Zurückweisung anstatt Zwischenverfügung, Setzung einer zu kurz gemessenen Frist, ist zulässig. Dazu *Bem 39, 48*.

Ein Schadenersatzanspruch gegen den Staat wegen Amtspflichtverletzung (dazu *§ 11 Bem 20ff.*) wird meist nicht in Frage kommen, weil die Einreichung eines mangelhaften Antrags häufig als ein überwiegendes Verschulden des Antragstellers anzusehen sein wird. Dazu *Güthe* GBO § 18 Bem 16. Im übrigen *§ 2 Bem 147*, *§ 3 Bem 114* bez Verletzung formeller GBVorschriften.

2. Verletzung des § 18 Abs 2 81

Dazu *Güthe* GBO § 18 Bem 48

Die Vorschrift des § 18 Abs 2 ist **zwingendes Recht**. Wird bei der Vornahme der später beantragten Eintragung die Eintragung der Vormerkung oder des Widerspruchs zugunsten der zuerst beantragten Eintragung unterlassen, so hat der 1. Antragsteller kein Beschwerderecht, da die 2. Eintragung bereits den Vorrang erhalten hat, der ihr durch eine nachträgliche Eintragung der Vormerkung bzw des Widerspruchs nicht mehr genommen werden könnte, *Güthe* GBO § 18 Bem 48; dazu *Bem 59, 64*. Auch die Nachholung von Amts wegen ist aus diesem Grunde unzulässig, **KG** OLG 3, 305/7, 379, **OLG Dresden** OLG 6, 261. Es verbleibt in diesem Falle nur der Schadenersatzanspruch gegen den Staat (dazu *§ 11 Bem 20ff.*); so auch *Güthe* GBO § 18 Bem 48. Im übrigen *§ 2 Bem 147*, *§ 3 Bem 114* bez Verletzung formellen GBRechts.

Über die Rechtsmittel gegen die Eintragung der Vormerkung und des Widerspruchs *Bem 69*.

Im übrigen gilt auch hier der allgemeine Grundsatz, daß die Beschwerde gegen eine Eintragung unzulässig ist, § 71 Abs 2 S 1. Wird daher nach Behebung des Hindernisses die zuerst beantragte Eintragung nicht im Range der Vormerkung, sondern an schlechterer, insbes an nächstbereiter Rantstelle vollzogen, so ist Beschwerde nur im Rahmen des § 71 Abs 2 S 2 (dazu *§ 71 Bem 18ff.*) zulässig. **LG Berlin** JW 1936, 1151.

Anhang zu § 18

Prüfungsrecht und Prüfungspflicht des Grundbuchbeamten gegenüber Eintragungsanträgen

Übersicht:

I. Prüfungsrecht und Prüfungspflicht 82

Dazu *Güthe* GBO § 13 Vorbem 90ff., *Haegele* GBRecht Bem 54, 73, 222, 722, 1431, 1877, 2257ff., *Hesse-Saage-Fischer* GBO § 19 Bem I, *Horber* GBO § 13 Vorbem II 7, *Planck-Kettnaker* Führung des GBuchs § 22,
Riedl Hermann Prüfungsrecht und Prüfungspflicht im GBWesen/Doktorarbeit Köln 1962

Der GBBeamte hat, wenn ein Eintragungsantrag oder -ersuchen beim GBA eingeht, über die Eintragung zu entscheiden und dann die Eintragung vorzunehmen. Bei der Entscheidung hat eine Prüfung zu erfolgen; dazu *Güthe* GBO § 13 Vorbem 90. Es besteht eine **Prüfungspflicht** gegenüber Anträgen und Ersuchen, und zwar als Folge des Legalitätsprinzips, des sog Prüfungsgrundsatzes; dazu *E 13* und *Güthe* aaO Vorbem 91. Deshalb besteht die Prüfungspflicht, ohne daß es im Gesetz besonders ausgesprochen zu werden braucht (Mot). Da es sich beim GBRecht um ein formelles Recht handelt, **geht das Prüfungsrecht nicht weiter als die Prüfungspflicht.** Das GBA kann daher nicht von sich aus von Amts wegen mehr aufzuklären versuchen, als sich als notwendig erweist. Es darf insbes nicht über die gesetzlichen Notwendigkeiten hinaus von Amts wegen Erhebungen durchführen, etwa um einen Sachverhalt aufzuklären; dazu *Bem 11, 143, § 1 Bem 19ff.*

II. Umfang der Prüfung bei Eintragungsantrag 83

1. Allgemeines

Der GBBeamte hat einen Eintragungsantrag auf seine Gesetzmäßigkeit und Vollständigkeit zu prüfen (dazu *§ 13 Bem 21*), insbes darauf, ob alle vom Gesetz und den Ausführungsvorschriften für die Eintragung aufgestellten Voraussetzungen gegeben sind, *Güthe* GBO § 13 Vorbem 91ff. Er muß also die von dem formellen GBRecht geforderten Eintragungsgrundlagen prüfen, **BayObLG** 11, 573. Die Prüfung hat sich entsprechend dem Grundsatz des formellen Konsensprinzips (*E 9*), das für den GBVerkehr maßgebend ist (*§ 19 Bem 2ff.*), auf die Voraussetzungen der Eintragung zu beschränken und erstreckt sich nicht auf die Voraussetzungen des materiellen Rechtserwerbs; daher hat sich der GBBeamte grundsätzlich nicht darum zu kümmern, ob die beantragte Eintragung auch die Rechtsänderung herbeiführt. Dabei ist zu beachten, daß die Vorschriften über die Eintragungsvoraussetzungen nicht ausschließlich in der GBO, sondern oft auch in anderen Gesetzen enthalten sind, etwa in der ZPO, wenn es sich um die Voraussetzungen der Eintragung einer Zwangshypothek handelt, § 866 Abs 3 ZPO, oder des BGB, zB bez der Voraussetzungen der Eintragung einer Vormerkung oder eines Widerspruchs nach §§ 885, 899 BGB; über ausländisches Recht *Bem 147*.

2. Prüfung im einzelnen 84

a) Übersicht

Die Prüfung erstreckt sich daher im einzelnen vor allem auf folgende Voraussetzungen:

1. die Eintragungsfähigkeit des einzutragenden Rechts, *Bem 85*,
2. die Verfügungsbefugnis desjenigen, der die Eintragung bewilligt, *Bem 86*,
3. die Antragsberechtigung des Antragstellers, bzw bei Ersuchen von Behörden (*Bem 94*) die Zuständigkeit der Behörde, *Bem 87*,
4. Die Eintragungsbewilligung oder eine sie ersetzende Urkunde, *Bem 88*,
5. die etwa erforderlichen Zustimmungs- oder Genehmigungserklärungen, *Bem 89*,

6. das Eingetragensein des Betroffenen, *Bem 90,*

7. die Vorlage von Briefen bei Briefrechten, bzw die Vorlage der Urkunden des § 43, *Bem 91,*

8. die in §§ 28, 47 vorgeschriebenen Angaben, *Bem 92,*

9. bei Anlaß weitere Voraussetzungen, *Vem 93.*

85 **b) Einzelheiten**

1. Eintragungsfähigkeit

Zu prüfen ist die Eintragungsfähigkeit eines Rechts, **KG** KGJ 21, 136, *Güthe* GBO § 13 Vorbem 95. Sofern und soweit der GBBeamte bei Prüfung der ihm vorgelegten Urkunden zu der begründeten Annahme kommt, daß die Eintragung eines unzulässigen Rechts von ihm verlangt wird, obliegt ihm die Nachprüfung; dazu **BayObLG** 20, 139. Über die Eintragungsfähigkeit *§ 13 Vorbem 14ff., 38ff.*

86 **2. Verfügungsbefugnis**

Es ist weiter die Verfügungsbefugnis desjenigen, der die Eintragung bewilligt, zu prüfen, wenn über ein im GB eingetragenes Recht verfügt wird; dazu *Güthe* GBO § 13 Vorbem 96.

Nähere Einzelheiten über die Verfügungsbefugnis *§ 19 Bem 2ff.* Über Beschränkungen der Verfügungsbefugnis *§ 13 Vorbem 118ff.*

Hängt das Verfügungsrecht des Bewilligenden von der rechtlichen Natur des zugrunde liegenden schuldrechtlichen Rechtsgeschäfts ab, zB davon, ob ein entgeltliches Rechtsgeschäft oder eine Schenkung vorliegt (vgl §§ 1446, 1641, 2113 Abs 2, § 2205 BGB), so obliegt dem GBA auch die Prüfung dieses Geschäfts; dazu bez des Vormunds und des Vaters *Bem 108,* bez des Vorerben *§ 13 Vorbem 146,* bez des Ehemannes *§ 33 Vorbem 2ff.,* bez des Testamentsvollstreckers *§ 35 Bem 77ff.,* über das schuldrechtliche Grundgeschäft *Bem 141.*

Bei Prüfung der Verfügungsberechtigung ist die **Vermutung des § 891 BGB** auch für den GBVerkehr maßgebend. Die Anwendbarkeit dieser Bestimmung setzt allerdings voraus, daß derjenige zu dessen Gunsten die Vermutung besteht, bei Vornahme der Eintragung noch im GB als Berechtigter eingetragen ist, **KG** DNotV 1929, 243. Von der Vermutung des § 891 BGB darf der GBBeamte nur dann **abweichen**, wenn die Eintragung zweifelsfrei unrichtig ist, wenn er also die Unrichtigkeit des GB aus den Erklärungen der Beteiligten und dem bereits vorliegenden Akten- und Urkundenmaterial mit voller Sicherheit entnehmen kann; bloße Vermutungen und Möglichkeiten genügen nicht. Dazu **KG** KGJ 35, 303/40, 296/43, 240, JFG 7, 416 (420)/14, 283 (386), **BayObLG** 23, 71/31, 83, *Güthe* GBO § 19 Bem 37; es ist auch auf *§ 1 Bem 16c* hinzuweisen. Dagegen sind **§§ 892, 893 BGB** im GBVerkehr **nicht anwendbar**, *Güthe* aaO. Die Entscheidung über den guten oder schlechten Glauben des Erwerbers ist nicht Sache des GBBeamten, **BayObLG** 26, 82, **KG** RJA 11, 62/15, 227, *Güthe* aaO. Dazu *Bem 143, 145, § 19 Bem 60.*

87 **3. Antragsberechtigung, Zuständigkeit zu behördlichem Ersuchen**

Bei einem Eintragungsantrag oder einem Ersuchen einer hierzu befugten Behörde (§ 13 Abs 1, § 38) ist zu prüfen, ob der Eintragungsantrag von einem Antragsberechtigten (§ 13 Abs 2, §§ 14, 15) gestellt ist oder ob die Behörde zu dem Ersuchen zuständig ist.

Über behördliches Ersuchen *Bem 94.*

4. Eintragungsbewilligung 88

Bei einer Eintragungs- bzw Berichtigungsbewilligung oder einer sie ersetzenden Urkunde (dazu *§ 19 Bem 12ff.*) oder einem sie ersetzenden Nachweis der Unrichtigkeit des GB (dazu § 22 *Bem 3ff.*) sind die Urkunden und Nachweise daraufhin zu prüfen, ob sie nach Form und Inhalt den gesetzlichen Vorschriften der §§ 28ff. entsprechen. Dazu *Güthe* GBO § 13 Vorbem 98.

5. Zustimmungs- und Genehmigungserklärungen 89

Es ist weiter zu prüfen, ob etwa erforderliche Zustimmungs- oder Genehmigungserklärungen vorliegen.

Es kann sich um solche, die **nach materiellem** oder **formellem Recht** erforderlich sind, handeln, zB vormundschaftsgerichtliche Genehmigung, Einwilligung des Ehegatten, Zustimmung des Nacherben, Zustimmungen nach §§ 876, 877, 880, 1119, 1152, 1178, 1180, 1186 BGB, §§ 9, 21, 22 Abs 2, § 27 GBO, GrstVG oder sonstige behördliche Genehmigungen; dazu *Bem 148ff.*

Auch die Prüfung, ob die erforderliche staatsaufsichtliche Genehmigung bei Verfügungen über Stiftungsvermögen usw vorliegt, obliegt dem GBA, **BayObLG** 21, 414/29, 332; dazu *Bem 159ff.*

Ferner sind etwa im GB eingetragene Verschuldungsgrenzen zu beachten; dazu *Bem 184, 185.*

6. Eingetragensein des Betroffenen 90

Die Prüfung hat sich auch darauf zu erstrecken, ob der Betroffene im GB eingetragen ist, §§ 39, 40.

Die **Voreintragung des Betroffenen** ist ein wichtiger Grundsatz der GBO. Es handelt sich um eine Eintragungsvoraussetzung des formellen GBRechts, allerdings um eine Ordnungsvorschrift; dazu *§ 39 Bem 1, 48.* Über Beteiligung eines Vermißten *Haegele* GBrechtliche Zweifelsfragen bei Beteiligung eines Vermißten Rpfleger 1956, 228. Soll die Vereinbarung der Miteigentümer, daß die Auseinandersetzung bis zu einem bestimmten Zeitpunkt ausgeschlossen ist, in das GB eingetragen werden, so ist die Angabe eines Berechtigten unerläßlich, **LG Bielefeld** Rpfleger 1960, 289 (*Haegele*).

7. Vorlage eines Briefes oder von Urkunden 91

Bei Eintragung eines Briefrechts (einer Briefhypothek, einer Briefgrund- oder -rentenschuld), §§ 41, 42, und bei Eintragung einer Hypothek für die Forderung aus einer Schuldverschreibung auf den Inhaber, aus einem Wechsel oder einem anderen Papier, das durch Indossament übertragen werden kann, § 43, soll der Brief bzw das Inhaber- oder Orderpapier vorgelegt werden. Darauf hat das GBA zu achten.

8. Angaben nach §§ 28, 47 92

Bei Eintragungen ist das Grst im Eintragungsantrag bzw in der Eintragungsbewilligung deutlich zu bezeichnen; ebenso muß ein einzutragender Geldbetrag in gesetzmäßiger Weise bezeichnet sein, § 28. Bei der Eintragung gemeinschaftlicher Rechte ist § 47 zu beachten.

Das GBA hat zu prüfen, daß diese Voraussetzungen erfüllt sind.

93 9. **Sonstiges**

Die Prüfungspflicht erstreckt sich aber noch auf Weiteres, wenn Anlaß dazu besteht.

Die örtliche Zuständigkeit des GBA zur Eintragung kann in gewissen Fällen zweifelhaft sein und muß dann geklärt werden (*§ 1 Bem 57ff.*); dazu *Güthe* GBO § 13 Vorbem 93, *Horber* GBO § 13 Vorbem II 7 Ca.

Weiter kann für den GBBeamten die Notwendigkeit bestehen, die Prüfung zu erstrecken auf

die Identität der Beteiligten, *Bem 95ff.*,

die Geschäftsfähigkeit der Beteiligten, *Bem 98*,

die Vertretungsmacht, also die Legitimation eines Vertreters, *Bem 99ff.*,

die Erwerbsfähigkeit und die Erwerbsbeschränkungen des erwerbenden Teils *Bem 139* sowie *§ 19 Bem 76ff.*,

den Nachweis der Entrichtung oder Sicherstellung von Steuern, *Bem 25, 140, § 20 Bem 80*, oder von Kosten, *Bem 140, § 13 Vorbem 181ff.*

Besonderheiten gelten für die Überprüfung des Grundgeschäfts und des dinglichen Vertrags, *Bem 141, 142.*

Über Pflicht zur Prüfung, Auslegung ua *Bem 143ff.*

94 III. Umfang der Prüfung bei Eintragungsersuchen

Über das Prüfungsrecht und die Prüfungspflicht bei Eintragungsersuchen von Behörden *Bem 87*, im übrigen *§ 38 Bem 2ff.*

95 IV. Identität der Beteiligten

Dazu *Brand-Schnitzler* GBSachen § 129, *Güthe* GBO § 13 Vorbem 97, Bem 16, *Meikel* ZBlFG 7, 457

1. Allgemeines

Nimmt der GBBeamte die Eintragungsbewilligung oder eine sonstige zu einer Eintragung erforderliche Erklärung zu Protokoll, so hat er sich, wenn ihm die Person des Erklärenden nicht bekannt ist, Gewißheit über deren Persönlichkeit zu verschaffen, § 29 Abs 2 GBO mit § 176 Abs 3 FGG (*Anh*); dazu *§ 29 Bem 20ff.*

96 2. **Gerichtliche oder notarielle Urkunde**

Eine wichtige Frage ist, wieweit sich die Prüfungspflicht des GBBeamten zu erstrecken hat, wenn die Erklärungen in gerichtlichen oder notariellen Urkunden enthalten sind. Hierzu ist folgendes zu bemerken:

a) Ist die Erklärung vor dem **Prozeßrichter** abgegeben worden, so kann sich der GBBeamte damit begnügen, **BayObLG** 22, 136. Denn die ZPO enthält keine Bestimmung darüber, daß in den gerichtlichen Protokollen anzugeben sei, ob der Erklärende dem Richter bekannt ist oder auf welche Weise dieser sich Gewißheit über die Persönlichkeit verschafft hat. Es fehlt daher dem GBBeamten jede Möglichkeit einer Nachprüfung. Dies gilt auch für die Identitätsfeststellung bez des Schuldners bei Zwangsvollstreckung, **BayObLG** DNotZ 1956. 209 (*Schweyer*) = DRspr IV (473) 38bc.

97 b) Ist dagegen die Erklärung in einer **gerichtlichen oder notariellen Urkunde** enthalten, für welche die Vorschriften der §§ 169ff. FGG (*Anh*), § 27 BNotO (*Anh*), Art 49, 50 hessFGG, Art 34, 35 ndsFGG maßgebend sind, so obliegt die Feststellung der

Persönlichkeit dem Beamten oder der Behörde, welche die Urkunde aufnimmt, und die Prüfungspflicht des GBBeamten beschränkt sich lediglich darauf, ob dies geschehen ist. Die Beweiskraft der Urkunde wird nicht dadurch beeinträchtigt, daß die Sollvorschrift des § 176 Abs 3 FGG (*Anh*) nicht gewahrt ist, **KG** SeuffBl 74, 145, *Güthe* GBO § 13 Bem 16, § 29 Bem 133, *Henle-Schmitt* GBWesen GBO § 29 Bem 7, *Keidel* FGG § 176 Bem 31ff., *Schlegelberger* FGG § 176 Bem 24. Ist daher zB eine Witwe als Beteiligte aufgeführt, so kann das GBA nicht die Vorlegung der Sterbeurkunde des Mannes verlangen; ebensowenig darf es die Beweismittel nachprüfen, auf Grund deren der Urk-Beamte die Identität festgestellt hat, außer wenn die Unrichtigkeit der Feststellung offenbar ist. Die Identitätsprüfung einer verheirateten Frau ist allein Sache des amtierenden Notars und unterliegt insoweit nicht der Nachprüfung durch das GBA, **LG Berlin** NJW 1962, 1353 = Rpfleger 1963, 53 (*Haegele*); dazu *§ 1 Bem 76k*. Ist dagegen die Feststellung der Identität unterblieben oder kommt der GBBeamte auf Grund bestimmter Tatsachen zu der Annahme, daß der beurkundende Beamte sich getäuscht hat oder irregeführt worden ist und infolgedessen die Persönlichkeit des Erklärenden objektiv unrichtig festgestellt hat, so ist die Eintragung abzulehnen. Durch Zwischenverfügung den Nachweis der Identität zu verlangen, ist dagegen unzulässig, da die Protokollierung wiederholt werden muß; dazu *Bem 18, 23*, **KG** OLG 5, 196, KGJ 23, 5, *Brand-Schnitzler* GBSachen § 129 S 416, *Keidel* FGG § 176 Bem 8ff. Der Nachweis ist in der Form des § 29 zu führen, *Güthe* GBO § 29 Bem 133; dazu auch *Meikel* ZBlFG 7, 457.

V. Geschäftsfähigkeit eines Beteiligten 98

Dazu *Brand-Schnitzler* GBSachen § 130, *Güthe* GBO § 13 Bem 18, Vorbem 98 und S 1846, auch **BayObLG** 14, 317

Auch hier ist eine Nachprüfung nur insoweit möglich, als der **GBBeamte persönlich mit den Beteiligten verhandelt**; dazu *§ 29 Bem 20ff.* und *Güthe* GBO § 13 Bem 18.

Daneben stehen die **sonstigen Fälle**, in denen die Protokolle nicht vom GBBeamten aufgenommen werden. Es kommen vor allem Protokolle von Notaren in Betracht. Über die Notwendigkeit der Prüfung der Geschäftsfähigkeit bei Protokollierung und über etwaige Vermerke bez der Feststellungen in der Urkunde § 28 BNotO (*Anh*) sowie landesrechtliche Vorschriften, wie § 63 badAVFGG, Art 51 hessFGG, Art 36 ndsFGG, Art 40 prFGG, Art 109 wüAGBGB; dazu *Keidel* FGG § 176 Bem 40. In derartigen Fällen muß sich der GBBeamte auf die Urkunde verlassen. Hat er Anlaß zu Bedenken, so ist der Antrag zurückzuweisen oder durch Zwischenverfügung der Nachweis der Geschäftsfähigkeit zu verlangen, **KG** OLG 1, 382, **OLG Karlsruhe** DNotZ 1965, 476 = BWNotZ 1965, 308 Ls = Justiz 1966, 15 Ls = DRspr IV (473) 87a, *Brand-Schnitzler* GBSachen § 130, *Güthe* GBO § 13 Bem 18, *Josef* Recht 1924, 66, *Meikel* ZBlFG 7, 457. Zu eigenen Ermittlungen ist der GBBeamte im Antragsverfahren nicht verpflichtet, auch nicht berechtigt, da er diese Frage nicht von Amts wegen klären darf, *Bem 82*. Allerdings darf er ihm bereits bekannte Tatsachen auch außerhalb der Urkunde berücksichtigen, **OLG München** JFG 17, 187; dazu *§ 1 Bem 16b, c*.

Ist der **Erklärende nicht geschäftsfähig**, so obliegt dem GBBeamten die **Prüfung, ob er** ordnungsmäßig **vertreten** ist, **OLG Colmar** OLG 5, 288.

So ist der GBBeamte zB nicht berechtigt, eine vom zuständigen Vormundschaftsgericht rechtskräftig genehmigte Teilung zwischen dem überlebenden Ehegatten und mehreren minderjährigen Erben darauf nachzuprüfen, ob die Vertretung der sämtlichen Minderjährigen durch einen einzigen Pfleger genügte oder ob jedem von ihnen ein besonderer Pfleger hätte bestellt werden müssen, **OLG Colmar** OLG 7, 332, Recht 1903, 290 Nr 1535; dazu *Bem 131.* Anders ist es, wenn die Pfleger vor dem GBA auftreten, zB die Auflassung erklären oder entgegennehmen; hier muß der GBBeamte prüfen, ob eine Notwendigkeit zur Bestellung für einen oder mehrere Pfleger besteht. Dazu *Güthe* GBO S 1962/3 (Pflegschaft unter 1a).

Der Nachweis der Geschäftsfähigkeit kann nicht nur durch öffentliche Urkunden nach § 29 Abs 1 S 2 GBO geführt werden; dazu **OLG Karlsruhe** aaO, *§ 29 Bem 18.* **Zweifel** an der Geschäftsfähigkeit sind **zu beachten**, wenn sie offenkundig sind, sich aus öffentlichen Urkunden ergeben oder dem GBA in sonstiger Weise bekannt werden. In geeigneten Fällen kommt auch die Widerlegung der Bedenken bis zur GBEintragung in Betracht; dazu **OLG Hamm** Rpfleger 1960, 405 = DRspr IV (473) 65b, **OLG Karlsruhe** aaO. Bloße Behauptungen der Geschäftsunfähigkeit eines Beteiligten, die nicht auf beachtliche Gründe gestützt sind, wird das GBA unbeachtet lassen; dazu **OLG Hamm** und **OLG Karlsruhe** aaO. Im übrigen ist der Beteiligte auf den Rechtsweg, insbes eine Feststellungsklage, angewiesen. Das GBA darf bzw muß berechtigte Zweifel an der Geschäftsfähigkeit solange beachten, als über den Antrag auf Eintragung, wozu auch ein Löschungsantrag gehört, nicht durch **Eintragung** befunden ist; dazu **OLG Hamm** aaO, **KG** OLG 43, 210, **OLG München** JFG 17, 187.

Der Frage der Geschäftsunfähigkeit kommt vor allem besondere Bedeutung zu im Bereiche der Vererbung, da die Testierfähigkeit zweifelhaft sein kann, § 2229 BGB; dazu *Palandt* BGB § 2229 Bem 6c) bb, *Staudinger-Dittmann* BGB § 2229 Bem 26ff. Die bei Prüfung der Testierfähigkeit auftretenden und dem Gebiete der ärztlichen Fachwissenschaft angehörenden Fragen können grundsätzlich nur nach Einholung eines ärztlichen Sachverständigengutachtens zutreffend entschieden werden, **KG** NJW 1961, 2066. Im letzten Stadium der fortgeschrittenen altersbedingten Cerebral-Sklerose kommen lichte Momente, in denen der Erblasser testierfähig gewesen sein könnte, regelmäßig nicht mehr in Betracht, **OLG Celle** BdsRpfl 1962, 201 = DNotZ 1962, 657 Ls. Das GBA kann sich im Antragsverfahren mit der Klärung solcher Probleme nicht befassen.

99

VI. Vertretungsmacht

Dazu *Brand-Schnitzler* GBSachen §§ 136ff., *Güthe* GBO § 13 Bem 19, *Horber* GBO § 30 Bem 4, *Thieme* GBO § 19 Anh

1. Allgemeines

Über die Zulässigkeit der Vertretung in GBVerfahren *§ 1 Bem 17*,
Es ist zu unterscheiden zwischen Vertretung durch einen
Bevollmächtigten (*Bem 100ff.*) oder durch einen
gesetzlichen Vertreter (*Bem 106ff.*).

100

2. Bevollmächtigung

Dazu *Brand-Schnitzler* GB Sachen §§ 136ff., *Güthe* GBO § 13 Bem 19 und S 2050 (Vollmacht), *Haegele* Rechtsgeschäftliche Vertretung im GrstVerkehr BlGBW 1960, 241, *Horber* GBO § 30 Bem 4a, b, *Krämer-Illner* GBPraxis §§ 186ff., *Planck-Kettnaker* Führung des GBuchs 55ff., § 8a, *Ripfel* GBRecht 66ff., *Thieme* GBO § 19 Anh Bem I S 65ff.

a) Allgemeines

Wird eine Erklärung von einem Bevollmächtigten abgegeben, so hat der GBBeamte zu prüfen,

1. ob die Vollmacht in der erforderlichen Form nachgewiesen ist, *Bem 101*, und
2. ob sie nach ihrem Inhalt den Bevollmächtigten ermächtigt, *Bem 102ff.*;
3. erforderlichenfalls hat sich die Prüfung auch auf die Wirksamkeit der Vollmacht zu erstrecken, *Bem 105.*

b) Form der Vollmacht **101**

Es ist zu prüfen, ob die Vollmacht zur Abgabe einer Eintragungsbewilligung oder einer sonstigen zur Eintragung erforderlichen Erklärung in der gehörigen Form nachgewiesen ist.

Die Vollmacht selbst bedarf **in der Regel keiner** besonderen **Form,** § 167 Abs 2 BGB; dazu **RG** RGZ 108, 126. Besonderheiten gelten im Rahmen des § 30 GBO sowie dann, wenn gesetzlich eine Form erforderlich ist, wie nach § 313 BGB. Über Auflassungsvollmacht, insbes bei Unwiderruflichkeit, **BGH** NJW 1952, 1210 = LM § 313 BGB Nr 2, MDR 1965, 282 = DNotZ 1965, 607 = BWNotZ 1965, 173 Ls = LM § 173 BGB Nr 1 **RG** RGZ 50, 166/104, 236/110, 320, *BGB-RGRK* BGB § 313 Bem 43, *Herold* BlGBW 1953, 131, *Palandt* BGB § 313 Bem 7, über Selbstkontrahieren *Bem 104*, über Auflassungsvollmacht *§ 20 Bem 56*. Über Vollmacht zur Übertragung eines Erbanteils **KG** JFG 15, 205.

Der **Nachweis des Bestehens einer Vollmacht** muß dem GBA in der **Form des § 29 Abs 1 S 1** erbracht werden; dazu *§ 29 Bem 4ff.* Regelmäßig muß daher dem GBA die Vollmachtsurkunde in Urschrift oder in Ausfertigung vorgelegt werden. Eine beglaubigte Abschrift genügt im Hinblick auf § 172 Abs 2 BGB nur dann, wenn in der Urschrift oder dem Beglaubigungsvermerk von dem beurkundenden Richter oder Notar bezeugt ist, daß ihm die Urschrift oder die Ausfertigung bei der Beurkundung oder Beglaubigung vorgelegen habe, **RG** RGZ 104, 358, **KG** OLG 25, 2, **OLG Colmar** OLG 12, 153 (155). Auch in diesem Fall muß aber eine beglaubigte Abschrift der Vollmacht vorgelegt werden; das Zeugnis allein genügt nicht. Eine die Vorlage der Vollmachtsurkunde oder einer beglaubigten Abschrift derselben ersetzende Feststellung der Vertretungsmacht durch einen Notar in der Urkunde oder dem Beglaubigungsvermerk ist nicht ausreichend; die NotO schaffte die früher zulässgige abweichende landesrechtliche Regelung (wie sie zB in Bayern vorhanden war) ab. Ob jemand in eigenem oder in fremdem oder gleichzeitig in eigenem und in fremdem Namen handelt, muß sich aus der Erklärung selbst ergeben; eine diesbezügliche Feststellung im Beglaubigungsvermerk reicht nicht aus, **BayObLG** 34, 121. Dazu *Güthe* GBO 2050 (2057/8) „Vollmacht" unter Z 4.

Da die Vollmacht als solche keiner Form bedarf, genügt es, wenn der **Vollmachtgeber** in öffentlich beglaubigter Erklärung eine (ihm bekannte) **Urkunde genehmigt,** in welcher der Bevollmächtigte behauptet hat, von dem Vollmachtgeber mündlich bevollmächtigt zu sein; dazu, nämlich zum Nachweis einer vor der Auflassung erteilten Vollmacht durch Vollmachtsgeständnis bzw -bestätigung in öffentlich beglaubigter Form, **BGH** BGHZ 29, 366 = NJW 1959, 883 = MDR 1959, 477, 745 (*Thieme*) = WM 1959, 480 = DNotZ 1959, 312 = Rpfleger 1959, 219 (*Haegele*) JurBüro 1959, 283 = LM § 29 GBO Nr 2 (*Piepenbrock*) = DRspr IV (473) 54bc. Die Genehmigung erstreckt sich hier auch auf die bez der angeblichen Bevollmächtigung abgegebene Erklärung, so daß in der Form des § 29 erwiesen ist, daß die Vollmacht erteilt wurde. Eines Nachweises der Kenntnisnahme von der Genehmigungserklärung durch den einen oder anderen Vertragsteil wie beim Handeln ohne Vollmacht bedarf es hier nicht, weil der Fall des § 182 BGB nicht gegeben ist, **KG** KGJ 37, 283, **BayObLG** 19, 163. Gleichgültig ist es aus dem genannten Grunde auch, ob der Vollmachtgeber in der Vollmachtsurkunde erklärt, daß er die Vollmacht erteilt habe oder ob er die Vollmacht in der Urkunde selbst erklärt, **RG** RGZ 104, 361. Es ist darauf hinzuweisen, daß eine Genehmigung eines GrstKaufvertrags notwendig ist, wenn ein anderer ohne Vollmacht oder auf Grund widerrufener Vollmacht als vollmachtsloser Vertreter eines anderen handelte, da fehlende Vertretung oder Vollmacht in einer dem § 313 BGB nicht entsprechenden Form nicht nach § 313 S 2 BGB durch Auflassung und Eintragung im GB heilt, *Palandt* BGB

§ 313 Bem 13 (b). Bei einem solchen Handeln als vollmachtsloser Vertreter sind §§ 177, 178 BGB zu beachten. Wird auf Grund dieser Vorschriften der schwebend unwirksame GrstKaufvertrag endgültig unwirksam, so kann keine Genehmigung durch den Vertretenen mehr erfolgen, während anderenfalls die Genehmigungsmöglichkeit unbegrenzt ist, also auch nach vielen Jahren noch besteht; dazu auch *§ 20 Bem 56, 57*.

Nach § 29 BNotO (*Anh*) hat der **Notar** die Vertretungsmacht der Beteiligten zu prüfen; ihm bei der Verhandlung vorgelegte Vollmachten fügt er der von ihm aufgenommenen Urkunde in Urschrift oder beglaubigter Abschrift bei. Befindet sich die Vollmachtsurkunde oder eine Ausfertigung derselben (nicht eine beglaubigte Abschrift) **bei anderen Akten des Amtsgerichts**, so genügt auch die Verweisung hierauf; dazu *Brand-Schnitzler* GBSachen § 138. Wird dem GBA ein Prozeßvergleich (dazu *§ 20 Bem 35, 37*) als Eintragungsgrundlage vorgelegt, so hat es das Bestehen der **Prozeßvollmacht** (dazu *Bem 103*) nicht mehr nachzuprüfen; es genügt die Aufführung des Prozeßbevollmächtigten als solchen, **KG** JFG 1, 331, **BayObLG** 22, 136, *Güthe* GBO § 29 Bem 46. In einer letztwilligen Verfügung kann Vollmacht erteilt werden, **aA** (zu Unrecht) **KG** DNotV 1928, 309; es handelt sich dann um eine Vollmacht über den Tod hinaus (dazu *Bem 105*). Die Form einer im Ausland erteilten Vollmacht richtet sich in der Regel nach ausländischem Recht, **KG** OLG 44, 152, HRR 1931 Nr 1051, *Güthe* GBO 2050 (Vollmacht unter Z 1); für die rechtliche Tragweite einer ausländischen Urkunde ist dagegen deutsches Recht maßgebend, **RG** DR 1943, 1066, *Palandt* BGB § 167 Bem 4. Zu Fragen des internationalen Erbrechts ist auf *Ferid-Firsching* Internationales Erbrecht zu verweisen.

Zu kostenrechtlichen Fragen *Ripfel* Vollmachtsnachweis gegenüber Vollzugsstellen notarieller Urkunden BWNotZ 1961, 84, wenn nämlich die Vollmacht mehrfach benötigt wird und zu diesem Zwecke beglaubigte Abschriften gefertigt und vorgelegt werden.

Für die **Europäische Wirtschaftsgemeinschaft** (EWG) sind einheitliche Formulare für die Vollmachten zur Hypothekenaufnahme und zum GrstVerkauf in 4 Sprachen ausgearbeitet worden; dazu DNotZ 1964, 672.

102

c) Inhalt der Vollmacht

1. Allgemeines

Das GBA hat auch zu prüfen, ob die Vollmacht nach ihrem Inhalt den Bevollmächtigten zu der von ihm namens des Vertretenen vorgenommenen Rechtshandlung ermächtigt. Der Prüfungspflicht wird der GBBeamte nicht dadurch enthoben, daß der Notar, der die Erklärungen des Vertreters beurkundet oder beglaubigt hat, diesen für genügend ausgewiesen erachtet hat, **KG** KGJ 23, 120.

103

2. Umfang der Vollmacht

Der Umfang der Vollmacht ist nötigenfalls durch **Auslegung** zu ermitteln. Im Zweifel ist die Vollmacht eng auszulegen, **RG** RGZ 143, 196. Die Vollmacht kann auch bedingt sein, **KG** KGJ 33, 153. Eine **Generalvollmacht** genügt für alle GBGeschäfte, über die Erteilung einer Generalvollmacht durch den gesetzlichen Vertreter (Vater, Vormund ua) *Bem 108*, durch den Testamentsvollstrecker *§ 35 Bem 77*, durch den Vorstand usw einer Handelsgesellschaft und durch den Prokuristen. Dazu auch *Brand-Schnitzler* GBSachen § 136, *Güthe* GBO 2050 (2051) „Vollmacht" unter 2a. Die in der Rechtslehre anerkannte sog isolierte Vollmacht, die von der abstrakten Natur der Vollmacht abgeleitet wird (dazu *Staudinger-Coing* GBG § 167 Bem 2, § 168 Bem 11, 12a), hat neben der Generalvollmacht keine praktische Bedeutung und es besteht Anlaß, daß die hM überprüft wird; dazu *Riedel* Zur Anwendung der §§ 133, 157, 242 BGB im GB-Verfahren Rpfleger 1966, 356 ff. (358)/1967, 6.

Eine **Vollmacht, Anträge aller Art an das GBA zu stellen**, ermächtigt auch zur Bewilligung aller Eintragungen, *Brand-Schnitzler* und *Güthe* aaO. Die **Prozeßvollmacht** (dazu *Bem 101*) gibt die Berechtigung zur Stellung von Eintragungsanträgen, insbes im Wege der ZwV, nicht aber zur Quittungsleistung und Löschungsbewilligung, **KG** OLG 10, 390 (391). Eine **Vollmacht auf den Inhaber** oder eine von einem Dritten zu benennende Person ist zulässig, nicht aber eine **Blankovollmacht,** auch wenn die Ausfüllung nach der Unterschriftsbeglaubigung nachgeholt wird, **KG** KGJ 35, 227 DNotZ 1953, 255 (*Hornig*) sowie *Brand-Schnitzler* GBSachen § 137, *Güthe* GBO 2050, **aA** (überholt) **LG Halle** JW 1926, 2709 (*Ricks*) sowie *Ricks* GBPraxis 377. Zur Weiterübertragung der Vollmacht dh zur Bestellung eines **Unterbevollmächtigten** ist der Vertreter im Zweifel nicht berechtigt, gleichviel ob die Vollmacht auf einem Auftrag beruht oder nicht; dazu *BGB-RGRK* BGB § 166 Bem 28, *Brand-Schnitzler* GBSachen § 137, *Dittmar* BayNotV 1931, 200, *Staudinger-Coing* BGB § 167 Bem 29ff., Ist die Hauptbevollmächtigung zeitlich begrenzt, so ist der Bevollmächtigte im Zweifel nicht berechtigt, eine zeitlich unbegrenzte Untervollmacht zu erteilen, **KG** KGJ 37, 239.

Wenn **mehrere Bevollmächtigte** vorhanden sind, so kann eine Gesamtvollmacht in Frage stehen, so daß also nur alle oder mehrere von ihnen gemeinschaftlich handeln können, oder es kann jeder einzelne zum Handeln befugt sein. Ob das eine oder andere zutrifft, richtet sich nach den Vereinbarungen; im Zweifel ist es eine Auslegungsfrage, die nach den Umständen des Einzelfalls zu entscheiden ist, *BGB-RGRK* BGB § 166 Bem 30, *Güthe* GBO 2050 (2051), *Staudinger-Coing* BGB § 167 Bem 18ff. Können mehrere Bevollmächtigte nur gemeinsam handeln, so genügt es, wenn der eine die Erklärung abgibt und eine nachträgliche Genehmigung des oder der Mitbevollmächtigten erfolgt, **RG** RGZ 112, 215, *Güthe* aaO; dies gilt auch für mehrere nur zusammen berechtigte gesetzliche Vertreter (*Bem 106ff.*), **RG** RGZ 81, 325/101, 343. Auch können die sämtlichen Gesamtvertreter einem von ihnen Untervollmacht erteilen, **RG** RGZ 106, 268; dabei ist nicht erforderlich, daß der Bevollmächtigte die Vollmacht mitunterzeichnet, **RG** RGZ 80, 180, **KG** OLG 27, 375. Dazu auch *Staudinger-Coing* BGB § 167 Bem 23a.

Über Auflassungsvollmacht *Bem 101, § 20 Bem 56,* über schuldrechtliches und dingliches Rechtsgeschäft *Bem 141, 142.*

3. Selbstkontrahieren 104

Dazu *Brand-Schnitzler* GBSachen § 137, *Güthe* GBO 2050 (2052) „Vollmacht" unter 2b, *Haegel* GBRecht Bem 1965ff., Rechtsgeschäftliche Vertretung im GrstVerkehr BlGBW 1960, 341, Kommentierung zu § 181 BGB (insbes *BGB-RGRK, Palandt, Staudinger-Coing*)

Das Selbstkontrahieren dh das Handeln mit sich selbst ist für einen Vertreter nur im Rahmen des § 181 BGB zulässig. Darnach kann ein Vertreter, soweit nicht ein anderes gestattet ist, nicht im Namen des Vertretenen mit sich im eigenen Namen oder als Vertreter eines Dritten ein Rechtsgeschäft vornehmen, es sei denn, daß das Rechtsgeschäft ausschließlich in der Erfüllung einer Verbindlichkeit besteht. Er handelt sich um eine ziemlich problematische Vorschrift, die im Familien- und Erbrecht besondere Bedeutung hat. Sie bereitet der Praxis immer wieder Schwierigkeiten, da sie manche Unklarheiten enthält; daher ist diese gesetzliche Bestimmung reformbedürftig. Dazu *Riedel* JR 1950, 140. Über Prüfung durch das GBA *Bem 141.*

Soweit nach § 181 BGB der Bevollmächtigte zur Vornahme der nach dem materiellen Recht zur Herbeiführung einer Rechtsänderung erforderlichen Rechtshandlungen (insbes der Einigung) nicht befugt ist, fehlt ihm auch die Berechtigung zur Abgabe der auf die Rechtsänderung abzielenden Erklärungen (insbes der Eintragungsbewilligung) gegenüber dem GBA. Die Vorschrift bezieht sich nur auf Verträge und auf einseitige empfangsbedürftige Rechtsgeschäfte, die vom Bevollmächtigten sich selbst gegenüber abgegeben werden. Dazu *BGB-RGRK* BGB § 181 Bem 1ff., *Brand-Schnitzler* GBSachen § 137, *Güthe* GBO 2050 (2052), *Palandt* BGB § 181 Bem 2, *Staudinger-Coing* BGB § 181 Bem 7, auch **KG** OLG 20, 420, KGJ 39, 235/47, 147. Über die Anwendung des § 181 BGB auf gesetzliche Vertretung *Bem 108*. Im übrigen findet § 181 BGB auch auf einseitige Erklärung, die dem GBA gegenüber abgegeben werden, keine Anwendung.

Beispiele:

Der Hypothekengläubiger kann ohne weiteres dem GBA gegenüber als Vertreter des Eigentümers die Löschung der Hypothek beantragen und gleichzeitig sie im eigenen Namen bewilligen, **KG** OLG 20, 420, **BayObLG** 34, 121, *BGB-RGRK* BGB § 181 Bem 1ff., *Brand-Schnitzler* GBSachen § 137, *Güthe* GBO 2050 (2952), *Staudinger-Coing* BGB § 181 Bem 8, **aA** (wohl überholt) **KG** JFG 1, 377/2, 283, eingeschränkt jedoch in JFG 12, 285, wonach § 181 BGB auf Erklärungen gegenüber dem GBA wenigstens dann nicht anzuwenden ist, wenn ein Interessenwiderstreit erkennbar fehlt und die Gefahr einer Schädigung des Vertretenen nicht gegeben ist; dazu auch **RG** RGZ 143, 354. Ebenso kann umgekehrt der Eigentümer dem GBA gegenüber gleichzeitig als Vertreter des Hypothekengläubigers die Aufgabe einer Hypothek und im eigenen Namen die Zustimmung hierzu erklären, **BayObLG** 34, 121, **KG** JW 1937, 1401 = HRR 1937 Nr 927. Der GrstEigentümer kann auch zugleich als Vertreter des Hypothekengläubigers einen Rangrücktritt bewilligen und in eigenem Namen der Rangänderung zustimmen, **RG** RGZ 157, 24.

Die Vertretung 2 Beteiligter durch denselben Bevollmächtigten ist zulässig, zB die Ermächtigung einer dh derselben Person zur Erteilung und Entgegennahme der Auflassung, **BayObLG** JFG 4, 326 (328). Auch dann findet § 181 BGB keine Anwendung, wenn der Vertreter eine einseitige empfangsbedürftige Willenserklärung nicht sich selbst, sondern einem Dritten gegenüber abgibt, **RG** RGZ 76, 89, **BayObLG** RJA 5, 25. Selbstkontrahieren liegt auch dann nicht vor, wenn der Vorerbe als (gewillkürter oder gesetzlicher) Vertreter des Nacherben nicht einer von ihm selbst abgegebenen genehmigungsbedürftigen Erklärung zustimmt, sondern eine Erklärung gleichen Inhalts abgibt, wie er sie selbst im eigenen Namen als Vorerben abgegeben hat, also zB eine Nachlaßhypothek als Vorerbe und als Vertreter des Nacherben abtritt, **RG** WarnRspr 1912 Nr 399, *Güthe* GBO 2050 (2052). Dasselbe gilt, wenn die gleiche Person in Vertretung des Vorerben und des Nacherben gegenüber einem von ihr nicht vertretenen Dritten ein Rechtsgeschäft vornimmt, **KG** SeuffBl 73, 805, *Staudinger-Coing* BGB § 181 Bem 12. Der Fall des § 181 BGB ist auch nicht gegeben, wenn der Bevollmächtigte einen Stellvertreter bestellt und mit diesem (als Vertreter des Vollmachtgebers, nicht als seinem Vertreter) ein Rechtsgeschäft im eigenen Namen abschließt, sofern nicht ein gegen die guten Sitten verstoßender Mißbrauch der Vertretungsmacht vorliegt oder eine Umgehung des § 181 BGB in Frage kommt, **RG** RGZ 103, 417/108, 405, **KG** OLG 12, 23/22, 179, **OLG Hamm** DNotZ 1956, 103 (*Keidel*), ferner *BGB-RGRK* BGB § 181 Bem 1ff., *Staudinger-Coing* BGB § 167 Bem 32. Kein Selbstkontrahieren ist anzunehmen, wenn der Geschäftsführer einer GmbH im eigenen Namen mit der Gesellschaft, die durch einen Bevollmächtigten vertreten ist, ein Rechtsgeschäft abschließt, **KG** OLG 11, 395; ähnlich **BayObLG** 8, 42 bez des Vorstandsmitglieds einer Genossenschaft.

Ein Verstoß gegen § 181 BGB liegt dagegen dann vor, wenn dieselbe Person auf der einen Seite als Einzelvertreter, auf der anderen Seite mit anderen zusammen als **Gesamtvertreter** tätig wird, **RG** RGZ 89, 373; dies gilt auch bei einer auf Gesetz beruhenden Vertretungsmacht (dazu *Bem 108*). Ein von 2 juristischen Personen bestellter Kollektivvertreter kann beim Abschluß von Verträgen zwischen beiden ohne Verletzung des § 181 BGB auf beiden Seiten mitwirken, **OLG Celle** HEZ 2, 17 = SJZ 1948, 311 (*Lehmann*) = NJW 1947/48, 300, 524 (*Sachs*) = DRspr I (113) 15d. Die Bevollmächtigung **„für alle Rechtsgeschäfte"** bedeutet nicht ohne weiteres Ermächtigung zum Selbstkontrahieren, **KG** JR 1952, 438 = DRspr I (113) 52d. Die Erteilung einer **Generalvollmacht** schließt ebenfalls die Befreiung von den Beschränkungen des § 181 BGB nicht von selbst in sich, **KG** OLG 8, 30. Die Befreiung kann aber auch stillschweigend erfolgen; sie muß dann aus den Umständen deutlich hervorgehen, **RG** RGZ 51, 427/74, 213/99, 208, **KG** OLG 10, 305. Hat der Vollmachtgeber seinem Vertreter das Selbstkontrahieren gestattet und ihn auch ermächtigt, **Untervollmacht** zu erteilen, so kann auch der Unterbevollmächtigte von der Beschränkung befreit werden; sonst aber kann dem Unterbevollmächtigten ohne ausdrückliche Ermächtigung seitens des Vollmachtgebers durch den Hauptbevollmächtigten das Selbstkontrahieren nicht gestattet werden. Ein zur Bestellung eines Unterbevollmächtigten befugter, aber von der Beschränkung des § 181 BGB nicht befreiter Bevollmächtigter ist regelmäßig nicht in der Lage eine Untervollmacht ohne die Beschränkung des § 181 BGB zu erteilen; ein von dem Unterbevollmächtigten auf Grund der Untervollmacht mit sich selbst abgeschlossenes Rechtsgeschäft kann aber dadurch wirksam werden, daß der Hauptbevollmächtigte es namens des Vollmachtgebers genehmigt, **KG** DFG 1941, 58.

Eine Vollmacht zur **Grundstücksveräußerung**, die Befreiung von § 181 BGB gewährt, ist nicht unbedingt formbedürftig; die Form des § 313 BGB ist notwendig, wenn die Vollmacht bereits eine rechtliche und tatsächliche Bindung des Vollmachtgebers zur Veräußerung enthält, wie stets anzunehmen ist, wenn die Vollmacht unwiderruflich ist, **BGH** NJW 1952, 1211 = JR 1952, 403 = DNotZ 1952, 477 = BB 1952, 622 = LM § 181 BGB Nr 1, § 313 BGB Nr 2 = DRspr I (113) 62c wV. Zu dieser Frage ist auch zu verweisen auf **OLG Koblenz** NJW 1949, 224 = DRspr I (113) 23b, **LGO München** DNotZ 1951, 31 (*Grussendorf*) = DRspr I (113) 48f, **OLG Stuttgart**-*Karlsruhe* DNotZ 1950, 166 (*Hornig*) = DRspr I (113) 39c, **LG Hamburg** MDR 1953, 101. Über Auflassung durch einen selbstkontrahierenden, vollmachtslosen Vertreter *Korbmacher* NJW 1950, 244 = DRspr I (150) 35b.

Wenn **Treuhänder** 2 Vermögensmassen eines (rückerstattungspflichtigen) Eigentümers Verträge als Vertreter der Vermögensmassen schließen, so ist dies zulässig und bedeutet keinen Verstoß gegen § 181 BGB, **LG Mannheim** BB 1953, 75.

Ein nach § 181 BGB unzulässiges Selbstkontrahieren macht das Rechtsgeschäft nicht nichtig; es kann vielmehr nachträglich nach § 177 BGB genehmigt werden, **RG** RGZ 56, 104/93, 337/ 103, 418/119, 116, *BGB-RGRK* BGB § 181 Bem 1ff., *Staudinger-Coing* BGB § 181 Bem 17, 19m.

d) Wirksamkeit 105

Das GBA hat auch zu **prüfen**, ob die **Vertretungsmacht zur Zeit der Vornahme der Rechtshandlung durch den Bevollmächtigten** noch bestand, ob also die (fortdauernde) Wirksamkeit der Vollmacht feststeht.

Zum Nachweis hierfür genügt die Feststellung in einer **notariellen Urkunde**, daß dem Notar bei Leistung der Unterschrift die Urschrift bzw eine Ausfertigung der Vollmacht vorgelegt worden ist, **KG** OLG 5, 196/25, 2, **OLG Hamburg** OLG 21, 7, **BayObLG** 6, 212; dazu *Bem 101*. Die Vorlage eines bloßen Auszugs aus der Vollmachtsurkunde genügt nicht, **OLG Colmar** OLG 5, 299, ebensowenig die Vorlage einer beglaubigten Abschrift. Nicht genügend ist es, wenn die Vertretungsmacht zwar im Zeitpunkt der Abgabe der rechtsgeschäftlichen Erklärung, aber nicht mehr zZ der Unterschriftsbeglaubigung bestand, **KG** OLG 6, 17. Umgekehrt braucht die Vollmacht im Zeitpunkt der Eintragung nicht mehr wirksam zu sein, wenn sie nur bei Abgabe der Erklärung bestand, **KG** OLG 25, 2, JFG 1, 322, **OLG Dresden** JFG 6, 256 (260). Ist die Vollmacht Bestandteil eines Vertrags, so zerstört dessen Nichtigkeit nicht unbedingt die Wirksamkeit der Vollmacht, § 139 BGB; dazu **RG** RGZ 103, 302/104, 299/114, 351, **KG** JFG 1, 322 (326), auch *Bem 141, 144*.

Hat der GBBeamte begründete Zweifel an dem Fortbestand der Bevollmächtigung, so kann er den **unmittelbaren Nachweis des Fortbestehens** verlangen, **KG** OLG 10, 67, **BayObLG** 14, 317, auch wenn der Notar die Vollmacht festgestellt hat, **BayObLG** 29, 405. Über die Form des Nachweises *§ 29 Bem 19ff*. Der Umstand, daß die Erteilung der Vollmacht längere Zeit zurückliegt, berechtigt das GBA nicht immer, den Nachweis des Fortbestehens der Vollmacht zu verlangen. Es kommt hierbei aber stets auf die Umstände des Einzelfalls an; dazu **KG** DNotV 1931, 554, KGJ 37, 225/53, 129. Soll eine GrstVeräußerungsvollmacht nur der technischen Erleichterung des Vertragsabschlusses dienen, so ist nicht anzunehmen, daß sie einen stillschweigenden Ausschluß der Widerruflichkeit enthält, die den Vollmachtgeber bindet; dazu **BGH** DNotZ 1965, 549, *Staudinger-Kaduk* BGB § 313 Bem 69ff., auch zu der Frage, daß daher die Form des § 313 BGB nicht gewahrt werden muß. Den Nachweis, daß die Vollmacht bis zum Vollzug der Auflassung nicht widerrufen worden ist, kann das GBA nicht verlangen, da solche negative Tatsachen sich dem Nachweis nach § 29 Abs 1 S 2 entziehen. Für das GBA genügt der auch in § 172 Abs 2 BGB niedergelegte und anerkannte Erfahrungssatz, daß Vollmachtsurkunden oder -ausfertigungen zurückgegeben zu werden pflegen, wenn die Vollmacht erlischt oder widerrufen worden ist. Deshalb kann der Nachweis der Fortgeltung der Vollmacht, wenn der Bevollmächtigte im Besitze der Vollmachtsurkunde ist, nur gefordert werden, wenn besondere, auf die Möglichkeit eines erfolgten Widerrufs hinweisende Umstände zur Kenntnisnahme des GBA gelangt sind, **BayObLG** BayObLGZ 1959, 297 = NJW 1959, 2119 = MDR 1960, 59 = DNotZ 1960, 50 = DRspr IV (473) 57a, **OLG Düsseldorf** Rpfleger 1966, 261 (*Riedel*) = BWNotZ 1966, 300 Ls; dazu auch *Bem 145*. Der Bevollmächtigte, der sich auf die Vollmacht beruft, hat erforderlichenfalls die Vollmacht bzw deren Fortbestand nachzuweisen. Das GBA hat stets zu prüfen, ob die Vollmacht besteht und noch gültig ist, **OLG Hamburg** KGJ 38, 321. Wenn es auch anerkannten Rechts ist, daß eine unwiderrufliche Vollmacht aus wichtigem Grunde widerrufen werden kann (dazu *Palandt* BGB § 168 Bem 2, *Staudinger-Coing* BGB § 168 Bem 12a), so genügt für begründete Zweifel nicht die theoretische Möglichkeit des Widerrufs, sondern die dem GBA bekannten Tatsachen müssen einen solchen Widerruf aus wichtigem Grunde möglich erscheinen lassen. Ein Eintragungshindernis ist bei begründeten Zweifeln gegeben, nicht erst beim positiven Fehlen der Voraussetzung, **OLG Hamburg** MDR 1962, 217 = BWNotZ 1962, 223 = DRspr IV (473) 72a. Tritt jemand unter fremdem Namen auf und ergibt die Auslegung seiner Erklärung den Anschein eines Eigengeschäfts des Namensträgers, so sind §§ 164ff. BGB über die Stellvertretung anzuwenden, obwohl ein Vertretungswille des Handelnden fehlt, **BGH** NJW 1966, 1069 = MDR 1966, 652 = JZ 1966, 360 = JR 1966, 262 = WM 1966, 396 = BB 1966, 425 = DB 1966, 619 = BWNotZ 1966, 735 = LM § 164 BGB Nr 27 (*Lieseke*) = DRspr I (112) 25c. Ein Auftrag, ein Grst für Rechnung des Auftraggebers in dessen oder im eigenen Namen zu erwerben, verpflichtet den Beauftragten auch dann, wenn der Auftrag nicht in der Form des § 313 BGB erteilt worden ist, **BGH** DNotZ 1966, 540. Der Vertretene hat grundsätzlich das Risiko eines Vollmachtsmißbrauchs zu tragen; er ist aber gegen einen erkennbaren Mißbrauch der Vertretungsmacht im Verhältnis zum Vertragsgegner dann geschützt, wenn der Vertreter von seiner Vertretungsmacht in ersichtlich verdächtiger Weise Gebrauch gemacht hat, so daß beim Vertragsgegner begründete Zweifel entstehen mußten, ob nicht ein Treueverstoß des Vertreters gegenüber dem Vertretenen vorliege, **BGH** NJW 1966, 1911.

Ist die **Vollmacht über den Tod hinaus**, also auch für die Erben, erteilt (dazu **RG** RGZ 114, 351), so hat der GBBeamte nicht nachzuprüfen, ob etwa das zugrunde liegende Rechtsgeschäft durch den Tod erloschen ist, **KG** KGJ 32, 197/41, 168; eine Vollmacht der Erben kann daher nicht verlangt werden, **RG** RGZ 88, 345. Ergibt sich jedoch der

Fortbestand der Vollmacht nicht aus der Vollmachtsurkunde selbst, so genügt sie für den GBVerkehr nur dann, wenn in der Form des § 29 nachgewiesen wird, daß der Vollmacht ein über den Tod fortdauerndes Rechtsverhältnis zugrunde liegt, **BayObLG** 14, 317/16, 97. Dazu auch *Bem 101*, auch *Hippel* Rechtsgeschäfte unter Lebenden auf den Todesfall NJW 1966, 867, *Lukowsky* Die Vollmacht über den Tod hinaus MittRhNotK 1963, 115. Bez Generalvollmacht über den Tod hinaus an Testamentsvollstrecker **BGH** NJW 1962, 1718 = MDR 1962, 885 = JR 1962, 378 = DNotZ 1963, 305 = BB 1962, 856 = Rpfleger 1962, 438 (*Haegele*) = RdJ 1962, 203 = WM 1962, 852 = LM § 2205 Nr 9 = DRspr I (174) 102b, IV (413) 72c. Es kann auch ein Vertrag zugunsten eines Dritten (§ 328 BGB), **BGH** BGHZ 41, 95 = NJW 1964, 1124, 1952 (*Büsselberg*) = MDR 1964, 406 = JZ 1964, 425 = BB 1964, 451 = DB 1964, 474 = WM 1964, 348 = LM § 2301 BGB Nr 2 (*Mattern*) = DRspr I (125) 104c, oder Abtretung für den Todesfall (§ 398 BGB), **OLG Hamburg** NJW 1963, 449 = DNotZ 1963, 372 Ls = BWNotZ 1963, 72 Ls, in Frage kommen.

Hat der Vollmachtgeber die **Vollmacht für sich und für seine Erben** ausgestellt, so berechtigt sie auch zur Vertretung der Nacherben vor Eintritt des Nacherbfalles; auch kann, wenn ein Erbe minderjährig ist, die vormundschaftsgerichtliche Genehmigung nicht verlangt werden, **RG** RGZ 88, 345/106, 185, **KG** KGJ 36, 166/41, 168/50, 157. Auf Grund einer mit Wirkung über den Tod hinaus erteilten Vollmacht ist der Bevollmächtigte in der Lage, über Nachlaßgrundstücke und GrstRechte ohne Vorlage eines Erbscheins oder eines öffentlichen Testaments wirksam zu verfügen. Durch etwaige Verfügungsbeschränkungen eins Erben wird die auf die Vollmacht gegründete Verfügungsbefugnis des Vollmachtträgers nicht berührt; wird daher auf Grund einer auf die Vollmacht gestützten Verfügung ein Erwerber als Berechtigter im GB eingetragen, so ist eine etwa angeordnete Nacherbfolge oder Testamentsvollstreckung nicht mit einzutragen, auch wenn der Erwerber ein Miterbe ist, **KG** JFG 12, 275. Eine vom Erblasser mit Wirkung über seinen Tod hinaus erteilte widerrufliche Vollmacht kann auch während bestehender Erbengemeinschaft von dem einzelnen Miterben widerrufen werden. Der Widerruf hat zur Folge, daß der Bevollmächtigte über Nachlaßgegenstände nicht mehr mit Wirkung gegenüber dem Widerrufenden verfügen kann, **KG** JFG 15, 334. Eine über den Tod hinaus wirkende Vollmacht erlischt nicht ohne weiteres durch die Ernennung eines Testamentsvollstreckers (der sie aber widerrufen kann, **KG** KGJ 37, 231), wohl aber dadurch, daß der Bevollmächtigte Alleinerbe (**OLG Stuttgart** JFG 12, 272) oder alleiniger Vorerbe des Vollmachtgebers wird (**KG** KGJ 43, 157). Im übrigen aber kann der über den Tod des Vollmachtgebers hinaus Bevollmächtigte im Namen des Vorerben und des Nacherben mit einer den Nacherbfall überdauernden Wirksamkeit verfügen, **KG** KGJ 36, 166/43, 159. Eine vom Vorerben ausgestellte Vollmacht ermächtigt regelmäßig nicht zur Vertretung des Nacherben nach Eintritt des Nacherbfalles; der Vorerbe ist grundsätzlich nicht in der Lage, eine Vollmacht mit Wirkung für den Nacherben zu erteilen, **KG** JFG 5, 308, **SchlHOLG** SchlHA 1962, 174. Dazu auch *BGB-RGRK* BGB § 168 Bem 2, 6, *Brand-Schnitzler* GBSachen § 136, *Güthe* GBO 2050 (2055/6) ,,Vollmacht" unter 3a, *Staudinger-Coing* BGB § 168 Bem 3, 4.

Bei einer **juristischen Person** endigt die von ihr erteilte Vollmacht mit dem Erlöschen derselben, nicht dagegen bei Eintritt des Liquidations-Stadiums; während dieser Zeit können Abwicklungsgeschäfte, wie Auflassung, vorgenommen werden, **KG** KGJ 32, 187. Die Bevollmächtigung durch das Organ einer juristischen Person ist unabhängig von der jeweiligen Zusammensetzung des Organs, **KG** KGJ 32, 187, **OLG München** HRR 1940 Nr 213. Wenn eine juristische Person nur die Rechtsform wechselt, im übrigen aber bestehen bleibt (etwa eine Körperschaft des öffentlichen Rechts als Verein iSd BGB fortbesteht), so ist es möglich, daß eine Vollmacht weiterwirkt, **KG** DR 1939, 1077. Dazu *Güthe* GBO 2050 (2056), *Staudinger-Coing* BGB § 168 Bem 7.

Wird die **Vollmacht nachträglich vorgelegt**, so ist auch zu prüfen, ob sie nicht erst nach Abgabe der Erklärung durch den Vertreter ausgestellt ist. In diesem Falle liegt in ihr eine nachträgliche Genehmigung iSd § 185 Abs 2 BGB. Dazu *§ 19 Bem 68*, bez Auflassung *§ 20 Bem 4ff.*

106 **3. Gesetzliche Vertretung**

Dazu *Brand-Schnitzler* GBSachen §§ 140ff., *Güthe* GBO § 13 Bem 19, *Haegele* GBRecht Bem 1975ff., *Horber* GBO § 30 Bem 4c, *Krämer-Illner* GBPraxis §§ 109ff., *Planck-Kettnaker* Führung des GBuchs 29ff., §§ 8, 8a, *Ripfel* GBRecht 66ff., *Thieme* GBO § 19 Anh Bem II S 68ff.

a) Allgemeines

Bei Erklärungen eines gesetzlichen Vertreters hat das GBA insbes zu prüfen,
ob die Vertretungsmacht in der entsprechenden Form nachgewiesen ist, *Bem 107*,
ob innerhalb der Grenzen der Vertretungsmacht gehandelt wird, *Bem 108* und
ob gegebenenfalls eine Genehmigung des Vormundschaftsgerichts oder einer anderen Behörde, bzw einer weiteren Person (des Gegenvormunds, Beistands ua) notwendig ist, *Bem 109ff.*

107 **b) Form der Vollmacht**

Das GBA hat zu prüfen, ob die Vertretungsmacht in der gehörigen Form (§ 29 Abs 1 S 1) nachgewiesen ist.

Hierzu dient beim Vormund, Pfleger usw die Urschrift der **Bestallung**, §§ 1694, 1791, 1792, 1897, 1915 BGB. Ist das Jugendamt gesetzlicher Amtsvormund, so tritt an die Stelle der Bestallung eine Bescheinigung über den Eintritt der Vormundschaft, § 42 JWG. Der Anstalts- und Vereinsvormund sowie das Jugendamt als bestellter Amtsvormund, Mit- oder Gegenvormund, Pfleger oder Beistand erhalten eine schriftliche Verfügung des Vormundschaftsgerichts, § 46 Abs 2, §§ 52, 53 JWG. Dazu *Riedel* JWG § 42 Bem 2 ff., § 46 Bem 11 ff., § 52 Bem 7, 8, § 53 Bem 6, 7.

Die Bestallung braucht nicht vorgelegt zu werden, wenn der Notar, der eine Erklärung des Vormunds usw beurkundet oder beglaubigt, festellt, daß ihm die Bestallung bei der Beurkundung oder Leistung der Unterschrift vorgelegt wurde. Es muß aber stets die Urschrift der Bestallung vorgelegt worden sein, da es auf deren Besitz ankommt (vgl § 1893 Abs 2 BGB); dazu *Güthe* GBO § 29 Bem 139.

Der **Nachweis der Vertretungsbefugnis sonstiger Vertreter**, deren Vertretungsmacht auf dem Gesetz beruht, wird durch die Bestimmungen der §§ 32 GBO, 69 BGB, § 26 Abs 2 GenG ua erleichtert; dazu *§ 32 Bem 2ff.*

108 **c) Inhalt der Vertretungsmacht**

Es ist auch bei Anlaß zu prüfen, ob der gesetzliche Vertreter innerhalb der Grenzen seiner Vertretungsmacht handelt. Dies ergibt sich aus den gesetzlichen Vorschriften. Bei Pfleger und Beistand müssen deren Befugnisse stets angegeben sein, da diese in den einzelnen Fällen verschieden sind, **KG** OLG 5, 364.

Es ist bezüglich der Grenzen der Vertretungsmacht insbes auf folgendes hinzuweisen:

Insoweit nach **§ 181 BGB** die Vertretungsmacht ausgeschlossen ist, bedarf es der Bestellung eines Pflegers, § 1909 BGB; über Pfleger *Bem 130ff.* Daß § 181 BGB auf den Inhaber der elterlichen Gewalt, den Vormund, Pfleger usw anzuwenden ist, ergibt sich aus § 1630 Abs 2, §§ 1685, 1795 Abs 2, § 1915 BGB, § 38 JWG; dazu **RG** RGZ 67, 61/71, 162, *BGB-RGRK* BGB § 181 Bem 1ff., *Müller* MDR 1952, 209, *Riedel* JR 1950, 140, *Staudinger-Coing* BGB § 181 Bem 13, 19m, zur Anwendung im Bereich des JWG *Riedel* JWG § 37 Bem 13, § 38 Bem 10. Über § 181 BGB *Bem 104.*

Selbstkontrahieren iSd § 181 BGB liegt nicht vor bei Entgegennahme der Auflassung eines dem **Minderjährigen** von seinem Vater geschenkten Grst, wenn dieses unbelastet ist; der Minderjährige kann nach § 107 BGB die Auflassung selbst entgegennehmen, **BayObLG** 9, 523, **KG** JFG 13, 300, § 181 BGB steht auch der Hypothekenbestellung des Vaters für sein Kind nicht entgegen, **OLG München** OLG 28, 38. Kein Pfleger braucht ferner bestellt zu werden, wenn an dem Grst eines Minderjährigen eine Hypothek mit dem Vorrang vor einer dem gesetzlichen Vertreter selbst zustehenden Hypothek oder Grundschuld bestellt werden soll, **KG** JFG 12, 285. Dazu auch *Bem 25* (*3a*) sowie *Staudinger-Coing* BGB § 107 Bem 7.

Auf den **Testamentsvollstrecker** ist § 181 BGB nicht anwendbar, da er nicht Vertreter der Erben ist, **RG** RGZ 61, 139, **KG** KGJ 27, 148/50, 163.

Die Vertretungsbefugnis des gesetzlichen Vertreters ist weiter ausgeschlossen für Angelegenheiten, für die ein **Pfleger** bestellt ist, §§ 1628, 1686, 1794 BGB. Über die Vertretung des Kindes durch einen Pfleger § 1909 BGB. Es ist hinzuweisen auf §§ 1638, 1647, 1676, 1678 bis 1680 BGB. Dazu *Bem 130ff.*

Dasselbe gilt bei Rechtsgeschäften zwischen der Frau des Vormunds bzw Vaters oder einem seiner Verwandten in gerader Linie einerseits und dem Mündel bzw Kind anderseits, es sei denn, daß das Rechtsgeschäft ausschließlich in der Erfüllung einer Verbindlichkeit besteht, § 1630 Abs 2 mit § 1795 Abs 1 Z 1 BGB. Es tritt keine Nichtigkeit ein; ein solches Rechtsgeschäft ist genehmigungsfähig, **RG** RGZ 68, 40. Soweit hiernach der gesetzliche Vertreter kraft Gesetzes von der Vertretung ausgeschlossen ist, gilt dies bei einseitigen Rechtsgeschäften auch dann, wenn sie durch Erklärung gegenüber dem GBA vorgenommen werden, **KG** JFG 12, 117, **BayObLG** 9, 414, *Planck* BGB § 1195 Bem 1a.

So bedarf es der Bestellung eines Pflegers, wenn die Mutter des Kindes Vorerbin und das Kind Nacherbe ist und die Zustimmung zur Veräußerung eines Nachlaßgrst erteilt werden soll, **BayObLG** RJA 4, 194.

Weiter kann der Vater usw das Kind nicht vertreten bei Rechtsgeschäften, welche die Übertragung oder Belastung einer durch Hypothek bzw durch Pfandrecht oder Bürgschaft gesicherten Forderung des Kindes gegen den Vater usw oder die Aufhebung oder Minderung dieser Sicherheit zum Gegenstand haben, § 1629 Abs 2 mit § 1795 Abs 1 Z 2 BGB.

Hierunter fällt sowohl die Ausstellung einer reinen **Löschungsbewilligung** als auch die Erteilung einer **löschungsfähigen Quittung**, **RG** RGZ 67, 39, **KG** KGJ 24, 172, *Güthe* GBO 1791 (1793) „elterliche Gewalt" unter b *α δδ*. Die Vorschrift ist auch anwendbar, wenn der Vater **nicht** oder nicht mehr **GrstEigentümer** ist, **KG** KGJ 43, 146. Für **Grundschulden** gilt sie nach überwiegender Meinung bei Sicherung einer persönlichen Forderung des Kindes entsprechend; so insbes **OLG Braunschweig** JW 1936, 2937, *BGB-RGRK* BGB § 1795 Bem 2, 11, *Erman* BGB § 1795 Bem 1, 2, *Palandt* BGB § 1795 Bem 2, *Soergel* BGB § 1629 Bem 4, *Staudinger-Donau* BGB § 1629 Bem 63, **aA** (weitergehend) **KG** JFG 11, 66 = HRR 1933 Nr 1589 (gegen Ausdehnung auf Grundschulden) *Güthe* aaO.

Der Inhaber der elterlichen Gewalt, der Vormund, Pfleger usw können in Vertretung des Kindes bzw Mündels grundsätzlich keine **Schenkungen** machen, §§ 1641, 1686, 1804, 1915 BGB. Eine hiegegen verstoßende Verfügung ist nichtig; sie kann auch nicht mit Genehmigung des Vormundschaftsgerichts getroffen werden, **BayObLG** 15, 575. Der GBBeamte hat zu prüfen, ob nicht eine unentgeltliche Verfügung vorliegt; über Entgeltlichkeit *§ 13 Vorbem 146*. Der Nachweis ist durch Offenlegung des Grundgeschäfts zu führen, **KG** OLG 46, 177. Bei der Prüfung sind allgemeine Erfahrungssätze zu berücksichtigen, **KG** KGJ 35, 209. Der Nachweis, daß keine Schenkung vorliegt, bedarf nicht der Form des § 29; dazu **KG** JFG 16, 87. Im übrigen wird auf die *§ 29 Bem 4ff.* verwiesen.

Eine Schenkung kann in der Aufgabe oder Minderung der für eine Forderung des Kindes bzw Mündels bestehenden Sicherheit liegen, **KG** JFG 16, 87. Das Verbot der Schenkung trifft auch die vom Vormund einer in allgemeiner Gütergemeinschaft lebenden Ehefrau erteilte Einwilligung in eine Schenkung aus dem Gesamtgut, **RG** RGZ 91, 41, *Palandt* BGB § 1804 Bem 1, **aA** *Staudinger* BGB § 1804 Bem 1.

Der Vater kann während des Bestehens seines Nutznießungsrechts das **Zinsrecht** einer seinem Kinde zustehenden Hypothek abtreten. Er bedarf aber nach § 1643 mit § 1822 Z 10 BGB der vormundschaftsgerichtlichen Genehmigung (*Bem 120*), wenn die Abtretung zur Sicherung eines dem Vater eingeräumten Kredits erfolgt, **KG** DNotV 1931, 483.

Die Übertragung der sämtlichen Rechte und Pflichten des Vaters bzw des Vormunds usw ist unzulässig. Dagegen ist die Erteilung einer **Generalvollmacht** (*Bem 103*) möglich, solange diese nicht unwiderruflich ist. Ob ihre Erteilung angezeigt war, hat der GBBeamte nicht zu prüfen. Dazu **OLG Dresden** SeuffA 66, 306 Nr 155, *BGB-RGRK* BGB § 1793 Bem 13, *Güthe* GBO 1791 „elterliche Gewalt", 2062 (2064) „Vormundschaft" unter II 7. Erteilung einer Sondervollmacht ist ohne weiteres zulässig, **BayObLG** 14, 213/18, 55. Der Bevollmächtigte bedarf der vormundschaftsgerichtlichen Genehmigung insoweit, als sie beim Vater bzw beim Vormund usw selbst erforderlich ist, **KG** OLG 5, 410, JFG 1, 313. Eine ohne zeitliche Beschränkung erteilte Vollmacht bleibt auch nach Volljährigkeit des Mündels bestehen, bis das zugrunde liegende Auftragsverhältnis erlischt oder die Vollmacht wiederrufen wird, **RG** RGZ 41, 263, **KG** JFG 1, 313.

109 **d) Genehmigung des Vormundschaftsgerichts ua**

Dazu *Brand-Schnitzler* GBSachen §§ 140ff., *Güthe* GBO § 13 Bem 19, *Haegele* GBRecht Bem 1975ff., *Horber* GBO § 30 Bem 4c, *Huken* Die Vernichtung schwebend unwirksamer Verträge durch Aufforderung gegenüber „dem anderen Vertragsteil" DNotZ 1966, 388, *Krämer-Illner* GBPraxis §§ 109ff., *Planck-Kettnaker* Führung des GBuchs 29ff. §§ 8, 8a, *Ripfel* GBRecht 66ff., *Thieme* GBO § 19 Anh II S 68ff.,

Haegele Zur Genehmigung des VormGer, insbes in GrstSachen, JurBüro 1956, 193, *Müller* Zur praktischen Ausgestaltung der vormundschaftsgerichtlichen Genehmigung Rpfleger 1955, 180 (Stellungnahme dazu von *von Schlotheim* und *Müller* aaO 1956, 11), *Münzel* Nachträgliche Erteilung einer verweigerten Genehmigung NJW 1959, 601, *Schnitzerling* Die Mitwirkung des VormGer bei GrstKäufen des Kindes und Mündels BlGBW 1959, 196, *Siegelmann* Die Genehmigung des VormGer bei GrstVerkauf und GrstBelastung BlGBW 1957, 163, *Weimar* Fragen der vormundschaftsgerichtlichen Genehmigung MDR 1963, 734

Das GBA hat ferner zu prüfen, ob eine Genehmigung des Vormundschaftsgerichts bzw des Nachlaßgerichts oder eine solche des Gegenvormunds, Beistands oder Familienrats erforderlich, bejahendenfalls erteilt ist.

110 **1. Allgemeines**

Ist die Genehmigung zu einem vom Vater oder Vormund vorgenommenen Rechtsgeschäft durch das Vormundschaftsgericht erteilt, so hat der GBBeamte nicht zu prüfen, ob es der Bestellung eines Pflegers bedurft hätte; dazu *Güthe* GBO 2062 (2068) „Vormundschaft" unter II 9b. Die vormundschaftsgerichtliche **Genehmigung** kann auch **im voraus** für den Fall des Zustandekommens eines Rechtsgeschäfts erteilt werden. In der Genehmigung des **schuldrechtlichen Grundgeschäfts** durch das Vormundschaftsgericht liegt regelmäßig auch die Genehmigung des dinglichen Erfüllungsgeschäfts; dazu **RG** RGZ 130, 148, **KG** KGJ 28, 6, JFG 14, 246, OLGZ 1966, 78, *Güthe* GBO 2062 (2070) „Vormundschaft" unter II 9bγ; dazu *Bem 113ff.* Die Vorgenehmigung des VormGer zu einem Vertrag setzt voraus, daß der wesentliche Inhalt des genehmigungsbedürftigen Rechtsgeschäfts feststeht; fehlt es hieran, so kann auch ein Bescheid, der die Genehmigung nur in Aussicht stellt, nicht verlangt werden, **KG** MDR 1966, 238 = DRspr I (169) 84a.

Eine **bedingte** vormundschaftsgerichtliche Genehmigung ist an sich zulässig, **RG** RGZ 85, 421, **KG** JFG 15, 128, für das GBVerfahren aber nur brauchbar, wenn die Bedingung dahin lautet, daß gleichzeitig mit der auf Grund des genehmigten Rechtsgeschäfts erfolgenden Eintragung eine andere Eintragung (dazu § 16 Abs 2 GBO) erfolgen muß, **KG** KGJ 44, 156, *Waldmann* BayNotV 1931, 135.

Ist die Genehmigung nach dem Gesetz erforderlich, so ist es gleichgültig, ob der Vormund das Geschäft **im Namen** des Mündels oder ob es das Mündel selbst mit Einwilligung oder Genehmigung des Vormunds vornimmt. Für das Kind im Verhältnis zu seinem gesetzlichen Vertreter gilt dasselbe.

Die rechtskräftige **Verurteilung** des Mündels bzw des Kindes nach § 894 ZPO macht die **Genehmigung des VormGer** nicht entbehrlich. Die Rspr und Rechtslehre sind in der Beurteilung nicht einheitlich, ohne daß im gegenwärtigen Zeitpunkt von einer hM gesprochen werden kann. Für Entbehrlichkeit der vormundschaftsgerichtlichen Genehmigung haben sich insbes ausgesprochen **KG** KGJ 45, 264, **BayObLG** BayObLGZ 1953, 561 = DRspr I (169) 27c, *BGB-RGRK* BGB §§ 925, 925a Bem 43, *von Rozycki-Hoewel* GBRecht443. Mit Recht erfolgt weithin Ablehnung dieses Standpunkts, insbes bei *Mohrbutter* Handbuch des gesamten Vollstreckungs- und Insolvenzrechts 258/259 mit Fußn 147 S 259, *Staudinger* BGB §§ 1821, 1822 Bem 1b, 5a, *Stein-Jonas* ZPO § 894 Bem II, auch *Kropp* Die ZwV in das unbewegliche Vermögen eines Minderjährigen (Umgehung des VormGer?) MDR 1960, 464, im übrigen *Bem 25, § 19 Bem 46.* Verfügungen im Wege der **Zwangsvollstreckung** bedürfen nicht der Genehmigung des VormGer; ebensowenig Erklärungen eines **Testamentsvollstreckers,** wenn Minderjährige zu den Erben gehören, **RG** RGZ 91, 69, oder eines Bevollmächtigten des Erblassers des Mündels, **RG** RGZ 88, 345/106, 195. Dies gilt auch für den **Konkursverwalter**; dazu *Ricks* GBPraxis 394.

Die **nachträglich erteilte Genehmigung** des VormGer wirkt auf den Zeitpunkt der Vornahme des Rechtsgeschäfts zurück, **KG** OLG 6, 294 (295), jedoch vorbehaltlich des § 184 Abs 2 BGB. Haben Miterben über einen Nachlaßgegenstand verfügt und bedarf einer der Miterben der Genehmigung des VormGer, so findet, wenn vor dem Wirksamwerden dieser Genehmigung der Erbteil eines anderen Miterben gepfändet wird, § 184 Abs 2 BGB, keine Anwendung **KG** JW 1935, 3640 = HRR 1935 Nr 1955.

Sind in einer **Entscheidung des VormGer mehrere zusammenhängende Verfügungen** enthalten und ist eine von ihnen unwirksam, so kann der Rechtsgedanke des § 139 BGB entsprechend angewendet werden, **BayObLG** BayObLGZ 1961, 228 = FamRZ 1962, 71 = Rpfleger 1962, 178 = BWNotZ 1962, 25 Ls. Anders ist der Fall zu beurteilen, daß sich die Genehmigung des VormGer auf **mehrere Rechtsgeschäfte** bezieht; ist ein Rechtsgeschäft genehmigt worden, ohne daß das VormGer die Nichtigkeit eines Teils des Rechtsgeschäfts erkannt hat, so wird es durch den Wegfall des nichtigen Teils nicht zu einem anderen, nicht genehmigten, so daß die nach § 139 BGB vorzunehmende Prüfung der Gültigkeit des Rechtsgeschäfts unterbleiben könnte, **BGH** JZ 1954, 512 = LM § 139 BGB Nr 9, § 1828 BGB Nr 1 Ls.

Gegen die Versagung der Genehmigung steht dem Vormund oder Pfleger das **Beschwerderecht** namens des Mündels oder Pflegebefohlenen zu, nicht eigenen Namens; daß die Beschwerde in diesem Sinne gemeint ist, ist regelmäßig anzunehmen mangels ausdrücklicher Angabe und gegenteiliger Umstände, **KG** OLGZ 1, 375. Wird die **Genehmigung** (endgültig) **versagt**, so ist das Rechtsgeschäft unwirksam, **BGH** NJW 1956, 1918 = BB 1956, 1090 (zum Landwirtschaftsrecht).

Ist der **Mündel volljährig** geworden, so tritt seine **Genehmigung** an die Stelle des VormGer, § 1829 Abs 3 BGB. In diesem Stadium kann das VormGer nicht mehr genehmigen, eine trotzdem erteilte Genehmigung wäre unwirksam. Ist zuvor die Versagung der Genehmigung des VormGer rechtswirksam mitgeteilt worden, so ist der Dritte frei und die nachträgliche Genehmigung des Volljährigen hat keinen Einfluß mehr, **RG** RGZ 130, 128, *Palandt* BGB § 1829 Bem 4. Läuft eine Aufforderungsfrist seitens eines Dritten gemäß § 1829 Abs 2 BGB, so muß die während des Laufs der Frist volljährig gewordene Person den Fristlauf gegen sich gelten lassen und innerhalb der Frist die erforderliche Erklärung bez Genehmigung abgeben; dazu *Palandt* aaO. Die Genehmigung seitens des Volljährigen setzt voraus, daß er die Genehmigungsbedürftigkeit kannte und das fragliche Rechtsgeschäft heilen wollte, **LG Bremen** FamRZ 1963, 658. Aus § 242 BGB kann nicht die Verpflichtung eines Mündels hergeleitet werden, nach Eintritt der Volljährigkeit einen vom Vormund abgeschlossenen Vertrag zu genehmigen, **BGH** WM 1963, 811 = NJWZF IX Nr 2522 S 112. Bei der Frage der Genehmigung ist von der Praxis des Lebens auszugehen und zu berücksichtigen, daß heutzutage die Jugend in Schule und Rundfunk weithin aufgeklärt ist und die Bedeutung der Minderjährigkeit und Volljährigkeit kennt. Die Jugend, verdient und bildet im Wirtschaftsleben einen bedeutenden Faktor bei dem Konsum, so daß dieser Gesichtspunkt bei Werbung, bei Teilzahlungsgeschäften, Darlehensaufnahmen usw. berücksichtigt wird. Es wird daher der prima-facie-Beweis weithin Platz greifen. Da die Kenntnis der Bedeutung der Minderjährigkeit, soweit der prima-facie-Beweis anzuwenden ist, allgemein gilt, ist dies auch für das GBRecht zu berücksichtigen. Es ist daher im Regelfall (von der Praxis des Lebens ausgehend) bei der Genehmigungshandlung von der Kenntnis über die Bedeutung der Minderjährigkeit auszugehen, wenn sich nicht für das Gegenteil konkrete Anhaltspunkte ergeben, wie etwa wenn ein eben erst volljährig gewordener junger Mensch kulturfern groß geworden ist oder geistig beschränkt ist und deshalb die allgemeine normale Auffassungsgabe nicht hat. Auch nach dem **Tode des Mündels** ist für eine Genehmigung des VormGer kein Raum mehr, **BayObLG** BayObLGZ 1964, 350 = NJW 1965, 397 = OLGZ 1965, 98 Ls.

Ein **Negativavtest** dh der Bescheid des VormGer, ein bestimmtes Rechtsgeschäft bedürfe keiner Genehmigung, steht der Erteilung der Genehmigung nicht gleich, **BGH** BGHZ 44, 325 = NJW 1966, 652 = MDR 1966, 227 = JZ 1966, 193 = BB 1966, 56 = DNotZ 1966, 611 = Rpfleger 1966, 79 = ZfSH 1966, 88 = MittBayNotV 1966, 27 = WM 1966, 284 = LM § 1828 BGB Nr 2 (*Mattern*) = DRspr I (169) 84b. Damit ist **BayObLG** FamRZ 1964, 526 = NJW 1964, 2111 Ls = bayJMBl 1964, 128 Ls überholt, das nur erklärte, der Anspruch des VormGer, daß ein namens des Minderjährigen abgeschlossenes Rechtsgeschäft keiner Genehmigung bedarf, dann einer Genehmigung nicht gleichstehe, wenn die Entscheidung des VormGer erst nach Abschluß des Rechtsgeschäfts angerufen wird, während es im übrigen die vom BGH entschiedene Frage offen läßt. Dazu auch *§ 20 Bem 79.*

Das VormGer muß über die Genehmigung entscheiden nicht nur in Fällen, in denen klar ist, daß vormundschaftsgerichtliche Genehmigung notwendig ist, sondern auch bei **Zweifel über die Genehmigungsbedürftigkeit**. Das VormGer muß daher bei Vorliegen der sonstigen Voraussetzungen ein Rechtsgeschäft auch dann genehmigen, wenn die Auslegung als genehmigungsbedürftiges Rechtsgeschäft nicht zweifelsfrei, sondern nur möglich ist, **BayObLG** BayObLGZ 1963, 1 = MDR 1963, 502 = bayJMBl 1963, 47 Ls. Es kann in solchem Falle die Frage der Teilnichtigkeit eines Rechtsgeschäfts nach § 139 BGB auftauchen; dazu *Bem 141, 144.* Die vormundschaftsgerichtliche Genehmigung eines Vertrags kann auch verweigert werden, wenn die Rechtswirksamkeit des Vertrags aus anderen Gründen als dem Fehlen der Genehmigung des VormGer zweifelhaft ist, **OLG Celle** ZBl 1960, 62.

Soweit die **Genehmigung** des VormGer nicht unabhänderlich geworden ist, kann sie nach Beendigung des Vormundschaft oder Pflegschaft noch **aufgehoben** werden, **BayObLG** BayObLGZ 1964, 350 = NJW 1965, 397 = OLGZ 1965, 98 Ls. Eine fehlende Genehmigung des VormGer kann **nachträglich** mit rückwirkender Kraft **beigebracht** werden, **SchlHOLG** SchlHA 1959, 176.

2. Vormund 111

Ein Vormund wird **bestellt** für einen Minderjährigen, wenn er nicht unter elterlicher Gewalt steht oder wenn die Eltern weder in den die Person noch in den das Vermögen betreffenden Angelegenheiten zu seiner Vertretung berechtigt sind oder wenn der Familienstand des Minderjährigen nicht zu ermitteln ist, § 1773 BGB (dazu auch §§ 1676 bis 1678 BGB) ,für einen Volljährigen, wenn er entmündigt ist, § 1896 BGB, oder wenn er unter vorläufige Vormundschaft gestellt ist, §§ 1906ff. BGB. Dazu *Brand-Schnitzler* GBSachen § 141, *Güthe* GBO 2062 „Vormundschaft", *Haegele* GBRecht Bem 1987ff., *Krämer-Illner* GBPraxis § 110.

Es können auch **mehrere Vormünder** bestellt werden.

Die Bestellung des Vormunds erfolgt durch das **VormGer**, und zwar durch den VormRichter, auch die Auswahl des Vormunds. Der Rpfleger ist für nur die Verpflichtung zuständig. Dies ergibt sich aus §§ 1779, 1789 BGB und §§ 1, 3, 12 Z 4 RPflegerG (*Anh*). Für die bestellte Amtsvormundschaft nach § 46 JWG gilt dasselbe; dazu *Riedel* JWG § 46 Bem 11. Man kann dies als hM bezeichnen; dazu **BayObLG** BayObLGZ 1959, 45 = FamRZ 1959, 373 = Rpfleger 1959, 161 = MDR 1959, 496 = DRspr IV (478) 124b, FamRZ 1962, 74 = Rpfleger 1962, 178, **LG Berlin** Rpfleger 1964, 115 = DRspr IV (485) 27b, **LG Dortmund** Rpfleger 1966, 11, *Keidel* Zur Abgrenzung des Aufgabenbereichs zwischen Richter und RPfleger in den freiwilligen Gerichtsbarkeit Rpfleger 1962, 145, *Riedel* aaO, *Soergel* BGB § 1779 Bem 8. Daß eine Bestellung oder Auswahl eines Vormunds, die der RPfleger vornimmt, nach § 7 RPflegerG (*Anh*) unwirksam ist, ist hM. Dies wird auch von **LG Dortmund** aaO eingeräumt, wenn auch nur von Fehlerhaftigkeit gesprochen wird, und zwar abweichend von § 7 aaO. Worum es geht, ist, daß die Tragweite der Wirkung des § 7 RpflegerG (*Anh*) zweifelhaft ist. Im allgemeinen nimmt man an, daß eine Bestellung und Auswahl, die der RPfleger vornimmt, absolut unwirksam ist, also keinerlei Wirkung äußert und daher auch Rechtshandlungen des so bestellten Vormunds keine Wirkung haben. Da eine solche Auslegung erhebliche Haftungsfolgen haben kann, ist es erfreulich, daß LG Dortmund aaO im Anschluß an **KG** JFG 3, 43/4, 57, *Jansen* FGG § 7 Bem 7a, *Kersting* Rpfleger 1959, 303, *Prey* Ppfleger 1959, 210, *Soergel* BGB § 1789 Bem 7, 8 (wobei allerdings bei *Jansen* aaO bez § 46 JWG eine abweichende Meinung vertreten wird), den Standpunkt der Rechtswirksamkeit staatlicher Hoheitsakte betont und daher den Rechtsgrundsatz aufstellt, daß eine solche unzulässige Vormundsbestellung solange wirksam ist und daher das Amt des Vormunds solange dauert, bis das VormGer dh der VormRichter feststellt, daß die Bestellung keine Wirksamkeit hat. Im Interesse der Rechtssicherheit wird man diese Auffassung bevorzugen; dazu auch *Bem 145*. Es wäre zu wünschen, daß sich diese Auffassung durchsetzt, falls man nicht den bedenklichen § 7 RPflegerG (*Anh*) ändert und den praktischen Bedürfnissen angleicht.

Über **befreite Vormundschaft** §§ 1852ff., 1903 Abs 1 S 2, 3 und § 1904 BGB, §§ 38, 52, 53 Abs 4 JWG; zum Jugendwohlfahrtsrecht *Riedel* JWG § 38 Bem 5, 10, § 52 Bem 8, § 53 Bem 7.

Die **Vertretung** des Vormunds ist nach § 1795 BGB **ausgeschlossen**, und zwar kraft Gesetzes, in Fällen des Interessengegensatzes, wozu noch § 181 BGB kommt; zu letzterer Vorschrift *Bem 104*. Bei Verstoß gegen § 1795 BGB kann keine Heilung des geschlossenen Rechtsgeschäfts durch Genehmigung eines nachträglich bestellten Pflegers (über Pflegschaft *Bem 131ff.*) erfolgen, **AG Köln** JMBl NRW 1950, 180. Verhinderung des Vormunds bzw des einen Elternteils oder von Vater und Mutter am Abschluß des Vertrags verhindert auch die Erteilung der erforderlichen Heilungsgenehmigung, **BayObLG** NJW 1960, 577 = FamRZ 1960, 33 = bayJMBl 1960, 37 Ls = DRspr I (169) 51a. Neben § 1795 BGB sieht § 1796 BGB vor, daß dem Vormund vom VormGer die Vertretungsmacht **entzogen** wird, und zwar vor allem wegen erheblichen Interessengegensatzes.

112 a) **Fälle der Genehmigung bei Vormundschaft**

Der Vormund bedarf der Genehmigung des Vormundschaftsgerichts insbes in den Fällen der §§ 1821, 1822, 1812 BGB. Dazu *Brand-Schnitzler* GBSachen § 141, *Güthe* GBO 2062 (2065ff.) „Vormundschaft" unter II 9, ferner Kommentierungen zu §§ 1821, 1822, 1812 BGB (vor allem *BGB-RGRK*, *Palandt* und *Staudinger*), zum JWG Kommentar von *Riedel*, ferner DRspr I (169) ÜBl und NJW ZF unter Nr 20 bei §§ 1821, 1822, 1812 BGB, auch *Bem 125ff.*

Im einzelnen ist dazu auf folgendes hinzuweisen:

113 1. Nach § 1821 Abs 1 Z 1 BGB ist die vormundschaftsgerichtliche Genehmigung erforderlich zur **Verfügung über ein Grst** oder ein **grstgleiches Recht**, insbes zur Auflassung und zur Belastung eines Grst oder grstgleichen Rechts mit einer Hypothek, einem Nießbrauch usw, **BayObLG** 4, 602. Über den Begriff der Verfügung *BGB-RGRB* BGB § 1821 Bem 1, 2, *Dennler* BayNotZ 1903, 248, *Güthe* GBO 2062 (2068), *Palandt* BGB § 1812 Bem 3, *Staudinger* BGB § 1821 Bem 2a . Der Heimstättenvertrag bedarf nicht der Genehmigung des VormGer, **AG Lübbecke** MDR 1965, 137 = FamRZ 1965, 454 Ls.

Es ist darauf hinzuweisen, daß schon die Eingehung einer **schuldrechtlichen Verpflichtung** zu den vorbezeichneten Verfügungen der Genehmigung des Vormundschaftsgerichts unterliegt, § 1821 Abs 1 Z 4 BGB. Soweit eine solche Genehmigung erteilt ist, wird in der Regel auch der dingliche Rechtsvorgang als genehmigt anzusehen sein; dazu *Bem 110.*

Unter die **Belastung** fällt auch die Eintragung einer Eigentümergrundschuld, **KG** JFG 9, 262, *Güthe* GBO 2062 (2069), einer Auflassungsvormerkung, *Güthe* aaO, oder einer Löschungsvormerkung nach § 1179 BGB. Gleichgültig ist, ob das Grst dem Mündel allein gehört oder ob letzterer nur Miteigentümer nach Bruchteilen oder zur gesamten Hand, zB als Miterbe, ist, **BayObLG** 9, 210, **KG** OLG 5, 410 (411), *BGB-RGRK* BGB § 1821 Bem 1, *Staudinger* BGB §§ 1821, 1822 Bem 2aα. Auch die Übertragung eines **Erbanteils** gehört hierher, wenn zum Nachlaß Grundstücke gehören, **BayObLG** 1, 420. Keiner Genehmigung bedarf es, wenn über ein Grst einer **oHG** oder einer **GmbH** verfügt wird, an dem der Mündel beteiligt ist, **RG** RGZ 54, 278/133, 7/137, 344, *Staudinger* BGB aaO, **aA** *Güthe* GBO 2062 (2069) bez einer oHG.

Der Erwerb eines Grst fällt dagegen nicht unter § 1821 Abs 1 Z 1 BGB, sondern Z 5 aaO, und zwar auch dann, wenn eine Kaufpreishypothek oder ein sonstiges dingliches Recht gleichzeitig bestellt wird, **RG** RGZ 108, 356, **BayObLG** 26, 307, *Güthe* GBO 2062 (2070), **aA** jedoch **BayObLG** 4, 573, 752, 782, **KG** RJA 7, 131 (132), **OLG Hamburg** RJA 4, 257 (258), *Staudinger* aaO Bem 2aγ. Die Übernahme bestehender Hypotheken fällt nicht unter § 1822 Z 10 BGB, **RG** RGZ 110, 173, **aA** *Staudinger* aaO Bem 2nβ. Dazu auch *Bem 126.*

Wird beim Kauf eines Grst durch einen von seinen Eltern vertretenen Minderjährigen dem Verkäufer ein Anspruch auf Rückauflassung und ein Wiederkaufsrecht eingeräumt und sollen diese Rechte durch **Vormerkungen** gesichert werden, so bedarf der Vertrag der Genehmigung des VormGer, wobei für die Erteilung der Genehmigung der Umstand ins Gewicht fallen kann, daß die Eltern den Kaufpreis aus ihrem Vermögen aufbringen, diesen also dem Kinde schenken wollen, daß sie aber vielleicht nicht bereit wären, dem Kind auf andere Weise eine entsprechende Zuwendung zu machen, **OLG Celle** EJF A If Nr 30 (*Schriftl*).

Eine Verfügung über ein Grst ist die **Änderung eines Rechts** an einem Grst, welche die Haftung erhöht, zB eine Erhöhung des Zinssatzes einer Hypothek, *Güthe* GBO 2062 (2069). Dasselbe gilt von der Umwandlung einer Hypothek in eine Grundschuld und umgekehrt sowie die Umwandlung einer Hypothekenform in eine andere; dazu *BGB-RGRK* BGB § 1821 Bem 1, *Güthe* aaO, *Staudinger* aaO Bem 2aγ. Genehmigungsbedürftigkeit ist auch der in einem gerichtlichen Vergleich ausgesprochene Verzicht auf Berichtigung des GB bez des Eigentums an einem Grst, **RG** RGZ 133, 259.

Keine Verfügung über ein Grst enthält die Unterwerfung unter die sofortige ZwV (§ 800 ZPO) bez einer Hypothek, **KG** RJA 7, 224, *BGB-RGRK* BGB § 1821 Bem 2, *Staudinger* aaO Bem 2aγ, die Ausschließung der Kündigungsbefugnis für bestimmte Zeit, **KG** OLG 14, 262, *Staudinger* aaO, die Zustimmung zum Rangrücktritt einer Hypothek usw, **KG** RJA 2, 99 (100), die Verfügung über eine Eigentümerhypothek oder -grundschuld, **KG** JFG 9, 262, *Güthe* GBO 2062 (2069), *Staudinger* aaO, der Antrag auf gemeinschaftliche Buchung oder Vereinbarung mehrerer Grst (außer im Falle des § 1131 BGB), *Güthe* aaO. Über Kündigung einer Hypothek **BGH** BB 1951, 404 = DRspr *I* (196) 18a.

Die Erteilung der **Einwilligung zu der Verfügung eines Dritten** ist selbst Verfügung und daher genehmigungsbedürftig, zB die Erteilung der Genehmigung nach §§ 1445, 1487 BGB durch den Vormund eines anteilsberechtigten Abkömmlings. Dasselbe gilt für die durch den Vormund des Nacherben erteilte Zustimmung zur Veräußerung eines zur Nacherbschaft gehörigen Grst durch den Vorerben; dazu **OLG Karlsruhe** RJA 17, 22, **KG** OLG 42, 114, *BGB-BGRK* BGB § 1821 Bem 1, *Güthe* GBO 2062 (2070), *Staudinger* BGB §§ 1821, 1822 Bem 2aγ.

Auch zu einer **Verfügung über ein Recht an einem Grundstück** mit Ausnahme der Hypotheken, Grund- und Rentenschulden, ist eine vormundschaftsgerichtliche Genehmigung erforderlich, § 1821 Abs 1 Z 1, Abs 2 BGB; dazu *BGB-RGRK* BGB § 1821 Bem 4, *Brand-Schnitzler* GBSachen § 141, *Güthe* GBO 2062 (2070) „Vormundschaft" unter II 9bδ, *Staudinger* BGB §§ 1821, 1822 Bem 2aγ. Über die Genehmigung des schuldrechtlichen Vertrags durch das VormGer § 1821 Abs 1 Z 4, Abs 2 BGB; dazu *Bem 110, 113*. § 1821 BGB, insbes Abs 1 Z 2 aaO, ist eng auszulegen, **BGH** BB 1964, 490 = WM 1964, 470 = NJWZF X Nr 3227 S 148. **114**

Für Hypotheken, Grund- und Rentenschulden kommt bei Hinterlegung § 1819 BGB in Betracht, sonst genügt die Zustimmung eines Gegenvormunds, wenn ein solcher bestellt ist, § 1812 BGB; dazu *Palandt* BGB § 1812 Bem 2b, § 1821 Bem 2b. Zur Löschung einer Hypothek auf dem Grst ihres minderjährigen Kindes bedürfen Eltern nicht der Genehmigung des VormGer, auch wenn nachstehende Rechte Dritter aufrücken, **SchlHOLG** SchlHA 1963, 273/1964, 45 (*Scheyhing*) = FamRZ 1964, 157 Ls. Zur Hypothekenbestellung auch **OLG Saarbrücken** SaarRuStZ 1950, 95.

Die Löschung einer Renten-Reallast bedarf der vormundschaftsgerichtlichen Genehmigung, **LG Wuppertal** DNotZ 1962, 196 Ls. Keine Verfügung ist die Überlassung der Ausübung eines Nießbrauchs oder einer beschränkten persönlichen Dienstbarkeit. Die Verfügung über ein Recht an einem GrstRecht, wie Pfandrecht und Nießbrauch, fällt unter § 1812 BGB, **KG** KGJ 40, 163.

2. Weiter ist die Genehmigung des Vormundschaftsgerichts erforderlich zu einer **Verfügung über eine Forderung,** die auf **Übertragung des Eigentums an einem Grst** oder auf **Begründung oder Übertragung des Rechts an einem Grst** (mit **115**

Ausnahme von Hypotheken, Grund- und Rentenschulden; dazu *Bem 114*) oder auf Befreiung eines Grst von einem solchen Recht gerichtet ist, § 1821 Abs 1 Z 2, Abs 2 BGB. Dazu *BGB-RGRK* BGB § 1821 Bem 5, *Brand-Schnitzler* GBSachen § 141, *Güthe* GBO 2062 (2070) „Vormundschaft" unter II 9b , *Staudinger* BGB §§ 1821, 1822 Bem 2b. Über Verfügung *Bem 113, 114.*

Zur Frage der Genehmigung des schuldrechtlichen Geschäfts § 1821 Abs 1 Z 4, Abs 2 BGB; dazu *Bem 110, 113.*

Hierunter fällt nicht die Entgegennahme der Auflassung eines erworbenen Grst, **RG** RGZ 108, 356 = JFG 2, 1, **aA** *Staudinger* aaO. Dagegen gehört hierher jede Verfügung (Abänderung, Rangrücktritt, Aufhebung usw) über eine Vormerkung, die zur Sicherung eines der bezeichneten Ansprüche dient, zB eines persönlichen Vorkaufsrechts, **KG** DNotV 1930, 109.

116 3. Ferner ist vormundschaftsgerichtliche Genehmigung notwendig zu einem Vertrag, der auf den **entgeltlichen Erwerb eines Grst** oder **GrstRechts** (mit Ausnahme einer Hypothek, Grund- und Rentenschuld; dazu *Bem 114*) gerichtet ist, § 1821 Abs 1 Z 5, Abs 2 BGB. Dazu *BGB-RGRK* BGB § 1821 Bem 8, *Brand-Schnitzler* GBSachen § 141, *Güthe* GBO 2062 (2070) „Vormundschaft" unter II 9bζ, *Staudinger* BGB §§ 1821, 1822 Bem 2d. Da der schuldrechtliche Vertrag vom GBA nicht zu prüfen ist (*Bem 141*), unterliegt auch die vormundschaftsgerichtliche Genehmigung desselben nicht seiner Nachprüfung.

Hierher gehören insbes Kauf- und Tauschverträge. Über Übernahme von Hypotheken beim GrstErwerb *Bem 113.* Dagegen ist diese Vorschrift nicht anwendbar, wenn eine Schenkung unter Auflage vorliegt; eine Ausnahme gilt nur dann, wenn die Übereignung des Grst nur äußerlich in die Form einer Schenkung unter Auflage gekleidet ist, in Wirklichkeit aber die Auflage eine die Unentgeltlichkeit der Zuwendung ausschließende Gegenleistung für die GrstÜbertragung bildet, **KG** JW 1935, 55 = HRR 1935 Nr 352. Über Engeltlichkeit **LG Kleve** MDR 1954, 418, im übrigen *§ 13 Vorbem 146.*

117 4. Der vormundschaftsgerichtlichen Genehmigung unterliegt auch die Verfügung über den **Anteil** des Mündels **an einer Erbschaft,** § 1822 Z 1 BGB; dazu § 2033 BGB. Die Verfügung kann durch Veräußerung, Belastung oder Verzicht erfolgen.

Als **Verpflichtungsgeschäft** ist genehmigungspflichtig ein Rechtsgeschäft, durch das der Mündel zu einer Verfügung über sein Vermögen im ganzen oder über eine ihm angefallene Erbschaft oder über seinen künftigen gesetzlichen Erbteil bzw seinen künftigen Pflichtteil verpflichtet wird, § 1822 Z 1 BGB. Zur Überprüfung bei einem Grundgeschäft *Bem 144.*

118 5. Weiter bedarf der vormundschaftsgerichtlichen Genehmigung ein **Erbteilungsvertrag,** § 1822 Z 2 BGB.

Es ist hierbei gleichgültig, ob die Erbengemeinschaft bez des ganzen Nachlasses oder nur eines Teils aufgehoben wird, **KG** KGJ 42, 50. Erfolgt die Erbauseinandersetzung durch den Testamentsvollstrecker, so ist eine vormundschaftsgerichtliche Genehmigung nicht erforderlich, *Staudinger-Dittmann* BGB § 2204 Bem 13. Stets handelt es sich um den dinglichen Vertrag unter den Miterben, *Güthe* GBO 2062 (2071) unter II 9bι.

Genehmigungspflichtig sind auch die **Ausschlagung** einer Erbschaft oder eines Vermächtnisses und der Verzicht auf einen Pflichtteil, § 1822 Z 2 BGB. Dazu auch *Bem 123.*

119 6. Aufnahme von Geld auf den **Kredit** des Mündels bedarf ebenfalls der vormundschaftsgerichtlichen Genehmigung, § 1822 Z 8 BGB. Dazu *BGB-RGRK* BGB § 1822 Bem 27, *Güthe* GBO 2062 (2071) unter II 2b$\varkappa$, *Staudinger* BGB §§ 1821, 1822 Bem 21.

Hierunter fällt die Abtretung einer Eigentümergrundschuld des Mündels unter Umwandlung in eine Darlehenshypothek, **KG** OLG 5, 409. Die vormundschaftsgerichtliche Genehmigung umfaßt bei einer Grundschuldbestellung **nicht** ohne weiteres die der durch sie zu sichernden Kreditaufnahme, **OLG Celle** NdsRpfl 1954, 64 = NJW 1954, 1729 = DRspr I (169) 33f.

7. Die Genehmigung des Vormundschaftsgerichts ist auch bei **Übernahme einer fremden Verbindlichkeit** nötig, § 1822 Z 10 BGB. Dazu *BGB-RGRK* BGB § 1822 Bem 29, *Güthe* GBO 2062 (2071) unter II 2bγ, *Staudinger* BGB §§ 1821, 1822 Bem 2n. **120**

Die Übernahme einer Belastung in fremdem Interesse gehört hierher, **RG** RGZ 133, 7, **KG** HRR 1931 Nr 839, *Güthe* aaO.

Die Genehmigung nach § 1822 Z 5 BGB kommt auch in Betracht bei Verträgen mit **wiederkehrenden Leistungen**, wenn das Vertragsverhältnis länger als 1 Jahr nach der Vollendung des 21. Jahres des Mündels fortdauern soll. Die Genehmigungspflicht eines GrstKaufvertrags nach dieser Vorschrift ist nicht nur dann erforderlich, wenn die Rentenverpflichtung des Minderjährigen mit Sicherheit länger als 1 Jahr über die Vollendung des 21. Lebensjahres hinausgeht, sondern auch dann, wenn mit dieser Möglichkeit wegen des Alters des Rentenempfängers (Verkäufer) nur vernünftigerweise gerechnet werden muß, **OLG Köln** JMBl NRW 1965, 19 = MDR 1965, 296 = JurBüro 1965, 246 = MittBayNotV 1965, 85 = FamRZ 1965, 454 Ls = DNotZ 1965, 429 Ls.

8. Ferner ist die vormundschaftliche Genehmigung notwendig zu einem Rechtsgeschäft, durch das die für eine Forderung des Mündels bestehende **Sicherheit aufgehoben** oder **gemindert** oder die Verpflichtung dazu begründet wird, § 1822 Z 13 BGB. Dazu *BGB-RGRK* BGB § 1822 Bem 32, *Güthe* GBO 2062 (2071) unter II 2bμ, *Staudinger* BGB §§ 1821, 1822 Bem 2q. **121**

Hierher gehört der **Verzicht auf eine Hypothek**, § 1168 BGB. Die abstrakte **Löschungsbewilligung** bedarf stets der Genehmigung, weil aus ihr nicht zu ersehen ist, ob die Forderung fortbesteht. § 1822 Z 13 BGB ist nur dann anwendbar, wenn die Forderung selbst unberührt bleibt. Wird über die Forderung selbst verfügt, so finden die für eine solche Verfügung maßgebenden Grundsätze, insbes §§ 1812, 1813, 1821 Abs 1 Z 1, 2, Abs 2 BGB Anwendung, *Güthe* aaO, *Staudinger* aaO Bem 2qβ. Dagegen bedarf die löschungsfähige Quittung nur der Genehmigung nach § 1812 BGB; dazu *Bem 122*.

Genehmigung ist weiter **erforderlich** zur Verteilung einer Gesamthypothek nach § 1132 Abs 2 BGB, **KG** OLG 10, 10, zum Rangrücktritt einer Hypothek, **BayObLG** 17, 173, **nicht** dagegen zur Umwandlung einer Sicherungshypothek in eine gewöhnliche Hypothek, **OLG Dresden** OLG 29, 371 (372). Hierher gehört auch die Zustimmung des Nacherben zur Aufhebung einer zur Nacherbschaft gehörigen Hypothek, **OLG Dresden** Recht 1906, 247 Nr 477.

9. Einer vormundschaftsgerichtlichen Genehmigung bedarf es auch, wenn ein Gegenvormund (§ 1792 BGB) nicht vorhanden ist und die Vormundschaft nicht von mehreren Vormündern gemeinschaftlich geführt wird (§ 1797 Abs 1 S 1 BGB), **122**

zur **Verfügung** über eine Forderung oder über ein anderes Recht, kraft dessen der **Mündel eine Leistung verlangen** kann, sowie

zur Eingehung einer Verpflichtung dazu, § 1812 Abs 1, 2 BGB.

Ist ein Gegenvormund vorhanden (dazu *Bem 137*), so tritt dessen Genehmigung an die Stelle der Genehmigung des Vormundschaftsgerichts, § 1812 Abs 1 BGB. Bei befreiter Vormundschaft (dazu *Bem 111*) ist zu den in § 1812 BGB bezeichneten Rechtsgeschäften weder die Genehmigung des Vormundschaftsgerichts noch die des Gegenvormunds erforderlich, § 1852 Abs 2 BGB. Dazu *Güthe* GBO 2062 (2066) „Vormundschaft" unter II 9a, ferner Kommentierungen zu § 1812 BGB (insbes *BGB-RGRK* und *Staudinger*).

Ausnahmen von § 1812 BGB enthalten § 1813 BGB sowie §§ 38, 53 JWG mit § 1852 BGB.

Über die Überprüfung des schuldrechtlichen Grundgeschäfts *Bem 141*. Über Verfügung *Bem 113ff.*

Hierher gehören (dazu *Güthe* aaO) insbes die Übertragung, Belastung und Aufhebung (Erteilung der Löschungsbewilligung) einer Hypothek, Grund- und Rentenschuld, ferner der Rangrücktritt und die Herabsetzung des Zinsfußes einer Hypothek, **KG** OLG 14, 262. Ob die Bewilligung der Löschung einer Eigentümergrundschuld unter § 1812 BGB fällt, ist zweifelhaft; sie ist jedenfalls dann genehmigungsfrei, wenn keine nachstehenden Rechte eingetragen sind, **KG** JFG 13, 393. Gleichgültig ist, ob das Recht dem Mündel allein oder zusammen mit anderen nach Bruchteilen oder zur gesamten Hand zusteht, **KG** OLG 5, 411. Auch die Zustimmung des bevormundeten Nacherben zu einer entsprechenden Verfügung des Vorerben gehört hierher, **KG** RJA 7, 268, KGJ 35, 305, ferner die Zustimmung des GrstEigentümers zur Löschung einer Hypothek usw, *Güthe* aaO, **aA** *Schmitt* BayNotV 1905, 37. Der Genehmigung bedarf auch die Ausstellung einer Quittung, soweit die Annahme der quittierten Leistung genehmigungsbedürftig ist, **KG** KGJ 44, 280/50, 220, *Güthe* aaO. Keine Verfügung ist die Umwandlung einer Sicherungshypothek in eine Buchhypothek, **OLG Dresden** OLG 29, 371. Über weitere Einzelheiten *BGB-RGRK* BGB § 1812 Bem 1ff., *Staudinger* BGB § 1812 Bem 2qβ.

Zu den **Ausnahmen** ist vor allem auch auf § 1813 Abs 1 Z 2 BGB hinzuweisen. Darnach ist die Genehmigung zur Quittungsleistung und Löschungsbewilligung vor allem dann entbehrlich, wenn der Anspruch nicht mehr als 300 DM beträgt.

123 b) **Nachweis der Genehmigung bei Vormundschaft**

Dem GBA ist in der Form des § 29 nachzuweisen, daß die vormundschaftsgerichtliche Genehmigung erteilt und dem Vormund gegenüber erklärt ist, bei nachträglicher Genehmigung außerdem, daß die Genehmigung dem anderen Teil durch den Vormund mitgeteilt ist, §§ 1828, 1829 BGB. Dazu § 19 *Bem 74, 75.*

Über die Führung des Nachweises *§ 29 Bem 4ff.* In diesem Zusammenhang ist auf folgendes hinzuweisen: Zwar hat das GBA in Zusammenhang mit der Verfügungsberechtigung auch zu prüfen, ob eine Genehmigung des VormG erforderlich bzw erteilt ist. Einen Nachweis darüber, daß der gesetzliche Vertreter die Genehmigung dem Vertragsgegner mitgeteilt hat, darf jedoch das GBA — von dem Fall des § 20 abgesehen — nicht verlangen, da der dingliche Vertrag der Prüfung des GBA bei GrstBelastungen entzogen ist, **LG Flensburg** Rpfleger 1966, 267 (*Haegele*). Bedarf ein einseitiges Rechtsgeschäft, das der gesetzliche Vertreter des Minderjährigen für diesen tätigt, so genügt es, wenn die gegenüber dem gesetzlichen Vertreter erteilte Genehmigung wirksam zu dem Zeitpunkt vorliegt, in dem die Eintragungsbewilligung des gesetzlichen Vertreters dem GBA zugeht, **LG Flensburg** aaO.

Über **Widerrufsrecht des Vertragsgegners** bei wahrheitswidrig behaupteter Genehmigung des VormGer § 1830 BGB, über **Unwirksamkeit eines einseitigen Rechtsgeschäfts** bei fehlender Genehmigung des VormGer § 1831 BGB. Die Vorschrift des § 1831 S 1 BGB ist auf **Erbschaftsausschlagung**, die in § 1822 Z 2 BGB genannt wird (dazu *Bem 118*), nicht anwendbar, **RG** RGZ 118, 148, **OLG Frankfurt aM** DNotZ 1966, 613; dazu *Palandt* BGB § 1831 Bem 2. Die Verzögerung der Entscheidung über die Genehmigung des VormGer bez der Ausschlagungserklärung des gesetzlichen Vertreters des Erben stellt eine Verhinderung infolge höherer Gewalt dar, § 203 Abs 2, § 1944 Abs 2 BGB, wenn dadurch die Genehmigung dem Nachlaßgericht nicht innerhalb der Frist von 6 Wochen nach § 1944 Abs 1 BGB nachgewiesen werden kann, wobei die Hemmung des Fristablaufs mit dem Zugang des Genehmigungsbeschlusses beim gesetzlichen Vertreter fortfällt, **OLG Frankfurt aM** aaO.

3. Inhaber der elterlichen Gewalt 124

Das minderjährige eheliche Kind steht während der Zeit der Minderjährigkeit unter elterlicher Gewalt, § 1626 BGB.

Die **Eltern**, also Vater und Mutter, haben die **elterliche Gewalt gemeinsam** in eigener Verantwortung und in gegenseitigem Einvernehmen zum Wohle des Kindes auszuüben und bei Meinungsverschiedenheiten zu versuchen, sich zu einigen, § 1627 BGB. Beide Elternteile stehen also gleichrangig nebeneinander; dazu *Palandt* BGB § 1627 Bem 1, *Staudinger-Donau* BGB § 1626 Bem 13, § 1627 Bem 1. Der Vater hat keinen Vorrang mehr, insbes kommt bei Meinungsverschiedenheit der sog Stichentscheid des Vaters nicht mehr in Betracht. Das **BVerfG** erklärte die § 1628, 1629 Abs 1 BGB für unwirksam; dazu **BVerfG** 10, 60 = NJW 1959, 1483 = MDR 1959, 820 = JZ 1959, 528 = DNotZ 1959, 582 = FamRZ 1959, 416 = Rpfleger 1959, 261 (*Haegele*) = DRiZ 1959, 283 = RdJ 1959, 301 = DRspr I (167) 100ab, zu der Problematik dieser Frage *Staudinger-Donau* BGB § 1628 Bem 1ff., *Riedel* JWG § 1 Bem 5. Bei Meinungsverschiedenheit der Eltern ist das VormGer nur anzurufen, wenn besondere Gründe vorliegen, da die Verpflichtung zum Einigungsversuch besteht; dazu *Palandt* BGB § 1627 Bem 2, *Staudinger-Donau* BGB § 1627 Bem 20, 21, § 1628 Bem 17ff. Das VormGer wird also nur ausnahmsweise tätig; denn die elterliche Gewalt soll möglichst von Eingriffen des VormGer unberührt bleiben. Wenn auch das patriachalische Prinzip aufgegeben ist, so muß doch der Staat sich hüten, einzugreifen, wenn nicht ein zwingender Grund vorliegt. Mit Recht stellt daher **OLG Hamm** JMBl NRW 1966, 187 = FamRZ 1966, 209 = ZBl 1966, 202 = SFJ II F/bürg §§ 1627ff. BGB Nr 1 = DRspr I (167) 155b fest, daß bei einem Meinungsstreit der Eltern über eine Frage, die für das Wohl des Kindes von wesentlicher Bedeutung ist, das VormGer nur dann in die Rechtsstellung der Eltern eingreifen darf, wenn dies zur Behebung des Streites erforderlich ist. Es darf also in das Elternrecht nicht ohne Grund eingegriffen werden; dazu *Riedel* JWG (4. Aufl 1965) § 1 Bem 4ff., § 48 Bem 24ff. Hat das VormGer eine Maßnahme erlassen, die unzulässig ist, insbes durch § 1666 BGB nicht gerechtfertigt wird, so hat es dieselbe wieder aufzuheben; dazu **AG Berlin-Schöneberg** FamRZ 1966, 452.

Die Frage der vormundschaftsgerichtlichen **Genehmigung** ist daneben selbständig zu beurteilen. Hierfür sind §§ 1643 bis 1645 BGB maßgebend; dazu *Bem 125ff.*

Von der **Vertretung ausgeschlossen** ist Vater oder Mutter nach § 1629 Abs 2 BGB in den Fällen des § 1795 und des § 181 BGB (dazu *Bem 111*), also bei Fällen des Interessengegensatzes. Darüber hinaus kann das VormGer die Vertretung unter den Voraussetzungen des § 1796 BGB **entziehen**. Über Einzelheiten *Palandt* BGB § 1629 Bem 4ff., *Staudinger-Donau* BGB § 1629 Bem 32ff.

a) Fälle der Genehmigung bei elterlicher Gewalt 125

Genehmigung des VormGer ist erforderlich
in den Fällen des § 1643 BGB im Anschluß an §§ 1821, 1822 BGB,
bei Überlassung von Vermögen an ein Kind, § 1644 BGB,
bei Beginn eines neuen Erwerbsgeschäfts durch ein Kind, § 1645 BGB.

Zu § 1643 bedarf es einiger Hinweise in Ergänzung zu *Bem 112ff.* In § 1643 BGB ist nämlich nur ein Teil der Genehmigungsfälle der §§ 1821, 1822 BGB angeführt, da die Eltern eines Kindes größere Freiheit als ein Vormund haben sollen. Dazu *Brand-Schnitzler* GBSachen § 140, *Güthe* GBO 1791 (1794), Kommentierungen zu § 1643 BGB (vor allem *BGB-RGRK*, *Palandt* und *Staudinger*), ferner DRspr I (167) ÜBl und NJW-ZF unter Nr 20 bei § 1643 BGB.

So ist eine Genehmigung des VormGer insbes nicht notwendig zu einem Vertrag, der auf den entgeltlichen Erwerb eines Grst oder GrstRechts gerichtet ist (§ 1821 Abs 1 Z 5 BGB), sofern nicht auf Grund einer besonderen Bestimmung die Gewährung des Entgelts genehmigungspflichtig ist, **BayObLG** 4, 945, oder zu einem Erbteilungsvertrag (§ 1822 Z 2 BGB), außer dieser enthält eine Verfügung über ein Nachlaßgrst, **KG** RJA 1, 135, **OLG Colmar** OLG 5, 402, oder zu einem Rechtsgeschäft, durch das die für eine Forderung des Kindes bestehende Sicherheit aufgehoben oder gemindert oder die Verpflichtung dazu begründet wird (§ 1822 Z 13 BGB).

Im einzelnen ist auf folgendes hinzuweisen:

126 1. Eine vormundschaftsgerichtliche Genehmigung ist notwendig zur **Verfügung über ein Grst** oder ein **grstgleiches Recht**, § 1821 Abs 1 Z 1 (§ 1643 Abs 1) BGB; dazu *Bem 113*, auch *Bem 25*.

Dies ist der Fall bei Auflassung, **KG** OLG 1, 474, und bei Belastung; dazu *Güthe* GBO 1791 (1794) unter 2a. Da § 1821 Abs 1 Z 5 BGB für den Inhaber der elterlichen Gewalt nicht gilt (dazu *Bem 125*), bedarf es zum Erwerb eines Grst durch das Kind der Genehmigung des VormGer nicht. Dies gilt auch für die Entgegennahme der Auflassung (dazu auch *Bem 131*); dies ist hM, insbes **RG** RGZ 108, 356 = JFG 2, 1, **KG** RJA 3, 61 = OLG 5, 183 = KGJ 24, 103, RJA 7, 131 = KGJ 32, 232, RJA 16, 262 = KGJ 51, 174, **BayObLG** 7, 388 = KGJ 33, 327 = RJA 7, 276 = Recht 1906 Nr 2511, **OLG München** DJ 1941, 315, *BGB-RGRK* BGB § 1643 Bem 5, *Erman* BGB § 1643 Bem 2Aa, *Güthe* aaO, *Soergel* BGB § 1643 Bem 3, *Staudinger-Donau* BGB § 1643 Bem 7, **aA** (wohl überholt) *Fuchs* Familienrecht Bem II zu § 1821 BGB, *Neumann* BGB § 1821 Bem 2. Ebenso ist es, wenn für den Kaufpreis eine Hypothek bestellt wird; auch dies ist hM, **BGH** BGHZ 24, 372 = NJW 1957, 1187 = DNotZ 1957, 539 = Rpfleger 1958, 14 = FamRZ 1957, 303 = WM 1957, 912 = LM § 1643 BGB Nr 3 (*Johannsen*) = DRspr I (169) 47c, I (174) 63d, **RG** RGZ 108, 356 = JFG 2, 1, RGZ 110, 173/133, 7, **BayObLG** 26, 307 = JFG 5, 305, JR 1960, 137, **KG** HRR 1932 Nr 1305, JW 1935, 55, **OLG Köln** DRiZ 1929 Nr 750, **LG Bielefeld** FamRZ 1958, 468 (*Bosch*), auch *BGB-RGRK* BGB § 1643 Bem 5, *Erman* BGB § 1643 Bem 2Aa, *Palandt* BGB § 1643 Bem 2a, *Soergel* BGB § 1643 Bem 3, *Staudinger-Donau* BGB § 1643 Bem 5, die früher teilweise abweichende Auffassung kann als überholt angesehen werden (dazu Nachweise bei *Staudinger-Donau* aaO). Nicht anders ist es, wenn beim Erwerb ein sonstiges dingliches Recht, zB ein Nießbrauch oder ein Wohnrecht bestellt wird, **BayObLG** 26, 307, **OLG Colmar** OLG 24, 29, **aA** (ebenfalls überholt) **OLG Colmar** OLG 22, 160 bez Nießbrauch. Dasselbe gilt, wenn eine bestehende Hypothek oder Grundschuld in Anrechnung auf den Kaufpreis übernommen wird, **RG** RGZ 110, 173, **KG** OLG 5, 183, *Güthe* GBO 1791 (1795) unter 2d, *Staudinger-Donau* BGB § 1643 Bem 6, §§ 1821, 1822 Bem 6, **aA** (überholt) **BayObLG** 3, 346, **KG** OLG 9, 461. Gleichgültig ist hierbei, wenn bez der Hypothek der Vater das Kind der sofortigen ZwV unterwirft (dazu *Bem 113*); dies ist hM, insbes *Erman* BGB § 1643 Bem 2Aa, *Staudinger-Donau* BGB § 1643 Bem 6, §§ 1821, 1822 Bem 13, **aA** (überholt) **OLG Colmar** OLG 21, 286. Keine Verfügung über das Grst ist eine Verfügung über eine Eigentümerhypothek bzw -grundschuld; dazu *Bem 113*.

Die Genehmigung des VormGer bez eines Vertrags, durch den die Eltern namens ihres Kindes über ein diesem gehörendes Grst verfügen, kann nur dann mit der Auflage verbunden werden, daß der Kaufpreis auf ein Sperrkonto einzuzahlen ist, wenn die Voraussetzungen des § 1667 BGB gegeben sind; die Zustimmung zur Entnahme des auf Sperrkonto angelegten Geldes darf nur im Interesse des Kindeswohls erteilt werden, **OLG Frankfurt aM** FamRZ 1963, 453.

Auch zu einer **Verfügung über ein Recht an einem Grst** mit Ausnahme von Hypotheken, Grund- und Rentenschulden ist eine vormundschaftsgerichtliche Genehmigung erforderlich, § 1821 Abs 1 Z 1, Abs 2 (§ 1643 Abs 1) BGB, dagegen nicht zur Verfügung über ein Recht an einem Grst Recht (Pfandrecht, Nießbrauch); dazu *Bem 114*, *Güthe* GBO 1791 (1794) unter 2b.

Auch für die **Eingehung einer Verpflichtung** nach § 1821 Abs 1 Z 1, Abs 2 BGB kommt die vormundschaftsgerichtliche Genehmigung in Betracht, § 1821 Abs 1 Z 4, Abs 2 (§ 1643 Abs 1) BGB; dazu *Güthe* GBO 1791 (1795) unter 2d, im übrigen *Bem 110, 113*.

2. Die Genehmigung ist auch notwendig zur **Verfügung eins über Forderung**, die auf **Übertragung des Eigentums an einem Grst** oder auf **Begründung oder Übertragung eines GrstRechts** oder auf Befreiung eines Grst von einem solchen Recht gerichtet ist, wobei zu den Rechten an einem Grst Hypotheken, Grund- und Rentenschulden nicht zu rechnen sind, § 1821 Abs 1 Z 2, Abs 2 (§ 1643 Abs 1) BGB; dazu *Güthe* GBO 1791 (1795) unter 2c, im übrigen *Bem 115*. Über die Genehmigung bei dem schuldrechtlichen Vertrag § 1821 Abs 1 Z 1, Abs 2 (§ 1643 Abs 1) BGB *Bem 110, 113*. Hierher gehört zB die Abtretung des Auflassungsanspruchs. Über Entgegennahme der Auflassung *Bem 126*. Nicht genehmigungspflichtig ist der Rangrücktritt einer Hypothek, **KG** OLG 46, 177. **127**

3. Vormundschaftsgerichtliche Genehmigung ist ferner erforderlich zur Verfügung über den Anteil des Kindes an einer **Erbschaft** und bei den sonstigen Fällen des § 1822 Z 1 (§ 1643 Abs 1) BGB; dazu *Güthe* GBO 1791 (1795) unter 2e, im übrigen *Bem 117*. **128**

Die Ausschlagung einer Erbschaft oder eines Vermächtnisses sowie der Verzicht auf den Pflichtteil bedarf der Genehmigung des VormGer, § 1643 Abs 2 S 1 BGB, jedoch mit der sich aus S 2 aaO ergebenden Einschränkung, nämlich bei Anfall an das Kind infolge Ausschlagung des Elternteils, wenn dieser neben dem Kind berufen war; dazu *Staudinger-Donau* BGB § 1643 Bem 18ff., auch **OLG Frankfurt aM** NJW 1955, 466/1962, 52 = Rpfleger 1962, 18 (*Meyer-Stolte*) = DNotZ 1962, 198 Ls, **OLG Hamm** JMBl NRW 1959, 258 = NJW 1959, 2215 = Rpfleger 1959, 351 (*Haegele*) = JurBüro 1960, 34 = DNotZ 1960, 425 Ls = DRspr I (167) 101bc.

b) Nachweis der Genehmigung bei elterlicher Gewalt **129**

Für die dem GBA zu erbringenden Nachweise gilt das in *Bem 123* Gesagte entsprechend, § 1643 Abs 3 BGB.

4. Pfleger **130**

Dazu *Brand-Schnitzler* GBSachen § 141, *Güthe* GBO 1962 (Pflegschaft), *Haegele* GBRecht Bem 1987ff., *Krämer-Illner* GBPraxis § 111, ferner Kommentierungen zu §§ 1909ff. BGB (insbes *BGB-RGRK*, *Palandt* und *Staudinger*)

Die Pflegschaft ist in §§ 1909ff. BGB geregelt. Zu den Pflegschaftsfällen und zu den anzuwendenden Vorschriften ist auf folgendes hinzuweisen:

a) Pflegschaftsfälle **131**

1. Ergänzungspflegschaft

Nach § 1909 Abs 1 BGB ist ein Pfleger für einen unter elterlicher Gewalt (dazu *Bem 124*) oder unter Vormundschaft (dazu *Bem 111*) Stehenden zu bestellen für Angelegenheiten, an deren Besorgung der Gewalthaber oder der Vormund verhindert ist. Dazu *Güthe* GBO 1962 unter 1a.

Es kommt dies insbes in Betracht zur Verwaltung des Vermögens, das von Todes wegen erworben wird oder das unter Lebenden von einem Dritten unentgeltlich zugewendet wird, wenn der Erblasser durch letzwillige Verfügung, der Dritte bei der Zuwendung bestimmt, daß dem Gewalthaber oder dem Vormund die Verwaltung nicht zustehen soll, § 1909 Abs 1 BGB, und zwar auch dann, wenn der Erblasser zur Verwaltung des Zugewendeten einen Testamentsvollstrecker ernannt hat, **KG** KGJ 38, 69, RJA 16, 15, *BGB-RGRK* BGB § 1909 Bem 3 ff., *Güthe* aaO, *Staudinger* BGB § 1909 Bem 2bβ, c.

Zur **Vermögensauseinandersetzung** (Nachlaß, Gesamtgut der fortgesetzten Gütergemeinschaft) zwischen dem Vater (der Mutter) und einem Kinde bzw Kindern muß nach § 1630 Abs 2, § 1795 Abs 2 mit § 181 (dazu *Bem 104, 108*) für jedes Kind ein besonderer Pfleger bestellt werden, und zwar in der Regel, nicht ausnahmslos, wie von **RG** RGZ 67, 61 = RJA 9, 115, RGZ 71, 162/93, 334, **KG** KGJ 23, 89, OLG 3, 107, *Güthe* aaO angenommen wird. Ob die Interessenlage der Kinder bzw Mündel eine Pflegerbestellung für jedes derselben nötig macht, bedarf der Prüfung in jedem Einzelfall; ein Interessengegensatz kann, muß aber nicht vorliegen; er fehlt insbes, wenn zB klar ist, daß die Kinder alle gleiche Anteile bekommen, dazu *Riedel* JR 1950, 140 (143). Die Bestellung eines Pflegers genügt auch, wenn nur die Auseinandersetzung mit dem Vater bzw der Mutter erfolgt, die Erbengemeinschaft zwischen den Kindern aber bestehen bleibt, **KG** OLG 4, 119, *Güthe* aaO. Dasselbe gilt, wenn die Kinder lediglich ihre Erbanteile an den Vater bzw die Mutter übertragen, **RG** RGZ 93, 334, **KG** KGJ 40, 1, *Güthe* GBO 1962 1963) unter 1a. Die Bestellung eines Pflegers ist nicht notwendig für die Entgegennahme der Auflassung eines dem Minderjährigen von seinem gesetzlichen Vertreter geschenkten unbelasteten Grst, weil der Minderjährige die Auflassung nach § 107 BGB selbst entgegennehmen kann, **KG** OLG 18, 212, JFG 13, 300; strittig, dazu auch *Bem 126* sowie *BGB-RGRK* BGB § 107 Bem 9, *Palandt* BGB § 107 Bem 2, *Staudinger-Coing* BGB § 107 Bem 7. Regelmäßig ist das Miteigentum nach Bruchteilen an einer einzelnen Sache, zB an einem Grst, keine Vermögensgemeinschaft iSd § 1683 BGB, die der Auseinandersetzung bedarf, **BayObLG** NJW 1965, 2299 = FamRZ 1965, 563 = Rpfleger 1965, 336 (*Haegele*) = BWNotZ 1965, 351 Ls. Über Prüfung durch das GBA *Bem 109.*

132 **2. Sonstige Pflegschaftsfälle**

Weitere Pflegschaftsfälle sind in den §§ 1910ff. BGB, nämlich die Pflegschaft bei Gebrechlichkeit (§ 1910 BGB), bei Abwesenheit (§ 1911 BGB), für die Leibesfrucht (§ 1912 BGB), für unbekannte Beteiligte (§ 1913 BGB), für Sammelvermögen (§ 1914 BGB); dazu *Güthe* GBO 1962 (1963/4) unter 1b bis f, im übrigen LitHinweise *Bem 130.* Über Pflegschaft im Bereich des **Jugendwohlfahrtsrechts** § 43 JWG Pflegschaft für Leibesfrucht, die angeordnet werden kann, auch wenn die Voraussetzungen des § 1912 BGB nicht vorliegen, jedoch einen Antrag des JA oder der unverheirateten Mutter des unehelichen Kindes voraussetzt, ferner, § 52 JWG, wonach das JA als Amtspfleger bestellt werden kann, § 53 JWG, der vorsieht, daß ein Verein die Pflegschaft führt; dazu *Riedel* JWG § 43 Bem 2ff., § 52 Bem 4, 7ff., § 53 Bem 6ff.

Als Pflegschaft besonderer Art ist auch die **Nachlaßpflegschaft** anzusehen, § 1960 BGB. Sie dient der Sicherung des Nachlasses bis zur Annahme der Erbschaft durch die Erben, soweit ein Bedürfnis besteht; dasselbe gilt, wenn ein Erbe unbekannt ist oder wenn ungewiß ist, ob die Erbschaft angenommen wird. Die Bestellung kann nach § 1961 BGB auch als Prozeßpflegschaft erfolgen. Es kann auch eine Teilnachlaßpflegschaft angeordnet werden, **BayObLG** BayObLGZ 1960, 93 = MDR 1960, 674 = Rpfleger 1961, 200, **KG** NJW 1965, 1719 = Rpfleger 1966, 18 = DNotZ 1965, 755 Ls = DRspr I (170) 340. Die Nachlaßpflegschaft wird nicht ohne weiteres dadurch entbehrlich, daß ein Erbscheinsverfahren durchgeführt wird oder daß ein Nacherbe vom Vorerben ein Nachlaßverzeichnis fordern kann, **OLG Oldenburg** NdsRpfl 1965, 227 = DRpfleger 1966, 18. Das **GBA** hat nicht zu **prüfen**, ob die sahlichen Voraussetzungen für die

Bestellung eines Nachlaßpflegers vorgelegen haben und ob sein Wirkungskreis richtig bestimmt ist, **OLG Hamm** JMBl NRW 1963, 19. Ist er bestellt, so ist er legitimiert zu Handlungen im Rahmen des übertragenen Wirkungskreises, also zur Mitwirkung bei der Veräußerung eines Nachlaßgrst, **OLG Hamm** aaO.

Die **Nachlaßverwaltung** ist eine Abart der Nachlaßpflegschaft, nämlich zur Befriedigung der Nachlaßgläubiger, § 1875 BGB; dazu **RG** RGZ 135, 307, JFG 13, 388, *Güthe* GBO 1950 (Nachlaßverwalter), *Palandt* BGB § 1975 Bem 2, *Staudinger-Lehmann* BGB § 1975 Bem 6. Über die mit der Nachlaßverwaltung verbundenen Verfügungsbeschränkungen *§ 13 Vorbem 138.*

b) **Anzuwendende Vorschriften bei Pflegschaft** **133**

Es finden die Bestimmungen über die Vormundschaft, insbes §§ 1773ff. BGB, Anwendung, § 1915 Abs 1 BGB, soweit sich nicht aus dem Wesen der Pflegschaft und besonderen Vorschriften (§ 1915 Abs 2, §§ 1916ff., BGB ua) etwas anderes ergibt. Ein Gegenvormund (dazu *Bem 137*), kann muß aber nicht bestellt werden, § 1915 Abs 2 BGB.

Für die **Pflegerbestellung** ist das VormGer zuständig, bei Nachlaßpflegschaft und -verwaltung nach §§ 1962, 1981 BGB das Nachlaßgericht. Bei Abwesenheitspflegschaft für Deutsche in der SBZ ist das Gericht im Bundesgebiet örtlich zuständig, wo das Bedürfnis hervortritt, § 37 Abs 2, § 39 FGG; dazu **OLG Hamm** JMBl NRW 1965, 127 = MDR 1965, 671 = FamRZ 1965, 291 = DNotZ 1965, 754 Ls. Ist eine Pflegschaft wirksam aufgehoben worden, so kann sich eine gegen den aufhebenden Beschluß eingelegte Beschwerde nur noch auf die neuerliche Anordnung der Pflegschaft richten; ist die Neuanordnung nicht mehr möglich, insbes weil der Pflegling inzwischen gestorben ist, so ist die Hauptsache erledigt, **BayObLG** Rpfleger 1966, 207.

Auf die **vormundschaftsgerichtliche Genehmigung** finden wie auch sonst bei der Pflegschaft die Vorschriften, die für Vormundschaft gelten, Anwendung, insbes §§ 1821, 1822 BGB; dazu *Bem 112ff.* Dies gilt auch für Nachlaßpflegschaft und Nachlaßverwaltung. Eine Umdeutung einer Genehmigung des VormGer in eine solche des Nachlaßgerichts am gleichen Gericht ist nur möglich, wenn die Genehmigungsfrage identisch ist; dazu *Staudinger-Lehmann* BGB § 1962 Bem 4, **aA** (nicht überzeugend) **OLG Kiel** JR 1948, 159.

Für den Bereich des **Jugendwohlfahrtsrechts** ist auf §§ 43, 52, 53 JWG hinzuweisen; dazu *Bem 132.* Zum Gegenvormund kann auch ein JW nach § 52 JWG oder im Verein nach § 53 JWG bestellt werden; dazu *Riedel* JWG § 52 Bem 3, 7ff., § 53 Bem 6ff.

5. **Beistand** **134**

Dazu *Brand-Schnitzler* GBSachen § 140 (S 141/142), *Güthe* GBO 1751, *Krämer-Illner* GB-Praxis § 109 (11), ferner Kommentierungen zu §§ 1685ff. BGB (insbes *BGB-RGRK*, *Palandt* und *Staudinger*)

Die Bestandschaft ist in §§ 1685ff. BGB geregelt. Zu den Beistandsfällen und zu den Befugnissen des Beistands ist auf folgendes hinzuweisen:

a) **Fälle der Beistandschaft**

Nach § 1685 Abs 1 ist vom VormGer dem Elternteil (also Vater oder Mutter), dem die elterliche Gewalt oder die Sorgepflicht für die Person oder das Vermögen des Kindes allein zusteht, auf seinen Antrag ein Beistand zu bestellen; dazu **OLG Hamm** JMBl NRW 1966, 150 = OLGZ 1966, 214. In Abweichung vom früheren Recht wird ein Beistand nur auf Antrag, also nicht von Amts wegen bestellt. Auch kann in Abweichung vom bisherigen Rechtszustand wegen der Gleichberechtigung Beistandschaft nicht nur bei der Mutter, sondern auch beim Vater des Kindes angeordnet werden. Voraussetzung ist freilich, daß diesem Elternteil die elterliche Gewalt bzw die Personen- oder Vermögensfürsorge allein zusteht, also bei §§ 1671, 1672, 1675, 1679, 1680, 1681, 1684 BGB; dazu *Palandt* BGB § 1685 Bem 1. Für den Bereich des **Jugendwohlfahrtsrechts** ist darauf hinzuweisen, daß ein JA nach § 52 JWG oder ein Verein nach § 53 JWG als Beistand bestellt werden kann; dazu *Riedel* JWG § 52 Bem 5ff., § 53 Bem 6ff.

135 b) **Befugnisse des Beistands**

Der Beistand hat die **Aufgabe**, innerhalb seines Wirkungskreises dem Vater oder der Mutter bei der Ausübung der elterlichen Gewalt zu unterstützen, § 1686 BGB; dazu **KG** KGJ 50, 26. Er wird also nicht dem Kinde beigeordnet. Er hat aber auch dem VormGer Anzeige zu machen, wenn dieses Anlaß zum Einschreiten hat.

Der **Umfang** der Beistandschaft richtet sich nach den übertragenen Befugnissen, § 1685 Abs 2 BGB. Der Beistand kann allgemein oder beschränkt bestellt werden, in letzterem Falle für gewisse Arten von Angelegenheiten oder für einzelne Angelegenheiten.

Die **Genehmigung des Beistands** und seine Anhörung in Fällen der **Genehmigung des VormGer** ist in § 1687 BGB geregelt. Die Genehmigung des Beistands ist innerhalb seines Wirkungskreises, der ihm übertragen ist, zu jedem Rechtsgeschäft erforderlich, zu dem ein Vormund der Genehmigung des VormGer (dazu *Bem 111ff.*) oder des Gegenvormunds (dazu *Bem 137*) bedarf, § 1687 Abs 1 S 1 BGB. Hiervon ausgenommen sind Rechtsgeschäfte, die Eltern nur mit Genehmigung des VormGer vornehmen können, § 1687 Abs 1 S 2 BGB; dazu *Bem 124ff.* Insoweit bedarf es also der Genehmigung des Beistands nicht; das VormGer soll ihn aber hören, wenn es tunlich ist, § 1687 Abs 3 BGB. Die Genehmigung des Beistands in dem Bereich, in dem keine Genehmigung des VormGer erforderlich ist, kann durch die Genehmigung des VormGer ersetzt werden, § 1687 Abs 2 BGB. Auf die Erklärung der Genehmigung sind §§ 1828ff. BGB anwendbar.

Zum **Jugendwohlfahrtsrecht** ist auf §§ 52, 53 JWG hinzuweisen; dazu *Bem 134.*

136 c) **Nachweis der Beistandschaft**

Regelmäßig hat der GBBeamte, wenn der Vater bzw die Mutter als Inhaberin der elterlichen Gewalt über das Kindesvermögen verfügt, ohne weiteres davon auszugehen, daß kein Beistand bestellt ist, da die Beistandschaft die Ausnahme ist. Es ist also darüber, daß keine Beistandschaft besteht, in der Regel kein Nachweis zu verlangen. Dazu ist das GBA nur berechtigt, wenn Grund zu der Annahme besteht, daß ein Beistand bestellt worden ist. Dies ist strittig, aber wohl überwiegende Ansicht; dazu **KG** OLG 12, 340, **OLG Rostock** RJA 6, 246, *Güthe* GBO 1751 (1752), *Palandt* BGB § 1685 Bem 3.

137 6. **Gegenvormund**

Dazu *Brand-Schnitzler* GBSachen § 141 (S 443/444) *Güthe* GBO 2062 (2066) „Vormundschaft" unter II 9a, *Krämer-Illner* GBPraxis § 110 (4) sowie Kommentierungen zu § 1792 BGB (insbes *BGB-RGRK, Palandt* und *Staudinger*)

Die Gegenvormundschaft ist in § 1792 BGB geregelt. Über Gegenvormundschaft bei Pflegschaft *Bem 133.*

Ein Gegenvormund kann neben einem Vormund (dazu *Bem 111ff.*) bestellt werden, § 1792 Abs 1 BGB, jedoch nicht neben Amtsvormundschaft, § 38 Abs 1 S 2 JWG; dazu *Riedel* JWG § 38 Bem 4, 10. Über die Bestellung eines JA oder Vereins zum Gegenvormund §§ 52, 53 JWG; dazu *Riedel* JWG § 52 Bem 37ff., § 53 Bem 6ff. Wenn die Vormundschaft von mehreren Vormündern nicht gemeinschaftlich geführt wird, so kann ein Vormund zum Gegenvormund des anderen bestellt werden, § 1792 Abs 2 BGB. Es ist auch zulässig, daß mehrere Gegenvormünder bestellt werden, dazu *Staudinger* BGB § 1792 Bem 5. Die Bestellung eines Gegenvormunds ergibt sich aus der Bestallung des Vormunds, § 1791 Abs 2 BGB.

Die Vertretung des Mündels steht dem Gegenvormund nicht zu, auch nicht bei Verhinderung des Vormunds; dazu *Staudinger* BGB § 1799 Bem 2.

Über die Fälle, in denen seine Genehmigung erforderlich ist, insbes §§ 1812, 1813, 1825 BGB; dazu *Bem 122.*

Die Genehmigung des Gegenvormunds kann nur dem Vormund gegenüber erklärt werden; sie wird dem anderen Vertragsteil gegenüber erst wirksam, wenn sie ihm durch den Vormund mitgeteilt wird. Zu einem einseitigen Rechtsgeschäft muß die Genehmigung des Gegenvormunds vor seiner Vornahme erteilt sein, §§ 1832 mit 1828, 1829, 1831 BGB.

Bez des **Nachweises** der Genehmigung des Gegenvormunds gegenüber dem GBA gilt das *Bem 123* für die vormundschaftsgerichtliche Genehmigung Gesagte entsprechend.

7. Familienrat **138**

Der Familienrat (§§ 1858ff. BGB) tritt, wenn ein solcher eingesetzt ist, an die Stelle des Vormundschaftsgerichts, auch bei der Genehmigung von Rechtsgeschäften des Vormunds, § 1872 BGB. Über die Genehmigungsfälle *Bem 111ff.*

Der Familienrat hat nur noch geringe Bedeutung; es wäre jedoch (worauf bei *Palandt* BGB § 1858 Vorbem 1 hingewiesen wird) wünschenswert, wenn mehr von dieser Einrichtung Gebrauch gemacht würde.

VII. Erwerbsfähigkeit **139**

Über die Prüfung der Erwerbsfähigkeit (Rechtsfähigkeit) und Erwerbsbeschränkungen des gewinnenden Teils insbes *§ 19 Bem 76ff.*

VIII. Entrichtung von Steuern und Kosten **140**

Über die Entrichtung von Steuern und steuerliche Unbedenklichkeitsbescheinigung *§ 20 Bem 80.*

Über Kosten *§ 13 Vorbem 181ff.*

IX. Schuldrechtliches Grundgeschäft **141**

Dauz *Güthe* GBO § 13 Vorbem 99, *Horber* GBO § 19 Bem 3Ba, *Thieme* GBO § 19 Bem 3

Das Vorhandensein und die Wirksamkeit des schuldrechtlichen Grundgeschäfts hat der GBBeamte **grundsätzlich nicht zu prüfen.** Mängel des schuldrechtlichen Vertrags sind regelmäßig nicht zu beachten, **KG** OLG 8, 303, KFJ 30, 207, **BayObLG** 11, 524/12, 478/18, 280, **OLG Hamm** Rpfleger 1959, 127 = DNotZ 1959, 599 Ls, **SchlHOLG** SchlHA 1958, 48, **LG Aachen** Rpfleger 1963, 155, *Güthe* GBO § 13 Vorbem 99, *Henle-Schmitt* GBWesen GBO § 18 Bem 2, *Horber* GBO § 19 Bem 3Ba, *Staudinger-Seufert* BGB § 873 Bem 82, *Thieme* GBO § 19 Bem 3. Es darf daher zB auch nicht die Eintragung auf Grund einer Auflassung wegen Rücktritts von dem zugrunde liegenden Kauf- oder Tauschvertrag abgelehnt werden, **BayObLG** SeuffA 67, 229.

Die **Nichtigkeit** oder Unwirksamkeit des Grundgeschäfts berührt grundsätzlich die Rechtswirksamkeit der Einigung und Eintragungsbewilligung nicht, **RG** RGZ 68, 100/78, 282/104, 102/109, 201, **BayObLG** 18, 281, **KG** OLG 45, 193, *Güthe* GBO § 19 Bem 27. Es kann jedoch auf Grund derselben Umstände eine Nichtigkeit des Grundgeschäfts und des dinglichen Erfüllungsgeschäfts in Frage kommen, *BGB-RGRK* BGB § 873 Bem 31ff., *Staudinger-Seufert* BGB § 873 Bem 67; insbes bei Wucher (§ 138 Abs 2 BGB) ist dies der Fall, **RG** RGZ 57, 97/93, 75/109, 201, *Staudinger-Coing* bzw *Seufert* BGB § 138 Bem 37, § 873 Bem 67d. Die Frage, ob die Nichtigkeit des Grundgeschäfts auch die Nichtigkeit des dinglichen Geschäfts nach **§ 139 BGB** zur Folge hat, ist sehr strittig, da eine wirtschaftliche Betrachtungsweise zu der rein begrifflichen, abstrakten

Schau des BGB in Widerspruch steht; über die Problematik *BGB-RGRK* BGB § 873 Bem 7, *Palandt* BGB § 854 Einl Bem 5(b), *Staudinger-Seufert* BGB § 873 Bem 65ff. Zu § 139 BGB auch *Bem 105, 143, 144, § 13 Vorbem 71*, zur Anwendbarkeit des § 139 BGB bei Verbindung von Kaufvertrag und Schuldübernahme **OLG Hamburg** NJW 1966, 985 = BWNotZ 1966, 197 Ls, bei Gesamtgrundschuld **OLG München** DNotZ 1966 371, zur Beanstandung von Einzelbestimmungen einer Hypothekenbestellungsurkunde wegen Nichteintragungsfähigkeit **OLG Frankfurt aM** Rpfleger 1956, 193 (*Haegele*), auch *Ripfel* Zur Frage des Prüfungsrechts des GBA nach § 139 BGB Rpfleger 1963, 140. Dazu, ob ein aufgelassenes und übergebenes Grst bei Verzug des Gegners nur durch Wahl des Rücktritts nach § 326 BGB zurückverlangt werden kann, **LG Stuttgart** MDR 1964, 671 (*Arnold*).

Der Grundsatz, daß der GBBeamte das schuldrechtliche Grundgeschäft nicht zu prüfen hat, findet aber seine Grenze an der Pflicht des GBA, das GB mit der wahren Rechtslage in Übereinstimmung zu halten. Er hat **Eintragungen abzulehnen**, welche die **Unrichtigkeit des GB zweifellos**, nicht nur nach seiner Vermutung, zur **Folge** hätten; denn er darf nicht bewußt, nur gestützt auf die formalen Bestimmungen des GBRechts, bei der Herbeiführung einer GBUnrichtigkeit mitwirken, **KG** KGJ 39, 246/41, 207, JFG 7, 270 (275), **OLG Dresden** OLG 4, 182. Dies trifft zB zu bei einer Eintragung, die zweifellos wegen Verstoßes gegen die guten Sitten oder ein Verbotsgesetz nichtig wäre, **KG** HRR 1935 Nr 1373, **BayObLG** 23, 178, *Güthe* GBO § 13 Vorbem 99. Die Ablehnung ist aber nur gerechtfertigt, wenn dauernde Unrichtigkeit die Folge der Eintragung wäre.

So kann zB bei einer Hypothek, die zwar notwendig eine Forderung voraussetzt (§ 1113 BGB), aber bis zum Entstehen einer solchen Eigentümergrundschuld ist (§ 1163 BGB), nur die Gewißheit, daß eine wirksame Forderung nicht entstehen kann, die Ablehnung ihrer Eintragung rechtfertigen, **KG** KGJ 52, 182. In der Bestellung einer nichtigen Hypothek ist nicht die Bestellung einer wirksamen Eigentümergrundschuld zu erblicken, **RG** RGZ 70, 353. Ebenso ist bei Eintragung einer Vormerkung neben der Eintragungsbewilligung nicht auch noch die Entstehung des zu sichernden Anspruchs nachzuweisen; wenn dem GBBeamten jedoch bekannt ist, daß der Anspruch nicht besteht und auch in Zukunft nicht entstehen kann, ist der Eintragungsantrag abzulehnen, **KG** RJA 7, 142. Abzulehnen ist auch die Eintragung einer Hypothekenabtretung, wenn feststeht, daß die Einigung zwischen altem und neuem Gläubiger über die Abtretung nicht mehr besteht, **OLG München** DNotZ 1937, 327.

Das Ablehnungsrecht steht dem GBBeamten weiter nur dann zu, wenn die **Nichtigkeit offensichtlich** ist. In Fällen, die Zweifel an der Nichtigkeit offen lassen, ist das GBA zur Feststellung der Nichtigkeit nicht berufen; dies ist Sache des Prozeßgerichts, **BayObLG** 23, 178. Der GBBeamte kann auch, wenn er aus einer ihm vorliegenden Urkunde mit Sicherheit ein arglistiges, gegen Treu und Glauben verstoßendes und die Gegenpartei schädigendes Handeln des Antragstellers entnehmen kann, vorerst weitere Aufklärung, insbes seitens der Gegenpartei verlangen; die bloße Möglichkeit einer Schädigung ist hierzu aber keinesfalls genügend, **BayObLG** 23, 167, **LG Aachen** Rpfleger 1963, 155, **LG Wuppertal** NJW 1960, 1914 = DNotZ 1960, 479 (*Hieber*) = Rpfleger 1961, 199 (*Haegele*) = DRspr IV (473) 64b, *Ripfel* Zur Frage des Prüfungsrechts des GBA nach § 139 BGB Rpfleger 1963, 140. Wenn nicht besondere Umstände vorliegen, darf also das GBA eine Eintragung nicht wegen eines vermeintlichen Verstoßes gegen Treu und Glauben oder wegen Arglist ablehnen, **KG** HRR 1934 Nr 1095.

So steht die (dem GBBeamten bekannte) Tatsache der Auflassung Eintragungen auf Grund von Bewilligungen des Veräußerers oder im Wege der ZwV grundsätzlich nicht entgegen, **RG** RGZ 81, 68, **BayObLG** aaO, **KG** HRR 1935 Nr 1373. Die Anfechtbarkeit eines Rechtsgeschäfts wegen Gläubigerbenachteiligung gibt dem GBBeamten nicht das Recht, die Eintragung der anfechtbaren Rechtsänderung abzulehnen, **KG** JFG 15, 192 (196).

In einigen **Ausnahmefällen** ist jedoch der **GBBeamte** zur **Prüfung** des Grundgeschäfts **berechtigt** und **verpflichtet**; dazu *Güthe* GBO § 13 Vorbem 99. Kein Ausnahmefall ist die Regelung in § 925a BGB, da nach dieser Bestimmung das GBA nur zu prüfen hat, ob ein formgültiger Veräußerungsvertrag nach § 313 BGB vorgelegt wird, nicht aber, ob er inhaltlich rechtswirksam ist; dazu *§ 20 Bem 2ff.*

Es ist jedoch auf folgende Fälle hinzuweisen: Eine Prüfung erscheint notwendig, wenn die Verfügungsberechtigung des Verfügenden davon abhängt, daß das Grundgeschäft kein unentgeltliches ist, wie beim Testamentsvollstrecker, beim gütergemeinschaftlichen Ehegatten, beim Vorerben usw, **KG** RJA 8, 143; dazu *Bem 86, § 29 Bem 36.* Die Prüfung des Grundgeschäfts ist ferner notwendig, wenn ein Bevollmächtigter für beide Vertragsteile handelt und zu prüfen ist, ob das Rechtsgeschäft gemäß § 181 BGB in Erfüllung einer Verbindlichkeit vorgenommen wird (dazu *Bem 104*), **OLG Dresden** ZBlFG 10, 253, **LG Köln** ZBlFG 1, 969, *Güthe* GBO § 13 Vorbem 99. Weiter kommt der Fall in Betracht, daß eine Vollmacht als Teil des Grundgeschäfts erscheint; hier ist dessen Rechtswirksamkeit zu prüfen, da im Falle seiner Nichtigkeit, auch die Vollmacht nach § 139 BGB nichtig sein kann, **KG** KGJ 41, 163; dazu *Bem 144.* Die Wirksamkeit des Grundgeschäfts **muß** endlich geprüft werden, wenn die Erwerbsfähigkeit des gewinnenden Teils von dem Inhalt des Grundgeschäfts abhängt; dazu *§ 19 Bem 76ff.* Über die Frage, ob das GBA vor Eintragung eines dinglichen Vorkaufsrechts die Vorlage des schuldrechtlichen Vertrags nach § 313 BGB oder bzw und der dinglichen Einigung nach § 873 Abs 2 BGB verlangen kann, **LG Verden** Rpfleger 1956. 129 (*Haegele*).

Bestehen in diesen Fällen wegen des Grundgeschäfts Bedenken oder Zweifel, so ist durch Zwischenverfügung Klarstellung zu verlangen, **BayObLG** JFG 2, 342 (344). Im übrigen ist zu verweisen auf *Bem 6, 142, 143.*

X. Dinglicher Vertrag 142

Soweit zum Rechtserwerb ein dinglicher Vertrag (Einigung) erforderlich ist, ist auch dieser **der Prüfung des GBA entzogen**. Dies gilt auch dann, wenn die hierüber aufgenommene Urkunde dem GBA vorgelegt wird; **nur** die **Eintragungsbewilligung** ist zu **prüfen**; dazu **BayObLG** 13, 410, 731. Eine Ausnahme ist durch **§ 20** vorgeschrieben. Dazu auch *Bem 143, § 19 Bem 11, 22.*

Soweit der dingliche Vertrag der Prüfung des GBA nicht unterliegt, hat es auch die Anfechtung der Einigung wegen Irrtums usw (§§ 119ff. BGB; dazu *§ 19 Bem 22*) und die sich hieraus ergebende Nichtigkeit (§ 142 BGB) nicht zu beachten, obwohl die dingliche Rechtsänderung hier mangels wirksamer Einigung trotz der Eintragung nicht zustande kommt, **RG** RGZ 70, 356/80, 320. Der GBBeamte darf in einem solchen Falle weder den Eintragungsantrag ablehnen noch einen Amtswiderspruch nach § 53 eintragen; dazu *Bem 15, 141,* **aA** (teilweise abweichend) **KG** KGJ 53, 142, wohl überholt. Bei Eigentumseintragung auf Grund Auflassung hat das GBA die Wirksamkeit der dinglichen Einigung und damit auch einer nur für sie erteilten Vollmacht grundsätzlich unabhängig von dem Verpflichtungsgeschäft zu prüfen; den ihm eingereichten schuldrechtlichen Vertrag braucht das GBA nur dann auf Mängel zu prüfen, wenn diese auf die dingliche Einigung übergreifen und sie in ihrer Wirksamkeit beeinflussen können, **OLG Hamm** Rpfleger 1959, 127, *§ 19 Bem 30, § 20 Bem 70.*

Im übrigen hat der GBBeamte jede **Eintragung vorzunehmen**, bei der auch nur die **Möglichkeit der materiellen Rechtsgültigkeit** besteht, **BayObLG** 17, 3/19, 158.

Er hat zB trotz Bestehens einer Löschungsvormerkung nach § 1179 BGB eine Verfügung des Eigentümers über die Eigentümergrundschuld zu vollziehen; denn es besteht die Möglichkeit, daß der Vormerkungsberechtigte dieser Verfügung nachträglich zustimmt. Im übrigen hat der Vormerkungsberechtigte seine Rechte aus § 883 Abs 2 BGB nicht im GBVerfahren, sondern im ordentlichen Prozeßweg geltend zu machen, **BayObLG** 17, 3. Das GBA hat bei der Reallast (dazu *§ 13 Vorbem 67*) nicht zu prüfen, ob eine dingliche Einigung des Eigentümers mit dem bedingt Berechtigten vorliegt, wenn für den Fall des Todes des Erstberechtigten eine Reallast für einen weiteren Berechtigten bestellt wird, **OLG Köln** OLGZ 1966, 231 = DNotZ 1966, 667.

Soweit dem GBBeamten jedoch zuverlässig bekannt ist, daß die erforderliche dingliche Einigung nicht oder nicht mehr besteht und auch nicht nachträglich eintreten wird, hat er den Eintragungsantrag trotz des Vorliegens einer vorschriftsmäßigen Eintragungsbewilligung abzulehnen, **OLG München** DNotZ 1937, 326. Dazu auch *Bem 141, 143.*

143 XI. Grenzen von Prüfungsrecht und Prüfungspflicht

In Ergänzung von *Bem 82* ist auf Grund der Ausführungen in *Bem 83ff.* zusammenfassend festzustellen:

Der GBBeamte hat in dem geschilderten Umfang nicht nur das **Recht**, sondern auch die **Pflicht zur Prüfung**. Wenn beim GBA ein Eintragungsantrag oder -ersuchen gestellt wird, so muß über seine Statthaftigkeit eine Entscheidung getroffen werden. Der GBBeamte darf die Entscheidung nicht deshalb ablehnen, weil sie zweifelhaft ist, **KG** OLG 5, 190. Er hat zweifelhafte Rechtsfragen, soweit sie in seinen Prüfungsbereich fallen, selbst zu entscheiden; es ist nicht zulässig, die Parteien auf den Prozeßweg zu verweisen, **BayObLG** 16, 93; dazu *Bem 15*. Da der Prüfungsbereich begrenzt ist, ist auch der Entscheidungsbereich begrenzt, so daß sehr wohl Fragen rechtlicher Art außerhalb der Entscheidung des GBBeamten liegen und nicht mitzuentscheiden sind, also ohne besondere Verweisung im Prozeßwege ausgetragen werden müssen, wenn eine andere Klärung, insbes eine vergleichsweise Regelung, scheitert; dazu *Bem 141.* Bei der Prüfung darf sich der GBBeamte an das Regelmäßige des Lebens und die vom Gesetz aufgestellten Regeln halten, wenn nicht im Einzelfall besondere Umstände für das Gegenteil sprechen. Eine **besondere Nachforschungspflicht** des GBBeamten besteht sonst aber **nicht, BayObLG** 23, 53/30, 60.

Bei *Güthe* GBO § 13 Vorbem 99 wird in Zusammenhang mit Ausführungen zur Prüfung des Grundgeschäfts ausgeführt: „Verschieden von der Frage der Prüfungspflicht ist die Frage des Prüfungsrechts dh die Frage, ob der GBRichter ohne besondere Erlaubnis der Beteiligten Einsicht in die Urkunde nehmen darf." Es wird als Beispiel angeführt, ein GBBeamter müsse sich vom Inhalt einer Urkunde vergewissern, ob die nach § 10 Abs 3 zur Aufbewahrung übergebene Urkunde in der Tat die über das der Eintragungsbewilligung zugrunde liegende Rechtsgeschäft errichtete Urkunde ist. Dieser Fall zeigt aber gerade, daß auch hier die Prüfungspflicht so weit reicht wie das Prüfungsrecht; denn wenn das GBA eine Urkunde nach § 10 Abs 3 aufbewahrt, so muß es selbstverständlich die Voraussetzungen zur Aufbewahrung nachprüfen. Die Möglichkeit der Einsicht in bei dem GBA befindliche GBücher und Urkunden auf Grund der Dienstausübung und Dienststellung eines GBBeamten ist von der Prüfungspflicht und dem Prüfungsrecht zu unterscheiden. Es wird also die Grenze von Prüfungsrecht und -pflicht bei Entscheidungen über Eintragungsanträge und -ersuchen nicht verändert. Das **Prüfungsrecht geht nicht über die Prüfungspflicht hinaus**, findet vielmehr seine Grenze in letzterer.

Davon zu trennen ist der **Amtsbetrieb**, soweit derselbe in Betracht kommt. Dazu *§ 1 Bem 16.*

Für die Prüfung sind von Bedeutung die Auslegung von Willenserklärungen, *Bem 144*, die Grundlagen der Prüfung, *Bem 145ff.* Diese Fragen sollen noch besonders erörtert werden.

Da der **Entscheidungs- und Prüfungsbereich** des GBA in der Praxis so große Bedeutung hat und immer wieder Anlaß zu Zweifeln gibt, sind in diesem Zusammenhang noch einige Hinweise veranlaßt, um Mißverständnisse, die sich aus den vielen, nicht immer einheitlichen Entscheidungen, die in über 6 Jahrzehnten zum GBRecht ergangen sind, ergeben können, auszuschließen. Es wird hierzu bez Einzelheiten verwiesen auf die Ausführungen *Riedel* Prüfungsrecht und Prüfungspflicht des GBBeamten BlGBW 1966, 221. Auszugehen ist hierbei davon, daß ein pflichtgetreuer **Durchschnittsbeamter** mit durchschnittlichen Rechtskenntnissen zu entscheiden hat; dazu *§ 11 Bem 29.* Es können also keine übermenschlichen Anforderungen an das GBA gestellt werden. Dazu kommt, daß das Amtsverfahren nur sehr beschränkt gilt, im übrigen das **Antragsverfahren** bei dem GBA besteht; dazu *§ 1 Bem 16.* Das Antragsverfahren bedeutet insofern eine Grenze, weil das GBA nicht von Amts wegen Erhebungen durchführen oder Aufklärung verlangen kann. Andererseits erfordert der Betrieb bei den GBÄmtern, daß nicht mehr Zurückweisungen als Eintragungen erfolgen, also die **Zurückweisung von Anträgen** zur Regel wird. Dafür spricht auch der Text des § 18, wonach die Antragszurückweisung die Ausnahme bildet. § 53, der von der Löschung von GBEintragungen und von der Eintragung eines Amtswiderspruchs handelt, ist in seinen Voraussetzungen beschränkt, er läßt also in besonderen Fällen eine solche Sicherung bei unrichtigem GBEintrag zu und schafft den erforderlichen Ausgleich. Objektive Unrichtigkeit des GB genügt hiernach nicht für ein Vorgehen nach § 53, es muß eine Verletzung gesetzlicher Vorschriften dazukommen; dazu *§ 53 Bem 2ff.* Eine solche Verletzung kann aber auch vorliegen, wenn der GBBeamte seine Pflichten erfüllt hat; dazu *§ 53 Bem 26ff.* Es gibt also keine formelle Rechtskraft von GBEintragungen und Verfügungen; dazu *§ 1 Bem 24a.* Ein Risiko kann allerdings nicht ohne weiteres ausgeschaltet werden, nämlich gutgläubiger Erwerb auf Grund der erfolgten Eintragungen (dazu *§ 53 Bem 2*), solange nicht eine Maßnahme nach § 53 oder eine sonstige Eintragung vorliegt, die die Möglichkeit einer Änderung vorsieht, wie Vormerkung oder Widerspruch (dazu *§ 25 Bem 8ff.*). Da es nicht zulässig ist, eine Eintragung vorzunehmen und gleichzeitig einen Widerspruch nach § 53 in das GB einzutragen, bleibt bei Eintragung eine gewisse Gefahr für den Betroffenen, der andernfalls bei Nichteintragung keinen Rechtsverlust erleiden würde. Umgekehrt kann aber bei Nichteintragung in einem Falle, in dem eine Eintragung veranlaßt gewesen wäre, der Antragsteller benachteiligt werden, wenn zwischenzeitlich eine andere Eintragung erfolgt und er einen Rangverlust erleidet. Beides steht sich also gleichwertig gegenüber. Das Risiko kann aber nicht auf den GBBeamten abgewälzt werden, besonders nachdem heute die Regelungen unseres Rechtssystems immer unübersichtlicher werden. Man kann auch vom GBA keine Entscheidung verlangen in Fragen, die nur in ausführlichen Prozessen geklärt werden können, also erst einer umfassenden Beweisaufnahme bedürfen. Auch komplizierte Rechtsfragen kann der GBBeamte nicht „über den Daumen peilen" und eine salomonische Entscheidung treffen, also eine „billige" Entscheidung anstelle einer Prozeßentscheidung, die uU 3 Instanzen beschäftigt. Man muß also von den Beteiligten und Betroffenen schon verlangen, daß auch sie sich um die Sicherung ihrer Rechte kümmern, wenn Gefahren für den Bestand vorliegen. Nur so ist es möglich, dieses Dilemma zu überbrücken. Der Entscheidungs- und Prüfungsbereich des GBA kann nicht deshalb erweitert werden, um jedes Risiko auszuschließen oder es als Amtshaftung (dazu *§ 11 Bem 20ff.*) auf den Staat abzuwälzen; er ist also von diesem Risiko unabhängig. Der Kreis der Pflichtverletzungen des GBBeamten engt sich infolgedessen ein und die Rspr hat auch die Grenze jeweils zweckmäßig gezogen, indem sie die Lösung der Verschuldsfrage vom Durchschnittsbeamten aus vornimmt. Über gutgläubigen Erwerb auch *Bem 86, 145.*

Die **Prüfungspflicht** und das **Prüfungsrecht** müssen **identisch** sein; dazu *Riedel* Prüfungsrecht und Prüfungspflicht des GBBeamten BlGBW 1966, 221. Dies erfordert das Interesse der Beschleunigung der Erledigung von Anträgen durch das GBA. Würde das Prüfungsrecht weitergehen, so wäre ein Leerbereich vorhanden, der den GBBeamten zu Unsicherheiten führt, weil er nicht weiß, wieweit er nun doch vorsorglich prüfen muß oder soll. Auch würde das GBA zu Auskünften veranlaßt werden, die über seinen Entscheidungsbereich hinausgehen. Auskünfte über komplizierte Fragen, besonders bei ungeklärtem Sachverhalt oder über schwierige Rechtsfragen, über die uU noch gar keine höchstrichterliche Rspr vorliegt, würde Haftungen auslösen können, die zu vermeiden sind. Der Prüfungsbereich des GBA ist also auf das Notwendige beschränkt. Wie bereits erwähnt, ist zwischen Amts- und Antragsverfahren zu unterscheiden.

Bei **Amtsverfahren** (dazu *§ 1 Bem 16, § 13 Bem 7, 8, § 53 Bem 9*) kann und muß das GBA alles klären, was für seine Entscheidung nötig ist. Hier ist also der Prüfungsbereich weiter als in Antragsverfahren; dazu *Riedel* Unklarheiten im Bereich des WEG Rpfleger 1966, 225. Es gilt hier insbes § 12 FGG (*Anh*), der bestimmt, daß das Gericht von Amts wegen die zur Feststellung erforderlichen Ermittlungen zu veranstalten und geeignet erscheinende Beweise aufzunehmen hat. An sich gilt **§ 12 FGG** (*Anh*) im Bereich der FGG-Verfahren auch bei Antragsverfahren, jedoch nicht, soweit Sondervorschriften bestehen (dazu *Jansen* FGG § 12 Bem 2, *Keidel* FGG § 12 Bem 12), und das ist im GBRecht bei Antragsverfahren und teilweise auch bei Amtsverfahren, wie bei Klarstellung der Rangverhältnisse in den Bestimmungen der §§ 90ff., der Fall. Nach § 12 FGG (*Anh*) bestimmt das Gericht den Umfang der Aufklärung, vor allem die Feststellung der erforderlichen Tatsachen, und ist hierbei an Anträge, Geständnisse von Beteiligten usw nicht gebunden (dazu *§ 1 Bem 16b*, auch *Jansen* FGG § 12 Bem 2d, *Keidel* FGG § 12 Bem 28ff.). Gesetzliche Vermutungen gelten auch hier (dazu *Jansen* FGG § 12 Bem 2g, *Keidel* FGG § 12 Bem 106). Die Prüfungspflicht ist also frei in dem jeweils veranlaßten Umfange (dazu *§ 1 Bem 16*, auch *Jansen* FGG § 12 Bem 2d, *Keidel* FGG § 12 Bem 31ff.). Soweit eine Verfügung von der Entscheidung streitiger Rechtsverhältnisse abhängt, hat das Gericht auch hierüber die notwendigen Verhältnisse selbst zu klären, also auch Vorfragen zu entscheiden (dazu *§ 1 Bem 16b*, auch *Jansen* FGG § 12 Bem 2f, *Keidel* FGG § 12 Bem 32, 33). Die Grenze der Ermittlungspflicht bildet die auf Lebenserfahrung beruhende Erschöpfung der Erkenntnisquellen, wenn eine sachgemäße Entscheidung möglich ist (dazu *§ 1 Bem 16b*, auch *Keidel* FGG § 12 Bem 102ff.). Für den Prüfungsumfang ist also die Art des Verfahrens von Bedeutung, weshalb auch dies besonders zu beachten ist, wenn es darum geht, welche Aufgaben der GBBeamte hat, wenn er eine GBEintragung vornimmt.

Die Frage der klarstellenden Erhebungen taucht nur in Amtsverfahren, nicht in Antragsverfahren auf. Es erhebt sich die weitere Frage, ob es eine Grenze für die Aufklärungspflicht gibt oder ob der GBBeamte alles erheben muß, was selbst in einem Prozeßverfahren bei Streit um die Rechtsgültigkeit eines Testaments nur in einem umfassenden Beweisaufnahmeverfahren und Zuziehung von Sachverständigen geklärt werden kann oder, wenn es um die Staatsangehörigkeit eines Beteiligten und damit um die Anwendung ausländischen oder internationalen Rechts, und sei es auch nur als Vorfrage, geht, ob der GBBeamte hier sich die Kenntnis des ausländischen Rechts bis in Einzelheiten, ev unter Erholung eines Rechtsgutachtens verschaffen muß (dazu *Bem 147*), um nur einige charakteristische Beispiele herauszugreifen. Es ist klar, man käme in die größten Schwierigkeiten, wollte man den Amtsgrundsatz bei dem GBA bis in seine letzten Konsequenzen durchführen. Das Eilbedürfnis, das im Regelfall im Vordergrund steht, könnte so gut wie nie befriedigt werden. Es gäbe einen Stillstand der Rechtspflege, wollte das GBA in den Amtsverfahren, die nur begrenzt in Frage kommen, alles bis zum letzten klären, bevor es eine Entscheidung trifft. Da auch § 18 Abs 2 und § 53 hierher dh zu den Amtsverfahren gehören, würde es bedeuten, daß ein GBBeamter auch bei oder nach durchgeführten Antragsverfahren das GB und die Eintragungen in demselben laufend daraufhin prüfen müßte, ob nicht Anlaß besteht, ein Verfahren erneut aufzurollen, um Eintragungen berichtigender Art zu machen, ob nicht irgendwann und irgendwo eine Gesetzesverletzung vorlag und noch vorliegt, die Anlaß zu Maßnahmen nach § 53 gibt. Selbstverständlich kann die Prüfungspflicht nicht in solchem Umfange ausgelegt und ausgedehnt werden. Die Frage nach der Grenze wurde im Bereich der FGG-Verfahren gestellt (dazu *Jansen* FGG § 12 Bem 2b), ebenso im besonderen im GBRecht (dazu *§ 1 Bem 16c*). Der Mangel der Feststellungslast geht, wie bei allen Verfahren mit Untersuchungsgrundsatz, zu Lasten der entscheidenden Behörde, während er bei Antragsverfahren in der Regel zu Lasten der Beteiligten geht (dazu *Jansen* FGG § 12 Bem 3c mit Rspr-Nachweisen). Dies bedeutet, daß der GBBeamte, der sich bald und schnell entscheiden muß, der für umfassende Erhebungen wenig Zeit hat, auf Grund geringerer Feststellungen sich schlüssig werden muß. Er kann daher vielfach nur beschränkte Erhebungen und Klarstellungen durchführen. Es genügt daher, um einen besonders wichtigen Fall herauszugreifen, im Falle des § 53 zur Eintragung eines Amtswiderspruchs eine Glaubhaftmachung (dazu *§ 53 Bem 24*). Bei Glaubhaftmachung handelt es sich um einen schwächeren Grad des Nachweises und der Überzeugung. Es müssen hier gewisse Umstände dafür sprechen, daß die veranlaßte Verfügung erlassen wird. Solche Glaubhaftmachung reicht in allen Fällen vorläufiger Sicherungsmaßnahmen aus, wie etwa auch bei § 18 Abs 2 (dazu *Bem 62*).

Wenn besondere Garantie für die Beteiligten nötig ist, wie bei der Löschung gegenstandsloser Eintragungen nach §§ 84ff. oder bei Klarstellung von Rangverhältnissen nach §§ 90ff., so hat das Gesetz ein besonders gestaltetes Verfahren vorgesehen. Dies ist ein Zeichen, daß sonst auf Grund des § 12 FGG (*Anh*) ein so umfassendes Verfahren gleicher Art nicht erwartet oder gar verlangt wird, obwohl theoretisch ein GBBeamter, der im Verfahren frei ist, auch ähnlich verfahren könnte. Es fehlt also abgesehen von solchen Verfahrensarten für die Beteiligten eine solche Garantie bei der Entscheidung des GBA und damit die Sicherheit, daß stets der GBEintrag richtig ist. Wenn auch beim GBA nach Übereinstimmung zwischen wahrer Rechtslage und GBEintragung angestrebt werden muß, so wird dieses Ziel doch nie voll erreicht werden, weil der Geschäftsgang des GBA zu sehr aufgehalten wäre und deshalb die Beteiligten Rechtsnachteile in Kauf nehmen müssen, wie sie etwa auf Grund der Vorschriften über den Schutz des guten Glaubens als Folge unrichtiger GBEintragungen eintreten können. Hier müssen dann die Beteiligten sich selbst um ihre Rechte und Belange kümmern, auch im Bereich der Verfahren von Amts wegen. Wenn hier bei Verfahren von Amts wegen auch für Verweisung an das Prozeßgericht — abgesehen von Sonderfällen, wie etwa im Rangklarstellungsverfahren die Aussetzung nach § 106 — kein Raum ist, also auch nicht verfügt werden kann, so ergibt sich praktisch dieselbe Folge durch die Verfügung des GBA, gleichgültig in welchem Sinne sie lautet, da sie bei mehreren Beteiligten immer die Belange eines der Beteiligten benachteiligt und daher die Betroffenen den zuständigen Rechtsweg von sich aus beschreiten werden, um eine bindende Klärung durch ein Gerichtsurteil zu erhalten. So führt also indirekt die Maßnahme des GBA zur Einleitung von Prozeßverfahren auf Grund von Initiative der Beteiligten. Eine Maßnahme des GBA wird auch in Verfahren von Amts wegen eine Prozeßentscheidung, die in einem umfassenden Verfahren, uU in einem Verfahren mit mehreren Instanzen, nicht ersetzen; was daher *Karstädt* Günstige Entwicklung des Wohnungseigentums? BlGBW 1966, 45 (50ff.), Wohnungseigentum am Scheidewege SchlHA 1955, 147, von den

GBÄmtern verlangt (auch wenn man unterstellt, daß sich seine Ausführungen auf Amtsverfahren beziehen —, übersteigt die Anforderung der Praxis und deckt sich nicht mit den durch Rspr und Literatur entwickelten Grundsätzen. Es ist bekannt, wie viele Prozeßentscheidungen durch notarielle Verträge, die sich auf Grundbesitz beziehen, ausgelöst werden und unter wie vielfältigen Gesichtspunkten Zivilrechtsstreitigkeiten über GBSachen seit jeher anhängig gemacht wurden, und zwar aus durchaus sachgemäßen Gesichtspunkten und ohne daß GBÄmter ihre Prüfungspflicht verletzt hätten.

Bei **Antragsverfahren** und Ersuchen von Behörden um Eintragung nach § 38, die gleichstehen, ist es jedoch anders; sie bilden auch bei den GBÄmtern den Regelfall. Bei ihnen gilt der Grundsatz (dazu *Riedel* aaO):

> **Eintragungen in das GB**, soweit nicht Hinderungsgründe Anlaß zur Zurückweisung oder zum Erlaß einer Zwischenverfügung nach § 18 sind.

Die Grenze für die Zurückweisung liegt entweder bei **klarer Rechtslage**, die gegen eine Eintragung spricht, oder bei **begründeten Zweifeln**, die gegen eine Eintragung vorliegen. Man versteht darunter Zweifel, die eine richterliche Überzeugung des entscheidenden Beamten (§ 286 ZPO) ausschließen oder erheblich in Zweifel stellen. Auch darf es sich nicht um bloße Vermutungen oder Annahmen handeln, auch nicht um Überängstlichkeit, die alle, wenn auch noch so ausgefallenen Eventualitäten einschließen will. Es müssen vielmehr konkrete Anhaltspunkte auf Grund von Tatsachen vorliegen oder bei Rechtsfragen ernste Bedenken gegen eine bestimmte Auslegung von Vorschriften, auf die sich die Eintragung stützen würde, bestehen, sei es auf Grund von Rspr und Literatur oder nach der Entstehungsgeschichte einer Vorschrift bzw logischer oder sinngemäßer Auslegung, soweit zu der Frage Rspr und Literatur noch nicht Stellung genommen haben. Es kann Anlaß bestehen, den eigenen Standpunkt zu begründen, besonders wenn es sich um eine Streitfrage handelt oder von anderen Auffassungen abgewichen wird; ob die Beteiligten von diesen Begründungen in Kenntnis gesetzt werden, richtet sich nach dem Einzelfall. Der Rpfleger wird § 5 RpflG (*Anh*) berücksichtigen und uU eine richterliche Entscheidung herbeiführen.

So führt **OLG Stuttgart** DNotZ 1960, 600 = BWNotZ 1961, 39 Ls = DRspr IV (473) 64c aus:

> „*Es ist zwar richtig, daß der GBBeamte die Verfügungsberechtigung des Eingetragenen prüfen und eine etwaige Verfügungsbeschränkung oder sonstige für die Nichtigkeit der Auflassung maßgebenden Umstände, weil eine darauf beruhende Eintragung das GB unrichtig machen würde, beachten muß. Aber diese Umstände müssen für den GBRichter entweder offensichtlich sein oder sie müssen ihm in einer Weise bekannt werden, daß er begründete Zweifel an der Wirksamkeit der Auflassung haben muß. Anders ausgedrückt: Der GBBeamte muß die sichere Überzeugung gewinnen können, daß durch die bewilligte Eintragung das GB unrichtig würde. Bei der Prüfung darf sich der GBBeamte an das Regelmäßige des Lebens und die vom Gesetz aufgestellten Regeln halten, wenn nicht im Einzelfall besondere Umstände für das Gegenteil sprechen.*"

Das **LG Wuppertal** NJW 1960, 1914 = DNotZ 1960, 479 (*Hieber*) = Rpfleger 1961, 199 (*Haegele*) = DRspr IV (473) 64b bringt dies in ähnlicher Weise zum Ausdruck:

> „*Eine Eintragung darf nicht schon deshalb abgelehnt werden, weil sie möglicherweise oder nach der Vermutung des GBA von der wahren Rechtslage abweichen würde. Die Ablehnung muß vielmehr auf Fälle beschränkt bleiben, in denen das GBA durch die Eintragung ohne Zweifel unrichtig würde und es ferner nach Lage der Sache ausgeschlossen erscheint, daß die zur Rechtsentscheidung notwendigen, aber noch fehlenden sachlich-rechtlichen Erklärungen der Eintragung nachfolgen werden.*"

Es ist auch nicht Aufgabe des GBA, die Beteiligten zu zweckmäßigerer oder vernünftiger Gestaltung ihrer Verträge anzuhalten und vermeintlich unzweckmäßige Bescheide der Genehmigungsbehörde dieser zur erneuten Überprüfung vorzulegen, **LG Flensburg** JurBüro 1957, 462 = NJWZF V Nr 23773, 23774 Ls.

Die erwähnte Entscheidung des **OLG Stuttgart** aaO bezieht sich auf die kritische Frage der Aushöhlung eines Testaments, also den Fall des § 2271 BGB und seine Umgehung; in Rspr und Literatur hat das Problem große Auslegungsschwierigkeiten bereitet, *Palandt* BGB § 2271 Bem 3, *Staudinger-Dittmann* BGB § 2271 Bem 80ff., *Dittmann* Aushöhlung des gemeinschaftlichen Testaments DNotZ 1958, 619, *Kraker* Pflichtteilsverletzung durch verbilligte GrstAbgabe BWNotZ 1956, 37, *Mattern* Die Testamentsaushöhlung BWNotZ 1966, 1, **BGH** LM §§ 2271, 2287, DNotZ 1965, 617, auch *Bem 6*, *§ 20 Bem 8*. Hier wäre es unzumutbar und vom GBA zu viel verlangt, wenn man eine endgültige Entscheidung von ihm verlangen wollte; dazu *Riedel* aaO. *Rahn* Die „Aushöhlung der Testamente" und die Frage der GBFührung BWNotZ 1959, 314, weist darauf hin, daß nicht ohne weiteres der Eintragungsantrag zurückgewiesen werden dürfe. Er billigt die Auffassung des **OLG Stuttgart** aaO und weist unter Bezugnahme hierauf auch darauf hin, daß Zweifel an der dinglichen Wirksamkeit von den Parteien im Zivilprozeß ausgetragen werden müßten, wobei die Möglichkeit der einstweiligen Verfügung mit dem Ziel des Widerspruchs vorläufig helfen könne.

Das **LG Karlsruhe** Rpfleger 1963, 140 kommt mit folgender Begründung zu einer Zurückweisung eines Antrags:

> „*Es ist nicht Aufgabe des GBA, gemäß § 139 BGB zu entscheiden, ob das ganze Rechtsgeschäft wegen einer einzelnen Vertragsbestimmung nichtig ist oder nicht. Es hat einen Eintragungsantrag abzulehnen, wenn die Nichtigkeit einer Bestimmung des im GB zu vollziehenden Vertrags mit der Möglichkeit der Nichtigkeit des ganzen Vertrags rechnen läßt.*"

Mit Recht weist *Ripfel* Zur Frage des Prüfungsrechts des GBA nach § 139 BGB Rpfleger 1963, 140 (141), darauf hin, daß hier zu Unrecht die Eintragung abgelehnt wurde, weil auf die Möglichkeit, also eine bloße Vermutung hin, ein Antrag zurückgewiesen wurde. Wenn eine Ablehnung erfolgt, muß eine überzeugende Begründung vorliegen. Zu § 139 BGB *Bem 144*.

Die Prüfung ist auch **nicht weiter** auszudehnen, **als Anlaß** dh begründeter Anlaß auf Grund der vorliegenden Unterlagen **besteht**. Die Ausweitung der Prüfung hat also auch ihre Grenzen daran, daß für die Ausdehnung keine Offensichtlichkeit und keine ernstlichen Zweifel vorliegen. Dies zeigt sich in dem erwähnten Bereich des § 139 BGB, es gilt dasselbe für die Prüfung des Grundgeschäfts in Zusammenhang mit einer Auflassung, dem dinglichen Geschäft (**OLG Hamm** Rpfleger 1959, 127 = BWNotZ 1959, 599 Ls); dazu *Bem 141*.

Um im Antragsverfahren mangels eigener Erhebungen zu einer zweckmäßigen Entscheidung zu kommen, besteht neben dem Grundsatz über die Eintragung, falls nicht Hinderungsgründe klar vorliegen oder als begründete Zweifel bestehen, zur tatsächlichen Feststellung der weitere Grundsatz (dazu *Riedel* Prüfungsrecht und Prüfungspflicht des GBBeamten BlGBW 1966, 221):

> **Berücksichtigung der Lebenserfahrung** bei Lebensvorgängen, wobei gesetzliche Vorschriften, die als Niederschlag der Lebenserfahrung angesehen werden können, angeführt werden können.

Es ist also von dem **Regelmäßigen des Lebens** auszugehen; dazu **OLG Stuttgart** aaO. **Gesetzliche Vorschriften**, die Vermutungen oder Beweisregeln aufstellen, sind nur insoweit zu verwenden, als sie selbst dieses Regelmäßige des Lebens normiert haben. Strenge Beweisregeln, wie sie teilweise im Prozeßrecht bestehen und bei prozessualen Beweislastentscheidungen unzweckmäßige und unbillige Ergebnisse zeitigen können, sind hier also nicht zu berücksichtigen. Ein Beispiel für einen Erfahrungssatz ist zB § 172 Abs 2 BGB bez Widerruf der Vollmacht; dazu *Bem 105*.

Wo solche Lebensregeln versagen oder fehlen oder sich nicht anwenden lassen, kann nicht ohne weiteres ein Antrag zurückgewiesen werden. So kann das GBA, wenn eine mit Schreibmaschine abgefaßte Eintragungsbewilligung vorgelegt wird, die handschriftliche Ergänzungen enthält, bei denen nicht erkennbar ist, ob sie vor oder nach der Unterschriftsbeglaubigung nach § 129 BGB eingefügt worden sind, eine Zurückweisung des Antrags nur vornehmen, falls sichere Anhaltspunkte für nachträgliche Ergänzung vorliegen, **AG Bremen** DNotZ 1961, 155 = Rpfleger 1961, 157. Wenn die hM (dazu *§ 13 Bem 44*) und im Anschluß daran **OLG Oldenburg** Rpfleger 1966, 266 (*Haegele*) den Eigentümer nach § 13 Abs 2 für befugt halten, eine Rangeintragung bzw -änderung eines Rechts zu beantragen, und zwar wegen des möglichen zukünftigen Erwerbs, so weist dazu *Haegele* aaO mit Recht darauf hin, daß dies nicht vorbehaltslos gilt, wenn man von der Lebenserfahrung ausgeht. Das GBA wird also die Lage des Einzelfalls, wenn Anhaltspunkte sich ergeben, berücksichtigen. Es wird aber auch der Lebenserfahrung, daß nicht stets Eigentümerrechte aus den Drittrechten werden, Rechnung tragen müssen. Daher wird man nicht stets in solchen Fällen den Eigentümer für antragsbefugt halten können. Wenn man hiervon ausgeht, wird zu erwägen sein, ob die hM nicht einer Überprüfung bedarf, weil gerade die Entscheidung des **OLG Oldenburg** aaO zeigt, daß die Begründung nicht alle möglichen Fälle, insbes nicht die regelmäßigen, umfaßt.

Wenn in einem Vertrag **schuldrechtliche und dingliche Vereinbarungen nebeneinander** enthalten und die nur schuldrechtlichen wirksamen von den dinglichen nicht getrennt und nicht trennbar sind, auch der Vertrag nach der Erfahrung des Lebens nur einheitlich gewollt ist, so ist er bei Unklarheit zurückzuweisen, falls durch Zwischenverfügung keine Klärung erfolgt. Sind bei einem solchen Vertrag einzelne Bestimmungen erkennbar unwirksam oder nicht eintragungsfähig, so hat Eintragung des eintragungsfähigen Teils des Vertrags in das GB zu erfolgen, wenn erkennbar ist oder keine Zweifel bestehen, daß die Teileintragung gewollt ist. Die Erklärungen der Beteiligten müssen klar und eindeutig sein (dazu *Bem 144*), die Auslegung ist nicht dem GBA zu überlassen; bei Zweifel über die Auslegung hat Zurückweisung des Antrags zu erfolgen, **OLG Hamm** JMBl NRW 1957, 92 = DRspr IV (473) 40c; dazu auch *Bem 144*, allgemein in Genehmigungsverfahren *§ 20 Bem 79 e*. Es wird hier ausgeführt:

> „*Es ist nicht Aufgabe des GBA, den Inhalt eines Vertrags derart zu zerlegen, daß es die eintragungsfähigen Bestimmungen von den nur schuldrechtlichen wirksamen Bestimmungen trennt und lediglich die ersteren zum Gegenstand der Eintragung macht. Vielmehr haben die Beteiligten einen eindeutigen Eintragungsantrag zu stellen und ebenso eindeutige Eintragungsbewilligungen vorzulegen. Davon können sie schon deshalb nicht befreit werden, weil keine Gewähr dafür gegeben ist, daß eine vom GBA vorgenommene Zergliederung des Vertrags dem wirklichen Willen der Beteiligten entspricht. Zudem muß das GBA den Vertrag in der Form, in der er vorgelegt ist, als eine Einheit ansehen, die es von sich aus nicht trennen darf. da es nicht wissen kann, ob die Beteiligten mit der Auffassung des GBA übereinstimmen. Insofern ist die Rechtslage nicht ohne weiteres der Rechtslage gleichzustellen, die vorliegen würde, wenn es auf Grund der vorgelegten Urkunde zu einer Eintragung im GB gekommen wäre. Dann mag im Wege der Umdeutung nach §§ 139, 140 BGB die Eintragung, soweit sie haltbar ist, als rechtswirksam anzuerkennen sein, so daß ein Prozeßgericht, das über die Wirksamkeit der Eintragung zu erkennen hätte, vielleicht dahin kommen könnte, die Bestimmungen des Vertrages in einen mit dinglicher Wirkung ausgestatteten Teil und einen nur schuldrechtlichen Teil zu zerlegen. Die Lage des Prozeßgerichts, wenn es über die Grenzen der Wirksamkeit einer unklaren*

und zum mindesten teilweise unzulässigen Eintragung zu befinden hat, ist aber grundverschieden von der Lage des GBA, bei dem ein unklarer und teilweise unzulässiger Antrag gestellt wird. Das GBA hat dafür Sorge zu tragen, daß unklare und unzulässige Eintragungen vermieden werden."

Bei dem Erbbauvertrag hat dieser Grundsatz besondere Bedeutung; über Einzelheiten des Erbbauvertrags *§ 8 Bem 9*.

143a Für den Bereich des **Wohnungseigentums** gilt nichts Abweichendes; dazu *Riedel* Unklarheiten im Bereich des WEG Rpfleger 1966, 225, Prüfungsrechtund Prüufngspflicht des GBBeamten BlGBW 1966, 221. In Rspr und Literatur haben sich hierzu Streitfragen ergeben; dazu *Diester* Die Aufgaben der GBÄmter nach dem WEG Rpfleger 1965, 193 (auch als Sonderdruck erschienen), Die Rspr zum WEG nebst Erläuterungen für die Praxis (München 1967), *Karstädt* Günstige Entwicklung des Wohnungseigentums? BlGBW 1966, 45, Wohnungseigentum am Scheideweg SchlHA 1966, 147, auch *Buchholz* Neuere Rspr zum WEG von 1959 bis 1965 BlGBW 1966, 117.

Zur Frage der zulässigen und unzulässigen Eintragungen *§ 3 Bem 475ff.*, *§ 13 Vorbem 39*, auch *Buchholz*, *Diester* und *Karstädt* aaO, *Riedel* Unklarheiten im Bereich des WEG Rpfleger 1966, 225.

Für die Prüfung des GBA sind die geschilderten Grundsätze anzuwenden, die auch sonst im GBRecht gelten; dazu insbes *Bem 143*. Hiervon geht *Diester* aaO aus, auch bei seinen sog Richtlinien (aaO 202), insbes wenn er zu dem Ergebnis kommt, daß im Zweifel in das GB einzutragen sei, während *Karstädt* aaO (52, 53) zu strenge Anforderungen stellt, wenn er den Bereich der Prüfungspflicht schon auf bloße Zweifel ausdehnt. Eintragungsfähig sind nur dingliche Vereinbarungen und solche, die nach §§ 10ff. WEG (*Anh*) verdinglicht werden können; dazu *§ 3 Bem 479*. Für die Eintragung und Prüfung eines Antrags ist auf *Bem 143*, insbes **OLG Hamm** aaO, zu verweisen. Es kommt also bei einem Nebeneinander von möglichen Vereinbarungsarten sehr auf den Parteiwillen an, was gewollt ist. Bei *Staudinger-Ring* BGB WEG § 10 Bem 1 wird unterschieden zwischen

a) zwingenden, unabdingbaren Vorschriften des WEG, wie §§ 11, 12 Abs 2, § 18 Abs 1 und 3, §§ 20, 27,

b) Vereinbarungen gemäß § 10ff. WEG,

c) Vorschriften der §§ 1008ff., 741ff. und 705ff. BGB und

d) den allgemeinen Vorschriften des Schuldrechts, §§ 241ff., 305ff. BGB; dazu **OLG Frankfurt aM** MDR 1956, 229.

Es sind also außerhalb der §§ 10ff. WEG Vereinbarungen möglich und zulässig, die im Rahmen der Vorschriften dingliche Wirkung haben können, sonst aber ausschließlich schuldrechtlicher Art sind, die nicht verdinglicht werden können. Die Entscheidung des **OLG Hamm** aaO ist daher im Regelfall nur außerhalb der §§ 10ff. WEG oder im Verhältnis solcher Vereinbarungen zu anderen mit Rücksicht auf die Besonderheit des Wohnungseigentums anwendbar, bei §§ 10ff. WEG jedoch nur, wenn Vereinbarungen nur schuldrechtlich, nicht verdinglicht werden, und derartige Vereinbarungen mit anderen dinglichen zusammentreffen. Dann kann die Frage über das Verhältnis der verschiedenen Arten von Vereinbarungen zueinander auftreten. Aus der Erfahrung des Lebens heraus ist ein Vertrag im Zweifel einheitlich gewollt, so daß bei Unklarheiten zur Klarstellung eine Zwischenverfügung nach § 18 GBO zu erlassen, andernfalls der Antrag zurückzuweisen ist. Ob die Vereinbarungen rechtswirksam sind oder gegen §§ 134, 138 BGB oder andere Vorschriften verstoßen, ist vom GBA nicht weitergehend als sonst zu prüfen; dazu *Diester* aaO (199ff.). Wenn *Karstädt* aaO (50ff.) eine weitergehende Prüfung des GBA annimmt, so fehlen dazu ausreichende Anhaltspunkte. Für Prüfungsrecht und Prüfungspflicht gilt, was unter *Bem 143* ausgeführt ist; zur Frage der Teilnichtigkeit ist auch auf *Bem 144* zu verweisen.

Auch bei GBEntscheidungen nach dem WEG hat die Lebenserfahrung bei Prüfung dieselbe Bedeutung wie sonst. Es ist hiernach von dem Regelmäßigen auszugehen und die Ausnahme nicht ohne Grund anzunehmen. Deshalb genügt für die Bevollmächtigung eines Verwalters der Nachweis seiner Bestellung, obwohl Widerruf, insbes aus wichtigem Grunde, jederzeit möglich ist und daher die Verwaltertätigkeit beendet sein könnte; nur wenn besondere Anhaltspunkte für Widerruf oder ernste Zweifel am Fortbestand der Vollmacht für das GBA vorliegen und bekannt sind, darf ein Nachweis für das Fortbestehen der Vollmacht gefordert werden, **BayObLG** NJW 1964, 1962 = MDR 1964, 920 = DNotZ 1964, 722 (*Diester*) = Rpfleger 1964, 373 (*Riedel*), auch *Diester* aaO Rpfleger 1965, 193 (210/211). Wenn sich eine Bevollmächtigung nur auf wenige Jahre bezieht, ist, falls nichts anderes bekannt ist, der Fortbestand der Vollmacht anzunehmen. Gilt die Bevollmächtigung auf sehr lange Sicht, etwa ab 1960 bis 31. 12. 2000, wie es in Formularen von Wohnungseigentum vorkommt, dann wird anfangs nicht ohne weiteres ein Zweifel am Fortbestand der Vollmacht angenommen werden können. Wenn jedoch längere Zeit vergangen ist, etwa mehr als 10 Jahre, so kommt es auf die Einzelumstände an, ab wann man bei einem Eintragungsantrag einen Nachweis für den Fortbestand der Vollmacht verlangen kann, von dessen Ergebnis es abhängt, ob dann Eintragung erfolgt oder der Antrag zurückgewiesen wird.

Ergänzend ist darauf hinzuweisen, daß neben den allgemeinen Erfahrungssätzen die besonderen aus dem Bereich des Wohnungs- und Teileigentums gelten. In dieser Richtung sind Rspr und Literatur noch auf dem Wege zur Klärung; dazu *Diester* Die Aufgaben der GBÄmter nach dem WEG Rpfleger 1965, 193 (auch als Sonderdruck erschienen). Die Rspr zum WEG nebst Erläuterungen für die Praxis (München 1967), *Riedel* Unklarheiten im Bereich des WEG Rpfleger 1966, 225.

144 XII. Auslegung von Willenserklärungen

Dazu *Brand-Schnitzler* GBSachen § 43, *Güthe* GBO § 13 Vorbem 101, *Henle-Schmitt* GBWesen GBO § 19 Bem 2, *Hesse-Saage-Fischer* GBO § 53 Bem IV, *Horber* GBO § 19 Bem 4 Aa, *Riedel* Zur Anwendung der §§ 133, 157, 242 BGB im GBVerkehr Rpfleger 1966, 356, Zur Auslegung von Erklärungen nach §§ 133, 157, 242 BGB Rpfleger 1967, 6, *Staudinger-Coing* BGB § 133 Bem 52, *Thieme* GBO § 19 Bem 4

Der GBVerkehr erfordert **ausdrückliche Willenserklärungen**. Stillschweigende Willenserklärungen sind nur uU genügend. Der Gebrauch bestimmter Worte, insbes solcher Ausdrücke, die sich an den Gesetzestext anlehnen, ist aber nicht erforderlich. Auch schließt das Erfordernis der Ausdrücklichkeit nicht die Auslegung einer Willenserklärung nach § 133 BGB aus. Auch dingliche Verträge und dingliche neben schuldrechtlichen Vereinbarungen (dazu *Bem 143, 143a*) sind unter Heranziehung der §§ 133, 157 BGB auszulegen, **RG** JW 1937, 2187; dazu *BGB-RGRK* BGB § 873 Bem 43ff., *Staudinger-Seufert* BGB § 873 Bem 41. Die Auslegung im Bereich des GBRechts hat unter Berücksichtigung der GBVerhältnisse zu erfolgen; dazu **OLG Frankfurt aM** Rpfleger 1956, 193 (*Haegele*), auch **BayObLG** DNotZ 1958, 388 (*Fritz Riedel*), im übrigen *§ 13 Bem 13, § 19 Bem 11, 22.*

Ist die **Fassung einer Erklärung mangelhaft oder unklar**, so darf das GBA den Antrag nicht ohne weiteres zurückweisen; es muß vielmehr, wenn im Wege der Auslegung der wirkliche Wille des Erklärenden aus der Erklärung selbst sich unzweideutig feststellen läßt, diese Feststellung treffen und ihr entsprechend den Antrag verbescheiden. Der Antrag ist nur dann abzulehnen oder seine Ergänzung zu verlangen, wenn der Inhalt der Erklärung so widerspruchsvoll ist, daß über den Willen der Parteien keine Klarheit zu gewinnen ist. Dazu **RG** RGZ 52, 416/54, 382, **KG** JFG 1, 442, KGJ 21, 281, OLG 8, 333, **BayObLG** 19, 19, 239/30, 60, *Güthe* GBO § 13 Vorbem 101, *Turnau-Förster* Liegenschaftsrecht GBO § 19 Bem 4. Zu Grenzen bei Auslegung und Umdeutung **OLG Hamm** Rpfleger 1957, 117.

Auch **Eintragungsersuchen von Behörden** sind nicht buchstäblich, sondern nach ihrem wahren Sinn auszulegen. So ist zB in einer einstweiligen Verfügung, in der irrtümlich die Eintragung einer Vormerkung anstatt eines Widerspruchs oder umgekehrt angeordnet ist, dies bei der GBEintragung zu berücksichtigen, **KG** JW 1937, 2918.

Es ist Aufgabe des GBA, eine im allgemeinen beantragte **Eintragung** so **vorzunehmen**, wie und soweit es die gesetzlichen Vorschriften nach Maßgabe der herrschenden Rechtsanschauungen vorschreiben und erlauben, **BayObLG** 23, 73. Allerdings darf der GBBeamte nicht ohne weiteres anstatt eines unrichtig bezeichneten Rechts das der Sachlage entsprechende eintragen oder eine selbstverständliche Erklärung unterstellen. Zur Auslegung der Anträge und ihrer Grundlagen kann auch das Grundgeschäft herangezogen werden, **RG** GruchBeitr 54, 887; über das Grundgeschäft *Bem 141*. Andererseits ist das GBA nicht verpflichtet, eine Eintragung zu bewirken, wenn das einzutragende Rechtsverhältnis unklar ist, **KG** KGJ 38, 271. Dazu auch **BayObLG** BayObLGZ 1952, 24, bez Unklarheit bei einem Vertrag mit dinglichen und persönlichen Vereinbarungen *Bem 143, 143a*, bez Wohnrecht bei ZwVerst **BGH** LM § 50 ZVG Nr 1, bez Rücktrittsvorbehalt in Kaufvertrag für den Fall der Versagung einer behördlichen Genehmigung **LG Köln** NJW 1966, 891. Ob dem Erfordernis der **GrstBezeichnung** iSd § 28 (dazu *Bem 25, § 25 Bem 2, 28 Bem 2 ff.*) genügt ist, ist durch Auslegung des Antrags und der Unterlagen desselben zu klären, wenn es erforderlich und möglich ist. Wenn es unklar bleibt und nicht aufklärungsfähig ist, wie im Falle oes **OLG Hamm** NJW 1966, 2411, dann bleibt für Auslegung kein Raum mehr. Unzutreffend ist es jedoch, wenn OLG Hamm aaO jede Auslegungsmöglichkeit für diese Frage von vorneherein ausschließt; über Ergänzung *§ 20 Bem 50*. Daß in einer Vertragsurkunde die **Ausdrucksweisen** nach dem Sinn und Zweck und dem Vertragswillen der Beteiligten ausgelegt werden können, folgt aus §§ 133, 157, 242 BGB. In der Praxis wird bei Verträgen oft von Bedingungen gesprochen, die als Vertragsbedingungen anzusehen sind, also Vertragsbestandteil, etwa wie die sog „Geschäftsbedingungen" von Firmen; es handelt sich dann nicht um Bedingungen iSd §§ 158 ff. (dazu *§ 19 Bem 23*) BGB. Dies muß auch vom GBA berücksichtigt werden; dazu **BayObLG** Rpfleger 1967, 11, und *Riedel* aaO 6. da hier die Rechtsbeschwerdeinstanz im Gegensatz zu den Vorinstanzen diesem Umstand nicht ausreichend Rechnung getragen hat. Daß ein Notar die Beurkundung vornahm, kann für die Auslegung von Bedeutung sein; unbedingt maßgebend ist es nicht, da es auch bei notariellen Erklärungen auf den Parteiwillen, nicht auf den Willen des Notars ankommt, wie auch **BGH** DNotZ 1961, 396 (397) ausgesprochen hat.

Enthält eine nach einem **Vordruck** hergestellte Urkunde Widersprüche, so ist zu prüfen, ob diese sich durch Ungenauigkeiten oder Versehen erklären lassen, wie sie bei der Ausfüllung von Vordrucken erfahrungsgemäß vorzukommen pflegen, **KG** DNotZ 1935, 407.

Es ist nicht Aufgabe des GBA, die Möglichkeit einer Umwandlung (Konversion) nach **§ 140 BGB** ins Auge zu fassen, **BayObLG** 30, 239, BayObLGZ 1953, 333 = NJW 1953, 1914 = DNotZ 1954, 31 = Rpfleger 1954, 45 = DRspr I (113) 73b. Auch die aus **§ 139 BGB** zu treffende Entscheidung, ob das ganze Rechtsgeschäft wegen Nichtigkeit einer einzelnen Vertragsbestimmung nichtig ist, hat der GBBeamte zu prüfen; dazu *Riepfel* Zur Frage des Prüfungsrechts des GBA nach § 139 BGB Rpfleger 1963, 140. Er hat die Eintragung einer Hypothek abzulehnen, wenn die Nichtigkeit einer Bestimmung des Hypothekenbestellungsvertrags mit der Möglichkeit der Nichtigkeit der ganzen Hypothekenbestellung überhaupt rechnen läßt, **BayObLG** 30, 239. Etwas anderes gilt dann, wenn der GBBeamte feststellt, ob ein Teil einer bereits erfolgten Eintragung nichtig ist. Hier hat er zur Entscheidung der Frage, ob er einen Amtswiderspruch eintragen soll, zu prüfen, ob die teilweise Nichtigkeit nach dem Grundsatz des § 139 BGB die ganze Eintragung nichtig macht; dazu *§ 13 Vorbem 33, 35*. Die inhaltliche Unzulässigkeit eines Teils einer GBEintragung berührt nicht die Zulässigkeit und Wirksamkeit der restlichen Eintragung, wenn diese für sich den wesentlichen Erfordernissen genügt, **BGH** NJW 1966, 1656 = MDR 1966, 750 = LM § 53 GBO Nr 4; dazu auch **BGH** NJW 1966, 1747, MDR 1966, 749 = FamRZ 1966, 445 = LM § 139 BGB Nr 34 = SFJ II F/bürg § 139 BGB Nr 1, **KG** KGJ 38, 268/42, 260, *Güthe* GBO § 53 Bem 29, im übrigen *§ 19 Bem 11, 22, § 53 Bem 65.* Zu § 139 BGB auch *Bem 6, 29, 141, Häsemeyer* Zur Anwendung des § 139 BGB auf Erbverträge FamRZ 1967, 30, *Bem 143, 143 a,* auch zur Frage der Teilzurückweisung eines Antrags, ferner zu § 1136 BGB **BGH** MDR 1966, 756 (wV *§ 20 Bem 58*) bei Vereinbarungen, die zusätzlich ein unzulässiges dingliches Belastungsverbot enthalten, nur dieses nichtig ist.

Über die Auslegung von Eintragungen *§ 13 Vorbem 12.* Über Zwischenverfügung wegen Unklarheit der Ausdrucksweise **LG Hof** Rpfleger 1965, 367 (*Haegele*); dazu *Bem 21.*

145 XIII. Grundlagen der Prüfung

Dazu *Güthe* GBO § 1 Bem 41 ff., § 13 Vorbem 100

1. **Grundlagen der Prüfung** des GBBeamten sind in erster Linie der Inhalt des GB und der ihm vorgelegten Urkunden, sodann auch die in dem Eintragungsantrag in Bezug genommenen beim GBA offenkundigen Tatsachen und Rechtsverhältnisse. Die Vermutung des § 891 BGB hat auch das GBA zu beachten; es darf von ihr nur abgehen, wenn ihm der wahre Sachverhalt mit Sicherheit bekannt ist, **KG** OLG 10, 88, KGJ 35, 303, JFG 16, 144, *Güthe* GBO § 19 Bem 33, 37; dazu *Bem 143, § 19 Bem 75.* Erklärungen eines von der Eintragung Betroffenen, die ihm ungünstig sind, beweisen mangels entgegenstehender Umstände des Einzelfalles die Richtigkeit ihres Inhalts, wenn sie in der Form des § 29 abgegeben sind, **KG** KGJ 36, 251/40, 294, HRR 1933 Nr 199.

Zu **Erhebungen von Amts wegen** ist der GBBeamte **bei Eintragungsanträgen und -ersuchen nicht** berechtigt und nicht verpflichtet, **KG** OLG 8, 304/43, 173, **OLG Stuttgart** JFG 9, 188, *Güthe* GBO § 1 Bem 41; dazu *Bem 3, 11* sowie *§ 1 Bem 16, § 13 Bem 6ff.*

Bestritten ist, ob der GBBeamte hierbei berechtigt ist, seine **amtliche Kenntnis von dem Vorliegen von Hindernissen** ohne Anregung der Beteiligten von Amts wegen zur Geltung zu bringen oder ob er ausschließlich an die ihm überreichten Urkunden gebunden ist. Aus der Pflicht des GBBeamten, das GB mit der wirklichen Rechtslage möglichst in Übereinstimmung zu halten, insbes die Entstehung einer GBUnrichtigkeit zu verhindern, ergibt sich, daß er Urkunden und Tatsachen, die einer Eintragung im Wege stehen und die ihm anderweitig amtlich bekannt geworden sind, auch ohne oder gegen den Willen des Antragstellers zu berücksichtigen hat. Dazu **KG** KGJ 53, 159, JFG 1, 322, 379/2, 320, 430, **OLG Dresden** JFG 3, 306, **BayObLG** 31, 309, *Güthe* GBO § 1 Bem 43, 44, *Henle-Schmitt* GBWesen GBO § 18 Bem 2 (IV), *Hesse-Saage-Fischer* GBO § 1 Bem I 1, § 19 Bem I, *Staudinger-Seufert* BGB § 873 Bem 82, (b) *Turnau-Förster* GBO § 29 Bem 5, **aA** (überholt) **BayObLG** OLG 9, 450, *Böhm* GBRecht GBO § 29 Bem 4, *Kretschmar* GruchBeitr 49, 1, *Weber* aaO 53, 352.

Daher ist die Eintragung einer Hypothekenabtretung abzulehnen, wenn dem GBA die Aufhebung der Einigung über die Rechtsänderung zwischen altem und neuem Gläubiger durch Mitteilung des letzteren bekannt geworden ist, **OLG München** DNotZ 1937, 326. Ferner kann der GBBeamte die Eintragung einer von Miterben erklärten Auflassung ablehnen, wenn er davon Kenntnis hat, daß der Anteil eines Miterben gepfändet ist, **KG** OLG 5, 294. Über das Vorgehen des GBBeamten, wenn er von einer noch nicht eingetragenen Verfügungsbeschränkung Kenntnis hat, *§ 13 Vorbem 121ff.* Eine an sich gerechtfertigte Eintragung darf aber nicht von der vorherigen Berichtigung einer mit ihr nicht in Zusammenhang stehenden unrichtigen Eintragung abhängig gemacht werden; dazu *Güthe* GBO § 1 Bem 44.

Der GBBeamte kann nicht in jedem Falle eine Unrichtigkeit des GB verhindern, wenn er auch nach Möglichkeit bestrebt sein muß, darauf hinzuwirken. Denn er hat regelmäßig nicht das Recht und die Pflicht, von Amts wegen das GB mit der wirklichen Rechtslage in Einklang zu bringen, also eine Unrichtigkeit ohne Antrag zu verhindern oder zu beseitigen; dazu *Staudinger-Seufert* BGB § 873 Bem 82 (b). Auch hierzu bedarf es in der Regel eines Eintragungsantrags bzw -ersuchens, **RG** RGZ 88, 91, **BayObLG** 12, 605; dazu *§ 22 Bem 2ff.* Der GBBeamte soll aber bei den Beteiligten auf die Stellung eines Berichtigungsantrags hinwirken, soweit dieser nicht in dem Verfahren nach §§ 82ff. überhaupt erzwungen werden kann.

Stets muß es sich aber um **feststehende Tatsachen** handeln; bloße Vermutungen und Zweifel berechtigen nicht zur Ablehnung, **KG** OLG 6, 197. Die Aufgabe des GB-Beamten, das GB mit der wahren Rechtslage in Einklang zu halten, findet da ihre Grenze, wo ein bewußtes Mitwirken bei der Herbeiführung einer Unrichtigkeit des GB nicht in Frage kommt, **KG** KGJ 41, 201, **BayObLG** 34, 181. Hat ein dinglicher Erwerb eines eingetragenen Rechts außerhalb des GB stattgefunden, so muß der GBBeamte die Eintragung ablehnen, wenn ihm eine Verfügungsbeschränkung des Veräußerers bekannt geworden ist; denn die für den guten Glauben des Erwerbers sprechende Vermutung des § 892 BGB gilt im GBVerkehr nicht; dazu *Bem 86, 143.* Die Eintragung darf nur erfolgen, wenn der gute Glaube nachgewiesen ist, *Güthe* GBO § 1 Bem 44, **aA** (überholt) **KG** OLG 6, 197/18, 111.

Wenn auch der GBBeamte ihm bereits bekannte Tatsachen berücksichtigen darf und muß, so besteht doch keine Verpflichtung, besondere Nachforschungen anzustellen, ob nicht Eintragungshindernisse bestehen. Lediglich das von der beantragten Eintragung betroffene GBBlatt selbst samt den in Bezug genommenen Eintragungsbewilligungen ist in jedem Falle in allen seinen Teilen Gegenstand der Prüfung auf das Vorhandensein von Eintragungshindernissen; dazu *Güthe* GBO § 1 Bem 43, 44.

Bei Erfüllung der Aufgabe, die Entstehung von GBUnrichtigkeiten möglichst zu verhindern, hat der GBBeamte auch solchen Beweisstoff, der ihm nicht in der Form des § 29 dargeboten wird (zB Erklärungen des Antragstellers), zu berücksichtigen, **OLG Rostock** JFG 9, 186. Soweit jedoch die Tatsachen sich gegen eine gesetzliche Vermutung oder einen gleichwertigen Tatbestand (im Gegensatz zu bloßen Erfahrungssätzen) richten, sind sie nur beachtlich, wenn sie offenkundig oder in der Form des § 29 nachgewiesen sind; dazu **KG** HRR 1935 Nr 1373, *Hesse-Saage-Fischer* GBO § 19 Bem I 2.

Der GBBeamte hat von der **Rechtslage entsprechend der Eintragung im GB** auszugehen und darf die Unterlagen früherer Eintragungen nicht anders auslegen, **SchlHOLG** SchlHA 1962, 174. Auch ist von einem früheren Erbschein auszugehen, wenn sich nicht aus dem Inhalt der Grundakten Anhaltspunkte für eine andere Auslegung ergeben; dazu **LG Berlin** WM 1961, 637 = *Haegele-Riedel* Handbuch II. Teil GBRecht XIIa zu § 53 GBO S 73.

Verlangt das GBA im Falle des § 35 Abs 1 S 2 durch Zwischenverfügung die Vorlegung eines Erbscheins, so muß es nicht nur begründete Zweifel tatsächlicher Art wegen des behaupteten Erbrechts haben (dazu *Bem 143*), sondern nach den Umständen in der Zwischenverfügung auch zu erkennen geben, welcher Art die Bedenken sind; die nur auf Vermutungen gestützte Möglichkeit, daß ein vorgelegtes Testament durch eine spätere letzwillige Verfügung geändert worden ist, kann das **Verlangen nach Vorlegung** eines Erbscheins nicht rechtfertigen, **OLG Hamm** JMBl NRW 1963, 180 = BWNotZ 1960, 214 Ls = *Haegele-Riedel* Handbuch aaO zu § 35 GBO S 68 Ls. Wenn die Echtheit eines Testaments zweifelhaft ist, so hat den erforderlichen Nachweis derjenige zu führen, der sich auf den Erbschein beruft; dieser für das Prozeßrecht geltende Grundsatz — **LG Hagen** NJW 1966, 1660 — ist sinngemäß auch hier anzuwenden, da für die GBEintragung der Erbschein die formelle Grundlage bildet. Wird der Erbschein für kraftlos erklärt, so entbehrt die vorher erfolgte GBEintragung des inneren, materiellen Grundes und es kommt zur GBBerichtigung nach § 894 BGB; dazu **LG Hagen** aaO, auch *§ 22 Bem 22ff.* Ob für die Bestellung eines Vertreters einer öffentlichen Behörde ein vorgelegter Nachweis genügt, richtet sich nach dem Alter desselben; dazu **OLG Düsseldorf** JMBl NRW 1961, 133 = Rpfleger 1961, 48 (*Haegele*) = *Haegele-Riedel* Handbuch aaO zu § 29 GBO S 62 Ls bez Vorlage einer Bescheinigung eines BMin. Der GBBeamte ist bei Bearbeitung eines Eintragungsantrags grundsätzlich nicht verpflichtet, die Grundakten daraufhin durchzusehen, ob sich aus ihnen Bedenken gegen die beantragte Eintragung ergeben; im Regelfall kann er sich auf die sorgfältige Prüfung der eingereichten und etwa in Bezug genommenen Antragsunterlagen sowie des GBBlattes beschränken; dazu **OLG Düsseldorf** Rpfleger 1966, 261 (*Riedel*) bez Vollmacht (auch *Bem 105*). Es ist auch zu prüfen, ob die Voreintragung eines Betroffenen als Berechtigten vorliegt, §§ 14, 39; dazu **OLG Hamm** JMBl NRW 1963, 181 = *Haegele-Riedel* Handbuch aaO zu § 39 GBO S 70 Ls bez Eintragung eines Verfügungsverbots, das voraussetzt, daß der vom Verbot Betroffene als Berechtigter im GB eingetragen ist. Für die Führung des Nachweises ist § 29 maßgebend; für den Nachweis, daß nach einem Erbfall weitere als die in der Eintragungsbewilligung aufgeführten Abkömmlinge nicht vorhanden sind, genügt eine eidesstattliche Versicherung, weil Familienstandszeugnisse nicht erteilt werden und eine andere Behörde zur Ausstellung einer öffentlichen Urkunde nicht besteht, **LG Hof** NJW 1963, 1881 = *Haegele-Riedel* Handbuch aaO zu § 29 GBO S 64 Ls. Auch wenn behördliche Genehmigungen in Frage kommen (dazu *Bem 148ff.*), wie zB nach BBauG, erhebt sich die Frage, was an Nachweisen vorzulegen ist; so ist zB nach hM das GBA nicht berechtigt, die Eigentumseintragung auf Grund eines Kaufvertrags von der Vorlage einer Bescheinigung der Gemeinde über das Nichtbestehen oder die Nichtausübung des gesetzlichen Vorkaufsrechts nach §§ 24ff. BBauG (*Anh*) abhängig zu machen, **OLG Hamm** JMBl NRW 1965, 197 = Rpfleger 1965, 373 (*Haegele*). Nach **BayObLG** BayObLGZ 1959, 301 = MDR 1960, 50 = Rpfleger 1960, 402 kann bei der Prüfung der Eintragungsfähigkeit eines Rechts im GB das GBA über die Eintragungsbewilligung hinaus den gesamten Inhalt der ihm unterbreiteten Urkunde zur Beurteilung heranziehen.

Wenn bei einem Antrag auf Umschreibung eines Grst die Erbfolge durch öffentliches Testament nachgewiesen ist, so kann sich der **GBRichter** nicht auf die Entscheidung, ob der Nachweis der Erbfolge erbracht ist, beschränken und die übrige Entscheidung dem **RPfleger** überweisen; er hat vielmehr auch die Eintragung zu verfügen, § 17 Abs 1 Z 4 RPflG (*Anh*); dazu **LG Koblenz** Rpfleger 1960, 295, wobei bedenklich ist, daß eine vom RPfleger ohne vorherige richterliche Eintragungsverfügung vorgenommene Eintragung als unwirksam erklärt wird (hierzu *Bem 111*).

146 2. Zur Nachprüfung eines zwischen den Beteiligten ergangenen rechtskräftigen **Urteils** ist der GBBeamte nicht berechtigt. Er hat es seiner Entscheidung zugrunde zu legen, soweit diejenigen Verhältnisse, die Gegenstand der urteilsmäßigen Feststellung sind (zB das Eigentum am Grst), auch die Grundlagen seiner Entscheidung bilden, **BayObLG** 19, 303, **KG** OLG 23, 329, **OLG Darmstadt** JFG 11, 219. Dagegen hat das GBA, wenn auch eine gerichtliche Entscheidung über den Rechtsbestand einer Hypothek vorliegt, selbständig zu prüfen, ob nicht eine inhaltlich unzulässige Entscheidung iSd § 53 vorliegt, **BayObLG** 15, 376. Dazu *Schneider* Urteilsformel MDR 1967, 94.

147 3. Soweit **ausländisches Recht** bei Prüfung der Eintragungsgrundlagen nach den Vorschriften des deutschen Rechts (Art 7ff. EGBGB ua) anzuwenden ist, hat sich der GBBeamte dessen Kenntnis von Amts wegen, soweit dies möglich ist, zu verschaffen; er darf sich nicht auf die ihm von den Beteiligten vorgelegten Nachweise der ausländischen Rechtssätze beschränken und darf auch eine Entscheidung nicht deshalb ablehnen, weil keine genügenden derartigen Nachweise erbracht sind, **KG** JFG 7, 255, OLG 8, 222/18, 211, JW 1932, 2815 = DNotV 1932, 719, *Predari* GBO § 29 Bem 4, *Turnau-Förster* GBO § 29 Bem II 8, **aA** *Güthe* GBO § 29 Bem 10 und *Ricks* GBPraxis 207, wonach das GBA zur Feststellung des ausländischen Rechts mittels Zwischenverfügung vom Antragsteller mit Dienstsiegel versehene Auskunft der ausländischen diplomatischen Vertretung (Botschaft usw) anfordern soll. Wenn die Beteiligten, insbes bei Verträgen, davon ausgehen, daß bei internationalen Rechtsbeziehungen deutsches Recht zur Anwendung kommt, so kann auch das GBA davon ausgehen; dazu **OLG Saarbrücken** OLGZ 1966, 142, zum Vertragsrecht.

Bei Verfügungen verheirateter Ausländer ohne Wohnsitz im Inland hat das BGA die Verfügungsbefugnis nach ausländischem Ehegüterrecht zu prüfen und etwa notwendig erscheinende Nachweis in der Form des § 29 einzufordern. Solange dem GBA nichts anderes bekannt ist, darf es den vertragslosen Güterstand des ausländischen Rechts zugrunde legen. Leben Eheleute zB in allgemeiner Gütergemeinschaft niederländischen Rechts, so kann, vor allem mit Rücksicht auf die Möglichkeit formloser Vereinbarungen nach Art 177 Abs 1 niederländisches BGB, die Verfügungsbefugnis regelmäßig nur durch den Nachweis der Zustimmung des Ehegatten dargetan werden. Dazu **OLG Hamm** DNotZ 1966, 236 = OLGZ 1, 342.

Über den **Nachweis** der Erbfolge nach ausländischen Erblassern *§ 35 Bem 61ff.*

XIV. Behördliche Genehmigungen 148

Dazu *Brand-Schnitzler* GBSachen §§ 67ff., *Haegele* GBRecht Bem 1844, 1883, 2041ff., 2061ff., Merkbuch 132ff., Die Beschränkung im GrstVerkehr, *Hesse-Saage-Fischer* GBO § 19 Bem III 1a δ, *Horber* GBO § 19 Bem 9, *Palandt* BGB § 873 Vorbem 12, *Staudinger-Seufert* BGB § 873 Bem 81, *Thieme* GBO § 19 Bem 11

Das GBA hat zu prüfen, ob die etwa erforderliche behördliche Genehmigung zur Eintragung vorliegt; dazu *Bem 89*, ferner *§ 20 Bem 79ff.*

Über staatsaufsichtliche Genehmigungen *Bem 159ff.*

Es ist insbes auf folgende behördliche Genehmigungen hinzuweisen:

1. Genehmigungen nach bundesrechtlichen Vorschriften ua 149

Es sollen im folgenden die wichtigsten Genehmigungen erwähnt werden, die nach Bundesgesetzen, früheren Reichsgesetzen und nach Gesetzen, welche die Besatzungsmacht erlassen hat, erforderlich sind.

a) Landwirtschaftsrecht 150

Im Landwirtschaftsrecht kommen die nach dem GrstVG vorgesehenen Genehmigungen in Frage. Es handelt sich hierbei um Veräußerungs- und Belastungsbeschränkungen. Dazu *§ 20 Bem 82.*

b) Entschuldungsbetriebe 151

Da die landwirtschaftliche Entschuldung in der Abwicklung begriffen ist, kommen für die Entschuldungsbetriebe nur noch Veräußerungsbeschränkungen in Betracht; dazu *§ 13 Vorbem 130*, im übrigen *§ 20 Bem 84.*

c) Bundesbaugesetz 152

Das BBauG ist an die Stelle des WSG getreten. Für den Bodenverkehr besteht nach §§ 19ff. BBauG (*Anh*) eine Genehmigungspflicht in gewissem Umfange, und zwar

- bei Teilung eines Grst; dazu *§ 7 Bem 10*, auch *Kriegel* Vereinfachungen bei Teilabtretungen im GB DVW 1965 Heft 2 S 5,
- bei Auflassung eines Grst oder GrstTeils und
- bei Bestellung eines Erbbaurechts; dazu auch *§ 20 Bem 83.*

153 **d) Heimstätte**

Über die Verfügungsbeschränkungen nach dem HeimstG *§ 4 Bem 47ff.*, *§ 13 Vorbem 152ff.*, *§ 20 Bem 85.*

154 **e) Rentenstellen ländlicher Arbeiter und Handwerker**

Die Genehmigung der Durchführungsbehörde ist nach § 11 LandAVO (*Anh*)
Belastung des Eigenheims, gleichgültig ob mit Hypotheken, Grund- und Rentenschulden, wobei als Belastung auch die Veräußerung oder Belastung einer Eigentümergrundschuld gilt (§ 1 V der 2. LandAVO DVO),
Veräußerung des Eigenheims,
Teilung des Eigenheims oder Abveräußerung von Teilen,
ZwV in das Eigenheim wegen einer persönlichen Schuld.
Dazu *§ 20 Bem 86.*

155 **f) Devisenrecht**

Dazu *Haegele* GBRecht Bem 2116, Beschränkungen Bem 349ff., Merkbuch 146/10, *Palandt* BGB AWG,
ferner Kommentare zum AWG, insbes *Langen*, *Müller-Hagen*, *Schulz*, *Sieg-Fahning-Kölling*

Das **Außenwirtschaftsgesetz** (AWG) vom 28. April 1961 BGBl I 481/26. Juli 1962 BGBl I 455/in Neufassung (Stand 31. Dezember 1963) BGBl III 7400-1/ 25. März 1964 BGBl I 245/28. Oktober 1964 BGBl I 821/18. August 1965 BGBl I 892 mit AußenwirtschaftsVO (AWV) vom 22. August 1961 BGBl I 1381 in Neufassung vom 20. Dezember 1966 BGBl I 1967, 1 = SaBl 110ff. ist an die Stelle der Devisengesetze der Nachkriegszeit getreten, die die Militärregierungen erlassen haben; zum früheren Recht 5. Aufl dieses Kommentars unter E 243ff., § 18 Bem 155. Die früher bestehenden weitgehenden Beschränkungen gelten daher nicht mehr.

Verträge mit Gebietsfremden und zwischen Gebietsfremden über Grundstücke im Wirtschaftsgebiet und über Rechten an solchen sowie Erbauseinandersetzungsverträge mit Beteiligung von Betriebsfremden bedürfen keiner Genehmigung; dazu *Haegele* GBRecht Bem 2118, Beschränkungen Bem 350. Dies gilt auch für in solchen Verträgen vereinbarte Zahlungen in DM oder ausländischer Währung. Beschränkungen nach §§ 22, 23 AWG, die Grundbesitz betreffen, sind bis jetzt nicht erlassen. § 32 AWG bezieht sich auf Urteile und ZwV. Darnach können Urteile, soweit eine devisenrechtliche Genehmigung nötig ist, schon vor Erteilung der Genehmigung ergehen, wenn in die Urteilsformel ein Vorbehalt aufgenommen wird. Arreste und einstweilige Verfügungen, wobei sich letztere auch auf Eintragung einer Vormerkung oder eines Widerspruchs in das GB beziehen können (dazu *§ 25 Bem 4ff.*), bedürfen des Vorbehalts nicht.

Zu beachten sind Meldevorschriften für Vermögensanlagen und Zahlungsverkehr, §§ 55ff. AWV; dazu *Haegele* GBRecht Bem 2120/2121, Beschränkungen Bem 351.

156 **g) Weitere Fälle**

Von Bedeutung sind auch die Genehmigungen bei
Flurbereinigung, *§ 7 Bem 13*, *§ 38 Bem 69ff.*,
Rückerstattung und Wiedergutmachung, *§ 38 Bem 80*,
Bodenreform, *§ 38 Bem 76*,
Siedlung nach SiedlG, *§ 13 Vorbem 16*, *§ 20 Bem 87*, *§ 38 Bem 61*,
Beschränkungen nach den **Aufbaugesetzen**, *§ 20 Bem 87*, *§ 38 Bem 76*,
Sicherung der Verwendung der Kapitalabfindungen nach **BVersG**, *§ 7 Bem 16, 44*, *§ 13 Vorbem 128a*,

Enteignung, *§ 13 Vorbem 163*, *§ 38 Bem 76ff.*, SchutzbereichsG *§ 38 Bem 78*, im übrigen *§ 117 Bem 74ff.*

Das **Preisrecht** hatte früher große Bedeutung, auch bez Genehmigung im GB-Recht; dazu zum bisherigen Recht 5. Aufl dieses Kommentars unter E 237ff. Im Grst-Verkehr sind sie nach § 185 BBauG (*Anh*) seit 30. Oktober 1960 nicht mehr anzuwenden; dazu Kommentierungen zu BBauG § 185, insbes *Heitzer-Oestreicher*.

2. Genehmigungen nach Landesrecht 157

Über landesrechtliche Teilungs- und Veräußerungsbeschränkungen *§ 7 Bem 19ff.* Ergänzend ist noch hinzuweisen
für **Bayern**
auf die nach Art 1 bay **AlmG** vom 28. April 1932 bayGVBl 237/27. September 1946 bayGVBl 291 = BayBS IV 359 erforderlichen Genehmigungen der zuständigen Kreisverwaltungsbehörde, insbes bei Auflassung sowie bei Bestellung, Veräußerung oder sonstiger Überlassung eines dinglichen Rechts zur Nutzung des Almgrst oder bei Veräußerung oder sonstiger Überlassung eines anderen Almrechts. Unter Verwandten iSd Art 1 Abs 2 aaO ist eine Genehmigung entbehrlich. Auch bei Rechtsgeschäften und Maßnahmen des Bayerischen Staates bez eigener oder fremder Almgrst oder Almrechte bedarf es keiner Genehmigung, Art 21 aaO. Liegt eine Genehmigung nach dem bayAlmG vor, so ist eine Genehmigung nach dem GrstVG (*Anh*) entbehrlich; dazu *§ 20 Bem 82a.*

Erfolgt in einem genehmigungspflichtigen Fall eine Eintragung in das GB ohne die erforderliche Genehmigung, so kann die zuständige Behörde das GBA um Eintragung eines Widerspruchs ersuchen, der später auf Ersuchen dieser Behörde oder nach Erteilung der Genehmigung wieder zu löschen ist, wobei § 53 Abs 1 GBO unberührt bleibt, Art 2 AlmG.

Für das ehemalige Land **Preußen** sind zu erwähnen: 158

Die Genehmigung des Oberpräsidenten (Landeskulturabteilung) zur Abveräußerung von Teilen einer **Ansiedlungs- oder Zukaufstelle** sowie zur Teilung eines zu einer solchen Stelle gehörigen Grst, § 35 preuß AGSiedlG vom 15. Dezember 1919 prGS 1920, 31. Genehmigungsfrei ist die Veräußerung einer Ansiedlungs- oder Zukaufstelle im ganzen. Im übrigen ist es gleichgültig, ob die Abveräußerung auf einem Rechtsgeschäft unter Lebenden oder einer Verfügung von Todes wegen beruht. Auch eine Teilung im Wege der Erbauseinandersetzung ist genehmigungspflichtig. Dazu *§ 13 Vorbem 129, § 7 Bem 24, § 38 Bem 97.*

Die Genehmigung des Vorstehers des Kulturamts zur Veräußerung eines zu einem **Rentengut** gehörigen Grst, § 32 preuß LandesrentenbankG vom 1. August 1931 pr GS 154; dazu *§ 7 Bem 24, § 38 Bem 97.*

XV. Staatsaufsichtliche Genehmigungen 159

1. Allgemeines

Die staatsaufsichtliche Genehmigung ist eine besondere Art der behördlichen Genehmigung; dazu *Bem 148.*

Die nach dem öffentlichen Recht in gewissen Fällen erforderliche **Genehmigung** der Verwaltungsbehörde ist ein **bürgerlich-rechtliches Erfordernis** des Rechtsgeschäfts; ihr Vorhandensein ist also **vom GBA zu prüfen**; dazu **BayObLG** 31, 414/29, 332.

Wird das schuldrechtliche Verpflichtungsgeschäft staatsaufsichtlich genehmigt, so gilt die Genehmigung in der Regel auch für das dieser Verpflichtung entsprechende Erfüllungsgeschäft, **KG** JFG 16, 84. Der Erteilung der Genehmigung steht die Erklärung der Aufsichtsbehörde, daß eine Genehmigung nicht erforderlich sei, dh eine sog **Negativbescheinigung**, gleich, **KG** JFG aaO.

Dagegen ist die rein innerdienstliche aufsichtliche Genehmigung, die keine Wirkung nach außen hat, von der staatsaufsichtlichen Genehmigung zu unterscheiden.

Die rechtskräftige Verurteilung zur Abgabe der Eintragungsbewilligung, Erklärung der Auflassung usw macht die staatsaufsichtliche Genehmigung nicht entbehrlich.

160 **2. Fälle staatsaufsichtlicher Genehmigung**

Es ist auf folgende Fälle staatsaufsichtlicher Genehmigung hinzuweisen:

a) Sozialversicherung

Es kommen hier in Betracht, die Träger der Sozialversicherung, nämlich der Kranken-, Unfall-, Ivaliden-, Angestellten- und Knappschaftsversicherung, also die Krankenkassen, Berufsgenossenschaften, Versicherungsanstalten, Knappschaft.

1. Beim **Erwerb von Grst** ist die **Genehmigung** der Aufsichtsbehörde erforderlich, wenn es sich um eine Vermögensanlage handelt, § 26 Abs 2, 27c RVO, § 205 AnVG, § 142 Abs 1 KnVG. Als Vermögensanlage ist jeder Erwerb von Grst anzusehen, der mit eigenen Mitteln des Versicherungsträgers erfolgt, ohne Rücksicht auf den mit dem Erwerb verfolgten Zweck. Auch ein Erwerb in der ZwVerst kann darunter fallen; dazu *Dittmar* BayNotV 1930, 106.

Das **Aufsichtsrecht** über die Krankenkassen steht dem Versicherungsamt zu, § 377 RVO. Die Aufsicht über die Rentenversicherung ist in § 1381 RVO geregelt, und zwar obliegt die Aufsicht in den Ländern, den zuständigen obersten LBehörden, und für Träger der Rentenversicherung, deren Zuständigkeitsbereich sich über das Gebiet eines Landes hinaus erstreckt, das BVersicherungsamt. Für das BGebiet führt über bunmittelbare Sozialversicherungsträger das BVersicherungsamt, §§ 2, 3 BVAG. Für die Knappschaftsversicherung ist auf § 189 KnVG sowie auf die VO vom 6. Oktober 1928 RGBl I 377 zu verweisen. Zu erwähnen ist auch das Ges über die Selbstverwaltung und über Änderung von Vorschriften auf dem Gebiet der Sozialversicherung (Selbstverwaltungsgesetz) vom 22. Februar 1951 BGBl I 124 (mit Änderungen); darnach sind bei jedem Träger der Sozialversicherung als Organe der Selbstverwaltung eine Vertreterversammlung und ein Vorstand.

§ 27d RVO sieht weiter vor, daß der Erwerb von Grst über einen bestimmten **Höchstbetrag** hinaus der Genehmigung der Aufsichtsbehörde bedarf; dies gilt nach § 414 Abs 4 RVO, § 205 AnVG und § 142 Abs 1 KnVG auch im übrigen. Es ist jedoch weder früher vom RArbMin noch später eine Höchstgrenze festgesetzt worden, daher unterliegt bis auf weiteres jeder GrstErwerb der Versicherungsträger der Genehmigung, *Brand-Schnitzler* § 151 unter II 3 S 498, **aA** (wohl überholt) **KG** JFG 4, 315, *Güthe* GBO 1763 „Berufsgenossenschaft", 1942 (1943) „Krankenkassen" unter a α, 1977 „Reichsknappschaft", wonach überhaupt keine Genehmigung erforderlich sein soll, solange von der vorgesehenen Befugnis kein Gebrauch gemacht ist; dazu auch *Dittmar* BayNotV 1930, 106. Der Erwerb im Wege der ZwVerst fällt nicht unter § 27d RVO.

2. Die **Veräußerung** und **Belastung** von Grst der Versicherungsträger unterliegt **keiner Genehmigungspflicht.**

3. Nach § 27a RVO, § 205 AnVG sind **Beleihungen von Bauplätzen** und solchen **Neubauten**, die noch nicht vollendet und ertragsfähig sind, sowie von Grst, die einen dauernden Ertrag nicht gewähren, insbes von Gruben, Brüchen und Bergwerken, unzulässig, wobei jedoch die oberste Verwaltungsbehörde für besondere Fälle Ausnahmen zulassen kann. Die Einhaltung dieser Vorschrift hat das GBA nicht nachzuprüfen.

161 **b) Innungen ua**

Für das Handwerk ist die Handwerksordnung (HwO idF vom 28. Dezember 1965 BGBl 1966 I 2 = SaBl 301) maßgebend. Die früher für die staatsaufsichtliche Genehmigung einschlägigen Vorschriften (§ 103n Abs 1, § 103r mit § 89b Z 1 GewO und die VO über den vorläufigen Aufbau des deutschen Handwerks vom 15. Juni 1934 RGBl I 493) sind durch § 126 Z 1 und § 125 Abs 2 Z 1 HandwO aufgehoben.

Wenn eine **Handwerksinnung** Grundeigentum erwerben, veräußern oder belasten will, so bedarf der Innungsversammlungsbeschluß der Genehmigung durch die Handwerkskammer, § 61 Abs 2 Z 7 (a), Abs 3 HwO. Die Genehmigung kann auch unter Auflagen erteilt werden.

Auch die **Kreishandwerkerschaften** bedürfen in diesen Fällen der Genehmigung der Handwerkskammer, § 89 Abs 1 Z 3 HwO, da § 61 Abs 2 Z 7 HwO anzuwenden ist, während die Genehmigung der Handwerkskammer in § 89 aaO geregelt ist.

Wenn eine **Handwerkskammer** Grundbesitz erwirbt, veräußert oder belastet, so ist die Genehmigung der obersten Landesbehörde erforderlich, § 106 Abs 1 Z 7, Abs 2 HwO.

Bei den **Landesinnungsverbänden** und den **Bundesinnungsverbänden** findet § 61 Abs 2 Z 7 HwO, nicht Abs 3 aaO Anwendung, § 83 Abs 1, Z 2, § 85 Abs 2 HwO; es hat also eine entsprechende Beschlußfassung in einer Innungsversammlung stattzufinden. Dagegen kommt eine staatsaufsichtliche Genehmigung nicht in Betracht. Dies hängt damit zusammen, daß hier eine Staatsaufsicht nur in beschränktem Umfange vorhanden ist.

c) Wasser- und Bodenverbände 162

Wasser- und Bodenverbände bedürfen nach § 122 Abs 1 der 1. WassVbV vom 3. September 1937 RGBl I 933 ua der Genehmigung der Aufsichtsbehörde

zur unentgeltlichen Veräußerung von Vermögensgegenständen,
zur Veräußerung von Grst und grstgleichen Rechten,
zur Aufnahme von Darlehen (Anleihen, Schuldscheindarlehen und anderem Kredit),
zur Bestellung von Sicherheiten.

Die Genehmigung ist auch zu Rechtsgeschäften erforderlich, die einem der genannten Geschäfte wirtschaftlich gleichkommen, § 122 Abs 2 aaO. Die oberste Aufsichtsbehörde kann für bestimmte Geschäfte Ausnahmen zulassen, die in der Satzung des Verbandes anzugeben sind, § 122 Abs 4 aaO. Geschäfte, die ohne die erforderliche Genehmigung der Aufsichtsbehörde abgeschlossen werden, sind unwirksam, § 123 aaO.

Über die Aufsichtsbehörde §§ 112, 144, 115 aaO.

d) Gemeinden und Gemeindeverbände 163

Dazu *Brand-Schnitzler* GBSachen § 146, *Haegele* Beschränkungen Bem 317ff.

Die Frage, inwieweit bei Gemeinden und Gemeindeverbänden staatsaufsichtliche Genehmigung erforderlich ist, ergibt sich aus den landesrechtlichen Vorschriften; dazu *§ 2 Bem 64, 65.*

Nach der früheren DGO vom 30. Januar 1935 RGBl I 49, 171 war eine Genehmigung der Aufsichtsbehörde insbes vorgesehen

bei unentgeltlicher Veräußerung von Vermögensgegenständen aller Art, § 62 Abs 2 Z 1 DGO,
bei Verkauf oder Tausch von Grst oder grstgleichen Rechten, § 62 Abs 2 Z 2 DGO,
bei Darlehensaufnahme und Bestellung von besonderen Sicherheiten für ein Darlehen, §§ 78, 79 DGO,

wobei nach §§ 23, 24 der 1. DGO DVO vom 22. März 1935 RGBl I 393 und § 5 der 2. DGO DVO vom 26. März 1936 RGBl I 271 Ausnahmen bestanden.

Zur Einleitung der ZwV gegen eine Gemeinde wegen einer Geldforderung bedurfte es nach § 116 Abs 1 DGO einer Zulassungsverfügung der Aufsichtsbehörde außer bei Verfolgung dinglicher Rechte.

Nunmehr fehlt eine einheitliche Regelung und es ist daher auf Grund der landesrechtlichen Gesetze die Frage der Staatsaufsicht verschieden zu beantworten.

Wie aus der im folgenden angeführten gesetzlichen Regelung ersichtlich ist, ist zu unterscheiden zwischen den Fällen, in denen eine ausdrückliche staatsaufsichtliche Genehmigung vorgeschrieben ist, und solchen, in denen die Staatsaufsicht eingreifen kann, weil eine Gemeinde oder ein Kreis sonstige Vorschriften verletzt. Das GBA hat die ersteren zu beachten. Die letzteren dagegen, in denen die Aufsichtsbehörde eine Beanstandungspflicht hat, werden von der Prüfungspflicht des GBA nicht mitumfaßt.

Daß die Aufsichtsbehörde auch eingreifen kann, wenn eine Gemeinde oder ein Kreis ein genehmigungspflichtiges Geschäft ohne die erforderliche Genehmigung vornimmt, ist selbstverständlich. Die Staatsaufsicht kann aber auch vorgehen, wenn eine Gemeinde oder ein Kreis Gemeindevermögen entgegen der Regelung unrichtig verwaltet, erwirbt oder veräußert.

Hierzu ist auf folgendes hinzuweisen:

164 **1. Baden-Württemberg**

Dazu *Haegele* Beschränkungen Bem 322ff.

a) Für **Gemeinden** gilt nach der GemO (dazu *§ 2 Bem 65*) folgendes:

Zur **Veräußerung von Waldgrundstücken** ist nach § 80 GemO die Genehmigung der Aufsichtsbehörde erforderlich, nicht aber bei sonstigen Grstücken; dazu *Haegele* Beschränkungen Bem 323ff.

Dasselbe gilt bei Eintragung eines **Vorkaufsrechts** oder **Wiederkaufsrechts**; dazu *Haegele* aaO Bem 327.

Das GBA bedarf bei GBEintragungen nicht des Beschlusses des Gemeinderats, die Vorlage braucht also nicht verlangt zu werden; dazu *Haegele* aaO Bem 330, *Funk* Justiz 1959, 96. Für Fälle der Veräußerung von Wald und bei anderen Veräußerungen, in denen eine Genehmigungspflicht nicht besteht, ist nach § 15 Abs 4, § 16 der 1. DVO bei Beantragung der Eintragung eine Erklärung beizufügen, daß keine Genehmigungspflicht besteht oder Vorlage an die Rechtsaufsichtsbehörde veranlaßt ist; dazu *Haegele* aaO Bem 329. Wo eine Genehmigung nötig ist, ist der Genehmigungsbescheid dem GBA vorzulegen; dazu *Haegele* aaO Bem 330.

Bei Aufnahme eines **Darlehens**, Übernahme von Bürgschaft ua ist für eine Gemeinde eine Genehmigung der Rechtsaufsichtsbehörde nach Maßgabe des § 94 GemO notwendig.

Nach § 92 GemO darf die Gemeinde für den Gläubiger keine **Sicherheit** bestellen. Die Rechtsaufsichtsbehörde kann mit den in § 127 aaO bezeichneten Wirkungen Ausnahmen zulassen, wenn und soweit die Bestellung von Sicherheiten der Verkehrsübung entspricht. Gegenstände, die für die Erfüllung der öffentlichen Aufgaben der Gemeinde unentbehrlich sind oder deren Veräußerung ein Verbot oder ein öffentliches Interesse entgegensteht, dürfen nicht belastet werden.

Nach § 127 GemO bedarf es zur Einleitung der **ZwV** gegen die Gemeinde einer Zulassungsverfügung der Rechtsaufsichtsbehörde, es sei denn, daß es sich um die Verfolgung dinglicher Rechte handelt. In der Verfügung der Rechtsaufsichtsbehörde sind die Vermögensgegenstände zu bezeichnen, in welche die ZwV zugelassen wird, und über den Zeitpunkt zu befinden, in dem sie stattfinden soll. Ein Konkursverfahren findet nicht statt.

Über die Stellung der Aufsichtsbehörde §§ 118ff. GemO. Die Rechtsaufsichtsbehörde (§ 119 aaO) hat ein Beanstandungsrecht, § 121 aaO. Sie hat aber auch darüber zu wachen, ob der Erwerb und die Veräußerung von Grundbesitz usw, auch soweit eine staatsaufsichtliche Genehmigung nicht vorgeschrieben ist (§§ 78ff. GemO), entsprechend der gesetzlichen Regelung erfolgt.

b) Für **Landkreise**, für die die LKrO (dazu *§ 2 Bem 65*) anzuwenden ist, gelten dieselben Grundsätze, § 41 LKrO. Über Aufsichtsbehörde § 44 aaO.

165 **2. Bayern**

a) Für **Gemeinden** ist in der GemO (dazu *§ 2 Bem 65*) eine Regelung getroffen, und zwar in Art 63, 65, 84, 85.

Die Gemeinde bedarf nach Art 63 GemO einer Genehmigung, wenn Sachen von besonderem wissenschaftlichem, geschichtlichem oder künstlerischem **Wert** veräußert oder wesentlich verändert werden.

Vor Einleitung einer **ZwV** gegen die Gemeinde muß der Gläubiger eine beglaubigte Abschrift des vollstreckbaren Titels der Rechtsaufsichtsbehörde zustellen; die ZwV darf erst einen Monat nach dieser Zustellung beginnen. Ein Konkurs- oder gerichtliches Vergleichsverfahren findet nicht statt. Dazu Art 65 GemO.

Bei **Darlehen** ist eine Genehmigung nach Maßgabe der Art 83, 84 aaO erforderlich. Sicherheiten dürfen nur ausnahmsweise und mit Genehmigung der Rechtsaufsichtsbehörde bestellt werden; die Bestellung von Grundpfandrechten für Kaufpreisreste beim Erwerb von Grst bleibt unberührt, Art 85 GemO.

Für die Aufsicht gelten die Grundsätze der Art 108 ff. GemO. Die Rechtsaufsichtsbehörde (Art 110 aaO) hat die Beanstandungspflicht (Art 112 aaO), wenn das Gesetz verletzt wird, wenn also die Gemeinde ihr Vermögen nicht richtig verwaltet (Art 61 ff. aaO).

b) Für **Landkreise** ist die LKrO (dazu *§ 2 Bem 65*) einschlägig, insbes Art 57, 59, 71 ff. aaO.

Es gelten im wesentlichen die gleichen Grundsätze wie für Gemeinden. Über Rechtsaufsicht Art 94 ff. LKrO.

3. Bremen 166

Die Frage der Genehmigung von Rechtsgeschäften richtet sich nach der Verfassung (dazu *§ 2 Bem 65*), und zwar nach §§ 55, 65 aaO.

Nach § 55 Abs 2 aaO bedarf die Stadt Bremerhaven der Genehmigung des Senats der Freien Hansestadt Bremen, wenn sie

1. Vermögensgegenstände aller Art unentgeltlich veräußert,
2. Grst und grstgleiche Rechte verkauft oder tauscht,
3. Sachen, die einen besonderen wissenschaftlichen, geschichtlichen oder künstlerischen Wert haben, veräußern oder wesentlich verändern will.

Der Senat kann durch VO Rechtsgeschäfte der unter Z 1, 2 bezeichneten Art von der Genehmigungspflicht freistellen, wenn sie ihrer Natur nach regelmäßig wiederkehren oder wenn bestimmte Wertgrenzen nicht überstiegen werden, § 55 Abs 3 aaO. Hierzu ist auf die VO vom 16. Juli 1948 bremGBl 102 hinzuweisen.

Bei Darlehen und der Bestellung von Sicherheiten ist eine Genehmigung nach Maßgabe des § 65 Verfassung erforderlich.

4. Hessen 167

a) Für **Gemeinden** ist in der GemO (dazu *§ 2 Bem 65*) eine Regelung enthalten, und zwar in §§ 94, 107, 108, 143, 146 aaO.

Eine Gemeinde bedarf nach § 94 Abs 2 aaO der Genehmigung der Aufsichtsbehörde, wenn sie

1. Grst und grstgleiche Rechte verkaufen oder tauschen,
2. Sachen, die einen besonderen wissenschaftlichen, geschichtlichen oder künstlerischen Wert haben, veräußern oder wesentlich verändern will.

Von den unter 1. genannten Fällen kann durch VO Freistellung von der Genehmigungspflicht erfolgen, wenn die Rechtsgeschäfte ihrer Natur nach regelmäßig wiederkehren oder wenn bestimmte Wertgrenzen nicht überstiegen werden. Dazu ist auf § 143 GemO und die VO vom 5. März 1949 hessGVBl 27 hinzuweisen.

Bei **Darlehen** und der Bestellung von Sicherheiten ist eine Genehmigung der Aufsichtsbehörde im Rahmen der §§ 107, 108 GemO erforderlich.

Nach § 146 aaO ist zur Einleitung der **ZwV** gegen eine Gemeinde wegen einer Geldforderung für den Gläubiger eine Zulassungsverfügung der Aufsichtsbehörde erforderlich, außer wenn es sich um die Verfolgung dinglicher Rechte handelt. In der Verfügung hat die Aufsichtsbehörde die Vermögensgegenstände zu bestimmen, in welche die ZwV zugelassen wird, und über den Zeitpunkt zu befinden, in dem sie stattfinden soll. Ein Konkursverfahren über das Vermögen der Gemeinde findet nicht statt.

Über die Aufsicht und Aufsichtsbehörde, auch über das Beanstandungsrecht §§ 135 ff. GemO.

b) Für die **Landkreise** gelten nach der HKO (dazu *§ 2 Bem 65*) die gleichen Grundsätze wie für die Gemeinden, § 52 HKO. Dies gilt auch von der Aufsicht, § 54 aaO.

168 5. **Niedersachsen**

Für die **Gemeinden** besteht nach der GemO (dazu *§ 2 Bem 65*) eine Genehmigungspflicht nach Maßgabe der §§ 84, 98, 100, 101, 136 aaO.

Die Gemeinden bedürfen nach § 84 Abs 2 GemO der Genehmigung der Aufsichtsbehörde, wenn sie

Vermögensgegenstände aller Art unentgeltlich veräußern,

Grst oder grstgleiche Rechte verkaufen oder vertauschen,

Beteiligungen an wirtschaftlichen Unternehmen oder Anteile an einem Unternehmen mit eigener Rechtspersönlichkeit veräußern,

Sachen, die einen besonderen wissenschaftlichen, geschichtlichen oder künstlerischen Wert haben, veräußern oder wesentlich verändern wollen.

Bei Aufnahme von **Darlehen** und bei Bestellung von Sicherheiten ist eine Genehmigung nach Maßgabe der §§ 100, 101 GemO erforderlich.

Zur Einleitung der **ZwV** gegen eine Gemeinde wegen einer Geldforderung bedarf der Gläubiger einer Zulassungsverfügung der Aufsichtsbehörde, es sei denn, daß es sich um die Verfolgung dinglicher Rechte handelt; ein Konkurs- oder gerichtliches Vergleichsverfahren findet nicht statt. Dazu § 136 GemO.

Über die Aufsicht, Aufsichtsbehörde, Beanstandung §§ 127 ff. GemO.

169 6. **Nordrhein-Westfalen**

Für **Gemeinden** besteht nach der GemO (dazu *§ 2 Bem 65*) eine Genehmigungspflicht nach Maßgabe der §§ 64, 78, 80, 81, 114 aaO.

Die Gemeinde bedarf der Genehmigung der Aufsichtsbehörde, wenn sie

a) über Vermögensgegenstände aller Art unentgeltlich verfügen,

b) Grst und grstgleiche Rechte verkaufen oder tauschen,

c) über Sachen, die einen besonderen wissenschaftlichen, geschichtlichen oder künstlerischen Wert haben, entgeltlich verfügen oder solche Sachen wesentlich verändern will.

In den Fällen von a) b) sind gesetzliche Ausnahmen zulässig, § 64 Abs 3 GemO. Die nähere Regelung ist in § 1 der 4. GemODVO vom 15. Januar 1953 nrwGVBl 110 = SaBl 159 enthalten. Beim grbamtlichen Vollzug ist darauf zu achten, daß dem Antrag eine Erklärung der Gemeinde beizufügen ist, aus der sich ergibt, daß der Abschluß des Rechtsgeschäfts genehmigungsfrei ist oder daß die erforderliche Anzeige an die Aufsichtsbehörde erstattet wurde; in der Erklärung ist auch auf die in Betracht kommende Vorschrift Bezug zu nehmen, § 1 Abs 4 der 4. GemODVO.

Über die Genehmigung bei **Darlehen** und Bestellung von Sicherheiten §§ 78, 80, 81 GemO.

Zur Einleitung der **ZwV** gegen eine Gemeinde bedarf ein Gläubiger einer Zulassungsverfügung der Aufsichtsbehörde außer bei der Verfolgung dinglicher Rechte; ein Konkursverfahren ist unzulässig. Dazu § 114 aaO.

Über Aufsicht, Aufsichtsbehörde und Beanstandungsrecht §§ 106 ff. GemO.

7. Rheinland-Pfalz 170

a) Für **Gemeinden** enthält die GemO (dazu *§ 2 Bem 65*) eine Regelung über die Genehmigungspflicht von Rechtsgeschäften, und zwar in §§ 72, 86, 88, 89, 129 aaO.

In Gemeinden ist nach § 72 Abs 2 GemO eine Genehmigung der Aufsichtsbehörde erforderlich, wenn

1. Vermögensgegenstände aller Art unentgeltlich veräußert,
2. Grst oder grstgleiche Rechte verkauft oder vertauscht,
3. Beteiligungen an wirtschaftlichen Unternehmen veräußert,
4. Sachen, die einen besonderen wissenschaftlichen, geschichtlichen oder künstlerischen Wert haben, veräußert oder wesentlich verändert werden sollen.

In den Fällen 1 bis 3 ist Freistellung von der Genehmigungspflicht zulässig, § 72 Abs 3 GemO.

Die Genehmigung bei **Darlehen** und bei Bestellung einer Sicherheit sind §§ 86, 88, 89 GemO einschlägig.

Zur Einleitung der **ZwV** gegen die Gemeinde wegen einer Geldforderung bedarf der Gläubiger einer Zulassungsverfügung der Aufsichtsbehörde außer bei der Verfolgung dinglicher Rechte; ein Konkursverfahren gegen die Gemeinde ist nicht zulässig. Dazu § 129 GemO.

Über die Staatsaufsicht, Aufsichtsbehörde und das Beanstandungsrecht §§ 117ff. GemO.

b) Für die **Landkreise** gelten nach KrO (dazu *§ 2 Bem 65*) die gleichen Grundsätze, § 29 aaO. Über Staatsaufsicht §§ 27, 28 aaO.

8. Schleswig-Holstein 171

a) Für **Gemeinden** ist in der GemO (dazu *§ 2 Bem 65*) die Frage der Genehmigungs pflicht von Rechtsgeschäften geregelt, und zwar in §§ 78, 91, 93, 94, 131 aaO.

Nach § 78 Abs 2 GemO ist die Genehmigung der Kommunalaufsichtsbehörde erforderlich, wenn sie

1. Vermögensgegenstände unentgeltlich veräußern,
2. Grst oder grstgleiche Rechte verkaufen oder tauschen,
3. Beteiligungen an wirtschaftlichen Unternehmen veräußern,
4. Sachen, die einen besonderen wissenschaftlichen, geschichtlichen oder künstlerischen Wert haben, veräußern oder wesentlich verändern will.

In den Fällen Z 1 bis 3 sind Freistellungen von der Genehmigungspflicht entsprechend einer gesonderten Regelung zulässig, § 78 Abs 3 GemO.

Bei **Darlehen** und der Bestellung von Sicherheiten ist eine Aufsichtsgenehmigung nach Maßgabe der §§ 91, 93, 94 GemO erforderlich.

Zur **ZwV** gegen eine Gemeinde wegen einer Geldforderung bedarf ein Gläubiger einer Zulassungsverfügung der Kommunalaufsichtsbehörde, es sei denn, daß es sich um die Verfolgung dinglicher Rechte handelt; ein Konkursverfahren findet nicht statt; dazu § 131 GemO.

Über die Aufsicht §§ 120ff. GemO.

b) Für die **Kreise** gelten nach der KrO (dazu *§ 2 Bem 65*) die gleichen Grundsätze wie für Gemeinden, § 57 KrO. Über Aufsicht §§ 59ff. KrO.

e) Stiftungen 172

Bei den Stiftungen ist, soweit es hier Bedeutung hat, zu unterscheiden zwischen solchen öffentlichen Rechts und solchen des bürgerlichen Rechts; dazu *Staudinger-Coing* BGB § 80 Vorbem 11b. Die zivilrechtliche Stiftung ist in §§ 80ff. BGB geregelt. Die öffentlich-rechtliche Stiftung gehört zum öffentlichen Recht; sie ist in der Regel eine Körperschaft des öffentlichen Rechts. Es kann sich hierbei insbes um gemeindliche

Stiftungen handeln, die zum Teil in den Gemeindeordnungen, zum Teil in ergänzenden besonderen Gesetzen geregelt sind. Für die kirchlichen Stiftungen gilt das Kirchenrecht (*Staudinger-Coing* aaO Vorbem 15a), uU auch staatliches Recht.

Die Stiftungsaufsicht ist nicht auf die Beaufsichtigung öffentlich-rechtlicher Stiftungen beschränkt; dazu *Staudinger-Coing* aaO Vorbem 23.

Eine staatliche Genehmigung kann in Betracht kommen für die Errichtung oder Aufhebung der Stiftung sowie für Rechtsgeschäfte während des Bestehens der Stiftung. Bei kirchlichen Stiftungen ist weiter zu beachten, daß auch eine kirchenaufsichtliche Genehmigung (dazu *Bem 181ff.*) notwendig sein kann. Handelt es sich hierbei nicht etwa nur um eine interne Dienstaufsichtsgenehmigung, sondern um eine gesetzliche kirchenaufsichtliche Genehmigung, die für das Rechtsgeschäft Voraussetzung ist, so erstreckt sich die Prüfungspflicht des GBA auch hierauf.

Im einzelnen sei auf folgendes hingewiesen:

173

1. Bayern

Durch das Stiftungsgesetz vom 26. November 1954 bayGVBl 301 = SaBl 1287 = BayBS II 661/1. August 1962 GVBl 177, 250 ist eine zusammenfassende Neuregelung erfolgt, die sich auf rechtsfähige Stiftungen des bürgerlichen Rechts und des öffentlichen Rechts bezieht, Art 1 StiftungsGes. Dazu *Haegele* Beschränkungen Bem 255, 361.

Die Genehmigungspflicht nach Art 31 aaO gilt nicht für die nichtöffentlichen Stiftungen, Art 34 aaO. Bei staatlich verwalteten Stiftungen tritt an die Stelle der Stiftungsaufsicht das Weisungsrecht der vorgesetzten Behörde, die im Einvernehmen mit der zuständigen Genehmigungsbehörde handelt, Art 33 aaO.

Nach Art 31 Abs 1 StiftungsGes ist die Genehmigung der Stiftungsaufsichtsbehörde erforderlich für

1. die Annahme von Zustiftungen, die mit einer Last verknüpft sind, welche nachhaltig den Wert der Zustiftung übersteigt oder die einem erweiterten oder anderen Zweck als die Hauptstiftung dienen,
2. die Abweichungen von der Regelung des Art 10 Abs 2 aaO, wonach veräußerte Bestandteile des rentierenden Vermögens durch Erwerb anderer rentierender Vermögenswerte zu ersetzen sind, insbes für veräußerte Grst wieder Grst zu beschaffen sind,
3. Veräußerung der Belastung von Grst oder grstgleichen Rechten bei Überschreiten einer Wertgrenze von 3000 DM,
4. die Veräußerung oder wesentliche Veränderung von Sachen, die einen besonderen wissenschaftlichen, geschichtlichen oder künstlerischen Wert haben,
5. die Aufnahme eines Darlehens (unter näher bezeichneten Voraussetzungen) und der Abschluß von Rechtsgeschäften, die ein Einstehen für fremde Schuld zum Gegenstand haben,
6. Rechtsgeschäfte mit einem hohen Gesamtaufwand (nach näherer Regelung).

Nicht nur die Verfügung, sondern auch die Verpflichtung dazu ist genehmigungspflichtig, Art 31 Abs 2 StiftungsGes. Eine Genehmigung wird aber meist beides umfassen; dazu *Bem 113*. Über die Erteilung einer allgemeinen Genehmigung Art 31 Abs 3 StiftungsGes.

Bei **kommunalen Stiftungen** besteht die Genehmigungspflicht in gleichem Umfange, jedoch tritt an die Stelle der Stiftungsaufsichtsbehörde die Rechtsaufsichtsbehörde (dazu *Bem 165*), Art 35 StiftungsGes.

Bei **kirchlichen Stiftungen** (dazu Art 36ff. StiftungsGes) obliegt die Aufsicht der Obhut der Kirche. Lediglich im Falle des Art 31 Abs 1 Z 4 StiftungsGes, also bei Gegenständen von wissenschaftlichem usw Wert, ist eine Genehmigung der staatlichen Stiftungsaufsichtsbehörde einzuholen. Errichtung und Aufhebung der Stiftung sind zu genehmigen, und zwar im Benehmen mit der Kirche, Art 37 StiftungsGes. Das Erfordernis der Genehmigung der kirchlichen Stiftungsaufsichtsbehörde, wie zB nach § 7 des evangelisch-lutherischen Kirchengesetzes über die kirchlichen Stiftungen vom 31. März 1955 ABl 36), ist für das GBA von Bedeutung, da sich seine Prüfungspflicht hierauf erstreckt; dazu **BayObLG** Rpfleger 1965, 61, auch Kirchen- und stiftungsaufsichtliche Genehmigung von Rechtsgeschäften kirchlicher Rechtsträger im Bereich der Ev-luth Kirche in Bayern MittBayNotV 1965, 153.

Über die Obhutspflicht des Staates Art 21ff. aaO. Die Stiftungsbehörde hat ein Beanstandungsrecht, soweit gesetzwidrige Beschlüsse gefaßt werden, Art 23 Abs 3 StiftungsGes.

2. Ehemaliges **Preußen** 174

Dazu *Brand-Schnitzler* GBSachen § 152 (II), *Güthe* GBO 2025 (Stiftung), *Haegele* Beschränkungen Bem 255, 361, *Staudinger-Coing* BGB § 80 Vorbem 23.

Milde Stiftungen (dazu **RG** RGZ 80, 146) bedürfen zum Erwerb von Grst und zur Veräußerung ganzer Landgüter und Häuser der ministeriellen Genehmigung, § 42 Abs 2 (19), §§ 194, 219 Abs 2 (11) ALR; dazu **KG** KGJ 37, 268, *Güthe* GBO 2025 (Stiftung). Zur Veräußerung einzelner Grst und zur Verpfändung ist die Genehmigung des Regierungspräsidenten nötig, §§ 220, 227 Abs 2 (11) ALR, §§ 2, 5 preußVO vom 3. September 1932 prGS 283; dazu **KG** HRR 1938 Nr 520.

Für **sonstige Stiftungen** besteht kein Genehmigungszwang beim Erwerb von Grst. Lediglich in der früheren Rheinprovinz bedürfen Stiftungen noch zur Belastung von Grst der Genehmigung des Regierungspräsidenten, **KG** KGJ 39, 310.

Über **neues Landesrecht** in ehemals preußischen Gebieten *Bem 175* (b).

3. **Sonstiges Landesrecht** 175

Es ist insbes auf folgendes Landesrecht hinzuweisen:

a) **Baden-Württemberg**

Im Landesteil **Baden** bedarf nach § 30 bad StiftungsGes vom 19. Juli 1919 badGVBl 254 die Veräußerung und Verpfändung liegenschaftlichen Stiftungsvermögens der staatlichen Genehmigung; dazu *Haegele* Beschränkungen Bem 361 (a, b). Für die Vereinigte Evangelisch-protestantische Landeskirche Badens ist auf § 10 bad StiftungsGes vom 19. Juli 1918 badGVBl 254 hinzuweisen, wonach eine Regelung bez des Falls getroffen wird, daß die fernere Erfüllung des Zwecks der Stiftung nicht mehr möglich ist.

Die bad VO vom 12. Januar 1927 badGVBl 4 zum Vollzug des StiftungsGes und der Stiftungsanweisung hierzu vom 14. März 1905 badGVBl 197/30. November 1921 badGVBl 1922, 14 wurde durch VO vom 10. Februar 1958 bawüGBl 78 geändert, die Stiftungsanweisung durch VO vom 6. April 1961 bawüGBl 143.

In der Evangelischen Landeskirche in **Württemberg** ist eine Genehmigung des Kultusministeriums erforderlich, wenn die Veräußerung von Grundvermögen die Aufhebung der fiduziarischen Stiftung zur Folge hat; dies gilt jedoch nicht bei einer Stiftung für Gottesdienste und ihnen gleichgestellte Zwecke, § 8 wü Ges über die Kirchen vom 3. März 1924 wüRegBl 93. Bei der Aufhebung einer ortskirchlichen Stiftung oder Umwandlung ihres Zwecks ist nach § 64 Abs 2 Kirchengemeindeordnung vom 16. Dezember 1924 ABl 21, 216 nur die Genehmigung des Oberkirchenrats erforderlich.

Neben den Kirchengemeinden als Körperschaften des öffentlichen Rechts bestehen die Pfarreien bzw die Pfarrpfründen als rechtsfähige kirchliche Stiftungen des öffentlichen Rechts. Zu deren Entstehung ist die staatliche Genehmigung notwendig, § 7 wü StaatsGes über die Kirchen vom 3. März 1924 wüRegBl 93.

b) **Berlin** StiftungsGes vom 12. März 1960 berlGVBl 228 = SaBl 465.

Bremen Ges vom 21. November 1940 SaBremR 401—c—1.

Hamburg §§ 6ff., insbes §§ 8ff. hamb AGBGB idF vom 1. Juli 1957 hambGVBl 195 = SaBl 1015.

Hessen Ges zur Vereinheitlichung des Stiftungsrechts vom 23. April 1956 hessGVBl 99 = SaBl 626 = hessGVBl II 232—5.

Die für Hessen erlassene VO über die Verwaltung des Kirchenvermögens vom 6. Juni 1832 hess RegBl 412 (abgedruckt bei *Balser* Hess Ges S 14) bestimmt in Art 29, daß bei Verkäufen und Vertauschungen von einer geistlichen Stiftung gehörigen Immobilien und kostbaren beweglichen Sachen die ministerielle Entscheidung einzuholen ist. *Balser* betrachtet diese Bestimmung als gültig (*Balser* aaO S 15 Anm). Dieser Auffassung ist bez der Stiftungen zuzustimmen; im übrigen *Bem 179.*

Niedersachsen Ges vom 10. Juli 1924 ndsGVBl Sb II 469, ferner Ges über die Errichtung einer Braunschweig-Stiftung vom 28. Januar 1934 ndsGVBl Sb II 568.

Schleswig-Holstein Ges über die Oberausficht über milde Stiftungen vom 11. September 1907 schlhGS Nr 401 S 1, VO über Familienstiftungen vom 17. Mai 1940 schlhGS Nr 7811 S 1 sowie Ges vom 10. Juli 1924 schlhGS Nr 401 S 1.

Zu erwähnen ist, daß im Bereich der Evangelisch-lutherischen Landeskirche in Schleswig-Holstein nach § 35 Abs 3 der zur Verfassung vom 30. September 1922 ergangenen Verwaltungsanordnung eine staatliche Genehmigung über den Landeskirchenrat zu erwirken ist, wenn eine Kirchengemeinde eine selbständige Stiftung errichtet auf Grund einer Zuwendung, die zu diesem Zwecke gegeben wurde.

176

f) Kirchen

Dazu *Brand-Schnitzler* GBSachen §§ 147ff., *Güthe* GBO 1930ff. (Kirchen), *Haegele* Beschränkungen Bem 361 (362)

Grundsätzlich ist davon auszugehen, daß die **Kirchen**, die Körperschaften des öffentlichen Rechts sind, **ihre Angelegenheiten selbst ordnen**, so daß also die Staatsaufsicht nur in beschränktem Umfange in Betracht kommt. Dazu und zu den verschiedenen Kirchen *§ 3 Bem 58ff.*

Bei den **kirchenaufsichtlichen Genehmigungen** ist zu unterscheiden, ob es sich um lediglich interne, kirchenaufsichtliche Genehmigungen handelt, die auf die Rechtswirksamkeit keinen Einfluß haben, und solchen, die ebenso wie eine staatsaufsichtliche Genehmigung gesetzliche Voraussetzung der Rechtswirksamkeit sind, wie aus dem Kirchengesetz hervorgeht. Letztere kirchenrechtliche Genehmigungen hat das GBA zu beachten und zu prüfen; dazu **RG** RGZ 152, 369 (373) = JW 1937, 398, **KG** OLG 24, 89 = KGJ 42, 188, **OLG München** DNZot BayBeil 1953, 153, *Helm* JW 1937, 2178, *Güthe* GBO 1930 (1934), *Brand-Schnitzler* GBSachen § 147 S 479/480, **aA** (überholt) **LG Cleve** JW 1929, 3401. Wenn allerdings das Vorliegen der kirchenrechtlichen Genehmigung aus einer staatsaufsichtlichen Genehmigung hervorgeht, so braucht das GBA nicht noch einmal gesondert den Beweis des Vorhandenseins der kirchenrechtlichen Genehmigung verlangen, falls nicht irgendwelche Unklarheiten Anlaß zu weiterer Prüfung geben.

Die Kirchen, die lediglich Vereine iSd BGB sind, werden im folgenden nicht berücksichtigt, da für sie keine Besonderheiten gelten.

Über Erwerbsbeschränkungen *§ 19 Bem 78ff.* Über Stiftungen *Bem 172ff.*

Von Interesse ist, was das **BVerfG** BVerfGE 18, 385 = NJW 1965, 961 = MDR 1965, 547 = JZ 1965, 358 = DVBl 1965, 437 = DÖV 1965, 431 zur Abgrenzung des innerkirchlichen Bereichs und der dazu gehörigen Maßnahmen sagt:

„Nach dem kirchenpolitischen System des GG besteht keine Staatskirche. Jede Religionsgesellschaft ordnet und verwaltet ihre Angelegenheiten selbständig innerhalb der Schranken des für alle geltenden Gesetzes; dazu Art 140 GG mit Art 137

Abs 1, 3 RV. Damit erkennt der Staat die Kirchen als Institutionen mit dem Recht der Selbstbestimmung an, die ihrem Wesen nach unabhängig vom Staat sind und ihre Gewalt nicht von ihm herleiten. Die Folge ist, daß der Staat in ihre inneren Verhältnisse nicht eingreifen darf.

Diese Eigenständigkeit wird nicht durch ihren Charakter als Körperschaften des öffentlichen Rechts — Art 140 GG mit Art 137 Abs 5 RV — in Frage gestellt. Angesichts der religiösen und konfessionellen Neutralität des Staates nach dem GG bedeutet diese zusammenfassende Kennzeichnung der Rechtsstellung der Kirchen keine Gleichstellung mit anderen öffentlich-rechtlichen Körperschaften, die in den Staat organisch eingegliederte Verbände sind, sondern nur die Zuerkennung eines öffentlichen Status, der sie zwar über die Religionsgesellschaften des Privatrechts erhebt, aber keiner besonderen Kirchenhoheit des Staates oder gesteigerten Staatsaufsicht unterwirft. ... Nur soweit die Kirchen vom Staat verliehene Befugnisse ausüben oder soweit ihre Maßnahmen den kirchlichen Bereich überschreiten oder in den staatlichen Bereich hineinreichen, betätigen die Kirchen mittelbar staatliche Gewalt mit der Folge, daß ihre Selbstbestimmung eine in der Sache begründete Einschränkung erfährt.

Die Frage, ob eine kirchliche Maßnahme dem innerkirchlichen Bereich zuzurechnen ist oder sich auf dem Staat verliehene Befugnisse gründet oder den staatlichen Bereich berührt, entscheidet sich — soweit nicht eine Vereinbarung zwischen Kirche und Staat erfolgt ist —, darnach, was materiell, der Natur der Sache oder Zweckbestimmung nach als eigene Angelegenheit der Kirche anzusehen ist."

1. Staatsaufsichtliche Genehmigung **177**

a) Ehemaliges **Preußen**

Die Frage, inwieweit eine staatsaufsichtliche Genehmigung in Frage kommt, ist durch das Ges über die Verwaltung des katholischen Kirchenvermögens vom 24. Juli 1924 prGS 1924, 585 (und zwar § 15) und das Staatsgesetz betr die Kirchenverfassungen der evangelischen Landeskirchen vom 8. April 1924 prGS 221 (und zwar Art 6) geregelt.

Diese Regelungen werden mit Ausnahme der in den genannten Bestimmungen unter Z 1 erwähnten Veräußerungen von Gegenständen, die einen geschichtlichen, wissenschaftlichen oder Kunstwert haben, als überholt und gegenstandslos angesehen werden können. Die Veräußerung und Belastung von Grundbesitz ist schon lange nicht mehr Gegenstand staatsaufsichtlicher Genehmigung; dazu *Güthe* GBO 1930 (1938) unter 2b. Für Niedersachsen wurde nach Vereinbarung zwischen Staat und der Evangelisch-lutherischen Landeskirche Hannover das frühere preuß Ges vom 8. April 1924 ausdrücklich aufgehoben; dazu Vertrag vom 19. März 1955 Art 23 Abs 2 mit nds Landesgesetz vom 18. April 1955 nds GVBl 159. In Nordrhein-Westfalen gilt im wesentlichen auf dem hier in Frage stehenden Gebiet früheres preuß Recht; dazu *Knott* Die Genehmigungspflicht bei Rechtsgeschäften der katholischen und evangelischen Kirche, ihrer Gemeinden und Orden MittRhNotK 1963, 748 (Hinweis in DNotZ 1964, 358).

Die Genehmigung der Staatsaufsicht ist auch nicht mehr als nötig anzusehen bei Anleihen, auch wenn sie nicht bloß zur vorübergehenden Aushilfe dienen, und bei Verwendung des Kirchenvermögens zu anderen als den bestimmungsmäßigen Zwecken.

Man wird daher auch §§ 5, 28 des sich auf die katholische Kirche beziehenden preuß Ges vom 8. April 1924 nicht in weiterem Umfange anwenden. Dies gilt auch für den Erwerb von Grst über 5000 DM durch Bischöfliche Stühle, Bistümer und Kapitel; die früher erforderliche ministerielle Genehmigung ist nicht mehr notwendig. Diese aus den Jahren 1925/26 stammenden Vorschriften (vom 8. Oktober 1925 und die VO vom 2. Juli 1926 pr GS 201) müssen als überholt angesehen werden; so auch *Brand-Schnitzler* GBSachen § 148 S 486.

In **Hamburg** ist lediglich bei Grst, die unter Denkmalschutz stehen, eine staatliche Genehmigung erforderlich, und zwar auf Grund der allgemein geltenden Vorschrift des § 9 hamb Denkmal- und NaturschutzG vom 6. Dezember 1920, hamb ABl 1441.

178 b) **Bayern**

Eine Staatsaufsicht besteht bez des eigentlichen Kirchengemeinde- sowie des sonstigen kirchlichen Vermögens nicht.

Über die Staatsaufsicht bei kirchlichen Stiftungen *Bem 172, 173.*

179 c) **Hessen**

Die in der hess VO über die Verwaltung des Kirchenvermögens vom 6. Juni 1832 hessRegBl 412 (abgedruckt bei *Balser* hessGes S 14) muß bez des Grundbesitzes als überholt angesehen werden, da die Kirchen ihr Vermögen selbständig verwalten; dazu *Bem 176.* Im übrigen *Bem 175.*

180 d) Früheres **Baden**

Im ehemaligen Baden wird bez der Vereinigten Evangelisch-protestantischen Landeskirche Badens immer noch Art 26 bad OrtskirchensteuerGes vom 30. Juni 1922 badGVBl 505 angewendet, wonach jede Übernahme des Aufwandes oder einer Verpflichtung auf die Kirchengemeinde, welche die Belastung der letzteren auf die Dauer einer Mehrzahl von Voranschlagsabschnitten zur Folge hat, der Staatsgenehmigung bedarf. Auch diese Bestimmung ist mit der Selbstverwaltung des kirchlichen Vermögens, wie sie im Kirchengesetz der bezeichneten Kirche vom 24. April/6. Juli 1934 (kirchl GVBl 36, 68) Ausdruck gefunden hat, nicht vereinbar, daher als ungültig und überholt anzusehen; dazu *Bem 176.*

181 2. **Kirchenaufsichtliche Genehmigung**

Neben der staatsaufsichtlichen Genehmigung, die nur noch ganz beschränkte Bedeutung hat (dazu *Bem 176ff.*), steht die kirchenaufsichtliche Genehmigung, die das GBA uU auch zu berücksichtigen hat. Bei Verstoß gegen diese kirchenrechtlichen Vorschriften oder Anweisungen kann (je nach der Bedeutung der Bestimmung) die Gültigkeit des Rechtsgeschäfts beeinflußt werden; auch können Haftungsansprüche entstehen, ferner kann Anlaß zu dienstaufsichtlichem Einschreiten gegeben sein; dazu *Bem 176.*

182 a) **Katholische Kirche**

Zu erwähnen ist, daß nach § 21 preuß Ges über die Verwaltung des katholischen Kirchenvermögens vom 24. Juli 1924 prGS 585, 732, die bischöfliche Behörde im Benehmen mit der Staatsbehörde befugt ist, Richtlinien über die innerkirchlichen Genehmigungspflichten aufzustellen; dazu *Brand-Schnitzler* GBSachen § 148, *Güthe* GBO 1933 (1938) „Kirchengemeinden" unter II 2a. Nach dem geltenden Rechtszustand (dazu *Bem 176*) ist die katholische Kirche allein befugt, derartige Richtlinien aufzustellen; eine staatliche Zustimmung ist entbehrlich. Insoweit ist die erwähnte Vorschrift überholt.

Die Regelung ist für die ehemals preuß Gebiete in der Anordnung vom 20. Februar 1928 prGS 12 getroffen.

In Baden-Württemberg im LTeil **Baden** ist ein unter § 10 Z 8 Satzung über die Verwaltung des kath Kirchenvermögens im Erzbistum Freiburg i Br (bad Anteils) vom 27. Februar 1934 badGVBl 163 ohne Genehmigung des Ordinariats abgeschlossenes Rechtsgeschäft unwirksam, **LG Rottweil** NJW 1959, 1090 (*Ehret*). Über weitere Fragen *Reichert* Bedarf eine kath Kirchengemeinde im LTeil Baden der kirchenobrigkeitlichen Genehmigung zu Zustimmungserklärungen als GrstEigentümerin nach § 5 ErbbauVO? BWNotZ 1959, 173 (verneinend), *Ripfel* Genehmigung des Ordinarius zur Löschung von zum örtlichen kath Kirchenvermögen gehörigen Grundpfandrechten im LTeil Baden BWNotZ 1965, 93.

b) **Evangelische Kirchen** **183**

Es ist auf folgende innerkirchliche Regelungen hinzuweisen:

Bayern Evangelisch-lutherische Landeskirche

Die Frage der kirchenaufsichtlichen Genehmigung über Kirchengemeinden, auch Gesamtkirchengemeinden, ist in der neuen Kirchengemeindeordnung (KGO) vom 2. März 1964 ABl 19, die am 1. September 1964 in Kraft trat, geregelt; dazu Kirchen- und stiftungsrechtliche Genehmigung von Rechtsgeschäften kirchlicher Rechtsträger im Bereich der Ev-luth Kirche in Bayern MittBayNotV 1965, 153. Zuständig ist die Landeskirchenstelle in Ansbach, soweit nicht der Landeskirchenrat in München zu entscheiden hat. Letzterer hat Zuständigkeit bei Gesamtkirchengemeinden, im übrigen bei einem Gegenstandswert von mehr als 200000 DM. Die frühere KirchenGes über vermögensrechtliche Angelegenheiten der Kirchengemeinden vom 14. Februar 1938 ABl 35 ist daher überholt. und nicht mehr einschlägig

Berlin Evangelische Kirche in Berlin-Brandenburg

Maßgebend für die kirchenaufsichtliche Genehmigung ist das KirchenGes betr die kirchliche Aufsicht über die Vermögensverwaltung vom 18. Juli 1892 KirchenGes u VOBl 1893, 9. Zuständig zur Erteilung der Genehmigung ist das Konsistorium, Art 140 Grundordnung der Evangelischen Kirche Berlin-Brandenburg vom 15. Dzember 1948.

Hamburg Evangelisch-lutherische Kirche im Hamburgischen Staate

Kirchenrechtlich ist der Erwerb von Grst durch eine Kirchengemeinde an die Genehmigung des Landeskirchenrats gebunden, soweit dieses Grst aus Etatmitteln, die zentral durch die Kirchenhauptkasse verwaltet werden, geschieht; der Erwerb von Grst aus eigenen freien Mitteln der Kirchengemeinde ist dagegen nicht genehmigungspflichtig durch die Landeskirche. Veräußerung und Belastung von Grundbesitz der Kirchengemeinde bedarf der Genehmigung des Landeskirchenrats. Die Regelung ist erfolgt in der Hamburgischen Kirchenverfassung.

Hannover Evangelisch-lutherische Landeskirche Hannovers

Nach § 52 Kirchengemeindeordnung von 1922 muß der Kreiskirchenvorstand in bestimmten Fällen die Zustimmung des Landeskirchenamts einholen.

Hessen Evangelische Landeskirchen

Für Hessen wird in einem RdErl der evangelischen Landeskirchen vom 22. September 1950 (abgedruckt *Balser* hess Ges S 15) erwähnt, daß gewisse Grst Geschäfte nach den Kirchenverfassungen zu ihrer Wirksamkeit der kirchenaufsichtlichen Genehmigung bedürfen.

Rheinland Evangelische Kirche im Rheinland

Die Frage der Genehmigung von Rechtsgeschäften der Kirchengemeinden durch die kirchliche Aufsichtsbehörde ist in dem kirchlichen VermögensaufsichtsGes vom 18. Juli 1892 kirchliches GVBl 9 geregelt.

Schaumburg-Lippe Schaumburg-Lippisches Landeskirchenamt

Nach § 27 VO betr die Vertretung der evangelisch-lutherischen Kirchengemeinden vom 3. Februar 1893 schaulipp LVO 16, 393 bedürfen Beschlüsse des Kirchenvorstands einer Kirchengemeinde zu ihrer Gültigkeit in den in der genannten Vorschrift bezeichneten Fällen der Genehmigung des Landeskirchenrats.

Schleswig-Holstein Evangelisch-lutherische Landeskirche Schleswig-Holsteins

Beschlüsse der Kirchengemeinden, die sich auf Erwerb, Veräußerung und dingliche Belastung von kirchlichem Grundeigentum und ihm gleichstehenden Rechten beziehen, bedürfen der Genehmigung des Landeskirchenrats als der Kirchenaufsichtsbehörde, § 36 Verfassung der Evangelisch-lutherischen Landeskirche Schleswig-Holsteins vom 30. September 1922.

Württemberg Evangelische Landeskirche in Württemberg

Die Beschlüsse des Kirchenbezirkstags sowie des Kirchengemeinderats über die Veräußerung von Grundeigentum eines Kirchenbezirks bzw einer Kirchengemeinde bedürfen nach § 25 Abs 2 Z 1 Evangel Kirchenbezirksordnung vom 16. Dezember 1926 ABl 21, 253 bzw nach § 64 Abs 1 Z 5 Evangel Kirchengemeindeordnung vom gleichen Tag ABl 21, 216 der Genehmigung des Oberkirchenrats. Beschlüsse eines Kirchenbezirkstags bzw eines Kirchengemeinderats über den Erwerb von Grundbesitz durch einen Kirchenbezirk bzw eine Kirchengemeinde sind nicht genehmigungspflichtig, es sei denn, daß der Kaufpreis nicht sofort bezahlt wird und eine Kaufpreisschuld entsteht, die wegen des Tilgungsplanes oder bei der Aufnahme von langfristigen Darlehen der Genehmigung nach § 25 Abs 2 Z 3 Kirchenbezirksordnung bzw nach § 64 Abs 1 Z 5 Kirchengemeindeordnung bedarf.

184

XVI. Verschuldungsgrenze

1. Allgemeines

Im GB eingetragene Verschuldungsgrenzen hat der GBBeamte zu beachten.

Bei der **Heimstätte** nach dem HeinstG ist in § 18 aaO (*Anh*) vorgesehen, daß eine Verschuldungsgrenze in das GB eingetragen wird. Da jedoch die erforderlichen Ausführungsvorschriften fehlen, hat diese Vorschrift zZ keine Bedeutung; dazu *§ 4 Bem 75, § 13 Vorbem 154, 158.*

Im folgenden sollen die für die ehemaligen Gebiete von Preußen geltenden Vorschriften über die Verschuldungsgrenze näher besprochen werden.

185

2. Verschuldungsgrenze in Preußen

Dazu *Güthe* GBO 2046

Rechtsgrundlage für die Verschuldungsgrenze sind §§ 1, 15 preuß Ges betr die Verschuldungsgrenze vom 20. August 1906 prGS 389 und VO vom 23. März 1908 pr S 65/16. September 1909 prGS 492/5. Mai 1913 prGS 274.

Hiernach können land- oder forstwirtschaftlich genutzte Grst, die von einer zuständigen Kreditanstalt beliehen werden dürfen, über die nach der Verfassung der Anstalt zulässige Beleihungsgrenze hinaus nicht belastet werden, wenn diese Beschränkung im GB eingetragen ist. Die Verschuldungsgrenze gilt für Hypotheken, Grund- und Rentenschulden (über eine Ausnahme § 3 Abs 2 des Ges), ferner für beständige oder für bestimmte Zeit zu entrichtende feste Geldrenten. Sie wirkt auch gegenüber einer Zwangshypothek, § 3 Abs 1 des Ges. Dagegen gilt die Verschuldungsgrenze nicht für Belastungen, die das für eine Beleihung des Grst mit Mündelgeld maßgebende Vielfache des staatlich ermittelten Grundsteuerreinertrags nicht übersteigen, § 4 aaO. Der Betrag, bis zu dem das Grst von der Kreditanstalt nach deren Verfassung beliehen werden darf, ist durch eine Bescheinigung der Anstalt nachzuweisen, § 5 Abs 2 aaO. Im Falle der Eintragung einer Zwangshypothek hat das GBA die Kreditanstalt um die Erteilung der Bescheinigung zu ersuchen; § 18 Abs 2 GBO findet Anwendung, § 5 Abs 4 des Ges. Bei der Eintragung in das GB ist anzugeben, daß die Belastung innerhalb der Verschuldungsgrenze liegt, § 5 Abs 3 aaO. Kommt für neu einzutragende Belastungen die Verschuldungsgrenze nicht in Betracht, so ist dies in der Eintragung zu vermerken, § 3 Abs 3 preuß AV vom 22. April 1908 prJMBl 200. Die Eintragung einer über die Verschuldungsgrenze hinausgehenden Belastung ohne die nach § 9 des Ges erforderliche Genehmigung des staatlichen Kommissars (Oberpräsidenten) ist nichtig, **KG** KGJ 46, 217, *Güthe* GBO 2046 (2047).

Die Verschuldungsgrenze kann nur mit Genehmigung des staatlichen Kommissars (des Oberpräsidenten) gelöscht werden, §§ 11, 12 des Ges. Außerdem bedarf es einer in der Form des § 29 GBO zu stellenden Antrags des Eigentümers, § 11 Abs 1 des Ges.

§ 19

(Eintragungsbewilligung)

Eine Eintragung erfolgt, wenn derjenige sie bewilligt, dessen Recht von ihr betroffen wird.

Übersicht:

1 **I. Allgemeines, Bedeutung der Vorschrift**

Dazu *Brand-Schnitzler* GBSachen §§ 41ff., *Baur* GBEintragungen Bem 99, *Ertl* Rechtsnatur und Bedeutung der Eintragungsbewilligung DNotZ 1964, 260, *Glaser* GBWesen 138, *Güthe* GBO § 19 Bem 1ff., *Haegele* GBRecht Bem 54, 55, Merkbuch 33, Unterrichtsbriefe (GrstRecht 49, 103), *Hein* Die Konsensprinzipien im GBRecht DRpfl 1938, 241, *Hesse-Saage-Fischer* GBO § 19 Bem 1, *Horber* GBO § 19 Bem 1, *Krause* Bewilligung, Zustimmung und Antrag im GBRecht JurBüro 1950, 77, *Krämer-Illner* GBPraxis §§ 120ff., *Meyer-Zöller* Unterweisungen Bem 146, *Ripfel* GBRecht 17ff., *Thieme* GBO § 19 Bem 1

Das Liegenschaftsrecht des BGB und der GBO ist auf der Grundlage des Konsensprinzips (dazu *E 9*) und des Eintragungsprinzips (dazu *E 10*) aufgebaut. Dies bedeutet, daß regelmäßig der Eintritt einer Rechtsänderung von 2 Voraussetzungen abhängig ist, nämlich von der Eintragung in das GB und von der abstrakten Willenserklärung (dem sog Konsens) der Beteiligten über die Rechtsänderung. Diesen beiden Erfordernissen unterliegen grundsätzlich alle sachenrechtlichen Geschäfte, deren Gegenstand ein Grst oder ein Recht an einem solchen ist. Nicht hierunter fallen aber die Verfügungsbeschränkungen; sie werden ohne Einigung und ohne Eintragung begründet, geändert und aufgehoben und finden nur zum Zwecke der Berichtigung Aufnahme in das GB; dazu *§ 13 Vorbem 120.*

2 **II. Konsensprinzip**

Dazu *Brand-Schnitzler* GBSachen § 43, *Güthe* GBO § 19 Bem 7ff., *Haegele* GBRecht Bem 56, *Hesse-Saage-Fischer* GBO § 19 Bem I, II, *Horber* GBO § 19 Bem 1ff., *Richter* GBRecht 99, *Thieme* GBO § 19 Bem 3

Es ist zu unterscheiden zwischen formellem Konsensprinzip, *Bem 3,* und materiellem Konsensprinzip, *Bem 4ff.*

1. Formelles Konsensprinzip 3

Dazu *Brand-Schnitzler* GBSachen § 42 (Z 2), *Güthe* GBO § 19 Bem 7, *Hesse-Saage-Fischer* GBO § 19 Bem I, *Horber* GBO § 19 Bem 1, *Thieme* GBO § 19 Bem 1, 3

Die Eintragungsbewilligung der GBO ist vom formellen Recht her zu verstehen. § 19 bestimmt, daß die Eintragung auf Grund der einseitigen Bewilligung des betroffenen Berechtigten erfolgt. Diese Regelung dient auch zur Erleichterung des GBVerfahrens, insbes zur Vereinfachung der GBFührung (dazu Denkschr), indem sie dem GBA in den Fällen der Rechtsänderung die Feststellung der zur Herbeiführung der Rechtswirkung erforderlichen rechtsgeschäftlichen Grundlagen (Einigung, Aufgabeerklärung des Berechtigten, Annahmeerklärung des anderen Teils), insbes das Forschen nach einer Einverständniserklärung des Begünstigten, erspart, **KG** OLG 1, 415, **OLG München** JFG 14, 105 (111). Über Grenze *Bem 11.*

2. Materielles Konsensprinzip 4

Dazu *Brand-Schnitzler* GBSachen § 42 (Z 1), *Güthe* GBO § 19 Bem 9ff., 18ff., *Hesse-Saage-Fischer* GBO § 19 Bem II, *Horber* GBO § 19 Bem 1ff., *Thieme* GBO § 19 Bem 3

Es ist zu unterscheiden zwischen den Fällen, in denen ein dinglicher Vertrag vorliegen muß, und den Fällen, in denen eine einseitige Erklärung genügt; dazu *E 9.*

Der Prüfung des GBA unterliegt nur die formelle Eintragungsbewilligung des Betroffenen, **BayObLG** 1954, 67; dazu für Bayern § 134 bay DA (Vorschrift belehrenden Inhalts, *§ 2 Bem 4*). Über die Bedeutung der Unterscheidung bei letztwilliger Verfügung *Bem 17, 71.*

a) Fälle des dinglichen Vertrags bzw der einseitigen dinglichen Erklärung 5

Ein dinglicher Vertrag kommt nach materiellem Recht insbes in folgenden Fällen in Betracht, bei denen jeweils Ausnahmen vorhanden sind; dazu *Güthe* GBO § 19 Bem 9. Über das Verhältnis von Einigung bzw Erklärung des Berechtigten und GB-Eintragung *Bem 10,* über das Verhältnis von Einigung und Eintragungsbewilligung *Bem 11.*

1. Nach **§ 873 BGB** ist zur Übertragung des Eigentums an einem Grst, zur 6
Belastung eines Grst mit einem Recht sowie zur Übertragung und Belastung eines solchen Rechts neben der Eintragung in das GB die Einigung des Berichtigten und des anderen Teils über den Eintritt der Rechtsänderung erforderlich vorbehaltlich gesetzlicher Ausnahmen.

Zum Anwendungsbereich dieser Vorschrift (dazu *BGB-RGRK* BGB § 873 Bem 1ff., *Palandt* BGB § 873 Bem 1ff., *Staudinger-Seufert* BGB § 873 Bem 1ff. ua Kommentierungen) ist auf folgendes hinzuweisen:

Zu jeder Rechtsänderung am GrstEigentum und an GrstRechten ist hiernach Einigung und Eintragung nötig, soweit nicht das Gesetz Ausnahmen vorsieht.

Das **Eigentum** am Grst erstreckt sich auch auf seine Bestandteile und das Zubehör, §§ 93ff. BGB; dazu *§ 3 Bem 3ff.* Grstgleiche Rechte werden gleichbehandelt, insbes Erbbaurecht; dazu *§ 3 Bem 12ff.* Auch Wohnungs- und Teileigentum wird ähnlich behandelt; dazu *§ 3 Bem 466ff.* Zum Eigentum an Grst ist auf §§ 313, 925ff. BGB, zum Wohnungseigentum auf §§ 1ff. WEG (*Anh*) hinzuweisen. Zur Auflassung bei GrstEigentum und Ausnahmen *§ 20 Bem 4ff.*

Rechtsgeschäftliche **Neubegründung** oder **Übertragung von Rechten** an einem Grst ist zulässig, wenn es sich um eintragbare dingliche Rechte handelt; dazu *§ 13 Vorbem 16ff.* Nicht hierher gehören Belastungen, die kraft Gesetzes entstehen.

Ausnahmen sind insbes enthalten in § 875 BGB (Aufhebung eines Rechts an einem Grst), § 1168 Abs 2 BGB (Verzicht auf die Hypothek), § 1188 Abs 1 BBG (Bestellung einer Hypothek für die Forderung aus einer Schuldverschreibung auf den Inhaber), § 1195 BGB (Bestellung einer Inhabergrundschuld), § 1196 BGB (Bestellung einer Eigentümergrundschuld).

Belastung eines Rechts mit einem Recht, soweit dies zulässig ist, gehört ebenfalls hierher. Dies gilt für Nießbrauch und Pfandrecht an übertragbaren GrstRechten. Übertragung und Belastung eines solchen Rechts richtet sich nach den besonderen Vorschriften, wie zB § 1250 BGB bez Pfandrecht.

Über Aufhebung des Nießbrauchs oder Pfandrechts an einem GrstRecht §§ 1072, 1064, 1255, 1273 BGB.

In den **Ausnahmefällen** genügt anstatt der vertragsmäßigen Einigung die **einseitige**, dem GBA oder einem anderen gegenüber abzugebende **Erklärung** des Berechtigten, zB bei den bereits angeführten §§ 1188, 1195, 1196 BGB. Ferner bedarf es nach materiellem Recht keiner Einigung, sondern nur der einseitigen Erklärung dh der Bewilligung des Berechtigten in den Fällen der Vormerkung und des Widerspruchs, §§ 885, 899 BGB; dazu *§ 25 Bem 19.*

7 2. Bei der **Änderung** des Inhalts eines GrstRechts finden nach **§ 877 BGB** die Vorschrift des § 873 BGB (dazu *Bem 6*) entsprechende Anwendung.

Für den Anwendungsbereich dieser Vorschrift (dazu *BGB-RGRK* BGB § 877 Bem 1ff., *Palandt* BGB § 877 Bem 1ff., *Staudinger-Seufert* BGB § 877 Bem 2ff. ua Kommentierungen) ist folgendes bedeutsam:

Es muß sich um rechtsgeschäftliche Änderungen handeln, wobei die Art des bestellten Rechts gewahrt sein muß; dazu *Palandt* BGB § 877 Bem 3a. Nicht unter Änderungen iSd § 877 BGB fallen Begründung und Teilaufhebungen, wofür § 875 BGB einschlägig ist; dazu **KG** OLG 29, 379/43, 2 = JW 1923, 700, *Palandt* aaO Bem 30, *Staudinger-Seufert* BGB § 877 Bem 2ff. Eine Erweiterung kann je nach der Art Begründung oder Änderung des Rechts sein; dazu *§ 3 Bem 238ff.*, auch *Güthe* GBO § 19 Bem 9, *Palandt* aaO Bem 3b, *Staudinger-Seufert* aaO. Inhaltsänderungen sind insbes die Umwandlung einer Buch- in eine Briefhypothek und umgekehrt, § 1116 BGB, einer gewöhnlichen Hypothek in eine Sicherungshypothek und umgekehrt, § 1186 BGB, einer Hypothek in eine Grundschuld oder Rentenschuld oder umgekehrt, §§ 1198, 1203 BGB, sowie Forderungsauswechslung, § 1180 BGB.

Ausnahmen von der Notwendigkeit eines dinglichen Vertrags enthalten § 1109 Abs 2 BGB (bei Reallast Teilung des herrschenden Grst) und § 1132 Abs 2 BGB (Verteilung einer Gesamthypothek auf die einzelnen Grst); dazu *Staudinger-Seufert* aaO Bem 9.

8 3. Bei **nachträglicher Rangänderung** (dazu *§ 45 Bem 73ff.*) nach **§ 880 BGB** ist die Einigung des zurücktretenden und des vortretenden Berechtigten und die Eintragung der Änderung in das GB erforderlich.

9 4. Bei Ausschließung der Erteilung eines **Hypothekenbriefs** bei Hypothekenbestellung oder später sowie Aufhebung sind Einigung zwischen Gläubiger und Eigentümer sowie Eintragung in das GB nötig, **§ 1116 Abs 2 BGB.** Für Grund- und Rentenschuld gilt dasselbe, §§ 1192, 1199 BGB; bei der Eigentümerschuldgrund ist die Besonderheit des § 1196 BGB zu berücksichtigen. Dazu *Güthe* GBO § 19 Bem 9.

10 **b) Verhältnis von Einigung bzw Erklärung des Berechtigten und GBEintragung**

Wenn die Voraussetzungen der *Bem 6ff.* erfüllt sind, tritt die Rechtsänderung ein. Die Einigung oder die einseitige Erklärung des Berechtigten einerseits und die Eintragung der Rechtsänderung in das GB sind jedoch 2 einander völlig gleichwertige Erfordernisse. Sie bilden aber einen einheitlichen Rechtsakt und können nur zusammen das Eigentum oder dingliche Recht begründen usw, so daß es bei Nichtigkeit der Einigung oder der Eintragung nicht entstehen kann; dazu **RG** RGZ 70, 356, **KG** KGJ 51, 144, *BGB-RGRK* BGB § 873 Bem 58, 85ff. Auf Grund der Einigung allein kann auch trotz ihrer Vertragsnatur nicht auf Herbeiführung der Rechtsänderung geklagt werden, da sie keine schuldrechtliche Verpflichtung bewirkt, sondern selbst Leistung dh Erfüllungsgeschäft ist, **BayObLG** 12, 478, **OLG Hamburg** OLG 45, 187, *BGB-RGRK* BGB § 873 Bem 31ff.

Insbes setzt die Eintragung als solche die Einigung nicht voraus. Nur die materielle Wirksamkeit der Eintragung, also die Rechtsänderung, ist von der Einigung abhängig. Die Eintragung kann also vor der Einigung erfolgen (vgl dazu § 879 Abs 2 BGB, **RG** RGZ 70, 356/84, 105/89, 32, 374, ja sogar in Widerspruch mit der Einigung, **RG** RGZ 89, 32, **KG** JFG 3, 354, **BayObLG** 13, 419, 728, *Güthe* GBO § 19 Bem 10. Über die Besonderheiten des § 925 BGB und des § 20 GBO *Bem 39, § 20* Bem 3ff.

In vielen Fällen erfolgt eine Eintragung in das GB, nicht um eine Rechtsänderung, sondern um eine bloße Richtigstellung des Inhalts des GB herbeizuführen; dazu § 20 *Bem 2ff.*

3. Verhältnis von Einigung bzw einseitiger Erklärung und Eintragungsbewilligung 11

Dazu *Güthe* GBO § 19 Bem 10ff.

Die Eintragungsbewilligung hat lediglich die Eintragung zum Gegenstand, nicht die Rechtsänderung; sie hat daher formellen Charakter. Sie ist deshalb regelmäßig Voraussetzung für die Eintragung, nicht für die Rechtsänderung. Die materiell-rechtliche Rechtsänderung kann daher (bei Eintragung und nachfolgender Einigung oder bei Heilung der unwirksamen einseitigen Erklärung) auch eintreten, ohne daß eine (rechtsgültige oder formgerechte) Eintragungsbewilligung vorliegt. Sie tritt anderseits trotz Eintragungsbewilligung und Eintragung nicht ein, wenn die Einigung fehlt und nicht etwa Erwerb auf Grund guten Glaubens eintritt oder wenn die einseitige Erklärung materiell unwirksam ist; dazu **KG** JFG 14, 111.

Die für die Rechtsänderung erforderliche zweiseitige Einigung kann zwar durch die Eintragungsbewilligung des einen und den Eintragungsantrag des anderen Teils erklärt werden, **RG** RGZ 54, 383/62, 378. Es kann also in der Eintragungsbewilligung die Einigungserklärung des Bewilligenden liegen; dazu *Güthe* GBO § 19 Bem 11, 12. Notwendig ist dies aber nicht. Über Auflassung *§ 20 Bem 4ff*, über schuldrechtlichen und dinglichen Vertrag *§ 18 Bem 141, 142.*

Andererseits ist die Eintragungsbewilligung an sich kein Bestandteil des zur Rechtsänderung erforderlichen dinglichen Vertrags; dazu **KG** RJA 3, 163, **BayObLG** BayObLGZ 1952, 40 (45), **OLG München** JFG 18, 203, **LG Dresden** ZBlFG 1, 6, *Eccius* GruchBeitr 47, 59 ,*Güthe* GBO § 19 Bem 11, *Horber* GBO § 19 Bem 3Ab*β*, *Staudinger-Seufert* BGB § 873 Bem 55, auch S 120 Fußn*), *Strube* ZBlFG 5, 526, *Thieme* GBO § 19 Bem 3. Häufig wird die Eintragungsbewilligung in der Einigungserklärung zu finden sein, zB in der Einigung über die nachträgliche Erteilung eines Hypothekenbriefes, **KG** KGJ 28, 152, in der Einigung über die Eintragung eines Restkaufgeldes, **RG** RGZ 62, 378. Andernfalls ist die Bewilligung vom Betroffenen auch dann noch besonders zu erklären, wenn der Abschluß des dinglichen Vertrags dem GBA nachgewiesen ist. Die Frage ist jedoch bestritten. Wenn dagegen ausgeführt wird (dazu **RG** RGZ 54, 383/62, 378/141, 374, *Predari* GBO § 19 Bem 3, *Turnau-Förster* GBO § 19 Bem II 2 ua), eine der Formvorschrift des § 29 entsprechende Einigung reiche in allen Fällen zur

Herbeiführung der Eintragung aus und die Einigung enthalte begrifflich die Eintragungsbewilligung und den Eintragungsantrag in sich, die Eintragungsbewilligung sei dasselbe als die zur Einigung erforderliche Erklärung des Berechtigten, so kann dieser Auffassung in dieser Form nicht zugestimmt werden. Diese abweichende Meinung wird gegenwärtig vor allem vertreten von *Hesse-Saage-Fischer* GBO § 20 Bem I, *Horber* GBO § 19 Bem 3 Ab*β*. Die formell-rechtliche Eintragungsbewilligung und die materiell-rechtliche Einigung sind verschiedene Rechtsakte, auch wenn im einzelnen Fall (und zwar sehr häufig) die Erklärungen sich decken können und werden; dazu *BGB-RGRK* BGB § 873 Bem 31 ff., *Staudinger-Seufert* BGB § 873 Bem 55. Auch ist zu beachten, daß die Einigung (abgesehen von Ausnahmefällen, wie dem des § 925 BGB), unter einer Bedingung oder Befristung erfolgen kann, während die Eintragungsbewilligung vorbehaltlos sein muß; dazu *Bem 18* sowie **KG** KGJ 53, 141, *BGB-RGRK* BGB §§ 925, 925a Bem 53 ff., *Güthe* GBO § 19 Bem 53, *Predari* GBO § 19 Bem 27, *Staudinger-Seufert* BGB § 873 Bem 42, 57, *Turnau-Förster* GBO § 19 Bem II 4. Jedenfalls muß, wenn die Eintragung nur unter einem Vorbehalt bewilligt ist, die Erledigung des Vorbehalts dem GBA in gbmäßiger Form nachgewiesen werden, **KG** OLG 6, 477/10, 84. Weiter spricht für die hier vertretene Auffassung, daß die Beteiligten die Einigung auch lediglich zum Zwecke der Bindung erklären können, ohne die sofortige Eintragung zu wollen. Der GBBeamte darf sich daher mit einer Einigungserklärung nur dann begnügen, wenn sich aus ihr auch ohne weiteres die formelle Eintragungsbewilligung (dazu *Bem 22*) ergibt; über die Auflassung *§ 20 Bem 4 ff.* Umgekehrt kann die einseitige Eintragungsbewilligung niemals die materiell-rechtlich erforderliche zweiweitige Einigung ersetzen, **OLG München** JFG 14, 105 (106). Von der Praxis her gesehen führen in den Regelfällen beide Auffassungen zum gleichen Ergebnis; jedoch in gesondert gelagerten Fällen wird die abweichende Auffassung dem Willen der Beteiligten nicht immer gerecht und steht mit den für die Auslegung geltenden Grundsätzen (*dazu Bem 21, 22*) nicht voll in Einklang, kann daher insoweit zu Fehlergebnissen führen.

Das formelle Konsensprinzip (dazu *Bem 3*) findet aber seine **Grenze** darin, daß in denjenigen Fällen, in denen nach dem materiellen Recht zum Eintritt der Rechtsänderung eine Einigung erforderlich wird, auf Grund der einseitigen Bewilligung eine Eintragung dann nicht erfolgen kann, wenn nach dem Inhalt des GB oder der dem GBBeamten vorgelegten Urkunden das Zustandekommen der Einigung unmöglich ist. Hier ist die Eintragungsbewilligung unwirksam, weil sie dem mit ihr erstrebten materiellen Rechtserfolg nicht dienen kann, **KG** KGJ 20, 294/37, 283/41, 201, *Güthe* GBO § 19 Bem 45, *Thieme* GBO § 19 Bem 3. Eine Eintragung ist auch abzulehnen, wenn dem GBBeamten bekannt ist, daß die Eintragung zu einer **Unrichtigkeit des GB** führen würde, **OLG Köln** OLGZ 1966, 231 = DNotZ 1966, 677, **OLG München** DNotZ 1937, 236, *Thieme* GBO § 19 Bem 3; dazu auch *§ 1 Bem 6c*, *§ 18 Bem 6*. So ist ein Berichtigungsantrag trotz der Berichtigungsbewilligung zurückzuweisen, wenn sich aus dem mit der Berichtigungsbewilligung vorgelegten Urkunden oder aus anderen dem GBA bekannten (nicht nur vermuteten) Umständen ergibt, daß durch die mit der Bewilligung entsprechenden Eintragung das GB gerade unrichtig würde, **BayObLG** BayObLGZ 1954, 225 = bayJMinBl 1954, 280, *Thieme* GBO § 19 Bem 3.

12 **III. Eintragungsbewilligung**

Dazu *BGB-RGRK* BGB § 873 Bem 115, *Brand-Schnitzler* GBSachen §§ 41 ff., *Güthe* GBO § 19 Bem 26 ff., *Haegele* GBRecht Bem 54, 55, 1458 ff., *Hesse-Saage-Fischer* GBO § 19 Bem II, *Horber* GBO § 19 Bem 3 ff., *Staudinger-Seufert* BGB § 873 Bem 54 ff., *Thieme* GBO § 19 Bem 3 ff.

Bei der Eintragungsbewilligung ist von Bedeutung
ihre rechtliche Natur, *Bem 12 ff.*,
ihr Inhalt, *Bem 21 ff.*,

ihre Wirkung, *Bem 28ff.*,
ihr Widerruf, *Bem 31ff.*,
ihre Anfechtbarkeit und Nichtigkeit, *Bem 36.*

1. Rechtliche Natur der Eintragungsbewilligung 13

Dazu *Güthe* GBO § 19 Bem 26ff., *Hesse-Saage-Fischer* GBO § 19 Bem II, *Horber* GBO § 19 Bem 3, *Staudinger-Seufert* BGB § 873 Bem 55, *Thieme* GBO § 19 Bem 3

Die Eintragungsbewilligung ist eine formell-rechtliche (*Bem 14*), rechtsgeschäftliche (*Bem 15*), einseitige (*Bem 16*), empfangsbedürftige (*Bem 17*), abstrakte (*Bem 18*) Erklärung, deren Gegenstand die Eintragung ist (*Bem 19*) und die eine Verfügung darstellt (*Bem 20*).

a) Formell-rechtliche Erklärung 14

Die Eintragungsbewilligung ist von der Einigungserklärung bzw der einseitigen Erklärung des materiellen Rechts zu unterscheiden (bestr); dazu *Bem 10, 11,* auch *Güthe* GBO § 19 Bem 11, 12, *Hesse-Saage-Fischer* GBO § 19 Bem II 1, *Horber* GBO § 19 Bem 3A, *Thieme* GBO § 19 Bem 3.

Aus der Eintragungsbewilligung entsteht, auch wenn sie unwiderruflich geworden ist (dazu *Bem 31ff.*), für den Begünstigten kein nach § 398 BGB übertragbarer Anspruch, **KG** HRR 1933 Nr 1491. Dies gilt auch dann, wenn die Eintragungsbewilligung durch Urteil (§ 894 ZPO) ersetzt wird (dazu *Bem 46*), **KG** HRR 1934 Nr 662.

b) Rechtsgeschäftliche Willenserklärung 15

Die Eintragungsbewilligung ist inhaltlich keine prozessuale Erklärung — anders der Eintragungsantrag; dazu *§ 13 Bem 9* —, sondern eine rechtsgeschäftliche Willenserklärung, § 873 Abs 2 BGB (bestr), dazu **RG** RGZ 54, 378, Recht 1911, Nr 2463 *Güthe* GBO § 19 Bem 7, 26, *Hesse-Saage-Fischer* GBO § 19 Bem II 4, *Horber* GBO § 19 Bem 3A, *Predari* GBO § 19 Bem 12, *Thieme* GBO § 19 Bem 3. Die allgemeinen Vorschriften des BGB über Willenserklärungen finden deshalb auch auf sie Anwendung; dazu *Bem 31ff.*

Daneben hat die Eintragungsbewilligung — was nicht übersehen werden darf — auch eine formell- rechtliche Bedeutung; dazu *Bem 29.* Insofern steht sie im GBVerfahren neben dem Eintragungsantrag.

c) Einseitige Erklärung 16

Die Eintragungsbewilligung ist eine einseitige Erklärung. Ihre Annahme durch den Begünstigten ist nicht erforderlich. Die Eintragung muß deshalb selbst dann erfolgen, wenn feststeht, daß die Erklärung nicht angenommen ist, **KG** OLG 10, 103, **BayObLG** 4, 953, *Predari* GBO § 19 Bem 3.

d) Empfangsbedürftige Erklärung 17

Die Eintragungsbewilligung ist eine empfangsbedürftige, dem GBA gegenüber abzugebende Erklärung, **KG** OLG 5, 404/40, 36 (37), **BayObLG** 23, 169, BayObLGZ 1948/51, 456 (464) = DNotZ 1952, 169, *Bourier* DNotV 1918, 219, *Güthe* GBO § 19 Bem 28, 29, *Hesse-Saage-Fischer* GBO § 19 Bem II 3, *Horber* GBO § 19 Bem 3C, *Predari* GBO § 19 Bem 12, *Thieme* GBO § 19 Bem 3, 9.

Sie wird daher nach **§ 130 BGB** erst wirksam und bindend, wenn sie dem **GBA** oder dem **anderen (gewinnenden) Teil** zugeht. Nicht erforderlich ist, daß die in der Bewilligung enthaltene Erklärung dem GBA unmittelbar übermittelt wird. Wird die Urkunde vom Begünstigten beim GBA eingereicht oder geht sie diesem sonst auf einem üblichen Übermittlungsweg zu, so ist anzunehmen, daß der Betroffene mit der Abgabe seiner Erklärung an das GBA einverstanden ist, sofern nicht feststeht, daß die Einreichung gegen seinen Willen erfolgt ist; dazu *Güthe* GBO § 19 Bem 30, 31. Eine Eintragungsbewilligung kann von dem Erblasser wirksam erklärt werden, auch in einem

Testament oder Erbvertrag, **KG** JR 1951, 761, **OLG Hamm** DNotZ 1954, 209, *Hesse-Saage-Fischer* GBO § 19 Bem II 4a, *Horber* GBO § 19 Bem 3Ca, *Thieme* GBO § 19 Bem 9, **aA** (überholt) **KG** HRR 1928 Nr 950/1933 Nr 416 = DNotV 1933, 292 (bez des Testaments) und im Anschluß daran *Güthe* GBO § 19 Bem 28. Anders ist die Rechtslage bei der materiell-rechtlichen Verfügungsbefugnis; dazu *Bem 69, 71.* Über **Entgegennahme** der Eintragungsbewilligung beim GBO *§ 13 Bem 24ff.*

Empfangsberechtigt ist neben dem GBA **derjenige, zu dessen Gunsten** die Erklärung abgegeben wird, **KG** KGJ 43, 149, OLG 40, 36 (37), HRR 1933 Nr 416, *Güthe* GBO § 19 Bem 29, *Hesse-Saage-Fischer* GBO § 19 Bem II 3, *Horber* GBO § 19 Bem 3Cb, *Thieme* GBO § 19 Bem 3. Dies gilt auch bei Bewilligung einer Vormerkung, **KG** KGJ 46, 208, *Güthe* und *Horber* aaO, **aA** *BGB-RGRK* BGB § 885 Bem 14.

Auf die Wirksamkeit der Eintragungsbewilligung ist es ohne Einfluß, wenn der Bewilligende nach ihrer Abgabe stirbt oder geschäftsunfähig oder in der Geschäftsfähigkeit beschränkt wird, § 130 Abs 2 BGB, *Güthe* GBO § 19 Bem 28, *Hesse-Saage-Fischer* GBO § 19 Bem II 4a, *Horber* GBO § 19 Bem 3Ca, *Thieme* GBO § 19 Bem 4, 9; dazu auch *Staudinger-Seufert* BGB § 878 Bem 11. Es bedarf daher keiner neuen Eintragungsbewilligung der Erben; dies gilt auch dann, wenn letzterer inzwischen schon im GB als Berechtigter eingetragen worden ist, **BayObLG** 34, 65. Eine **Abgabe** der Eintragungsbewilligung liegt aber nicht schon vor, wenn sie niedergeschrieben oder sonst beurkundet ist, sondern erst dann, wenn der Erklärende alles getan hat, was von seiner Seite erforderlich ist, um das Zugehen und damit das Wirksamwerden der Erklärung herbeizuführen, **KG** HRR 1933 Nr 416 = DNotV 1932, 292, *Güthe* GBO § 19 Bem 28. Erklärungen des Gemeinschuldners bleiben auch nach Konkurseröffnung wirksam, **RG** RGZ 52, 416; dazu *Bem 73.*

18 **e) Abstrakte Erklärung**

Die Eintragungsbewilligung ist auch eine abstrakte Erklärung; dazu *Güthe* GBO § 19 Bem 27, *Hesse-Saage-Fischer* GBO § 19 Bem II 2, *Horber* GBO § 19 Bem 3B.

Sie ist daher unabhängig von dem schuldrechtlichen Grundgeschäft, **OLG München** JFG 20, 241, auch wenn dieses in derselben Urkunde enthalten ist; sie kann auch dann gültig sein, wenn das Grundgeschäft unwirksam ist, **KG** OLG 8, 303, *Güthe* und *Hesse-Saage-Fischer* aaO. Anderseits können dieselben Umstände, die den schuldrechtlichen oder den dinglichen Vertrag nichtig machen (dazu *§ 18 Bem 141, 142*), auch bei der Eintragungsbewilligung vorliegen und deren Unwirksamkeit herbeiführen.

Die Eintragungsbewilligung kann nicht vom Grundgeschäft in der Weise abhängig gemacht werden, daß die Gültigkeit des Grundgeschäfts zur Bedingung der Eintragungsbewilligung gemacht wird, *Güthe* und *Hesse-Saage-Fischer* aaO. Über Bedingung und Befristung *Bem 11.*

Über das Prüfungsrecht des GBBeamten *§ 18 Bem 82ff.*, insbes *Bem 88.* Wenn Unklarheiten bestehen, ist eine Zwischenverfügung nach § 18 zulässig, **BayObLG** JFG 2, 342 (344); Zurückweisung des Antrags kommt dagegen in Betracht, wenn klar ist, daß der Mangel nicht behoben werden kann, **KG** HRR 1935 Nr 1373, *Horber* GBO § 19 Bem 3B, *Thieme* GBO § 19 Bem 3. Bedenken bestehen gegen die Auffassung bei *Horber* aaO, wonach die Berechtigung zur Prüfung weiter gespannt wird als die Prüfungspflicht; dazu *§ 18 Bem 82, 143.*

19 **f) Gegenstand der Eintragungsbewilligung**

Die Eintragungsbewilligung ist eine Erklärung, deren Gegenstand die Eintragung ist; dazu *Güthe* GBO § 19 Bem 53, 54.

Je nach dem Zweck der bewilligten Eintragung unterscheidet man die Rechtsänderungsbewilligung die Berichtigungsbewilligung, *Güthe* GBO § 19 Bem 7, 8, 24, 53, *Hesse-Saage-Fischer* GBO § 19 Bem II 4, *Horber* GBO § 19 Bem 2A, 3Ab, c, *Thieme* GBO § 19 Bem 3. Da auch in den Fällen, in denen der Zweck der Eintragung die **Rechtsänderung** ist, die Eintragungsbewilligung immer nur die Eintragung, nicht die Rechtsänderung zum Gegenstand hat (dazu *Bem 11*), so ist die Eintragung auf Grund der Eintragungsbewilligung selbst dann gerechtfertigt, wenn die Einigung noch nicht vorliegt (Ausnahme § 20) oder mit der Eintragungsbewilligung in Widerspruch steht (dazu *Bem 11*), wenn also die Rechtsänderung nicht eintritt. Da aber in solchem Falle das GB unrichtig wird, so kann dessen **Berichtigung** verlangt werden. Die hierzu materiell-rechtlich erforderliche Zustimmung (§ 894 BGB) muß aber, soweit die Unrichtigkeit nicht nachgewiesen wird (§ 22), in der Form der Eintragungsbewilligung (§ 19) erteilt werden; dazu *Güthe* GBO § 19 Bem 24, 25.

g) Verfügung 20

Die Eintragungsbewilligung ist auch eine Verfügung; dazu *Bem 69ff.*, auch *Güthe* GBO § 19 Bem 45.

Sie ist nicht übertragbar, **KG** HRR 1933 Nr 1491.

2. Inhalt der Eintragungsbewilligung 21

Dazu *Brand-Schnitzler* GBSachen § 43, *Güthe* GBO § 19 Bem 52ff., *Hesse-Saage-Fischer* GBO § 19 Bem II, 4, III, *Horber* GBO § 19 Bem 4, *Thieme* GBO § 19 Bem 4

Die Eintragungsbewilligung muß ausdrücklich erklärt werden (*Bem 22*) und bestimmt sein (*Bem 23*). Sie muß den materiellen Rechtsvorgang (*Bem 24*) und den Berechtigten (*Bem 25*) bezeichnen. Auch müssen Eintragungsbewilligung und Eintragungsantrag übereinstimmen (*Bem 26*). Über die *Form Bem 27*.

Das GBA hat die Eintragungsbewilligung, die erklärt wird, **auszulegen**. Es muß die gesamten Erklärungen der Urkunde berücksichtigen, um eine dem Willen der Beteiligten entsprechende Auslegung vorzunehmen. Soweit sich Unklarheiten ergeben, die einen behebbaren Mangel betreffen, kommt eine Klärung durch **Zwischenverfügung** nach § 18 in Betracht. Zurückweisung hat zu erfolgen, wenn eine Auslegung auf Grund § 133 BGB keine Klarheit verschaffen kann; dazu **LG Kassel** NJW 1953, 189 = Rpfleger 1953, 586 = DRspr IV (473) 21c, **LG Verden** Rpfleger 1951, 617 = DRspr IV (473) 19b, hierzu *Fritz Riedel* DNotZ 1954, 454 = DRspr IV (473) 30a, wobei erstere Entscheidung sich auf die zu unbestimmte Formulierung *soweit eintragungsfähig*, letztere Entscheidung auf eine Hypothekenurkunde mit zahlreichen Nebenbestimmungen, wodurch Unklarheiten verursacht werden, bezieht. Der Zweck des GB ist, wie das **LG Verden** aaO mit Recht bemerkt, den Rechtsverkehr sicher, zuverlässig, gedrängt und erschöpfend über die Rechtsverhältnisse der Grst zu unterrichten; daher ist es nicht zulässig, daß das GBA Eintragungen auf die Gefahr hin veranlaßt, daß im GB zum Teil überflüssige, vielleicht gar inhaltlich unzulässige Einträge erscheinen. Wenn durch die Erklärung des Bewilligenden eine Unklarheit sich bez des Betroffenen, der eine Zustimmungserklärung abzugeben hat, entsteht, ist die abgegebene Erklärung nicht geeignet, eine Eintragungsgrundlage (etwa für eine Löschung) zu sein, da das GBA zur Herbeiführung eines falschen Rechtsscheins die Hand nicht bieten darf; dazu **OLG Celle** DNotZ 1955, 317 (*Fritz Fiedel*), ferner *Hesse-Saage-Fischer* GBO § 19 Bem I. Im übrigen *Horber* GBO § 19 Bem 4Aa, *Thieme* GBO § 19 Bem 4, zur Zwischenverfügung *§ 18 Bem 2ff.*

22 **a) Ausdrückliche Erklärung**

Die Bewilligung muß ausdrücklich erklärt werden; dazu *Brand-Schnitzler* GBSachen § 43, *Güthe* GBO § 19 Bem 53, 55, *Hesse-Saage-Fischer* GBO § 19 Bem II 4b, *Horber* GBO § 19 Bem 4 Aa, *Thieme* GBO § 19 Bem 4, *Teplitzky* Die Wirkung der falschen Bezeichnung eines Grundpfandrechts im GB NJW 1926, 726.

Stillschweigende Erklärungen genügen nicht, **OLG Dresden** OLG 35, 336. Jedoch ist nicht erforderlich, daß die Bewilligung ausdrücklich als solche bezeichnet wird, daß insbes der Ausdruck *Bewilligung* oder *bewilligen* gebracht wird. Es kann sich auch um andere Redewendungen handeln, wenn der Sinn und Wille erkennbar und klar ist; unter diesen Umständen können Ausdrücke wie *gestatten* oder *einverstanden sein* oder *zustimmen* oder *beantragen* als ausreichend anzusehen sein. Die Worte *Bestellung einer Hypothek* können, wenn es sich nur um eine falsche Ausdrucksweise handelt und nach den Umständen ersichtlich ist, was gemeint ist, auch genügend sein; dazu *Güthe* GBO § 19 Bem 53.

Es muß also ein Ausdruck gewählt sein, der unmittelbar und unzweideutig den **Willen des Erklärenden** erkennen läßt, daß eine der Rechtsänderung bzw bei einer Berichtigungsbewilligung eine der wirklichen Rechtslage entsprechende Eintragung in das GB erfolgen soll; dazu *Bem 19*. Denn ausdrücklich ist eine Willenserklärung auch dann, wenn ihre Bedeutung im Wege der **Auslegung** ermittelt wird; **§ 133 BGB** gilt auch für die Eintragungsbewilligung. Dies kann als unbestrittene allgemein in Rspr und RLehre anerkannte Auffassung gelten, die unangefochten ist; so insbes **RG** RGZ 52, 411/132, 158 (168), LZ 1917, 97, SeuffA 79 Nr 117, **KG** RJA 2, 50, KGJ 32, 260, JFG 1, 281, 322, DNotZ 1936, 403/1958, 203 (*Hieber*) = DRspr IV (473) 48a, **BayObLG** OLG 29, 398, BayObLGZ 1952, 24 = DRspr I (113) 61c, **OLG Bremen** NJW 1965, 2403, **OLG Dresden** OLG 15, 190, **OLG Frankfurt aM** Rpfleger 1956, 193 = DRspr IV (473) 37b, Rpfleger 1961, 155 (*Haegele*), **OLG Karlsruhe** DNotZ 1958, 257 (*Westermann*), **OLG Köln** JMBl NRW 1960, 30 = Rpfleger 1960, 56 (*Haegele*) = DRspr IV (473) 59d, NJW 1960, 1108 = DRspr aaO 62b, **LG Kassel** NJW 1964, 932, **LG Verden** Rpfleger 1951, 617, **AG Bremen** DNotZ 1961, 555 (*Schippel*), auch **BGH** DNotZ 1959, 240 (zur Dienstbarkeit, wenn auch unter Hinweis auf § 242 BGB), ferner *BGB-RGRK* § 873 Bem 67, *Brand-Schnitzler* GBSachen § 43, *Güthe* GBO § 13 Vorbem 101, *Hesse-Saage-Fischer* GBO § 19 Bem II 4b, *Horber* GBO § 19 Bem 4 Aa, *Fritz Riedel* Über die Eintragung von Hypotheken auf Grund banküblicher Bewilligungen DNotZ 1954, 454 = DRspr IV (473) 30a, *Staudinger-Seufert* BGB § 873 Bem 41, *Thieme* GBO § 19 Bem 4. Zweideutige, in ihrer wirklichen Bedeutung nicht erkennbare Erklärungen sind zurückzuweisen, **RG** RGZ 54, 381, **OLG Braunschweig** OLG 18, 233/21, 4, *Güthe* GBO § 13 Vorbem 101, § 19 Bem 55. Wesentlich verschieden von der Auslegung einer undeutlichen Erklärung ist die Ergänzung einer fehlenden Willenserklärung; dies ist nicht zulässig, **RG** RGZ 92, 320, **LG München I** RpfliB 1905, 415. Bei der Auslegung der Eintragungsbewilligung ist der von den Beteiligten erkennbar verfolgte Zweck zu berücksichtigen, **KG** DNotZ 1936, 403; es kann dabei auch das zugrunde liegende Rechtsgeschäft herangezogen werden, **BayObLG** 12, 733. Das GBA kann auf Grund seiner Auslegung bei der Eintragung (im Rahmen der Auslegungsgrenzen) vom Wortlaut der Bewilligung abweichen, **OLG München** DNotZ 1936, 822, *Thieme* GBO § 19 Bem 4; dazu auch *Bem 29, 72*.

Während im Prinzip Einigkeit besteht, daß die Vorschrift des § 133 BGB im GB-Recht, auch dem GBA gegenüber und vom GBA, anzuwenden ist, ist die Praxis doch nicht einheitlich. Dies ist auch der Grund, weshalb die Frage immer wieder neu in Rspr und RLehre aufgerollt wird. Es ergeben sich auch deshalb immer wieder Schwierigkeiten, weil in der Praxis keine einheitliche Linie herrscht, weil man teils sehr formell und kleinlich die Auslegungsmöglichkeit handhabt, so eng, als ob § 133 BGB im GB-

Recht nicht gelten würde. Es geht also darum, ob und welche Grenze sich aus dem GB-Recht ergibt und ob im Antragsverfahren die Handhabung anders als im Amtsverfahren ist. Diese Grenze muß für den Einzelfall gefunden werden, aus der Erfahrung des Lebens heraus. Der GBBeamte darf nicht die Eintragungen erschweren, indem er § 133 BGB nicht oder kaum anwendet. Es mag dies von seinem Standpunkt aus eine Vereinfachung sein, anstatt auszulegen einen Antrag zurückzuweisen oder eine Zwischenverfügung nach § 18 zu treffen. Aber von dem Antragsteller oder dem Eintragungsersuchen nach § 38 aus sieht die Sache anders aus. Hier würde die ablehnende bzw negative Haltung des GBBeamten eine Verzögerung der Erledigung, die vermeidbar ist, bedeuten. Gerade bei eiligen Angelegenheiten ist es den Beteiligten nicht immer möglich, so schnell sich über alles Information zu erholen und dann hat ein Antrag bzw ein Ersuchen um Eintragung eine scheinbare Unklarheit oder Unvollständigkeit, die jedoch aus den Umständen sich löst und deshalb auch eine Zwischenverfügung nach § 18 entbehrlich macht. Um eine richtige und einheitliche Anwendung des § 133 BGB und der damit in Zusammenhang stehenden §§ 157, 242 BGB in der Praxis der GBÄmter und der Beschwerdeinstanzen zu erreichen, ist auf folgendes hinzuweisen (dazu auch *Riedel* Zur Anwendung der §§ 133, 157, 242 BGB im GBVerfahren Rpfleger 1966, 356, ferner *§ 18 Bem 144*):

Jedes Rechtssystem braucht neben den speziellen Vorschriften allgemeine, gewissermaßen zur Regulierung und als Ventil zum Ausgleich und zur Anpassung an den Einzelfall, um eine Auslegung und Handhabung des Rechts so zu ermöglichen, daß das Ergebnis als gerecht empfunden wird. Die allgemeinen Vorschriften machen zugleich den Wandel der Zeiten mit und bilden den Ausgleich gegenüber den geänderten Verhältnissen. Rspr und Rechtspraxis können bei diesen Vorschriften einsetzen, wo die speziellen Vorschriften nicht zum Ziele führen. Auslegungsvorschriften bedeuten eine gewisse Gefahr in einem Rechtssystem, wenn sie zu großen Spielraum lassen, weil die auslegenden Behörden Lücken in rechtlichen Erklärungen von Parteien, auch im Gesetz selbst füllt und füllen kann durch ergänzende Auslegung. Diese Art der Auslegung dient aber dazu, den Bestand im Recht zu sichern und dem Grundsatz *pacta sunt servanda* (Verträge sind zu halten) zum Sieg zu verhelfen. Die Bindung an rechtliche Erklärungen wird bestärkt, der einzelne kommt von abgegebenen Erklärungen nicht mehr so leicht los. Offener und versteckter Dissens — §§ 154, 155 BGB — werden in ihrem Wirkungsbereich eingeengt, je mehr die ergänzende Auslegung Platz greifen kann. Dies ist die beachtliche positive Seite dieser Rechtspraxis.

§ 133 BGB bestimmt: Bei der Auslegung einer Willenserklärung ist der wirkliche Wille zu erforschen und nicht am buchstäblichen Sinne des Ausdrucks zu haften.

§ 157 BGB ordnet an: Verträge sind so auszulegen, wie Treu und Glauben mit Rücksicht auf die Verkehrssitte es erfordern.

§ 242 BGB trifft die Regelung: Der Schuldner ist verpflichtet, die Leistung so zu bewirken, wie Treu und Glauben mit Rücksicht auf die Verkehrssitte es erfordern.

§§ 133 und 157 BGB stehen im Allgemeinen Teil des BGB, § 242 BGB im Schuldrecht. Es besteht aber ein innerer Zusammenhang, weil diese gesetzlichen Bestimmungen allgemeine und allgemeinste Grundsätze des Rechts fixieren, so daß sie für an ganzen Bereich des Rechts anzuwenden sind, auch im Sachen- und GrstRecht. Es ergibt sich dadurch eine Auflockerung der Formstrenge des Sachenrechts, die dadurch verstärkt wird, daß unsere Zeit mehr als früher das Recht aus dem Gesichtspunkt dds Interessenausgleichs ansieht.

§ 133 BGB ist für die Auslegung nur im Zusammenhang der §§ 116ff. BGB, die von der Willenserklärung handeln, verständlich.

Bei einer Willenserklärung ist ein geheimer Vorbehalt unbeachtlich, § 116 S 1 BGB, auch im GrstRecht und GBVerfahren; dazu **LG Berlin** JR 1959, 147. Jeder muß sich beim Wort nehmen lassen. Jeder muß seine im Rechtsleben abgegebene Erklärung gegen sich gelten lassen, so, wie sie zu verstehen ist. Die Ausnahme, daß eine solche Vorbehaltserklärung nichtig ist, wenn der andere sie kennt, § 116 S 2 BGB, findet keine, entsprechende Anwendung auf amtsempfangsbedürftige Erklärungen, weil Behörden, wie das GBA, nicht als beteiligte Empfänger solcher Erklärungen anzusehen sind; dazu *Palandt* BGB § 116 Bem 3, *Staudinger-Coing* BGB § 116 Bem 7. Auf Testamente ist § 116 S 2 BGB nicht anzuwenden, wohl aber S 1 aaO, während auf Erbverträge die gesamte gesetzliche Bestimmung paßt; dazu *Staudinger-Coing* BGB § 116 Bem 10.

Wo mangelnde Ernstlichkeit der Erklärung vorliegt, aber ohne Täuschungsabsicht, ist die Willenserklärung nichtig, wenn die Erwartung besteht, daß der Mangel der Ernstlichkeit erkannt wird, § 118 BGB; dazu *Staudinger-Coing* BGB § 118 Bem 1. Auch hier liegt eine vom wahren Willen abweichende Willenserklärung vor. Bei § 116 S 2 BGB wird Täuschungsabsicht vorausgesetzt, die der Beteiligte allerdings durchschaut; dazu *Staudinger-Coing* BGB § 118 Bem 2(a).

Ein Scheingeschäft nach § 117 BGB kommt in Betracht, wo die mehreren Beteiligten übereinstimemnd eine unrichtige Erklärung abgeben, und zwar bewußt; dazu- *Staudinger-Coing* BGB § 117 Bem 2ff., § 118 Bem 2 (b). Scheingeschäfte sind auch im Bereich des Sachenrechts denkbar; dazu *§ 22 Bem 10*, auch *Staudinger-Coing* BGB § 117 Bem 5. Zu erwähnen sind Verfügungen, wie Zession, Bestellung einer Hypothek zwecks Täuschung eines anderen über den Wert eines Grst, **RG** JR-Rspr 1926, 1402 Nr 1940. Bei einem simulierten Hypothekenbestellungsvertrag entsteht keine Hypothek, auch keine Eigentümer-Grundschuld, **RG** RGZ 70, 353. Scheingeschäfte sind nach § 117 Abs 1 BGB nichtig, während Abs 2 aaO bestimmt, daß ein verdecktes Geschäft wirksam bleibt. Es soll also dem wahren Willen der Beteiligten Rechnung getragen werden und es kann nicht Unwirksamkeit des verdeckten Geschäfts geltend gemacht werden. Das wirklich gewollte Geschäft ist also wirksam; dazu *Palandt* BGB § 117 Bem 3, *Staudinger-Coing* BGB § 117 Bem 8ff. Hierher gehören etwa GrstVerträge, bei denen ein unrichtiger Kaufpreis beurkundet wird / dazu *Palandt* BGB § 117 Bem 3; über Nichtigkeit aus anderen Gründen *§ 20 Bem 70* —, zB bei einem Übergabevertrag, bei dem zwecks Grunderwerbssteuerersparnis, ein anderer als der tatsächlich Übernehmende angegeben wird/ dazu **OLG Stuttgart** RdL 1954, 187 = DRspr I (113) 77c, bei einem Hypothekenrangverschaffungsvertrag mit unrichtiger Bezeichnung des Gläubigers/dazu **BGH** BGHZ 36, 84 = NJW 1962, 295 = MDR 1962, 204 = DNotZ 1962, 396 = JZ 1962, 313 = BB 1962, 81 = WM 1962, 88 = DRspr I (113) 162, (154) 55bc, bei sog Strohmann-Verhältnissen, die in den verschiedensten Arten vorkommen / dazu *Staudinger-Coing* BGB § 117 Bem 8, auch **BGH** NJW 1959, 332 = BB 1959, 58 = DB 1959, 82 = WM 1959, 161 = DRspr I (113) 123b.

Anfechtung einer Willenserklärung ist nach § 119ff. BGB aus verschiedenen Gründen möglich, wegen Irrtums, § 119 BGB, wegen unrichtiger Übermittlung, § 120 BGB, oder wegen Täuschung und Drohung, § 123 BGB; über Anfechtung eines dinglichen Vertrags *§ 18 Bem 142* (auch bez Prüfung durch das GBA), der Eintragungsbewilligung *Bem 36*, der Auflassungserklärung *§ 20 Bem 70*, einer Auflassungsvormerkung *§ 25 Bem 12*, der Zurücknahme des Eintragungsantrags *§ 31 Bem 6*, einer Hypothek und die Bedeutung für den Rang *§ 45 Bem 88*. In diesem Zusammenhang ist die Irrtums-Anfechtung von besonderer Bedeutung. Anfechtung bedeutet ein Nicht-Festhalten an einer Erklärung, weil der Betreffende einem Irrtum, einer Täuschung oder Drohung erlegen ist. Beim Irrtum kommt also einseitiger Irrtum in Betracht. Es muß sich um eine unbewußte Unkenntnis vom wirklichen Sachverhalt handeln; dazu *Palandt* BGB § 119 Bem 2(b). Der Irrtum kann sich auf die Erklärung, deren Inhalt oder Eigenschaften von Personen oder Sachen beziehen; dazu *Staudinger-Coing* BGB § 119 Bem 11ff. Wenn man etwas unbesehen oder ohne zu lesen unterschreibt, hat man die Folgen hinzunehmen und ist vertragsgebunden; dazu **OLG Celle** WM 1960, 414 = DRspr I (113)

135c, **RG** RGZ 105, 183, auch *Staudinger-Coing* BGB § 119 Bem 13. Anfechtung ist ebenfalls nicht zulässig, wenn bei Unkenntnis des Sachverhalts der Vertragsabschluß betätigt wird auf Grund von Mutmaßungen, die nicht eintreffen; dazu **BGH** NJW 1951, 705.

Mangels der Einigung, der sog Dissens, führt nach §§ 154, 155 BGB nur beschränkt zu Nichtigkeit von Vereinbarungen, Beurkundungsabrede zu Beweiszwecken berührt die Wirksamkeit eines formlosen Vertrags nicht; dazu **BGH** BB 1957, 799 = DRspr I (113) 110fg. Auch kann bei einem Vertrag die Regelung eines oder mehrerer Punkte offen gelassen werden; später kann eine ergänzende Vereinbarung getroffen werden oder es erfolgt Ausfüllung der Vertragslücke nach § 157 BGB bzw §§ 315, 316 BGB; dazu *Palandt* BGB § 154 Bem 1. Wenn nur eine falsche Bezeichnung vorliegt, eine falsa demonstratio, etwa ein unrichtiges Grst angegeben wird, aber das richtige gemeint ist, besteht Einigkeit, also liegt kein Dissens vor; dazu *Staudinger-Coing* BGB § 155 Bem 2f, bez Auflassung *§ 20 Bem 52*, im übrigen *§ 13 Vorbem 12.* Hierbei ist der objektive Inhalt der Erklärungen der Beteiligten festzustellen; dazu *Staudinger-Coing* BGB § 155 Bem 2e.

Berücksichtigt man diese verschiedenen gesetzlich geregelten Arten von Äußerungen von Willenserklärungen mit Mängeln, so grenzt sich der Inhalt des § 133 BGB ab, da hier dominierend erklärt wird, wie eine Willenserklärung auszulegen ist. Die Vorschrift bezieht sich darauf, ob überhaupt eine Willenserklärung vorliegt und wie deren Inhalt auszulegen ist.

Zur Auslegung gehört, daß Auslegungsfähigkeit besteht; dazu *Palandt* BGB § 133 Bem 3. Es müssen verschiedene Deutungen möglich sein; es müssen Unklarheiten bestehen, die durch Auslegung behebbar sind. Wo eine unzweideutige und klare Erklärung vorliegt, gibt es nichts zu deuten, wenn der Sinn unmißverständlich ist, **RG** HRR 1928 Nr 206. Das Gegenstück bildet die in sich widerspruchsvolle Erklärung, die jede Aufklärung ausschließt, **RG** JW 1910, 801.

§ 133 BGB verbietet reine Wortauslegung und gebietet Erforderung des wahren Parteiwillens; dazu *Staudinger-Coing* BGB § 133 Bem 4ff. Es kann heute als allgemeine Auffassung gelten, daß nicht eine Objektivierung einzutreten hat, wenn der wahre Wille der Beteiligten zu erforschen ist, sondern daß hierbei die subjektiven Meinungen und Auffassungen der Beteiligten zu klären sind.

Die Auslegung hat frei zu erfolgen, also keine Buchstaben-Auslegung zu sein. Es sind alle Umstände zu würdigen und mitzuberücksichtigen, die von Bedeutung sind; dazu *Palandt* BGB § 133 Bem 2. Es hat uU Klärung durch Beweiserhebung (dazu *§ 1 Pem 16*) in Verfahren von Amts wegen (dazu *§ 13 Bem 7, 8*), sonst im Antragsverfahren durch Nachweise, die vorgelegt werden (dazu *§ 29 Bem 4ff.*), zu erfolgen; dazu auch **BGH** DB 1956, 445 = VRS 10, 403 = DRspr I (113) 100a. Für die Auslegung gilt der Grundsatz, daß der Text zwar Gegenstand und Schranke der Auslegung bildet, daß sich aber die Auslegung nicht allein an den Wortsinn zu halten braucht; dazu *Staudinger-Coing* BGB § 133 Bem 26. Maßgebend für die Ermittlung des Sinns einer Erklärung ist der Zeitpunkt der Abgabe derselben; dazu *Staudinger-Coing* BGB § 133 Bem 35.

§ 157 BGB steht neben § 133 BGB als Auslegungsregel. Der Inhalt der beiden Vorschriften weicht voneinander ab. Deshalb gab es Unklarheiten über das gegenseitige Verhältnis derselben, die sich aber dahin lösten, daß man nunmehr beide Vorschriften ineinander hinein auslegt, da sie sich gegenseitig ergänzen und die Gesichtspunkte, die § 133 BGB hervorhebt, auch für § 157 BGB maßgebend sind, während umgekehrt auch für § 157 BGB der Inhalt des § 133 BGB heranzuziehen ist; dazu *Palandt* BGB § 116 Vorbem 2, § 133 Bem 1, § 157 Bem 1, *Staudinger-Coing* BGB § 133 Bem 18ff., auch **OLG Saarbrücken** SaarRuStZ 1952, 94 = DRspr I (113) 63a. Es ist also im Rahmen der Umstände, die bei § 133 BGB zur Auslegung zu würdigen sind, zu berücksichtigen, was sich aus Treu und Glauben und aus Verkehrssitte ergibt. Eine Auslegung von Verträgen hat ebenso wie bei jeder sonstigen Willenserklärung nicht am starren Wort zu kleben, sondern frei zu erfolgen.

Es ist also nicht so, daß § 157 BGB nur Bedeutung für Verträge hat, während § 133 BGB darüber hinaus anwendbar sein könnte, wenn man von der Systematik des Gesetzes ausgeht. Beide Vorschriften sind für alle Arten von Willenserklärungen bei der Auslegung heranzuziehen, weil in beiden gesetzlichen Bestimmungen die für die Auslegung maßgebenden Gesichtspunkte zusammengefaßt sind. Mit Rücksicht auf diese Betrachtungsweise ist § 157 BGB nicht in einem anderen Bereich als § 133 BGB anzuwenden. Dies gilt auch von der ergänzenden Auslegung von Willenserklärungen, ob sie einseitig sind oder zu einem Vertrag gehören; dazu *Palandt* BGB § 157 Bem 2, *Staudinger-Coing* BGB § 133 Bem 37ff., auch **BGH** WM 1960, 1274 = DB 1960, 1360 = DRspr I (113) 142c. Es soll daher in diesem Zusammenhang ausgeführt werden, was man unter Treu und Glauben sowie Verkehrssitte versteht.

Treu und Glauben ist die Grundlage des Rechtslebens; dazu *Palandt* BGB § 157, Bem 3, *Staudinger-Coing* BGB § 133 Bem 10, 17, *Staudinger-Weber* BGB § 242 Bem A 1ff. War ursprünglich bei Schaffung des BGB dies dahin verstanden worden, daß jede Partei verpflichtet sei, alles zu tun, was von einem anständig denkenden Geschäftspartner vernünftigerweise erwartet werden kann, um den Geschäftszweck zu erreichen, so hat sich in der Praxis im Laufe der Jahre dieser Gedanke abgemildert und verflacht; es hat die Auslegung so zu erfolgen, daß sie den Interessen aller Beteiligten gerecht wird — dazu *Staudinger-Coing* BGB § 133 Bem 10. Treue bedeutet Zuverlässigkeit und Gewissenhaftigkeit; dazu *Staudinger-Weber* BGB § 242 Bem A 124 und Fußn*) S 54. Glauben ist ein Festhalten; dazu *Staudinger-Weber* BGB § 242 Bem A 125. Die Wortverbindung von Treu und Glauben ist also eine Art Wechselwirkung, die zum Ausdruck kommen soll; dazu *Staudinger-Weber* BGB § 242 Bem A 126ff. Das Vertrauen bildet also die Grundlage für alle Handlungen im Bereiche des Rechts. Es wird daher dem rechtlichen Handeln eine ethische Grundlage gegeben, da die Begriffe Treu und Glauben nicht rein sachlich-abstrakt verstanden werden können, sondern vom Ethischen, ja vom Religiösen her begriffen wurden, stammt doch das BGB aus einer Zeit, in der das Abendland als christlich bezeichnet werden konnte. Inzwischen ist der Begriff inhaltsleerer geworden. Damit hängt es zusammen, daß die Interessenlage der Beteiligten immer mehr in den Vordergrund rückt, zumal der Wirtschaftskampf immer härter wird, weil jeder möglichst viel am Wohlstand teilnehmen möchte. Die Auslegung nach Treu und Glauben wird zu einer Auslegung nach der Interessenlage auf möglichst loyaler Grundlage. Deshalb wird der Begriff für die heutige Zeit maßgebend dahin definiert, daß nach Treu und Glauben handelt, wer auf Grund eines gesetzlichen Rechtsverhältnisses oder eines auf rechtserheblicher Geschäftsgrundlage aufbauenden Rechtsgeschäfts in Beachtung der Interessen der Allgemeinheit und der Beteiligten sowie der den Verkehr beherrschenden tatsächlichen Übung, in einer sinngemäßen, das entgegengebrachte Vertrauen rechtfertigenden widerspruchsfreien Weise ohne unzulässige Rechtsausübung, mit den sich ergebenden Nebenpflichten eine Leistung fordert, oder bis an die Grenze des nicht mehr Zumutbaren bewirkt; dazu *Staudinger-Weber* BGB § 242 Bem A 133.

Daneben steht die Verkehrssitte; dazu *Palandt* BGB § 157 Bem 3, *Staudinger-Coing* BGB § 133 Bem 11ff., *Staudinger-Weber* § 242 Bem A 148ff. Es handelt sich hier um keine Rechtsnorm, sondern um die den Verkehr beherrschenden tatsächliche Übung, die örtlich verschieden sein kann; dazu **RG** JW 1938, 807, **BGH** DB 1954, 83 = HW 1954, 130 = ZMR 1954, 76 = DRspr I (113) 75cd, *Staudinger-Coing* BGB § 133 Bem 11. Es wird hier in § 157 BGB derselbe Ausdruck verwendet wie in § 242 BGB und damit der Zusammenhang zu dieser Vorschrift geschaffen; dazu *Palandt* BGB § 157 Bem 4, *Staudinger-Weber* BGB § 242 Bem A 148. Es sind für die Verkehrssitte 2 Gesichtspunkte maßgebend, die tatsächlich herrschende Übung und das Zurückgreifen auf die Erfahrung. Die wichtigsten Formen der Verkehrssitte im geschäftlichen Bereich sind Handelsbräuche und Ortsbräuche, es handelt sich nicht um Gewohnheitsrecht; dazu *Palandt* BGB § 157 Bem 3, *Staudinger-Weber* BGB § 242 Bem A 149ff. Die Berücksichtigung der Verkehrssitte ist dem Gesichtspunkt von Treu und Glauben untergeordnet; dazu *Staudinger-Weber* BGB § 242 Bem A 157.

§ 242 BGB ist im Zusammenhang mit §§ 157 und 133 BGB zu handhaben; dazu *Palandt* BGB § 157 Bem 3, 4, *Staudinger-Weber* BGB § 242 Bem A 1ff., 148. § 242 BGB überträgt den Grundsatz des § 157 BGB auf das Gebiet des Schuldrechts. Da es sich aber um einen allgemeinen Rechtsgedanken handelt, ist der Anwendungsbereich weit größer; er bezieht sich auf alle Rechtsgebiete — dazu *Staudinger-Weber* BGB § 242 Bem A 16ff.

Aus § 242 hat sich eine Reihe von Rechtssätzen als Gewohnheitsrecht entwickelt, die beachtet werden müssen; dazu *Staudinger-Weber* BGB § 242 mit Bem, *DRspr* I (120) ÜBl 1ff. Es ist Recht auf Grund Rechtspraxis, insbes der Rspr, das nicht neben dem Recht steht, sondern aus demselben heraus sich aus der Vorschrift mit unbestimmtem Gesetzesinhalt entwickelt hat. Es kommen hier vor allem in Betracht Fragen um Geschäftsgrundlage, Verwirkung, Rechtsmißbrauch, Leistungsverweigerung, Anspruch auf Vertragsänderung oder -ergänzung, vertragliche Nebenpflichten (wie Auskunftspflicht, Nachbarpflichten, Offenbarungspflichten usw), Arglist-Einwand einschl *veniere contra factum proprium* (widersprechendes Handeln), wie unzulässige Berufung auf Formmängel, Geschäftsbedingungen.

Im Bereich des GBVerfahrens kommt der **Auslegung** eine weit größere **Bedeutung** zu, als man annimmt. Die Problematik um die Prüfungspflicht und das Prüfungsrecht (dazu *§ 1 Bem 16, § 18 Bem 82ff.*) zeigt, daß gerade die Auslegungsfragen Anlaß dazu sind, wieweit die Prüfung durch den GBBeamten gehen muß oder kann. Die Fragen um diesen Auslegungsbereich konzentrieren sich einerseits um Erklärungen und Anträge der Beteiligten, um Eintragungsunterlagen und um GBEintragungen selbst, da auch sie der Auslegung unterliegen und wegen des öffentlichen Glaubens des GBuchs Folgen nach sich ziehen können; dazu *Bem 33, § 13 Vorbem 12, Bem 13, § 15 Bem 1, § 18 Bem 144, § 22 Bem 15, § 53 Bem 2, 30.*

Die Auslegungsgrundsätze der §§ 133, 157, 242 BGB haben auch im **Sachenrecht** und im **GBVerfahren** Geltung, und zwar sind sie dem GBA gegenüber und vom GBA anzuweden. Es ergeben sich jedoch in diesem Bereich einige Einschränkungen, und zwar aus dem GBSystem (dazu *E 7ff.*) heraus; dazu **OLG Frankfurt aM** Rpfleger 1956, 193 (*Haegele*) = DRspr IV (473) 37b, **KG** DNotZ 1958, 203 (*Hieber*) = DRspr aaO 48a, **OLG Köln** NJW 1960, 1108. Die Besonderheiten des GBRechts führen bei der Handhabung der Auslegung zu folgenden Grundsätzen:

a) Klarheit und Eindeutigkeit der Erklärungen

Erklärungen, die dem GBA gegenüber abgegeben werden und die man ihm zwecks Eintragung vorlegt, müssen klar und eindeutig sein, **OLG Bremen** NJW 1965, 2403 = BWNotZ 1966, 112, **OLG Frankfurt aM** Rpfleger 1956, 193 (*Haegele*) = DRspr IV (473) 37b, **KG** DNotZ 1958, 203 (*Hieber*) = DRspr aaO 48a, **OLG Köln** NJW 1960, 1108 = DRspr aaO 62b, JMBl NRW 1960, 39 = Rpfleger 1960, 56 (*Haegele*) = DRspr aaO 59d, **LG Bielefeld** Rpfleger 1966, 265 (*Meyer-Stolte* sowie *Horber* GBO § 19 Bem 4Ab); dazu *Bem 23.*

b) Allgemein verständliche Auslegung

Erklärungen und verwendete Begriffe müssen allgemein verständlich sein, wo sie nach Eintragung im GB Bedeutung für den öffentlichen Glauben des GB haben;

dazu **BGH** DNotZ 1966, 586, **OLG Hamm** NJW 1966, 2411, **OLG Karlsruhe** DNotZ 1958, 257 (*Westermann*), **KG** DNotZ 1958, 203 (*Hieber*), **LG Kassel** NJW 1964, 932. Für die Auslegung einer GBEintragung sind dessen Wortlaut und Sinn maßgebend, wie sie jeder unbefangene Dritte versteht; Inhalt des GB ist, was sich aus der GBEintragung unmißverständlich und für jedermann zweifelsfrei ergibt, **BGH** DNotZ 1966, 586 (587). Da die Erklärungen der Beteiligten in Anträgen und Eintragungsbewilligungen die Grundlage der Eintragungen bilden, müssen bereits sie die Voraussetzungen erfüllen. Subjektive Auslegungen treten hinter die objektiven zurück, da ja GBEintragungen im Regelfall auf lange Sicht erfolgen. Ein Beteiligter muß eine solche Auslegung gegen sich gelten lassen, auch wenn sie vielleicht anders gemeint ist. Daß die Textierung der GB-Eintragungen letztlich beim GBA liegt (dazu *§ 3 Bem 251*), ändert daran nichts, da der sachliche Inhalt aus den Erklärungen der Beteiligten hervorgehen muß.

Dies ist vor allem im Bereiche der Dienstbarkeiten (dazu *§ 13 Vorbem 41ff.*) wichtig, weil sich hier für die Nutzungsmöglichkeiten Grenzen ergeben können. So kann eine Dienstbarkeit, die im GB als Baubeschränkung eingetragen ist, nicht als gleichzeitige Gebäudenutzungsbeschränkung ausgelegt werden (dazu **BGH** DNotZ 1966, 486), da die Nutzungsbeschränkung gegenüber der Baubeschränkung eine andere, selbständige, neben der Baubeschränkung bestehende Eigentumsbelastung, nicht lediglich eine nähere Ausgestaltung derselben ist. Bez Reallast **OLG Köln** OLGZ 1966, 231 = DNotZ 1966, 677; dazu *§ 18 Bem 142*.

c) Bezugnahme auf Grundbuch und andere Eintragungsunterlagen

Eine Besonderheit des GBRechts und der von Beteiligten abzugebenden Erklärungen besteht darin, daß sich diese Erklärungen regelmäßig in Urkunden befinden und auch zum Nachweis weiterer Voraussetzungen auf das GB und andere Eintragungsunterlagen Bezug genommen wird; dazu **BGH** DNotZ 1959, 240/1966, 486, **BayObLG** BayObLGZ 1952, 24, **OLG Hamm** JMBl NRW 1960, 102, **OLG Köln** JMBl NRW 1960, 30 = Rpfleger 1960, 56 (*Haegele*) = DRspr IV (473) 59d, **LG Bielefeld** Rpfleger 1966, 265 (*Meyer-Stolte*). Die Bezugnahme auf die Eintragungsbewilligung und deren Zulässigkeit hat hierbei besondere Bedeutung; dazu *§ 3 Bem 299ff.*, *§ 13 Vorbem 13ff.* Es kommen auch Nachweise im Bereiche des § 29 und der Besonderheiten der §§ 32ff. in Betracht. Es muß also so sein, daß der Inhalt der Eintragung teils aus dem GB und teils aus den Anlagen hervorgehen muß, daß aber gewisse Eintragungen im GB selbst stehen müssen.

Der erklärte Wille muß erkennbar aus den Eintragungsunterlagen hervorgehen. So kommt es bei Dienstbarkeiten (dazu *§ 13 Vorbem 41ff.*) darauf an, daß der Wille der Beteiligten aus den Urkunden hervorgeht und hiernach ausgelegt wird, nicht wie der Wille der ursprünglichen Vertragsparteien war; dazu **BGH** DNotZ 1959, 240. Dies gilt natürlich auch sonst. Die Objektivierung des Erklärungsinhalts (dazu vorausgehend unter *b*) muß also ihre Grundlage in den Unterlagen haben, auf denen die Eintragung beruht. Allerdings ist der Wille der Beteiligten, nicht der beurkundenden Person, etwa des Notars, maßgebend; dazu **BGH** BWNotZ 1966, 253, **BayObLG** Rpfleger 1967, 11 (*Riedel* aaO 6), **OLG Celle** DNotZ 1955, 317 (*Fritz Riedel*) = DRspr IV (473) 32d. **OLG Köln** OLGZ 1966, 231 = DNotZ 1966, 677.

Ist der Betroffene zur Erteilung einer Bewilligung verurteilt, so darf zur Klarstellung des Sinnes der Urteilsformel auf die Gründe des Urteils zurückgegangen werden, **KG** OLG 10, 103, RJA 3, 35, **BayObLG** 26, 4, *Güthe* GBO § 19 Bem 92.

d) Regelfall-Ausnahme

Eine Erklärung ist von dem Regelfall her auszulegen. Für Ausnahmen müssen konkrete Anhaltspunkte vorhanden sein. Diese Frage berührt sich mit den Grundsätzen bei der Prüfung von Eintragungsanträgen und -ersuchen (dazu *§ 18 Bem 143*), da auch dort die Handhabung nach der Lebenserfahrung eine große Rolle spielt.

So wird mit Recht zum Zinsbeginn (dazu *§ 3 Bem 325*) bei einer Grundschuld der Standpunkt eingenommen, daß, wenn keine besonderen Umstände entgegenstehen, die Regel dahin geht, daß bei fehlender Angabe über den Zinsbeginn die Verzinsung mit der Eintragung der Grundschuld beginnen soll, während für eine andere Auslegung, die Ausnahme wäre, es eines besonderen Anhalts in den beurkundeten Erklärungen der Beteiligten bedarf, **OLG Köln** NJW 1960, 1108 = DRspr IV (473) 62b. Aus einer handschriftlichen Einschaltung in einen unterschriebenen Vertragstext kann ohne weitere Anhaltpunkte nicht geschlossen werden, daß die handschriftliche Änderung vor der Unterschriftsleistung noch nicht erfolgt war, **AG Bremen** DNotZ 1961, 555 (*Schippel*). Eine notarielle Beurkundung eines Vertrags hat die Vermutung der Vollständigkeit für sich und es bedarf besonderer Anhaltspunkte, wenn zusätzliche Nebenabreden als vereinbart angesehen werden soll, **BGH** MDR 1966, 756.

e) Sonstige Fälle

Da sich nicht alle Besonderheiten des GBRechts unter die Einteilung *a) bis d)* einsystematisieren lassen, bleibt noch ein Rest von Einzelfällen.

So berührt die inhaltliche Unzulässigkeit eines Teils einer GBEintragung nicht die Zulässigkeit und Wirksamkeit der restigen Eintragung, wenn diese für sich den wesentlichen Erfordernissen genügen, **BGH** NJW 1966, 1656 = MDR 1966, 750, auch NJW 1966, 1747, MDR 1966, 825 = JZ 1966, 574 = WM 1966, 796 = BWNotZ 1966, 294 Ls, bez § 139 BGB auch *§ 18 Bem 143, 144*. Deshalb ist bei Wohnungseigentum, wenn Vereinbarungen nach §§ 10ff. WEG (*Anh*) getroffen werden, die teils dinglichen teils schuldrechtlichen Charakter haben, Unwirksamkeit des Gesamtvertrags nur ausnahmsweise anzunehmen, nämlich nur, wenn sich eine Trennung nicht durchführen läßt bzw wenn eine Trennung der Vertragsbestimmungen durchfürbar ist, eine teilweise Stattgabe der Anträge bei Zurückweisung im übrigen dem Willen der Beteiligten widersprechen würde; dazu auch *Riedel* Unklarheiten im Bereich des WEG Rpfleger 1966, 225 (228). Da der dingliche Vertrag abgesehen von den Fällen des § 20 der Nachprüfung des GBA nicht unterliegt, hat es auch insoweit eine Anfechtung des Vertrags und die daraus sich ergebende etwaige Nichtigkeit nicht zu beachten; dazu *§ 18 Bem 142*.

b) Bestimmte Erklärung 23

Die Eintragungsbewilligung muß **bestimmt** sowie klar und eindeutig sein; dazu *Bem 22* unter *a*). Es genügt jedoch Bestimmbarkeit; dazu **OLG Bremen** NJW 1965, 2403 = BWNotZ 1966, 112 Ls. Es muß also nicht immer ohne Deutung der Erklärungen Bestimmtheit vorliegen. Die Bestimmtheit richtet sich nach der Auslegungsmöglichkeit von Erklärungen. Fehlt allerdings die Möglichkeit einer Auslegung oder bleibt sie zwei- bzw mehrdeutig, so versagt die Bestimmbarkeit und damit fehlt es an der für das GBRecht erforderlichen Klarheit und Eindeutigkeit. Bei Amtsverfahren muß das GBA selbst die Aufklärung herbeiführen, bei Antragsverfahren bei behebbaren Mängeln der Erklärungen muß Gelegenheit durch eine Zwischenverfügung nach § 18 gegegeben werden; dazu *Bem 21*. Wo man die Bestimmbarkeit unterläßt, liegt ein Auslegungsfehler vor. Die Gefahr, die Bestimmbarkeit zu unterlassen, ist groß. Es darf aber eine bestimmbare Erklärung nicht ohne weiteres als unbestimmt behandelt werden. Hierauf muß der GBBeamte sein besonderes Augenmerk richten.

Zulässige Einschränkungen der Eintragungsbewilligung müssen eindeutig zum Ausdruck gebracht werden, **LG Hamburg** HansRGZ 1936 B 336.

Es muß der Berechtigte, wie er im GB eingetragen werden soll, aus den Erklärungen klar hervorgehen; dazu **OLG Hamm** JMBl NRW 1964, 53 = DRspr IV (473) 80a. Erklären *A* und *B* in einer Urkunde ihre Einigung über eine dem *B* zu bestellende Hypothek, beantragt *B* die Eintragung dieser Hypothek und unterschreibt *A* die Urkunde, so ist die Erklärung des *A* dahin auszulegen, daß er auch die Eintragung der Hypothek bewilligt, **RG** RGZ 62, 375 (378). **KG** RJA 8, 161 (163), JFG 11, 192, *Horber* GBO § 19 Bem 4 Aa. Wenn die bewilligende und die im GB eingetragene Person identisch sein muß, aber Namensabweichungen vorliegen, so ist dies, soweit möglich durch Auslegung zu klären, erforderlichenfalls durch Nachweis in der Form des § 29; dazu **OLG Hamm** aaO. Bei Vollmacht muß der Umfang der Vertretungsmacht erkennbar sein, **OLG Hamm** JMBl NRW 1960, 30 = Rpfleger 1960, 59.

Das Verfügungsrecht der über Grundbesitz verfügenden Person muß feststehen, mindestens feststellbar sein. Bei den Güterständen braucht der verfügende Ehegatte seine Verfügungsberechtigung nicht besonders zu erklären, wenn sie sich aus dem Gesetz ergibt; dazu *Bem 70, § 13 Vorbem 180, § 33 Bem 4ff.*, auch **KG** ZBlFG 3, 21, RJA 4, 168, OLG 1, 342/8, 333, **BayObLG** RPfliB 1905, 108, **LG Berlin** DNotZ 1940, 327.

Bei der Frage der Eintragbarkeit von Zinsvereinbarungen hat sich eine Problematik ergeben, die zeigt, wieweit das GBA den Beteiligten bei der Auslegung entgegenzukommen hat; dazu *§ 3 Bem 325ff., § 13 Vorbem 12*, auch **OLG Frankfurt aM** Rpfleger 1961, 155 (*Haegele*). Wer die Eintragung der Abtretung einer zur Grundschuld gewordenen Hypothek (§ 1177 BGB) bewilligt, erklärt zugleich, daß er auch die Eintragung der Umwandlung in die neue Hypothek will, **KG** OLG 2, 412. Wenn ein Gläubiger mehrere Hypotheken unter Festsetzung eines bestimmten Rangverhältnisses abtritt, und die Umschreibung bewilligt, so sagt er damit ohne weiteres, daß er auch die Rangänderung eingetragen haben will; ebenso tritt der Eigentümer, der dieser Zession ohne Einschränkung beitritt und seinerseits die Umschreibung beantragt, auch der Rangänderung unzweideutig bei, **KG** RJA 2, 50. Wird in ein Verkaufsangebot als Vertragsbestimmung eine vom Käufer zu erteilende Eintragungsbewilligung aufgenommen, so gilt diese nach Annahme des Angebots durch den Käufer als durch diesen erteilt, ohne daß es einer ausdrücklichen Erklärung desselben bedarf, **KG** OLG 43, 7. Wenn in der Eintragungsbewilligung 1 Vormerkung zur Sicherung eines Vorkaufsrechts und eines Ankaufsrechts bewilligt wird, so ist dies sinngemäß dahin zu verstehen, daß je eine Vormerkung, also 2 Vormerkungen für die verschiedenen Rechte eingetragen werden solle, **OLG Köln** JMBl NRW 1960, 30 = Rpfleger 1960, 56 (*Haegele*) = DRspr IV (473) 59d.

In der Erklärung des Eigentümers, daß er allen Erklärungen zustimme, die notwendig sind, um einer neu bestellten Hypothek den bedungenen Rang zu verschaffen, liegt eine genügende Löschungsbewilligung bez solcher Vorrechte, die durch Verzicht oder Zahlung dem Eigentümer zugefallen sind; dazu *Heineberg* DNotV 1929, 628. Über Löschungsbewilligung bei einer Hypothek unter Vorbehalt von Rechten **OLG Oldenburg** HEZ 1, 109 = MDR 1947, 23 = SJZ 1947, 436 (*Hieber* und *Jordan*), über Rückzahlungserklärung in der Löschungsbewilligung eines Hypothekengläubigers **OLG Celle** DNotZ 1955, 317 (*Fritz Riedel*) = DRspr IV (473) 32d.

Die Bewilligung darf nicht an eine **Bedingung**, eine **Voraussetzung**, einen **Vorbehalt**, oder an eine **Zeitbestimmung** geknüpft sein, **RG** JW 1934, 282, **KG** KGJ 53, 141, HRR 1940 Nr 1077; dazu *Horber* GBO § 19 Bem 4 Ab. Sie kann aber wie der Antrag von der Vornahme einer anderen Eintragung abhängig gemacht werden, § 16 Abs 2 (dazu *§ 16 Bem 8ff.*), **KG** KGJ 44, 199, RJA 11, 65 (70), *Güthe* GBO § 19 Bem 53, *Hesse-Saage-Fischer* GBO § 19 Bem II 2, *Horber* GBO § 19 Bem 4 Ab. Vor allem bei der Löschungsbewilligung ist es wichtig, daß diese ohne Vorbehalt erklärt wird. Dies gilt auch bei Vorbehalten anläßlich der Währungsumstellung; zum Aufwertungsvorbehalt **KG** JFG 2, 419/3, 379, OLG 44, 145, *Güthe* GBO § 19 Bem 53. Über einen auf das dingliche Recht sich beziehenden Vorbehalt **OLG Oldenburg** HEZ 1, 109 = MDR 1947, 23 = SJZ 1947, 436 (*Hieber* und *Jordan*). Über den Unterschied zwischen echter Bedingung und Vertragsinhalt, der als Vertragsbedingungen, Geschäftsbedingungen bezeichnet wird, *Riedel* Zur Auslegung von Erklärungen nach §§ 133, 157, 242 BGB Rpfleger 1967, 6, und **BayObLG** aaO 11, wonach diese Unterscheidung verkannt wird, dazu *Bem 22, § 18 Bem 144.*

Eine bedingte oder betagte Eintragungsbewilligung ist aber nicht schlechthin unwirksam; es genügt, wenn dem GBA der Eintritt der Bedingung oder des Anfangstermins formgerecht nach § 29 (etwa durch Vorlage einer standesamtlichen Heiratsurkunde) nachgewiesen wird, **KG** KGJ 44, 191/53, 141 *Güthe* GBO § 19 Bem 53, *Horber* GBO § 19 Bem 4Ab. Der GBBeamte ist verpflichtet, einen solchen Nachweis entgegenzunehmen, **KG** JFG 15, 128 (131). Es handelt sich dann nicht um eine neue Bewilligung. Ob die Bedingung oder Befristung als nachgewiesen anzusehen ist, hat das GBA nicht zu prüfen, **aA** *Güthe* GBO § 19 Bem 53. Da sich die Prüfungspflicht hierauf nicht erstreckt, besteht auch kein Anlaß zu einer Prüfung, um *Weiterungen* für das GBA und die Beteiligten zu vermeiden. Die abweichende Auffassung bei *Güthe* aaO ist abzulehnen; sie beruht auf der unrichtigen Verquickung von Prüfungsrecht und -pflicht, *§ 18 Bem 82, 143.*

Von der bedingten und betagten Eintragungsbewilligung ist zu unterscheiden die Bewilligung eines **bedingten** oder **betagten Rechts**; sie ist — abgesehen von der Auflassung und der Bestellung und Übertragung eines Erbbaurechts, § 925 Abs 2 BGB und § 1 Abs 4, § 11 Abs 1 S 2 ErbbauVO (*Anh*); dazu *Bem 11, § 8 Bem 46, § 16 Bem 14, § 20 Bem 65* — zulässig. Nur gewillkürte Bedingungen sind ausgeschlossen; dazu *Güthe* GBO § 19 Bem 53.

Auch **Bedingungen bei behördlichen Genehmigungen** sind nicht hierher zu rechnen; dazu **KG** HRR 1940 Nr 1077, KGJ 44, 196/53, 141, *Güthe* GBO § 19 Bem 53, auch *§ 18 Bem 25 (3a)*. Bei einer von einer Behörde unter einer Auflage erteilten Genehmigung eines GrstVertrags darf das GBA die Eintragung nicht von dem Verzicht der Beteiligten auf die Anfechtung des Genehmigungsbescheides abhängig machen, **OLG Koblenz** DRZ 1950, 282.

Weiter sind sog **Rechtsbedingungen** nicht als Bedingungen zu betrachten, die unzulässig sind, da es sich um Voraussetzungen handelt, von denen das Gesetz selbst die Wirksamkeit der Eintragungsbewilligung abhängig macht. Sie sind also zulässig; dazu *Güthe* GBO § 19 Bem 53, *Horber* GBO § 19 Bem 4Ab. Es kommen in Frage das Bestehen einer Vollmacht, die Erteilung einer Genehmigung, vorherige Eintragung des Bewilligenden usw, **KG** OLG 2, 2, **OLG Jena** OLG 5, 419.

c) Materieller Rechtsvorgang 24

Die Eintragungsbewilligung muß den materiellen Rechtsvorgang bezeichnen, der durch die Eintragung vollzogen oder im Falle der Berichtigung verlautbart werden soll (*Bem 19*); dazu *Brand-Schnitzler* GBSachen § 43, *Güthe* GBO § 19 Bem 54, 57ff., *Hesse-Saage-Fischer* GBO § 19 Bem II 4, III 2, *Thieme* GBO § 19 Bem 4. Es wird eine Eintragung bewilligt, zB ein Eigentumswechsel, Bestellung eines Grundpfandrechts, Änderung des Inhalts eines Rechts (wie Rangänderung), Löschung eines Rechts usw (§ 873 Abs 1, § 894 BGB); dazu **BayObLG** 13, 419 = OLG 25, 374, **KG** KGJ 40, 268, *Güthe* GBO § 19 Bem 54. Lediglich bei der Löschung eines Rechts oder einer Verfügungsbeschränkung bedarf es der Angabe des zugrunde liegenden materiellen Rechtsgeschäfts nicht, **KG** JW 1934, 1056 = HRR 1934 Nr 651.

Der materielle Rechtsvorgang braucht nur angegeben, nicht nachgewiesen zu werden; dazu *Güthe* GBO § 19 Bem 54, im übrigen *§ 18 Bem 142*.

Erforderlich ist die vorschriftsmäßige Bezeichnung des Inhalts und Umfangs des Rechts (*§ 3 Bem 312ff., 320ff.*) und insbes des belasteten Grst und grstgleichen Rechts nach § 28, bei subjektiv-dinglichen Rechten auch des berechtigten Grst.

Aus der Eintragungsbewilligung muß sich unzweideutig entnehmen lassen, was eingetragen werden soll. Dabei kann zwar auf eine andere öffentliche Urkunde Bezug genommen werden; diese muß aber in der Bewilligung deutlich bezeichnet und zu den Grundakten überreicht werden, **KG** KGJ 48, 175; dazu *Brand-Schnitzler* GBSachen § 43, *Güthe* GBO § 19 Bem 53, *Hesse-Saage-Fischer* GBO § 19 Bem 4Ac, B, *Thieme* GBO § 19 Bem 4. Unzulässig ist es, den genauen Inhalt der Eintragung erst durch eine andere, noch nicht vorhandene Erklärung eines Dritten bezeichnen zu lassen, **KG** DNotV 1929, 738, zB Bewilligung der Löschung derjenigen von mehreren Hypotheken, zu deren Löschung der Eigentümer seine Zustimmung erteilen wird. Sind bei der Bestellung einer Darlehenshypothek in der Schuldurkunde Verpflichtungen des GrstEigentümers enthalten, die an sich persönlicher Natur sind, deren Nichterfüllung dem Gläubiger aber das Recht zur Kündigung gibt, so dürfen diese Verpflichtungen bei der Eintragung der Hypothek nicht unmittelbar und unbeschränkt in Bezug genommen werden, vielmehr ist nur die Bezugnahme auf den die Kündigungsbedingungen enthaltenden Teil der Eintragungsbewilligung zulässig, **BGH** BGHZ 21, 34 = NJW 1956, 1196 = MDR 1956, 600 = BB 1956, 611 = DNotZ 1956, 544 = LM § 874 BGB Nr 1 (*Hückinghaus*), § 1115 BGB Nr 1. Eine Hypothek kann auch für einen Gesamtgläubiger eingetragen werden; seiner Bezeichnung als Gesamtgläubiger im GB bedarf es dabei nicht, insoweit kann auf die Eintragungsbewilligung Bezug genommen werden, **BGH** BGHZ 29, 363 = NJW 1959, 984 = MDR 1959, 475 = BB 1959, 394 = LM § 874 BGB Nr 2, § 1115 BGB Nr 2 Ls. Über Bezugnahme auf die Eintragungsbewilligung bei der Eintragung im übrigen *§ 3 Bem 299ff.*

Bei Begründung von **Wohnungs- und Teileigentum**, Dauerwohn- und Dauernutzungsrechten sind der Eintragungsbewilligung nach § 7 Abs 4, § 32 Abs 2 WEG (*Anh*) als Anlage ein Aufteilungsplan und eine Bescheinigung der Baubehörde über die Voraussetzungen beizufügen; dazu *§ 3 Bem 458*, *Weitnauer-Wirths* WEG § 7 Bem 7ff., § 32 Bem 5. Der Aufteilungsplan ist eine von der Baubehörde mit Unterschrift und Siegel bzw Stempel versehene Bauzeichnung, aus der die Aufteilung des Gebäudes sowie die Lage und Größe der im Sondereigentum und der im gemeinschaftlichen Eigentum stehenden Gebäudeteile bzw der dem Dauerwohn- oder -nutzungsrecht unterliegenden Gebäude- und Grundstücksteile ersichtlich ist. Der Plan und die Bescheinigung der Baubehörde werden zu den Grundakten genommen.

25 **d) Berechtigter**

Die Eintragungsbewilligung muß den Berechtigten dh den gewinnenden Teil (*Bem 54ff.*) bezeichnen; dazu *Brand-Schnitzler* GBSachen §§ 43, 54, 55, *Güthe* GBO § 19 Bem 59, *Horber* GBO § 19 Bem 4Ba, *Thieme* GBO § 19 Bem 4.

Über Erwerbsfähigkeit des erwerbenden Teils *Bem 76ff.* Über die Bezeichnung des Berechtigten kann aus § 15 GBVfg (*GT 4*) das Notwendige entnommen werden, da eine besondere Vorschrift fehlt; dazu *§ 3 Bem 271ff.*, *Brand-Schnitzler* GBSachen §§ 54, 55, *Güthe* GBO § 19 Bem 59, *Thieme* GBO § 19 Bem 4. So ist die Bewilligung einer Eintragung für eine Firma dahin auszulegen (*Bem 22*), daß der Einzelkaufmann als

Berechtigter eingetragen werden soll (*§ 3 Bem 278*), wenn durch einen Handelsregisterauszug nachgewiesen wird, daß er alleiniger Firmeninhaber ist. Wenn mehrere Berechtigte in Frage kommen, so ist das Gemeinschaftsverhältnis (§ 47) anzugeben; dazu *§ 3 Bem 287, § 47 Bem 2ff.*

Der GBBeamte kann zur Feststellung des gewinnenden Teils auch den Beglaubigungsvermerk heranziehen, **OLG Braunschweig** OLG 21, 4, *Güthe* GBO § 19 Bem 59.

e) Übereinstimmung von Eintragungsbewilligung und -antrag 26

Eintragungsbewilligung und -antrag müssen übereinstimmen; dazu *§ 13 Bem 16, Brand-Schnitzler* GBSachen § 43, *Güthe* GBO § 19 Bem 56, *Horber* GBO § 19 Bem 4Ac, *Thieme* GBO § 19 Bem 4, auch **BayObLG** BayObLGZ 1948/51, 508, **LG Köln** DNotZ 1955, 398 = DRspr IV (473) 32b.

Ehegatten können als Miteigentümer in allgemeiner Gütergemeinschaft unmittelbar eingetragen werden, wenn nur die Eintragung des einen Ehegatten als des Erwerbers bewilligt, aber gleichzeitig mit der Bewilligung ein Berichtigungsantrag nach § 22 gestellt und für den Zeitpunkt der Eintragung der Eintritt der allgemeinen Gütergemeinschaft nachgewiesen ist, **OLG Karlsruhe** JFG 11, 265; dazu *§ 33 Bem 27ff.* sowie *Güthe* GBO § 19 Bem 64.

f) Form 27

Über die Form der Eintragungsbewilligung *§ 29 Bem 4ff.*; dazu *Güthe* GBO § 19 Bem 51, *Hesse-Saage-Fischer* GBO § 19 Bem III 3, *Horber* GBO § 19 Bem 7, *Thieme* GBO § 19 Bem 9, auch *Haegele* Urkundenvorlage beim GBA Rpfleger 1967, 33.

3. Wirkung der Eintragungsbewilligung 28

Dazu *Güthe* GBO § 19 Bem 71ff., *Hesse-Saage-Fischer* GBO § 19 Bem IV, *Horber* GBO § 19 Bem 8

Es muß zwischen formell- und materiell-rechtlicher Wirkung unterschieden werden.

a) Formell-rechtliche Wirkung 29

Eine **Eintragung erfolgt**, wenn derjenige sie bewilligt, dessen Recht von ihr betroffen wird. Es muß also die Eintragung vorgenommen werden, wenn die Eintragungsbewilligung vorliegt; dazu *Bem 69* sowie *Güthe* GBO § 19 Bem 71.

Die Bewilligung ist aber nicht die einzige Eintragungsgrundlage. Sie führt daher nur dann zur Eintragung, wenn auch die sonstigen Voraussetzungen erfüllt sind, insbes Antrag (§ 13) oder Ersuchen (§ 38), Eintragungsfähigkeit des Rechts (*§ 13 Vorbem 14ff.*), Rechts- und Geschäftsfähigkeit sowie Verfügungsberechtigung des Bewilligenden (*Bem 69ff.*), Eingetragensein des Berechtigten (§§ 39, 40), gegebenenfalls Zustimmungen (zB § 27), Briefvorlage (§ 41). Dazu *Güthe* GBO § 19 Bem 71.

An den Wortlaut der Eintragungsbewilligung ist der GBBeamte bei der Eintragung nicht gebunden, **BayObLG** 13, 731; dazu *Bem 22, § 3 Bem 251.*

b) Materiell-rechtliche Wirkung 30

Materiell-rechtlich kann die Eintragungsbewilligung zu einer **Rechtsänderung** führen, notwendig ist diese Wirkung nicht; dazu *Bem 10.* Eine Rechtsänderung tritt ein, wenn die Bewilligung als Erklärung des Berechtigten neben der formalen Bedeutung auch materiell-rechtlichen Inhalt hat und daher durch sie zugleich eine Einigung (ein dinglicher Vertrag) zustande kommt bzw die einseitige Erklärung des Berechtigten geeignet ist, die Rechtsänderung herbeizuführen, *Bem 5ff.*; dazu *Güthe* GBO § 19 Bem 72.

Der **GBBeamte** darf trotz des Vorliegens einer vorschriftsmäßigen Eintragungsbewilligung die Eintragung **ablehnen,** wenn er weiß, daß das GB mangels einer dinglichen Einigung über die Rechtsänderung durch die Eintragung unrichtig werden würde und nicht zu erwarten ist, daß die Unrichtigkeit durch nachträgliche dingliche Einigung jemals behoben würde, **OLG München** DNotZ 1937, 326. Über die Frage, wann eine Zwischenverfügung nach § 18 veranlaßt ist, *§ 18 Bem 10ff. 142,*

31 **4. Widerruf der Eintragungsbewilligung**

Dazu *Güthe* GBO § 19 Bem 78ff., *Hesse-Saage-Fischer* GBO § 19 Bem V, *Horber* GBO § 19 Bem 9, *Thieme* GBO § 19 Bem 8

a) Widerruflichkeit der Bewilligung

Über die Widerruflichkeit der Eintragungsbewilligung enthält die GBO keine Vorschriften. Die Frage, ob eine Bewilligung einseitig widerrufen werden kann, ist daher nach dem **materiellen Recht** zu entscheiden, insbes nach § 130 BGB, **RG** Recht 1911 Nr 2463, **KG** KGJ 49, 149, **BayObLG** 23, 169; dazu auch *Güthe* GBO § 19 Bem 78ff. (mit eingehender Begründung). Bez des antragstellenden Notars *§ 15 Bem 13.*

Die Bewilligung ist **unwiderruflich,** sobald sie wirksam geworden ist; dazu *Güthe* GBO § 19 Bem 78, 81 *Hesse-Saage-Fischer* GBO § 19 Bem V, *Horber* GBO § 19 Bem 9Aa, *Thieme* GBO § 19 Bem 8. Dies ist der Fall, sobald der Betroffene (auch der mittelbar Beteiligte, der der Eintrgung nur zuzustimmen hat) die Bewilliung (bzw Zustimmung) **dem GBA gegenüber** erklärt bzw eingereicht (*§ 13 Bem 24ff.*) oder demjenigen, zu dessen Gunsten sie erfolgt, eine den Vorschriften der GBO entsprechende Bewilligung ausgehändigt hat, § 873 Abs 2 (dazu auch *Bem 33*), § 875 Abs 2, § 876 S 3 sowie §§ 877, 880 Abs 2 BGB. Wird in letzterem Fall die Eintragungsbewilligung von dem **Begünstigten** vorgelegt, so hat der GBBeamte mangels entgegenstehender Tatsachen davon auszugehen, daß die Eintragungsbewilligung unwiderruflich ist dh daß sie von dem Betroffenen ausgehändigt und daß nicht vor oder gleichzeitig mit der Aushändigung dem Begünstigten ein Widerruf zugegangen ist; dazu *Güthe* GBO § 19 Bem 31, 80, 84. Mit der gerichtlichen oder notariellen Beurkundung tritt dagegen die Unwiderruflichkeit der Eintragungsbewilligung nur dann ein, wenn sie vertragsmäßig dem Begünstigten gegenüber abgegeben wurde und dieser ein Recht auf eine Vertragsausfertigung hat, **KG** KGJ 49, 149. Wird die Bewilligung durch Urteil ersetzt (*Bem 46*), so tritt die Unwiderruflichkeit (auch die materielle Bindung) mit dem Erlaß (§ 895 ZPO) oder mit der Rechtskraft des Urteils (§ 894 ZPO) ein; dazu *Güthe* GBO § 19 Bem 99, *Predari* GBO § 19 Bem 98.

32 **b) Widerruf**

Einen nach dem Wirksamwerden der Eintragungsbewilligung erklärten einseitigen Widerruf hat der GBBeamte nicht zu beachten, **KG** JFG 8, 226.

Erklärt daher der Bewilligende dem GBA gegenüber, daß er seine Bewilligung zurückziehe, so hat das GBA die Eintragung gleichwohl vorzunehmen, sofern nicht der Widerrufende allein den Eintragungsantrag gestellt hat und in dem Widerruf zugleich eine Zurücknahme des Antrags zu erblicken ist, **BayObLG** 23, 169; dazu *§ 31 Bem 2ff.*, ferner *Güthe* GBO § 19 Bem 83, *Hesse-Saage-Fischer* GBO § 19 Bem V, *Horber* GBO § 19 Bem 8b, auch **KG** JR 1951, 761 = DRspr I (150) 44a, **OLG Düsseldorf** NJW 1956, 876 = DRspr IV (473) 37a.

Über Verhinderung der Eintragung durch einstweilige Verfügung *§ 18 Bem 21.*

c) Unwiderruflichkeit der Eintragungsbewilligung und Bindung der Beteiligten an die Einigung 33

Von der Unwiderruflichkeit der Eintragungsbewilligung ist die materielle Bindung der Beteiligten an die Einigung, wie sie nach § 873 Abs 2 BGB (dazu *Bem 31*) eintritt, zu unterscheiden; dazu **RG** RGZ 77, 84, **KG** OLG 22, 196, *BGB-RGRK* BGB § 873 Bem 103ff.

Unwiderruflichkeit der Eintragungsbewilligung und materielle Bindung fallen zwar häufig zusammen, decken sich aber nicht immer; dazu **OLG München** HRR 1937 Nr 85, *Güthe* GBO § 19 Bem 74, *Horber* GBO § 19 Bem 8b. Dasselbe gilt im Fall des § 875 Abs 2 BGB. Unwiderruflichkeit der Bewilligung und materielle Bindung können zeitlich auseinanderfallen, zB wenn die Bewilligung vor der Einigung vorgelegt wird oder wenn umgekehrt die Einigung erfolgt, bevor die Bewilligung ausgehändigt oder vorgelegt wird. Solange letzteres nicht geschehen ist, ist die Bewilligung trotz Einigung widerruflich; dazu *Güthe* GBO § 19 Bem 83. Ein Widerruf der Eintragungsbewilligung kann (muß aber nicht) im Rücktritt vom schuldrechtlichen Vertrag erblickt werden, **BayObLG** 12, 478.

d) Verfügungsberechtigung 34

Die Unwiderruflichkeit der Eintragungsbewilligung und die materielle Bindung hindern den Berechtigten nicht, andere Eintragungsbewilligungen bez desselben Rechts abzugeben (zB Abtretung nach Löschungsbewilligung oder doppelte Abtretung). Die Eintragungsbewilligung enthält keine Verfügungsbeschränkung gegenüber Dritten, **RG** RGZ 55, 342/73, 50/81, 68/113, 407, **BayObLG** SeuffA 67, 326, **KG** KGJ 49, 152, OLG 29, 321, **OLG Dresden** OLG 6, 261, *Güthe* GBO § 19 Bem 74, *Horber* GBO § 19 Bem 8b. Welche Eintragungsbewilligung dann vollzogen wird und zur Rechtsänderung führt, hängt vom Zeitpunkt der Eintragungsanträge (§ 17) ab. Der GBBeamte darf den auf die spätere Eintragungsbewilligung gestützten Antrag nicht zurückweisen, auch wenn ihm das Vorhandensein der früheren Bewilligung bekannt ist; dazu *Güthe* aaO.

e) Form 35

Der Widerruf der Eintragungsbewilligung hat in der Form des § 29 zu erfolgen, § 31; dazu *Güthe* GBO § 19 Bem 84, *Hesse-Saage-Fischer* GBO § 19 Bem V.

5. Anfechtung und Nichtigkeit der Eintragungsbewilligung 36

Dazu *Güthe* GBO § 19 Bem 85ff., *Hesse-Saage-Fischer* GBO § 19 Bem V, *Horber* GBO § 19 Bem 9B

Die Anfechtung und Nichtigkeit der Eintragungsbewilligung richten sich nach den allgemeinen für Willenserklärungen geltenden Vorschriften, §§ 104ff., §§ 116ff. BGB; dazu *Bem 22*.

Erscheint dem GBBeamten die Nichtigkeit oder wirksame Anfechtung (§ 142 BGB) in gehöriger Form dargetan, so ist der Eintragungsantrag zurückzuweisen; dazu *Güthe* GBO § 19 Bem 87, *Hesse-Saage-Fischer* GBO § 19 Bem V. Auch wenn der GBBeamte die Nichtigkeit ohne weiteres erkennt, gilt dasselbe; dazu *Güthe* aaO. Andernfalls erfolgt die Eintragung in das GB und den Beteiligten bleibt es überlassen, den Klageweg zu beschreiten. Eine eigentliche Verweisung auf den Prozeßweg oder gar eine Aussetzung des Verfahrens findet nicht statt; dazu *§ 18 Bem 12*. Über die Zulässigkeit der einstweiligen Verfügung *§ 18 Bem 21*.

Über Nichtigkeit der Einigung und den Einfluß der Nichtigkeit auf das Grundgeschäft **RG** RGZ 63, 185/72, 64/75, 74/78, 282, **BayObLG** 7, 388, *BGB-RGRK* BGB § 873 Bem 34, 37, §§ 925, 925a Bem 29ff., *Staudinger-Seufert* BGB § 873 Bem 65ff. Dazu *§ 20 Bem 6, 70.*

37 **6. Anwendungsbereich des § 19**

Dazu *Güthe* GBO § 19 Bem 24

Die Vorschrift des § 19 gilt für **Eintragungen jeglicher Art**; dazu *§ 13 Vorbem 3ff.*

Sie bezieht sich auf **Rechtsänderungen** und auch auf bloße **GBBerichtigungen**, ob es sich um endgültige oder um bloß vorläufige Eintragungen (Vormerkung, Widerspruch) handelt, **KG** OLG 8, 306, ZBlFG 6, 148. Zu der Frage, daß § 19 auch für GB-Berichtigungen gilt, **RG** RGZ 73, 156, **KG** OLG 3, 225/9,332/40, 262, *Güthe* GBO § 19 Bem 24.

Die Berichtigung des GB kann also auch dadurch bewirkt werden, daß der Buchberechtigte die Eintragung des wirklich Berechtigten bewilligt, anstatt daß der Nachweis der Unrichtigkeit des GB geführt wird.

38 **IV. Ausnahmen von dem Erfordernis der Eintragungsbewilligung**

Dazu *Güthe* GBO § 19 Bem 88ff., *Hesse-Saage-Fischer* GBO § 19 Bem VI, *Horber* GBO § 19 Bem 2B, *Thieme* GBO § 19 Bem 10

1. Allgemeines

Bei den Fällen, die Ausnahmen von dem Grundsatz des § 19 darstellen, muß unterschieden werden zwischen den

Fällen, in denen **mehr** gefordert wird als die formell-rechtliche Eintragungsbewilligung, *Bem 39*, und den

Fällen, in denen eine Eintragungsbewilligung **nicht** erforderlich ist, *Bem 40ff.*, und weiter den

Fällen, in denen eine solche Bewilligung **ersetzt** wird, *Bem 45ff.*

39 **2. Nachweis der Einigung**

Dazu *Güthe* GBO § 19 Bem 90, *Horber* GBO § 19 Bem 2 Ba

In einigen Fällen wird zur Eintragung mehr als die formell-rechtliche Eintragungsbewilligung des Betroffenen gefordert, nämlich auch noch der Nachweis der materiellrechtlichen Einigung.

Dies kommt in Betracht bei

der **Auflassung eines Grst**, § 20 (dazu *Bem 11, § 20 Bem 4ff.*), **BayObLG** BayObLGZ 1948/51, 426 (437), ferner bei

der Bestellung, Inhaltsänderung oder Übertragung eines **Erbbaurechts**, § 11 ErbbauVO (*Anh*; dazu *§ 20 Bem 28*) sowie

teilweise bei Rechten, auf die nach **Landesrecht** die sich auf Grst beziehenden Vorschriften Anwendung (*§ 3 Bem 14ff.*) finden (dazu *§ 20 Bem 29ff.*).

Dagegen ist in diesen Fällen nicht erforderlich, daß die Einigung der Eintragung vorausgeht; dazu *§ 20 Bem 75.*

40 **3. Entbehrliche Eintragungsbewilligung**

Dazu *Güthe* GBO § 19 Bem 88, 89, *Hesse-Saage-Fischer* GBO § 19 Bem VI 3, *Horber* GBO § 19 Bem 2 B , *Thieme* GBO § 19 Bem 10

Es handelt sich um solche Fälle, in denen eine Eintragungsbewilligung ganz entbehrlich ist, also auch nicht ersetzt zu werden braucht.

Hierzu ist insbes auf folgende Fälle hinzuweisen:

a) **§ 21 GBO**; dazu *§ 21 Bem 2ff.* **41**

b) **§ 1139 BGB** bez Eintragung eines Widerspruchs wegen unterbliebener Darlehenshingabe. Unter den in dieser Vorschrift näher bezeichneten Voraussetzungen genügt der Eintragungsantrag; nach Ablauf der Monatsfrist des § 1139 BGB kann ein Widerspruch nur unter den Voraussetzungen des § 899 BGB eingetragen werden.

Soweit § 1139 BGB anwendbar ist, bedarf es weder einer Eintragungsbewilligung des Betroffenen oder einer gerichtlichen Anordnung noch des Nachweises, daß die Hingabe des Darlehens unterblieben ist. Antragsberechtigt ist nur der GrstEigentümer, nicht auch der persönliche Schuldner. Gleichgültig ist, ob die Hypothek noch für den ursprünglichen Gläubiger oder auf einen neuen Gläubiger umgeschrieben ist. § 39 Abs 1 ist nicht anwendbar; dazu *§ 39 Bem 8*. Der Antrag bedarf der Form des § 29; dazu *§ 30 Bem 2ff.*, ferner *BGB-RGRK* BGB § 1139 Bem 2, *Staudinger-Scherübl* BGB § 1139 Bem 2a.

Keine Anwendung findet § 1139 BGB auf Briefhypotheken, Sicherungshypotheken Grund- und Rentenschulden, *BGB-RGRK* BGB § 1139 Bem 1, *Güthe* GBO § 19 Bem 89 *Staudinger-Scherübl* aaO Bem 8ff., ebensowenig auf die Nichtzahlung des Abtretungsentgelts bei Abtretung der Hypothek.

c) Alle Fälle, in denen das GBA eine Eintragung **von Amts wegen** vorzunehmen hat, zB § 18 Abs 2, §§ 53, 76; dazu *§ 1 Bem 16, § 13 Bem 6ff.*, ferner *Güthe* GBO § 19 Bem 88 (2), *Hesse-Saage-Fischer* GBO § 19 Bem VI 3. **42**

d) Auch nach der **LAVO** ergeben sich Ausnahmen. **43**

Bei der Schaffung von Eigenheimen als Rentenstellen für ländliche Arbeiter und Handwerker bedarf die lastenfreie Abschreibung zur Bildung eines selbständigen unbelasteten Grst nicht der Entpfändungserklärungen der auf dem HauptGrst eingetragenen dinglich Berechtigten, soweit von dem HauptGrst nicht mehr als 1 ha Fläche abgeschrieben werden; weitere Abschreibungen sind ohne Zustimmung der Gläubiger zulässig, soweit die abgeschriebene Fläche einen Wert von 5% des Einheitswertes des gesamten Grst nicht übersteigt, § 9 Abs 1 LAVO (*Anh*). Bei Grunddienstbarkeiten und beschränkten persönlichen Dienstbarkeiten kann die lastenfreie Abschreibung ohne Zustimmung des Berechtigten erfolgen, wenn seine Belange dadurch nicht wesentlich beeinträchtigt werden, so daß das allgemeine Interesse an der Begründung der Landarbeiterstelle überwiegt, § 9 Abs 2 LAVO (*Anh*). Darüber, ob die Voraussetzungen der lastenfreien Abschreibung gegeben sind, entscheidet die Durchführungsbehörde, § 9 Abs 3 LAVO (*Anh*) mit § 4 aaO.

e) **Fälle aus früherer Zeit**, die hier zu erwähnen sind, sind **44**

die Abgeltung der Gebäudeentschuldungssteuer, § 9 der DVO zur VO über die Abgeltung der Gebäudeentschuldungssteuer vom 31. Juli 1942 RGBl I 503; dazu *Hesse-Saage-Fischer* GBO § 19 Bem VI 3,

ferner die Zinssenkungsvorschriften; dazu Bem 30 (s) S 481 der 4. Aufl dieses Kommentars, *Staudinger-Scherübl* BGB § 1113 Einl 156ff.

4. Ersetzte Eintragungsbewilligung **45**

Dazu *Güthe* GBO § 19 Bem 90ff., *Hesse-Saage-Fischer* GBO § 19 Bem VI 1, 2, *Horber* GBO § 19 Bem 2 Bc, *Thieme* GBO § 19 Bem 10

Die Eintragungsbewilligung kann ersetzt werden.

Dies kann geschehen durch ein Urteil, wobei die Bewilligung **erzwungen** wird und ein Vollstreckungstitel an ihre Stelle tritt; dazu *Bem 46*.

In den sonstigen Fällen (dazu *Bem 47ff.*) wird die Eintragungsbewilligung **durch andere Rechtsakte ersetzt**. Soweit hierbei an die Stelle der Bewilligung andere

Eintragungsgrundlagen treten, kann regelmäßig nach Wahl des Antragstellers die Eintragung anstatt auf Grund dieser besonderen Rechtsakte auch auf Grund der Eintragungsbewilligung oder Berichtigungsbewilligung des Betroffenen (dazu *Bem 19*) verlangt werden, soweit sich nicht aus den in Frage kommenden gesetzlichen Vorschriften etwas anderes ergibt. Die wichtigsten Fälle dieser Art werden im folgenden angeführt.

Dazu für Bayern die Vorschriften belehrenden Inhalts (*§ 2 Bem 4*) §§ 138ff. bayDA.

Zu erwähnen sind

urteilsmäßig ersetzte Eintragungsbewilligung, *Bem 46*,

Fälle der GBO, *Bem 47*,

Eintragung des Eigentümers auf Grund eines Ausschlußurteils nach § 927 BGB, *Bem 48*,

Eintragung eines Aneignungsberechtigten nach § 928 BGB, *Bem 49*.

Zwangshypothek, *Bem 50*,

Arresthypothek, *Bem 51*,

Pfändung, *Bem 52*,

einstweilige Verfügung, *Bem 53*.

46 **a) Urteilsmäßig ersetzte Eintragungsbewilligung**

Dazu *Güthe* GBO § 19 Bem 90ff., *Hesse-Saage-Fischer* GBO § 19 Bem VI 1, *Horber* GBO § 19 Bem 2 Bc, *Thieme* GBO § 19 Bem 10 (a)

1. Das **rechtskräftige Urteil**, durch das der Schuldner zur Abgabe der Eintragungsbewilligung verurteilt ist, **ersetzt die Bewilligung**, § 894 Abs 1 S 1 ZPO; dazu **BayObLG** BayObLGZ 1948/51, 426 (434). Ist der Schuldner durch ein vorläufig vollstreckbares Urteil zur Abgabe einer Willenserklärung verurteilt, auf Grund deren eine Eintragung in das GB erfolgen soll, so gilt die Eintragung einer Vormerkung oder eines Widerpsruchs als bewilligt, § 895 ZPO. Eine Vormerkung ist einzutragen, wenn Gegenstand des Urteils der schuldrechtliche Anspruch auf Einräumung oder Aufhebung eines Rechts an einem Grst oder an einem GrstRecht oder auf Änderung des Inhalts oder Ranges eines solchen Rechts ist. Ein Widerspruch ist einzutragen, wenn ein dingliches Recht nicht oder nicht richtig im GB eingetragen oder durch die Eintragung einer nicht bestehenden Belastung oder Beschränkung beeinträchtigt ist. Dazu *Z 3*.

2. **Urteil** iSd §§ 894, 895 ZPO ist auch ein Anerkenntnis- und Vollstreckungsurteil (§§ 307, 722, 1042 ZPO), nicht aber ein Vollstreckungsbefehl oder eine vollstreckbare Urkunde (§ 794 Abs 1 Z 4, 5 ZPO). Auf Grund eines gerichtlichen Vergleichs (§ 794 Abs 1 Z 1, 2 ZPO) kann eine Eintragung nur erfolgen, wenn die Bewilligung in dem Vergleich erklärt ist; eine Verpflichtung zur Abgabe der Eintragungsbewilligung genügt nicht, dazu **RG** RGZ 55, 58/62, 157, **BayObLG** 16, 93, *Güthe* GBO § 19 Bem 91. Über Auflassung *§ 20 Bem 4ff.*, zu § 792 ZPO *§ 14 Bem 3*.

Gleichgültig ist, ob das Urteil auf Bewilligung einer Rechtsänderung, GBBerichtigung oder auf Abgabe einer Einigungs-, Abtretungs-, Belastungs-, Verpfändungs- oder Aufhebungserklärung gerichtet ist, **RG** RGZ 48, 48/49, 417/55, 56; dazu auch *§ 26 Bem 2ff.*, zu Versäumnisurteil *§ 18 Bem 25 (3a)*. Dagegen genügt nicht eine bloße Anerkennung oder Feststellung des klägerischen Rechts, **RG** RGZ 48, 400; dazu **OLG Stuttgart** BayNotZ 1913, 192. Die Urteilsformel allein ist nicht maßgebend; auch die Urteilsgründe sind zur Auslegung heranzuziehen, **KG** OLG 10, 103, **BayObLG** OLG 26, 4, auch OLG 14, 190, *Güthe* GBO § 19 Bem 92. Ein Urteil, das auf *Wiederholung der Abtretung der Hypothek in gbmäßiger Form* lautet, ersetzt nach § 894 ZPO die Eintragungsbewilligung; einer öffentlichen Beglaubigung der Abtretungserklärung bedarf es nicht mehr, **KG** JW 1935, 1185 = DNotZ 1935, 323, **BayObLG** JW 1934, 2247. Wenn es sich um eine Wahlschuld handelt, also alternativ die Abgabe der Willenserklärung neben einer Verurteilung zu einer Leistung steht, so ist strittig, inwieweit § 894 ZPO anwendbar ist, **RG** RGZ 53, 80 verneint in solchem Falle die Anwendung des § 894 ZPO; dieser Auffassung trat Bem 49 S 490 der 4. Aufl dieses Kommentars bei. Man wird jedoch mit *Stein-Jonas* ZPO § 894 Bem V (auch Fußn 53 dazu) und der überwiegenden Meinung auch bei der Wahlschuld § 894 ZPO nicht ausschließen. Ist an einem Grst, das mehreren nach Bruchteilen gehört, ein Nießbrauch eingetragen, so kann auf Grund eines von nur einem Miteigentümer bewirkten, auf Bewilligung der Löschung lautenden Urteils der ganze Nießbrauch gelöscht werden, **KG** DFG 1936, 219.

Das Urteil muß inhaltlich den Anforderungen einer Eintragungsbewilligung, also insbes den §§ 20, 28, 47 GBO, §§ 1115ff. BGB entsprechen, **RG** RGZ 46, 412, *Güthe* GBO § 19 Bem 92. Dazu *Schneider* Die Urteilsformel MDR 1967, 94.

3. **Vorzulegen** ist eine **Urteilsausfertigung mit Rechtskraftzeugnis**, § 706 ZPO. Dagegen sind Vollstreckungsklausel und Zustellungsnachweis nicht erforderlich, *Güthe* aaO Bem 94, *Hesse-Saage-Fischer* GBO § 19 Bem VI 1. Nur im Falle des § 894 Abs 1 S 2 ZPO (bei Abhängigkeit der Eintragungsbewilligung von einer Gegenleistung) ist eine vollstreckbare Ausfertigung des Urteils (§§ 725ff., ZPO) erforderlich.

Im Falle des § 895 ZPO, bei der Eintragung einer Vormerkung oder eines Widerspruchs, bedarf es nur der Vorlegung eines **vorläufig vollstreckbaren Urteils**; dazu Z 1 und **KG** KGJ 51, 194. Über Aufhebung eines solchen Urteils § 25 *Bem 5*.

Im Falle der Rechtsnachfolge ist eine **Rechtsnachfolgeklausel** (§§ 325, 727 ZPO) erforderlich. Keiner Umschreibung der Vollstreckungsklausel bedarf es, wenn der Beklagte nach Beginn der ZwV dh nach Anordnung der Eintragung oder nach Zwischenverfügung (§ 18 GBO) gestorben ist, § 779 ZPO; dazu *Güthe* GBO § 19 Bem 98. Über die vorherige Eintragung des Erben §§ 14, 40 Abs 1; über Urteil für und gegen den Testamentsvollstrecker und den Vorerben §§ 326, 327, 728 ZPO. Bei gütergemeinschaftlichen Ehegatten genügt zur Vollstreckung in das Gesamtgut Verurteilung des das Gesamtgut allein verwaltenden Ehegatten, während bei gemeinsamer Verwaltung die ZwV in das Gesamtgut nur bei Verurteilung beider Ehegatten zur Leistung zulässig ist, § 740 ZPO; dazu zu § 740 Abs 1 ZPO, **RG** RGZ 108, 285, **KG** KGJ 40, 159, OLG 9, 113, **OLG Posen** OLG 10, 373.

4. Die **Wirkung des Urteils** geht nicht weiter als die wirkliche Erklärung, *Enneccerus-Kipp* Familienrecht § 115, *Fischer* SJZ 1949, 855, *Hesse-Saage-Fischer* GBO § 19 Bem VI 1, *Kipp* Recht 1913, 45, *Mohrbutter* Handbuch des gesamten Vollstreckungs- und Insolvenzrechts 258/259, *Planck* BGB § 873 Bem III 2c, *Staudinger* BGB §§ 1821, 1822 Bem 1b, 5a, *Stein-Jona* ZPO § 894 Bem II. Es läßt sich daher bei der vormundschaftsgerichtlichen Genehmigung die zum Teil vertretene abweichende Meinung nicht rechtfertigen.

Es werden daher durch das Urteil **Zustimmungserklärungen und behördliche Genehmigungen nicht ersetzt.**

Dieser Grundsatz ist nur bez der vormundschaftsgerichtlichen Genehmigung bestritten. Es ist allgemein anerkannt, daß das Urteil die Zustimmung nicht verurteilter Dritter, zB des Eigentümers, des Pfandgläubigers, des Ehemanns (soweit dessen Zustimmung noch Bedeutung hat, *Bem 70, § 13 Vorbem 180*) nicht ersetzt; dazu *Güthe* GBO § 19 Bem 97, *Hesse-Saage-Fischer* GBO § 19 Bem VI 1, *Stein-Jonas* aaO, *Thieme* GBO § 19 Bem 10 (a). Dasselbe gilt von behördlichen Genehmigungen, etwa nach BBauG, GrstVG ua; dazu *Güthe, Hesse-Saage-Fischer, Stein-Jonas, Thieme* aaO, zum GrstVG *Pikalo-Bendel* GrstVG § 2 Bem F III 24, im übrigen *§ 20 Bem 84*.

Nur bei der **Genehmigung des Vormundschaftsgerichts** wird nach einer auch heute noch verbreiteten Meinung durch das Urteil auch die vormundschaftsgerichtliche Genehmigung ersetzt, also für entbehrlich gehalten; dazu **KG** KGJ 31, 293, OLG 29,

258, **BayObLG** BayObLGZ 1953, 111 = MDR 1953, 561, *Baumbach-Lauterbach* ZPO § 894 Bem 3B, *BGB-RGRK* BGB §§ 925, 925a, Bem 43, *Güthe* GBO § 19 Bem 97, *Staudinger-Seufert* BGB §§ 925, 925a Bem 74, *Thieme* GBO § 19 Bem 10 (a), *Thomas-Putzo* ZPO § 894 Bem 3b. Mit Recht wird bei *Hesse-Saage-Fischer* aaO darauf hingewiesen, daß eine überzeugende Begründung für die abweichende Meinung nicht gegeben werden kann und insbes auch von dem **BayObLG** aaO nicht gebracht wird. Es ist kein Grund ersichtlich, weshalb gerade bei der Genehmigung des Vormundschaftsgerichts im Gegensatz zu sonstigen Genehmigungen das Urteil die Genehmigung ersetzen soll. Die Möglichkeit der Umgehung der erforderlichen Genehmigung ist bei der anderen Auffassung allzu leicht, zumal auch ein Versäumnisurteil einem Urteil, das auf Grund einer mündlichen Verhandlung ergeht, gleichsteht, **BayObLG** aaO; dazu *Hesse-Saage-Fischer* GBO § 19 Bem VI 1. Das Hauptargument der abweichenden Meinung ist der Grundsatz, daß zur Prozeßführung eine vormundschaftsgerichtliche Genehmigung nicht erforderlich sei. Ein Rechtsstreit mag ohne Genehmigung des VormGer geführt werden, auch über die Frage der Herbeiführung einer Eintragungsbewilligung. Daraus aber, daß zur Prozeßführung keine solche Genehmigung nötig ist, folgt nicht zwangsläufig, daß durch den Rechtsstreit eine derartige Genehmigung ersetzt wird. Die nicht erforderliche vormundschaftsgerichtliche Genehmigung zur Prozeßführung und die Notwendigkeit einer solchen Genehmigung zu der im Rechtsstreit erwirkten Eintragungsbewilligung sind also auseinanderzuhalten. Der Wegfall der Genehmigung zu dem materiell-rechtlichen Vorgang und zu der gbmäßigen Bewilligung findet im Gesetz keine ausreichende Stütze, entspricht auch nicht den vom Gesetz gewollten notwendigen Schutz minderjähriger Kinder. Man kann auch nicht einwenden, daß nur zu rechtsgeschäftlichen Erklärungen eine Genehmigung des VormGer erforderlich sei, da das Urteil ja nur die rechtsgeschäftliche Erklärung ersetzt, aber nicht mehr enthält, insbes nicht zu prüfen hat, ob eine solche Handlungsweise im Interesse des Mündels ist oder nicht. Auch der Einwand, daß das gerichtliche Urteil keiner Nachprüfung unterliege, geht fehl; denn das VormGer hat den Sachverhalt unter einem ganz anderen Gesichtspunkt zu prüfen als das Prozeßgericht. Im übrigen dazu *§ 18 Bem 25, 110, § 20 Bem 79.*

Neben dem Urteil sind auch etwaige **sonstige Erfordernisse** notwendig, wie Eintragungsantrag (§ 13) und Vorlage des Hypothekenbriefs (§ 41). Der GBBeamte hat auch selbständig zu prüfen, ob die Eintragungsfähigkeit des einzutragenden Rechts und das Eingetragensein des Verurteilten (§§ 39, 40) gegeben sind; dazu **KG** KGJ 51, 194, *Güthe* GBO § 19 Bem 96.

Über Verurteilung zu **Auflassung** *§ 20 Bem 4ff.*

Für **Kosten** der Eintragung auf Grund eines Urteils haftet der Verurteilte neben dem Antragsteller als Gesamtschuldner, § 3 Z 4, § 5 Abs 1 S 1 KostO (*Anh*).

47 **b) Fälle der GBO**

Dazu *Güthe* GBO § 19 Bem 100, *Hesse-Sager-Fischer* GBO § 19 Bem VI 2 (a), *Horber* GBO § 19 Bem 2 Bc, *Thieme* GBO § 19 Bem 10 (b, c)

Es kommen in Betracht:

1. GBBerichtigung nach **§ 22**, auch §§ 23, 24, 27,
2. Löschung einer Vormerkung oder eines Widerspruchs nach **§ 25**,
3. Abtretung einer Briefhypothek, -grund- oder -rentenschuld nach **§ 26**,
4. Ersuchen einer Behörde nach **§ 38**.

Zu erwähnen sind auch die Eintragungen auf Grund eines **Unschädlichkeitszeugnisses**; dazu *§ 27 Bem 43, § 117 Bem 107.*

Die Eintragungsbewilligung ist auch nicht erforderlich zu der auf Antrag der höheren Forstaufsichtsbehörde erfolgenden Eintragung der rechtlichen Änderungen, die sich aus der Umwandlung oder Ablösung von **Holznutzungsrechten** ergeben, § 23 Abs 2 VO zur Förderung der Nutzholzgewinnung vom 30. Juli 1937 RGBl I 876; über teilweise Verfassungswidrigkeit der VO **BayVerfGH** bayGVBl 1951, 155. Im übrigen *§ 13 Vorbem 47, 60, 228 (e), Bem 45, § 38 Bem 83.*

c) Eintragung des Eigentümers auf Grund eines Ausschlußurteils nach § 927 BGB 48

Dazu *Güthe* GBO § 19 Bem 135ff., *Hesse-Saage-Fischer* GBO § 19 Bem VI 2 (g), *Horber* GBO § 19 Bem 2 Bc, *Thieme* GBO § 19 Bem 10 (i),
Kommentierungen zu § 927 BGB, insbes *BGB-RGRK, Palandt, Staudinger-Seufert*

1. Der **Eigentümer** eines Grst kann, wenn das Grst seit 30 Jahren im Eigenbesitz eines anderen ist, im Wege des Aufgebotsverfahrens mit seinen Rechten **ausgeschlossen** werden. Die Besitzzeit berechnet sich nach § 938ff. BGB. Ist der Eigentümer im GB eingetragen, so ist das Aufgebotsverfahren nur zulässig, wenn er gestorben oder verschollen ist und eine Eintragung in das GB, die der Zustimmung des Eigentümers bedurfte, seit 30 Jahren nicht erfolgt ist. Dazu **SchlHOLG** SchlHA 1954, 52, **LG Bielefeld** RdL 1960, 185, **LG Flensburg** SchlHA 1962, 246 (altrechtliche Ottinggemeinschaft-Feldgenossenschaft), **AG Leonberg** BWNotZ 1960, 15 (Ersitzung nach altem Recht).

2. Ein Ausschlußurteil ist auch bez eines realen oder eines ideellen Bruchteils möglich, nicht aber bez des Anteils an einer Gesamthandsgemeinschaft, ferner auch bez grstgleicher Rechte (*§ 3 Bem 12ff.*); dazu *BGB-RGRK* BGB § 927 Bem 1ff., *Güthe* GBO § 19 Bem 136, *Palandt* BGB § 927 Bem 1, 2, *Staudinger-Seufert* BGB § 927 Bem 8. Bez des Aufgebotsverfahrens §§ 977ff. ZPO.

3. Der Antrag auf **Eintragung des neuen Eigentümers** bedarf keiner Form (§ 30); dazu *Güthe* GBO § 19 Bem 137, *Hesse-Saage-Fischer* GBO § 19 Bem VI 2 (g), *Palandt* BGB § 927 Bem 4 (b), *Staudinger-Seufert* BGB § 927 Bem 5 (c), **aA** *BGB-RGRK* BGB § 927 Bem 8, *Planck* BGB § 927 Bem 5 (b). Antragsberechtigt ist derjenige, der das Urteil erwirkt hat, *Güthe* GBO § 19 Bem 137. § 39 Abs 1 GBO findet keine Anwendung, *Güthe* aaO Bem 138. Sind im GB als GrstEigentümer mehrere Personen in Gesamthandsgemeinschaft eingetragen, von denen nicht alle verstorben oder verschollen sind, so ist die Ausschließung des Eigentümers gleichwohl zulässig, wenn die nicht verstorbenen und nicht verschollenen Personen der Gesamthandsgemeinschaft als Eigenbesitzer den Antrag auf Ausschließung stellen, **LG Amberg** MittBayNotV 1963, 187 = DNotZ 1963, 753 Ls. Eine Ausfertigung des Ausschlußurteils ist dem GBA vorzulegen.

Besonderheiten gelten, wenn **Eintragungshindernisse** bestehen. Sind in dem Ausschlußurteil Eigentumsrechte vorbehalten (§ 953 ZPO), so kann die Eintragung des Antragstellers als Eigentümer nur mit Zustimmung derjenigen erfolgen, zu deren Gunsten der Vorbehalt aufgenommen ist, **KG** OLG 15, 353, *Güthe* GBO § 19 Bem 140, *Staudinger-Seufert* BGB § 927 Bem 5 (d *a*). Ein bereits eingetragener Widerspruch und eine im GB schon befindliche Auflassungsvormerkung behalten ihre Wirkung, *Staudinger-Seufert* aaO.

Ist vor Erlassung des Ausschlußurteils ein Dritter als Eigentümer oder wegen des Eigentums eines Dritten ein Widerspruch gegen die Richtigkeit des GB eingetragen, so wirkt das Urteil nicht gegen den Dritten, § 927 Abs 3 BGB. Die Frage des Eigentums ist uU im Prozeßweg zu klären; dazu *Güthe* GBO § 19 Bem 140, *Staudinger-Seufert* BGB § 927 Bem 5 (d β). Ist nach Erlaß des Ausschlußurteils ein Dritter im GB eingetragen, so muß der Antragsteller, wenn er eingetragen werden will, zuerst die Rechtslage klarstellen, uU durch einen Rechtsstreit; dazu *BGB-RGRK* BGB § 927 Bem 9, *Güthe* GBO

§ 19 Bem 140, *Staudinger-Seufert* BGB § 927 Bem 5 (dγ). Eine Auflassung ist nicht erforderlich; dazu *§ 20 Bem 19.*

Schon vor der Antragstellung kann der Antragsberechtigte sein Aneignungsrecht durch **Eintragung eines Widerspruchs** sichern lassen, *Güthe* GBO § 19 Bem 141, *Staudinger-Seufert* BGB § 927 Bem 5 (bβ). Eine Vormerkung wäre ungeeignet.

4. Der **Eintragungsvermerk** in der 1. Abt Sp 4 (dazu *§ 3 Bem 201ff.*) kann etwa lauten: *Auf Grund des Ausschlußurteils des Amtsgerichts .... vom .... eingetragen am .....* Dazu *Güthe* GBO § 19 Bem 141.

49 d) Eintragung eines Aneignungsberechtigten nach § 928 BGB

Dazu *Güthe* GBO § 19 Bem 142ff., *Hesse-Saage-Fischer* GBO § 19 Bem VI 2 (g), *Müller* Pflegschaft für ein herrenloses Grst? JR 1957, 16, *Thieme* GBO § 19 Bem 10 (k), Kommentierungen zu § 928 BGB, insbes *BGB-RGRK*, *Palandt*, *Staudinger-Seufert*

1. Das **Eigentum** an einem Grst kann dadurch **aufgegeben** werden, daß der Eigentümer den Verzicht dem GBA gegenüber erklärt und der Verzicht in das GB eingetragen wird, § 928 Abs 1 BGB.

Der Verzicht auf das Eigentum ist nur bez **Grst** und realen oder ideellen Teilen solcher, nicht aber bez eines Gesamthandsanteils daran zulässig. Auch findet § 928 BGB keine Anwendung auf das Erbbaurecht, § 11 ErbbauVO (*Anh*) und andere grstgleiche Rechte (*§ 3 Bem 12ff.*); dazu *BGB-RGRK* BGB § 928 Bem 1, *Güthe* GBO § 19 Bem 143 (*aa*), *Palandt* BGB § 928 Bem 2, *Staudinger-Seufert* BGB § 928 Bem 5, 9.

Es muß ein unbedingter und unbetagter **Verzicht** auf das Eigentum erklärt werden; der Verzicht ist eine einseitige Erklärung. Die Eintragung erfolgt auf Grund einer formbedürftigen (§ 29) Bewilligung des Eigentümers und auf dessen Antrag. Der Aneignungsberechtigte ist nicht antragsberechtigt. Dazu *BGB-RGRK* BGB § 928 Bem 1, *Güthe* GBO § 19 Bem 142, *Staudinger-Seufert* BGB § 928 Bem 3.

Der Verzichtende soll vor der Eintragung des Verzichts eingetragen sein, § 39 Abs 1; zur Wirksamkeit des Verzichts ist dies aber nicht erforderlich, *Güthe* GBO § 19 Bem 145.

Die **Eintragung** des Verzichts erfolgt in der 1. Abt Sp 4 (dazu *§ 3 Bem 201ff.*); sie kann etwa lauten: *Der Eigentümer hat auf das Eigentum verzichtet. Eingetragen am ....* Dazu *§ 3 Bem 201.*

Durch den Verzicht werden die dem Grst zustehenden subjektiv-dinglichen Rechte nicht berührt. Dingliche Rechte Dritter bleiben bestehen, **RG** RGZ 82, 74; dies gilt auch für eine Eigentümer-Hypothek oder -Grundschuld, *Güthe* GBO § 19 Bem 142. Die eingetragenen Berechtigten können in der Zeit zwischen der Eintragung des Verzichts und der Eintragung des Aneignungsberechtigten solche Verfügungen über ihre Rechte treffen, die der Zustimmung des Eigentümers nicht bedürfen, zB eine Abtretung, *Güthe* aaO Bem 142. Unter den gleichen Voraussetzungen können Verfügungsbeschränkungen und neue Rechte eingetragen werden, **KG** KGJ 38, 262.

2. Dem Verzicht steht die **Eintragung des Aneignungsberechtigten** gegenüber. Es genügt ein formloser Antrag, *Güthe* GBO § 19 Bem 144, 147, *Hesse-Saage-Fischer* GBO Bem VI 2 (g), **aA** *BGB-RGRK* BGB § 928 Bem 7, *Planck* BGB § 928 Bem 5c, *Staudinger-Seufert* BGB § 928 Bem 4 (a). Die abweichende Auffassung, welche die Form des § 29 GBO auf Grund des § 30 GBO für erforderlich hält, ist unzutreffend, da die gesetzlichen Voraussetzungen hierzu fehlen; dazu *Güthe* GBO § 19 Bem 144.

Antragsberechtigt ist nur ein Aneignungsberechtigter. In Frage kommen nach § 928 Abs 2 S 1 BGB der Landesfiskus oder an dessen Stelle Berechtigte (Art 129 EGBGB); der Bundesfiskus hat kein Antragsrecht; dazu *BGB-RGRK* BGB § 928 Bem 6, *Güthe* GBO § 19 Bem 146, *Palandt* BGB § 928 Bem 5 (a), *Schmitt* BayNotZ 1915, 380, *Staudinger-Seufert* BGB § 928 Bem 4. Der Aneignungsberechtigte kann vor seiner Eintragung sein Aneignungsrecht abtreten, **RG** RGZ 82, 74/103, 166. Der Zessionar erwirbt das Eigentum dann mit der auf seinen Antrag erfolgenden Eintragung. Dazu *BGB-RGRK* BGB § 928 Bem 7, *Palandt* aaO, *Staudinger-Seufert* BGB § 928 Bem 4 (a), über Verzicht auf Aneignung und Wirkung einer solchen Erklärung *§ 20 Bem 21*.

Die **Eintragung** wird in der 1. Abt Sp 4 vorgenommen (dazu *§ 3 Bem 201*). Sie kann etwa lauten: *Auf Grund gesetzlichen Aneignungsrechts eingetragen am .....* Dazu *Güthe* GBO § 19 Bem 147.

Der Aneignungsberechtigte **erwirbt das Eigentum** mit seiner Eintragung, § 928 Abs 2 S 2 BGB. Eine zugunsten eines Dritten eingetragene Auflassungsvormerkung ist auch gegenüber dem Aneignungsberechtigten wirksam, *Güthe* aaO Bem 147, *Staudinger-Seufert* BGB § 928 Bem 4 (e). Über dingliche Rechte *Z 1*. Eine Auflassung erfolgt nicht; dazu *§ 20 Bem 30*. Das Aneignungsrecht ist übertragbar; dazu **RG** RGZ 82, 74/103, 166, *BGB-BGRK* BGB § 927 Bem 6, *Palandt* BGB § 928 Bem 5 (b). Dieses Recht hat privatrechtlichen Charakter und ist daher verzichtbar, **LG Hamburg** NJW 1966, 1716 = DNotZ 1967, 34 (*Duve*) = BWNotZ 1966, 340 Ls. Da kein freies Aneignungsrecht besteht (dazu *BGB-BGRK* aaO Bem 6), hat im Falle eines solchen Verzichts wie bei Nichtausübung eine etwaige Aneignung nach § 927 BGB (dazu *Bem 48*) zu erfolgen; dazu *Palandt* aaO Bem 5 (c), *Staudinger-Seufert* BGB § 928 Bem 9, **aA** (zu Unrecht) **LG Hamburg** aaO, das Aneignung durch jeden Dritten ohne Aufgebotsverfahren und ohne 30jährige Ersitzungszeit durch bloße Aneignung und GBEintragung zuläßt — eine Auffassung, die mit den strengen sachenrechtlichen Grundsätzen nicht vereinbar ist und deshalb abgelehnt werden muß (dazu auch *§ 20 Bem 21*).

e) Zwangshypothek 50

Dazu *Brand-Schnitzler* GBSachen § 117, *Bauer* GBEintragungen S 83/84 Z 262, *Furtner* Rechtliche Bedeutung von Zwangseintragungen, die unter Verletzung vollstreckungsrechtlicher Vorschriften im GB vorgenommen wurden, DNotZ 1959, 304, *Grund* Die Eintragung von Zwangs- und Arresthypotheken WürttNV 1950, 224, *Güthe* GBO § 19 Bem 100ff., *Haegele* GBRecht Bem 932ff., Merkbuch 61, 311, Unterrichtsbriefe (GrstRecht 50, 55, 209), *Hesse-Saage-Fischer* GBO § 19 Bem VI 2 (b), *Horber* GBO § 19 Bem 2 (Bc), *Krämer-Illner* GBPraxis § 229 (2, 3), *Löscher* Zwangshypothek bei gegen Sicherheitsleistung vorläufig vollstreckbarem Vollstreckungstitel JurBüro 1942, 199, *Mohrbutter* Handbuch des gesamten Vollstreckungs- und Insolvenzrechts 293ff., *Planck-Kettnaker* Führung des GBuchs 245ff., *Ripfel* GBRecht 185ff., *Steiner-Riedel* ZVG Einl I 3 (d) S 33, *Thieme* GBO § 19 Bem 10 (d), *Wilhelmi-Vogel-Zeller* ZVG § 1 Bem 420, im übrigen *§ 3 Bem 344*,

Kommentierungen zu §§ 866 bis 868 ZAO, insbes *Baumbach-Lauterbach*, *Stein-Jonas*, *Wieczorek*, für Bayern §§ 421ff. bayDA (Vorschriften belehrenden Inhalts, *§ 2 Bem 4*)

Es sind vor allem folgende Fragen von besonderer Bedeutung:

Die Zwangshypothek als Maßnahme der ZV und Umfang der Prüfung durch das GBA bei der Eintragung (*Z 1*),

die Voraussetzungen der Eintragung der Zwangshypothek (*Z 2*),

Eintragung der Zwangshypothek auf mehreren Grundstücken (*Z 3*),

Entstehung der Zwangshypothek, allgemeine Erfordernisse für die Eintragung einer Hypothek (*Z 4*),

Form der Eintragung und Kostenfragen (*Z 5*).

1. Bei der Eintragung der Zwangshypothek wird von einer Bewilligung des Be- **50 a**
troffenen ganz abgesehen; die Eintragung ist eine **Maßregel der ZwV**. Ihre Voraussetzungen sind sowohl der ZPO wie der GBO zu entnehmen; das Verfahren, insbes die Beschwerde, richtet sich nach der GBO; dazu **RG** RGZ 48, 243/85, 166/106, 81, **KG** OLG 11, 101/41, 33, *Güthe* GBO § 19 Bem 100, *Predari* GBO § 19 Bem 39.

Das GBA hat neben den gbrechtlichen Eintragungsvoraussetzungen auch die Vollstreckungsvoraussetzungen zu **prüfen**, **RG** RGZ 85, 166, **KG** OLG 11, 101 (102/25, 198, JFG 9, 301 (302), **BayObLG** BayObLGZ 1956, 218 = DNotZ 1956, 596 (*Schweyer*) = NJW 1956, 1800 = Rpfleger 1957, 22 (dazu *Hoche* DNotZ 1957, 3), **LG Berlin** HW

1951, 155 = DRspr IV (473) 17a, *Stein-Jonas* ZPO § 867 Bem I. Über Zwischenverfügung *§ 18 Bem 18ff.*, insbes *Bem 19*, auch **BayObLG** aaO.

50b 2. Die **Voraussetzungen der Eintragung** der Zwangshypothek sind folgende:

Die Zulässigkeit der ZwV im allgemeinen (*a*),
ein vollstreckbarer Schuldtitel (*b*),
die Vollstreckungsklausel (*c*),
der Nachweis der sonstigen Voraussetzungen der ZwV (*d*), und
der Eintragungsantrag und das Eingetragensein des Schuldners (*e*).

a) Es muß die **ZwV im allgemeinen zulässig** sein.

Soweit daher die **ZwV unzulässig** oder **beschränkt** ist, muß dies beachtet werden; dazu *Güthe* GBO § 19 Bem 108, *Steiner-Riedel* ZVG Einl II 4 S 55. Über die ZwV gegen Bund, Länder usw ist auf § 882a ZPO hinzuweisen; dazu auch *§ 18 Bem 163ff.* bez staatsaufsichtlicher und kirchenaufsichtlicher Genehmigung. Bei Zwangshypothek an einem Erbbaurecht ist § 8 ErbbauVO (*Anh*) zu beachten; dazu *§ 8 Bem 40.* Bei der ZwV in eine Heimstätte ist § 20 HG (*Anh*) zu beachten, wobei aber nach § 20 Abs 3 aaO die Beitreibung öffentlicher Abgaben ausgenommen ist; dazu *§ 13 Vorbem 159*, auch **KG** JFG 3, 447, *Güthe* GBO 1870 (Heimstätte) unter B IX (S 1876). In ein Eigenheim (Rentenstelle für ländliche Arbeiter und Handwerker) darf wegen einer persönlichen Schuld nur mit Genehmigung der Durchführungsbehörde vollstreckt werden, § 11 Abs 3 LAVO (*Anh*). Über die Unzulässigkeit der ZwV in inländische Grst ausländischer diplomatischer Vertreter **KG** HRR 1933 Nr 1522.

Es können auch andere **behördliche Genehmigungen** in Frage kommen; dazu *Hesse-Saage-Fischer* GBO § 19 Bem VI 2 (b), *Stein-Jonas* ZPO § 867 Bem II 1. Wenn eine Genehmigung einer Behörde nur für rechtsgeschäftliche Verfügungen oder sonstige Vereinbarungen vorgeschrieben ist, so bezieht sich dies nicht auf Maßnahmen der ZwV, wie die Zwangshypothek. Daher ist im Landwirtschaftsrecht (dazu *§ 20 Bem 82*) eine zusätzliche Genehmigung nach § 2 GrstVG (*Anh*) nicht erforderlich. Im früheren Recht, nämlich nach KRG 45, war die Frage strittig; dazu *Haegele* Zur Frage der Genehmigungspflicht bei Eintragung von Zwangshypotheken auf land- und forstwirtschaftlichen Grsten BWNotZ 1956, 55, *Steiner-Riedel* ZVG Einl I 3 (d) S 34, **OLG Frankfurt aM** RdL 1956, 331.

b) Ein **vollstreckbarer Schuldtitel** über Leistung einer bestimmten Geldsumme ist notwendig. Auch ein Duldungstitel, der die Haftung oder die Verpflichtung zur Duldung der ZwV bez einer bestimmten fremden Schuld (zB auf Grund des AnfG) ausspricht, genügt, **RG** RGZ 89, 361, **KG** KGJ 37, 303. Dagegen reicht eine Verurteilung zur Sicherheitsleistung oder zur Schuldbefreiung nicht aus. Wohl aber kann eine Zwangshypothek auf Grund von Urteilen, die zur Hinterlegung oder zur Zahlung an einen Dritten verurteilen, eingetragen werden, **KG** JFG 12, 309 = HRR 1935 Nr 535, *Güthe* GBO § 19 Bem 103, *Steiner-Riedel* ZVG Einl II 1 S 44. Ist der Schuldner zur Bewilligung einer Sicherungshypothek verurteilt, so kann nur nach § 894 ZPO vollstreckt werden; dazu *Bem 46.* Über bundesrechtliche und landesrechtliche Vollstreckungstitel *§ 14 Bem 3ff.*; dazu auch **BayObLG** 10, 35.

Es ist hierzu darauf hinzuweisen, daß ein **dinglicher Schuldtitel** nach der hM zur Rangwahrung bei Befriedigung aus dem Grst erforderlich ist; dazu *Steiner Riedel* ZVG Einl I 3 S 33, ErgBd 13*, auch **SchlHOLG** SchlHA 1958, 179, 287. Soweit hin und wieder einzelne Gerichte versuchten, dagegen anzukämpfen und einen persönlichen Schuldtitel als ausreichend ansahen, wie **LG Oldenburg** NJW 1959, 1375, konnten sie sich nicht durchsetzen. Für die abweichende Auffassung fehlen ausreichende Gründe. Da es um die Rangwahrung geht, muß daran festgehalten werden, daß Dinglichkeit des Schuldtitels gefordert wird.

Unzulässig ist die Eintragung einer Zwangshypothek für künftig fällig werdende Leistungen, **KG** OLG 41, 152, RJA 4, 44. Ist der Schuldner auf Antrag des Gläubigers nach § 890 ZPO zu einer Geldstrafe verurteilt, so kann der Gläubiger nicht die Eintragung einer Zwangshypothek für die Geldstrafe beantragen, **KG** JFG 9, 301. Dasselbe gilt im Falle des § 888 ZPO.

Im **Verwaltungszwangsverfahren** ist zur Eintragung einer Zwangshypothek nur der Antrag der Vollstreckungsbehörde erforderlich; es bedarf keines Schuld- oder Duldungstitels, **BayObLG** BayObLGZ 1948/51, 610 = Rpfleger 1952, 133. Im Steuerrecht genügt das Leistungsgebot; ein Vollstreckungstitel braucht nicht vorgelegt zu werden, **BGH** BGHZ 3, 140 = Rpfleger 1951, 611 (*Bruhn*) = NJW 1951, 763 = LM § 866 ZPO Nr 1 (*Pritsch*) = DRspr IV 420, 47d, **KG** JFG 11, 325, **OLG Karlsruhe** HRR 1932 Nr 1964, **OLG Köln** NJW 1960, 1110, *Stein-Jonas* ZPO § 867 Bem II 1. Von **LG Hamburg** Rpfleger 1951, 567 (*Bruhn*) = DRspr IV (420) 47e wird die Auffassung vertreten, daß die Eintragung einer Zwangshypothek auf Grund eines nach dem **AnfG** erlangten Duldungstitels erst nach dessen Rechtskraft zulässig sei, da § 868 ZPO keine Anwendung finden könne, sondern § 894 ZPO angewendet werden müsse. *Bruhn* aaO bemerkt mit Recht dazu, daß § 894 ZPO im Rahmen der §§ 866ff. ZPO nicht angewendet werden könne. Diese Meinung verdient den Vorzug.

Für die **steuerrechtlichen Forderungen** ist § 372 Abs 1 AO idF des Ges vom 11. Juli 1953 GBBl I 511 = SaBl 729 von Bedeutung. Darnach kann das Finanzamt wegen der von ihm verwalteten Steuerforderungen verschiedener Steuerschuldner auf Antrag eine einheitliche Sicherungshypothek eintragen lassen; dazu *§ 3 Bem 290, § 13 Vorbem 84*, ferner *Möllinger* Einheitliche Sicherungshypotheken für Bundes- und Landessteuern NJW 1966, 1740, *Steiner-Riedel* ZVG S 34, *Stein-Jonas* ZPO § 866 Bem IV 2, auch **KG** JFG 11, 330. Damit ist die Streitfrage, die zuvor bestand, gegenstandslos geworden, auch die Rspr, die sich damit befaßte, insbes **BGH** BGHZ 7, 326 = NJW 1953, 64 = LM § 866 ZPO Nr 2 (*Johannsen*). Diese Auffassung ist auch allgemeine Rechtspraxis, **OLG Neustadt** NJW 1960, 1674 = Rpfleger 1961, 88 (*Haegele*), **OLG Stuttgart** NJW 1959, 1280 (*Nake*), **LG Nürnberg-Fürth** NJW 1958, 796 Ls, *BGB-RGRK* BGB § 1115 Bem 9, **aA** (zu Unrecht) **LG Köln** NJW 1959, 2122 = DNotZ 1960, 420 Ls. Es muß jedoch der tatsächliche Steuergläubiger in das GB eingetragen werden, wenn nur für eine einzelne Steuerforderung eine Zwangshypothek einzutragen ist, **OLG Neustadt** aaO. Zur Eintragung von Steuersäumniszuschlägen bei einer Zwangshypothek des Finanzamts **AG Glückstadt** Rpfleger 1966, 14; dazu *Kulla* Die Eintragung von Sicherungs- (Zwangs-) Hypotheken für das Finanzamt, Rpfleger 1956, 9, 300, *Fichtelmann* aaO 138.

Zu erwähnen ist, daß Sicherungshypotheken, die 1943 nach § 372 AO zugunsten des Deutschen Reiches zur Sicherung rückständiger österreichischer Personalsteuern eingetragen waren, durch die Veränderung der politischen Verhältnisse weder inhaltlich unzulässig iSd § 53 Abs 1 S 2 noch gegenstandslos nach § 84 Abs 2 (b) geworden sind; sie können nur mit Bewilligung der Finanzprokuratur Wien gelöscht werden, **BayObLG** NJW 1955, 390.

Zum Eintragungsantrag des Finanzamts *§ 38 Bem 66.*

Der Betrag der in dem vollstreckbaren Schuldtitel bezeichneten Forderung muß den **Betrag von 300 DM übersteigen**, § 866 Abs 3 S 1 ZPO; andernfalls liegt eine iSd § 53 GBO inhaltlich unzulässige, nichtige Eintragung vor, **RG** RGZ 60, 279, **OLG Jena** RJA 1, 16, *Güthe* GBO § 19 Bem 103. Zinsen bleiben dabei unberücksichtigt, soweit sie als Nebenforderung geltend gemacht werden, § 866 Abs 3 S 1 ZPO; im übrigen werden Nebenforderung und Hauptforderung zusammengerechnet, *Stein-Jonas* ZPO § 866 Bem IV 1. Beträge mehrerer Schuldtitel können zusammengerechnet werden, wenn sie demselben Gläubiger zustehen, § 866 Abs 3 S 2 ZPO; dazu *Stein-Jonas* aaO Bem IV 2.

Eine Zusammenrechnung mehrerer Forderungen je unter 300 DM aus mehreren Schuldtiteln ist also zulässig.

Über **wertbeständige Hypotheken** und Schuldtitel in **ausländischer Währung** *§ 28 Bem 14ff.*

Es können mehrere Forderungen von **Gerichtskosten** oder sonstigen **öffentlichen Abgaben** zusammengerechnet werden. Bez der Verwaltung von Steuerforderungen durch das Finanzamt wurde bereits auf § 372 Abs 1 AO hingewiesen. Nicht statthaft ist die Zusammenrechnung der in einer Klage verbundenen und in einem Titel zusammengefaßten Ansprüche verschiedener Gläubiger; für jeden von ihnen muß eine besondere Hypothek eingetragen werden, **KG** KGJ 20, 101/40, 307, **OLG Stuttgart** RJA 4, 245. Eine unter unzulässiger Zusammenrechnung mehrerer Forderungen erfolgte Eintragung einer Zwangshypothek ist unzulässig iSd § 53; dazu **RG** RGZ 60, 284, **KG** KGJ 40, 314.

Zulässig ist eine Zwangshypothek, bei der **neben dem Gläubiger** als Inhaber der Forderung einzelne im Schuldtitel aufgeführte **Zahlungsempfänger** (etwa Pfändungsgläubiger des Klägers) als solche im GB eingetragen werden, mögen auch die an diese Zahlungsempfänger zu zahlenden Beträge einzeln den Betrag von 300 DM nicht übersteigen. Dies muß nur bez der Summe aller Einzelbeträge der Fall sein, **OLG Karlsruhe** JFG 7, 373. Ist auf Grund eines Schuldtitels bereits eine Zwangshypothek über einen **Teilbetrag** eingetragen, so darf eine weitere Zwangshypothek wegen des Restbetrags nur dann eingetragen werden, wenn dieser den Betrag von 300 DM übersteigt, **KG** KGJ 40, 309. War dagegen die Eintragung einer Zwangshypothek von über 300 DM beantragt und hat das GBA nur für einen Teilbetrag eine Zwangshypothek eingetragen, bez des Restbetrags aber die Eintragung abgelehnt, so ist, wenn das Eintragungshindernis später behoben wird, die Eintragung einer weiteren Zwangshypothek für den Restbetrag zulässig, auch wenn dieser unter 300 DM bleibt, **OLG Karlsruhe** JFG 7, 392.

Zinsen als **Nebenforderung** bleiben bei der Berechnung außer Betracht. Dagegen können andere Nebenforderungen, insbes Kosten, mit der Hauptforderung zusammengerechnet werden, sofern diese durch einen besonderen Kostenfestsetzungsbeschluß festgesetzt sind, *Güthe* GBO § 19 Bem 103. Die Eintragung einer selbständigen Zwangshypothek für die Kosten auf Grund eines Kostenfestsetzungsbeschlusses oder für eine sonstige Nebenforderung ist nur zulässig, wenn die Kosten oder die Nebenforderung für sich den Betrag von 300 DM übersteigen, gleichgültig, ob für die Hauptforderung eine Zwangshypothek eingetragen ist oder eingetragen werden könnte, **RG** RGZ 61, 423, **KG** KGJ 21, 121/40, 301, **BayObLG** 7, 282/12, 200; dazu *Güthe* aaO Bem 111.

Es besteht eine Reihe von **Ausnahmen von § 866 Abs 1 ZPO** (dazu *Stein-Jonas* ZPO § 866 Bem V):

Für wertbeständige Hypotheken, soweit diese noch Bedeutung haben (dazu *§ 28 Bem 14ff.*), gilt diese Vorschrift nicht, wie sich aus **§ 14 Bek zur Entlastung der Gerichte** idF vom 13. Mai 1924 RGBl I 552 ergibt; dazu *Stein-Jonas* ZPO § 866 Bem IV. § 866 Abs 3 ZPO ist auch nicht anwendbar auf die Sicherungshypotheken nach **§ 128 Abs 1 ZVG** (**KG** OLG 5, 458) und nach **§ 54 FGG** (*Güthe* GBO § 38 Bem 18), ferner nicht auf die Zwangshypothek aus **§ 648 BGB** (**KG** RJA 2, 41, KGJ 36, 239) und auf die Sicherungshypothek nach **§ 848 Abs 2 ZPO** (**KG** OLG 5, 458). Bei einer Verteilung der Forderung nach **§ 867 ZPO** brauchen die Teilbeträge 300 DM nicht zu übersteigen, **RG** RGZ 84, 276, **KG** RJA 16, 113, **OLG Colmar** OLG 5, 331, **OLG Dresden** OLG 3, 201, *Stein-Jonas* ZPO § 867 Bem V 1.

Bei der **Heimstätte** dagegen findet § 866 Abs 3 ZPO Anwendung (*§ 13 Vorbem 159*), auch wenn wegen einer dinglich nicht gesicherten Geldforderung gegen den Heimstätter nach § 20 Abs 2 HG (*Anh*) vollstreckt wird, **KG** JFG 8, 375. Eine etwa eingetragene

Verschuldungsgrenze ist auch für eine Zwangshypothek zu beachten, § 20 Abs 2 S 2 HG (*Anh*); doch hat dies zZ keine Bedeutung, *§ 4 Bem 75*.

Die **Kosten** der Eintragung sind nicht eintragungsfähig, da hierfür das Grst kraft Gesetzes haftet, §§ 788, 867 Abs 1 S 3 ZPO; dazu **RG** RGZ 119, 213, **KG** JFG 35, 325, JFG 3, 399/4, 398/9, 292 (299). Die Kosten der Ausfertigung und Zustellung des Urteils, auf Grund dessen die Zwangshypothek eingetragen wird, bedürfen dagegen der ausdrücklichen Eintragung, **KG** KGJ 30, 246; doch braucht für sie ein besonderer Schuldtitel nicht beigebracht zu werden, § 788 Abs 1 ZPO, **KG** DNotZ 1930, 748 = HRR 1930 Nr 1772; dazu auch *Bem 50e*. Auch die gesetzlichen **Zinsen** sind nicht eintragungsfähig, § 1115 BGB; dazu *§ 3 Bem 325*. Dagegen müssen vertragsmäßige Zinsen eingetragen werden, wenn für sie ein Vollstreckungstitel besteht. Nicht eintragungsfähig sind auch die Rechtsanwaltsgebühren für den Eintragungsantrag, *Brandstetter* JW 1933, 1446. Ist unzulässigerweise auch die Eintragung von Kosten oder Zinsen beantragt, so hat das GBA eine Zwischenverfügung, die auf eine entsprechende Einschränkung des Antrags hinweist, zu erlassen, **KG** KGJ 44, 263.

c) Es muß eine **Vollstreckungsklausel** vorhanden sein, § 725 ZPO; ein Rechtskraftzeugnis (§ 706 ZPO) genügt nicht, *Güthe* GBO § 19 Bem 104. Nur Kostenfestsetzungsbeschlüsse, die auf das Urteil gesetzt sind (§ 105 ZPO), bedürfen der Vollstreckungsklausel nicht, § 795a ZPO, ebensowenig Vollstreckungs- und Arrestbefehle sowie einstweilige Verfügungen, wenn keine Rechtsnachfolge eingetreten ist, §§ 796, 929, 936 ZPO. Über Vollstreckungsklausel *Steiner-Riedel* ZVG Einl II 2 S 50.

Der GBBeamte hat nur zu **prüfen**, ob die Vollstreckungsklausel formell richtig, insbes von dem zuständigen Beamten erteilt ist, § 724 Abs 2, §§ 725, 727 Abs 2, §§ 795, 797 Abs 2, § 801 ZPO (dazu *§ 14 Bem 7*); dagegen hat er den Schuldtitel selbst, insbes die Frage, ob er ordnungsgemäß zustande gekommen ist, nicht zu überprüfen, **KG** OLG 23, 329, HRR 1931 Nr 463, 1710. Dies gilt auch, wenn es sich bei dem Schuldtitel um eine notarielle Urkunde iSd § 794 Abs 1 Z 5 ZPO handelt. Auch hier ist nicht zu prüfen, ob, wenn die Erklärung durch einen Bevollmächtigten abgegeben worden war, diese Vollmacht rechtsgültig erteilt und formgerecht (dem § 29 entsprechend) nachgewiesen worden war; der GBBeamte muß sich vielmehr damit begnügen, daß ihm eine von dem nach § 797 Abs 2 ZPO zuständigen Notar erteilte vollstreckbare Ausfertigung der notariellen Urkunde vorgelegt wird und daß der Schuldner, der sich in der Urkunde der sofortigen ZwV unterworfen hat, im GB als Eigentümer des Grst eingetragen ist, auf dem die Sicherungshypothek eingetragen werden soll, **OLG Dresden** NJW 1947/48, 347. Ob die gesetzlichen Voraussetzungen zur Erteilung der Vollstreckungsklausel gegeben waren, unterliegt nicht der Prüfung des GBBeamten, **KG** JFG 8, 368. Ein mit der Vollstreckungsklausel versehener gerichtlicher Vergleich, der eine Verfallklausel enthält, ermöglicht die Eintragung einer Zwangshypothek wegen der gesamten Titelforderung, ohne daß das GBA zu prüfen hätte, ob die Voraussetzungen der Verfallklausel gegeben sind, **OLG Düsseldorf** NJW 1958, 227.

d) Weiter ist erforderlich der **Nachweis der sonstigen Voraussetzungen der ZwV**, **BayObLG** 15, 536; dazu *Güthe* GBO § 19 Bem 105, 107, *Steiner-Riedel* ZVG Einl II 1f S 47/1g S 49/3 S 51.

Insbes ist die **namentliche Bezeichnung von Gläubiger und Schuldner** im Schuldtitel oder in der Vollstreckungsklausel notwendig, § 750 Abs 1, §§ 795, 801 ZPO; dazu *Güthe* GBO § 19 Bem 105, *Steiner-Riedel* ZVG Einl II 3a S 51. Ferner sind vor allem die Vorschriften über die Vollstreckung in **Sondervermögen** zu beachten, §§ 735ff., 794 Abs 2 ZPO; dazu *Güthe* aaO, *Steiner-Riedel* ZVG Einl II 1f S 47/1 g S 49/3a S 51. Es kommen in Betracht das eheliche Vermögen, ferner Vereins-, Gesellschafts- und Nachlaßvermögen. Beim ehelichen Güterrecht ist die neue Rechtsentwicklung zu beachten, *Bem 70, § 13 Vorbem 180, § 33 Bem 4ff.* Beim Gesamtgut einer Gütergemeinschaft ist nicht erforderlich, daß das Urteil gegen den Ehemann gerade in seiner Eigenschaft als Verwalter des Gesamtguts ergangen ist; es genügt ein Titel gegen den Ehemann schlechthin, **KG** JFG 9, 310.

Weiter kommen als allgemeine Vollstreckungsvoraussetzungen insbes in Betracht (dazu *Güthe* GBO § 19 Bem 107, *Steiner-Riedel* ZVG Einl II 3b bis e S 53ff.):

vorherige Zustellung des Schuldtitels und der in § 750 Abs 2 ZPO bezeichneten Urkunden, wobei auch §§ 799, 800 Abs 2 ZPO zu beachten sind; dazu *Steiner-Riedel* ZVG Einl II 3b S 53,

Ablauf des Kalendertags, § 751 ZPO, bzw nach § 798 ZPO einer Wochenfrist bei nicht auf das Urteil gesetzten Kostenfestsetzungsbeschlüssen und bei Urkunden nach § 794 Abs 1 Z 5 ZPO; dazu *Steiner-Riedel* ZVG aaO II 3c S 55, wobei darauf hinzuweisen ist, daß wegen künftig fälliger Ansprüche nur eine Arresthypothek zulässig ist, **KG** KGJ 52, 125, OLG 7, 321 (323),

Nachweis der Befriedigung des Schuldners oder des Annahmeverzugs bei Leistung Zug um Zug und Zustellung dieses Nachweises, §§ 756, 765 ZPO; dazu *Güthe* GBO § 19 Bem 107, *Steiner-Riedel* ZVG aaO II 3e S 55.

Eine unter Verletzung der §§ 750, 751 ZPO eingetragene Zwangshypothek ist **nichtig**, **KG** KGJ 52, 125; Heilung tritt auch nicht bei Nachholung der Zustellung oder Sicherheitsleistung ein, **KG** KGJ 53, 193, dazu auch *Bem 50d*.

Die Vollstreckungsvoraussetzungen müssen in der Form des § 29 **nachgewiesen** werden.

e) Es ist auch ein **Eintragungsantrag des Gläubigers** (§§ 13, 16, 28) erforderlich der formlos gestellt werden kann, § 30; dazu **RG** RGZ 71, 314, **KG** KGJ 33, 304, *§ 30 Bem 2ff.*, *Güthe* GBO § 19 Bem 101, *Stein-Jonas* ZPO § 867 Bem III 1. Zulässig ist, daß der Gläubiger die Eintragung eines geringeren Forderungsbetrags als der in dem Schuldtitel genannten Summe beantragt, **RG** RGZ 71, 315, **KG** KGJ 41, 248; dazu *§ 13 Bem 16*. Die Eintragung einer Zwangshypothek für Gerichtskosten erfolgt auf Ersuchen, nicht auf Antrag der Gerichtskasse, *§ 38 Bem 60*, **aA** (zu Unrecht) **KG** KGJ 33, 301.

Ferner ist notwendig, daß der **Schuldner im GB eingetragen** ist, §§ 14, 39, 40; dazu *Güthe* GBO § 19 Bem 102, *Stein-Jonas* ZPO § 867 Bem III 3. Bei Vollstreckung in einen Bruchteil (§ 864 Abs 2 ZPO) muß das Anteilsverhältnis (§ 47) aus dem GB hervorgehen. An einem zu einer Vorerbschaft gehörigen Grst kann eine Zwangshypothek nach Eintragung des Vorerben und des Nacherbenvermerks eingetragen werden, **KG** KGJ 27, 133. An einem ideellen Bruchteil eines im Alleineigentum stehenden Grst darf eine Zwangshypothek nicht eingetragen werden, § 864 Abs 2 ZPO; eine Ausnahme gilt nur, wenn der Erwerb des zu belastenden Bruchteils wirksam angefochten ist, sowie im Falle des § 419 Abs 2 BGB; dazu *§ 13 Vorbem 82*.

50c 3. Bei der Eintragung der **Zwangshypothek auf mehreren Grundstücken** gilt **§ 867 Abs 2 ZPO**. Darnach ist dann, wenn mehrere Grst des Schuldners mit der Hypothek belastet werden sollen, der Betrag der Forderung auf die einzelnen Grst zu verteilen, wobei der Gläubiger die Größe der Teile selbst bestimmt; dazu *Güthe* GBO § 19 Bem 112, *Stein-Jonas* ZPO § 867 Bem V. Es kann also keine Gesamthypothek auf den mehreren Grst eingetragen werden; dies würde die Eintragung inhaltlich unzulässig machen, **KG** DJ 1936, 1376, **BayObLG** BayObLGZ 1952, 49, *Hesse-Saage-Fischer* GBO § 19 Bem VI 2 (b). Dazu *Reichle* Zwangshypothek als Gesamthypothek? BWNotZ 1955, 267, *Rahn* aaO 1957, 242.

Dies gilt auch für den Fall, daß die Zwangshypothek zuerst auf nur einem der Grst eingetragen wurde und später noch auf weiteren Grst eingetragen werden soll; hier muß der Gläubiger in Höhe des auf das weitere Grst einzutragenden Betrags auf die bereits bestehende Zwangshypothek verzichten, **RG** RGZ 98, 108. Die einzelnen Teilbeträge brauchen 300 DM nicht zu übersteigen; dazu *Bem 50b* (*b*). Mehrere Grst liegen auch dann vor, wenn ein gemeinschaftliches Blatt geführt wird, § 4, nicht dagegen, wenn eine Vereinigung nach § 5 oder eine Bestandteilszuschreibung nach § 6 stattgefunden hat; ideelle Miteigentumsanteile stehen bei Anwendung des § 867 Abs 2 ZPO den Grst gleich, *Güthe* GBO § 19 Bem 112. Besteht eine Forderung gegen mehrere Gesamtschuldner, so kann auf je einem Grst jedes Schuldners der ganze Betrag eingetragen werden, so daß hier eine Gesamthypothek entsteht, **KG** OLG 2, 356; dazu *Güthe* aaO Bem 112, *Stein-Jonas* ZPO § 867 Bem V 3.

§ 867 Abs 2 ZPO ist nicht anwendbar, wenn für eine Forderung, für die bereits eine Vertragshypothek besteht, auf einem anderen Grst desselben Schuldners eine Zwangshypothek eingetragen werden soll, **KG** OLG 6, 135, ferner wenn eine Zwangshypothek auf einem Grst eingetragen ist und dieses später geteilt wird, da hier eine Gesamtzwangshypothek entsteht, *Güthe* GBO § 19 Bem 112. Besteht bereits eine Zwangshypothek in voller Höhe der vollstreckbaren Forderung, so ist die Eintragung einer weiteren Zwangshypothek nur zulässig, wenn und insoweit die erste gelöscht wird oder der Gläubiger wirksam auf sie verzichtet; die Aushändigung einer Löschungsbewilligung oder einer Verzichtserklärung des Gläubigers in gbmäßiger Form an den Schuldner genügt nicht, **KG** JFG 18, 152. Nicht zulässig ist es, einer Zwangshypothek ein weiteres Grst als Pfand zu unterstellen, so daß eine Gesamthaftung in Frage käme, da dies eine mehrfache Sicherung derselben Forderung wäre. § 867 Abs 2 ZPO findet auch keine Anwendung, wenn der Schuldner verurteilt ist, eine Gesamthypothek an bestimmten Grst zu bestellen, **KG** JFG 5, 328, *Güthe* aaO Bem 112. Die Frage der Zulässigkeit der mehrfachen Sicherung derselben Forderung ist lebhaft umstritten; man wird jedoch mit Rücksicht darauf, daß es sich bei der Zwangshypothek um eine Hypothek handelt, den Standpunkt einnehmen müssen, daß eine mehrfache Sicherung nicht zulässig ist, daß vielmehr eine Verteilung der Forderung zu erfolgen hat, daß aber eine Hypothek neben einer Grundschuld bestehen kann, da letztere abstrakten Charakter hat. Über die hierzu strittigen Fragen *Brand-Schnitzler* GBSachen § 117 (5), *Güthe* GBO § 13 Vorbem 38, *Hesse-Saage-Fischer* GBO § 48 Bem II 1, *Steiner-Riedel* ZVG Einl I 3c S 33/34, *Stein-Jonas* ZPO § 867 Bem V 2. Wenn überwiegend der Standpunkt eingenommen wird (so **RG** RGZ 70, 245/98, 106, **KG** JFG 13, 82, *BGB-RGRK* BGB § 1132 Bem 13, *Brand-Schnitzler* aaO, *Baumbach-Lauterbach* ZPO § 867 Bem 1 B, *Stein-Jonas* aaO, *Turnau-Förster* GBO 654, ferner jedoch mit Beschränkung auf den Fall, daß die bestehende Vertragshypothek eine Sicherungshypothek ist, **BayObLG** 15, 530/16, 6, *Staudinger-Scherübl* BGB § 1132 Bem 6), daß das Bestehen einer rechtsgeschäftlich bestellten Hypothek die Eintragung einer Zwangshypothek an einem anderen Grst nicht ausschließe, so ist diese Auffassung abzulehnen, wenn es sich um eine Doppelsicherung handelt. Für diesen Fall ergibt sich aus den gesetzlichen Vorschriften und aus den allgemeinen Rechtsgrundsätzen keine Ausnahme, da eine Forderung nur einmal, nicht mehrfach gesichert werden kann, soweit dies durch Hypotheken geschieht, wie aus § 1113 BGB folgt; vgl auch *BGB-RGRK* BGB § 1113 Bem 24ff. Es ist logisch inkonsequent, einerseits eine Doppelsicherung der gleichen Forderung durch mehrere Hypotheken nicht zuzulassen, andererseits auch eine Doppelsicherung durch 2 Zwangshypotheken abzulehnen, jedoch ein Nebeneinander von Zwangshypothek und Vertragshypothek zu bejahen. Alle diese Fälle müssen einheitlich beurteilt werden, zumal die Zwangshypothek nicht nur nach formalem Recht (ZPO, GBO), sondern auch nach dem materiellen Recht der §§ 1113ff. BGB zu beurteilen ist. Diese Meinung wird auch vertreten von *Güthe* und *Hesse-Saage-Fischer* aaO, auch von **KG** KGJ 44, 285. Bei **RG** RGZ 98, 106, **KG** JFG 13, 82, findet sich die Auffassung, daß eine Gesamthypothek hierdurch nicht entsteht, daß aber im GB ein Mitbelastungsvermerk nach § 48 einzutragen sei; dieses Ergebnis ist ein Kompromiß, der sich auf § 48 nicht stützen läßt, wie *Hesse-Saage-Fischer* aaO mit Recht ausführt.

Die Bestimmung des Gläubigers über die Verteilung des Forderungsbetrags bedarf nicht der Form des § 29, **RG** RGZ 71, 312, **BayObLG** 10, 222, *Hesse-Saage-Fischer* GBO § 19 VI Bem 2 unter b, **aA** (zu Unrecht) **KG** OLG 14, 212/19, 24, **OLG Darmstadt** OLG 16, 312.

Die Eintragung einer Zwangshypothek an mehreren Grst ohne Verteilung nach § 867 Abs 2 ZPO ist in allen Teilen **nichtig** und **inhaltlich unzulässig** iSd § 53; dazu **KG** KGJ 40, 310/49, 233, JFG 14, 102, **OLG Köln** NJW 1961, 368 = Rpfleger 1961, 206 (*Stöber*) = DRspr IV (473) 68a (auch *Bem 52c*), *Güthe* GBO § 19 Bem 112, *Stein-Jonas* ZPO § 867 Bem V 4. Eine Eigentümergrundschuld kann aus einer solchen Eintragung daher nicht entstehen, **KG** KGJ 40, 310, OLG 33, 123. Auch kann die Zwangshypothek nicht dadurch an einem Grst zu einer zulässigen Einzelhypothek gemacht werden, daß sie auf den anderen Grundstücken gelöscht wird, **KG** HRR 1929 Nr 2139 = DNotV 1930, 246. Wird jedoch trotz der inhaltlichen Unzulässigkeit bei einer solchen Gesamtzwangshypothek eingetragen, daß sie als Grundschuld auf den Eigentümer übergegangen sei (was gleichfalls inhaltlich unzulässig ist) und die Grundschuld nach Abtretung auf einen Dritten umgeschrieben, so ist diese Eintragung nunmehr inhaltlich zulässig, **KG** JFG 14, 102.

Liegt keine Verteilung nach § 867 Abs 2 ZPO vor, so ist der Antrag zurückzuweisen, eine Zwischenverfügung nach § 18 ist unzulässig; dazu *§ 18 Bem 19*, auch **OLG Köln** NJW 1961, 368 = Rpfleger 1961, 206 (*Stöber*) = DRspr IV (473) 68a, auch *Bem 52c*.

50d 4. **Entstehung der Zwangshypothek**, die stets Sicherungshypothek ist (dazu *§ 3 Bem 332, 344*), erfolgt mit der Eintragung in das GB, § 867 Abs 1 S 2 ZPO. An die Stelle der Einigung und der Eintragungsbewilligung tritt der **vollstreckbare Schuldtitel**, dazu **KG** HRR 1933 Nr 1620, *Güthe* GBO § 19 Bem 109.

Ein Mangel der formellen Voraussetzungen der ZwV macht die Zwangshypothek nichtig, so daß auch keine Eigentümerhypothek oder -grundschuld entsteht; dazu auch *Bem 50c*, **OLG Saarbrücken** JBl Saar 1965, 8 = FamRZ 1965, 274 Ls. Es besteht ein Anspruch auf GBBerichtigung, ebenso ist ein Amtswiderspruch nach § 53 Abs 1 S 1 einzutragen. Später nach Behebung des Mangels ist die Zwangshypothek neu einzutragen, **RG** RGZ 20, 435/25, 370/26, 399/56, 215/83, 336, **BayObLG** 13, 248, **KG** OLG 25, 198/41, 33 (36), **OLG Königsberg** OLG 9, 134. Dagegen ist der Mangel des Antrags und des Eingetragenseins des Schuldners unschädlich; dazu *Güthe* aaO Bem 109.

Im übrigen gelten auch bei der Zwangshypothek die **allgemeinen Erfordernisse für die Eintragung einer Hypothek**; dazu *§ 3 Bem 321ff.*, insbes *Bem 344* sowie *Güthe* GBO § 19 Bem 110, *Stein-Jonas* ZPO § 867 Bem III. Lautet der Vollstreckungstitel auf eine nach dem jeweiligen Diskontsatz verzinsliche Forderung, so kann die Miteintragung der Zinsen dadurch ermöglicht werden, daß der Gläubiger in seinem Antrag selbst einen angemessenen Höschtzinssatz bezeichnet, **KG** JW 1934, 1506 = DNotZ 1934, 777, **OLG Karlsruhe** JFG 7, 392.

Eine Zwangshypothek kann ohne Zustimmung des Vollstreckungsschuldners (des GrstEigentümers) mit **Vorrang** vor einem bereits bestehenden Recht eingetragen werden, wenn der Gläubiger dieses Rechts die Eintragung bewilligt oder zur Abgabe einer solchen Erklärung rechtskräftig verurteilt ist; die Zustimmung des Eigentümers wird durch den Vollstreckungstitel ersetzt. Es bedarf ihrer auch nicht zu einer nachträglichen Rangänderung der Zwangshypothek. Dies gilt auch für die kraft Gesetzes entstehende Zwangshypothek des § 848 ZPO. Dazu **KG** JFG 12, 304, *Stein-Jonas* ZPO § 867 Bem IV.

Wird der Vollstreckungstitel oder die vorläufige Vollstreckbarkeit **nachträglich aufgehoben** oder die ZwV für **unzulässig** erklärt oder ihre Einstellung bzw die Aufhebung der Vollstreckungsmaßregel angeordnet oder Sicherheit geleistet, so erwirbt der Eigentümer dh derjenige, der es zZ des Eintritts dieser Tatsachen ist, die Zwangshypothek, §§ 868 mit 775, 776 ZPO, § **1177** BGB; dazu **RG** RGZ 78, 403, **BayObLG** 24, 331, *Güthe* GBO § 19 Bem 108. *Stein-Jonas* ZPO § 868 Bem I, II. Die Herbeiführung der Löschung durch den Eigentümer ist kein Akt der ZwV; dazu *Voigt* JW 1927, 838.

Über die strittige Frage der Doppelsicherung einer Forderung durch mehrere Hypotheken, insbes durch eine Zwangshypothek und eine sonstige Hypothek, *Bem 50c.*

5. Über die **Form der Eintragung** der Zwangshypothek *§ 3 Bem 344.* Die Eintragung lautet etwa: ... *DM Sicherungshypothek zur Sicherung der Forderung von ... DM nebst ... v.H. Zinsen seit ... unter Bezugnahme auf ... zum Zwecke der Zwangsvollstreckung für ... eingetragen am ...*; dazu auch *Güthe* GBO § 19 Bem 110. **50e**

Die Eintragung ist auf dem Schuldtitel zu vermerken, § 867 Abs 1 S 1 ZPO; dazu auch *Güthe* aaO Bem 110.

Für die **Kosten** der Eintragung der Zwangshypothek haftet neben dem Antragsteller der GrstEigentümer als Vollstreckungsschuldner gesamtverbindlich, § 3 Z 4, § 4 Abs 1 S 1 KostO (*Anh*). Die Kosten berechnen sich nach den gewöhnlichen Vorschriften, es ist daher nach § 62 Abs 1 KostO (*Anh*) die volle Gebühr zu erheben; dazu *Hasl* Gerichtskosten KostO § 62 Bem I, *Lauterbach* Kostengesetze KostO § 62 Bem 2, *Rohs-Wedewer* KostO § 62 Bem I. Der Geschäftswert ist der Nennwert der Hypothek, § 23 Abs 2 KostO (*Anh*); dazu *Hasl, Lauterbach, Rohs-Wedewer* aaO. Die Kosten, für die das Grst nach § 867 Abs 1 S 3 ZPO, § 1118 BGB **kraft** Gesetzes haftet (dazu *Bem 50b/b*) bleiben bei der Bemessung des Wertes außer Betracht.

Für die Rechtsanwaltsgebühren für den Eintragungsantrag ist § 57 BRAGebO einschlägig.

f) Arresthypothek **51**

Dazu *Brand-Schnitzler* GBSachen § 117, *Domscheit* Die Arresthypothek JurBüro 1954, 153, *Furtner* Rechtliche Bedeutung von Zwangseintragungen, die unter Verletzung vollstreckungsrechtlicher Vorschriften im GB vorgenommen wurden, DNotZ 1959, 304, *Grund* Die Eintragung von Zwangs- und Arresthypotheken WürttNV 1950, 224, *Güthe* GBO § 19 Bem 113ff., *Haegele* GBRecht Bem 961ff., *Hesse-Saage-Fischer* GBO § 19 Bem VI 2 (b), *Horber* GBO § 19 Bem 2 (Bc), *Krämer-Illner* GBPraxis § 230, *Planck-Kettnaker* Führung des GBuchs 253ff., *Ripfel* GBRecht 195, *Stöber* Forderungspfändung 214ff., *Thieme* GBO § 19 Bem 10 (e), im übrigen *§ 3 Bem 345*, Kommentierungen zu §§ 916ff. ZPO, insbes *Baumbach-Lauterbach, Stein-Jonas, Wieczorek*, für Bayern § 430 bayDA (Vorschrift belehrenden Inhalts, *§ 2 Bem 4*)

1. Nach **§ 932 ZPO** erfolgt die Vollziehung des Arrests in ein Grst oder grstgleiches Recht durch Eintragung einer Sicherungshypothek für die Forderung, wobei der nach § 923 ZPO festgesetzte Geldbetrag als der Höchstbetrag zu bezeichnen ist, für den das Grst oder die Berechtigung haftet. Im übrigen finden die Vorschriften der §§ 867, 868 ZPO Anwendung. **51 a**

2. Die Arresthypothek wird unter den **Voraussetzungen** des § 932 ZPO eingetragen. Die Eintragungsbewilligung wird durch den **Arrestbefehl** ersetzt; dazu *Güthe* GBO § 19 Bem 114. Der dingliche Arrest selbst (§ 917 ZPO) kann in das GB nicht eingetragen werden, **BayObLG** 13, 248. **51 b**

Es finden auf die Arresthypothek weitgehend die Grundsätze der Zwangshypothek Anwendung, wie sich aus § 932 ZPO ergibt. Insoweit wird auf *Bem 50* Bezug genommen.

Die Arresthypothek ist immer **Höchstbetragshypothek**, wobei als Höchstbetrag die im Arrestbefehl festgesetzte Lösungssumme (die Arrestabwendungssumme) gilt, § 932 Abs 1 mit § 923 ZPO. Über die Folgen einer unzulässigen Zinseintragung bei der Arresthypothek *§ 3 Bem 345b.* Wird die Eintragung nur wegen eines Teils der Arrestforderung beantragt, so ist dieser als Höchstbetrag einzutragen, **KG** OLG 41, 33 (36).

Die Lösungssumme ist für den Arrestbefehl wesentlich, sie darf nicht fehlen; sonst liegt kein geeigneter Vollstreckungstitel vor, **LG Düsseldorf** NJW 1951, 28 = DRspr IV (473) 16e, *Hesse-Saage-Fischer* GBO § 19 Bem VI 2 (b). Über die Bedeutung der Lösungssumme bei der Eintragung *§ 3 Bem 345b.*

Die Eintragung der Arresthypothek ist wie bei der Zwangshypothek (dazu *Bem 50a*) eine **Maßnahme der ZwV**, wobei sich jedoch die Voraussetzungen nach der ZPO und der GBO, das Verfahren nach der GBO richten; dazu *Güthe* GBO § 19 Bem 114ff., *Stein-Jonas* ZPO § 932 Bem II.

Die Arresthypothek **entsteht** erst mit der Eintragung in das GB, § 867 Abs 1 S 2 ZPO, **KG** OLG 13, 231, *Güthe* GBO § 19 Bem 120, *Stein-Jonas* ZPO § 932 Bem II 1; dazu auch *Bem 50d.*

Eintragungsvoraussetzungen bei der Arresthypothek sind Vorlage des Arrestbefehls in einer Ausfertigung des Urteils oder Beschlusses, §§ 922, 929 ZPO, Vollstreckungsklausel nur im Fall der Rechtsnachfolge, § 929 Abs 1 ZPO, namentliche Bezeichnung des Gläubigers und des Schuldners, **RG** RGZ 85, 163, sonstige besondere Vollstreckungsvoraussetzungen wie §§ 735ff. ZPO, Angabe des einzutragenden Höchstbetrags (§ 923 ZPO) im Arrestbefehl. Die Arresthypothek darf, da § 866 Abs 3 ZPO anzuwenden ist, nur eingetragen werden, wenn die Lösungssumme den Betrag von 300 DM übersteigt (hM), **RG** RGZ 60, 279, **BayObLG** 13, 753, **KG** KGJ 49, 232, JW 1931, 3285, *Güthe* GBO § 19 Bem 115, *Baumbach-Lauterbach* ZPO § 932 Bem 2A, **aA** *Stein-Jonas* ZPO § 932 Bem II 3, wonach Bedenken erhoben werden, weil dadurch eine Beeinträchtigung kleinerer Forderungen eintrete. Diese Auffassung mag für eine Gesetzesreform von Bedeutung sein; im geltenden Recht ist keine Möglichkeit vorhanden, § 866 Abs 3 ZPO nicht anzuwenden. Überdies würden die Einwendungen für den ganzen Anwendungsbereich des § 866 ZPO zu erheben sein, nicht nur bei der Arresthypothek. Auch dies beweist, daß ein Grund, § 866 Abs 3 ZPO bei der Arresthypothek auszuschließen, nicht vorliegt. Im übrigen kann der Arrest zur Sicherung mehrerer je 300 DM nicht übersteigender Forderungen dienen, wenn nur die Lösungssumme 300 DM übersteigt, wie aus § 866 Abs 3 S 2 ZPO zu folgern ist (dazu auch **KG** JFG 7, 401); auf die Höhe der Forderung kommt es nicht an. Im übrigen zu den Voraussetzungen *Bem 50b*, ferner **OLG Saarbrücken** JBl Saar 1965, 8 = FamRZ 1965, 274 Ls, *Brand-Schnitzler* GBSachen § 117, *Güthe* GBO § 19 Bem 114ff., *Stein-Jonas* ZPO § 932 Bem II.

Die **Vollziehung** des Arrestes erfolgt im **Parteibetrieb**, nicht auf Ersuchen des Gerichts; dazu *Bem 53, § 38 Bem 22.* In der Praxis wird dies nicht immer beachtet.

Die **Eintragung vor Zustellung** an den Schuldner ist zulässig; dazu *Güthe* GBO § 19 Bem 117, *Stein-Jonas* ZPO § 929 Bem III, § 932 Bem II 2. Die Einhaltung der Vollziehungsfrist von 1 Monat (§ 929 Abs 2, 3 ZPO) ist nachzuweisen; in der Regel genügt der Nachweis der Verkündigung oder Zustellung an den Gläubiger, **KG** OLG 13, 231, **BayObLG** 13, 248. Dazu *Bem 53 (2)*, ferner *Güthe* aaO, *Stein-Jonas* ZPO § 932 Bem II 1, 2. Über Vorpfändung *Bem 51g, 52c, Stöber* Forderungspfändung 214.

51 c 3. Die **Vollziehung** des Arrestes erfolgt bereits mit dem Eingang des Antrags beim GBA, § 932 Abs 3 ZPO, vorausgesetzt, daß dieser ohne Hindernis erledigt werden kann, sonst gilt er erst nach Behebung des Hindernisses als vollzogen, **KG** OLG 13, 231; dazu *Güthe* GBO § 19 Bem 117. Wird nach der Eintragung einer Arresthypothek durch vorläufig vollstreckbares Versäumnisurteil der Arrest aufgehoben und daraufhin die Hypothek gelöscht und wird sodann nach Einlegung des Einspruchs der Ararst bestätigt, so lebt die Arresthypothek nicht von selbst wieder auf, sondern muß neu eingetragen werden, **KG** JFG 5, 317. Über Arrestvollziehung und Pfändung einer Briefgrundschuld **LG Berlin** MDR 1963, 935, auch *Bem 51g.*

Zum Vollzug des Arrestes nach **§ 378 AO** genügt der Vollstreckungsantrag, da das GBA die Vollstreckbarkeit und damit auch die Einhaltung der (auch für Arrestbefehle nach der AO geltenden) Vollziehungsfrist des § 929 ZPO nicht nachzuprüfen hat, § 378 Abs 2, § 382 Abs 4 AO; dazu auch **RFH** RGZ 108, 253, *Güthe* GBO § 19 Bem 117, **aA** (zu Unrecht) **KG** KGJ 53, 119 = OLG 42, 47, JFG 11, 327 = HRR 1934 Nr 654, wonach auf Arrestbefehle der Finanzbehörden § 929 ZPO überhaupt nicht angewendet wird. Dazu *§ 38 Bem 66*.

4. Für die **Umwandlung** der Arresthypothek in eine andere Hypothekenart gilt folgendes (dazu *Güthe* GBO § 19 Bem 121): **51 d**

Die Arresthypothek kann auf Grund Vollstreckungstitels und formlosen Antrags des Gläubigers samt einer etwaigen Verteilungserklärung nach § 867 Abs 2 ZPO in eine **Zwangshypothek** (dazu *Bem 50*) umgeschrieben werden, **KG** RJA 11, 54, OLG 44, 177; dazu *Bem 64*. Nur wenn der GrstEigentümer inzwischen gewechselt hat, bedarf es dessen Eintragungsbewilligung oder eines gegen ihn gerichteten Titels (dazu *Bem 46*). Der Titel, auf Grund dessen die Umschreibung erfolgt, muß auf Zahlung einer Geldsumme gerichtet sein. Genügend ist auch ein zur Erteilung der Umschreibungsbewilligung verurteilendes rechtskräftiges Urteil; dazu **KG** OLG 44, 177. Bei dieser Umwandlung dürfen Zinsen erst vom Tage der Eintragung der Umwandlung ab hinzugefügt werden, **KG** KGJ 31, 337, RJA 11, 54 (57).

Die vertragsmäßige Umwandlung der Arresthypothek in eine gewöhnliche **Hypothek**, eine **Grund-** oder **Rentenschuld** (§§ 1186, 1198 BGB) ist zulässig und erfordert Einigung und Eintragungsbewilligung des Gläubigers und des Eigentümers, **KG** JFG 10, 228, *BGB-RGRK* BGB § 1186 Bem 1, *Güthe* GBO § 19 Bem 21, *Stein-Jonas* ZPO § 932 Bem III. Der Überschuß über den festgesetzten Betrag der Forderung wird Eigentümergrundschuld, zu deren Löschung also die Bewilligung des Eigentümers (gegebenenfalls auch des früheren) nötig ist; dazu *BGB-RGRK* BGB § 1190 Bem 1ff., *Staudinger-Scherübl* BGB § 1190 Bem 18.

5. Wird die Arresthypothek nach Aufhebung des Arrestes **gelöscht**, so wird das GB nicht dadurch unrichtig, daß später die den Arrestbefehl aufhebende Entscheidung ihrerseits aufgehoben wird. Die durch die Aufhebung des Arrestes zur Eigentümergrundschuld gewordene Arresthypothek geht auch dann nicht wieder auf den Arrestgläubiger über, wenn dieser zur Abwendung der Vollstreckung der den Arrest aufhebenden Entscheidung Sicherheit leistet, **OLG Karlsruhe** JFG 5, 321. **51 e**

6. Über die **Form der Eintragung** der Arresthypothek *§ 3 Bem 345b*. **51 f**

Die Eintragung ist auf dem Arrestbefehl zu vermerken, § 932 Abs 2 mit § 867 Abs 1 Z 1 ZPO, *Güthe* GBO § 19 Bem 121. Für die Eintragung auf mehreren Grst gilt § 867 Abs 2 ZPO entsprechend, § 932 Abs 2 ZPO; dazu *Bem 50c* sowie *Güthe* GBO § 19 Bem 123.

Bez **Kosten** Bem *50d*, ferner *Güthe* GBO § 19 Bem 122.

7. Zu erwähnen ist, daß die Arrestpfändung einer Buchhypothek oder einer Eigentümergrundschuld auf Grund **Vorpfändung** (dazu *Bem 51b*) nach § 845 ZPO in das GB eingetragen werden kann. Da die Wirkung des Arrestes aber schon mit der Zustellung an den Drittschuldner eintritt, hat die Eintragung lediglich die Bedeutung einer GBBerichtigung, die allerdings im Hinblick auf den öffentlichen Glauben des GB notwendig ist, **RG** RGZ 71, 179/92, 227, **OLH Hamburg** OLG 23, 213, *Schanz* RpfliB 1908, 302. **51 g**

Bei der Arrestpfändung einer Briefhypothek muß innerhalb der Frist des § 929 Abs 2 ZPO sowohl der Pfändungsbeschluß erlassen als auch die Übergabe des Briefs oder seine Wegnahme durch den Gerichtsvollzieher erfolgt sein, **RG** RGZ 75, 181,

KG KGJ 41, 241, **OLG Dresden** JW 1933, 1342, *Güthe* GBO § 19 Bem 130, *Horber* GBO § 26 Anh Bem 11 (a), *Stein-Jonas* ZPO § 929 Bem II 2, *Wieczorek* ZPO § 929 Bem C Ib 1; dazu *Bem 51c*. Ebenso ist bei der Arrestpfändung einer Buchhypothek die Frist des § 929 Abs 2 ZPO nur dann gewahrt, wenn die Pfändung innerhalb der Frist eingetragen wird. Bei Briefrechten ist neuerdings strittig, ob die Wegnahme des Briefs durch den Gerichtsvollzieher (§ 830 Abs 1 ZPO) innerhalb der Monatsfrist erfolgen muß. Als ausreichend wird es angesehen, wenn innerhalb der Vollziehungsfrist die ZwV begonnen und nach Fristablauf noch weiterbetrieben wird, insbes durch Briefwegnahme; so **OLG Düsseldorf** JMBl NRW 1960, 59, **KG** NJW 1960, 707, MDR 1954, 687, **OLG Koblenz** NJW 1958, 387, **OLG München** MDR 1952, 498, **LG Berlin** MDR 1963, 935, auch *Stöber* Forderungspfändung 214 mit Fußn 3. Man wird diesem weiten Standpunkt folgen müssen, weil für die Praxis ein Bedürfnis dazu besteht.

Über Arrestpfändung des Auflassungsanspruchs **BayObLG** 13, 248.

Im übrigen wird bez Pfändung auf *Bem 52* verwiesen.

52

g) Pfändung

Dazu *Brand-Schnitzler* GBSachen § 103, *Bauer* GBEintragungen S 73 Z 223a ff., *Dempewolf* Die Pfändung eines Anspruchs auf Rückgewähr einer Sicherungsgrundschuld NJW 1959, 556, *Gadge* Die Pfändung von Eigentümergrundschulden JurBüro 1954, 235, *Güthe* GBO § 19 Bem 128ff., *Haegele* GBRecht Bem 583, 605, 1111ff., *Hesse-Saage-Fischer* GBO § 19 Bem VI 2 (d), *Horber* GBO § 19 Bem 2 (Bc), § 26 Anh, *Huber* Die Pfändung der Grundschuld BB 1965, 609, *Krämer-Illner* GBPraxis § 93, *Meister* Die Pfändung aufschiebend bedingten und künftigen Eigentums NJW 1959, 609, *Mohrbutter* Handbuch des gesamten Vollstreckungs- und Insolvenzrechts 195ff., *Möller* Die Pfändung der Rechte in Abt II des GB JurBüro 1958, 269, *Planck-Kettnaker* Führung des GBuchs 326ff., *Quardt* Nach welcher Vorschrift erfolgt die Pfändung einer Eigentümergrundschuld? JurBüro 1959, 154, *Ripfel* GBRecht 209, 228/229, *Röll* Die Pfändung von Eigentümergrundschuld und die Ablösung von Grundpfandrechten durch den Käufer MittBayNotV 1964, 365, *Siegelmann* Die Pfändung einer Grundschuld BlGBW 1959, 84, *Simon* Die Pfändung von Eigentümergrundschulden JurBüro 1956, 73, *Sottung* Die Pfändung der Eigentümergrundschuld Köln-Berlin 1957, *Steiner-Riedel* ZVG § 50 Bem 6, § 107 Bem 1 (d), *Stöber* Forderungspfändung 347ff., Pfändung einer Grundschuld und der durch sie gesicherten Forderung BB 1964, 1457, Beschränkungen des § 1197 BGB bei Verpfändung und Pfändung einer Eigentümergrundschuld Rpfleger 1958, 339, *Thieme* GBO § 19 Bem 10 (h), *Wilhelmi-Vogel-Zeller* ZVG § 1 Bem 56,

Kommentierungen zu §§ 828ff., vor allem zu §§ 830, 857 ZPO, insbes *Baumbach-Lauterbach, Stein-Jonas, Wieczorek*

52a 1. Die Pfändung von dinglichen Rechten hat im GBRecht Bedeutung. Die gesetzliche Regelung findet sich in **§§ 828ff. ZPO**. Die Pfändung ist eine besondere Art der ZwV, § 803 Abs 1 Z 1 ZPO; sie ist Beschlagnahme, *Stein-Jonas* ZPO § 803 Bem II.

Der **Pfändungsbeschluß** ersetzt die Bewilligung des Vollstreckungsschuldners zur Eintragung des Pfändungspfandrechts, die auf Grund eines vom Vollstreckungsgericht (§ 828 ZPO) erlassenen Pfändungsbeschlusses (§ 829ff. ZPO) erfolgt; dazu *Güthe* GBO § 19 Bem 128. Uber Zuständigkeit des Arrestgerichts *Bem 52b (b)*.

Ein **Pfändungspfandrecht** kann nur begründet werden an **Rechten**, bei denen **Übertragbarkeit** besteht, § 851 Abs 1 ZPO. Eine nach § 399 BGB nicht übertragbare Forderung kann insoweit gepfändet und zur Einziehung überwiesen werden, als der geschuldete Gegenstand der Pfändung unterworfen ist, § 851 Abs 2 ZPO; nach § 399 BGB kann eine Forderung nicht abgetreten werden, wenn die Leistung an einen anderen als den ursprünglichen Gläubiger nicht ohne Veränderung ihres Inhalts erfolgen kann oder wenn die Abtretung durch Vereinbarung mit dem Schuldner ausgeschlossen ist, dazu *Güthe* GBO § 19 Bem 128, *Stein-Jonas* ZPO § 851 Bem II, III.

Bei **Hypotheken, Grund- und Rentenschulden** ist daher eine Pfändung nur insoweit zulässig, als nicht deren Übertragbarkeit ausgeschlossen ist, §§ 399, 413 BGB, § 851 Abs 1, § 857 Abs 1 ZPO. Es ist hierzu auf die sog Baugeldhypothek oder -grundschuld nach dem BaufSG (dazu *§ 13 Vorbem 110ff.*) hinzuweisen, wonach mit Rücksicht auf die Begrenztheit der Abtretung auch die Pfändungsmöglichkeit beschränkt ist; dazu *Stein-Jonas* ZPO § 951 Bem III 3. Es kann Pfändung erfolgen bei dem übertragbaren subjektiv-dinglichen Vorkaufsrecht (§§ 1098, 514 BGB; dazu *§ 13 Vorbem 71*) und bei der subjektiv-persönlichen Reallast, soweit der Anspruch auf die einzelnen Leistungen übertragbar ist (§ 1111 Abs 2 BGB; dazu *§ 13 Vorbem 67*). Bei der Reallast ist die Eintragung der Pfändung des Anspruchs auf die einzelnen Leistungen aus der Reallast nur zulässig, soweit es sich um künftige Leistungen handelt, § 1107 BGB mit § 830 Abs 3 ZPO, **KG** DNotZ 1931, 669 = JW 1932, 1564. Ausgeschlossen ist die Pfändung von Grunddienstbarkeiten, beschränkten persönlichen Dienstbarkeiten und des Nießbrauchs. Auch eine Pfändung eines Altenteils als solchen ist unzulässig und daher nicht eintragungsfähig; nur die einzelnen unter der Gesamtbezeichnung des Altenteils zusammengefaßten Rechte oder Teile von ihnen können gepfändet werden, soweit deren Pfändung überhaupt zulässig ist, und nur insoweit kann auch die Pfändung eingetragen werden, **KG** DNotV 1931, 671 = JW 1932, 1564. Dazu *Güthe* GBO § 19 Bem 128.

Soweit unübertragbare Rechte der **Ausübung** nach **übertragbar** sind, ist strittig, ob insoweit Pfändung erfolgen kann. Dies ist zu bejahen. Weiter erhebt sich die Frage, ob Eintragbarkeit besteht; dies ist zu verneinen (bestr). Die Meinung, welche Eintragbarkeit annimmt, stützt sich darauf, daß die Pfändung als gerichtliches Veräußerungsverbot nach § 136 BGB wirke (so bez Nießbrauchs **RG** RGZ 74, 78/101, 5, *Predari* § 23 Bem 1). Es trifft aber nicht zu, daß eine solche Eintragung unter dem Schutz des öffentlichen Glaubens steht; dazu *BGB-RGRK* BGB § 1059 Bem 2, *Güthe* GBO § 19 Bem 128, *Staudinger-Ring* BGB § 1059 Bem 7, **KG** KGJ 48, 212, OLG 26, 95. Über weitere Einzelheiten zu dieser Frage *§ 13 Vorbem 79*. Die Löschung eines Nießbrauchs darf nach Pfändung der Ausübungsbefugnis nicht ohne Bewilligung des Pfändungsgläubigers erfolgen, **OLG Köln** NJW 1962, 1621 = Rpfleger 1961, 206 (*Stöber*) = DRspr IV (473) 68a, **aA** (zu Unrecht) **OLG Frankfurt aM** NJW 1961, 1928, wonach die Zustimmung des Pfändungsgläubigers nicht erforderlich sein soll; was zum Nießbrauch gesagt wurde, gilt auch sonst, **OLG Hamm** JMBl NRW 1960, 152 = Rpfleger 1961, 201 (*Haegele*) = DRspr IV (473) 62c zur Pfändung eines Miterbenanteils.

Die **Pfändung einer Hypothekenforderung** richtet sich nach § 830 ZPO; dazu *Bem 52b*. Eine Pfändung der Hypothek ohne Forderung ist ausgeschlossen; ebenso eine Pfändung der Forderung ohne Hypothek, ausgenommen die Höchstbetragshypothek, § 1190 Abs 4 BGB, § 837 Abs 3 ZPO. Die Pfändung von **Reallasten, Grund- und Rentenschulden** erfolgt nach den für Hypothekenforderungen geltenden Vorschriften, § 857 Abs 6 ZPO. Die Pfändung kann sich auch auf die Zinsen einer Hypothek beschränken, **RG** RGZ 78, 78. Über die Pfändung **sonstiger Rechte** *Bem 52d*.

Eintragungsfähig ist auch die **Vorpfändung nach § 845 ZPO**; dazu **RG** RGZ 71, 179. Sie ist jedoch nur wirksam, wenn innerhalb von 3 Wochen die Pfändung durchgeführt, bei einem Buchrecht also die Eintragung vorgenommen wird, **KG** JFG 3, 439 = OLG 45, 200; die Stellung des Eintragungsantrags beim GBA genügt nicht. Die 3 wöchige Frist beginnt mit der Zustellung an den Schuldner. Die Vorpfändung einer Eigentümerhypothek oder -grundschuld wird nach § 857 Abs 2 ZPO mit der Zustellung an den Schuldner wirksam, **RG** RGZ 71, 183, **KG** JFG 3, 439 (442). Bei wirksamer Vorpfändung hat das Pfandrecht den sich aus ihr ergebenden Rang. Es ist daher mit Vorrang vor zwischenzeitlichen Pfändungen einzutragen, **RG** RGZ 75, 314, **KG** JFG 3, 439 (442), *Horber* GBO § 26 Anh Bem 10; dazu auch *Stöber* Forderungspfändung 442.

52b 2. Für die **Pfändung einer Hypothek (Grundschuld)** gilt folgendes:

a) Die Eintragung der Pfändung einer Briefhypothek bzw -grundschuld dient der GBBerichtigung, § 830 Abs 1 S 1 ZPO; die Eintragung ist zur Entstehung des Pfandrechts weder erforderlich noch ausreichend; sie setzt den Nachweis voraus, daß das Pfandrecht wirksam entstanden ist, **RG** RGZ 75, 222/85, 439, **KG** OLG 43, 157; dazu *§ 60 Bem 10*. Dagegen wird die Pfändung der Buchhypothek erst mit ihrer Eintragung in das GB wirksam, § 830 Abs 1 S 3 ZPO; dazu **RG** RGZ 63, 214/76, 233. Ausnahmen stellen § 830 Abs 3 ZPO (Pfändung von rückständigen Zinsen und der Ansprüche auf Erstattung der Kosten der Kündigung und der Beitreibung, ferner Pfändung einer Sicherungshypothek für eine Forderung aus einer Schuldverschreibung auf den Inhaber, einem Wechsel oder einem indossablen Papier) und § 837 Abs 3 ZPO (Pfändung der durch eine Höchstbetragshypothek gesicherten Forderung ohne die Hypothek)dar; hier ist die Eintragung der Pfändung unzulässig. Die Pfändung künftiger Zinsen bedarf aber der Eintragung, **RG** RGZ 74, 78. Dazu *Stein-Jonas* ZPO § 830 Bem IV, V, VI, § 837 Bem IV, *Stöber* Forderungspfändung 419ff.

Fehlt es an der Eintragung oder der Briefübergabe, so ist das Pfandrecht auch dann nicht entstanden, wenn die Eintragung oder Briefübergabe deshalb unmöglich geworden ist, weil die Hypothek gelöscht wurde; dazu **RG** RGZ 76, 231, **BayObLG** 17, 7. Wird zur Pfändung einer Teilbriefgrundschuld, für die ein Teilbrief nicht gebildet ist, der Anspruch des Schuldners gegen den Besitzer des Stammbriefs auf Vorlegung des Stammbriefs an das GBA zur Herstellung eines Teilbriefs gepfändet, so kann die Pfändung der Teilgrundschuld nicht vor der Bildung des Teilbriefs wirksam werden, **KG** JW 1938, 900. Die Pfändung einer Gesamtbuchhypothek wird erst mit der Eintragung auf dem letzten GBBlatt wirksam; dazu **RG** RGZ 63, 75, **KG** KGJ 44, 187. Die Eintragung der Pfändung einer Buchhypothek wird unzulässig, sobald der Schuldner dem GBA die einstweilige Einstellung der ZwV nachweist, § 775 Z 2 ZPO, **BayObLG** 11, 59. Der Anspruch auf Pfändung einer Hypothek kann nicht durch Vormerkung gesichert werden, **RG** RGZ 56, 14, **OLG Hamburg** DNotV 1927, 338. Dient der Pfändungsbeschluß der **Vollziehung eines Arrestbefehls**, so ist die Monatsfrist des § 929 Abs 2 ZPO nur dann gewahrt, wenn Eintragung oder Briefübergabe innerhalb der Frist erfolgt ist; dazu **RG** RGZ 75, 181, **KG** KGJ 41, 241, *Güthe* GBO § 19 Bem 130, *Horber* GBO § 26 Anh Bem 11, *Stein-Jonas* ZPO § 929 Bem II 2.

Eine Löschungsvormerkung steht der Pfändung (und Überweisung) der Hypothek und deren Eintragung nicht im Wege, **BayObLG** 19, 158, dazu auch **RG** RGZ 61, 374. Ist eine nicht durch Hypothek gesicherte Forderung gepfändet worden (§ 929 ZPO), so ergreift das Pfändungspfandrecht, wenn später eine Hypothek für die Forderung eingetragen wird, ohne weiteres auch diese. Auf Antrag ist zugleich mit der Hypothek das Pfandrecht einzutragen. Die Eintragung der Hypothek ohne das Pfandrecht macht das GB unrichtig, **KG** JFG 4, 413, **BayObLG** 32, 23. Der **Rang** mehrerer Pfändungspfandrechte untereinander sowie zu einem etwaigen Vertragspfandrecht ist in diesem Falle von dem Zeitpunkt der Eintragung in das GB unabhängig und richtet sich ausschließlich nach dem Zeitpunkt der Entstehung der Pfandrechte; in dieser Rangfolge sind die Pfandrechte einzutragen, auch wenn die Eintragungsanträge in anderer Zeitfolge beim GBA eingegangen sind, **BayObLG** 32, 23. Über den Einfluß des Zuschlags auf die Hypothekenpfändung **RG** RGZ 70, 278/75, 313/76, 231, DNotV 1932, 193. Über Pfändung der Höchstbetragshypothek *Werneburg* BayNotZ 1918, 193.

Wird der Pfändungsbeschluß vor der Eintragung oder der Briefübergabe dem Drittschuldner zugestellt, so gilt diesem gegenüber die Pfändung als mit der **Zustellung** bewirkt, § 830 Abs 2 ZPO. Diese Zustellung ersetzt aber die zur Wirksamkeit der Pfändung erforderliche Eintragung oder Briefübergabe nicht. Sie ist, wenn mehrere

Pfändungsbeschlüsse vorliegen, für den Rang nicht maßgebend. Denn es kann nicht die Wirksamkeit der Pfändung nach erfolgter Eintragung gemäß § 161 BGB auf den Zeitpunkt der Zustellung des Pfändungsbeschlusses zurückbezogen werden. Dies gilt auch bei Pfändung einer Eigentümerhypothek oder -grundschuld (dazu *Bem 52c*). So auch *BGB-RGRK* BGB § 1190 Bem 1ff., *Gährs* JW 1933, 1299, **aA** (zu Unrecht) **RG** RGZ 97, 223, *Ripfel* DNotZ 1936, 857; dazu auch *Bertin* JW 1933, 1989. Der Rang mehrerer Pfandrechte an demselben Buchrecht richtet sich vielmehr nach §§ 17, 45, während bei mehrfacher Pfändung eines Briefrechts der vom Gläubiger zu führende Nachweis über den Zeitpunkt der Entstehung maßgebend ist. In dieser Reihenfolge sind die Eintragungen im GB zu bewirken, **KG** JFG 3, 439 (441). Fehlt es an einem urkundlichen Nachweis über den Rang, so sind die Eintragungen nach der allgemeinen Regel des § 45 dh nach der Reihenfolge des Eingangs der Eintragungsanträge vorzunehmen; eine etwaige Berichtigung des dadurch hergestellten Rangverhältnisses ist im Prozeßwege zu betreiben, **KG** KGJ 35, 297. Über Vorpfändung *Bem 52a*. Im übrigen *Bertin* JW 1933, 1988, *Güthe* GBO § 19 Bem 129, 130, **KG** KGJ 39, 248, OLG 15, 11.

b) **Voraussetzungen der Eintragung** der Pfändung sind

1. grundbuchrechtlich ein Antrag und die allgemeinen Voraussetzungen der Eintragung,

2. zivilprozeßrechtlich ein Pfändungsbeschluß;

dazu *Güthe* GBO § 19 Bem 129, 130, *Horber* GBO § 26 Anh Bem 2ff.

Grundbuchrechtliche Voraussetzungen sind

ein formloser **Antrag** des Gläubigers, da eine Vermittlung des Vollstreckungsgerichts bei der Antragstellung nicht stattfindet; bei Antragstellung durch einen Prozeßbevollmächtigten braucht die Vertretungsbefugnis nicht besonders nachgewiesen zu werden;

die übrigen **allgemeinen Voraussetzungen der Eintragung**, insbes das Eingetragensein des Schuldners, §§ 39, 40, **KG** KGJ 22, 171, und die Vorlage des Hypothekenbriefes, § 41.

Die **Übergabe des Hypothekenbriefes** an den Gläubiger oder **dessen Wegnahme im Wege der ZwV** (§ 808 ZPO) ist ein materiell-rechtliches Erfordernis der Pfändung, § 830 Abs 1 S 1, 2 ZPO, und dem GBA daher nachzuweisen. Die Eintragung der Pfändung ersetzt die Briefübergabe nicht, **KG** OLG 15, 11, HRR 1929 Nr 1968. Durch die Vorlage des Briefs an das GBA wird nicht nur den Vorschriften der §§ 41, 42 genügt, sondern auch dem GBBeamten der Beweis erbracht, daß der Gläubiger im Besitz des Briefs ist, **KG** HRR 1931 Nr 1708 = DNotV 1931, 481. Auf welche Weise ihn der Gläubiger erlangt hat, braucht das GBA regelmäßig nicht nachzuprüfen; dazu *Güthe* GBO § 19 Bem 129. Die Briefübergabe wird nicht dadurch ersetzt, daß der Pfändungsgläubiger den Anspruch des Hypothekengläubigers gegen einen im Besitz des Briefs befindlichen Dritten auf Herausgabe des Briefs pfänden und sich zur Einziehung überweisen läßt, **RG** RGZ 59, 318/63, 214, **KG** OLG 15, 11/29, 217. Auch die Übergabe eines den Brief für kraftlos erklärenden Ausschlußurteils ersetzt die Briefübergabe nicht, **KG** HRR 1931 Nr 1708 = DNotV 1931, 481, wohl aber die Hinterlegung des Briefs durch den Pfändungsschuldner unter Verzicht auf das Recht zur Rücknahme, **RG** RGZ 135, 274. Beschlagnahme des Hypothekenbriefs nach § 94 StPO verschafft dem Fiskus unmittelbaren Briefbesitz iSd § 830 ZPO, **KG** HRR 1935 Nr 1592. Briefübergabe ist auch erforderlich, wenn das GBA oder die Gerichtskasse den Brief für einen Dritten verwahrt, **KG** KGJ 44, 278. Besitzt der Gläubiger den Brief bereits mit Willen des Schuldners, so ist dies genügend, **KG** KGJ 44, 280. Für den Nachpfändenden entsteht bei einer Briefhypothek ein wirksames Pfandrecht nur, wenn der 1. Pfandgläubiger freiwillig oder durch Urteil gezwungen an der Briefübergabe mitwirkt; der 2. Pfandgläubiger muß mindestens den mittelbaren Mitbesitz erlangen, **KG** KGJ 35, 299. Die Einräumung des Mitbesitzes kann durch Anschlußpfändung des Briefes ersetzt werden, **KG** JFG 14, 324, *Baumbach-Lauterbach* ZPO § 830 Bem 2a, *Stöber* aaO 424ff. Zu Briefbesitz bei GBA **OLG Oldenburg** NdsRpfl 1966, 107 = DNotZ 1967, 45 Ls.

Über **Teilpfandung einer Briefhypothek RG** RGZ 69, 36/75, 221, **KG** KGJ 24, 134, *Horber* GBO § 26 Anh Bem 7, *Stöber* aaO 437. Die Pfändung muß sich auf einen bestimmten Teilbetrag beziehen; nur unter dieser Voraussetzung darf sie eingetragen werden, **KG** OLG 4, 486. Die Pfändung eines Teilbetrags der Hypothekenforderung bewirkt deren Teilung iSd § 1151 BGB, **KG** KGJ 27, 151, *Predari* GBO § 64 Bem 1. Spricht der Pfändungsbeschluß die Pfändung der Hypothek *in Höhe* der angegebenen Vollstrekkungsbeträge aus, so liegt darin eine Teilfpändung, **KG** KGJ 28, 131, HRR 1930 Nr 1165/1931 Nr 1707. Ist im Pfändungsbeschluß die Pfändung auf einen Teil der Hypothek beschränkt, dieser jedoch nicht so bestimmt bezeichnet, daß er ohne Verletzung des gbrechtlichen Bestimmungsgrundsatzes eingetragen werden könnte, so erstreckt sich die Pfändung auf die ganze Hypothek, **KG** JW 1931, 2576 = DNotV 1931, 485, HRR 1933 Nr 964, **aA** *Rühl* JW 1931, 2576. Ist im Pfändungsbeschluß nicht angegeben, daß der gepfändete Teil Vorrang vor dem Rest hat, so besteht Gleichrang, *Brand-Schnitzler* GBSachen § 103, *Güthe* GBO § 19 Bem 130, *Ricks* JW 1931, 569, *Stein-Jonas* ZPO § 829 Bem IV 3; dieser Gleichrang ist im GB, weil er sich aus dem Gesetz ergibt, nicht besonders zu vermerken. Dies ist vor allem von Bedeutung, wenn der Anspruch des Pfandgläubigers geringer ist als das zu pfändende dingliche Recht; ist der Vorrang des gepfändeten Teils im Pfändungsbeschluß nicht angegeben, so hat der dem Schuldner verbleibende Teil Gleichrang. Spricht der Pfändungsbeschluß lediglich die Pfändung des *erststelligen Teils* einer Hypothek aus, so ist eine solche Pfändung wirksam und die entsprechende Eintragung zulässig, *Ricks* JW 1932, 1543. Der Gläubiger des GrstEigentümers, der bez einer teilweise von einem Dritten bezahlten Sicherungsgrundschuld einen Teilbrief nach § 61 erhalten will, muß dartun, daß die Grundschuld nicht oder teilweise auf den Dritten übergegangen ist, **OLG Saarbrücken** JBl Saar 1966, 203; dazu auch *§ 61 Bem 20ff.*

Zivilprozeßrechtliche Voraussetzung ist (dazu *Güthe* GBO § 19 Bem 130, *Stöber* Forderungspfändung 419ff.)

ein in Ausfertigung vorzulegender **Pfändungsbeschluß**, §§ 829, 846, 857 Abs 1 ZPO, der vom Vollstreckungsgericht (§ 828 ZPO) oder vom Arrestgericht (§ 930 Abs 1 S 3 ZPO) erlassen wird. Der Pfändungsbeschluß muß dem GBA vorgelegt werden. Vorlage des Urteils oder sonstigen Vollstreckungstitels ist nicht erforderlich. Entbehrlich ist auch der Nachweis der Zustellung des Pfändungsbeschlusses an den Schuldner oder den Drittschuldner, **KG** OLG 6, 135, **OLG Dresden** OLG 25, 185, **aA** *Ricks* JW 1931, 569.

Über den notwendigen Inhalt des Pfändungsbeschlusses § 829 Abs 1 mit § 857 Abs 1, 6 ZPO. Das gepfändete Recht muß zweifelsfrei bestimmbar bezeichnet sein, **RG** RGZ 108, 318. Der Pfändungsbeschluß ist der Auslegung nach § 133 BGB fähig. Er darf aber nicht durch außerhalb liegende Tatsachen und Umstände, zB den Inhalt des Pfändungsantrags ergänzt werden, **RG** RGZ 139, 100. Bei der Pfändung einer Hypothek muß das persönliche Forderungsrecht mit dem dinglichen zusammen gepfändet werden, § 1274 Abs 1 BGB, § 804 Abs 2 ZPO mit § 1153 BGB, widrigenfalls der Pfändungsbeschluß keine geeignete Eintragungsgrundlage bildet. Er kann jedoch notfalls entsprechend ausgelegt werden, **BayObLG** RPfliB 1912, 23, *Baumbach-Lauterbach* ZPO § 830 Bem 1. Bei Pfändung einer Gesamteigentümerhypothek muß sich der Pfändungsbeschluß gegen sämtliche Eintragungen richten, es genügen aber auch mehrere Einzelbeschlüsse; dasselbe gilt, wenn das belastete Grst im Miteigentum mehrerer steht; dazu **RG** RGZ 63, 75, **KG** KGJ 39, 248, JW 1936, 887 = DNotZ 1936, 575 = HRR 1936,

Nr 440. Der Pfändungsbeschluß muß ferner bei Briefrechten den genauen Anfangszeitpunkt der Pfändung der Zinsen angeben; anders bei der Buchhypothek, da die Pfändung erst mit der Eintragung wirksam wird und die Zinsen von diesem Zeitpunkt ab als mitgepfändet gelten; dazu **RG** RGZ 136, 233, **KG** KGJ 46, 242/53, 186, *Ricks* JW 1931, 569. Das Fehlen eines gültigen Pfändungsbeschlusses macht die Eintragung der Pfändung nichtig und das GB unrichtig.

3. Bei der **Pfändung der Eigentümerhypothek** bzw **Eigentümergrundschuld** sind einige Besonderheiten zu berücksichtigen; dazu *BGB-RGRK* BGB § 1163 Bem 25, 26, *Brand-Schnitzler* GBSachen § 103, *Bruhn* JR 1935, 169, *Gährs* JW 1933, 1299, *Güthe* GBO § 19 Bem 131, 132, *Hesse-Saage-Fischer* GBO § 19 Bem VI 2, *Horber* GBO § 26 Anh Bem 8, *Kriener* BayNotZ 1914, 476, *Mattern* DGWR 1936, 193, *Ripfel* DNotZ 1936, 672, *Schmidt-Ernsthausen* JW 1933, 668, *Steiner-Riedel* ZVG § 50 Bem 6, *Stein-Jonas* ZPO § 857 Bem II 6, *Stöber* Forderungspfändung 460ff., *Thieme* GBO § 19 Bem 10 (h), im übrigen LitHinweise *Bem 52*. **52 c**

Die Pfändung erfolgt nach **§§ 830, 857 Abs 6 ZPO**, nicht nach § 857 Abs 2 ZPO; dazu **RG** RGZ 55, 379/59, 313/70, 278/84, 78, **KG** JFG 5, 352 (357), **BayObLG** 15, 413, *BGB-RGRK* BGB § 1154 Bem 20, *Güthe* GBO § 19 Bem 131, **aA** (zu Unrecht) **RG** RGZ 64, 216, *Staudinger-Scherübl* BGB § 1163 Bem 49, *Stein-Jonas* aaO, *Turnau-Förster* BGB § 1163 Bem II 12. Es sind also bei der Eigentümerbriefhypothek Pfändungsbeschluß und Übergabe des Briefs bzw dessen Wegnahme durch den Gerichtsvollzieher notwendig, während bei der Eigentümerbuchhypothek neben dem Pfändungsbeschluß die Eintragung im GB erforderlich und genügend ist; von der Zustellung des Pfändungsbeschlusses an den Eigentümer hängt die Wirksamkeit der Pfändung nicht ab. Das Erfordernis der Eintragung bei der Eigentümerhypothek entfällt auch nicht deshalb, weil die Eintragung durch das Erlöschen und die Löschung der Hypothek unmöglich wird, **BayObLG** 17, 7. Die Pfändung und Überweisung des GBBerichtigungsanspruchs ersetzt die Eintragung nicht. Die Pfändbarkeit der Eigentümergrundschuld bzw Eigentümerhypothek wird nicht dadurch ausgeschlossen, daß eine Löschungsvormerkung nach § 1179 BGB eingetragen ist. Der Anspruch auf Löschung der Eigentümerhypothek ist nicht selbständig ohne gleichzeitige Pfändung der Hypothek selbst pfändbar, **KG** OLG 10, 390. Die **Vorpfändung** nach § 845 ZPO (dazu *Bem 52a*) ist auch bei Eigentümergrundschulden zulässig, **RG** RGZ 71, 183/75, 314, **OLG Hamburg** OLG 23, 213; dazu auch *Bem 51b, g* bez Arrest.

Bezeichnet der **Pfändungsbeschluß** das gepfändete Recht irrtümlich als Eigentümergrundschuld statt als Eigentümerhypothek oder umgekehrt, so ist dies unschädlich, **RG** RGZ 108, 319. Ebenso wird die Wirksamkeit des Pfändungsbeschlusses nicht dadurch berührt, daß der Betrag der gepfändeten Eigentümergrundschuld oder -hypothek nicht ziffernmäßig angegeben, zB nur *der angeblich auf den Eigentümer übergegangene Teil* als gepfändet erklärt ist; in diesem Fall muß der Antragsteller, um die Eintragung im GB zu ermöglichen, auch die Höhe des Eigentümerpfandrechts im Zeitpunkt des Wirksamwerdens des Pfändungsbeschlusses gegenüber dem Eigentümer dh im Zeitpunkt der Zustellung an den Eigentümer nachweisen. Zulässig ist auch die Pfändung des Anteils eines Miteigentümers an einer Eigentümerhypothek, **KG** ZBlFG 7, 797.

Die Eintragung der Pfändung setzt die **vorherige GBBerichtigung** durch Eintragung des Eigentümers als Gläubiger voraus, § 39; sie erfolgt regelmäßig auf Antrag des Pfändungsgläubigers, wenn dieser den Berichtigungsanspruch des Eigentümers mitgepfändet und ihn sich zur Einziehung hat überweisen lassen, **OLG Dresden** JFG 5, 357; über Erzwingung der Auskunftserteilung und Herausgabe der Urkunden § 836 Abs 3 ZPO. Die Antragsberechtigten des Pfändungsgläubigers ergibt sich aus § 14. Der Antragsteller bzw Pfändungsgläubiger muß in der Form des § 29 nachweisen, daß und in welcher Höhe die Hypothek auf den Eigentümer übergegangen ist; dazu *Ricks* JW 1931, 569. Regelmäßig ist eine Umschreibungsbewilligung des eingetragenen Hypothekengläubigers oder dessen Löschungsbewilligung nebst Quittung (die Löschungsbewilligung allein genügt nicht) vorzulegen; dazu *§ 27 Bem 24ff.* Bei der aus einer Höchstbetragshypothek entstandenen Eigentümergrundschuld ist die Feststellung des endgültigen Forderungsbetrags nachzuweisen, und zwar entweder durch einen Vertrag zwischen Hypothekengläubiger und Schuldner, durch Urteil oder durch einen Verteilungsplan im ZwVerstVerfahren, **RG** RGZ 133, 203; dazu auch *Stein-Jonas* ZPO § 857 Bem II 6 unter d. Es genügt auch die einseitige Erklärung des Gläubigers, daß die ihm zustehenden unter die Hypothek fallenden Ansprüche einen bestimmten Betrag nicht übersteigen, und daß weitere Ansprüche nicht mehr entstehen werden; letztere Feststellung darf nicht fehlen, **KG** HRR 1932 Nr 719/1933 Nr 199. Ergibt sich aus den dem GBA vorgelegten Erklärungen des Hypothekengläubigers, daß möglicherweise eine Fremdhypothek zugunsten eines Dritten entstanden ist (zB auf Grund §§ 1164, 1174, 426 Abs 2 bzw §§ 1150, 774 BGB), so ist der Nachweis, daß dies nicht der Fall ist, vom Antragsteller durch eine Erklärung jenes Dritten in der Form des § 29 zu erbringen; dazu *Ripfel* DNotZ 1936, 681. In allen Fällen ersetzt die Berichtigungsbewilligung des Eigentümers den Nachweis der Entstehung der Eigentümergrundschuld; dazu *§ 22 Bem 64.*

Bei einer **Teilhypothek** ist zur wirksamen Pfändung einer noch nicht umgeschriebenen Eigentümerbriefteilhypothek die Pfändung des Miteigentums am Brief (§ 952 BGB), des Anspruchs des Schuldners auf Aufhebung der Gemeinschaft am Brief (§ 749 BGB), des Anspruchs auf Berichtigung des GB (§ 894 BGB) und des Anspruchs auf Vorlegung des Briefs an das GBA zur Bildung eines Teilbriefs (§ 1145 BGB, auch § 896 BGB) erforderlich; dazu **RG** RGZ 59, 318, *Gährs* JW 1933, 1299, *Güthe* GBO § 19 SeuffBl 76, 611.

Strittig ist die Frage der **Pfändung einer zukünftigen Eigentümerhypothek** bzw **Eigentümergrundschuld**; dazu *BGB-RGRK* BGB § 1163 Bem 26, *Palandt* BGB § 1163 Bem 4 (d), *Staudinger-Scherübl* BGB § 1163 Bem 6, 53, § 1190 Bem 17, *Steiner-Riedel* ZVG § 50 Bem 6, *Stein-Jonas* ZPO § 829 Bem I 1, § 857 Bem II 6, *Stöber* Forderungspfändung 470ff., auch **RG** RGZ 120, 110/145, 343 (351). Man wird der wohl auch heute noch überwiegenden (bei *BGB-RGRK* aaO wird von einer früheren hM gesprochen) Meinung die Zulässigkeit einer solchen Pfändung bejahen und lediglich die Eintragungsfähigkeit verneinen, wobei bei Buchrechten nach § 857 Abs 6, § 830 Abs 1 ZPO eine Eintragung erforderlich ist, die allerdings erst erfolgen kann, wenn das Recht auf den Eigentümer umgeschrieben ist, **RG** RGZ 61, 374/75, 250/84, 80/97, 226/120, 110, **BayObLG** 6, 418, 738/10, 454, **KG** OLG 10, 388 *Baumbach-Lauterbach* ZPO § 857 Bem 5C, *Steiner Riedel* aaO, **aA** (zu Unrecht) **RG** RGZ 145, 351, *BGB-RGRK* und *Staudinger-Scherübl* aaO sowie *Thiele* JW 1933, 676, und zwar mit der Einschränkung, daß eine Pfändung der künftigen Eigentümergrundschuld für überhaupt unzulässig erklärt, dagegen die Pfändung der nur vorläufigen Eigentümergrundschuld bei der Höchstbetragshypothek zugelassen wird, ähnlich *Stein-Jonas* aaO, andererseits für Eintragungsfähigkeit der Pfändung *von Brunn* JheringsJ 85, 77; dazu auch **LG Freiburg** NJW 1956, 144 (*Hoche*) und *§ 26 Bem 20ff.* Die praktische Bedeutung der Streitfrage liegt vor allem bei der Zwischenfinanzierung, *Palandt* aaO. dazu auch *Walberer* Die Zwischenkreditsicherung durch Abtretung der sog vorläufigen Eigentümergrundschuld DNotZ 1956, 229. Daher besteht ein Interesse, im Rahmen des rechtlich Möglichen keine allzustarken Einschränkungen zu machen. Es muß deshalb den Auffassungen von der Unzulässigkeit derartiger Pfändungen (und Abtretungen) auch aus diesem Grunde entgegengetreten werden.

Zur Sicherung des Pfandgläubigers vor GBBerichtigung dient der Widerspruch zugunsten des Eigentümers auf Grund Glaubhaftmachung der Eigentümerhypothek und einstweiliger Verfügung nach §§ 894, 899 BGB, **RG** RGZ 97, 224, **BayObLG** 6, 741, **KG** OLG 8, 109. Eine vor Umschreibung des Rechts auf den Eigentümer vorgenommene Eintragung der Pfändung einer künftigen Eigentümerbuchhypothek ist nicht unter allen Umständen unwirksam, sondern nur, wenn sie sich nach Lage des Falls als nach § 53 Abs 1 S 2 inhaltlich unzulässig erweist; andernfalls bringt sie, wenn die allgemeinen Erfordernisse (wie Bezeichnung des Gläubigers, des Schuldners, des belasteten Rechts usw) erfüllt sind, das Pfandrecht zur Entstehung, **RG** RGZ 120, 110, RPfliB 1929, 309 = WarnRspr 1929 Nr 151. In dem in **RG** RGZ 120, 110 entschiedenen Fall handelte es sich um eine Höchstbetragshypothek; weil bei dieser nie aus dem GB zu ersehen ist, in welcher Höhe sie dem Gläubiger und anderseits dem Eigentümer zusteht, wurde die mangelnde Höhe der gepfändeten Eigentümerhypothek für unschädlich erklärt. In sonstigen Fällen jedenfalls ist diese Angabe unerläßlich. Etwas weniger weitgehend **RG** RGZ 145, 343 (351); dazu auch *BGB-RGRK* aaO. Die Eintragung, daß die *angebliche Eigentümergrundschuld* gepfändet ist, ist aber als inhaltlich unzulässig anzusehen, **KG** JFG 1, 496, **OLG Marienwerder** OLG 22, 380, *Güthe* GBO § 19 Bem 28, *Ricks* JW 1931, 569, *von Rozycki-ovn Hoewel* GBRecht 399. Die Pfändung der angeblich bereits entstandenen Eigentümergrundschuld erzeugt kein Pfandrecht an der noch nicht entstandenen künftigen Eigentümergrundschuld und umgekehrt, **RG** RGZ 55, 263/61, 380, **KG** OLG 42, 175, *Oberneck* GruchBeitr 50, 551 (576). Bei einer Briefhypothek kann die künftige Eigentümergrundschuld mit sofortiger Wirkung gepfändet werden, wenn die Übergabe des Hypothekenbriefs erlangt werden kann **KG** JW 1932, 3191, *Palandt* aaO.

Die gleichen Grundsätze gelten auch für Pfändung der bei einer Höchstbetragshypothek in Höhe des jeweils nicht valutierten Teils bestehenden **vorläufigen Eigentümergrundschuld**; dazu **RG** RGZ 55, 378/75, 221/97, 223/120, 110, *BGB-RGRK* BGB § 1163 Bem 9, 10, § 1190 Bem 1ff., *Palandt* BGB § 1163 Bem 4 (d), *von Rozycki- von Hoewel* GBRecht 400, *Staudinger-Scherübl* BGB § 1190 Bem 17, *Stöber* Forderungspfändung 470ff., **aA** *Körting* JW 1933, 2815, der auch die Eintragung der Pfändung vor Berichtigung des GB durch Eintragung des Eigentümers als Grundschuldgläubiger für zulässig hält.

Beim **Lastenausgleich** erlitten Eigentümergrundpfandrechte durch das Ruhen des Befriedigungsvorrechts vor der öffentlichen Last der HGA eine Rangverschlechterung nicht nur dadurch, daß sie der gesamten öffentlichen Last nachgingen, sondern auch dadurch, daß ihnen ein früher nachgehendes, jetzt vor die öffentliche Last rückendes Fremdrecht vorging; das Eigentümergrundpfandrecht wurde zu einem Fremdrecht iSd § 113 LAG nicht schon durch Pfändung und Überweisung zur Einziehung, sondern erst durch Überweisung an Zahlungsstatt, **OLG Hamburg** Rpfleger 1953, 160 (*Bruhn*).

Zulässig ist die **Vorpfändung** nach § 845 ZPO (dazu *Bem 52a*) bez der künftigen Eigentümerhypothek, auch deren Eintragung, **RG** RGZ 71, 179/82, 227, *Schanz* RPfliB 1908, 302.

Bei gleichzeitiger Pfändung verschiedener Eigentümergrundschulden durch das Finanzamt (dazu *Bem 50b, c*) ist eine unterlassene Erklärung, in welcher Höhe die einzelnen Sicherungshypotheken Eigentümergrundschulden geworden sind, ein nicht behebbares Hindernis iSd § 18, **OLG Köln** NJW 1961, 368 = Rpfleger 1961, 206 (*Stöber*) = DRspr IV (473) 68a. Hat ein Gläubiger des Eigentümers dessen Anspruch gegen einen Grundschuldgläubiger auf Übertragung des nicht valutierten Teils der Grundschuld gepfändet und ist die Grundschuld durch Erteilung des Zuschlags in der ZwVerst erloschen, so bleibt das Pfandrecht an dem Anspruch des GrstEigentümers auf einen entsprechenden Teil des Versteigerungserlöses, in dem sich der Übertragungsanspruch mit der Erteilung des Zuschlags umgewandelt hat, bestehen, **BGH**

MDR 1961, 675 = Rpfleger 1961, 291 (*Stöber*) = BB 1961, 661 = LM § 91 ZVG Nr 1; dazu *Stöber* Forderungspfändung 443, 477.

52d 4. Für die **Pfändung sonstiger Rechte** gilt folgendes:

Pfandrechte an eingetragenen Rechten können zusammen mit der gesicherten Forderung gepfändet werden, *Horber* GBO § 26 Anh Bem 2 (a).

Über die Pfändung des Anspruchs auf Übertragung des Eigentums (des Auflassungsanspruchs) und des aus der Auflassung sich ergebenden Rechts auf Umschreibung des GB *§ 20 Bem 59*. Über die Pfändung des Erbanteils *§ 22 Bem 43*, über die Pfändung des Nacherbenrechts *§ 51 Bem 23*.

Auch der Anspruch auf Bestellung eines dinglichen Rechts an einem Grst oder GrstRecht, der sich aus dem (formlosen) Verpflichtungsvertrag ergibt, unterliegt der Pfändung nach § 857 ZPO; dies gilt auch für den Anspruch auf Bestellung einer Hypothek, §§ 828 ff. ZPO sind hierauf nicht anwendbar, *Güthe* GBO § 14 Bem 5, **aA** (überholt) *Achilles-Strecker* GBO § 14 Bem 5b. Die Eintragung des Rechts erfolgt auf Grund Vorlage des Pfändungs- und Überweisungsbeschlusses und des Nachweises der Zustellung an den Drittschuldner. Dieser muß die Eintragung bewilligen oder hierzu verurteilt sein, § 894 ZPO. Die Eintragung des Rechts hat für den Pfändungsschuldner zu erfolgen; gleichzeitig ist das Pfandrecht des Pfändungsgläubigers an dem Recht einzutragen.

52e 5. Bei der Pfändung ist die **Verwertung** von besonderer Bedeutung, wie sie in §§ 835, 844 ZPO geregelt ist. Normalerweise erfolgt die Verwertung durch Überweisung, *Stein-Jonas* ZPO § 835 Bem I. Pfändung und Verwertung können im Regelfall gleichzeitig beantragt werden. Bei Arrest, der nur eine Sicherstellung bedeutet, wird beim Vollzug (§ 930 ZPO) nur eine Pfändung vorgenommen, da eine Verwertung des Gegenstandes dem Sicherungszweck widerspricht und daher nicht zulässig ist, *Stein-Jonas* ZPO § 930 Bem II. Dazu auch *Stöber* Forderungspfändung 434.

Es gibt 2 Arten der **Überweisung**, § 835 ZPO, die Überweisung zur Einziehung und die Überweisung an Zahlungs Statt, wobei dem Gläubiger das Wahlrecht zusteht; dazu *Horber* GBO § 26 Anh Bem 12, *Stein-Jonas* ZPO § 835 Bem III 1, *Stöber* aaO.

Bei der **Überweisung zur Einziehung**, § 835 Abs 1 ZPO, bleibt der Gläubiger Inhaber seines Rechts und kann darüber insbes durch Abtretung weiter verfügen, **RG** RGZ 27, 294/33, 290, *Stein-Jonas* ZPO § 835 Bem IV. Die Überweisung zur Einziehung kann daher in das GB nicht eingetragen werden, **KG** RJA 15, 83, OLG 30, 18; dazu *Güthe* GBO § 19 Bem 132, *Horber* GBO § 26 Anh Bem 12 (Aa), *Predari* GBO § 19 Bem 39, *Stöber* Forderungspfändung 434 bei Fußn 33. Sie berechtigt auch nicht zur Umschreibung des Rechts auf den Namen des Pfandgläubigers, **KG** OLG 10, 103, und nicht zur Abtretung und Erteilung der Löschungsbewilligung, wohl aber zur Einziehung und Quittungsleistung, **KG** OLG 8, 209/25, 185/41, 179, **BayObLG** 19, 22. Eine Verfügung des Inhabers des Rechts ohne Zustimmung des Pfändungsgläubigers ist, soweit sie dessen Rechte beeinträchtigt, schwebend unwirksam. Nach Überweisung einer gepfändeten Eigentümergrundschuld zur Einziehung kann der Pfändungsgläubiger die ZwV in das belastete Grst betreiben, **LG Hof** Rpfleger 1965, 369 (*Stöber*) = BWNotZ 1966, 114 Ls, wobei jedoch ein dinglicher Vollstreckungstitel erforderlich ist, *Stöber* aaO sowie Forderungspfändung 474 bei Fußn 37 mit Nachweisen. Zur Löschung einer gepfändeten und zur Einziehung überwiesenen Hypothek mit Forderung ist die löschungsfähige Quittung des Pfandgläubigers erforderlich, eine abstrakte Löschungsbewilligung reicht nicht aus, **SchlHOLG** SchlHA 1958, 49; dazu auch *Bem 70*, *§ 27 Bem 34*.

Bei der **Überweisung an Zahlungs Statt** geht das Recht auf den Pfandgläubiger über, § 835 Abs 2, § 836 ZPO; dazu *Stein-Jonas* ZPO § 835 Bem VIII, *Stöber* Forderungspfändung 434. Sie ist daher eintragungsfähig und bedarf bei Buchrechten zur Wirksamkeit der Eintragung; dazu *Güthe* GBO § 19 Bem 132, *Horber* GBO § 26 Anh Bem 12 (Ab), *Stöber* Forderungspfändung 434. Die Eintragung erfolgt auf (formlosen) Antrag des Gläubigers auf Grund des Pfändungsbeschlusses; ein Nachweis seiner Zustellung ist nicht erforderlich, **KG** KGJ 28, 133, *Güthe* aaO. Die Eintragung der Überweisung kann mit derjenigen der Pfändung verbunden werden. Sind Pfändung und Überweisung in einem Beschluß zusammengefaßt, so ist, wenn Eintragung der Pfändung beantragt wird, auch die Überweisung einzutragen, wenn dies als Wille des Antragstellers anzunehmen ist (§ 133 BGB), **KG** KGJ 28, 133. Über die Erteilung der Löschungsbewilligung in den Fällen der Überweisung *§ 27 Bem 24ff.*

Eine **andere Art der Verwertung** als Einziehung kann nach §§ 844, 857 Abs 6 ZPO durch das Vollstreckungsgericht angeordnet werden; dazu *Güthe* GBO § 19 Bem 132, *Horber* GBO § 26 Anh Bem 12 (B), *Stein-Jonas* ZPO § 844 Bem I, § 857 Bem V 2, *Stöber* Forderungspfändung 434. Wird Verwertung durch Verkauf angeordnet, so bedarf es einer Abtretungserklärung des Pfändungsgläubigers, **KG** JW 1935, 3236. Bei Anordnung der Versteigerung geht das Gläubigerrecht mit dem Zuschlag auf den Ersteher über; seine Eintragung ist GBBerichtigung und erfolgt auf Grund der Vorlage des Zuschlagsprotokolls und gegebenenfalls des Briefes, **KG** KGJ 31, 315/33, 267, HRR 1933 Nr 964. Briefübergabe ist in beiden Fällen erforderlich.

6. Die **Wirkung der Pfändung** ist die eines relativen Veräußerungsverbots. **52f**
Verfügungen des Schuldners, die das Pfandrecht beeinträchtigen, sind dem Pfandgläubiger gegenüber unwirksam. Ist das Pfandrecht eingetragen, so hindert es weitere Eintragungen nicht außer die Löschung des gepfändeten Rechts selbst. Dazu *§ 13 Vorbem 122, 169.* Wird eine gepfändete (Buch-)Hypothek auf Anordnung des VollstrGer mittels Versteigerung durch eine Privatperson verwertet, so vollzieht sich der Übergang der Hypothek und der Forderung nach bürgerlichem Recht, §§ 892ff. BGB sind anwendbar; dazu **BGH** MDR 1964, 999 = JZ 1964, 772 = BB 1964, 1063 = DB 1964, 1257 = WM 1964, 292 = MittBayNotV 1965, 1 = BayNotZ 1964, 278 Ls = LM § 892 BGB Nr 6.

7. Die **Eintragung** der Pfändung **in das GB** erfolgt in folgender Weise (dazu **52g**
Brand-Schnitzler GBSachen § 103, *Güthe* GBO § 19 Bem 134, *Horber* GBO § 26 Anh Bem 5, *Stöber* Forderungspfändung 431ff.), wobei darauf hinzuweisen ist, daß die Eintragung bei der Buchhypothek auf Grund des Pfändungsbeschlusses auf Antrag des Gläubigers erfolgt und bei der Briefhypothek das GB mit Wirksamwerden der Pfändung durch Briefwegnahme unrichtig wird und daher der Gläubiger GBBerichtigung durch Eintragung der Pfändung verlangen kann:

Die Pfändung wird in der Veränderungsspalte derjenigen Abt eingetragen, in der das gepfändete Recht am Grst vermerkt ist, also Sp 5 der 2. Abt und Sp 7 der 3. Abt, *§ 3 Bem 215ff., 237ff.* bez der Besonderheiten für Baden-Württemberg *§ 3 Bem 223, 224/245, 246.* Die Forderung, zu deren Gunsten die Pfändung erfolgt ist, muß in dem Eintragungsvermerk nach Haupt- und Nebensache angegeben werden, **aA** (überholt) **KG** KGJ 44, 270, wonach die Angabe des Betrags nicht erforderlich ist. Sind Zinsen mitgepfändet, so ist anzugeben, von welchem Zeitpunkt ab sie von der Pfändung ergriffen werden. Fehlt diese Angabe, so gelten sie vom Tag der Eintragung ab als gepfändet.

Die Eintragung kann etwa lauten: ... *DM mit Zinsen seit ..... mit dem Vorrang vor dem Rest für ..... wegen einer Forderung von ..... nebst ..... v.H. jährlichen Zinsen seit ..... gepfändet. Unter Bezugnahme auf den Pfändungs- und Überweisungsbeschluß des Amtsgerichts ..... vom ..... eingetragen am .....*; dazu Muster Anl 2a zur GBVfg (*GT 6*) 3. Abt Sp 7 Eintrag zu lfd Nr 4 S 81. Es kann auch bei Überweisung an Zahlungs Statt ein entsprechender Vermerk in den Eintrag aufgenommen werden, wie: ..... *gepfändet und an Zahlungs Statt überwiesen dem* .....; dazu *Güthe* GBO § 19 Bem 134.

In der **bisherigen Eintragung** ist der Name des Inhabers des gepfändeten Rechts nach § 17 Abs 3 GBVfg (*GT 4*) rot zu unterstreichen; dazu *§ 3 Bem 269* und Muster Anl 2a zur GBVfg (*GT 6*) 3. Abt Sp 4 zu lfd Nr 4 S 74.

Dies gilt auch, wenn das Recht nur **teilweise gepfändet** worden ist, *Ripfel* DNotZ 1936, 948. Ist eine Hypothek, Grund- oder Rentenschuld teilweise gepfändet, so ist in der Pfändungseintragung der gepfändete Teil anzugeben; in der Betragsspalte, Sp 6 der 3. Abt (*§ 3 Bem 236, 245, 246*) ist nur der gepfändete Teilbetrag, nicht der Betrag des ganzen Rechts zu vermerken. Dazu auch *Stöber* Forderungspfändung 437.

Was die **Kosten** anlangt, so wird für die Eintragung nach § 64 Abs 1 S 1 KostO (*Anh*) die Hälfte der vollen Gebühr erhoben; dazu *Hasl* Gerichtskosten KostO § 64 Bem I, *Lauterbach* Kostengesetze KostO § 64 Bem I, *Rohs-Wedewer* KostO § 64 Bem II (b). Der Geschäftswert bestimmt sich nach dem Wert des gepfändeten Rechts oder Teilrechts, § 61 Abs 4 KostO (*Anh*). Für die Eintragungsgebühr haftet neben dem Antragsteller der Vollstreckungsschuldner als Gesamtschuldner, § 3 Z 4, § 5 Abs 1 S 1 KostO (*Anh*).

53

h) Einstweilige Verfügung

Dazu *Brand-Schnitzler* GBSachen § 65, *Güthe* GBO § 19 Bem 124ff., *Haegele* GBRecht Bem 702, 714, 1416, *Hesse-Saage-Fischer* GBO § 19 Bem VI (2 c), *Horber* GBO § 19 Bem 2 (Bc), *Krämer-Illner* GBPraxis § 230 (2), *Planck-Kettnaker* Führung des GBuchs 321 Fußn 1, *Thieme* GBO § 19 Bem 10 (f),

Kommentierungen zu §§ 935ff. ZPO, vor allem § 936 ZPO, insbes *Baumbach-Lauterbach, Stein-Jonas, Wieczorek*.

1. Die einstweilige Verfügung ersetzt die Eintragungsbewilligung des Betroffenen, **KG** KGJ 29, 153, *Güthe* GBO § 19 Bem 124.

Es finden im wesentlichen die **Vorschriften über Arrest** entsprechende Anwendung, **§ 936 ZPO**; dazu *Bem 51*. Abweichungen bestehen vor allem in folgender Richtung: Dem Antrag auf Eintragung in das GB steht ein gerichtliches Ersuchen gleich, § 941 ZPO, § 866 Abs 3 ZPO bez der Mindestgrenze von 300 DM und § 867 Abs 2 ZPO über die Verteilung auf mehrere Grst finden hier keine Anwendung, *Güthe* aaO Bem 124; dazu *Z 2*.

2. Bei den **Voraussetzungen** für die Eintragung muß zwischen prozessualen und gbrechtlichen unterschieden werden.

a) Die **prozessualen Voraussetzungen** der Eintragung auf Grund einer einstweiligen Verfügung sind dieselben wie die einer Arresthypothek, § 936 ZPO; dazu *Bem 51*.

Die einstweilige Verfügung wird vom Prozeßgericht als Gericht der Hauptsache oder vom Amtsgericht, in dessen Bezirk das Grst liegt, erlassen, §§ 937, 942, 943 ZPO. Ihre Zustellung braucht (außer erforderlichenfalls zum Zwecke des Nachweises der Einhaltung der Vollziehungsfrist) dem GBA nicht nachgewiesen zu werden, § 936 mit § 929 Abs 1 S 3 ZPO, *Ricks* GBPraxis 364. Ordnet die einstweilige Verfügung eine Verfügungsbeschränkung an, so wird sie mit der Zustellung an den Antragsgegner vollzogen. Mit der Zustellung entsteht also die Verfügungsbeschränkung, *§ 13 Vorbem 156*; deren Eintragung berichtigt nur das GB, so daß in diesem Falle der Zustellungsnachweis als Nachweis des Entstehens der Verfügungsbeschränkung vorgelegt werden muß. Dies gilt aber nicht, wenn das Gericht nach § 941 ZPO (dazu *§ 38 Bem 22*) um Eintragung der Verfügungsbeschränkung ersucht. Dazu **KG** JFG 5, 298, **aA** (zu Unrecht) **KG** RJA 15, 79.

Die Vollziehung der einstweiligen Verfügung muß innerhalb der **Vollziehungsfrist** von 1 Monat erfolgen, §§ 936, 929 Abs 2 ZPO. Die Vollziehungsfrist wird jedoch schon gewahrt, wenn der Eintragungsantrag innerhalb derselben beim GBA eingeht; auf den Zeitpunkt der Eintragung kommt es nicht an, §§ 936, 932 Abs 3 ZPO (*Bem 51c*). Das Eintragungsersuchen des Gerichts nach § 941 ZPO steht bez der Vollziehung einem Eintragungsantrag des Antragstellers gleich; sein Eingang beim GBA wahrt also die Frist, **RG** RGZ 67, 165. Der Eingang des Eintragungsantrags bez des Eintragungsersuchens des Gerichts hat fristwahrende Wirkung, aber nur, wenn der Antrag bzw das Ersuchen begründet ist, **KG** OLG 44, 172. Der Antrag oder das Ersuchen muß entweder von Anfang an hindernisfrei sein oder dies spätestens vor Ablauf 1 Monats werden. Für die fristwahrende Wirkung kommt es nicht darauf an, ob ein bestehendes gbmäßiges Hindernis bei ordnungsmäßigem Verfahren des GBA vor Ablauf der Monatsfrist hätte beseitigt werden können, sondern darauf, ob es innerhalb der Frist beseitigt worden ist, **KG** JW 1935, 1710. Die Frist des § 929 Abs 2 ZPO beginnt nicht erneut zu laufen, wenn im Widerspruchsverfahren die einstweilige Verfügung an sich bestätigt, aber bez der angeordneten Sicherungsmaßnahmen berichtigt (zB anstelle der Eintragung eines Widerspruchs diejenige einer Vormerkung angeordnet) wird, **OLG Kiel** JW 1933, 1541. Die Einhaltung der Frist hat das GBA selbständig zu prüfen, **KG** JFG 5, 298 (303). Wird eine einstweilige Verfügung durch Eintragung im GB vollzogen, obwohl der Eintragungsantrag bzw das Ersuchen erst nach Ablauf der Vollziehungsfrist eingegangen ist, so ist die Eintragung nichtig; dazu **BayObLG** 13, 248, *Stein-Jonas* ZPO § 929 Bem II 3. Das GB ist unrichtig; es ist ein Amtswiderspruch nach § 53 einzutragen.

Die Vollziehung der einstweiligen Verfügung ist vor ihrer **Zustellung** zulässig (dazu *Bem 51b*); sie ist jedoch ohne Wirkung, wenn die Zustellung nicht innerhalb 1 Woche nach Vollziehung und vor Ablauf der Vollziehungsfrist des § 929 Abs 2 ZPO erfolgt, §§ 936, 929 Abs 3 ZPO. Auf die Einhaltung dieser Einwochenfrist kann der Antragsgegner nicht wirksam verzichten; dazu **RG** RGZ 151, 155. Sie muß auch beachtet werden, wenn das Gericht nach § 941 ZPO um die Eintragung ersucht hat. Die Frist des § 929 Abs 3 ZPO gilt jedoch nur für Eintragungen, bei denen die Eintragung wesentliche Voraussetzung der Entstehung des Rechts ist, insbes für Vormerkungen und Widersprüche, nicht aber für die Eintragung eines Verfügungsverbots; denn diese hat nur den Charakter einer GBBerichtigung, da die einstweilige Verfügung in diesem Falle bereits durch die Zustellung an den Antragsgegner, die aber innerhalb der Monatsfrist des § 929 Abs 2 ZPO erfolgt sein muß, vollzogen wird, **KG** RJA 6, 235 (239), JFG 5, 298/6, 325 (327), *BGB-RGRK* BGB § 892 Bem 104. Deshalb ist die Eintragung des Verfügungsverbots an keine Frist gebunden, **RG** RGZ 51, 129/90, 341, RPfliB 1931, 190, **KG** RJA 15, 79, OLG 17, 350, JFG 1, 383 *Stein-Jonas* ZPO § 938 Bem III 1. Dies gilt auch dann, wenn die einstweilige Verfügung ausdrücklich die Eintragung des Verfügungsverbots in das GB anordnet, **KG** DNotZ 1931, 173. Ist jedoch die Eintragung eines Widerspruchs in der einstweiligen Verfügung angeordnet, so darf die Eintragung nach Ablauf der Vollziehungsfrist auch dann nicht mehr erfolgen, wenn in der einstweiligen Verfügung ein Verfügungsverbot ausgesprochen ist, **KG** DFG 1936. 219.

Bei der Eintragung auf Grund einer einstweiligen Verfügung braucht der GBBeamte regelmäßig die Einhaltung der Vorschrift des § 929 Abs 3 S 2 ZPO nicht zu **prüfen**, da sie erst nach der Vollziehung befolgt werden muß. Die Nichteinhaltung der Frist des § 929 Abs 3 S 2 ZPO macht jedoch die bereits erfolgte **Eintragung nichtig**; sie ist als von vornherein unwirksam zu behandeln, **RG** RGZ 67, 165/81, 289, **KG** KGJ 52, 164; eine Ausnahme gilt für die Verfügungsbeschränkung, wie bereits erwähnt wurde. Die Nichtigkeit kann auch nicht durch eine neue einstweilige Verfügung geheilt werden, **RG** RGZ 81, 288; ebensowenig dadurch, daß auf Grund einer neuen einstweiligen Verfügung in der Veränderungsspalte des GB eine Umdatierung der bisherigen Eintragung vorgenommen wird, **KG** HRR 1929 Nr 1823. Eine inhaltlich unzulässige Eintragung iSd § 53 liegt aber nicht vor, **KG** OLG 44, 172, *Stein-Jonas* ZPO § 932 Bem II 2. Der Antragsgegner hat einen Berichtigungsanspruch; er kann auch auf Löschung der nichtigen Eintragung klagen. Hat die Vollziehung wegen unterbliebener oder verspäteter Zustellung nach § 929 Abs 3 ZPO ihre Wirkung verloren, so bleibt die einstweilige Verfügung selbst zunächst bis zum Ablauf der Frist des § 929 Abs 2 ZPO bei Bestand und ist bis zu diesem Zeitpunkt einer neuen wirksamen Vollziehung zugänglich, **RG** RGZ 151, 156. Für den Vollzug im GB ist Voraussetzung, daß gleichzeitig die alte Eintragung gelöscht wird. § 866 Abs 3 ZPO bez der Unzulässigkeit einer Zwangshypothek wegen einer Forderung von nicht mehr als 300 DM findet bei der einstweiligen Verfügung keine Anwendung, da bei der erwähnten Vorschrift eine Geldforderung vorausgesetzt wird; dazu *Güthe* GBO § 19 Bem 124. Auch § 867 Abs 2 ZPO über die Verteilung eines Forderungsbetrags auf mehrere Grst findet aus demselben Grunde keine Anwendung. Deshalb kann auf Grund einer einstweiligen Verfügung eine Vormerkung zur Sicherung des Anspruchs auf Eintragung einer Hypothek auf mehreren Grst eines Schuldners oder mehrerer Gesamtschuldner ohne Verteilung des Betrags als Gesamtbelastung eingetragen werden, **KG** JFG 5, 328; dazu *Z 3*.

b) Bei den **gbrechtlichen Voraussetzungen** ist darauf hinzuweisen, daß die Eintragung auf Grund der einstweiligen Verfügung entweder auf Antrag des Gläubigers oder auf Ersuchen des Gerichts, § 941 ZPO, erfolgt; bez Ersuchen des Gerichts *§ 38 Bem 22*. Vom Gläubiger ist bei der Beantragung eine Ausfertigung des die einstweilige Verfügung enthaltenden Beschlusses oder Urteils vorzulegen.

Die Zulässigkeit der einstweiligen Verfügung hat der GBBeamte nicht zu **prüfen**; dazu **KG** OLG 8, 150, **OLG Karlsruhe** OLG 45, 88, *Güthe* GBO § 19 Bem 124. Zu prüfen ist nur, ob die angeordnete Eintragung nicht inhaltlich unzulässig ist und ob ihre gbrechtlichen Voraussetzungen (wie Eingetragensein des Betroffenen. Vorlage des Hypothekenbriefs usw) erfüllt sind, **KG** DNotV 1928, 252. Die Vorlage des Hypothekenbriefs ist nur in den Fällen der § 41 Abs 1 S 2 und § 42 nicht erforderlich. Darüber, mit welchen Mitteln der Gläubiger die Vorlage des im Besitz des Schuldners oder eines nicht zur Herausgabe bereiten Dritten befindlichen Briefes an das GBA erzwingen kann, *Hausen* DJ 1937, 1389, *Ripfel* DJ 1938, 337. Die einstweilige Verfügung, welche die Eintragung eines Widerspruchs gegen die Eintragung eines Rechtserwerbs anordnet, kann (insbes im Fall der Anfechtung einer Auflassung) schon vor der Eintragung des Antragsgegners als Berechtigten erlassen werden, **OLG Dresden** OLG 38, 9. Die Eintragung des Widerspruchs kann allerdings nach § 39 Abs 1 erst nach Eintragung des Betroffenen als Berechtigten erfolgen; dazu *Rößner* BayNotZ 1920, 169. Die Eintragung des Widerspruchs wird nach erfolgter Eintragung des Berechtigten auch dann zulässig sein, wenn der Antrag auf seine Eintragung oder das Ersuchen des Gerichts vor dem Antrag auf Eintragung des Berechtigten beim GB eingegangen ist.

3. Die **Art der** durch die einstweilige Verfügung **angeordneten Eintragung** kann verschieden sein, § 938 Abs 1 ZPO. In Betracht kommen vor allem Vormerkungen und Widersprüche, § 885 Abs 1, § 899 Abs 2 BGB (dazu *§ 25 Bem 8ff.*) sowie das Verbot der Veräußerung, Belastung oder Verpfändung eines Grst, § 938 Abs 2 ZPO oder das Verbot der Verfügung über ein Recht an einem Grst, **RG** RGZ 67, 39, **KG** JFG 5, 298.

Hat das Gericht irrtümlich zur Sicherung eines Anspruchs, der nach der gegebenen Begründung nur ein GBBerichtigungsanspruch sein kann, die Eintragung einer Vormerkung angeordnet, so kann und muß das GBA das Eintragungsersuchen in das Ersuchen um Eintragung eines Widerspruchs umdeuten und einen solchen eintragen, **KG** JW 1937, 2918; dazu *Bem 22*. Die Veräußerungsverbote ua werden als Verfügungsbeschränkungen im Gegensatz zur Vormerkung und zum Widerspruch ohne Eintragung mit der Erlassung der einstweiligen Verfügung wirksam und werden nur zum Zweck der Ausschließung des guten Glaubens eingetragen; im übrigen *Z 2a* sowie über Verfügungsbeschränkungen *§ 13 Vorbem 118ff., 166.* Betrifft eine Verfügungsbeschränkung ein Gesamtrecht, so darf sie nicht in Bezug auf das Gläubigerrecht an nur einem der mitbelasteten Grst allein ausgesprochen werden, **KG** JFG 6, 325. Auch alle sonstigen Eintragungen können, insbes im Fall des § 940 ZPO, durch einstweilige Verfügung angeordnet werden; dazu *Güthe* GBO § 19 Bem 127. Eine vollständige Sperre des GB kann nicht Gegenstand einer einstweiligen Verfügung sein; dazu *Güthe* aaO. Das Gericht ist auch nicht berechtigt, im Wege einer einstweiligen Verfügung das GBA anzuweisen, eine Eintragung zu unterlassen (dazu *§ 18 Bem 21*) oder dies im Wege eines Ersuchens zu verlangen; dazu *Güthe* GBO § 38 Bem 6. Betrifft eine einstweilige Verfügung eine Rangänderung, so muß sie in einem auch gegen die Inhaber der betroffenen Rechte gerichteten Verfahren ergangen sein, **OLG Karlsruhe** OLG 45, 88, *Ricks* GBPraxis 236. Auf eine im Wege der einstweiligen Verfügung angeordnete Vormerkung zur Sicherung des Anspruchs auf Einräumung einer Hypothek an mehreren Grst findet § 867 Abs 2 ZPO keine (auch keine entsprechende) Anwendung, **KG** JFG 5, 328 (333); dazu *Z 2a*. Über die durch einstweilige Verfügung angeordneten Erwerbsverbote, insbes das Verbot einen Eintragungsantrag zu stellen oder eine Urkunde zum gbamtlichen Vollzug zu bringen, *§ 18 Bem 21.*

V. Bewilligungsberechtigung 54

Dazu *BGB-RGRK* BGB § 974 Bem 9ff., *Brand-Schnitzler* GBSachen § 41ff., *Bauer* GBEintragungen S 30 Z 99, *Ertl* Rechtsnatur und Bedeutung der Eintragungsbewilligung DNotZ 1964, 260, *Güthe* GBO § 19 Bem 33ff. *Haegele* GBRecht Bem 1458ff., *Hesse-Saage-Fischer* GBO § 19 Bem III 1 (a), *Horber* GBO § 19 Bem 5, *Krämer-Illner* GBPraxis §§ 120ff., *Ripfel* GBRecht 17ff., *Staudinger-Seufert* BGB § 873 Bem 54ff., *Thieme* GBO § 19 Bem 5

1. Allgemeines

Erforderlich ist die Eintragungsbewilligung desjenigen, dessen Recht von der Eintragung betroffen wird, § 19. Auch § 13 Abs 2 spricht beim Antragsrecht von demjenigen, dessen Recht von der Eintragung betroffen wird. Es ist jedoch trotz des gleichen Gesetzeswortlauts der Inhalt der beiden Vorschriften ein verschiedener; dazu *Hesse-Saage-Fischer* GBO § 19 Bem III 1 (a). Es handelt sich hierbei um den verlierenden Teil; über den gewinnenden Teil *Bem 76ff.*

Es sind für die Bewilligungsberechtigung folgende Voraussetzungen von Bedeutung:

der Inhalt der beantragten Eintragung, *Bem 55,*

das in Frage stehende Recht am Grst, *Bem 56ff.*,

der Betroffene, *Bem 62ff.*,

die Verfügungsberechtigung des Betroffenen, *Bem 69ff.*

Für Bayern ist auf §§ 135, 136 bayDA, die belehrenden Inhalt haben (*§ 2 Bem 4*), hinzuweisen.

2. Eintragung 55

Dazu *Güthe* GBO § 19 Bem 38, *Hesse-Saage-Fischer* GBO § 19 Bem III 1 (aα), *Horber* GBO § 19 Bem 5B

Maßgebend ist der **Inhalt der beantragten Eintragung**, nicht der Inhalt der materiellen Rechtsänderung, welche die Beteiligten beabsichtigen. Es wird in § 19 ausdrücklich davon gesprochen, daß das Recht von der Eintragung **betroffen** sein muß. Dazu *Fischer* RPfliB 1909, 128, *Güthe* aaO sowie RPfliB 1909, 196, *Predari* GBO § 19 Bem 37, **aA** (überholt) **BayObLG** 9, 557.

Erklärt daher zB der Gläubiger einer Hypothek in der Abtretungsurkunde, daß die Hypothek teilweise zurückbezahlt sei und daß infolgedessen die Hypothek auf den Erwerber nur insoweit übergehen solle, als sie ihm noch nicht zustehe, so wird von der beantragten Eintragung auch das Recht des Eigentümers betroffen; dazu auch *Bem 63.*

56 **3. Recht**

Dazu *Güthe* GBO § 19 Bem 33ff., *Hesse-Saage-Fischer* GBO § 19 Bem III 1 (a*a*), *Horber* GBO § 19 Bem 5A, *Thieme* GBO § 19 Bem 5

a) Allgemeines

§ 19 verlangt die Bewilligung desjenigen, dessen Recht betroffen wird. Nicht von jedem, dessen Rechtsstellung eine Änderung zu seinen Ungunsten erleidet, kann man sagen, daß sein Recht von der Eintragung iSd § 19 von der Eintragung betroffen wird.

Es muß sich um ein dingliches Recht handeln, *Bem 57,*

und zwar um ein gegenwärtiges, *Bem 58.*

Von besonderer Bedeutung ist die Frage der Buchberechtigung und der wirklichen Berechtigung, *Bem 59ff.*

57 **b) Dingliches Recht**

Nur derjenige wird betroffen, dessen Recht eines der vom BGB und anderen Bundesgesetzen sowie im Rahmen der gesetzlichen Vorbehalte auch von Landesgesetzen anerkannten **dinglichen Rechte** ist, **RG** RGZ 61, 379/83, 439; dazu *Güthe* GBO § 19 Bem 36, 37, *Hesse-Saage-Fischer* Bem III 1 (a*a*), *Horber* GBO § 19 Bem 5 (Aa), *Thieme* GBO § 19 Bem 5.

Es kommen in Betracht das Eigentum am Grst (dazu *§ 13 Vorbem 39*) und ihm nach Bundesrecht oder Landesrecht gleichstehende Rechte (dazu *§ 3 Bem 12ff.*), ferner die dinglichen GrstRechte (dazu *§ 13 Vorbem 41ff.*), auch im Rahmen der landesrechtlichen Vorbehalte (dazu *§ 117 Bem 2ff.*; zum Forstrecht **LG Hof** Rpfleger 1963, 384). Eine **entsprechende Anwendung** auf andere Rechte als dingliche Rechte ist nur in ganz begrenztem Umfange zulässig, so beim eingetragenen Nacherbenrecht (§ 51), **RG** RGZ 83, 343, **KG** KGJ 51, 224; dazu *Güthe* GBO § 19 Bem 36.

Nicht einschlägig ist § 19 bei Eintragungen auf Grund des Veränderungsnachweises des Katasteramts, **SchlHOLG** JR 1949, 289, oder anderer sich auf den **Kataster** beziehender Tatsachen (zum Liegenschaftskataster *§ 2 Bem 159ff.*).

Nicht hierher gehören **schuldrechtliche Rechte**, wenn sie nicht durch eine Vormerkung gesichert sind. Obwohl daher zB das Recht des Mieters von einer Veräußerung des Grst in ganz erheblichem Maße betroffen wird (vgl §§ 571ff. BGB, §§ 57 bis 57d ZVG), ist gleichwohl seine Bewilligung zur Eintragung des neuen Eigentümers nicht erforderlich; dazu *Weimar* Kann eine GBEintragung für den Mieter Bedeutung haben? MDR 1966, 817. Dagegen bedarf es, wenn ein vormerkungsfähiges vorgemerktes Recht in Frage steht (dazu *§ 25 Bem 8ff.*), zB zur Löschung oder zur Inhalts- oder Rangänderung einer auf Grund einer Bewilligung eingetragenen **Vormerkung** der Bewilligung des aus der Vormerkung Berechtigten, obwohl nur ein schuldrechtliches Recht in Betracht kommt; dazu *Bem 66.*

Auch das Recht der elterlichen **Nutznießung** gehört nicht zu den Rechten iSd § 19. Wenn daher dem Vater die Verwaltung des Kindesvermögens entzogen ist, so bedarf es zB zur Löschung einer dem Kinde zustehenden Hypothek nicht der Eintragungsbewilligung des Vaters, obwohl von der Löschung sein Nutznießungsrecht betroffen wird.

c) Gegenwärtiges Recht 58

Der durch die Eintragung Betroffene muß mindestens im **Zeitpunkt der Eintragung** ein bereits gegenwärtiges, feststehendes Recht besitzen.

Demgemäß kann vor erfolgter Auseinandersetzung auf Grund der Bewilligung eines Miterben eine Vormerkung für eine Hypothek auf dem ihm bei der Auseinandersetzung zukommenden Anteil am Nachlaßgrst nicht eingetragen werden, **KG** OLG 7. 354. Ebensowenig können freiwillige Verfügungen oder Vollstreckungsanordnungen über künftig vielleicht entstehende Eigentümerhypotheken oder -grundschulden eingetragen werden, **RG** RGZ 75, 250/97, 226, **BayObLG** 10, 454; dazu auch *Bem 52c*.

d) Buchberechtigung oder wirkliche Berechtigung 59

Die Frage, ob die Buchberechtigung oder die wirkliche Berechtigung entscheidet, ist verschieden zu beantworten, je nachdem es sich um die Eintragung einer Rechtsänderung oder einer bloßen Buchberechtigung handelt.

1. Fall der Rechtsänderung 60

Im Falle der Rechtsänderung ist die **Bewilligung des wahren Berechtigten** erforderlich, **RG** RGZ 61, 379/83, 439, **KG** OLG 15, 377/45, 188, JFG 11, 268.

Da jedoch die Vermutung des **§ 891 BGB** (auch des § 1138 BGB) auch für das GBA gilt (dazu **KG** KGJ 35, 303/43, 237, OLG 10, 88, **OLG Dresden** OLG 32, 407, **BayObLG** 23, 70, *BGB-RGRK* BGB § 891 Bem 20, *Güthe* GBO § 19 Bem 37, *Staudinger-Seufert* BGB § 891 Bem 40ff.), so wird sich dieser in der Regel mit der Bewilligung des Buchberechtigten begnügen können. § 891 BGB findet Anwendung auf Rechte sowie Rechte an GrstRechten sowie auf grstgleiche Rechte, auch auf Eintragungen eintragungsfähiger Rechte, die auf früheren Rechtsvorschriften beruhen (**OLG Bamberg** RdL 1956, 106), dagegen nicht auf nicht eintragungsfähige Rechte, Verfügungsbeschränkungen, Widerspruch nach § 899 BGB und Vormerkung nach § 883 BGB; dazu *BGB-RGRK* BGB § 891 Bem 6ff., *Güthe* GBO § 19 Bem 37, *Palandt* BGB § 891 Bem 2, *Staudinger-Seufert* BGB § 891 Bem 2ff. Die Wirkung des § 891 BGB kommt dem Eingetragenen zugute, sie wendet sich aber auch gegen ihn selbst, **KG** OLG 45, 203, **BayObLG** 24, 19, *BGB-RGRK* BGB § 891 Bem 19. Dazu auch *§ 18 Bem 86*.

Von der Anwendung des § 891 BGB darf der **GBBeamte** nur dann absehen (dazu auch *Bem 75*), wenn die **Unrichtigkeit der Eintragung** aus den urkundlichen Erklärungen der Beteiligten und dem vorhandenen Akten- und Urkundenmaterial mit voller Sicherheit zu entnehmen ist, **BayObLG** 23, 67, BayNotV 1931, 339, **OLG München** JFG 16, 144. Bloße Vermutungen oder die Möglichkeit der Unrichtigkeit dürfen ihm aber nicht genügen. Besteht daher nur die Ungewißheit oder Zweifelhaftigkeit, so ist auf jeden Fall die Bewilligung des durch das GB ausgewiesenen Berechtigten zu verlangen, **KG** JW 1932, 1562. Der GBBeamte darf aber die Annahme der Unrichtigkeit auch nicht darauf stützen, daß er Eintragungsunterlagen anders auslegt als der bei der Eintragung tätige GBBeamte, da sonst die Sicherheit des GBVerkehrs erheblich leiden würde; dazu *Güthe* GBO § 19 Bem 37. Über die Grundlagen der Prüfung ua *§ 18 Bem 145ff.*, auch *BGB-RGRK* BGB § 891 Bem 20, *Güthe* GBO § 19 Bem 37, *Hesse-Saage-Fischer* GBO § 19 Bem I, *Horber* GBO § 19 Bem 5 (Ab), *Staudinger-Seufert* BGB § 891 Bem 40ff. So ist zB der eingetragene Hypothekengläubiger präsumtiv zur Erteilung der Löschungsbewilligung befugt. Ergibt sich aber aus seiner eigenen Erklärung, daß ihm die Hypothek nicht mehr zusteht, so muß die Bewilligung von dem wahren Berechtigten erteilt werden; dazu *§ 27 Bem 13ff.* Im übrigen *§ 18 Bem 86.*

Dagegen steht dem GBBeamten eine Prüfung des gutgläubigen Erwerbs eines Rechts nicht zu. Die **§§ 892, 893 BGB** haben daher für die Frage nach dem wirklich Berechtigten im GBVerkehr auszuscheiden, **KG** OLG 8, 107, **BayObLG** RPfliB 1926. 292, *Güthe* GBO § 19 Bem 37, *Horber* GBO § 19 Bem 5 (Ab). Wenn jedoch der Rechtserwerb stattgefunden hat, so ist von dem GBEintrag auszugehen, *Güthe* aaO, *Staudinger-Seufert* BGB § 892 Bem 59a. Dazu auch *§ 18 Bem 86.*

Es ist in diesem Zusammenhang darauf hinzuweisen, daß auch die Vermutung des **§ 25 Abs 1 S 2 HGB** bez des Übergangs einer Forderung auf den Erwerber eines Handelsgeschäfts im GBVerkehr nicht anzuwenden ist; dazu **KG** OLG 45, 203.

61 2. **Fall der GBBerichtigung**

Dient die Eintragungsbewilligung der GBBerichtigung, so ist derjenige, dessen Recht von der Berichtigung betroffen wird (§ 22), der **wirklich Berechtigte**, wenn die Berichtigung in der Eintragung einer Beschränkung, Belastung oder Richtigstellung eines bestehenden Rechts besteht. Dagegen ist der **Buchberechtigte** Betroffener, wenn das eingetragene Recht (auch Vormerkung, Widerspruch, Verfügungsbeschränkung) ganz oder teilweise aufgehoben werden soll; dazu *§ 22 Bem 16ff.* Betroffen ist ferner auch im Fall der GBBerichtigung ein **Dritter**, dessen Zustimmung nach materiellem oder formellem Recht zur Berichtigung erforderlich ist, zB der Pfandgläubiger, wenn sein Pfandrecht eine Einbuße erleidet (§ 876 BGB), der jeweilige Eigentümer im Falle des § 21, der nicht eingetragene wahre Eigentümer im Falle des § 22 Abs 2, der Eigentümer im Falle des § 27 S 1. Dazu *BGB-RGRK* BGB § 894 Bem 37ff., *Güthe* GBO § 22 Bem 31ff.

62 4. **Betroffener**

Dazu *Güthe* GBO § 19 Bem 38ff., *Hesse-Saage-Fischer* GBO § 19 Bem III 1 (aa), *Horber* GBO § 19 Bem 5 (B), *Thieme* GBO § 19 Bem 5,

für Bayern §§ 135, 136 bay DA, die belehrenden Inhalt haben (*§ 2 Bem 4*)

a) Allgemeines

§ 19 setzt die Bewilligung dessen voraus, dessen Recht (*Bem 56ff.*) von der Eintragung (*Bem 55*) **betroffen** wird. Im Gegensatz zu dem Betroffenen iSd § 13 (dazu *§ 13 Bem 41, 44ff.*) wird bei § 19 nicht nur der unmittelbar, sondern auch der mittelbar Betroffene als Betroffener angesehen; dazu *Bem 66.* Über den Begriff des Betroffenen auch *§ 17 Bem 5, § 39 Bem 10, § 55 Bem 7.*

Von der Eintragung **betroffen** wird nur derjenige, dessen materielle oder formelle Rechtsstellung durch die Eintragung eine Änderung zu seinen Ungunsten erleidet, **OLG Dresden** OLG 8, 305, **KG** OLG 41, 174, KGJ 29, 176/51, 220, 281. Eine nur tatsächliche oder wirtschaftliche Beeinträchtigung, wie etwa eine Erschwerung der Vollstreckung, genügt nicht, **RG** RGZ 83, 439, **KG** KGJ 51, 223.

Der Betroffene steht im Gegensatz zu demjenigen, dessen Recht von der Eintragung überhaupt nicht berührt wird (*Bem 63*) oder durch sie gewinnt (*Bem 64, 65*). Es kann auch eine nur mittelbare Beteiligung in Frage kommen (*Bem 66*). Es können auch mehrere betroffen sein (*Bem 67*). Über die Bewilligung durch einen Vertreter *Bem 68.*

Im allgemeinen läßt sich die Regel aufstellen, daß dann, wenn zu einer Rechtsänderung ausnahmsweise die einseitige Erklärung des Berechtigten genügt, dieser, daß aber dann, wenn zur Rechtsänderung eine Einigung erforderlich ist, der Vertragsteil, dessen Rechtsstellung eine Einbuße erleidet, der Betroffene iSd § 19 ist; dazu *Bem 5ff.*

Es ergeben sich folgende Möglichkeiten:

b) Keine Berührung durch Eintragungen 63

Überhaupt nicht berührt werden von der Übertragung oder Belastung eines Rechts diejenigen, denen ein Recht an diesem Rechte zusteht, zB nicht Grunddienstbarkeitsberechtigte, Hypothekengläubiger usw von der Übertragung des Eigentums an einem Grst oder Pfandgläubiger einer Hypothek usw von der Übertragung oder weiteren Belastung der Hypothek. Der Eigentümer eines Grst wird von der Übertragung oder Belastung einer auf dem Grst lastenden Hypothek nicht berührt; dazu aber auch *Bem 55.* Nicht berührt wird der Hypothekengläubiger von der Eintragung einer Löschungsvormerkung (§ 1179 BGB), der Vormerkungsberechtigte nach § 1179 BGB von der Löschung der Hypothek, **KG** KGJ 33, 294. Sind Miterben vor Auseinandersetzung irrtümlich als Bruchteilseigentümer eingetragen, so bedarf es zur GBBerichtigung nicht der Zustimmung der Anteilshypothekengläubiger, **KG** KGJ 51, 220. Von der Löschung einer Vormerkung wird nur der aus ihr Berechtigte, von der Löschung eines Widerspruchs nach § 53 nur der als Berechtigter Eingetragene berührt, **KG** OLG 36, 179. Im Falle des Widerspruchs gegen die Löschung einer Hypothek ist zunächst nur der Eigentümer betroffen, die nachstehenden Berechtigten nur, wenn der Widerspruch sich auch gegen die Rangordnung richtet, **OLG Karlsruhe** OLG 45, 88. Nicht betroffen wird der Vorerbe von der Übertragung oder Belastung des Nacherbenrechts, **RG** RGZ 83, 439.

c) Eintragung zum Verlust des einen Teils 64

In den Fällen, in denen die Eintragung **dem einen Teil** nur Gewinn, dem anderen **nur Verlust** bringt, ist nur derjenige, der durch die Eintragung einen rechtlichen (*Bem 62*) Verlust hat, der von ihr Betroffene; dazu *Güthe* GBO § 19 Bem 42.

Daher bedarf es zur Eintragung einer **Hypothek** nicht der Bewilligung des Gläubigers, auch nicht bei Ausschließung der Brieferteilung (§ 1116 Abs 2 BGB), **KG** OLG 1, 414, *BGB-RGRK* BGB § 1116 Bem 9ff.; anders ist es bei nachträglicher Briefausschließung, **KG** OLG 8, 188/15, 377. Sind mehrere an einer Hypothek berechtigt, zB Miterben, so werden, wenn einer von ihnen Alleinberechtigter werden soll, nur die anderen von der Eintragung betroffen, **KG** OLG 4, 187/26, 299, KGJ 51, 281. Von der **lastenfreien Abschreibung** eines Teils eines Grst werden die an ihm dinglich Berechtigten betroffen, **OLG Rostock** RJA 5, 200. Zur pfandfreien Abschreibung eines mit einer Grundschuld belasteten Grst genügt außer Antrag und Bewilligungen von Veräußerer und Erwerber des Grst die Bewilligung des Grundschuldgläubigers zur Löschung des Grundpfandrechts, **AG Osterode** NdsRpfl 1966, 119. Bei der Eintragung der **Übertragung oder Belastung eines GrstRechts** (zB einer Hypothek) oder eines Rechts an einem solchen Recht sind nur die Berechtigten (Hypotheken- oder Pfandgläubiger usw) Betroffene, gleichviel ob der Eigentümer oder ein Dritter als neuer Berechtigter eingetragen werden soll, **KG** RJA 5, 210. Von der **Umwandlung** einer Arrest- in eine Zwangshypothek wird nur der Eigentümer betroffen, da der Gläubiger der gewinnende Teil ist; die Einwilligung des Eigentümers aber wird durch den Vollstreckungstitel ersetzt, so daß also ein formloser Umwandlungsantrag des Gläubigers genügt (dazu *Bem 51d*). Von der Eintragung einer **Zinserhöhung** wird nur der Eigentümer betroffen, **RG** RGZ 72, 362, **KG** KGJ 29, 176, *BGB-RGRK* BGB § 1119 Bem 2, *Güthe* GBO § 19 Bem 42, **aA** (überholt) *Turnau-Förster* Liegenschaftsrecht BGB § 1119 Bem 2b, *Fuchs* GBRecht BGB § 1119 Bem 2b. Dasselbe gilt von **sonstigen Nebenbestimmungen**, die für den Gläubiger nur einen Gewinn bedeuten, zB die Ausschließung des Kündigungsrechts des Eigentümers auf bestimmte Zeit, **OLG Dresden**

OLG 8, 305 (dazu auch **OLG München** JFG 22, 101 = HRR 1941 Nr 339 = DNotZ 1941, 34 = DFG 1940, 157), ferner für den Fall, daß sich der Eigentümer der sofortigen ZwV unterwirft, **KG** OLG 10, 86/45, 99, **BayObLG** OLG 6, 401. Es ist uU die **Zustimmung gleich- und nachstehender Berechtigter** erforderlich; zB zu einer Zinserhöhung auf über 5%, wenn sie Gleichrang mit der Hypothek genießen soll (§ 1119 BGB), **KG** OLG 4, 483, *Güthe* aaO, *Horber* GBO § 19 Bem 5 (Bb*β*). Von der Eintragung einer **Rangänderung** wird nur der zurücktretende, nicht der vortretende Berechtigte betroffen, beim Zurücktreten einer Hypothek, Grund- oder Rentenschuld auch der Eigentümer (§ 880 Abs 2 BGB), **KG** OLG 3, 319/9, 318, *Güthe* GBO § 19 Bem 44. Die Zustimmung des Eigentümers ist jedoch nur bei rechtsgeschäftlichen Änderungen erforderlich, nicht bei GBBerichtigung, zB nicht bei Wiedereintragung einer irrtümlichen gelöschten Rangänderung, ferner nicht bei Eintragung des Vorrangs nach §§ 128, 130ff. ZVG oder nach § 894 ZPO, **OLG Dresden** OLG 8, 307, *BGB-RGRK* BGB § 880 Bem 29ff., *Güthe* GBO § 19 Bem 44. Eine weitere Ausnahme von § 880 Abs 2 S 2 BGB ergibt sich aus § 1151 BGB. Den Vorrang des Restes vor dem getilgten Teil einer Hypothek muß der Eigentümer als zurücktretender Berechtigter bewilligen, **KG** OLG 7, 8. Die Zwischenposten werden von der Rangänderung nicht berührt, § 880 Abs 5 BGB. Zur Vormerkung einer Rangänderung ist die Zustimmung des Eigentümers erforderlich. Bei Teilung einer Hypothek in 2 rangverschiedene Teile ist die Bewilligung der Gläubiger notwendig (die der Form des § 29 bedarf), **KG** JW 1937, 113 = HRR 1936 Nr 1569. Von der **Löschung** einer verpfändeten und nach § 1182 BGB eingezogenen Hypothek wird nur der Eigentümer, nicht auch der bisherige Hypothekengläubiger betroffen, **BayObLG** 13, 66; im übrigen bez weiterer Einzelheiten über Löschung *§ 27 Bem 13ff.* Für die **gleichzeitige Eintragung** eines Rechts am Grst (zB einer Grundschuld) und einer Beschränkung dieses Rechts (zB durch einen Nießbrauch oder eine Vormerkung des Anspruchs auf Rückübertragung der Grundschuld auf den Eigentümer) genügt die Bewilligung des Eigentümers, **KG** JFG 11, 268 (unter Aufgabe von **KG** KGJ 43, 227). Bei **Nießbrauch** hat bei Bestellung in Zusammenhang mit einem Überlassungsvertrag der GrstÜberlasser, nicht der GrstÜbernehmer die Einwilligung zu erteilen, **OLG Celle** NdsRpfl 1949, 38. Bez **Heimstätte** und Aufhebung der Heimstätten-Eigenschaft *§ 4 Bem 60*, auch bez der Betroffenen iSd § 19. Zur Inhaltsänderung eines mit dem Recht eines Dritten belasteten **Erbbaurechts** ist die Zustimmung des Dritten nur erforderlich, wenn seine Rechtsstellung durch die Inhaltsänderung berührt wird, **BayObLG** NJW 1960, 1155 = DNotZ 1960, 540 (*Weitnauer*) = DRspr IV (473) 65c. Über Abtretung usw des **GBBerichtigungsanspruchs** *§ 20 Bem 26.*

Auch der nur **möglicherweise Betroffene** muß die Eintragung bewilligen, **RG** RGZ 119, 316. Es kommt auch nicht darauf an, in welchem Maß jemand betroffen wird. Daher ist zur Löschung eines **Nacherbenvermerks** außer der Löschungsbewilligung des unmittelbaren Nacherben auch die eines etwaigen Ersatznacherben erforderlich, **OLG Hamm** Rpfleger 1956, 159 (*Haegele*); dazu auch *Bem 70.* Hat dagegen der Eigentümer eines Grst dieses durch notariellen Erbvertrag einem anderen vermacht und die Eintragung einer Auflassungsvormerkung bewilligt und beantragt, so ist dies eine ausreichende Bewilligung und es bedarf nicht etwa der des künftigen Erben, **OLG Celle** NdsRpfl 1952, 48 = DRspr IV (473) 20a. Über Eventualverteilung bei **ZwVerst** und Sicherungshypothek nach § 128 ZVG *Bem 67.* Über Bewilligung durch Grundschuldinhaber neben Eigentümer bei Eintragung einer **Vormerkung** (dazu *Bem 66*) zur Sicherung des dem GrstEigentümer zustehenden und von ihm abgetretenen bedingten Anspruchs auf Abtretung der Grundschuld bei ganzer oder teilweiser Befriedigung der durch die Grundschuld gesicherten Forderung **LG Karlsruhe** Rpfleger 1957, 81 (*Bruhn*).

Mit Rücksicht auf die etwaige zukünftige Wirkung wurde bei nachträglicher Eintragung der GMKlausel oder bei Übergang von RM- zu GM-Belastung die Zustimmung der nachfolgenden Berechtigten für erforderlich gehalten, **BayObLG** 10, 90, **KG** OLG 45, 231, DJ 1940, 376, nicht aber umgekehrt bei Umwandlung einer GM- in eine RM-Hypothek **RG** RGZ 159, 379 = JFG 19, 202 = DJ 1939, 575; dies gilt entsprechend bei der **Umstellung** von einer DM-Hypothek in eine solche mit Wertsicherungsklausel oder in Auslandswährung (wobei die Frage der devisenrechtlichen Genehmigung selbständig zu prüfen ist), dazu *§ 28 Bem 12ff.* Zur Wiedereintragung eines ordnungsgemäß im GB infolge Irrtums über das Umstellungsverhältnis gelöschten Grundpfandrechts genügt die Umstellungsentscheidung für dieses Recht allein nicht, es bedarf vielmehr noch der Eintragungsbewilligung des Betroffenen nach § 19; dazu **OLG Hamm** JMBl NRW 1959, 124 = BWNotZ 1959, 305 Ls, auch *Bem 66.*

d) Eintragung, bei der jeder Teil teilweise verliert oder bei der nicht ersichtlich ist, wer verliert 65

Wenn bei der Eintragung jeder Teil teils gewinnt, teils verliert oder wenn nicht ersichtlich ist, wer gewinnender oder verlierender Teil ist, so sind **alle diese Beteiligten** als von der Eintragung **betroffen** anzusehen; es ist dann die Bewilligung aller erforderlich. Dazu *Güthe* GBO § 19 Bem 43.

So werden zB sowohl Eigentümer als auch Gläubiger betroffen von der **Umwandlung** einer Buch- in eine Briefhypothek, **KG** OLG 1, 414 (nicht aber der Gläubiger von der Neueintragung einer Buchhypothek), einer Verkehrs- in eine Sicherungshypothek, einer Hypothek in eine Grundschuld, einer Rentenschuld in eine Grundschuld und umgekehrt, **KG** JFG 12, 324 (dazu *§ 3 Bem 349*), ferner von der **Änderung** des Zahlungsorts und der Zahlungszeit einer Hypothek, der nachträglichen Bestellung eines **Treuhänders** nach § 1189 BGB, **KG** KGJ 30, 284/51, 304, und der **Forderungsauswechslung** nach § 1180 BGB (dazu *§ 3 Bem 348,* auch *Lahnert* Ist die Forderungsauswechslung eine Löschungsvormerkungswidrige Verfügung? BWNotZ 1966, 234). In letzterem Fall ist der neue Gläubiger lediglich gewinnender Teil, seine Bewilligung also entbehrlich, **KG** RJA 7, 227, *Güthe* GBO § 19 Bem 43. Steht die Hypothek als Grundschuld dem Eigentümer zu, liegt also eine **Eigentümergrundschuld** nach § 1177 Abs 1 S 1 BGB vor, so bedarf es zur Umwandlung in eine Hypothek für einen anderen Gläubiger, also in eine Fremdhypothek, unter gleichzeitiger Abtretung nur der Bewilligung des Eigentümers, **RG** RGZ 73, 53, **KG** KGJ 39, 240/45, 285, JFG 11, 268, *BGB-RGRK* BGB § 1198 Bem 1ff., *Staudinger-Scherübl* BGB § 1198 Bem 1 (aγ). Folgt aber die Umwandlung der Abtretung nach, so bedarf es außer der Bewilligung des Eigentümers auch derjenigen des neuen Gläubigers, **KG** KGJ 29, 176/41, 259. Deshalb darf auch, wenn bei einem Briefrecht der neue Gläubiger die Abtretungs- und Umwandlungserklärung des Eigentümers nebst dem Brief dem GBA zum Vollzug einreicht, die Eintragung nur mit Bewilligung des neuen Gläubigers (in der Form des § 29) erfolgen, da möglicherweise die Abtretung der Grundschuld vor deren Umwandlung in die Hypothek wirksam geworden ist **KG** JFG 12, 231. Im Falle ds § 1164 BGB ist zur Eintragung des persönlichen Schuldners als Hypothekengläubiger neben der Bewilligung des bisherigen Gläubigers auch die des Eigentümers erforderlich, **BayObLG** 11, 31. Zur Eintragung einer Einschränkung der GrstHaftung bez des durch eine Höchstbetragshypothek gesicherten Forderungskreises bedarf es nicht der Bewilligung des Eigentümers, **KG** DNotV 1929, 409. Zur Belastung eines herrenlosen Grst genügt die Bewilligung des hierfür bestellten Pflegers nicht, **KG** KGJ 39, 292.

66 **e) Mittelbar Beteiligte**

Die Frage, ob unter die iSd § 19 von einer Eintragung Betroffenen auch die nur mittelbar Beteiligten, insbes Pfandgläubiger und Nachhypothekare, zu rechnenn sind, ist mit der hM zu bejahen; dazu *Bem 62*, ferner *Güthe* GBO § 19 Bem 38, *Hesse-Saage-Fischer* GBO § 19 Bem III 1 (aα), *Horber* GBO § 19 Bem 5 (Bb), *Thieme* GBO § 19 Bem 5.

Daß die Bewilligung der mittelbar Betroffenen in der Regel in der Form der Zustimmung zur Eintragung erforderlich wird (dazu § 21 GBO, § 876 BGB), ist bedeutungslos; ebenso, ob sie im einzelnen Fall in dieser Form oder in der der Eintragungsbewilligung erklärt wird, **RG** RGZ 61, 228/65, 214, *Güthe* GBO § 19 Bem 38, *Henle-Schmitt* GBWesen GBO § 19 Bem 3b, *Predari* GBO § 19 Bem 17. Die Löschung eines Rechts, bei dem eine **Verfügungsbeschränkung** eingetragen ist, kann daher nur mit Zustimmung des aus der Verfügungsbeschränkung Berechtigten erfolgen, **KG** KGJ 25, 278. Ebenso wird derjenige, dessen Recht auf Übertragung oder Belastung eines GrstRechts durch **Vormerkung** gesichert ist, von der Löschung des Rechts betroffen, **KG** JFG 9, 218. Wird bei Änderung der Bedingungen einer **Hypothek** an die Stelle einer aufschiebend bedingten Nebenleistungshypothek (für Verzugs- oder Strafzinsen) ganz oder teilweise eine unbedingte Nebenleistungshypothek (für eigentliche Zinsen) gesetzt, so bedarf die Eintragung der Zustimmung der gleich- und nachstehenden Berechtigten, **KG** JFG 11, 234, *Ripfel* DNotZ 1937, 860. Diese ist aber nicht erforderlich zur Ersetzung eines Verwaltungskostenbeitrags durch Zinsen von gleicher Höhe, **KG** HRR 1933 Nr 579, und zur Verschärfung der Bedingungen für den Verfall von Strafzinsen innerhalb des bisher eingetragenen Höchstzinssatzes, **KG** KGJ 52, 197. Über Umstellung von Hypotheken auf wertbeständige Währung ua *Bem 64*.

Zur **Vormerkung** (dazu auch *Bem 64, 70*) ist noch auf folgendes hinzuweisen: Zur Eintragung einer Grundschuld unter Ausnützung der zur Sicherung des Anspruchs auf Feststellung eingetragenen Vormerkung genügt die Bewilligung des GrstEigentümers, wenn die Identität der Grundschuld mit dem durch die Vormerkung gesicherten Anspruch feststeht, **LG Saarbrücken** SaarlRStZ 1957, 15 = BWNotZ 1957, 235 Ls = DRspr IV (473) 40d. Zur Eintragung einer Vormerkung zur Sicherung des vom GrstEigentümer an den nachrangigen Grundschuldgläubiger abgetretenen bedingten Anspruchs auf Übertragung der Grundschuld nach Tilgung der durch diese Grundschuld gesicherten Forderung und Erledigung des Sicherungszwecks ist die Bewilligung des vorrangigen Gläubigers erforderlich, **OLG Düsseldorf** Rpfleger 1957, 377, **OLG Frankfurt aM** aaO 378, **OLG Hamm** aaO 379, **LG Bückeburg** aaO 380 (*Bruhn*); dazu **LG Darmstadt, LG Hagen** und **LG Wuppertal** Rpfleger 1957, 382, wonach zur Eintragung einer Vormerkung zur Sicherung der Abtretung des Anspruchs des GrstEigentümers auf Rückübertragung einer Fremdgrundschuld nicht von der Bewilligung des Grundschuldgläubigers abhängig ist, auch *Hieber* Abtretung des Rückübertragungsanspruchs bei Grundschulden DNotZ 1958, 378, *Ripfel* DNotZ 1957, 518. Zur Eintragung einer Vormerkung zur Sicherung des vom GrstEigentümer abgetretenen aufschiebend bedingten Anspruchs auf Übertragung einer Sicherungsgrundschuld ist die Bewilligung des Gläubigers der Sicherungsgrundschuld erforderlich, **OLG Celle** NJW 1957, 1481, **OLG Düsseldorf** JMBl NRW 1957, 1282 = DRspr I (150) 84d, **OLG Frankfurt aM** NJW 1957, 1283, **OLG Hamm** JMBl NRW 1957, 184 = DRspr IV (473) 44b, **LG Braunschweig** NJW 1957, 469 = DRspr I (150) 84e, **LG Darmstadt** NJW 1957, 1283 = Rpfleger 1957, 382, **LG Hagen** NJW 1957, 1283, **AG Hannover** Rpfleger 1957, 2 (*Bruhn*) = DRspr I (150) 82b; dazu auch *Dempewolf* Der Rückübertragungsanspruch bei Sicherungsgrundschulden als Kreditmittel NJW 1957, 1257 sowie Der Rückübertragungsanspruch bei Sicherungsgrundschulden Berlin-

Bielefeld-München 1958. Über die Notwendigkeit der Bewilligung des vorrangigen Grundschuldgläubigers bei Eintragung einer Vormerkung zur Sicherung des Rückübertragungsanspruchs auch **LG Karlsruhe** Rpfleger 1957, 81 = DRspr IV (473) 42c. Dazu auch *§ 13 Vorbem 114, § 25 Bem 9ff., § 26 Bem 4.* Zur Wiedereintragung einer zu Unrecht gelöschten Vormerkung mit ihrem früheren Rang **BayObLG** BayObLGZ 1961, 63; es kann die Wiedereintragung verlangt werden, wenn nicht ein gutgläubiger vormerkungswidriger Rechtserwerb die Vormerkung materiell zum Erlöschen brachte. In letzterem Falle ist dann die Einwilligung des Betroffenen erforderlich; dazu *Bem 64.* Über Vormerkung bei einer Hypothek im Falle einer GrstVeräußerung und Mitwirkung des ursprünglichen Vormerkungsschuldners, auch zur Frage, ob er Betroffener iSd § 19 ist, **BGH** BB 1958, 1225 = DRspr I (150) 96a.

f) Mehrere Beteiligte als Betroffene 67

Werden durch eine Eintragung die Rechte mehrerer betroffen, zB Eigentümer und Gläubiger bei Löschung, Zinsherabsetzung oder Rangänderung einer Hypothek, so sind (im Gegensatz zu § 13) die Eintragungsbewilligungen sämtlicher erforderlich. Doch brauchen dieselben nicht gemeinsam einheitlich erklärt zu werden; es genügt, wenn die einzelnen Bewilligungen unabhängig voneinander erklärt werden. Bei einer nach § 128 ZVG für mehrere Berechtigte unter entgegengesetzten Bedingungen eingetragenen Sicherungshypothek (dazu *Steiner-Riedel* ZVG § 128 Bem 2) gilt mit Rücksicht auf die Eventualverteilung auch der Eventualberechtigte als Betroffener, solange nicht nachgewiesen ist, daß die Bedingung, unter der dem Erstberechtigten der gesicherte Betrag zugeteilt worden ist, eingetragen oder ausgefallen ist; bis zu diesem Nachweis müssen beide Berechtigte alle auf die Hypothek bezüglichen Eintragungen bewilligen, **KG** DNotV 1930, 310; dazu über möglicherweise Betroffene auch *Bem 64.*

Sind mehrere Personen, zB Eheleute, als Gesamtgläubiger einer Hypothek eingetragen, so genügt zur Löschung der Hypothek die Bewilligung des einen der Berechtigten, **KG** JW 1937, 3158, Rpfleger 1965, 366 = OLGZ 1965, 92 = DRspr IV (473) 91a. Läßt ein Gesamthänder im eigenen Namen ein gemeinschaftliches Grst an einen anderen Gesamthänder zu dessen Alleineigentum auf, so stimmt letzterer als Erwerber der Auflassungserklärung des ersteren auch insoweit zu, als er selbst Teilhaber der Gemeinschaft und deshalb Mitveräußerer ist, § 185 BGB; dazu **BayObLG** BayObLGZ 1957, 370 = Rpfleger 1958, 345 (*Bruhn*) = MDR 1958, 160 Ls = DRspr I (113) 120c, **LG Berlin** WM 1959, 1203 (auch *Bem 75*). In diesem Zusammenhang ist auch die Frage der nachträglichen Mitbelastung von Grsten von Bedeutung; dazu *Klingenstein* Nachträgliche Mitbelastung bei Grundpfandrechten, Zustimmungserfordernis des anderen Eigentümers BWNotZ 1959, 323, *Rahn* aaO 1960, 33, im übrigen *§ 48 Bem 21ff.*

Der Verzicht des Erbbauberechtigten auf eine Überbaurente erfordert die Zustimmung des Grundpfandgläubigers, **SchlHOLG** SchlHA 1964, 164 = DRspr I (154) 66c; denn die Verweisungsnorm des § 11 ErbbauVO (*Anh*), die die dingliche Belastung des Erbbaurechts ermöglicht, verschafft dem Gläubiger dasselbe Haftungsobjekt und damit die gleiche Sicherheit wie dem Gläubiger eines GrstEigentümers.

g) Vertretung 68

Dazu *Güthe* GBO § 19 Bem 47ff., *Horber* GBO § 19 Bem 5 (E), *Thieme* GBO § 19 Bem 7

Nicht erforderlich ist, daß derjenige, dessen Recht von der Eintragungsbewilligung betroffen wird, die Eintragung persönlich bewilligt. Die Eintragungsbewilligung kann auch von einem Vertreter (einem **Bevollmächtigten** oder **gesetzlichen Vertreter**; dazu *§ 18 Bem 99ff.*) abgegeben werden. Selbstverständlich muß der Vertreter seine

Vertretungsbefugnis in gbmäßiger Form nachweisen, § 29. Der Wegfall der Vertretungsmacht vor dem Vollzug der Eintragung berührt die Wirksamkeit der erteilten Eintragungsbewilligung nicht, **KG** KGJ 43, 147, JFG 6, 256 (260). Umgekehrt kann eine Eintragungsbewilligung nach dem Fortfall der Vertretungsmacht nicht mehr wirksam werden, **KG** KGJ 43, 147. Die Eintragungsbewilligung kann auch durch einen Bevollmächtigten erklärt werden, der keine Berechtigung zu auf die Eintragungsbewilligung sich auswirkenden sachlichen Änderungen der zugrundeliegenden Verhandlungen hat, **OLG Hamm** DNotZ 1954, 38. Besteht ein einseitiges Rechtsgeschäft in einer dem GBA gegenüber abgegebenen Eintragungsbewilligung, so kann die Bewilligung eines Vertreters ohne Vertretungsmacht vom Vertretenen auch nachträglich wirksam genehmigt werden, **LG Frankfurt aM** Rpfleger 1958, 126 (*Haegele*); dazu auch *Bem 71.*

Maßgebender **Zeitpunkt** für das Vorliegen der Vertretungsmacht ist der Zeitpunkt des Wirksamwerdens der Erklärung, also der Zugang an einen für die Erklärung Empfangsberechtigten, **KG** KGJ 43, 146 (151), **OLG Düsseldorf** JMBl NRW 1961, 133 = Rpfleger 1961, 46 (*Haegele*), *Horber* GBO § 19 Bem 5 (Ea); dazu auch *Bem 73.*

69 **5. Verfügungsberechtigung**

Dazu *Brand-Schnitzler* GBSachen § 45, *Güthe* GBO § 19 Bem 45ff., *Hesse-Saage-Fischer* GBO § 19 Bem III 1 (a), *Horber* GBO § 19 Bem 5 (C), *Ripfel* GBRecht 79, *Thieme* GBO § 19 Bem 7

a) Allgemeines

Die Eintragungsbewilligung ist eine **Verfügung** über das von der bewilligten Eintragung betroffene Recht, also eine Willenserklärung, durch die unmittelbar das Recht übertragen, belastet, geändert oder aufgehoben wird, **KG** KGJ 37, 286, *Güthe* GBO § 19 Bem 45, *Hesse-Saage-Fischer* GBO § 19 Bem III 1 (a), *Predari* GBO § 19 Bem 12, **aA** (überholt) **KG** OLG 2, 153; dazu auch **KG** OLG 6, 207/7, 49. Dies gilt auch, wenn die der Verfügung eigene Wirkung erst in Verbindung mit der Eintragung eintritt, **RG** RGZ 113, 406 = JW 1926, 2621. Über Verfügung *Bem 15, 20* sowie *§ 13 Vorbem 119.*

Von der materiell-rechtlichen Verfügungsbefugnis (*Bem 70ff.*) ist das formell-rechtliche Erfordernis des Eingetragenseins des verfügenden Berechtigten zu unterscheiden; hierfür gelten die Vorschriften der §§ 39, 40, 14. Dazu auch *Bem 14, 15, 29.*

Im einzelnen sind folgende Fragen von besonderer Bedeutung:

die Verfügungsbefugnis, *Bem 70,*

die Eintragungsbewilligung eines Nichtberechtigten, *Bem 71, 72,*

der Zeitpunkt der Eintragung, *Bem 73,*

die erforderliche Form des Nachweises, *Bem 74,*

die gbamtliche Prüfungspflicht, *Bem 75.*

70 **b) Materiell-rechtliche Verfügungsbefugnis**

Dazu *Güthe* GBO § 19 Bem 45ff., *Hesse-Saage-Fischer* GBO § 19 Bem III 1 (a, insbes bei γ, δ), *Horber* GBO § 19 Bem 5 (C)

Es genügt nicht die Eintragungsbewilligung desjenigen, dessen Recht durch die Eintragung betroffen wird, wenn er zur Verfügung über das Recht nicht befugt ist, sondern es ist die Eintragungsbewilligung desjenigen erforderlich, dem die materiell-rechtliche Verfügungsbefugnis zusteht, **RG** RGZ 54, 364, **KG** KGJ 43, 262, OLG 3, 226, JFG 1, 338. Über das formell-rechtliche Erfordernis des Eingetragenseins des verfügenden Berechtigten *Bem 69.*

Steht ihm die **ausschließliche Verfügungsbefugnis** zu, so genügt seine Eintragungsbewilligung und es ist dann die Bewilligung des von der Eintragung Betroffenen entbehrlich. Über den Verfügungsberechtigten bei Umwandlung einer Kapitalgesellschaft in eine Personalgesellschaft nach dem Ges vom 5. Juli 1934 RGBl I 569 **OLG Celle** DNotZ 1952, 138 (*Scholz* und *Classen*) = BB 1952, 11. Bei einem Überlassungsvertrag, in dem ein Nießbrauch vorbehalten ist, ist nur die Zustimmung des GrstÜberlassers, nicht auch des Übernehmers erforderlich, **OLG Celle** NdsRpfl 1949, 38.

Ist dagegen der Berechtigte in der Verfügung in der Weise beschränkt, daß er nur mit **Zustimmung eines Dritten** oder **einer Behörde** verfügen kann, so ist die Zustimmungserklärung des Dritten oder der Behörde erforderlich.

So ist zB der **Vorerbe** zugunsten des Nacherben gewissen dinglichen Verfügungsbeschränkungen unterworfen, §§ 2113 bis 2115 BGB, die ihn zwar, wenn das Nacherbenrecht eingetragen ist (§ 51), an Übertragung und Belastung seines Rechts nicht hindern, wohl aber an einer Verfügung, durch die sein Recht völlig aus dem GB verschwindet. Der Vorerbe bedarf daher der Zustimmung des Nacherben zur Bewilligung der Löschung einer Nachlaßhypothek, es sei denn, daß befreite Vorerbschaft vorliegt und die Löschung ein entgeltliches Geschäft darstellt; dazu *§ 13 Vorbem 146*, im übrigen *§ 51 Bem 2ff.* Die Zustimmung des Nacherben ist auch erforderlich zur Zustimmung der Löschung einer Hypothek an einem Nachlaßgrst nach § 27 S 1, außer der Vorerbe ist befreit und die Entgeltlichkeit nachgewiesen oder offenkundig oder die Hypothek wurde vom Vorerben mit eigenen Mitteln getilgt, **KG** KGJ 50, 210. Sind keine weiteren GrstLasten eingetragen, so ist die Zustimmung des Nacherben zur Zustimmung nach § 27 S 1 auch bei nicht befreiter Vorerbschaft entbehrlich, **KG** JFG 15, 187. Zur Löschung einer letztrangigen Eigentümergrundschuld ist die Zustimmung des Nacherben nicht erforderlich. **LG Hildesheim** MDR 1961, 692 = BWNotZ 1962, 26 Ls. Bei **Testamentsvollstreckung** können die Erben nicht die Eintragung eines Vorkaufsrechts an einem NachlaßGrst bewilligen, das der Verwaltung der Testamentsvollstreckung unterliegt; dies gilt auch bei Zustimmung des Testamentsvollstreckers, wenn die Rechtsbestellung unentgeltlich erfolgt und der Erblasser Testamentsvollstreckung für eine bestimmte Dauer angeordnet hat, §§ 2205, 2211, 2217 BGB, **OLG Düsseldorf** JMBl NRW 1963, 20, im übrigen zur Testamentsvollstreckung *§ 13 Vorbem 139, § 35 Bem 77ff., § 52 Bem 2ff.* Ferner ist zur Löschung einer gepfändeten Hypothek wegen der vor der **Pfändung** erfolgten Befriedigung des Hypothekengläubigers außer dessen Quittung und dem Antrag des Eigentümers (dazu *§ 27 Bem 24ff.*, insbes *Bem 34*) die Einwilligung des Pfandungsgläubigers erforderlich, wenn nicht das Erlöschen des Pfandrechts nachgewiesen wird, **BayObLG** 9, 652 (über die Notwendigkeit der Zustimmung des nach Mainzer Landrecht Besitzberechtigten **BayObLG** 11, 724; im übrigen *Bem 52e*).

Der Verfügungsbefugnis im Rahmen der ehelichen **Güterstände** kommt besondere Bedeutung zu; dazu *§ 13 Vorbem 180, Bem 50, § 33 Bem 4ff.* Beim Güterstand der Zugewinngemeinschaft (§§ 1363ff. BGB) ist § 1365 BGB in der Praxis besonders wichtig; dazu *§ 33 Bem 17.* Bei Gütertrennung (§ 1414 BGB) sind die Vermögensmassen, die dem Ehemann bzw der Ehefrau gehören, selbständig und unabhängig, daher hat jeder Ehegatte die Verfügungsbefugnis über sein Vermögen. Bei Gütergemeinschaft (§§ 1415ff. BGB), auch bei der fortgesetzten (§§ 1483ff BGB), ist das Gesamtgut gemeinschaftlich; es kann der Verwaltung eines der Ehegatten unterstellt werden (§§ 1422ff. BGB) bzw bei fortgesetzter Gütergemeinschaft dem überlebenden Ehegatten oder den Abkömmlingen, die an die Stelle des verstorbenen Ehegatten getreten sind. Der verwaltende Teil der Gütergemeinschaft ist befugt, allein die Eintragungsbewilligung zu erteilen, **KG** OLG 3, 226, 229/10, 88, soweit nicht die Beschränkungen der §§ 1423ff. BGB Platz greifen. Es kann also bez eines Grst die Bewilligung nicht erteilt werden, wohl aber bei Rechten an Grsten, § 1424 BGB, etwa zur Übertragung oder Löschung einer Hypothek, zur Umwandlung einer Hypothek in eine Grundschuld umgekehrt, zur Rangänderung eines Rechts. Die Verfügungsbeschränkung gilt aber bei grstgleichen Rechten, wie bei einem Erbbaurecht. Bei Schenkung ist § 1425 BGB zu beachten; soweit es nicht ausgeschlossen erscheint, daß eine Schenkung oder die Erfüllung eines ohne Zustimmung des anderen Ehegatten erteilten Schenkungsversprechens vorliegt, muß der GBBeamte den Nachweis verlangen, daß eine Einwilligung des anderen Ehegatten gegeben ist oder daß es sich tatsächlich um keine Schenkung handelt, **KG** OLG 3, 388, RJA 6, 69, **BayObLG** RPfliB 1905, 108, 324. Bei Verwaltung des Gesamtguts durch einen der Ehegatten muß dies besonders erwähnt werden oder aus den Eintragungsunterlagen hervorgehen; insofern hat sich die Rechtslage gegenüber früher geändert, da damals nur der Ehemann verwaltungsbefugt war und der deshalb nicht zu erklären brauchte, daß er nicht nur über seinen Anteil verfüge, **BayObLG** SeuffBl 70, 153, und **KG** ZBlFG 3, 21, sind als überholt anzusehen.

Ferner gehören hierher die Fälle, in denen ein **Dritter** über ein fremdes Recht kraft eigenen Rechts zu verfügen befugt ist, **RG** RGZ 71, 38, **KG** OLG 45, 188, zB der Konkurs- oder Nachlaßverwalter oder der Testamentsvollstrecker; dazu *§ 13 Vorbem 123, 133ff., 138, 139.*

Keine dinglich wirkende Verfügungsbeschränkung ist das **Treuhandverhältnis**; es wirkt im Innenverhältnis, *§ 3 Bem 279*, bei Versicherungsaufsicht *§ 13 Vorbem 150, 151.* Ist daher eine Hypothek für jemand als Treuhänder mehrerer Gläubiger eingetragen, so kann der Treuhänder allein über die Hypothek verfügen; stirbt er, so kann nur sein Erbe die erforderlichen gbrechtlichen Erklärungen abgeben, **KG** DNotV 1932, 402. Der GrstEigentümer ist berechtigt, zusammen mit dem Antrag auf Eintragung der Hypothek auch die Eintragung der Verfügungsbeschränkung nach § 72 Abs 1 VersAufsG zu bewilligen, **BayObLG** BayObLGZ 1964, 394 (wV *§ 13 Vorbem 150*).

Im übrigen über Vertretung *Bem 68*, über Verfügungsbeschränkungen *§ 13 Vorbem 118ff.*, über vormundschaftliche Genehmigung *§ 18 Bem 109ff.*, über behördliche und staatsaufsichtliche Genehmigungen *§ 18 Bem 148ff., 159ff.*

71 **c) Eintragungsbewilligung eines Nichtberechtigten**

Dazu *Brand-Schnitzler* GBSachen § 45, *Güthe* GBO § 19 Bem 34, 35, *Hesse-Saage-Fischer* GBO § 19 Bem III 1 (aγ), *Horber* GBO § 19 Bem 5 (D), *Thieme* GBO § 19 Bem 7

1. Auf die Eintragungsbewilligung, die ein Nichtberechtigter erteilt, findet **§ 185 BGB** Anwendung; dazu **RG** RGZ 54, 366/84, 105, **KG** KGJ 51, 192, **BayObLG** 22, 286, **OLG München** HRR 1941 Nr 2, *BGB-RGRK* BGB § 873 Bem 78, *Brand-Schnitzler* GBSachen § 45, *Güthe* GBO § 19 Bem 34, 35, *Horber* GBO § 19 Bem 5 (D), *Staudinger-Seufert* BGB § 873 Bem 45. Eine solche Verfügung ist daher unwirksam; Nichtigkeit besteht nicht, da die Möglichkeit der **Heilung** gegeben ist. Es muß sich um rechtsgeschäftliche Verfügungen handeln; keine Anwendung erfolgt auf Verfügungen im Wege der ZwV, **RG** RGZ 60, 72, oder letztwillige Verfügungen, *Staudinger-Coing* BGB § 185 Bem 1. Eine Eintragungsbewilligung ist daher wirksam, wenn sie mit Einwilligung des Berechtigten erfolgt, **KG** OLG 5, 419. Sie wird wirksam, wenn der Berechtigte sie genehmigt, wenn der Bewilligende das Recht erwirbt (zB der Käufer eines Grst, der eine Kaufpreishypothek bestellt) oder wenn er von dem Berechtigten beerbt wird und dieser für die Nachlaßverbindlichkeiten unbeschränkt haftet, § 185 Abs 2 S 1 BGB. Im Falle der nachträglichen Genehmigung durch den Berechtigten tritt rückwirkende Heilung ein, § 185 Abs 2 mit § 184 BGB, nicht aber bei Fall 2 und 3 des § 185 Abs 2 S 1 BGB, **RG** RGZ 135, 383. In den beiden letzten Fällen wird, wenn mehrere miteinander nicht in Einklang stehende Verfügungen getroffen worden sind, nur die frühere wirksam;

§ 185 Abs 2 S 2 BGB mit § 185 Abs 1 BGB setzt die Verfügung eines Nichtberechtigten voraus, **RG** RGZ 115, 35, kommt daher nicht zur Anwendung, wenn der Betreffende im Zeitpunkt der Verfügung berechtigt war, diese Berechtigung aber später verlor, **OLG München** JFG 22, 12, *Staudinger-Coing* BGB § 185 Bem 4. Die von einem einzelnen Miterben vorgenommene Verfügung über einen Erbschaftsgegenstand kann sowohl nach § 185 Abs 1 BGB (Einwilligung) als auch nach § 185 Abs 2 BGB (Genehmigung) wirksam werden, **RG** RGZ 129, 284/152, 380 = JFG 14, 350 (unter Aufgabe von RGZ 93, 292), **KG** KGJ 33, 133 = OLG 41, 156, JFG 13, 92 (97), **OLG München** JFG 14, 345, *BGB-RGRK* BBG § 2040 Bem 1 ff., *Staudinger-Coing* BGB aaO. Dasselbe gilt für die Verfügung eines einzelnen Gesamthänders über einen Gesamtgutsgegenstand bei der Auseinandersetzungsgemeinschaft, **OLG München** aaO und **RG** RGZ 139, 118. Dazu auch **KG** JFG 16, 296 und JW 1937, 1553 = HRR 1937 Nr 929.

Eine vom Nichteigentümer abgegebene Unterwerfungserklärung ist ohne dingliche Wirkung, sie heilt auch nicht, **AG Bremen** Rpfleger 1961, 157 = DNotZ 1961, 555, *§ 3 Bem 334*. Es muß also eine entsprechende Erklärung des wahren Grst-Eigentümers abgegeben werden, die dem formellen GBRecht entspricht; eine nur beglaubigte Zustimmungserklärung des GrstEigentümers genügt nicht. Über ein einseitiges Rechtsgeschäft bei Bewilligung durch einen Vertreter ohne Vertretungsmacht **LG Frankfurt aM** Rpfleger 1958, 126 (*Haegele*); dazu *Bem 68*.

Wenn ein **GrstErwerber nach der Auflassung, aber vor der Eintragung** in das GB eine **weitere Verfügung** über das Grst trifft, wie Veräußerung oder Belastung, so ist in der Regel in der Auflassungserklärung die erforderliche Einwilligung zu finden, *Bem 72*, **RG** RGZ 87, 157/135, 378, *Staudinger-Coing* BGB § 185 Bem 4; dazu zur Frage der Legitimation zur Beantragung einer Vormerkung *Hieber* DNotZ 1954, 67 = DRspr I (150) 61 a. Wechselt die Person des Verfügungsberechtigten in der Zeit zwischen Auflassung und Eintragung, so ist zum Rechtserwerb in der Regel eine neue Auflassung zwischen dem neuen Verfügungsberechtigten und dem neuen Erwerber erforderlich; hat daher zB eine Witwe in eigenem Namen und als gesetzliche Vertreterin ihrer minderjährigen Kinder ein erbengemeinschaftliches Grst an einen Dritten aufgelassen, so kann diese Auflassung im GB nicht mehr vollzogen werden, wenn die Witwe zwischenzeitlich im Wege der Erbauseinandersetzung Alleineigentümerin des Grst geworden ist, **BayObLG** BayObLGZ 1956, 172 = NJW 1956, 1279; dazu auch *§ 20 Bem 78*. § 185 Abs 2 BGB ist nur anwendbar auf Verfügungen, die ein **Nichtberechtigter in eigenem Namen** trifft, **RG** RGZ 53, 274, **OLG München** JFG 22, 12 (14), nicht aber auf Verfügungen eines Nichtberechtigten in fremdem Namen, da letzternfalls §§ 166 ff., 177 ff. BGB einschlägig sind, **RG** HRR 1934 Nr 1276, **OLG München** JFG 22, 12 (14), **BayObLG** aaO, *Staudinger-Coing* BGB § 185 Bem 4.

2. Nicht erforderlich ist, daß die **Einwilligung** wörtlich erteilt wird; es genügt **72**
wenn die Erteilung im Wege der **Auslegung** (§ 133 BGB) ermittelt werden kann; dazu *Bem 22*.

Wird zB eine Buchhypothek in gehöriger Form von dem eingetragenen Gläubiger oder dessen Erben einem anderen abgetreten und ihre Umschreibung im GB auf den neuen Gläubiger bewilligt, so ist, wenn nicht etwas anderes ersichtlich ist oder nachgewiesen wird, in dieser Erklärung auch die Einwilligung zu Verfügungen, des neuen Gläubigers enthalten, die er vor der Umschreibung der Hypothek vornehmen wird, **RG** RGZ 54, 369. Dasselbe gilt bei Auflassung; dazu *Bem 71*, ferner *§ 20 Bem 77*. Über den Fall der Genehmigung nach § 185 BGB in Verbindung mit einer seitens eines gesetzlichen Vertreters erklärten Eintragungsbewilligung **BayObLG** 1948/51, 456 (464).

Die Genehmigung kann nicht mehr erteilt werden, wenn sie zunächst vorbehaltslos **verweigert** worden ist, **RG** RGZ 139, 118, *Güthe* GBO § 19 Bem 34. Über neue Genehmigung *§ 20 Bem 82.*

Die Zustimmung (Einwilligung oder Genehmigung) und deren Wirksamkeit (§ 182 BGB) sind dem GBA in der Form des § 29 Abs 1 S 2 **nachzuweisen.**

Liegen **mehrere** miteinander **nicht in Einklang stehende Eintragungsbewilligungen** in dem Augenblick vor, in dem der Bewilligende das Recht erwirbt oder von dem Berechtigten beerbt wird, § 185 Abs 2 S 2 BGB (dazu *Bem 71*), so erscheint dem GBBeamten gegenüber zwar ein jeder, auf den eine Eintragungsbewilligung lautet, legitimiert, seine Eintragung zu beantragen. Aber die Eintragung wird auf diejenige Bewilligung hin zu erfolgen haben, die dem GBBeamten zuerst vorgelegt wird, außer wenn er weiß, daß noch eine andere, früher erteilte Bewilligung vorhanden ist, die nach den zwischen den Beteiligten bestehenden schuldrechtlichen Beziehungen zur Eintragung gebracht werden müßte, **KG** OLG 2, 153 (157), SeuffBl 74, 711. Gehen dii mehreren Bewilligungen gleichzeitig ein, so hat der GBBeamte die frühere Bewillegung durch Eintragung zuerst zu erledigen und den auf die spätere Bewilligung gestützten Antrag abzuweisen; dasselbe gilt, wenn die frühere Bewilligung zwar nach der späteren Bewilligung eingeht, aber bevor diese durch Eintragung erledigt ist, *Güthe* GBO § 19 Bem 35. Dazu auch **KG** OLG 2, 153 (157), *Predari* GBO § 19 Bem 14.

73 **d) Zeitpunkt der Eintragung**

Dazu *Güthe* GBO § 19 Bem 45, *Horber* GBO § 19 Be, 5 (Cb)

Die **Verfügungsbefugnis** muß dem Bewilligenden im **Zeitpunkt der Eintragung** zustehen, da mit dieser die Rechtsänderung sich vollendet, **RG** RGZ 84, 105, **KG** KGJ 37, 289/43, 256, JFG 1, 338, 388, **OLG München** HRR 1941 Nr 2, *Güthe* GBO § 19 Bem 45. Bez **Vertretung** wird auf *Bem 68* verwiesen.

Daher ist zB bei den **Güterständen** zu beachten, ob und wann die Verfügungsbefugnis besteht bzw bestand; dazu *Bem 70.* Geht bei einem **Konkursverfahren** zuerst eine Eintragungsbewilligung des Eigentümers und später das Ersuchen des Konkursgerichts um Eintragung des Konkursvermerks beim GBA ein, so kann der Nachweis verlangt werden, daß die Bindung des Eigentümers iSd § 873 Abs 2 BGB (dazu *Bem 17*) vor Konkurseröffnung erfolgt ist, **KG** DNotV 1930, 632. Die Eintragungsbewilligung des Konkursverwalters verliert ihre Wirksamkeit, wenn vor der Eintragung das Konkursverfahren aufgehoben wird oder das betroffene Recht aus der Konkursmasse ausscheidet, **KG** RJA 13, 158, KGJ 37, 289; es ist dann eine neue Eintragungsbewilligung des früheren Gemeinschuldners nötig, **KG** OLG 10, 66/26, 4/29, 398, DNotV 1930, 634, *Güthe* GBO § 19 Bem 45. Beim **ZwVerstVerfahren** kann nach dem Zuschlag die Löschung eines mit dem versteigerten Grst verbundenen subjektiv-dinglichen Vorkaufsrechts und einer dem jeweiligen Eigentümer des Grst zustehenden Auflassungsvormerkung nur auf Grund der Bewilligung des Erstehers erfolgen, **KG** DNotV 1931, 121. Über **Verfügungsbeschränkungen** *§ 13 Vorbem 118ff.*

Die Wirksamkeit der Eintragungsbewilligung wird durch den **Tod des Bewilligenden** nicht berührt, § 130 Abs 2 BGB, wenn sie vor dem Tod nach § 130 Abs 1, 3 BGB wirksam geworden ist; sie bindet auch die Erben, *Staudinger-Coing* BGB § 130 Bem 18. Eine Verfügung des Gesamtgutsverwalters bleibt auch nach dessen Tod wirksam, wenn Recht und Verfügungsmacht der Teilhaber am Gesamtgut bis zur Vollendung der Rechtsänderung fortbestehen, **KG** JFG 1, 338. Zum Vollzug einer Auflassungserklärung des Erblassers ist weder vorherige Eintragung des Erben (§ 40) noch dessen Eintragungsbewilligung oder Zustimmung erforderlich, **BayObLG** 27, 298/34, 68, *Waldmann* BayNotV 1930, 133.

e) Form des Nachweises

74 Soweit ein Nachweis erforderlich ist (dazu auch *Bem 75*), muß dies dem GBA gegenüber in der Form des § 29 erfolgen, **BayObLG** 16, 141/22, 156, *Reinhold* BayNotZ 1921, 99. Dabei genügt es jedoch, wenn Einwilligung oder Genehmigung im Zeitpunkt des Eingangs der Eintragungsbewilligung beim GBA erklärt sind, **KG** OLG 4, 492/5, 404, **OLG Kiel** OLG 11, 225, da die Eintragungsbewilligung selbst erst mit der Einreichung wirksam wird, § 130 BGB; dazu *Bem 73*.

Ebenso ist es genügend, wenn die Bewilligung oder die Zustimmung des anderen Ehegatten (dazu *Bem 70*) in derselben Urkunde erklärt werden, **RG** RGZ 54, 385, wenn die Zustimmungserklärung durch den in der Verfügung Beschränkten selbst oder den Erwerber eingereicht wird, **KG** OLG 7, 49, wenn der Notar in der Eintragungsbewilligung von der Ehefrau oder einem Minderjährigen usw ermächtigt wird, die noch fehlende Zustimmung oder Genehmigung entgegenzunehmen, **RG** RGZ 54, 385, **KG** OLG 5, 404, **BayObLG** 17, 174.

Bei der **vormundschaftsgerichtlichen Genehmigung** (dazu *§ 18 Bem 109ff.*) ist es bei **einseitigen Rechtsgeschäften** ausreichend, wenn die Genehmigung wirksam in dem Zeitpunkt vorliegt, in dem die Erklärung dem GBA zugeht, **KG** OLG 5, 404, *Staudinger* BGB § 1831 Bem 4 (b), wenn also der Vormund usw die Genehmigung beim GBA einreicht oder das Vormundschaftsgericht eine Bestätigung, daß die Genehmigung dem Vormund gegenüber erteilt ist, ausstellt, *BGB-RGRK* BGB § 1828 Bem 1ff., *Güthe* GBO § 19 Bem 48, *Steinbach* BayNotV 1928, 172, *Weber* aaO 267. Bei **Verträgen**, insbes bei Auflassung, genügt es, wenn dieselbe Person vom Vormund ermächtigt wird, die Genehmigung vom Vormundschaftsgericht entgegenzunehmen und dem Vertragsgegner mitzuteilen und von diesem gleichzeitig ermächtigt wird, die Genehmigung zur Kenntnis zu nehmen, **RG** RPfliB 1922, 260, **BayObLG** 3, 439, 684/19, 183/22, 139, 156, *Güthe* GBO § 19 Bem 48, *Staudinger* BGB § 1829 Bem 3 (bβ), 9, auch **RG** RGZ 121, 50 und *Güthe* GBO S 2062 (2066) „Vormundschaft" unter Z II 9, wonach eine solche Doppelvollmacht zwar zulässig ist, aber der Wille des Bevollmächtigten, die Genehmigung sich selbst als dem Vertreter des anderen Teils mitzuteilen, nach außen irgendwie in die Erscheinung treten muß. Auch der Nachweis der Kenntnisnahme durch den Doppelbevollmächtigten bedarf der Form des § 29, da die Kenntnisnahme Voraussetzung für die Wirksamkeit der vormundschaftsgerichtlichen Genehmigung und damit Bestandteil des Nachweises der Verfügungsberechtigung, also eine Voraussetzung der Eintragung ist, **BayObLG** 22, 156, *Hieber* DNotZ 1957, 543, **aA** (überholt) *Bourier* BayNotV 1929, 154. Daß die Vollmacht zur Mitteilung vom Vormund vor der vormundschaftsgerichtlichen Genehmigung erteilt wird, ist zulässig, **BayObLG** 22, 156. Die Beteiligten können aber nicht vereinbaren, daß die Genehmigung des Vormundschaftsgerichts auf andere Weise als durch Mitteilung nach § 1829 BGB wirksam wird, **RG** RGZ 121, 30. Über Auflassung *§ 20 Bem 4ff.* Dazu auch *Bourier* DNotV 1918, 201/1920, 301, BayNotV 1929, 154, *Gutmann* BayNotV 1924, 22, *Hieber* BayNotV 1929, 195, *Horber* GBO § 19 Bem 5 (C) cγ, *Kößler* BayNotZ 1929, 150, *Kreß* BayNotZ 1919, 66.

Es kann **Bevollmächtigung** erfolgen zur Entgegennahme der Genehmigung des VormGer und dem Vertragsgegner Mitteilung hiervon zu machen, und zwar auch an einen **Notar**, auch wenn es der beurkundende Notar ist. Es ist auch sog Doppelbevollmächtigung seitens der verschiedenen Vertragsbeteiligten zulässig. Der Notar kann auch die Vollmacht an sich beurkunden. § 171 FGG (*Anh*) steht nicht entgegen. Dies ist hM. Dazu **RG** RGZ 121, 30/155, 172, **OGH** NJW 1949, 64, **OLG Colmar** OLG 26, 227 (überholt aaO 23, 380), **OLG Hamm** JMBl NRW 1953, 125, *Bourier* BayNotV 1929, 154, *Güthe* GBO § 29 Bem 55, *Hieber* DNotZ 1951, 212, *Jansen* FGG § 171 Bem 3 *Keidel* FGG § 171 Bem 8ff. *Keßler* BayNotV 1932, 367, *Kreß* BayNotV 1919, 66, *Palandt* BGB § 1829 Bem 2 (c), *Reichold* BayNotZ 1921, 103, *Schlegelberger* FGG § 171

Bem 4. Im Falle des § 15 ist der Notar **ermächtigt**, Eintragungsanträge zum GBA zu stellen (dazu *§ 15 Bem 9ff.*); er gilt auch als ermächtigt, die zum Vollzug der Eintragung erforderlichen Genehmigungserklärungen namens der Beteiligten entgegenzunehmen, **OLG Karlsruhe** JFG 11, 24.

Auch eine **sonstige behördliche Genehmigung** (dazu *§ 18 Bem 148ff.*) muß vorliegen, wenn sie erforderlich ist. Für die Entgegennahme, Bevollmächtigung hierzu und Verständigung der Beteiligten gilt dasselbe, was zur Genehmigung des VormGer ausgeführt ist.

75

f) Prüfungspflicht

Dazu *Güthe* GBO § 19 Bem 45, *Horber* GBO § 19 Bem 5 (C)

Die **Verfügungsbefugnis** ist stets von Amts wegen zu prüfen und daher dem GBA nachzuweisen, **BayObLG** 12, 548, **KG** OLG 45, 188 (189), *Güthe* GBO § 19 Bem 45. Über die Prüfungspflicht *§ 18 Bem 82ff.*, über die Form des Nachweises *Bem 74.*

Für den GBBeamten ist bei der Prüfung der **Inhalt des GB** maßgebend, § 891 BGB, dazu *Bem 60.* **Begründete Zweifel an der Verfügungsmacht** des Bewilligenden berechtigen den GBBeamten, von den Beteiligten Aufklärung und entsprechende Nachweise zu verlangen, so wenn sich aus den vorgelegten Urkunden ergibt, daß die bewilligende Frau heiratet und infolgedessen die Möglichkeit einer Verfügungsbeschränkung durch die Rechte des Ehemannes gegeben ist, **KG** OLG 8, 304, **BayObLG** Recht 1904 Nr 396, oder wenn aus dem GBEintrag ersichtlich ist, daß ein Ehemann ein Grst während der Ehe erworben hat und deshalb Zweifel entstehen, ob nicht das auf den Namen des Ehemannes eingetragene Grst in Wahrheit zum Gesamtgut gehört, **OLG Dresden** OLG 8, 305. Dazu bez der Güterstände *Bem 70.* Ebenso kann der GBBeamte einen entsprechenden Nachweis verlangen, wenn Zweifel an der Rechtsfähigkeit des eingetragenen Berechtigten entstehen und dieser über das Recht verfügen will; auf die Rechtspersönlichkeit des eingetragenen Berechtigten erstreckt sich die Vermutung des § 891 BGB nicht, **BayObLG** 17, 162, **aA** (überholt) **OLG München** OLG 26, 73. Wenn aus den urkundlichen Erklärungen der Beteiligten oder aus den Grundakten dem GBBeamten Unrichtigkeiten des GB bekannt sind, so braucht er den Inhalt des GB bez der Verfügungsberechtigung nicht als maßgeblich hinzunehmen, **OLG München** JFG 16, 144.

In gewissen Fällen, nämlich bei Verfügungen eines Minderjährigen (§§ 108, 111 BGB), eines Ehegatten (dazu *Bem 70*), eines Vaters, Vormunds oder Pflegers, §§ 1643, 1829, 1831, 1915 BGB, ist auch der Nachweis erforderlich, daß die Zustimmung bzw Genehmigung wirksam geworden ist. Die Einwilligung zu einem einseitigen Rechtsgeschäft (zB zu einer Eintragungs-, Berichtigungs- oder Löschungsbewilligung) ist vor dem Geschäft zu erklären, § 183 BGB; doch kann eine nachträgliche Zustimmung in einem solchen Falle als Bestätigung des Geschäfts (§ 141 BGB) zu betrachten sein. Auch die vormundschaftsgerichtliche Genehmigung muß bei einseitigen Rechtsgeschäften vorher erteilt werden, § 1831 BGB. Diese Bestimmung findet aber auf einseitige Erklärungen, die dem GBA gegenüber abzugeben sind, keine Anwendung. Soweit daher zur Löschung einer Eigentümergrundschuld die vormundschaftsgerichtliche Genehmigung erforderlich ist, kann sie der Löschungsbewilligung auch zeitlich nachfolgen, **KG** JFG 13, 393. Die Genehmigung des Vormundschaftsgerichts kann in allen Fällen nur dem Vormund usw gegenüber erklärt werden, § 1828 BGB, die Einwilligung oder Genehmigung sonst aber auch gegenüber dem anderen Teil, § 182 Abs 1 BGB. Die vormundschaftsgerichtliche Genehmigung muß weiter bei Verträgen durch den Vormund dem anderen Teil (möglicherweise auch durch schlüssige Handlung, dazu *Kreß* BayNotZ 1919, 69) mitgeteilt werden, § 1829 Abs 1 BGB, da es dem Vormund nach Erteilung der Genehmigung noch freisteht, ob er von ihr Gebrauch machen will, **BayObLG** 21, 335, 375. Dazu *§ 18 Bem 106ff.*, auch **OLG Celle** MDR 1965, 577 = DNotZ 1967, 49 Ls(wV). Wenn

Miterben, von denen einer durch einen Vormund vertreten wird, ein Nachlaßgrst an einen von ihnen auflassen, so braucht der Vormund die vormundschaftsgerichtliche Genehmigung nur dem GrstErwerber, nicht auch den übrigen Miterben mitzuteilen, **KG** HRR 1935 Nr 182. Über die Erfordernisse einer beschwerdefähigen Zwischenverfügung bei der Notwendigkeit einer vormundschaftsgerichtlichen Genehmigung **OLG München** DNotZ 1938, 237. Zu Gesamtrechten (dazu *Bem 67*) ist darauf hinzuweisen, daß bei einer Restkaufhypothek von Miteigentümern das GBA die Eintragung nicht davon abhängig machen darf, daß ihm nachgewiesen wird, daß das Restkaufgeld einem der bisherigen Eigentümer in vollem Umfange zusteht dh teilweise von den übrigen Miteigentümern an ihn abgetreten oder daß zugunsten aller Miteigentümer eine Gesamtgläubigerschaft am Restkaufgeld vereinbart worden ist, **LG Berlin** WM 1959, 1203.

Die Entgegennahme von Eintragungsanträgen die in **Württemberg** (dazu *§ 13 Bem 35*) nach der Bestimmung der Antragsteller vom Ratschreiber erst dann an das GBA weitergeleitet werden sollen, wenn eine erkennbare Gefahr vorliegt, ist äußerst bedenklich und kann zu Haftungen führen; die Antragsteller müssen sich vielmehr entscheiden, ob sie die sofortige Einreichung beim GBA wünschen oder aber das in einer späteren Weiterleitung an das GBA verbundene Risiko in Kauf nehmen wollen, wobei im letzterem Falle ein entsprechender Aktenvermerk angezeigt ist, GrBPrErlJM vom 9. Oktober 1962 BWNotZ 1962, 320. Dies gilt auch für die Eintragungsbewilligung.

VI. Erwerbsfähigkeit des gewinnenden Teils 76

Dazu *Güthe* GBO § 19 Bem 50, *Hesse-Saage-Fischer* GBO § 19 Bem III 1 (b), *Horber* GBO § 19 Bem 6, *Thieme* GBO § 19 Bem 4

1. Allgemeines

Rechte an Grst können alle natürlichen und juristischen Personen erwerben, die rechtsfähig sind. Der Erwerbswille kommt für das formelle GBRecht — mit der alleinigen Ausnahme des § 20 — nicht in Betracht. Es kommt nur auf den in der Eintragungsbewilligung seinen Ausdruck findenden Veräußerungswillen des Berechtigten an. Dagegen ist für das GBRecht die Erwerbsfähigkeit des gewinnenden Teils von Bedeutung; dazu *Güthe* GBO § 19 Bem 50.

Über die Prüfungspflicht des GBA *Bem 77*. Über Erwerbsbeschränkungen *Bem 78ff.*

2. Prüfungspflicht 77

Der GBBeamte hat nicht in jedem einzelnen Fall die **Existenz** und die **Rechtsfähigkeit des neu einzutragenden Berechtigten zu prüfen.** Er kann insbes nicht ohne weiteres den Nachweis verlangen, daß eine einzutragende juristische Person die Rechtsfähigkeit besitzt, sofern sie nur nach ihrer Bezeichnung als Rechtspersönlichkeit bestehen kann, **KG** KGJ 28, 75, **OLG Jena** RJA 10, 152; dazu *§ 29 Bem 4ff.* Nur wenn dem GBBeamten die Rechtsfähigkeit **ernstlich zweifelhaft** erscheint, muß er nach **§ 18** verfahren, **KG** OLG 5, 7/18, 159, **OLG Colmar** OLG 23, 323, *Güthe* GBO § 19 Bem 50, *Staudinger-Scherübl* BGB § 1115 Bem 28 (d). Zur **Ablehnung** des Antrags ist das GBA dann berechtigt und verpflichtet, wenn als Berechtigter jemand bezeichnet ist, der Rechte nicht erwerben kann, *Güthe* aaO, zB eine Konkursmasse oder ein Verstorbener (dazu *§ 3 Bem 271ff.*). Ist eine Hypothek für eine nicht zur Entstehung gelangte GmbH eingetragen, so ist die Hypothek nichtig; sie kann nicht für denjenigen aufrechterhalten bleiben, der bei dem der Bestellung zugrunde liegenden Rechtsgeschäft als Vertreter der Gesellschaft gehandelt hat; auch entsteht keine Eigentümergrundschuld, **BayObLG** JFG 2, 340. Dagegen hat eine für eine oHG eingetragene Hypothek, wenn die Gesellschaft aufgelöst und ihr Vermögen samt der Firma auf einen Gesellschafter durch Vereinbarung übergegangen ist (dazu **RG** RGZ 68, 140), als wirksame Hypothek dieses

Gesellschafters und derzeitigen Firmeninhabers zu gelten, **RG** DNotZ 1931, 425. Es liegt dann nur eine (unschädliche) ungenaue Bezeichnung des Berechtigten vor, **RG** RGZ 72, 40/127, 309. **Stirbt** jedoch der Gläubiger einer neu bestellten Hypothek oder Vormerkung oder der Auflassungsempfänger vor Eintragung, aber nach Eingang des Eintragungsantrags bzw, nachdem auf sonstige Weise nach § 873 Abs 2 BGB Bindung eingetreten ist, so bedarf es zur Eintragung des Berechtigten nicht einer neuen Eintragungsbewilligung bzw Auflassung für die Erben, sondern nur (neben dem Nachweis der Erbfolge) eines entsprechenden Antrags, **RG** JW 1926, 955 = HRR 1926 Nr 1025, **KG** JFG 7, 325, OLG 41, 24, **BayObLG** 33, 299, *Güthe* GBO § 19 Bem 50, *Josef* BayNotV 1926, 353, *Waldmann* BayNotV 1930, 134, **aA** (überholt) **OLG Colmar** OLG 23, 323, **OLG Darmstadt** JFG 10, 212, ferner *§ 3 Bem 283*. Der Zustimmung der Erben bedarf es auch dann nicht, wenn sie als Eigentümer eingetragen werden sollen, **BayObLG** 33, 299. Stirbt der Ersteher vor GBBerichtigung, so hat das Vollstreckungsgericht um Eintragung des Verstorbenen zu ersuchen und einen etwaigen Berichtigungsantrag der Erben beizufügen, **BayObLG** 14, 258; dazu auch *Steiner-Riedel* ZVG § 139 Bem 4 (a).

Die **Angaben der Beteiligten über den Personenstand des einzutragenden Berechtigten**, insbes ob er verheiratet ist, und über den Güterstand braucht der GB-Beamte **nicht nachzuprüfen**; dazu **KG** OLG 17, 154, auch *§ 33 Bem 4ff*. Er ist auch nicht berechtigt, über die güterrechtlichen Verhältnisse Auskunft zu verlangen und die Eintragung, wenn diese Auskunft nicht erteilt wird, abzulehnen, **BayObLG** OLG 9, 449, *Achilles-Strecker* GBO § 34 Bem 3, *Predari* GBO § 34 Bem 8. Wenn dem GBBeamten jedoch **bekannt** ist, daß Ehegatten in einer Gütergemeinschaft leben, so daß der Erwerb in das Gesamtgut fällt, so darf er dem Antrag, sie als Bruchteilseigentümer oder einen von ihnen als Alleineigentümer einzutragen, nicht stattgeben, **RG** RGZ 155, 344, *Güthe* GBO § 19 Bem 50, *Ripfel* DFG 1937, 239. **RG** aaO hat unter Aufgabe der früheren entgegengesetzten Rspr (dazu RGZ 84, 71, auch **KG** KGJ 53, 129) das Recht und die Pflicht des GBBeamten, eine solche Eintragung abzulehnen, auf den GBBerichtigungszwang (§ 82) gestützt, der die Richtigkeit der Eigentumseintragungen im GB dem Belieben der Beteiligten grundsätzlich entzieht. Der gleiche Grundsatz wird aber auch dann gelten müssen, wenn es sich nicht um die Eintragung des Eigentümers, sondern eines sonstigen Berechtigten handelt. Auf jeden Fall gilt dies, wenn in der Eintragungsbewilligung selbst erklärt ist, daß die Erwerber des Rechts in Gütergemeinschaft leben, **KG** OLG 10, 422. Umgekehrt darf der GBBeamte Ehegatten nicht als Miteigentümer in Gütergemeinschaft eintragen, wenn er weiß, daß keine Gütergemeinschaft besteht. Dasselbe gilt für sonstige Eintragungen, die mit der aus den güterrechtlichen Vorschriften sich ergebenden sachlichen Rechtslage unvereinbar sind.

Soll ein durch Rechtsgeschäft erworbenes Recht für Erben als solche, also für eine **Erbengemeinschaft** eingetragen werden, so darf dies nur geschehen, wenn das Rechtsgeschäft sich auf den Nachlaß bezieht (§ 2041 BGB) dh zu ihm objektiv in einem begründeten inneren Zusammenhang steht und wenn die Miterben auch subjektiv das Recht für den Nachlaß und nicht für sich persönlich erwerben wollen. Dagegen ist es gleichgültig, ob der Erwerb aus Mitteln des Nachlasses oder aus solchen der Erben erfolgt; dazu **RG** RGZ 92, 139/117, 264, **KG** JFG 15, 155, *BGB-RGRK* BGB § 2041 Bem 1, *Roskothen* JW 1937, 2955, *Staudinger-Lehmann* BGB § 2041 Bem 2. Die erforderliche innere Beziehung des Erwerbers zum Nachlaß ist zB gegeben, wenn zum Nachlaß eine ideelle GrstHälfte gehört und die andere Hälfte hinzuerworben wird, **KG** JFG 15, 155. In jedem Fall ist die Eintragung von dem Nachweis der erbrechtlichen Verhältnisse nach § 35 abhängig zu machen; insbes ist zu prüfen, ob Nacherbfolge oder Testamentsvollstreckung angeordnet ist, und gegebenenfalls nach §§ 51, 52 zu verfahren, **KG** KGJ 48, 151/50, 165, HRR 1931 Nr 1451 = JW 1933, 2776.

3. Erwerbsbeschränkungen 78

Dazu *Güthe* GBO § 19 Bem 50 und S 1828ff. Erwerbsbeschränkungen, *Hesse-Saage-Fischer* GBO § 19 Bem III 1 (b), *Horber* GBO § 20 Bem 6 (K)

a) Allgemeines

Der GBBeamte hat Erwerbsverbote und -beschränkungen zu **beachten**; dazu *Güthe* GBO § 19 Bem 50.

Die wichtigsten sollen im folgenden angeführt werden; dazu *Bem 79ff.* Es kann sich hierbei um bundes- oder landesrechtliche handeln. Die landesrechtlichen Beschränkungen beruhen auf gesetzlichen Vorbehalten, insbes den Art 86ff. EGBGB.

Von Wichtigkeit ist, daß durch Art 2 des Ges zur Wiederherstellung der Gesetzeseinheit usw vom 5. März 1953 BGBl I 33 Art 86 EGBGB teilweise und Art 87 aaO ganz aufgehoben wurden. Erstere Vorschrift betrifft den Erwerb von Rechten durch juristische Personen, letztere bezog sich auf Schenkungen an Mitglieder religiöser Orden oder ordensähnlicher Kongregationen sowie Erwerb von Todes wegen durch Mitglieder der erwähnten relgiösen Organisationen.

Die Erwerbsbeschränkungen für Ausländer sind seit dem Ges zur Aufhebung von Erwerbsbeschränkungen für Staatsangehörige und Gesellschaften der Mitgliedstaaten der Europäischen Wirtschaftsgemeinschaft (EWG) vom 2. April 1964 BGBl I 248 = SaBl 571 eingeengt, soweit die EWGLänder betroffen werden. Nach § 1 aaO sind auf den Erwerb von Grundstücken durch Staatsangehörige der Mitgliedstaaten der EWG sowie auf den Erwerb von Rechten durch Gesellschaften, die nach den Rechtsvorschriften eines Mitgliedstaates der EWG gegründet wurden und ihren satzungsmäßigen Sitz, ihre Hauptverwaltung oder ihre Hauptniederlassung innerhalb der Gemeinschaft haben (Art 58 des Vertrags zur Gründung der EWG BGBl 1957 II 766), landesrechtliche Vorschriften des in Art 86 und 88 EGBGB bezeichneten Inhalts nicht anzuwenden; dazu auch *Bem 79, § 117 Bem 69, 70* sowie DNotZ 1964, 259. Auch Staatsverträge können einschlägige Regelungen treffen.

b) Wichtige Fälle 79

1. Für **Ausländer** kann landesrechtlich der Erwerb von Grsten von einer staatlichen Genehmigung abhängig gemacht werden, **Art 88 EGBGB**. Etwaige devisenrechtliche brechtliche Beschränkungen (dazu *§ 20 Bem 88*) bleiben daneben bestehen und sind unberührt gelassen.

Eine Einschränkung ergibt sich aus dem Ges vom 2. April 1964 (dazu *Bem 78*), also im Bereich der EWGStaaten.

Hamburg hat im AGBGB idF vom 1. Juli 1958 GVBl 195 = SaBl 1015 keine sich auf Ausländer beziehende einengende Bestimmungen mehr.

Hessen hat im Ges über Erwerbsbeschränkungen für juristische Personen und Ausländer vom 13. August 1948 GVBl 96 eine Regelung getroffen, die für EWGStaaten keine Anwendung findet; der RdErlJM vom 13. Juli 1964 GrstErwerb durch juristische Personen und Ausländer JMBl 113 weist darauf hin, wobei die einschlägigen Staaten aufgezählt werden.

Das sich auf die EWG beziehende Gesetz gilt auch sonst, auch wenn keine Hinweise durch LRecht erfolgt sind. Zu erwähnen sind insbes noch

Baden-Württemberg Baden § 1 Abs 2 StiftungsGes vom 19. Juli 1918 GVBl 254, Württemberg Art 128 AGBGB vom 29. Dezember 1931 RegBl 545

Bayern Art 10 AGBGB BayBS III 89

ehemaliges **Preußen** Art 6, 7 prAGBGB vom 20. September 1899 GS 177.

2. **VersicherungsAG** und **Versicherungsvereine** auf Gegenseitigkeit sowie 80
Bausparkassen bedürfen zum Erwerb von Grst der Genehmigung der Aufsichtsbehörde,

§ 54 Abs 1, § 112 VersAufsG. Dies gilt bez inländischer Grst auch für ausländische Versicherungsunternehmungen, § 105 Abs 2 VersAufsG. Die Genehmigung ist dem GBA nachzuweisen.

81 3. Über die für Träger der **Sozialversicherung**, die **Innungen, Handwerkskammern** usw geltenden Erwerbsbeschränkungen *§ 18 Bem 160, 161.*

82 4. Für Erwerb aus dem ehemaligen reichseigenen **Filmvermögen** ist auf die Verbote und Beschränkungen der §§ 9ff. des Ges vom 5. Juni 1953 BGBl I 276 = SaBl 555 hinzuweisen.

83 5. Für den Erwerb von Grst zum **ERP-Sondervermögen**, soweit der Erwerb nicht in Zusammenhang mit dinglichen Belastungen zugunsten des Sondervermögens in einer ZwVerst erfolgt, ist die Zustimmung des BMF erforderlich, § 5 Abs 4 Ges über die Verwaltung des ERP-Sondervermögens vom 31. August 1953 BGBl I 1312 = SaBl 1379.

84 6. Über **gerichtliche Erwerbsverbote** *§ 18 Bem 21.*

85 7. Über **staatsaufsichtliche Genehmigungen** *§ 18 Bem 159ff.*

Die für Hypothekenbanken und Schiffspfandbriefbanken geltenden Erwerbsbeschränkungen (§ 5 Abs 3 HypBankG, § 5 Abs 4 SchiffsbankG vom 14. August 1933 RGBl I 583) braucht der GBBeamte nicht zu beachten, da es sich um Aufsicht im Rahmen des öffentlichen Rechts handelt und ein Verstoß auf die privatrechtliche Wirksamkeit eines GrstErwerbs ohne Einfluß ist; dazu *Güthe* GBO 1828 (1831) unter 1 b*a*.

86 8. Für den **Konkursverwalter**, der Grst aus der Konkursmasse veräußert, unterliegt der Verkauf den Beschränkungen der §§ 456ff. BGB; dazu *Güthe* GBO 1828 (1832) unter 2d.

Die für die **Beurkundung** geltende Bestimmung des § 171 FGG (*Anh*), wonach ein Richter, Notar, UrkBdGeschSt oder ein Zeuge bei einer Beurkundung nicht mitwirken kann, wenn zu seinen Gunsten oder zugunsten eines Verwandten iSd genannten Vorschrift eine Verfügung getroffen wird (dazu *§ 29 Bem 34*), ist kein Erwerbsverbot, sondern ein Beurkundungsverbot, wenn auch ein Verstoß dagegen die Nichtigkeit der Beurkundung bewirkt (dazu *Keidel* FGG § 171 Bem 4), also bez der Wirkung kein wesentlicher Unterschied besteht.

87 9. Über **sonstige Beschränkungen**, durch vormundschaftsgerichtliche und behördliche Genehmigung usw, *§ 18 Bem 109ff., 148ff.* sowie *§ 20 Bem 79ff.*

88 VII. Verletzung des § 19

Eine Verletzung des § 19 hat, da die Bestimmung nur eine **Ordnungsvorschrift** ist, **keine materielle Bedeutung.** Erfolgt daher eine Eintragung, ohne daß eine gültige Eintragungsbewilligung vorhanden ist, so ist die Eintragung gleichwohl wirksam dh die Rechtsänderung tritt ein, wenn nur deren materiell-rechtlichen Voraussetzungen vorliegen, nämlich die Einigung oder die nach matriellem Recht genügende einseitige Erklärung des Berechtigten (dazu *Bem 5ff.*) gegeben ist oder nachträglich eintritt oder gutgläubiger Erwerb nachfolgt; dazu **OLG München** JFG 14, 105 (111). Dies gilt insbes auch dann, wenn die Eintragungsbewilligung nicht formgerecht (§ 29) oder nicht durch den Verfügungsberechtigten (dazu *Bem 69ff.*) erteilt ist. Fehlt freilich außer der Eintragungsbewilligung auch eine rechtwirksame Einigung bzw einseitige Erklärung, so tritt durch die dennoch erfolgende Eintragung die Rechtsänderung nicht ein, das GB wird unrichtig und der Berichtigungsanspruch nach §§ 894, 899 BGB ist gegeben. Beruht dies auf einer Verletzung des § 19, so ist zur Verhütung gutgläubigen Erwerbs nach § 53 ein Widerspruch von Amts wegen einzutragen, **KG** OLG 45, 188 (189). Dies gilt auch dann, wenn die die Eintragungsbewilligung ersetzenden Urkunden und Rechtsakte (insbes Vollstreckungstitel, Urteil, einstweilige Verfügung usw; dazu *Bem 39ff.*) ungültig oder mangelhaft sind.

Da es sich um eine Vorschrift des **formellen GBRechts** handelt, hat das GBA dieselbe zu beachten; die Verletzung derselben kann zu Amtshaftungen führen. Dazu *§ 2 Bem 147, § 3 Bem 114.*

VIII. Kosten 89

Über die für die Beurkundung der Eintragungsbewilligung anfallenden Gebühren §§ 36ff. KostO (*Anh*); dazu *§ 29 Bem 44.*

§ 20

(Nachweis der Einigung)

Im Falle der Auflassung eines Grundstücks sowie im Falle der Bestellung, Änderung des Inhalts oder Übertragung eines Erbbaurechts darf die Eintragung nur erfolgen, wenn die erforderliche Einigung des Berechtigten und des anderen Teils erklärt ist.

Übersicht:

1

I. Allgemeines

1. Fassung der Vorschrift

Dazu *Güthe* GBO § 20 Bem 1

Die sich auf das Erbbaurecht beziehenden Worte *Änderung des Inhalts* wurden zur Beseitigung einer Streitfrage durch § 37 ErbbauVO (*Anh*) eingeschaltet. Bei der Neufassung der GBO durch die GBOÄndVO wurde § 20 unberührt gelassen.

2

2. Allgemeine Bedeutung und Zweck der Vorschrift

Dazu *Brand-Schnitzler* GBSachen §§ 68ff., *Bauer* GBEintragungen S 11 Z 30, *Güthe* GBO § 20 Bem 2, *Haegele* GBRecht Bem 223ff., 1847ff., Merkbuch 2, 7, 51, 134, 149, 154, 169, 199, Unterrichtsbriefe (GrstRecht 37, 45, 69, 97, 101). Die GrstAuflassung BlGBW 1959, 321, *Hesse-Saage-Fischer* GBO § 20 Bem I, *Horber* GBO § 20 Bem 1, *Krämer-Jllner* GBPraxis §§ 73ff., *Planck-Kettnaker* Führung des GBuchs 66ff., *Richter* Deutsches GBRecht 100, *Ripfel* GBRecht 17ff., *Thieme* GBO § 20 Bem 1.

§ 20 stellt eine Ergänzung des § 19 dar, ebenso wie § 925 BGB eine solche des § 873 BGB bildet. Wie § 925 BGB eine Ausnahme von der sonst geltenden Form des materiellen Konsensprinzips des § 873 BGB enthält, so bedeutet § 20 eine Ausnahme von der alleinigen Geltung des formellen Konsensprinzips im GBRecht; dazu *E 9*, *§ 19 Bem 10, 39*. Zur **Eintragung des Erwerbers als Eigentümer** genügt die formelle Eintragungsbewilligung des Veräußerers nicht, sondern es bedarf hierzu noch (außer den sonstigen Eintragungserfordernissen) des Nachweises der materiellen Einigung des Berechtigten und des anderen Teils. Durch § 20 soll die Übereinstimmung zwischen dem GBInhalt und den wirklichen Eigentumsverhältnissen herbeigeführt und bloßes Bucheigentum verhindert werden.

Der Anwendungsbereich des § 20 ist nicht auf den Fall der Auflassung beschränkt; dazu *Bem 3ff*.

II. Anwendungsbereich des § 20 3

Dazu *Güthe* GBO § 20 Bem 2ff., *Hesse-Saage-Fischer* GBO § 20 Bem II, *Horber* GBO § 20 Bem 2, *Thieme* § 20 Bem 2, 3,
im übrigen LitHinweise zu *Bem 2*

1. Allgemeines

§ 20 ist anzuwenden auf

die Auflassung eines Grst, *Bem 4ff.*,

die Bestellung, Änderung des Inhalts oder Übertragung eines Erbbaurechts, *Bem 28*,

das Erbpachtrecht, *Bem 29*,

die nicht bergrechtlichen Mineralien, *Bem 30*,

Bergwerkseigentum ua im Rahmen landesrechtlicher Vorbehalte, *Bem 31*.

2. Auflassung 4

Dazu *Göttlich* Amtsführung der Notare 274ff., *Güthe* GBO § 20 Bem 3ff., *Hesse-Saage-Fischer* GBO § 20 Bem II 1, *Horber* GBO § 20 Bem 2, *Thieme* GBO § 20 Bem 2,
im übrigen LitHinweise zu *Bem 2, 3*,
ferner Kommentierungen zu §§ 925, 925a BGB, insbes *BGB-RGRK*, *Palandt*, *Staudinger*

a) §§ 925 und 925a BGB

§ 925 Abs 1 BGB wurde durch das Ges zur Wiederherstellung der Rechtseinheit usw vom 5. März 1953 BGBl I 33 neugefaßt, § 925a BGB wurde durch dasselbe Gesetz neu eingefügt. Es wurden die zum früheren § 925 Abs 1 BGB aF ergänzend erlassenen Vorschriften, die VO über Auflassungen vom 11. Mai 1934 RGBl I 378 und die 2. VO über Auflassungen vom 9. Januar 1940 RGBl I 46 in den nunmehr geltenden Gesetzestext eingearbeitet. Dazu *Staudinger-Seufert* BGB §§ 925, 925a Bem 1.

§ 925 BGB ergänzt den § 873 BGB dahin, daß die zur **Übertragung des Eigentums an einem Grst** erforderliche Einigung des Veräußerers und des Erwerbers dh die **Auflassung** bei gleichzeitiger Anwesenheit beider Teile vor einer zuständigen Stelle erklärt werden muß. Zuständigkeit zur Entgegennahme besteht für GBA, AG, Notariat und sonstige weitere Stellen. Nach § 925a BGB soll die Erklärung der Auflassung nur entgegengenommen werden, wenn die nach § 313 S 1 BGB erforderliche Urkunde über den Vertrag vorgelegt oder gleichzeitig errichtet wird.

Außer der Auflassung bedarf es, soweit kein Ausnahmefall vorliegt, zur Eigentumsübertragung noch der **Eintragung im GB**, wie sich aus § 873 BGB ergibt; dazu *§ 19 Bem 6, 10, 11*. Auflassung und Eintragung müssen in irgendeinem Zeitpunkt gültig nebeneinander bestehen, wenn der Erwerber Eigentümer werden soll; fällt die zunächst erklärte Auflassung vor der Eintragung aus irgendeinem Gruude wieder fort, so kann letztere den Erwerber nicht ohne neue Auflassung zum Eigentümer machen, **BayObLG** BayObLGZ 1954, 141 = FamRZ 1954, 257 Ls.

5 **b) Anwendungsbereich der §§ 925, 925a BGB**

1. **Grundstück**

§ 925 BGB bezieht sich auf die **Übertragung des Eigentums an einem Grst.** Es kann sich die **Auflassung** auf das ganze Grst oder einen realen oder ideellen Teil eines Grst beziehen; dazu *BGB-RGRK* BGB §§ 925, 925a Bem 16, 17, *Güthe* GBO § 20 Bem 3, *Staudinger-Seufert* BGB §§ 925, 925a Bem 2, zum Grundstücksbegriff *§ 3 Bem 3, 4*, zum Gegenstand der Auflassung *Bem 25*.

Bei einem **realen Teil** eines Grst ist der GrstTeil nach § 2 Abs 3 — gegebenenfalls nach Vermessung — abzuschreiben und als selbständiges Grst einzutragen; dazu *§ 7 Bem 27*. Die Auflassung eines wegzumessenden Teilstücks kann schon vor der Vermessung erfolgen, **BayObLG** 7, 49/10, 43/24, 293; doch ist die Eintragung erst nach der Vermessung zulässig. Auflassung von GrstTeilen, welche keine selbständige rechtliche Existenz haben, ist unzulässig, zB Auflassung eines Grst ohne die daraufstehenden Gebäude oder der Gebäude ohne das Grst, **KG** OLG 6, 211, *Güthe* GBO § 20 Bem 3. Die katastermäßige Behandlung bei GrstTeilungen läßt verschiedene Verfahren zu; dazu *Kriegel* Vereinfachung bei Teilabtretungen im GB DVW 1965 Heft 2 S 5. Es ist auch darauf hinzuweisen, daß der Veränderungsnachweis der Vermessungsbehörde ein Verwaltungsakt ist, **BVerwG** DNotZ 1966, 606.

Auch zur Übertragung des **Bruchteilseigentums** ist Auflassung erforderlich. Diese setzt voraus, daß die Anteile ziffernmäßig feststehen und im GB als solche eingetragen sind, § 47, da die Vermutung des § 742 BGB im GBVerkehr keine Anwendung findet, **KG** OLG 2, 86/6, 488, **OLG Jena** OLG 6, 488, **OLG Colmar** 9, 336; dazu **RG** RGZ 68, 213, 370, **BayObLG** 6, 466, auch *Haegele* BlGBW 1957, 66.

Eine Ausnahme gilt nur dann, wenn ein Miteigentümer seinen Anteil auf den anderen überträgt, so daß dieser nunmehr Alleineigentümer wird, **BayObLG** 4, 703, **KG** OLG 8, 154, *Güthe* GBO § 47 Bem 10. Unzulässig ist die Auflassung des Anteils eines Gesamthänders, §§ 719 Abs 1, § 1419 Abs 1, § 1471 Abs 2, § 1487 Abs 1, § 2033 Abs 2 BGB; dazu **OLG München** JFG 21, 102. Auflassung ist auch erforderlich, wenn die Miteigentümer (nach Bruchteilen) eines Grst ihre Bruchteile gegenseitig ändern, dazu **RG** RGZ 101/57. 432, **BayObLG** 10, 239, *Güthe* GBO § 20 Bem 19; dasselbe gilt bei Teilung eines Grst nach § 752 BGB, *Staudinger-Kober* BGB § 752 Bem 7. Zur Frage der Sittenwidrigkeit bei Schädigung fremder obligatorischer Rechte, und zwar bei Verkauf des ideellen Anteils an einem Grst, dessen reale Teilung unter den Geschwistern durch väterliche Teilungsanordnung vorgeschrieben war, **BGH** MDR 1966, 652 = LM § 826 (B) BGB Nr 7.

Über **buchungsfreie Grst** *Bem 52*. — § 20 gilt nicht für die Eintragung einer **Vormerkung** zur Sicherung des Anspruchs auf Übertragung des Eigentums. Hierzu ist Bewilligung des Betroffenen oder einstweilige Verfügung erforderlich; dazu *§ 52 Bem 8 ff.*

Bei **Wohnungs- und Teileigentum** (dazu *§ 3 Bem 466 ff.*) ist zwar zur Einräumung und Aufhebung des Sondereigentums die Form der Auflassung (§ 925 BGB) vorgeschrieben, § 4 Abs 2 WEG (*Anh*). Es handelt sich jedoch um keine echte Auflassung, *Diester* WEG § 4 Bem 4, *Weitnauer-Wirths* WEG § 4 Bem 3, **aA** *Hubernagel* WEG § 4 Bem 1. Daher sind §§ 20 und 22 Abs 2 nicht anzuwenden; es genügt vielmehr die Eintragungsbewilligung nach § 19, wobei die Form des § 29 zu wahren ist. Dies ist lebhaft umstritten, wie hier hM, insbes *Diester* WEG § 4 Bem 7, *Hesse-Saage-Fischer* GBO § 20 Bem II 1, *Horber* GBO § 3 Anh Bem 6 (Ba), § 20 Bem 2 (Aa), *Palandt* BGB WEG § 4 Bem 1, *Weitnauer-Wirths* WEG § 4 Bem 3, **aA** *Bärmann* WEG § 4 Bem 1, *Hubernagel* WEG § 4 Bem 1, *Riebandt-Korfmacher* GemWohnW 1951, 383, *Staudinger-Ring* BGB WEG § 4 Bem 10. Über Falschbezeichnung *Bem 50*.

Soweit **Stockwerkseigentum** noch besteht, Art 182 EG BGB (dazu *§ 3 Bem 421, § 117 Bem 129*), findet auf seine Übertragung § 20 Anwendung.

2. Rechtsgeschäftliche Eigentumsübertragung 6

a) Rechtsgeschäft

§ 20 GBO setzt eine **Auflassung,** also eine Übertragung des Eigentums durch ein unmittelbar darauf gerichtetes Rechtsgeschäft (§§ 925 mit 873 BGB) voraus; dazu *BGB-RGRK* BGB §§ 925, 925a Bem 4ff., *Palandt* BGB § 925 Bem 2 (b), *Staudinger-Seufert* BGB §§ 925, 925a Bem 2ff. Es liegt also ein dinglicher Vertrag (dazu *§ 18 Bem 145*) vor. Der Begriff des Rechtsgeschäfts ergibt sich aus §§ 104ff. BGB. Über die Auflassung als Rechtsgeschäft *Bem 35ff.*

Dies hat auch Bedeutung für die Anwendung des **internationalen** und **interzonalen Rechts**; dazu *§ 1 Bem 70ff.* Im Sachenrecht gilt der Grundsatz der lex rei sitae; dazu *Palandt* BGB EG Art 13 Vorbem 2ff. Nach den Kollisionsnormen richtet es sich auch, ob eine unbewegliche Sache in Frage steht. Für die Form des Rechtsgeschäfts ist Art 11 EGBGB anwendbar; dazu *Palandt* BGB EG Art 11 Bem 1, 2, Art 13 Vorbem 3, auch *Bem 36*. Dies gilt vor allem auch für etwaige Formfreiheit; dazu auch **LG Aachen** MittRhNotK 1964, 562 = DNotZ 1965, 425 Ls bez niederländischen Rechts, zum spanischen Recht *Jacoiste* Traditio und GB im spanischen System der Übertragung von Grsten NJW 1966, 1009. Über die Bedeutung einer Auflassung, die in Österreich bez eines im BGebiet gelegenen Grst notariell beurkundet wird, MittBayNotV 1964, 172 = DNotZ 1964, 451 Wirksamkeit in Österreich errichteter Notariatsurkunden in Deutschland (Auflassungen) — eine Mitteilung der bayLNotarkammer. Dazu auch *Haegele* GBRecht Bem 1880 mit Fußn 6 S 456.

b) Besondere Fälle 7

Keine Anwendung erfolgt, soweit **gesetzlich etwas anderes vorgeschrieben** ist, § 873 Abs. 1; dazu *BGB-RGRK* BGB §§ 925, 925a Bem 5ff., *Güthe* GBO § 20 Bem 4, *Staudinger-Seufert* BGB §§ 925, 925a Bem 3ff. Es kommen die Fälle in Frage, in denen der Erwerb des Eigentums kraft Gesetzes eintritt (zB bei Erbfolge) oder mittelbare Folge eines anderen Rechtsgeschäfts (zB einer Erbanteilsübertragung) ist. Es erfolgt dann die Eintragung des neuen Eigentümers nur zur Berichtigung des GB, § 22.

Als solche Erwerbsgründe, in denen § 925 BGB nicht anzuwenden ist, kommen vor allem Fälle in Betracht, bei denen es sich um Gesamtrechtsnachfolge handelt. Die Überprüfung erstreckt sich auf folgende Tatbestände:

1. Erbfolge und Nacherbfolge, *Bem 8,*
2. eheliche Gütergemeinschaften, *Bem 9,*
3. Anfall des Vermögens einer juristischen Person an den Fiskus, *Bem 10,*
4. Rechtsfähigkeitserlangung eines nicht rechtsfähigen Verein, *Bem 11,*
5. Eintritt eines Gesellschafters in eine Gesellschaft, *Bem 12,*
6. Gemeinschaft nach Bruchteilen, *Bem 13,*
7. juristische Person, *Bem 14,*
8. Umwandlung der Gesellschaftsform, *Bem 15,*
9. Zwangsversteigerungsverfahren, *Bem 16,*
10. Flurbereinigungsverfahren, *Bem 17,*
11. Enteignung, *Bem 18,*
12. Ersitzung, *Bem 19,*
13. Grenzfestsetzung, *Bem 20,*
14. Aneignung eines herrenlosen Grst, Anlandungen ua, *Bem 21,*
15. Bergwerksrecht, *Bem 22,*
16. Änderungen im Besitzstand von Gebietskörperschaften, *Bem 23,*
17. Vermögenseinziehung und -verfallerklärung seitens des Staates, *Bem 24,*
18. buchungsfreie Grst, *Bem 25.*

8 1. Bei **Erbfolge** und **Nacherbfolge** liegt Erwerb außerhalb des GB vor, §§ 1922, 1942, 2032, 2106, 2139 BGB; dazu *BGB-RGRK* BGB §§ 925, 925a Bem 5, *Güthe* GBO § 20 Bem 4, *Staudinger-Seufert* BGB §§ 925, 925a Bem 5, 6. Dies gilt auch, wenn nach Beendigung der allgemeinen Gütergemeinschaft infolge des Todes des einen Ehegatten dessen Erben bis zur Auseinandersetzung des Gesamtguts an seine Stelle treten oder wenn bei fortgesetzter Gütergemeinschaft der überlebende Ehegatte nur von gemeinschaftlichen Abkömmlingen beerbt wird, **KG** JFG 1, 358 (361). Soweit jedoch Verfügungen über den Grundbesitz außerhalb des gesetzlichen Übergangs vorliegen, ist Auflassung erforderlich.

Einige Besonderheiten sollen hervorgehoben werden:

Das Verhältnis von Miterben zueinander, also die **Erbengemeinschaft,** ist in §§ 2032ff. BGB geregelt. Der Nachlaß steht Miterben gemeinsam in Gesamthand zu, § 2032 Abs 1 BGB. Die Auseinandersetzung der Erbengemeinschaft richtet sich nach §§ 2033ff. BGB; dazu § 2032 Abs 2 BGB. Durch einen Vertrag über den Erwerb des Anteils eines Miterben nach § 2033 Abs 1 BGB (dazu *§ 22 Bem 43*) geht das **Anteilsrecht** des Miterben an den einzelnen zum Nachlaß gehörigen Gegenständen, auch von NachlaßGrstücken, ohne weiteres auf den Erwerber über, da ein solcher Vertrag dingliche Wirkung hat, so daß in diesem Falle eine zusätzliche Auflassung nicht erforderlich ist; dazu *Palandt* BGB § 2033 Bem 1 (c), *Staudinger-Lehmann* BGB, § 2033 Bem 19, auch *§ 35 Bem 10.* Dies gilt stets, insbes wenn Miterben ihre Erbanteile einem oder mehreren Miterben oder einem Dritten übertragen, **KG** OLG 5, 426, oder wenn alle Erbanteile auf eine Person übertragen werden. Der Veräußerer als Miterbe behält zwar die Stellung als Miterbe, so daß ein Erbschein auf ihn mit auszustellen ist, **RG** RGZ 64, 173, *Palandt* aaO Bem 1 (b), *Staudinger-Lehmann* aaO Bem 17; aber der Anteilerwerber rückt in die Rechtsbeziehungen des Veräußerers ein, so daß das GB unrichtig würde, wenn der Veräußerer als Teilhaber der Erbengemeinschaft eingetragen würde. Es bedarf also keiner Auflassung, die BGBerichtigung kann vielmehr ohne Auflassung verlangt werden, der Veräußerer muß auf Verlangen die Berichtigungsbewilligung erteilen; dazu *Palandt* BGB aaO Bem 1 (c), *Staudinger-Lehmann* aaO Bem 19. Eine Verfügung über den Anteil an den einzelnen Nachlaßgegenständen ist nicht zulässig, § 2033 Abs 2 BGB, auch nicht von den Miterben gemeinsam; dazu *Staudinger-Lehmann* BGB § 2033 Bem 26ff. Unter besonderen Umständen kann die Veräußerung eines einzelnen Nachlaßgegenstandes als Erbteilsübertragung anzusehen sein, wenn der Wille der Vertragsbeteiligten darauf gerichtet ist, **BGH** FamRZ 1965, 267 = BB 1965, 307 = DB 1965, 514; dazu auch **BGH** BGHZ 15, 102 = NJW 1954, 1883 = MDR 1955, 27 = DRspr I (170) 18a. Auf die Veräußerung eines Anteils beziehen sich auch §§ 2034 bis 2037 BGB. Die Verfügung über den Erbanteil wirkt auch bei Fehlen eines Schuldgrundes, **BGH** BGHZ 25, 174 = NJW 1957, 1515 = BB 1958, 426 = WM 1957, 1184 = BB 1958, 426 = LM § 2035 BGB Nr 2 (*Johannsen*) = DRspr I (170) 23 cd. Über einen Erbanteil kann auch in **Bruchteilen** verfügt werden, **RG** WarnR 1913 Nr 234, **BGH** NJW 1963, 1610 = MDR 1963, 832 = JZ 1963, 642 = WM 1963, 999 = JR 1963, 462 = LM § 2033 BGB Nr 4 = DRspr I (170) 31 ab; *Palandt* BGB § 2033 Bem 1 (a), *Staudinger-Lehmann* BGB § 2033 Bem 3. Wenn ein Miterbe aus der Erbengemeinschaft ausscheidet und sein **Anteil** den übrigen Miterben **anwächst,** weil keine sonstige Rechtsnachfolge in seinen Anteil eintritt (wie sie durch Beerbung möglich wäre), dann bedarf es ebenfalls keiner Auflassung. **Verfügungen über einen Nachlaßgegenstand** sind in §§ 2040, 2041 BGB geregelt; eine Verfügung über den Nachlaß als ganzem ist unzulässig. Verfügen Miterben über einen Nachlaßgegenstand, etwa ein Grst, in Unkenntnis des Umstandes, daß zur Erbengemeinschaft weitere Miterben gehören, so wird durch Genehmigung der ursprünglich nicht mitverfügenden und nicht vertretenen Miterben die Verfügung wirksam, **RG** RGZ 152, 380, **BGH** BGHZ 19, 138 = NJW 1956, 178 = JR 1956, 59 =

DNotZ 1956, 148 = LM § 2040 BGB Nr 3 = DRspr I (170) 20b. Die dingliche Surrogation nach § 2041 BGB tritt ein unabhängig vom Willen der Beteiligten, **OLG München** bayJMBl 1956, 82 = DRspr I (170) 20c, so daß als ein Kauferlös bei Grst-Veräußerung oder eine Enteignungsentschädigung zum Nachlaß gehört. Die **Auseinandersetzung** der Erbengemeinschaft nach §§ 2042ff. BGB erfolgt durch Vertrag; dazu *Palandt* BGB § 2042 Bem 2, *Staudinger-Lehmann* BGB § 2042 Bem 9ff., auch *Bem 35*. Eine Wiederherstellung der ursprünglichen Erbengemeinschaft durch Aufhebung der Auseinandersetzung ist nicht möglich, **KG** DNotZ 1952, 84 = DRspr I (170) 12d, **OLG Düsseldorf** Rpfleger 1952, 243 = DRspr aaO, **OLG Köln** OLGZ 1965, 117. Bei Erbauseinandersetzung ist bez Grsten Auflassung erforderlich, zB wenn ein Miterbe das Allein- oder Miteigentum an einem zum Nachlaß gehörigen Grst erhält, **OLG Colmar** OLG 11, 230. Auflassung ist auch notwendig, wenn die Miterben das Gesamthandsverhältnis in Miteigentum nach Bruchteilen umwandeln, **RG** RGZ 61, 139/89, 57/105, 251, **KG** OLG 4, 435, oder ein Gesamthandsverhältnis anderer Art vereinbaren, etwa wenn Nachlaßgrste auf eine von den Miterben gebildete oHG oder KG überschrieben werden sollen, **KG** KGJ 45, 230/51, 180, **OLG Hamm** DNotZ 1958, 416, *BGB-RGRK* BGB §§ 925, 925a Bem 5, *Güthe* GBO § 20 Bem 19. Ein Erbauseinandersetzungsverbot des Erblassers nach § 2044 BGB steht der Wirksamkeit einer im Wege der Erbauseinandersetzung getroffenen Verfügung über Nachlaßgegenstände nicht entgegen, wenn sie von allen Erben, auch den Nacherben und Ersatznacherben oder im Falle der Testamentsvollstreckung auch vom Testamentsvollstrecker gemeinsam getroffen wird, **BGH** BGHZ 40, 115 = NJW 1963, 2320 = MDR 1963, 994 = DNotZ 1964, 623 = WM 1963, 1211 = DB 1964, 1024 = LM § 2044 BGB Nr 1 (*Nirk*) = DRspr I (170) 31c. Eine Teilauseinandersetzung des Nachlasses ist zulässig, wenn auch die Gesamtauseinandersetzung die Regel bildet. Die Beschränkung auf einen Teil des Nachlasses kann gegenständlicher oder persönlicher Art sein; dazu *Palandt* BGB § 2042 Bem 7, *Staudinger-Lehmann* BGB § 2042 Bem 12, auch **BayObLG** 32, 381. Eine Teilauseinandersetzung ist gegen den Willen eines Miterben zulässig, wenn besondere Gründe vorliegen und die Belange der Erbengemeinschaft nicht beeinträchtigt werden, wie zB wenn ein Miterbe den duch die Weiterführung eines zum Nachlaß gehörenden gewerblichen Betriebs erzielten Gewinn für sich behält und ein anderer Miterbe Herausgabe des ihm bei der endgültigen Auseinandersetzung zufallenden Gewinnanteils verlangt, **BGH** MDR 1963, 578 = BB 1963, 575 = DB 1963, 1044 = LM § 1922 BGB Nr 7, § 2042 BGB Nr 4 = DRspr I (170) 30c. Bei Erbauseinandersetzung im Nachlaßverfahren nach §§ 96ff. FGG ist Auflassung nicht nötig, wenn vor dem Nachlaßgericht die Auflassung nach § 925 BGB erklärt ist, während sie erforderlich ist, wenn eine solche Beurkundung nicht vorgenommen wurde; dazu *Jansen* FGG § 98 Bem 2, *Keidel* FGG § 98 Bem 19, im übrigen *Bem 35*. Über Auflassungsklage bei Miterbschaft *Bem 62*. Der Erblasser kann **Teilungsanordnungen** treffen, § 2048 BGB, insbes solche, die sich auf die Auseinandersetzung des Nachlasses beziehen; dazu *Beck* Grenzen der Teilungsanordnung DNotZ 1961, 656, *Palandt* BGB § 2048 Bem 1ff., *Staudinger-Lehmann* BGB § 2048 Bem 4ff., auch *§ 35 Bem 7*. Es ist hierbei jeweils zu prüfen, ob wirklich eine Teilungsanordnung oder ein Vermächtnis (§ 1939 BGB) bzw. Vorausvermächtnis (§ 2150 BGB) gewollt ist. Teilungsanordnungen haben nur schuldrechtliche, also keine dingliche Wirkung, auch wenn sie sich auf die Zuweisung eines Grst, ev zu bestimmten Preis, beziehen, **KG** KGJ 28, 196, **OLG Neustadt** MDR 1960, 496, **SchlHOLG** SchlHA 1957, 336, *Palandt* BGB § 2048 Bem 2. Zur Übertragung des Eigentums an einem Grst bedarf es daher der Auflassung **KG** KGJ 22, 301, **OLG Neustadt** aaO. Doch genügt es, wenn die Eintragungsbewilligung von den übrigen Miterben erteilt wird. Zur Teilungsanordnung und zu Vorausvermächtnis **OGH** OGHZ 1, 161 = MDR 1949, 287 (*Böhmer*), **OLG Hamburg** MDR 1950, 420.

Leben Kinder in einer Auseinandersetzungsgemeinschaft (zB nach Auflösung einer fortgesetzten Gütergemeinschaft, auch einer landesrechtlichen, wie der westfälischen) und gleichzeitig in einer Erbengemeinschaft nach BGB, so finden wir für jedes Gemeinschaftsverhältnis dessen besondere Vorschriften Anwendung. Der Anteil an der Erbengemeinschaft ist gemäß § 2033 Abs 1 BGB übertragbar; eine Übertragung nach § 2033 Abs 1 BGB ist möglich, solange noch Teile des Gesamtvermögens vorhanden sind. Erlangt ein Kind durch Übertragung der Erbanteile seitens der Geschwister die Stellung eines Alleinerben nach den Eltern, so kam es über die in den Nachlässen der Eltern enthaltenen Erbanteile nach den Großeltern gemäß § 2033 Abs 1 BGB verfügen. Überträgt ein Miterbe seinen Erbanteil an einen Dritten, so kann diese Übertragung nur gleichzeitig mit der Eintragung der übrigen Erben eingetragen werden. Dazu **OLG Hamm** DNotZ 1966, 744, zur Teilübertragung von Erbteilen *Staudenmaier* Teilübertragung von Gesellschaftsanteilen und Erbteilen DNotZ 1966, 724 (730 ff.), auch *Bem 9.*

Bei **Erbschaftskauf** nach §§ 2371 ff. BGB ist für den Erwerb von Grsten Auflassung erforderlich, wie aus § 2374 BGB sich ergibt, da hier nur eine schuldrechtliche Verpflichtung des Verkäufers begründet wird, dem Käufer das Eigentum an den einzelnen Erbschaftsgegenständen zu verschaffen, **KG** OLG 1, 384; dazu *Palandt* BGB § 2374 Bem 1, auch *§ 35 Bem 10.*

Bei **Vermächtnis** (§§ 1939, 2147 ff. BGB) erwirbt der Vermächtnisnehmer das ihm vermachte Grst durch Auflassung seitens des Beschwerten, gegen den eine schuldrechtliche Verpflichtung begründet wird, § 2174 BGB; dazu **BayObLG** 7, 349, *Palandt* BGB § 2174 Bem 2 (b), auch *§ 35 Bem 6.* Dies gilt auch für den Miterben, der ein Vorausvermächtnis nach § 2150 BGB erhält; über den besonderen Fall des Vorausvermächtnisses an den durch Nacherbschaft beschränkten Alleinerben **KG** OLG 30, 202. Ist jemand auf einen bestimmten Gegenstand zum Erben eingesetzt, so wird darin regelmäßig die Anordnung eines Vermächtnisses liegen, § 2087 Abs 2 BGB; es ist dann Auflassung nötig. Wird vom Erblasser das Vermögen oder ein Bruchteil desselben jemand vermacht, so ist dies im Regelfall als Erbeinsetzung zu deuten, § 2087 Abs 1 BGB; bei Erbfolge würde Rechtsnachfolge kraft Gesetzes eintreten.

Nacherbschaft (§§ 2100 ff. BGB) tritt ein, wenn der Erblasser einen Erben in der Weise einsetzt, daß dieser erst Erbe wird, nachdem zuerst ein anderer, der sog Vorerbe, Erbe geworden ist, § 2100 BGB; dazu *§ 51 Bem 3 ff.* Es kann auch Einsetzung als Ersatznacherbe vorgenommen werden, § 2102 BGB. Der Nacherbe ist echter Erbe, § 2139 BGB, so daß Auflassung von Vorerben an Nacherben nicht erforderlich ist, sondern nur GBBerichtigung; dazu *Palandt* BGB § 2130 Bem 1. Die Regelung des § 2130 BGB bezieht sich nur auf den Umfang der Herausgabe. Es handelt sich um keine Erbauseinandersetzung iSd §§ 2042 ff. BGB. Das Nacherbenrecht ist vererblich, § 2108 BGB. Erwirbt nach Eintritt der Nacherbfolge der Vorerbe ein NachlaßGrst vom Nacherben, so ist Eintragung und erneute Eintragung des Vorerben als Eigentümer notwendig, **KG** KGJ 51, 187, DNotZ 1933, 291, auch *§ 35 Bem 11*; dies gilt auch, wenn der Vorerbe ein Grst behalten soll, etwa auf Grund einer Vermächtnisanordnung oder nach Vereinbarung zwischen Vor- und Nacherbe. Beim sog Berliner Testament nach §§ 2269 liegt im Regelfall keine Vor- und Nacherbschaft, sondern echte Erbeinsetzung des zunächst Erbenden vor. Neuerdings hat die Frage, inwieweit der überlebende Ehegatte nicht nachteilig zum Schaden eines der Abkommen verfügen kann, wieder besondere Bedeutung erlangt, und zwar in Zusammenhang mit der Frage der Aushöhlung eines gemeinschaftlichen Testaments; dazu *§ 18 Bem 6, 143.* Die Rspr des BGH hat zu dieser Frage eine Wandlung von Nichtigkeitsfreundlichkeit zur Nichtigkeitsfeindlichkeit durchgemacht und steht nunmehr auf dem Standpunkt, daß Rechtsgeschäfte des überlebenden Ehegatten unter Lebenden nur in ganz besonders gelagerten Ausnahmefällen nichtig sind und daß sie daher regelmäßig gültig sind und nicht als Umgehung der gesetzlichen Vorschriften anzusehen sind, wenn sie bereits zu Lebzeiten des Überlebenden und nicht erst bei seinem Tode zum Tragen kommen, **BGH** DNotZ 1965, 617. Im GBRecht hat daher das GBA von der Gültigkeit solcher Eigentumsübertragungen an Grsten auszugehen, wenn nicht erhebliche Gründe, die für das Gegenteil sprechen, aus den Urkunden ersichtlich oder dem GBA bekannt sind; insofern hat sich die früher so komplizierte Frage neuerdings vereinfacht. Wenn die Parteien trotzdem einen Rechtsstreit führen, so bleibt ihnen dies unbenommen.

Wenn die GBBerichtigung nur der Beseitigung einer **falschen Bezeichnung** (falsa demonstratio; dazu *Bem 25*) dient, bedarf es keiner neuen Auflassung, also auch nicht, wenn ein fälschlich auf den Namen des Nachlaßkonkursverwalters oder Testamentsvollstreckers eingetragenes Grst (dazu *§ 3 Bem 273*) auf den Erben umgeschrieben werden soll, **LG Bonn** JW 1937, 2121.

2. Bei der ehelichen **Gütergemeinschaft** kommt für das Gesamtgut Rechts- **9**
erwerb kraft Gesetzes in Frage, §§ 1416, 1483 BGB, und zwar für Grste, die einer der Ehegatten bei Beginn der Gütergemeinschaft zu Eigentum hat, wie auch für Grste, die ein Ehegatte während der Dauer der Gemeinschaft erwirbt; entsprechendes gilt für die fortgesetzte Gütergemeinschaft. Dazu *Bem 8, § 13 Vorbem 180, Bem 50, § 19 Bem 70, § 33 Bem 27ff.*

Auflassung ist erforderlich, wenn Vorbehaltsgut in Gesamtgut umgewandelt wird, **OLG Colmar** OLG 7, 54, und umgekehrt, **BayObLG** 6, 295, 763, **KG** JFG 15, 192, ferner soll bei Auseinandersetzung der Gütergemeinschaft ein GesamtgutsGrst einem der Ehegatten zugeteilt werden soll, **RG** RGZ 20, 256, **BayObLG** 18, 71, **KG** KGJ 50, 152, *Güthe* GBO § 20 Bem 18, bei fortgesetzter Gütergemeinschaft auch dann, wenn der überlebende Ehegatte bei deren Beendigung das Gesamtgut gegen Abfindung der Kinder übernimmt, **KG** KGJ 36, 200. Auch bei Einbringung eines GesamtgutsGrst in eine aus den Teilhabern der ehelichen oder fortgesetzten Gütergemeinschaft gebildeten oHG oder KG ist Auflassung notwendig, **KG** OLG 29, 315. Wenn bei fortgesetzter Gütergemeinschaft dagegen ein Abkömmling nach §§ 1490, 1491 BGB ausscheidet und sein Anteil den übrigen Teilhabern der Gemeinschaft anwächst, bedarf es keiner Auflassung; dazu *Güthe* aaO Bem 6.

Zum angemessenen Familienunterhalt iSd § 1360a BGB können in der Regel nicht Aufwendungen, gerechnet werden, die zur Errichtung und zum Erwerb eines Eigenheims der Eheleute erforderlich sind. Diese strittige, von der Rspr und Literatur sowie Rechtspraxis schon bisher überwiegend vertretene Auffassung wurde von **BGH** NJW 1966, 2401 nunmehr gebilligt, so daß die frühere Streitfrage als geklärt angesehen werden kann.

3. Auch auf den **Anfall** des Vermögens einer juristischen Person, nämlich eines **10**
Vereins oder einer Stiftung nach §§ 46, 88 BGB, **an den Fiskus** usw, ist hinzuweisen. Als Anfallsberechtigter bei Vereinen kommt der Landesfiskus des Landes in Frage, in dessen Gebiet der Verein seinen Sitz hat; nach Art 85 EGBGB kann gemäß landesrechtlicher Vorschriften anstelle des Fiskus eine Körperschaft, Stiftung oder Anstalt des öffentlichen Rechts treten. Beim Erlöschen einer Stiftung fällt das Vermögen an die in der Verfassung bestimmten Personen, § 88 BGB. Ergänzend sind § 1942 Abs 2, §§ 1966, 1994 Abs 1 S 2, § 2011 BGB anzuwenden. Dazu *Güthe* GBO § 35 Bem 4, ferner Kommentierungen zu §§ 45, 46, 88 BGB und Art 85 EGBGB, insbes *BGB-RGRK, Palandt, Staudinger*, auch *§ 117 Bem 68*. — Dagegen ist im Falle des § 45 BGB, wenn Vereinsvermögen an die Mitglieder fällt, **Auflassung** erforderlich, **KG** OLG 5, 378, *Güthe* GBO § 35 Bem 5; dazu auch *Staudinger-Coing* BGB § 45 Bem 3 und Fußn *) S 306. Dasselbe gilt, wenn ein Grst einer aufgehobenen Stiftung auf Grund Liquidation an einen Anfallsberechtigten übertragen wird, §§ 88 mit 47ff. BGB; dazu **BayObLG** 26, 33 (34).

4. Beim **Verein** ist darauf hinzuweisen, daß dann, wenn ein **nicht rechtsfähi- 11**
ger Verein die Rechtsfähigkeit erlangt, es keiner Auflassung bez der Grst bedarf, da die Identität der Rechtspersönlichkeit gewahrt ist (bestr); dazu **RG** RGZ 85, 256, *Palandt* BGB § 21 Bem 2, *Staudinger-Coing* BGB § 21 Bem 34 34a.

12 5. Bei einer **Gesellschaft,** die in sehr verschiedenen Rechtsformen vorkommen kann, ist auf folgendes hinzuweisen:

Bei **Eintritt eines Gesellschafters** in eine Gesellschaft nach BGB (§§ 705ff. BGB), eine oHG (§§ 105ff. HGB) und eine KG (§§ 161ff. HGB) bedarf es bez der zum Gesellschaftsvermögen gehörenden Grst keiner Auflassung, wenn die Gesellschaft als solche fortbesteht, **KG** OLG 13, 23, **OLG Dresden** OLG 9, 255, also auch dann, wenn bei einer aus 2 Gesellschaftern bestehenden Gesellschaft ein Dritter eintritt; dazu *Güthe* GBO § 20 Bem 18. Wenn zunächst keine Gesellschaft vorliegt, also wenn jemand in das Geschäft eines Einzelkaufmanns als persönlich haftender Gesellschafter eintritt, ist Auflassung erforderlich; dazu *Güthe* aaO. Im übrigen *Staudinger-Seufert* BGB §§ 925, 925a Bem 11.

Auflassung ist nötig, wenn ein Gesellschafter Grste in eine Gesellschaft einbringt, **RG** RGZ 65, 233, auch wenn das einzubringende Grst im Miteigentum aller Gesellschafter steht, **RG** RGZ 54, 103/56, 96/57, 434/65, 233, **KG** KGJ 24, 110, *Güthe* GBO § 20 Bem 16, im übrigen *Staudinger-Coing* aaO.

Das **Ausscheiden** eines Gesellschafters aus einer im übrigen fortbestehenden Gesellschaft führt zu einem Anwachsen der Anteile der übrigen Gesellschafter am Gesellschaftsvermögen, § 738 BGB; eine Auflassung findet also nicht statt, **BayObLG** 9, 103, *Güthe* GBO § 20 Bem 18. Die erwähnte Vorschrift kann durch Gesellschaftsvertrag nicht abgeändert werden, **BayObLG** 30, 246.

Dagegen ist die Auflassung erforderlich, wenn bei **Auflösung** der Gesellschaft nach §§ 723ff. BGB die Grst auf einen Gesellschafter umgeschrieben werden sollen, **RG** RGZ 65, 233, **BayObLG** 4, 235, **KG** 10, 407/13, 23, **OLG Colmar** OLG 9, 306, auch dann, wenn sie mehreren oder allen Gesellschaftern zu denselben Bruchteilen überwiesen werden, zu denen diese vor Einbringung Gesamteigentümer waren, **RG** RGZ 65, 233, **BayObLG** JFG 3, 410, und auch dann, wenn die Auflösung durch den Tod eines Gesellschafters eintritt. Anders ist es, wenn bei der Auflösung einer aus 2 Gesellschaftern bestehenden oHG der eine das Geschäft nach § 142 HGB oder auf Grund Vereinbarung mit Aktiven und Passiven übernimmt und unter der bisherigen Firma fortführt, hM, insbes **RG** RGZ 65, 227/68, 410, **KG** KGJ 50, 194, **BayObLG** 12, 275/14, 192/22, 106, *Güthe* GBO § 20 Bem 18, *Predari* GBO § 20 Bem 2 B, *Staudinger-Seufert* BGB § 873 Bem 8 (g), §§ 925, 925a Bem 11, **aA** (überholt) **KG** OLG 9, 255, **OLG Dresden** OLG 9, 254; hier keine Auflassung nötig. In diesem Falle genügt zum Nachweis des Vermögensübergangs eine beglaubigte Anmeldung zum Handelsregister, **KG** DNotZ 1936, 736 = HRR 1936 Nr 1437. Ist solchenfalls die oHG unter ihrer Firma als Eigentümerin eingetragen, wie es nach § 15 Abs 1 (g) GBVfg (*GR 4*) erforderlich ist (dazu *§ 3 Bem 589*), so kann der nunmehrige Alleineigentümer vom GBA nach § 82 gezwungen werden, sich als Eigentümer — und zwar mit seinem bürgerlichen Namen, *§ 3 Bem 278* — eintragen zu lassen, **OLG München** JFG 14, 498, **aA** *Güthe* aaO Bem 18.

Über Teilübertragung von Gesellschaftsanteilen *Staudenmaier* DNotZ 1966, 724 (*Bem 8*), über **Umwandlung** der Gesellschaftsform *Bem 15.*

13 6. Wenn in eine **Gemeinschaft nach Bruchteilen** iSd §§ 741ff. BGB ein Grst durch ein Mitglied der Gemeinschaft eingebracht wird, so ist Auflassung erforderlich; dazu *Güthe* GBO § 20 Bem 15.

14 7. Bei Einbringung eines Grst in eine **juristische Person,** wozu auch die AG, GmbH, Genossenschaft und andere Handelsgesellschaften zu rechnen sind, ist Auflassung nötig, auch wenn das Grst bisher im Eigentum aller Mitglieder stand, **RG** RGZ 64, 1889; dazu *Güthe* GBO § 20 Bem 17.

Auch bei **Auflösung** einer juristischen Person ist Auflassung erforderlich, wenn ein Grst einem oder mehreren Mitgliedern zugeteilt wird. Bei der GmbH bedarf es der

Auflassung auch dann, wenn alle Geschäftsanteile in der Hand eines einzigen Gesellschafters vereinigt werden, **RG** RGZ 68, 174. Dazu *Güthe* GBO § 20 Bem 18, *Staudinger-Seufert* BGB §§ 925, 925a Bem 9, 11.

Über **Umwandlung** der Gesellschaftsform *Bem 15.*

Bei der **Verschmelzung** — der sog Fusion — 2 oder mehrerer Gesellschaften nach §§ 339ff. AktG, die ohne Liquidation erfolgt, findet keine Auflassung bez der Grst statt; dazu *Güthe* GBO § 20 Bem 21, *Staudinger-Seufert* aaO Bem 11. Dagegen ist bei Vermögensübertragung in anderer Weise Auflassung erforderlich, insbes bei verbundenen Unternehmen, §§ 291ff. AktG, Vermögensübertragung, §§ 359ff. AktG, sowie Umwandlung, §§ 362ff. AktG. Abwicklungslose Verschmelzung mit der Wirkung einer Gesamtrechtsnachfolge ist auch zwischen einem Versicherungsverein und einer öffentlich-rechtlichen Versicherungsanstalt, **KG** KGJ 47, 125, nicht aber zwischen 2 Versicherungsvereinen auf Gegenseitigkeit, **RG** RGZ 133, 102, **BayObLG** 27, 262, und auch nicht zwischen 2 GmbH zulässig. Bei der Verschmelzung tritt der Vermögensübergang kraft Gesetzes mit der Eintragung der Verschmelzung in das Handelsregister des Sitzes der übertragenden Gesellschaft ein; dazu § 346 Abs 3 S 1 und § 357 Abs 4 AktG. Auf den Zeitpunkt der Eintragung der übernehmenden Gesellschaft kommt es nicht an, und zwar auch dann nicht, wenn zur Durchführung das Grundkapital erhöht wird. Der Nachweis des Vermögensübergangs wird dem GBA durch Vorlage eines Handelsregisterauszugs über die Eintragung der Verschmelzung erbracht. Der Eintragungsbewilligung der übertragenden Gesellschaft bedarf es nicht, **KG** OLG 11, 35. Der Berichtigungsantrag der übernehmenden Gesellschaft muß wegen § 22 Abs 2 der Form des § 29 genügen. Zum neuen AktG *Möhring* Die gesetzliche Regelung der Unternehmensverbindungen im neuen AktG NJW 1967, 1, sowie **BayObLG** BayObLGZ 1966, 92 = OLGZ 1966, 468 Ls bez Verschmelzung 2 Versicherungsvereine auf Gegenseitigkeit.

Für die Verschmelzung 2 oder mehrerer Genossenschaften nach §§ 93aff. GenG gilt dasselbe; dazu **BayObLG** 24, 106.

Zu den bei einer Bestandsübertragung zwischen 2 **Bausparkassen** nach §§ 14, 112 VersAufsG kraft Gesetzes auf die übernehmende Bausparkasse übergehenden Rechten gehört nicht das Eigentum an einem Grst, auch wenn es auf Grund einer Hypothek, die ein Recht an einem Bausparvertrag darstellte, eingesteigert worden ist; daher ist Auflassung nötig, **KG** JFG 13, 154.

Zur **Wirkung einer Verschmelzung** ist darauf hinzuweisen, daß nur solche Rechtsverhältnisse erlöschen, die ihrer Natur nach oder kraft Gesetzes nicht auf den Gesamtrechtsnachfolger übergehen, **RG** RGZ 136, 316 (RGZ 123, 289 ist überholt). Daher bleibt zB ein Vorkaufsrecht bestehen. Hypotheken usw, die für die übernommene Gesellschaft als Treuhänderin bestellt sind, gehen auf die übernehmende Gesellschaft über, **KG** JFG 7, 299, *Frey* BayNotV 1929, 387. Für Nießbrauch und beschränkte persönliche Dienstbarkeiten ist auf §§ 1059a bis e BGB und § 1092 Abs 2 BGB hinzuweisen.

8. Auch für die **Umwandlung der Gesellschaftsform** sind einige Besonderheiten zu beachten; dazu *Güthe* GBO § 20 Bem 20, *Staudinger-Seufert* BGB §§ 925, 925a Bem 11. Es ist bez der Notwendigkeit der Auflassung entscheidend, ob die Identität der Gesellschaft gewahrt bleibt oder kraft gesetzlicher Vorschrift als fortdauernd anzusehen ist bzw ob eine Neugründung stattfindet. **15**

Keine Auflassung ist erforderlich bei Umwandlung einer oHG in eine KommanditGes oder einer Gesellschaft nach BGB in eine oHG, **RG** RGZ 55, 126, **KG** KGJ 39, 222, JFG 1, 368 = OLG 42, 161, und umgekehrt. Dasselbe gilt bei Umwandlung einer oHG (auch wenn sie in Liquidation sich befindet) in eine aus denselben Personen bestehende Gesellschaft des BGB, **KG** JFG 12, 279 sowie JFG ErgBd 11, 213, *Güthe* GBO § 20 Bem 20. Auflassung ist weiter nicht erforderlich bei Umwandlung einer AG in eine KGaA und umgekehrt, §§ 365, 368 AktG, einer AG in eine GmbH und umgekehrt,

§§ 372, 381 AktG, einer bergrechtlichen Gewerkschaft in eine AG oder KGaA, §§ 385, 393 AktG, einer KGaA in eine GmbH und umgekehrt, §§ 387, 391 AktG, bei Umwandlung einer Genossenschaft in eine andere Genossenschaftsform, §§ 143 ff. GenG.

Dagegen ist Auflassung nötig bei Umwandlung einer oHG oder einer KG in eine AG, eine KGaA oder eine GmbH oder bei Umwandlung einer Versicherungsgesellschaft auf Gegenseitigkeit in eine AG, **KG** OLG 6, 114. Auch die Umwandlung einer AG, einer KGaA, einer GmbH und einer bergrechtlichen Gewerkschaft in eine oHG, KG oder Gesellschaft nach BGB erfordert bei Grundbesitz eine Auflassung, soweit nicht das Ges über die **Umwandlung von Kapitalgesellschaften und bergrechtlichen Gewerkschaften** vom 12. November 1956 BGBl I 844 = SaBl 1149 = BGBl III 4120-1/EGAktG vom 6. September 1965 BGBl I 1185 = SaBl 1395 (§ 39) zur Anwendung kommt. Der Berichtigungsantrag zur Eintragung der Änderung im GB kann formlos gestellt werden. Hierbei muß ein beglaubigter Auszug aus dem Handelsregister über die Eintragung des Umwandlungsbeschlusses vorgelegt werden; dieser Nachweis erfüllt die Voraussetzungen des § 29. Der Antrag selbst bedarf nicht mehr der Form des § 29, da nach § 22 Abs 2 der Unrichtigkeitsnachweis zulässig ist; dazu *§ 22 Bem 33, 36*. Die in Rspr und Literatur früher vertretene abweichende Auffassung über die Form des Antrags nach § 29 (**LG Berlin** JW 1936, 2365, *Bosch* DJ 1937, 1698, *Recke* JW 1936, 1273, *Saage* DJ 1937, 1699, *Seybold* DNotZ 1934, 716), der sich die 5. Aufl dieses Kommentars (*§ 20 Bem 15, § 22 Bem 33*) angeschlossen hat, ist durch § 22 Abs 2 nF (dazu *§ 22 Bem 1, 30, 31*), der eine Erleichterung im GBRecht brachte, überholt; sie wird daher aufgegeben. Zu dem UmwandlungsGes **BGH** NJW 1967, 45 bez einer verschmelzenden Umwandlung bei AG, wobei auch die Rechte des Aktionärs erörtert werden.

Auflassung ist auch notwendig, wenn ein **Grst** von einer bestehenbleibenden **oHG auf eine andere oHG** oder eine Gesellschaft nach BGB übertragen wird und beide Gesellschaften aus denselben Personen bestehen, **RG** RGZ 136, 402, **KG** KGJ 28, 253, JW 1933, 124/1934, 989, *Güthe* GBO § 20 Bem 19, *Staudinger-Seufert* BGB §§ 925, 925a Bem 11, **aA** (überholt), **OLG Hamburg** KGJ 53, 261, OLG 35, 323.

Im Falle einer bloßen Firmenänderung bedarf es der Auflassung nicht, selbst wenn der Inhaber einer Firma ein weiteres Geschäft mit Firma erwirbt und die Geschäfte unter Aufgabe der bisherigen Firma unter der neu erworbenen Firma weiterführt, **KG** OLG 10, 407.

16 9. Bei der **Zwangsversteigerung** (dazu *§ 38 Bem 23ff.*) bedarf es neben dem Zuschlag keiner Auflassung, §§ 90, 130, 172, 176, 180 ZVG, da durch den Zuschlag der Ersteher des Eigentum an dem Grst erwirbt; dazu *Güthe* GBO § 20 Bem 7, *Steiner-Riedel* ZVG § 90 Bem 2, 3, *Wilhelmi-Vogel-Zeller* ZVG § 90 Bem 3.

Dagegen ist bei der sog freiwilligen Versteigerung Auflassung nötig; dazu *Güthe* aaO. Über dieses Verfahren *Steiner-Riedel* ZVG Einl I 3a.

17 10. Bei der **Flurbereinigung** wird die GBBerichtigung nach Maßgabe der §§ 79 ff. FlBG vorgenommen; dazu *§ 2 Bem 96, 137, § 38 Bem 69ff., § 117 Bem 90*. Durch die Flurbereinigung erfolgt ein Wechsel des Eigentumsgegenstandes, nicht des Eigentums; dazu *Seehusen* FlBG § 79 Bem 1. Eine Genehmigung nach dem GrstVG (*Anh*) ist nicht erforderlich; dazu *Bem 82a*.

18 11. Bei **Enteignung** auf Grund eines bundes- oder landesrechtlichen Enteignungsgesetzes (dazu *§ 38 Bem 76ff., § 117 Bem 74ff.*) geht das Eigentum in der Regel auf Grund des Enteignungsbeschlusses auf den über, zu dessen Gunsten die Enteignung erfolgt; die Berichtigung des GB wird auf Ersuchen der zuständigen Behörde vorgenommen, **KG** KGJ 24, 114/27, 255,

so zB für das ehemalige Land **Preußen** nach §§ 44 prEnteignungsGes vom 11. Juni 1874 GS 221, wonach auf die Zustellung des Enteignungsbeschlusses abgestellt ist;

dazu *Güthe* GBO § 20 Bem 8. In **Bayern** erfolgt im Anwendungsbereich des Art 22 bay AGZPO der Eigentumsübergang in dem Zeitpunkt, in dem an den Enteigneten die festgestellte Entschädigungssumme bezahlt bzw für ihn hinterlegt wird; dem GBA sind beide Tatsachen von dem Enteigner in der Form des § 29 nachzuweisen, **BayObLG** 8, 348, 552. Das GBA hat hier, da die Eintragung nicht auf Ersuchen einer Behörde nach § 38, sondern auf Antrag des Enteigners erfolgt, zu prüfen, ob die Voraussetzungen für den Eigentumswechsel gegeben sind.

Auflassung ist dagegen erforderlich, wenn die Beteiligten sich über die Abtretung des Eigentums einigen, auch wenn sie die Festsetzung der Entschädigung dem weiteren Verfahren vorbehalten, vgl dazu zB für das ehemalige Preußen Art 12 § 1 Abs 2 prAG-BGB und §§ 16, 17 prEnteignungsG.

Zu erwähnen sich auch das **LandbeschaffungsG** vom 23. Februar 1957 BGBl I 134 = SaBl 417 idF BGBl III 54-3/23. Dezember 1963 BGBl I 1012 = SaBl 157, wonach für Zwecke der Verteidigung Enteignungen erfolgen können. Die Eigentumsänderung wird auf Grund des Enteignungsbeschlusses auf behördliches Ersuchen im GB eingetragen, § 51 LBG. Über Einigung im Rahmen des Enteignungsverfahrens § 37 LBG. Dazu auch *§ 38 Bem 77.*

Dazu, ob auf einen zur Abwendung der Enteignung abgeschlossenen Kaufvertrag die Grundsätze über die Höhe der Enteignungsentschädigung angewendet werden **BGH** NJW 1967, 31, wonach auf den Willen der Vertragsschließenden (§§ 133, 157, 433 BGB, Art 14 GG) abgestellt wird.

12. Die Fälle der **Ersitzung** beinhalten einen Rechtserwerb ohne Auflassung, **19**
da es sich um einen originären Rechtserwerb handelt; dazu *Güthe* GBO § 20 Bem 12, 13.

Es sind dies die Buchersitzung nach **§ 900 BGB** und die Eintragung des Eigentümers auf Grund eines Ausschlußurteils nach **§ 927 BGB.** Im ersteren Falle erwirbt das Eigentum jemand, der als Eigentümer eines Grst im GB eingetragen ist, ohne daß er das Eigentum erlangt hat; man spricht von **Tabularersitzung.** Der letztere Fall — § 927 BGB — die sog **Kontratabularersitzung** — bezieht sich darauf, daß ein Eigentümer eines Grst, wenn dieses 30 Jahre im Eigenbesitz eines anderen stand, im Wege des Aufgebotsverfahrens mit seinem Rechte durch Ausschlußurteil ausgeschlossen werden kann; dazu *§ 19 Bem 48.*

Zur **Buchersitzung** nach **§ 900 BGB** ist auf folgendes hinzuweisen:

Voraussetzung ist, daß jemand 30 Jahre lang im GB als Eigentümer eingetragen war und daß er während dieser Zeit den Eigenbesitzt (§ 872 BGB) des Grst hatte, daß er aber in Wirklichkeit nicht der Eigentümer des Grst war, § 900 Abs 1 BGB; dazu *BGB-RGRK* BGB § 900 Bem 1 ff., *Palandt* BGB § 900 Bem 1 ff., *Staudinger-Seufert* BGB § 900 Bem 2. Bez Ersitzung von Bruchteilseigentum an einem ursprünglich in Gesamthandseigentum stehenden Grst **OLG Celle** NdsRpfl 1957, 287 = RdL 1957, 321 = DRspr I (150) 89a. Es ist hier an Fällen zu denken, in denen die nach § 873 Abs 1, § 952 BGB notwendige Einigung fehlte, mangelhaft oder nichtig war oder bei Beerbung ein ungültiges Testament vorlag. Die Ersitzungszeit eines Rechtsvorgängers ist zu berücksichtigen. Guter Glaube wird nicht verlangt. Die Ersitzungszeit ist jedoch gehemmt, wenn einWiderspruch nach § 899 BGB gegen das Eigentumsrecht im GB eingetragen ist, und zwar solange als dieser Eintrag im GB sich befindet. Eine Unterbrechung der Ersitzungszeit nach Maßgabe der §§ 940, 941 BGB kommt bei Verlust des Eigenbesitzes oder bei gerichtlicher Geltendmachung in Frage.

Der Rechtserwerb kann nur insoweit erfolgen, als Besitz und Eintragung sich decken; dazu BGB-RGRK BGB § 900 Bem 7, *Staudinger-Seufert* BGB § 900 Bem 2. Ist also zB nur Miteigentum im GB eingetragen, so wird nur ein solches erworben, kein Alleineigentum. Ist im GB eine aufgelöste oHG als Eigentümerin eingetragen, so kann eine neue, mit der aufgelösten Gesellschaft namensgleiche OHG das Eigentum an dem

Grst im Wege der Buchersitzung auch dann nicht erwerben, wenn die neue oHG die Firma der aufgelösten Gesellschaft fortführt, **OLG Braunschweig** NdsRpfl 1962, 16 = DRspr I (150) 121d.

Nach § 900 Abs 2 BGB findet Buchersitzung auch bei Rechten an Grst statt, die GrstNatur haben (*§ 3 Bem 12ff.*), also insbes auf das Erbbaurecht, Wohnungs- und Teileigentum, Wohnungserbbaurecht; dazu *BGB-RGRK* BGB § 900 Bem 2, *Staudinger-Seufert* BGB § 900 Bem 3.

Der gutgläubige und als Eigentümer eingetragene Besitzer eines Grst kann sich nach der Ersitzung gegenüber der Bereicherungsklage des früheren wahren Eigentümers mit Erfolg auf die Verjährung berufen, **LG Bremen** MDR 1962, 822.

20 13. Aus dem Bereich des Nachbarrechts (dazu *§ 13 Vorbem 20, § 117 Bem 110*) hat die **Grenzfestsetzung** nach **§ 920 BGB** für das GBRecht besondere Bedeutung; dazu *Meisner-Ring* Nachbarrecht § 6, *Meisner-Stern-Hodes* Nachbarrecht § 6. Liegt eine Grenzverwirrung vor, so können die Beteiligten sich einigen. Einer auf übereinstimmenden Antrag 2 GrstNachbarn vorgenommenen vermessungsamtlichen Abmarkung der Nachbarschaftsgrenze kommt Bedeutung eines Grenzfeststellungsvertrags zu, wenn beide Nachbarn das Abmarkungsprotokoll unterschreiben, ein solcher Vertrag bedarf nicht der Form des § 313 BGB, wenn die neue Grenze im Verlauf der bisherigen Besitzgrenze gezogen wird, **OLG Nürnberg** bayJMBl 1965, 79 = DNotZ 1966, 53. Einer Auflassung bedarf es in diesem Falle nicht, weil sich an den Eigentumsverhältnissen nichts ändert. Auch bei gemeinschaftlicher Abmarkung unbestrittener Grenzen nach § 919 BGB ist eine Auflassung nicht veranlaßt, da der Bestand des Eigentums sich nicht ändert, sondern nur die Grenzzeichen neu festgestellt werden; dazu **OLG Celle** NJW 1958, 632. Auflassung ist dagegen nötig, wenn bei Grenzverwirrung sich der Besitzstand ändert und in Verbindung mit Neuvermessungen GrstAbtretungen erfolgen und die Beteiligten einen Vertrag hierüber schließen, der dann allerdings der Form des § 313 BGB bedarf, **RG** JW 1906, 302 = SeuffA 71 Nr 223, *BGB-RGRK* BGB § 920 Bem 3, *Staudinger-Seufert* BGB § 920 Bem 19; für die Auflassung gelten §§ 925, 925a BGB. Die Abmarkungsklage nach § 919 BGB kann mit der Grenzscheidungsklage nach § 920 BGB oder mit einer Eigentums-Feststellungsklage verbunden werden, nicht aber mit einer Eigentumsherausgabeklage; dazu **OLG Celle** aaO, *Staudinger-Seufert* aaO Bem 17a. Bei bestrittener Grenze kann, wenn eine Einigung nicht zustandekommt, die sog Grenzscheidungsklage erhoben werden; dann setzt das Gericht den Grenzverlauf fest, **BGH** NJW 1965, 37 = MDR 1965, 31 = WM 1964, 1300 = BB 1964, 1363 = DB 1964, 1699 = LM § 920 BGB Nr 1 = DRspr I (150) 140c. Der Antrag auf Festsetzung eines bestimmten Grenzverlaufs schadet nichts; das Gericht kann eine andere Grenzlinie festlegen, jedoch darf dem Kläger nicht mehr zugesprochen werden, als er mit dem bestimmten Antrag begehrt, **BGH** aaO. Wenn der Kataster nicht ausreichend Anhaltspunkte für den Grenzverlauf gibt, können auch andere Erkenntnisquellen herangezogen werden, **LG Hildesheim** NdsRpfl 1957, 149. Das gerichtliche Urteil hat konstituive Wirkung und ersetzt die Auflassung; die Richtigstellung im GB erfolgt durch Vorlage des Urteils, das nicht nur einen schuldrechtlichen Anspruch auf Eigentumsübertragung begründet, sondern selbst das Eigentum zuteilt, so daß eine Auflassung oder eine Bewilligung des betroffenen Eigentümers nach § 22 entfällt; dazu **KG** OLG 20, 405, *BGB-RGRK* BGB § 920 Bem 2 (f), *Palandt* BGB § 920 Bem 2(e), *Staudinger-Seufert* BGB § 920 Bem 17. Das Urteil kann auch als Versäumnisurteil ergehen; dazu *Staudinger-Seufert* aaO Bem 13. Zum Landwirtschaftsrecht *Bem 82c.*

21 14. Bei **Aneignung eines herrenlosen Grundstücks** nach **§ 928 BGB** wird der Aneignungsberechtigte durch die Aneignung Eigentümer; dazu *Güthe* GBO § 20 Bem 10, 13; dazu *§ 19 Bem 49.* Soll das Eigentum auf einen anderen als den Aneignungsberechtigten übergehen, so ist neben Abtretung des Aneignungsrechts auch Auflassung durch einen nach § 58 ZPO zu bestellenden Vertreter oder durch einen Dritten mit Zustimmung des Aneignungsberechtigten möglich, **KG** OLG 39, 209; dazu *Güthe* aaO Bem 10. Bez Landesrecht *§ 117 Bem 114*, Übergangsrecht *aaO Bem 133*. Das Aneignungsrecht des Staates an herrenlosen Grsten nach § 928 Abs 2 BGB ist ein verzichtbares Privatrecht, der Verzicht erfolgt durch Erklärung gegenüber dem GBA; nach dem Verzicht des Fiskus auf sein Aneignungsrecht kann jedoch nicht jeder Dritte ohne Aufgebotsverfahren und ohne 30jährige Ersitzungszeit nach Aneignung durch Eintragung im GBEigentümer des herrenlosen Grst werden, sondern es ist § 927 BGB anzuwenden (wV *§ 19 Bem 49*), **aA** (zu Unrecht) **LG Hamburg** NJW 1966, 1715.

Für **Anlandungen** und **Neubildung einer Insel**, also für neuentstehenden herrenlosen Grundbesitz im Bereich des Wasserrechts, gilt Landesrecht gemäß Art 65 EGBGB. Es sind die Wassergesetze der Länder (dazu *Palandt* BGB EG Art 65 Bem 3, *Staudinger* BGB EG Art 65 Bem 9, auch *§ 117 Bem 57ff.*) maßgebend Es erfolgt in solchen Fällen keine Neuanlegung eines GBBlatts, sondern nur eine GBBerichtigung; dazu **KG** KGJ 43, 122, OLG 6, 197, *Güthe* GBO § 20 Bem 10. Die Rechtsveränderungen treten ohne Auflassung ein.

15. Im **Bergwerksrecht,** das landesrechtlich geregelt ist (Art 67 EGBGB; über **22**
die Landesgesetze *Palandt* BGB EG Art 67 Bem 3, *Staudinger* BGB EG Art 67 Bem 13, dazu *§ 3 Bem 12*, *§ 117 Bem 32ff.*), ist der Fall der Verpflichtung des Bergwerksbesitzers zum Erwerb eines Grst zu erwähnen.

In **Bayern** vollzieht sich nach rechtskräftiger Festsetzung einer solchen Verpflichtung (Art 183 Abs 2 bayBergGes vom 13. August 1910 bayGVBl 815) der Erwerb des Eigentums gemäß Art 191, 199, 200 bayBergGes kraft Gesetzes, sobald der Beschluß der Kreisverwaltungsbehörde oder des VGH (Art 249 bayBergGes) über die Verpflichtung zum Erwerb rechtskräftig und die Entschädigungssumme endgültig festgestellt ist, mit der Erfüllung der für den Eigentumserwerb festgesetzten Bedingungen.

Im Gebiet des ehemaligen Landes **Preußen** setzt bei der Verpflichtung des Bergwerkseigentümers zum Erwerb der Eigentumsübergang die Eintragung im GB voraus, die auf Grund des rechtskräftigen Beschlusses des Oberbergamts und Regierungspräsidenten erfolgt, §§ 138, 142, 144 prBergGes vom 24. Juni 1865 prGS 705. Es liegt also kein Fall der GBBerichtigung vor, sondern der Beschluß hat die gleiche Wirkung wie ein zur Auflassung verurteilendes Urteil (dazu *§ 19 Bem 46*). Es bedarf demnach der Vorlegung des mit der Rechtskraftbescheinigung versehenen Beschlusses und der Abgabe der Eintragungserklärung des bisherigen Eigentümers vor dem GBA (*Bem 62*); dazu *Güthe* GBO prAG Art 22 Bem 7.

Im Falle der **GrstTeilung** ist § 2 Abs 3 zu beachten, **RG** RGZ 62, 215, **KG** KGJ 46, 210; dazu *Bem 5 § 2 Bem 122ff.*, *§ 7 Bem 66*. Bei einer **gütlichen Einigung,** die der Form des § 313 BGB bedarf (**RG** RGZ 56, 190), sind wie sonst Auflassung und Eintragung erforderlich.

16. Bei Änderungen des Besitzstandes von **Gebietskörperschaften** (Bund, **23**
Länder, Gemeinden ua) ist eine Auflassung dann entbehrlich, wenn es sich um Änderungen kraft Gesetzes oder im Zuge einer Gesamtrechtsnachfolge handelt, etwa Eingliederung eines Gebietes zu einem Land oder Ein- oder Umgemeindung.

Von Bedeutung sind **Art 134, 135 GG;** dazu Kommentierungen zum GG, insbes *Bonner Kommentar*, *Hamann*, *Leibholz-Rinak*, *Mangoldt-von Klein*, *Maunz-Dürig*, sowie DRspr V (514), *§ 3 Bem 590*. In Art 134 GG ist geregelt, inwieweit früheres Reichsvermögen Bundesvermögen bzw Länder- oder Gemeindevermögen wurde bzw wird. Mit Rücksicht auf die Neuordnung der Länder (dazu *E 2ff.*) und die dadurch bedingten Änderungen des Vermögensbestandes der Länder ist in Art 135 GG eine Regelung getroffen, wonach als Grundsatz aufgestellt ist, daß an die Stelle der aufgelösten Länder die neugebildeten traten. Eine vorläufige Regelung bez des ehemaligen Reichsvermögens und der preußischen Beteiligungen enthält das Ges vom 21. Juli 1951 BGBl 467 = SaBl 858; dazu *§ 3 Bem 55, 56.*

Bei Änderung eines **Gemeindegebiets** (dazu *§ 2 Bem 64ff.*), etwa bei Eingliederung einer Gemeinde in eine andere Gemeinde (einer sog Eingemeindung) oder bei Bildung einer neuen Gemeinde aus mehreren bestehenden Gemeinden bedarf es auch keiner Auflassung; dazu **RG** RGZ 87, 284, **KG** OLG 23, 329. Der Übergang des Eigentums an den der betroffenen Gemeinde gehörigen Orsten wird kraft Gesetzes durch den Spruch der Aufsichsbehörde über die Regelung der Auseinandersetzung bewirkt; die GB-Berichtigung erfolgt dann auf Ersuchen der Aufsichtsbehörde, die auch befugt ist, Unschädlichkeitszeugnisse auszustellen. Diese Regelung des § 15 DGO, die sich bewährt hat, wurde im wesentlichen in die GOen der Länder übernommen. Auch auf Art 126 EGBGB ist hinzuweisen; dazu *§ 117 Bem 111.*

Auch bei Verschmelzung **sonstiger Körperschaften** des öffentlichen Rechts wird in der Regel Gesamtrechtsnachfolge eintreten und daher zwar eine GBBerichtigung, aber keine Auflassung erforderlich, etwa bei Vereinigung 2 Kirchengemeinden ua.

24 17. Bei **Vermögenseinziehung** und **Vermögensverfallerklärung** seitens des Staates vollzieht sich der Rechtsübergang kraft Gesetzes ohne Auflassung; es wird das GB nur noch berichtigt.

Über die Beschlagnahme nach StPO und AO *13 Vorbem 170, 171.*

Hierher zählen auch Beschlagnahmen und Verfallerklärungen auf Grund anderer Gesetze, etwa wenn eine Partei nach Art 21 GG als verfasssungswidrig erklärt und deren Vermögen zugunsten des Staates eingezogen wird; dazu **BVerfG** NJW 1956, 1393 bez des Vermögens der KPD. Die Vermögenseinziehung umfaßt auch das bei einem Treuhänder befindliche beschlagnahmte Vermögen, **BGH** BGHZ 316 = NJW 1965, 1436 = MDR 1965, 652 = LM § 46 BVerfG Nr 1.

25 18. Die Übertragung des Eigentums an einem **nicht eingetragenen buchungsfreien Grundstück** (dazu *§ 3 Bem 23ff.*) bedarf im Rahmen der landesrechtlichen Vorbehalte dann keiner Auflassung, wenn das Grst auch in der Hand des Erwerbers vom Buchungszwang befreit bleibt; dazu *Güthe* GBO § 20 Bem 3, 34. § 20 ist also anzuwenden, wenn das Grst von einer buchungspflichtigen Person erworben wird. Es genügen daher, wenn das ungebuchte Grst weiterhin ungebucht bleibt, die Einigung des Veräußerers und des Erwerbers sowie die öffentliche Beurkundung der Erklärungen, Art 127 EGBGB; dazu *§ 3 Bem 83ff.*, insbes *Bem 84, 82* (mit den landesrechtlichen Vorschriften). Im übrigen *Bem 46, 64, § 117 Bem 112, 113.*

26

c) Grundbuchberichtigung

Bei der bloßen GBBerichtigung besteht die Möglichkeit eine Auflassung vorzunehmen, wenn sie auch nicht erforderlich erscheint.

1. Soll die Eintragung eines Eigentümers nur zum Zwecke der GBBerichtigung erfolgen (zB weil der als Eigentümer Eingetragene auf Grund einer nichtigen Auflassung eingetragen wurde, oder in den Fällen der *Bem 7ff.*), so ist Rückauflassung nicht erforderlich, **RG** RPfliB 1911, 118. Doch steht nichts im Wege, daß **anstelle des Berichtigungsverfahrens eine Auflassung** vorgenommen wird; denn diese genügt stets den Erfordernissen des § 22. Auch hat der GBBeamte nicht zu prüfen, zu welchem Zweck die Auflassung erfolgt, **KG** OLG 15, 344 = RJA 9, 59, *Güthe* GBO § 22 Bem 59. Dazu *Staudinger-Seufert* BGB § 925 Bem 19, auch *§ 22 Bem 2.*

Lediglich eine GBBerichtigung, zu der eine Auflassung nicht erforderlich ist, liegt auch vor, wenn als Eigentümer fälschlich anstatt des Inhabers des Rechts derjenige eingetragen ist, der es wahrnimmt, zB der Konkursverwalter, Testamentsvollstrecker,

Nachlaßpfleger usw (*§ 3 Bem 273*) und die Eintragung des tatsächlich Berechtigten erfolgen soll, **LG Bonn** JW 1937, 2121.

2. Der GBBerichtigungsanspruch dh der Anspruch auf Berichtigung des GB durch Eintragung des wahren Eigentümers (*Bem 56*) ist **übertragbar,** kann daher abgetreten, verpfändet und gepfändet werden, *Güthe* GBO § 20B em 23; dazu *§ 13 Vorbem 22, § 14 Bem 26, § 22 Bem 42.* Die Abtretung bedarf nicht der Form des § 313 BGB, **RG** HRR 1936 Nr 1356. Sie ist auch in der Weise möglich, daß der Abtretungsempfänger ermächtigt wird, den Anspruch im eigenen Interesse und Namen für sich geltend zu machen, **RG** RGZ 78, 90. In diesem Fall bedarf es aber neben der Abtretung noch der Auflassung vom Zedenten an den Zessionar oder die Abtretung muß in der Form der Auflassung erfolgen; § 39 Abs 1 steht jedoch der unmittelbaren Eintragung des Zedenten entgegen (dazu *§ 39 Bem 10ff.*, insbes *Bem 14,* auch *§ 19 Bem 64*). Die Fage der unmittelbaren Eintragung des Zessionars wird teilweise bejaht, jedoch überwiegend abgelehnt. Die Notwendigkeit der Voreintragung ist hM, so insbes **RG** RGZ 53, 410/62, 323/78, 90/133, 279, **KG** KGJ 47, 169 = RJA 14, 226, *BGB-RGRK* BGB § 894 Bem 27, *Staudinger-Seufert* BGB § 894 Bem 29a (mit zahlreichen Nachweisen), **aA** *Güthe* GBO § 20 Bem 23, § 39 Bem 11. Erfolgt die Antretung des Berichtigungsanspruchs ohne Auflassung, so kann der Zessionar nur die Eintragung des Zedenten verlangen, **RG** RGZ 59, 293, *Güthe* § 20 Bem 23. 27

3. Erbbaurecht 28

Dazu *Güthe* GBO § 20 Bem 24, *Hesse-Saage-Fischer* GBO § 20 Bem II 2, *Horber* GBO § 20 Bem 2 (B), *Thieme* GBO § 20 Bem 3

Nach dem Wortlaut des Gesetzes bezieht sich § 20 außer auf die Auflassung auch auf die **Bestellung, Änderung des Inhalts und Übertragung eines Erbbaurechts.**

Für die **Bestellung** des Erbbaurechts iSd ErbbauVO ist § 873 BGB maßgebend. Es gilt § 925 BGB nicht, auch §§ 927, 928 BGB (*Bem 19, 51, § 19 Bem 48, 49*) sind auf das Erbbaurecht nicht anwendbar, § 11 Abs 1 ErbbauVO (*Anh*); dazu auch *§ 8 Bem 6.* Es genügt die an sich formlose Einigung, die dem GBA in der Form des § 29 nachzuweisen ist, **KG** KGJ 53; 150, *Ingenstau* ErbbauVO § 11 Bem B, *Staudinger-Ring* BGB ErbbauVO § 11 Bem 10. Da der Inhalt des Erbbaurechts nicht (wie zB beim Nießbrauch) vom Gesetz bestimmt ist, genügt es bei der Bestellung nicht, wenn die Parteien lediglich erklären, daß der Berechtigte auf dem Grst ein *Bauwerk jeder Art* haben dürfe; vielmehr muß in der Erklärung der nähere Inhalt der Benutzungsbefugnis, insbes auch bez etwaiger Erweiterungen des Erbbaurechts nach § 1 Abs 2 ErbbauVO (*Anh*), im einzelnen zum Ausdruck kommen, **BayObLG** 20, 139, *Staudinger-Ring* aaO Bem 10 (*a*). Neben der Einigung ist auch die Eintragungsbewilligung (§ 19) erforderlich. Über Erweiterung eines Erbbaurechts durch Zuschreibung eines ErbbauGrst nach § 890 Abs 2 BGB ua *§ 6 Bem 4ff.*, auch **OLG Neustadt** Rpfleger 1963, 241 (*Haegele*) = DNotZ 1964, 344, über Beschränkung des Erbbaurechts *§ 16 Bem 7.*

Die **Änderung des Inhalts** erfolgt unter denselben Voraussetzungen wie die Bestellung, § 877 BGB; dazu *§ 8 Bem 9.* Für die älteren Erbbaurechte (*§ 8 Bem 1*) gilt § 20 aF (*Bem 1*), wonach Inhaltsänderung nicht erwähnt war; daher ist für solche Erbbaurechte Auflassung erforderlich, *Güthe* GBO § 20 Bem 24, *Hesse-Saage-Fischer* GBO § 20 Bem II 2; dazu auch *§ 8 Bem 9.* Im übrigen auch *Ingenstau* ErbbauVO § 11 Bem C, *Staudinger-Ring* BGB ErbbauVO § 11 Bem 13, § 37 Bem 1.

Für die **Übertragung eines Erbbaurechts** gilt dasselbe; es genügen Einigung und Eintragung im GB, wobei der Nachweis in derselben Weise wie bei der Bestellung zu erbringen ist, *Staudinger-Ring* BGB ErbbauVO § 11 Bem 14; dazu auch *§ 8 Bem 15.* Für die altrechtlichen Erbbaurechte ist der frühere Rechtszustand maßgebend, also die Auflassungsform; dazu auch *§ 8 Bem 15.* Im übrigen *Ingenstau* ErbbauVO § 11 Bem D. Bei Erbbaurechtsübertragung kann Gläubigeranfechtung nach dem AnfG ohne

Zustimmung des GrstEigentümers erfolgen, § 8 ErbbauVO (*Anh*); dazu **BGH** MDR 1966, 141 = BB 1966, 100 = FamRZ 1966, 27 = WM 1965, 1152 = DRspr I (154) 72e. In neuerer Zeit ist bei Veräußerung des Erbbaurechts die Zustimmung des GestEigentümers vielfach davon abhängig gemacht worden, daß der Erbbauzins erhöht wird; dazu *Keller* Erhöhung des Erbbauzinses bei Veräußerung des Erbbaurechts? BWNotZ 1966, 98; zum Erbbauzins *§ 8 Bem 39*. Über bedingte und befristete Übertragung *Bem 65, § 8 Bem 36, 46, § 19 Bem 53*, über Übertragung bei Erbengemeinschaft **OLG Hamm** MDR 1967, 127. Für das Erbbaurecht gilt die Buchersitzung nach § 900 BGB; dazu *Bem 19, Ingenstau* ErbbauVO § 11 Bem B III, Über den Fall der Enteignung *Ingenstau* aaO Bem B IV.

29 **4. Erbpachtrecht**

Dazu *Güthe* GBO § 20 Bem 25, *Hesse-Saage-Fischer* GBO § 20 Bem II 2, § 118 Bem II, *Horber* GBO § 20 Bem 2 (C), *Thieme* GBO § 20 Bem 3

Die Grundsätze über die Anwendung des § 20 auf das Erbbaurecht (*Bem 28*) gelten entsprechend für die Übertragung eines Erbpachtrechts iSd Art 63 EGBGB, § 118 GBO. Über Erbpachrecht *§ 3 Bem 16, § 49 Bem 1, § 117 Bem 14ff., § 118 Bem 2ff.*

30 **5. Nicht bergrechtliche Mineralien**

Dazu *Güthe* GBO § 20 Gem 26, *Hesse-Saage-Fischer* GBO § 20 Bem II 2, § 118 Bem II, *Horber* GBO § 20 Bem 2 (C), *Thieme* GBO § 20 Bem 3

Bei Bestellung oder Übertragung eines Abbaurechts an nicht bergrechtlichen Mineralien iSd Art 68 EGBGB finden die in § 20 aufgestellten Grundsätze über das Erbbaurecht (*Bem 28*) entsprechende Anwendung, § 118; dazu *§ 117 Bem 44, § 118 Bem 2ff.*

31 **6. Bergwerkseigentum ua**

Dazu *Güthe* GBO § 20 Bem 27, *Horber* GBO § 20 Bem 2 (C)

Auch für das **Bergwerksrecht,** das der landesrechtlichen Regelung nach **Art 67 EGBGB** vorbehalten ist (dazu *Palandt* BGB EG Art 67 Bem 3, *Staudinger* BGB EG Art 67 Bem 13, auch *§ 3 Bem 12*) bestehen Besonderheiten. Dies gilt auch für **sonstige selbständige Gerechtigkeiten** gemäß den Vorbehalten in **Art 69, 74 EGBGB.**

In **Bayern** findet § 20 Anwendung auf die Übertragung eines Bergwerks und eines unbeweglichen Kuxes, ferner bei Bestellung und Übertragung der in Art 17 Abs 2 bayAGGBO bezeichneten erstgleichen Rechte, nämlich Fischereirechte, Realgewerbeberechtigungen und Nutzungsrechte; dazu *§ 3 Bem 15, § 117 Bem 32ff.* Art 18 bayAGGBO nimmt auf § 20 GBO aF (*Bem 1*) Bezug, in der die Änderung des Inhalts eines Erbbaurechts nicht erwähnt war. Auf Änderung des Inhalts der erwähnten grstgleichen Rechte ist daher § 20 nicht anzuwenden, **BayObLG** 31, 323.

Im Gebiete des ehemaligen Landes **Preußen** ist § 20 anzuwenden auf die Übertragung des Bergwerkseigentums, des bergrechtlichen Gewinnungsrechts, der unbeweglichen Bergwerksanteile (Kuxe älteren Rechts), der Kohlen- und Salzabbaugerechtigkeiten und der sonstigen Gerechtigkeiten, Art 28 prAGGBO, §§ 2, 4 prGes vom 4. August 1904 prGS 235. Die Bestellung einer Kohlenabbaugerechtigkeit für den Eigentümer fällt nicht unter § 20, da es sich um eine einseitige Erklärung handelt. Dazu *Güthe* GBO § 20 Bem 27, prAGGBO Art 28 Bem, im übrigen *§ 117 Bem 23ff.*

32 III. Erklärung der Auflassung vor einer zuständigen Stelle

Dazu *Boruttau-Klein* GrEStG § 1 Bem 95, *Güthe* GBO § 20 Bem 28ff., *Hesse-Saage-Fischer* GBO § 20 Bem III, *Horber* GBO § 20 Bem 3,4, *Thieme* GBO § 20 Bem 2, im übrigen LitHinweise zu *Bem 2,3,4*

1. Allgemeines

Im folgenden wird lediglich die **Auflassung** besprochen. Über **Erbbaurecht** *Bem 28, § 8 Bem 6ff.*; über **andere Rechte** *Bem 29ff., § 117 Bem 2ff., § 118 Bem 2ff.*

Nach § 925 Abs 1 BGBaF mußte die **Auflassung** vor dem GBA erklärt werden. Ausnahmen ergaben sich auf Grund besonderer reichsrechtlicher Bestimmungen und für das Landesrecht im Rahmen des Art 143 EGBGB; dazu Bem 42ff. S. 529ff. der 4. Aufl dieses Kommentars.

Nach der **Neufassung des § 925 Abs 1 BGB** (dazu *Bem 4*) muß die Erklärung vor einer zuständigen Stelle abgegeben werden, wobei — unbeschadet weiterer Stellen — das GBA, jedes Amtsgericht und jeder Notar als zuständig erklärt werden und auch die Erklärung in einem gerichtlichen Vergleich für zulässig erklärt wird. Art 143 EGBGB wurde aufrechterhalten, jedoch in seiner Bedeutung praktisch wesentlich eingeschränkt; dazu *§ 117 Bem 120*.

Die **Einigung** in Verbindung mit der Eintragung führt zu der beabsichtigten Rechtsänderung; dazu *Bem 75*.

Zur Einigung, insbes zur Auflassung, ist auf folgende Punkte hinzuweisen:
Entgegennahme zuständige Stellen, *Bem 33ff.*,
Form der Erklärung, *Bem 48*,
Erklärung der Auflassung, *Bem 49ff.*,
Gleichzeitige Anwesenheit beider Teile, *Bem 53ff.*,
Bedingung und Zeitbestimmung bei Auflassung, *Bem 65*,
mehrere aufeinanderfolgende Auflassungen, *Bem 66*,
Wiederaufhebung der Auflassung, *Bem 67*,
Abtretung des Auflassungsanspruchs, *Bem 68*,
Pfändung des Auflassungsanspruchs, *Bem 69*,
Gültigkeit der Einigung, *Bem 70*,
Entgegennahme der Auflassung, *Bem 71ff*.

2. Zuständige Stellen 33

Es besteht die Zuständigkeit
des GBA, *Bem 34*,
jedes Amtsgerichts, *Bem 35*,
jedes Notars, *Bem 36*,
jedes Gerichts, bei dem in einem Vergleich eine Auflassung geschlossen wird, *Bem 37*,
jeder sonst zuständigen Stelle, *Bem 38ff*.

Die schriftliche Niederlegung der Erklärungen, ev in einem Protokoll, dient dem grbamtlichen Nachweis; dazu *Bem 48*.

a) Grundbuchamt 34

Hier kommt nur das **örtliche zuständige GBA** in Frage. Über die Zuständigkeit des GBA §§ 1, 4, 5, 6 sowie im Rahmen des Vorbehalts des § 117 Landesrecht; dazu *§ 1 Bem 30ff., § 4 Bem 14, 15, 30, 31, § 6 Bem 20, § 29 Bem 20ff., § 117 Bem 119, 120, 121.* Eine vor einem örtlich unzuständigen GBA erklärte Auflassung ist nichtig, außer wenn das an sich örtlich unzuständige GBA tatsächlich das GB für das aufgelassene Grst führt; dazu **RG** RGZ 71, 380, *Güthe* GBO § 1 Bem 28, § 20 Bem 33, *Horber* GBO § 20 Bem 3(Aa), *Predari* BGO § 1 Bem 3, *Thieme* GBO § 20 Bem 2. Doch tritt diese Wirkung sehr selten auf, da nunmehr jedes Amtsgericht zuständig ist; dazu *§ 1 Bem 34, 37*, ferner *Staudinger-Seufert* BGB § 925 Bem 42a, im übrigen *Bem 35, 36*.

Zuständig zur Entgegennahme der Auflassung ist jeder **Richter** oder **RPfleger** des GBA; dazu *§ 1 Bem 36ff., 43ff*. Die Beurkundung durch einen geschäftsplanmäßig nicht zuständigen Beamten berührt die Wirksamkeit der Auflassung nicht, **KG** KGJ 44, 236. Nicht erforderlich ist, daß die Einigung gerade in den Diensträumen des GBA erklärt wird, wenn auch davon nur ausnahmsweise Gebrauch zu machen ist; dazu *BGB-RGRK* BGB §§ 925, 925a Bem 47, *Güthe* GBO § 20 Bem 33, *Predari* GBO § 20 Bem 4, *Staudinger-Seufert* BGB § 925 Bem 45.

35 **b) Amtsgericht**

Jedes deutsche Amtsgericht ist zuständig, also ohne Rücksicht, ob es ein AG ist, bei dem das GB geführt wird; dazu *Hesse-Saage-Fischer* GBO § 20 Bem III 2 ba, *Staudinger-Seufert* BGB § 925 Bem 42b, *Thieme* GBO § 20 Bem 2. Wenn daher eine Erklärung vor einem unzuständigen GBA eines AG abgegeben ist (*Bem 34*), so ist trotzdem regelmäßig die Auflassung vor einer zuständigen Stelle erklärt. Bez Baden *Melcher* Die Zuständigkeit der badischen Amtsgerichte für die Auflassung von Grsten außerhalb gerichtlicher Vergleiche BWNotZ 1960, 228.

Es sind hiernach **Amtsrichter** und **RPfleger** an den Amtsgerichten zuständig; dazu *Bem 34*. Die Zuständigkeit des RPflegers zur Entgegennahme der Auflassung, also ihrer Beurkundung, ist in § 23 Z 8 RPflG (*Anh*) ausdrücklich ausgesprochen; dazu auch *§ 29 Bem 20ff.*

Bei **Nachlaßauseinandersetzung** (dazu *Bem 8, § 36 Bem 2ff.*) kann vor dem **Nachlaßgericht** bzw Notariat (*Bem 36*) auch die Auflassung bez eines zum Nachlaß gehörigen Grst im Rahmen der Vermittlung der Nachlaßauseinandersetzung nach §§ 86ff. FGG beurkundet werden; dazu *Jansen* FGG § 98 Bem 2, *Keidel* FGG § 98 Bem 19, 20. Ist dies der Fall, so erstrecken sich auch die Säumnisfolgen der § 91 Abs 3, § 93 Abs 2 FGG auf die Auflassungserklärung; auch die rechtskräftige Bestätigung nach § 98 FGG erstreckt sich auf die Auflassung, **BayObLG** 5, 1 = OLG 10 38, **KG** KGJ 41, 249, *Jansen* und *Keidel* aaO, *Schlegelberger* FGG § 93 Bem 2, § 98 Bem 6. Die Zuständigkeit zur Nachlaßauseinandersetzung obliegt den Gerichten oder anderen Behörden, insbes Notaren, je nach landesrechtlicher Anordnung, § 193 FGG, Art 147 EGBGB; dazu *Arndt* RPflG § 13 Bem 28. Der RPfleger kann die Beurkundung vornehmen, Richtervorbehalt besteht nur nach Maßgabe des § 13 Z 7 RPflG (*Anh*); dazu *Arndt* aaO Bem 25ff. *Hofmann-Kersting* RPflG § 13 Bem II, *Keidel* FGG § 72 Bem 9ff.

Für die **Auseinandersetzung der ehelichen oder der fortgesetzten Gütergemeinschaft** (dazu *§ 33 Bem 33, § 36 Bem 5ff.*) gilt dasselbe wie für die Nachlaßauseinandersetzung, § 99 FGG. Hier hat jedoch der RPfleger keine Zuständigkeit, da nach § 13 Z 8 RPflG (*Anh*) der Richtervorbehalt nicht eingeschränkt ist; dazu *Arndt* aaO Bem 29, *Hofmann-Kersting* aaO Bem II, *Keidel* FGG § 99 Bem 8. Die Einschränkung der Befugnisse des RPflegers bezieht sich aber nur auf den Fall, daß die Auflassung im Rahmen einer Auseinandersetzung erfolgt, insbes in der Urkunde über die Auseinandersetzung der Gütergemeinschaft. Erfolgt aber die Auseinandersetzung getrennt von der Auflassung, so wird die Auflassung vor dem GBA oder dem AG erklärt und es greift die hierfür geregelte Zuständigkeit ein, die durch § 13 Z 8 RPflG (*Anh*) unberührt gelassen wird, ein; es ist also dann der RPfleger zuständig. Eine Trennung beider Beurkundungen ist nämlich denkbar, wenn sie auch selten vorkommt. Daß bei solcher getrennter Behandlung die Zuständigkeit des RPflegers besteht, folgt auch aus § 5 RPflG (*Anh*), wo die Frage getrennter Erledigung von selbständig möglichen Rechtsgeschäften geregelt ist.

Über Zuständigkeit zu Vergleichen *Bem 37*.

36 **c) Notar**

Auch jeder deutsche Notar hat die Zuständigkeit zur Entgegennahme der Auflassung, § 20 Abs 2 BNotO (*Anh*); dazu *Horber* GBO § 20 Bem 3 (Aa), *Palandt* BGB § 925 Bem 4 (c), *Staudinger-Seufert* BGB § 925 Bem 42, *Thieme* GBO § 20 Bem 2, auch *Bem 35, § 1 Bem 76c*. Es muß ein deutscher Notar sein, ein ausländischer Notar hat keine Zuständigkeit; so auch *Haegele* GBRecht Bem 1880 mit Fußn 6 A 456, *Hesse-Saage-Fischer* GBO § 20 Bem III 2 ba, *Horber* GBO § 20 Bem 5 (Aa $\alpha\gamma\gamma$). *Palandt* BGB § 925 Bem 4 (c), *Fritz Riedel* DNotZ 1955, 521, *Staudinger-Seufert* BGB §§ 925, 925a Bem 42 l, **aA** (überholt) *Mann* NJW 1955, 1177. Eine andere Frage ist, inwieweit nach internationalem Recht im internationalem Urkundsverfahren ausländische bzw inländische Notare Zuständigkeit haben, um Beurkundungen, auch Auflassungen, entgegenzunehmen; dazu *Göttlich* Amtsführung der Notare 70ff., auch *Bem. 6.* Ein Notar darf Amtshandlungen außerhalb seines Bezirks nicht vornehmen; doch wird die Gültigkeit der Auflassung nicht berührt, wenn sich ein Notar nicht daran hält, § 11 BNotO (*Anh*); dazu *Göttlich* aaO 62ff., *Staudinger-Seufert* aaO, im übrigen *§ 1 Bem 76a.* Dies gilt, ob unzulässigerweise außerhalb des Bezirks beurkundet wird oder ob sich die Amtshandlung auf Grste außerhalb der Grenzen des BLandes, dem der Notar angehört, befindet, also in einem anderen BLand liegt, § 11 Abs 3 BNotO (*Anh*); dazu auch *Staudinger-Seufert* aaO. Die Verpflichtung des Notars, sich bei Ausübung seiner Urkundstätigkeit auf einen engeren räumlichen Amtsbereich, zB den AGBezirk seines Amtssitzes, zu beschränken, ist verfassungsmäßig, also zulässig; dazu **OLG Celle** DNotZ 1966, 632 = Rpfleger 1966, 373 zu der Regelung in Nds durch AVJM vom 30. März 1961 NdsRpfl 70 und zu § 8 Allgemeine Richtlinien der BNotarkammer für die Berufsausübung der Notare vom 8. Dezember 1962 DNotZ 1963, 130, wonach Amtshandlungen in einem anderen Bezirk nicht zulässig sind, wenn die gebotene Rücksichtnahme auf die ansässigen Notare außer Acht gelassen wird bzw wenn ein Übergreifen in einen anderen AGBezirk durch örtliches Herkommen oder besondere berechtigte Interessen der Rechtssuchenden nicht gerechtfertigt ist. Wenn auch derartige dienstliche Anordnungen erfolgen können, so machen sie doch bei einem Verstoß eine Beurkundung nicht unwirksam, auch wenn in einer landesrechtlichen Anordnung die Amtshandlung als „unzulässig" bezeichnet wird.

Zur Entgegennahme der Auflassung ist auch der **Bezirksnotar in Württemberg** zuständig, auch für Grst außerhalb des eigenen Landes; dies ist hM, insbes *Haegele* GBRecht Bem 1880 mit Fußn 6 S 456, Rpfleger 1960, 422 (423), *Palandt* BGB § 925 Bem 4 (c), *Planck-Kettnaker* Führung des GBuchs 66 Fußn 1, 2.

d) Gericht bei Vergleich **37**

Dazu *BGB-RGRK* BGB §§ 925, 925a Bem 45, *Hesse-Saage-Fischer* GBO § 20 Bem III 2b*β* *Horber* GBO § 20 Bem 3 (Aa), *Palandt* BGB § 925 Bem 4 (d), *Staudinger-Seufert* §§ 925, 925a Bem 42c ff., *Thieme* GBO § 20 Bem 2

Eine Auflassung kann auch in einem gerichtlichen Vergleich erklärt werden; dazu auch *Bem 62.* Die Regelung in § 925 Abs 1 S 3 BGB bezieht sich auf den Prozeßvergleich iSd § 794 Abs 1 Z 1 ZPO, wenn auch ein Hinweis fehlt; dazu auch *§ 14 Bem 4 (2), § 29 Bem 53.*

Unter **Gericht** versteht man die ordentlichen und besonderen Gerichte auf dem Gebiet der streitigen und der freiwilligen Gerichtsbarkeit, wobei vorausgesetzt wird, daß sie als Gericht, nicht als Verwaltungsbehörde oder -gericht tätig werden. Dies ist hM; dazu insbes *BGB-RGRK* BGB §§ 925, 925a Bem 45, *Hesse* DR 1940, 1032, *Hesse-Saage-Fischer* GBO § 20 Bem III 2 b *β*, *Horber* GBO § 20 Bem 3 A aa) *δδ*, *Palandt* BGB § 925 Bem 4 (d), *Soergel* BGB § 925 Bem 3d, *Staudinger-Seufert* BGB § 925 Bem 42c, d, *Stein-Jonas* ZPO § 794 Bem II, 2a, c, III, *Thieme* GBO § 20 Bem 2. Bei den Gerichten in diesem Sinne kommen die verschiedenen Instanzen in Frage, also zB in einem Prozeßverfahren AG, LG, OLG ua. Es stehen neben dem GBA das Nachlaß-, Vollstreckungs-, Konkurs- und Vergleichsgericht usw, die Wiedergutmachungskammern, **BayObLG** BayObLGZ 1948/51, 578 (682), das Prozeßgericht, das im Anschluß an ein Enteignungsverfahren entscheidet. In einem vor einem Strafgericht in einem Privatklage- oder Adhäsionsverfahren geschlossenen gerichtlichen Vergleich kann die Auflassung eines Grst jedenfalls dann nicht rechtswirksam erklärt werden, wenn sie nicht dazu dient, einem durch eine Straftat Verletzten ein Grst zurückzugewähren, das der Täter durch die strafbare Handlung an sich gebracht hat, **OLG Stuttgart** Justiz 1963, 301 = NJW 1964, 110 = BWNotZ 1963, 219 Ls, also nur, soweit im Rahmen des Strafverfahrens ein Bußanspruch (§§ 403 ff. StPO) miterledigt wird. In behördlichen und staatsaufsichtlichen Genehmigungsverfahren (dazu *Bem 79ff.*, *§ 18 Bem 148ff.*) können nicht Vergleiche mit Auflassung geschlossen werden, da derartige Verfahren außerhalb der Rechtsbeziehungen der Parteien liegen; dazu *Staudinger-Seufert* BGB §§ 925, 925a Bem 42d. Da Nachlaß- und Gesamtgutsauseinandersetzung FGG-Verfahren sind (dazu *Bem 35*), sind auch Vergleiche mit Auflassung in solchen Verfahren zulässig. Soweit auf besonderen Rechtsgebieten Verfahren der freiwilligen Gerichtsbarkeit derartigen Zwecken dienen, wie das gerichtliche Zuweisungsverfahren nach §§ 13 ff. GrstVG (*Anh*), das die Auseinandersetzung einer Erbengemeinschaft zum Gegenstand hat (dazu *Pikalo-Bendel* GrstVG § 13 Vorbem B II 2b) cc *δ* (S 676), § 17 Bem D III 2a, E I 2c), können Vergleiche mit Auflassung in solchen Verfahren geschlossen werden.

Es muß ein **anhängiges Verfahren** sein, in dem der Vergleich geschlossen wird; das Verfahren muß also eingeleitet und darf noch nicht beendet sein; dazu *Staudinger-Seufert* aaO Bem 42e, *Stein-Jonas* ZPO § 794 Bem II2a. Auch in einem armenrechtlichen Verfahren kann ein Vergleichsabschluß erfolgen. Beteiligt am Vergleich sind die Parteien; wenn ein Dritter den Vergleich mit abschließt, muß mindestens eine der Parteien am Vergleichsabschluß teilnehmen; dazu *Stein-Jonas* aaO Bem II 2b.

Ein **Vergleich** muß nach § 779 BGB einen Streit oder eine Ungewißheit der Parteien über ein Rechtsverhältnis im Wege des gegenseitigen Nachgebens beseitigen, wozu auch die Beseitigung der Unsicherheit der Verwirkung eines Anspruchs zu rechnen ist. Mit der Praxis ist hier eine weite Auslegung am Platze, wonach schon ein geringes Nachgeben als genügend angesehen wird. Dies ist hM; daher kommt auch der an sich rechtlich bedenklichen abweichenden Auffassung, die für einen gerichtlichen Vergleich dieses Erfordernis des § 779 BGB nicht verlangen, in der Praxis keine maßgebliche Bedeutung zu. Es ist nicht ersichtlich, worin dann das Wesen des Vergleichs erblickt wird, wenn man den allgemeinen Rechtsgedanken des § 779 BGB nicht anerkennen will. Man würde dann zu dem mit dem Wortlaut und Sinn des § 925 Abs 1 S 3 BGB in Widerspruch stehenden Ergebnis kommen, daß nach dieser Vorschrift eine Auflassung vor jedem Gericht geschlossen werden könne; damit aber würde die wesentliche Beschränkung, die durch das Wort *Vergleich* geschaffen ist, fallen. Wie hier insbes *Keidel* DNotZ 1952, 103, *Staudinger-Seufert* BGB §§ 925, 925a Bem 42f., *Stein-Jonas* ZPO § 794 Bem II 1; dazu auch *Baumbach-Lauterbach* ZPO § 307 Bem 2, *Hesse-Saage-Fischer* GBO § III 2 b*β*, *Horber* GBO § 20 Bem 3 (A a *αδδ*), *Palandt* BGB § 925 Bem 4 (d). Soweit ein gerichtlicher Vergleich nicht dem § 925 Abs 1 S 3 BGB entspricht, kann er nach §§ 139, 140 BGB in einen außergerichtlichen Vergleich umgedeutet werden; dazu *Staudinger-Seufert* aaO. Der Vergleich ist ein Rechtsgeschäft, für das insbes die §§ 116 ff. BGB gelten; dazu *§ 19 Bem 22*. Anfechtung ist nach §§ 119, 123 BGB zulässig. **BGH** NJW 1966, 2399 (*Schneider* und *Ostler*) = MDR 1966, 988 = JZ 1966, 753 = DB 1966, 1645 = WM 1966, 1103 = DRiZ 1966, 379 = DRspr I (111) 38 b hat die Frage der Anfechtbarkeit eines gerichtlichen Vergleichs wegen Drohung seitens eines Mitglieds des Gerichts bejaht, und zwar in einem Falle, in dem das Gericht eine Partei auf den ungünstigen Ausgang des Prozesses hinwies, falls kein Vergleich geschlossen würde. Diese Entscheidung wurde sehr unterschiedlich aufgenommen. Da Überraschungsentscheidungen vermieden werden sollen, werden in vielen Prozessen, um eine praktische wirtschaftliche und menschliche Lösung zu finden, Rechtsgespräche und -erörterungen vorgenommen. Daß dabei auch die Rechtslage nach dem Stand des Rechtsstreits zur Sprache kommt, ist sehr häufig der Fall. Ein Hinweis auf den ungünstigen Ausgang des Prozesses für eine der Parteien bedeutet daher nicht immer, sondern nur ausnahmsweise eine Drohung iSd § 123 BGB. Die Entscheidung des BGH darf daher nicht verallgemeinert werden, sonst würde sie zu einer Unsicherheit im Rechtsleben führen. Bedenken bestehen insofern, ob der tatsächlich festgestellte Sachverhalt, der für die Revisionsinstanz bindend war, diese abweichende nur sich auf Ausnahmefälle beziehende Auslegung zuließ. Daher sollte man diesem Urteil des BGH keine zu große Bedeutung beimessen.

Für die **Form** des Prozeßvergleichs gelten die jeweiligen verfahrensrechtlichen Vorschriften, da es sich andernfalls um keinen *gerichtlichen Vergleich* handelt. Dazu *Staudinger-Seufert* BGB §§ 925, 925a Bem 42f., *Stein-Jonas* ZPO § 94 Bem II 2 d, III.

Über **Vollstreckung** aus Vergleich *Bem 65*.

e) Sonst zuständige Stelle 38

Dazu *BGB-RGRK BGB* §§ 925, 925a Bem 46, *Hesse-Saage-Fischer* GBO § 20 Bem III 2b *γ, δ, ε*, *Horber* GBO § 20 Bem 3 (Aa *β*), *Palandt* BGB § 925 Bem 4 (2 bis k), *Staudinger-Seufert* §§ 925, 925a Bem 42m, n, *Thieme* GBO § 20 Bem 2

Es kommen weitere Stellen für die Entgegennahme der Auflassung in Frage. Die Zuständigkeit muß sich jedoch auf Grund **bundesrechtlicher** oder **landesrechtlicher Vorschriften** ergeben.

Es ist insbes auf folgende Fälle hinzuweisen:

1. Bei Begründung von Eigenheimen als **Rentenstellen für ländliche Arbeiter und Handwerker** nach der LandAVO (*Anh*) ist zur Entgegennahme und Beurkundung der Auflassung auch die Durchführungsbehörde zuständig, § 8 Abs 1 S 3 mit § 4 Abs 1 LandAVO. Die Durchführungsbehörde beauftragt mit der Beurkundung einen in ihrem Geschäftsbereich tätigen Beamten; die von diesem aufgenommenen Verhandlungen müssen unter Bezugnahme auf den erteilten Auftrag als Angelegenheit zur Begründung einer Rentenstelle für ländliche Arbeiter und Handwerker iSd genannten VO bezeichnet werden, § 8 Abs 1 S 4,5 LandAVO. Im übrigen *Bem 86*. 39

2. Beim freiwilligen Erwerb von zu einem **Wasser- und Bodenverband** gehörenden Grsten durch den Verband ist die von dem FachMin bestimmte Behörde zur Entgegennahme der Auflassung befugt. Auf die Beurkundung sind §§ 168 S 2, 169ff. FGG (*Anh*) entsprechend anzuwenden; zum Verfahren *§ 29 Bem 27ff*. Die Niederschrift der Behörde hat die Kraft einer gerichtlichen oder notariellen Urkunde, § 37 der 1. WasserverbandsVO vom 3. September 1937 RGBl I 933. Dasselbe gilt beim freiwilligen Erwerb des Eigentums an Grsten, die durch das Unternehmen des Wasser- und Bodenverbands eine unwirtschaftliche Form erhalten, wenn der Erwerb für eine zweckmäßige Flureinteilung nötig ist und die Niederschrift der Behörde als Flureinteilungssache des Wasser- und Bodernverbands bezeichnet wird; ebenso ist es bei Grsten, die ohne von dem Unternehmen unmittelbar betroffen zu sein, zur zweckmäßigen Gestaltung der betroffenen Grste zugezogen werden, § 38 aaO. Über die zuständige Behörde § 189 aaO, über Wasserrecht *§ 117 Bem 27ff*. 40

3. Zur Entgegennahme der Auflassung sind auch die Leiter der **Entschuldungsämter** und die beigeordneten Beamten befugt; die Beurkundung soll aber durch das Entschuldungsamt nur in Angelegenheiten vorgenommen werden, die mit der landwirtschaftlichen Schuldenregelung (dazu *Bem 84*) in unmittelbaren Zusammenhang stehen, Art 11 der 9. SchRG DVO vom 24. November 1937 RGBl I 1305. 41

4. Zur Entgegennahme der Auflassung sind weiter zuständig die **Berufskonsuln** der Bunderepublik, und zwar für die im Bundegebiet gelegenen Grste, §§ 16, 37a Ges vom 8. November 1867 idF vom 14. Mai 1936 RGBl I 447/16. Dezember 1950 BGBl 784. 42

5. Es sind noch weitere Fälle zu erwähnen: 43

Früher war bei Landeszentralbanken der Urkundsbeamte zur Entgegennahme der Auflassung zuständig; dazu Bem 43 der 5. Auflage dieses Kommentars. Nunmehr entfällt diese Möglichkeit, da die Bundesbank und ihre Zweigstellen, die Landeszentralbanken nach dem BBankG vom 26. Juli 1957 BGBl I 745 = SaBl 1109 keine Befugnis mehr haben, Auflassungen entgegenzunehmen sowie Unterschriften Dritter zu beglaubigen. Die Urkundsbeamten sind nach §§ 11, 30 aaO nur mehr zuständig für die Ausstellung von Bescheinigungen über die Vertretungsbefugnis der Beamten der Bundesbank und der Landeszentralbanken.

Die Beurkundungen durch **Vermessungsbeamte** im Bereiche des Vermessungswesens (dazu *§ 5 Bem 14, § 6 Bem 14, § 29 Bem 57*) auf Grund des Ges über die Beurkundungs- und Beglaubigungsbefugnis der Vermessungsbehörden vom 15. November 1937 RGBl I 1257 (*Anh*) beziehen sich auch auf die Auflassungen von Grsten oder GrstTeilen, da auf ihrer Grundlage die erforderlichen GBEintragungen erfolgen.

Zu erwähnen ist auch die Zuständigkeit der **Enteignungsbehörden** in Zwangsenteignungsverfahren, soweit gesetzliche Vorschriften dies vorsehen, wie zB nach § 37 LBG (dazu *Bem 18*). Auch in § 27 BaulBeschG, das durch § 186 Abs 1 Z 20 BBauG aufgehoben wurde, sah eine solche Zuständigkeit vor.

44 6. **Landesrechtlich** kommen auf Grund des aufrecht erhaltenen Art 143 Abs 1 EGBGB (dazu *Bem 32, § 117 Bem 120*) ergänzend weitere, für die Entgegennahme der Auflassung zuständige Stellen in Frage; über Landesrecht *Palandt* BGB EG Art 143 Bem 2, *Staudinger* BGB EG Art 143 Bem 7. Die Zuständigkeit beschränkt sich auf die Grste, die in dem betreffenden Lande liegen, und bezieht sich nur auf weitere Zuständigkeiten, berührt also die Zuständigkeiten nach § 925 BGB und nach Bundesgesetzen nicht. Infolge der Erweiterung der Zuständigkeiten nach § 925 BGB sind frühere landesrechtliche Vorschriften teilweise als überholt anzusehen, so zB Art 26 § 1 prAGBGB (*Güthe* GBO § 20 Bem 34). Dazu *Staudinger-Seufert* BGB §§ 925, 925a Bem 43.

45 a) In **Bayern** ist die Kreisverwaltungsbehörde zur Entgegennahme der Auflassung im **Zwangsenteignungsverfahren** zuständig, wenn eine gütliche Einigung der Beteiligten zustande kommt, Art 26 bayAGZPO. Diese Zuständigkeit bezieht sich nicht nur auf die Auflassung von dem Abtretungspflichtigen an den Abtretungsberechtigten, sondern erstreckt sich, wenn die Entschädigung ebenfalls in Grsten geleistet wird, wenn also ein GrstTausch stattfindet, auch auf die Auflassung der von dem Abtretungsberechtigten an den Abtretungspflichtigen als Entschädigung zu übereignenden Grste, **BayObLG** 6, 536/34, 302. Auch Grste des Abtretungspflichtigen, auf die sich zwar das anhängige Enteignungsverfahren nicht erstreckt, bei denen aber die Möglichkeit besteht, daß sie beim Vorliegen der gesetzlichen Voraussetzungen in das Verfahren einbezogen werden, können vor der Kreisverwaltungsbehörde aufgelassen werden, **BayObLG** 34, 302. Ein rechtswirksames Zwangsenteignungsverfahren muß anhängig sein, *Staudinger* SeuffBl 51, 401. Die Auflassung muß vor der zuständigen Kreisverwaltungsbehörde erfolgen, sonst ist sie nichtig.

46 b) Im Gebiet des ehemaligen **Preußen** können **Siedlungsgrste** dh Grste, die zur Schaffung neuer Ansiedlungen oder zur Hebung bestehender Kleinbetriebe bestimmt sind (§ 1 Abs 1 SiedlG), von dem vom Oberpräsidenten (Landeskulturabteilung) beauftragten Vorsteher eines Kulturamtes oder vor sonstigen Beamten der Landeskulturbehörde aufgelassen werden, § 34 Abs 1 S 2 prAGSiedlG vom 15. Dezember 1919 prGS 1920, 31. Eine Genehmigung nach dem GrstVG (*Anh*) ist nicht erforderlich; dazu *Bem 82a*. Für **buchungsfreie Grste** von einem buchungsfreien Eigentümer auf einen ebensolchen genügt gerichtliche oder notarielle Beurkundung der Auflassung, Art 27 Abs 1 prAGBGB, *Güthe* GBO § 20 Bem 34; dazu auch *Bem 25, 64*.

47 c) Im früheren Land **Württemberg** kann der Ratschreiber (*§ 1 Bem 26*) eine Auflassung im Rahmen seiner allgemeinen örtlichen Zuständigkeit entgegennehmen, Art 32 wüAGBGB (*GT 22*); über die örtliche Zuständigkeit desselben bez Grste des eigenen Gemeindebezirks, uU noch eines angrenzenden GBAmtsbezirks *Haegele* Merkbuch 157ff.

Dazu **AG Stuttgart** BWNotZ 1960, 201 Ls (bez Erbbaurecht), **LG Tübingen** GBPrErl vom 20. September 1958 BWNotZ 1959, 334 (*Herb*), bawüJMErl vom 6. Juli 1959 BWNotZ 1959, 255.

3. Form der Einigung 48

Dazu *Güthe* GBO § 20 Bem 35, *Hesse-Saage-Fischer* GBO § 20 Bem III 2, *Horber* GBO § 20 Bem 3 (A), *Thieme* GBO § 20 Bem 2

Für die **Auflassungserklärungen** ist eine bestimmte **Form nicht** vorgeschrieben; sie können also **formlos** erklärt werden, um rechtswirksam zu sein. Hiervon zu unterscheiden ist der grbamtliche Nachweis nach § 29 sowie die Form des Grundgeschäfts nach § 313 BGB. Notwendig ist jedoch, daß die Auflassung vor der zuständigen Stelle erklärt wird.

Diese verschiedenen Gesichtspunkte dürfen miteinander nicht verquickt werden. Es ist deshalb auf folgendes hinzuweisen:

48a a) Die erforderliche Einigung iSd § 925 BGB muß **vor der zuständigen Stelle** (*Bem 33ff.*) erklärt werden. Das bedeutet, daß die Einigung so erklärt wird, wie das materielle Recht es zur Herbeiführung der Rechtsänderung erfordert; dazu *Güthe* GBO § 20 Bem 29. Die Erfordernisse der Einigung sind in § 925 BGB niedergelegt. Auch soweit die Auflassung vor dem GBA entgegengenommen wird, besteht eine Prüfungspflicht nur im Rahmen der *Bem 71ff.*; eine Prüfung der Eintragungsvoraussetzungen erfolgt erst bei der Eintragung selbst, *Bem 72ff.* Die früher zu § 925 BGB aF mögliche Auffassung, wonach das GBA schon bei der Entgegennahme der Auflassung eine Prüfungspflicht habe, ob § 925 BGB erfüllt und ob die Einigung nach materiellem Recht (Geschäftsfähigkeit, Verfügungsbefugnis usw) wirksam sei (dazu auch **BayObLG** 19, 183), und wonach der Nachweis in der Form des § 29 zu führen sei, ist für die jetzt geltende Fassung des § 925 BGB nicht mehr aufrechtzuerhalten und deshalb als überholt anzusehen. Denn das GBA steht anderen zuständigen Stellen bei der Entgegennahme der Auflassung gleich und hat hier keine andere Stellung als diese. Über die beschränkte Zulässigkeit der Überprüfung und der Zurückweisung bei der Beurkundung *§ 29 Bem 28.*

Die **Einigung** muß vor dem GBA oder der sonst zur Entgegennahme der Auflassung zuständigen Stelle **erklärt** werden. Eine Erklärung gegenüber dem GBA, zB in der Weise, daß die Beteiligten vor dem GBA erscheinen und die ihre Erklärungen enthaltende Urkunde überreichen, genügt nicht. Daß die Urkundsperson persönlich mit den Beteiligten verhandelt und bei dem Beurkundungsgeschäft unausgesetzt mitwirkt, ist nicht erforderlich. Es genügt ihre bloße **Anwesenheit;** dazu **RG** RGZ 61, 95, JW 1928, 2519 = JR 1938 Nr 834 (über den Fall, daß Urkundsperson und Beteiligte sich in verschiedenen Zimmern befinden).

48b b) Die Auflassungserklärung der Beteiligten ist eine **mündliche Erklärung,** also keiner Form bedürftig, da die besondere Form lediglich darin besteht, daß die Auflassungserklärung bestimmten Stellen gegenüber (dazu *Bem 48a*) abzugeben ist. Ein **Protokoll** hat lediglich die Bedeutung des notwendigen **Nachweises für das GBA nach § 29.** Dies ist hM; so insbes **RG** RGZ 99, 65/132, 406 (die früher gegenteilige Auffassung in RGZ 54, 195 wurde aufgegeben), **BGH** BGHZ 22, 312 = NJW 1957, 459 = BB 1957, 94 = DB 1957, 90 = WM 1957, 126 = LM § 925 BGB Nr 5 (*Freitag*) = DRspr I (150) 83a, *BGB-RGRK* BGB §§ 925, 925a Bem 49, 50, *Hesse* DJ 1937, 327, *Hesse-Saage-Fischer* GBO § 20 Bem III 2c, *Horber* GBO § 20 Bem 3 (Ad), *Meikel* SeuffBl 71, 474, *Palandt* BGB § 925 Bem 3, *Planck-Strecker* BGB § 925 Bem 3c, *Soergel* BGB § 925 Bem 4a, *Staudinger-Seufert* BGB §§ 925, 925a Bem 48, *Thieme* GBO § 20 Bem 2, **aA** (überholt und gegenstandslos) **KG** OLG 25, 371, RJA 15, 275, *Güthe* GBO § 20 Bem 29, 35, *Predari* GBO § 20 Bem 4 C. Über die Form des § 29, die für das GBA Bedeutung hat, *§ 29 Bem 19ff.*, über mündliche Erklärung *Bem 51.*

48c c) Die Auflassung ist ein dinglicher Vertrag (dazu *§ 18 Bem 142*), während der **GrstVeräußerungsvertrag** ein schuldrechtlicher Vertrag ist (dazu *§ 18 Bem 141*). Für die Auflassung ist materiell-rechtlich keine Form vorgeschrieben (dazu *Bem 48b*), für das Grundgeschäft besteht die Formvorschrift des § 313 BGB (dazu *Bem 70, 74*). Der dingliche Vertrag hat abstrakten Charakter und ist an sich unabhängig vom Grundgeschäft. Wegen der Bedeutung von GrstVeräußerungen und um den Rechtsverkehr zu erleichtern sowie um das GB möglichst mit der wahren Rechtslage in Einklang zu bringen, hat § 925a BGB eine ergänzende Regelung getroffen, um im formellen GBRecht den Zusammenhang herzustellen. So überbrückt also § 925a BGB die theoretische Gestaltung des BGB im Verhältnis von Sachen- und Schuldrecht und stellt den Zusammenhang her, wie er im Leben besteht. Freilich bezieht sich § 925a BGB nur auf die Formvorschrift des § 313 S 1 BGB, läßt also andere Gründe der Unwirksamkeit des Grundgeschäfts unberührt; dazu auch *Bem 70*. So wird also durch § 925a BHB die mögliche Kluft zwischen sachen- und schuldrechtlichem Vertrag nur teilweise ausgeglichen, schafft also nicht in vollem Umfange die im GBVerkehr wünschenswerte Klarheit.

49
4. Erklärung der Auflassung

Dazu *BGB-RGRK* BGB §§ 925, 925a Bem 49, *Brand-Schnitzler* GBSachen § 68, *Güthe* GBO § 20 Bem 36ff., *Haegele* GBRecht Bem 1865ff., *Hesse-Saage-Fischer* GBO § 20 Bem III 1, *Horber* GBO § 20 Bem 4, *Palandt* BGB § 925 Bem 5, *Staudinger-Seufert* BGB §§ 925, 925a Bem 49ff., *Thieme* GBO § 20 Bem 2

Einigung bedeutet bei der Auflassung die **auf die Rechtsänderung unmittelbar gerichtete übereinstimmende Erklärung der Beteiligten;** dazu **OLG Karlsruhe** OLG 39, 217. Es muß also die Einigung erklärt werden, und zwar ausdrücklich (*Bem 50*) und mündlich (*Bem 51*). Der Gegenstand der Auflassung muß eindeutig bezeichnet werden (*Bem 52*). Bei der Auflassung handelt es sich um ein Rechtsgeschäft iSd §§ 104ff. BGB, die Erklärungen der Beteiligten sind Willenserklärungen iSd §§ 116ff. BGB im Rahmen eines Vertrags iSd §§ 145ff. BGB; dazu *Bem 49ff., 70, 74.*

50
a) Ausdrückliche Erklärung

Die Erklärung muß **ausdrücklich** erfolgen. Stillschweigende Erklärungen genügen nicht, **RG** JW 1928, 2519 = JR 1928 Nr 834, **BayObLG** 12, 833/14, 439, insbes kann uU allein die Mitanwesenheit des Erwerbers und die Unterzeichnung der Urkunde durch ihn die Erklärung nicht ersetzen (Auslegungsfrage); dazu **RG** aaO, **BayObLG** 12, 833/22, 272. Der Gebrauch bestimmter Worte ist nicht vorgeschrieben, **RG** RGZ 54, 378, **BayObLG** 3, 35/12, 833/25, 214. § 133 BGB findet auf die Auflassung Anwendung, **RG** RGZ 152, 189, **BayObLG** 12, 733/32, 479; dazu *§ 18 Bem 144, § 19 Bem 22.*

So genügt es, wenn der Veräußerer bewilligt, daß der Erwerber als neuer Eigentümer eingetragen werde, und der Erwerber seine Eintragung beantragt, **RG** RGZ 54, 378, **BayObLG** 7, 391/12, 833/22, 272, **KG** OLG 5, 420/26, 36, **OLG Dresden** OLG 4, 311, oder wenn der Veräußerer erklärt, daß er das Eigentum dem Erwerber übertrage, und der Erwerber diese Erklärung annimmt, *BGB-RGRK* BGB §§ 925, 925a Bem 49. Kommt der Wille, Eigentum zu übertragen und entgegenzunehmen, erkennbar zum Ausdruck, so ist es auch unschädlich, wenn von *Berichtigung* gesprochen wird, **BayObLG** 25, 214; da es sich bei der Auflassung um einen materiell-rechtlichen Vorgang handelt, gehört Beantragung bzw Bewilligung der Eintragung in das GB nicht dazu, *Staudinger-Seufert* BGB §§ 925, 925a Bem 52. § 140 BGB über die Umdeutung von Willenserklärungen ist anwendbar; dazu **RG** RGZ 129, 122, wonach in den Erklärungen über den Verlauf und die Übertragung eines Erbanteils und in der Bewilligung der Eintragung des Erwerbers als Eigentümer eine genügende Auflassung gesehen wird. Die notwendigen Auflassungserklärungen sind in einer Urkunde erhalten, die lediglich dahin lautet, der Notar beurkunde auf Grund der Erklärungen der vor ihm erschienenen Miterben, daß von den Grsten der Erbengemeinschaft bestimmte Grste einzelnen Miterben im Wege der Auseinandersetzung zu Alleineigentum zugeteilt werden sollen, **BayObLG** 32, 477.

Die **Erklärungen** der Beteiligten müssen sich **inhaltlich decken.** Die Reihenfolge der Erklärungen ist unerheblich, **RG** JW 1895, 214 (Nr 60). Geht der Wortlaut der Auflassungserklärungen weiter als der wirkliche Wille der Beteiligten, so liegt keine rechtsgültige Auflassung für die nicht von dem übereinstimmenden Willen der Parteien nicht umfaßte Grundfläche vor, **BGH** WM 1965, 1008; dazu auch *Bem 52.* Ist die nach § 28 S 1 erforderliche Bezeichnung des Grst in der Auflassung unterblieben, so kann sie sowohl vom Veräußerer als auch vom Erwerber nachgeholt werden, **BayObLG** NJW 1966, 600; über den Fall ungenauer Bezeichnung auch **OLG Hamm** NJW 1966, 2411, und *§ 19 Bem 144.* Ist der Umfang der Gegenleistung, etwa des Kaufpreises noch offen und die Vereinbarung über die spätere Bestimmung derselben im Veräußerungsvertrag nach § 313 BGB mitbeurkundet, so ist dies zulässig, **OLG Nürnberg** DNotZ 1965, 611 = RdL 1965, 17 = MittBayNotV 1965, 131 = DRspr I (125) 115e. Willensübereinstimmung der Vertragsparteien über die Fortgeltung der nicht formgerecht vereinbarten Abreden muß nur bis zur Auflassung bestehen; der Heilungswirkung des § 313 S 2 BGB steht deshalb nicht entgegen, wenn in der Zeit zwischen der Auflassung und der Eintragung der Eigentumsänderung im GB eine Sinnesänderung der Vertragsparteien eingetreten ist, **BGH** BWNotZ 1963, 291 Ls. Der Nachweis der Einigung ist nicht vom Gebrauch bestimmter Worte bei der Einigung abhängig, **LG Verden** NdsRpfl 1960, 66 = JurBüro 1961, 262 = BWNotZ 1960, 203 Ls.

b) Mündliche Erklärung 51

Die Auflassungserklärungen brauchen an sich nur **mündlich** abgegeben zu werden; dazu *Bem 48.* Die **Form** ist jedoch insoweit von Bedeutung, als sie wegen des Nachweises (§ 29) erforderlich erscheint. Die Erklärung der Auflassung vor einem Notar kann nur durch notarielle Beurkundung, nicht durch notarielle Beglaubigung nachgewiesen werden, **KG** DNotZ 1934, 283 = HRR 1934 Nr 652. Wenn eine Erklärung in der Form der §§ 167ff. FGG (*Anh*) aufgenommen wird, so ist ein Protokoll nötig, § 175 FGG (*Anh*).

Wenn daher auch die Auflassung aus den angegebenen Gründen regelmäßig in bestimmter Form erklärt wird, so ist die Auflassungserklärung gleichwohl eine mündliche und nicht eine schriftliche Erklärung, dazu *Bem 48.* Bei Mängeln der Beurkundung bleibt daher die Auflassung wirksam, **RG** RGZ 99, 65/132, 406, *Horber* GBO § 20 Bem 3 (Ad), *Staudinger-Seufert* BGB §§ 925, 925a Bem 47, etwa wenn die Aufnahme oder die Unterzeichnung der Niederschrift unterbleibt oder diese fehlerhaft ist. Wenn daher zB nach der Satzung eines Vereins Urkunden schon durch die Unterschrift eines einzelnen Vorstandsmitglieds gültig sind, so muß die Auflassung trotzdem durch den Gesamtvorstand erklärt werden, da es sich um eine mündliche Erklärung handelt.

Für **freiwillige Versteigerungen** vor Gericht oder Notar bei Grsten oder Wohnungseigentum gilt § 181 FGG (*Anh*). S 2 aaO enthält eine Ausnahme von § 177 Abs 1 FGG (*Anh*); die Vorschrift bezieht sich darauf, daß bei vorzeitiger Entfernung eines Bieters, der an sein Gebot gebunden ist, vor Schluß der Verhandlung, wonach anstelle seiner Unterschrift die Angabe des Grundes, weshalb die Unterschrift unterblieben ist, genügt. Für Auflassung gilt diese Ausnahme des § 181 S 2 aaO nicht; dies ist hM, insbes *Jansen* FGG § 181 Bem 3, *Keidel* FGG § 181 Bem 4, 14, *Schlegelberger* FGG § 181 Bem 6, **aA** (überholt) **BayObLG** 13, 298, *Güthe* GBO § 29 Bem 79, *Josef* ZBlFG 14, 454. Im übrigen *Bem 63.*

52 **c) Gegenstand der Auflassung**

Die Einigungserklärung muß den **Gegenstand der Auflassung eindeutig** bezeichnen. Eine gbmäßige Bezeichnung des aufzulassenden Grst kann jedoch nicht verlangt werden, da dieses Erfordernis nach § 28 S 1 nur für die Eintragungsbewilligung bzw den Eintragungsantrag vorgeschrieben ist, **OLG Darmstadt** DNotZ 1936, 571; dazu *Bem 5, 51.*

Die **unrichtige Bezeichnung** des aufzulassenden Grst (zB die Bezeichnung mit einer nicht bestehenden oder unrichtigen Parzellen- oder FlurNr) ist unschädlich, wenn der Gegenstand der Auflassung trotzdem einwandfrei zu bestimmen ist (sog **falsa demonstratio**); dazu **RG** RGZ 60, 338/78, 376/109, 336, **BayObLG** 20, 78/25, 214, *BGBRGRK* BGB §§ 925, 925a Bem 49, *Staudinger-Seufert* BGB § 925 Bem 23, auch *Bem 50, 51.*

Ist auf Grund einer solchen **unrichtigen Bezeichnung** (etwa einer Parzellenverwechslung) der Erwerber als Eigentümer des irrtümlich bezeichneten, von den Vertragsteilen aber nicht gemeinten Grst eingetragen worden, so tritt kein Eigentumswechsel ein; der neu eingetragene Eigentümer ist nur Bucheigentümer **RG** RGZ 60, 338, **BayObLG** 20, 78. Ebenso tritt natürlich bei dem von den Vertragsteilen tatsächlich gemeinten, aber nicht bezeichneten Grst kein Eigentumsübergang ein. In diesem Falle können auf Antrag die richtigen Eintragungen unter Löschung der unrichtigen vorgenommen werden, wenn durch Urteil oder durch eine berichtigende Nachtragserklärung der sämtlichen Beteiligten in der Form des § 29 der wahre Wille der Parteien festgestellt worden ist, **RG** RGZ 133, 279, **BayObLG** 11, 20/20, 78, *Staudinger-Seufert* BGB §§ 925, 925a Bem 23 (δ). Eine solche Richtigstellung durch die Beteiligten ist stets genügend, da sie neben der Berichtigungsbewilligung des Bucheigentümers (§ 22 Abs 1) auch die Zustimmung des wahren Berechtigten (§ 22 Abs 2) enthält, **RG** RGZ 73, 154, **BayObLG** 20, 85; dazu *§ 22 Bem 30ff.* Zur Frage der Anwendbarkeit des § 39 bei Berichtigung einer doppelten Parzellenverwechslung (2 Erwerber von Teilflächen desselben Veräußerers werden auf Grund irrtümlicher Bezeichnung je als Eigentümer des von dem anderen erworbenen Grst eingetragen) **RG** RGZ 133, 279, **BayObLG** 20, 78.

Deckt sich die Auflassungserklärung **nur zum Teil** mit dem Willen der Beteiligten, sind also in ihr versehentlich auch Grste oder GrstTeile aufgeführt, die nach dem übereinstimmenden Parteiwillen von der Auflassung nicht erfaßt werden sollten, so erstreckt sich der Eigentumsübergang auf diese Grst nicht; das GB wird durch die Eintragung unrichtig, **BGH** DNotZ 1966, 172, **BayObLG** 31, 406, *Staudinger-Seufert* aaO Bem 23 (β). Umfaßt die auf Grund der Auflassung erfolgte Eintragung des Eigentumswechsels eine GrstFläche, die mitveräußert werden sollte, nicht, so kann auf Grund der Erklärung der Beteiligten in der Form des § 29, daß die Auflassung sich auch auf diese Fläche erstrecken sollte, der Erwerber als deren Eigentümer eingetragen werden, ohne daß eine neue Auflassung erforderlich ist, **RG** RGZ 73, 154. Zur Falschbezeichnung eines Grst bei Erwerb von Wohnungseigentum **OLG Nürnberg** DNotZ 1966, 542.

Von den Fällen der unrichtigen Bezeichnung bei übereinstimmendem Parteiwillen sind die Fälle der Anfechtung nach §§ 119ff. BGB und des Dissenses, § 155 BGB (dazu **RG** RGZ 165, 199) zu unterscheiden; dazu *BGBRGRK* BGB §§ 925, 925a Bem 29ff., *Staudinger-Seufert* aaO Bem 23 (β), im übrigen *Bem 70.*

Steht die katastermäßige Bezeichnung eines TeilGrst bei der im Kaufvertrag enthaltenen Auflassung noch nicht fest, so bedarf die nachträgliche Feststellung der genauen Beschreibung der veräußerten Fläche der Form des § 29; eine formlose Feststellung des von den Beteiligten hierzu ermächtigten Notars ist nicht ausreichend, **OLG Hamm** Rpfleger 1958, 268 (*Haegele*). Einigen sich die Beteiligten eines Vertrags, der die Übertragung eines noch nicht vermessenen TeilGrst zum Gegenstand hat, nachträglich auf eine andere Grenzziehung als im Vertrag vorgesehen, so bedarf diese Vereinbarung erneut der Beurkundung, § 313 BGB; dazu **BGH** DNotZ 1965, 286.

Die **Rechtsposition des Auflassungsempfängers** ist für ihn ein Anwartschaftsrecht, solange sie noch nicht im GB vollzogen und daher der Eigentumsübergang am Grst noch nicht wirksam geworden ist; dazu *BGB-RGRK* BGB §§ 925, 925a Bem 34, *Haegele* GBRecht Bem 1860ff., *Staudinger-Seufert* BGB §§ 925, 925a Bem 35ff. Diese Rechtsstellung in dem Zwischenstadium hat Bedeutung für die Vormerkung (dazu *§ 25 Bem 12*), für die Abtretung und Pfändung des Auflassungsanspruchs (dazu *Bem 68, 69*). Ein sonstiges Recht iSd § 823 Abs 2 BGB liegt nach **BGH** BGHZ 45, 186 = NJW 1966, 1019 = MDR 1966, 489 = BB 1966, 349 = DB 1966, 576 = DNotZ 1966, 673 = WM 1966, 340 = BWNotZ 1966, 198 Ls = **LM** § 823 (Ad) BGB Nr 4 (*Mattern*) = DRspr I (150) 149 bcd jedenfalls dann nicht vor, wenn der Eintragungsantrag zurückgewiesen wird; man wird aber darüber hinaus auch sonst ein Recht iSd § 823 Abs 2 BGB verneinen, da das Anwartschaftsrecht im wesentlichen schuldrechtlichen Charakter hat. Nach Rücknahme oder Zurückweisung des Auflassungsantrags hat der Auflassungsempfänger nicht mehr die Rechtsstellung eines Anwartschaftsrechts, **BGH** aaO. Dazu auch *Kuchinke* Die Rechtsstellung des Auflassungsempfängers als Kreditunterlage und Haftungsobjekt, zugleich ein Beitrag zur Lehre vom Anwartschaftsrecht JZ 1964, 145 = DRspr I (150) 134c, *Schramm* Das Anwartschaftsrecht als Schutzobjekt des § 823 Abs 1 BGB NJW 1966, 2153.

5. Gleichzeitige Anwesenheit beider Teile 53

Dazu *BGB-RGRK* BGB §§ 925, 925a Bem 38ff., *Brand-Schnitzler* GBSachen § 68, *Güthe* GBO § 20 Bem 31, 32, *Haegele* GBRecht Bem 1865ff., *Hesse-Saage-Fischer* GBO § 20 Bem III 2, *Horber* GBO § 20 Bem 3 (Ac), *Palandt* BGB § 925 Bem 3c, *Staudinger-Seufert* BGB §§ 925, 925a Bem 46ff., *Thieme* GBO § 20 Bem 2

a) Regelfall

Nach § 925 Abs 1 S 1 BGB muß die Auflassung bei gleichzeitiger Anwesenheit beider Teile erklärt werden. **Beide Teile** dh der Veräußerer und der Erwerber müssen anwesend sein. Unter dem Veräußerer ist nicht der buchmäßige, sondern der wirkliche Eigentümer zu verstehen, **KG** OLG 8, 188. Die Feststellung der gleichzeitigen Anwesenheit in der Niederschrift ist nicht erforderlich; dazu *Zenger* BayNotZ 1915, 8.

Bei der Auflassung muß der **Auflassende Verfügungsbefugnis** über das Grst haben, bei dem **Auflassungsempfänger** muß **Erwerbsfähigkeit** vorhandensein; dazu *Horber* GBO § 20 Bem 5 auch *Bem 58*. Ein Wechsel in der Verfügungsbefugnis ist zu beachten; hat zB eine Witwe in eigenem Namen und als gesetzliche Vertreterin ihrer minderjährigen Kinder ein erbengemeinschaftliches Grst an einen Dritten aufgelassen, so kann diese Auflassung im GB nicht mehr vollzogen werden, wenn die Witwe in der Zwischenzeit im Wege der Erbauseinandersetzung Alleineigentümerin des Grst geworden ist, **BayObLG** BayObLGZ 1956, 172 = NJW 1956, 1279. Es ergeben sich hieraus einige Besonderheiten; einige wichtige Fälle sind in *Bem 54ff.* erörtert. Über Ausnahmen *Bem 61ff.*

b) Besondere Fälle 54

Einige Besonderheiten sind hervorzuheben:
Auflassung durch Nichteigentümer oder an Nichteigentümer, *Bem 55,*
Auflassung durch Vertreter, *Bem 56,*
Auflassung durch Vertreter ohne Vertretungsmacht, *Bem 57,*
Auflassender in der Verfügung beschränkt, *Bem 58,*
Auflassung an eine noch nicht existierende Person, *Bem 59,*
Auflassung mit mehreren Beteiligten, *Bem 60.*

55 1. **Auflassung durch Nichteigentümer oder an Nichteigentümer**

Dazu *BGB-RGRK* BGB §§ 925, 925a Bem 32ff., *Güthe* GBO § 20 Bem 31, *Horber* GBO § 20 Bem 3 (Ac), *Staudinger-Seufert* BGB §§ 925, 925a Bem 58, 59

a) Bei **Auflassung durch den Nichteigentümer** gilt folgendes:

Die Auflassung ist auch gültig, wenn der Veräußerer nicht oder noch nicht im GB als Eigentümer eingetragen ist, **KG** OLG 4, 33/21, 32, **OLG Stuttgart** 6, 473, *Güthe* GBO § 20 Bem 31, 43, 45, *Staudinger-Seufert* BGB §§ 925, 925a Bem 59, da durch § 925 BGB und § 29 GBO die Anwendung des § 185 BGB nicht ausgeschlossen wird, **RG** RGZ 54, 36; dazu *§ 19 Bem 71, 72*. Die **Zustimmung** des wahren Eigentümers ist also genügend. § 185 Abs 2 BGB ist nur anwendbar auf Verfügungen, die ein Nichtberechtigter im eigenen Namen über einen Gegenstand trifft, **BayObLG** NJW 1956, 1279. Einer neuen Auflassung bedarf es nicht, **OLG Jena** OLG 5, 418.

Erforderlich ist die Zustimmung (Einwilligung bzw Genehmigung) zur Auflassung. Die Zustimmung zu dem zugrunde liegenden Kausalgeschäft genügt nicht; sie muß ausdrücklich erklärt sein. Es kann jedoch in einem allgemeinen Ausdruck, wie Genehmigung der *Veräußerung*, auch die Genehmigung des dinglichen Vertrags gefunden werden **KG** RJA 3, 59, da der Grundsatz des § 133 BGB auch hier gilt (dazu *§ 18 Bem 144, § 19 Bem 22*).

Die Zustimmung bedarf nicht der für die Auflassung vorgeschriebenen Form, **KG** JW 1937, 3230; dazu *Güthe* GBO § 20 Bem 31, 45. Sie muß dem GBA in der Form des § 29 Abs 1 S 2 nachgewiesen werden. Ferner bedarf es des Nachweises, daß die Zustimmung rechtswirksam erfolgt ist, also entweder dem Veräußerer oder dem Vertragsgegner gegenüber erklärt wurde (§ 182 Abs 1 BGB), **KG** KGJ 34, 253, OLG 5, 415. Zur Entgegennahme der Genehmigung können die Beteiligten auch den beurkundenden Notar (*§ 19 Bem 74*) oder einen Dritten ermächtigen, **KG** OLG 4, 33/5, 415. Im Falle des § 15 gilt der Notar auch als ermächtigt, namens der Beteiligten Genehmigungserklärungen entgegenzunehmen, die zum Vollzug der beantragten erforderlich sind, **OLG Karlsruhe** JFG 11, 24. Unwirksam ist die Abgabe der Genehmigungserklärung unmittelbar dem GBA gegenüber, **RG** RGZ 64, 153/85, 51, **BayObLG** 18, 300, **KG** KGJ 36, 199, *Güthe* Bem 43. Die nach § 185 Abs 2 BGB die Genehmigung ersetzenden Tatsachen sind ebenfalls in der Form des § 29 Abs 1 S 2 nachzuweisen.

b) Ist ein **Nichteigentümer im GB** als Eigentümer **eingetragen,** so kann dieser an der Auflassungserklärung mitwirken; dazu *Staudinger-Seufert* aaO Bem 58. Zum Eigentumserwerb ist aber erforderlich, daß guter Glaube vorliegt und kein Widerspruch im GB eingetragen ist.

56 2. **Auflassung durch Vertreter**

Dazu *BGB-RGRK* BGB §§ 925, 925a Bem 35, 39, *Güthe* GBO § 20 Bem 43, *Staudinger-Seufert* BGB §§ 925, 925a Bem 62ff.

Nicht erforderlich ist, daß die unmittelbar Beteiligten persönlich erscheinen. Vertretung ist zulässig. Hierfür genügt eine allgemeine Vollmacht. Die Vollmacht zum Abschluß des Kausalgeschäfts umfaßt in der Regel auch die Bevollmächtigung zur Auflassung; dazu *RGB-RGRK* BGB §§ 925, 925a Bem 39. Vertretung beider Vertragsteile durch dieselbe Person ist unter Beachtung des § 181 BGB zulässig, dazu **RG** RGZ 89, 367, **BayObLG** 25, 214, **OLG Hamm** JMBl NRW 1964, 54 = DNotZ 1964, 359 Ls = DRspr I (125) 111b, auch bei gesetzlicher Vertretung, **KG** OLG 42, 160. Erfüllung einer Verbindlichkeit ist auch die Auflassung eines durch formgerechten Vertrag (§ 313 BGB) gekauften Grst, **KG** OLG 8, 32.

Dem **Notar**, der nach § 20 BNotO (*Anh*), die Beurkundung der Auflassung entgegennimmt, kann Auflassungsvollmacht erteilt werden und er kann die Vollmacht auch auf sich selbst beurkunden, soweit nicht § 16 Abs 1 Z 1, Abs 2 BNotO (*Anh*), § 171 FGG (*Anh*) eingreift dh zu seinen Gunsten oder zugunsten von Angehörigen desselben eine Verfügung getroffen wird. Dies ist hM, insbes **RG** RGZ 121, 30/155, 172, *Jansen* FGG § 171 Bem 3, *Keidel* FGG § 171 Bem 9, *Seybold-Hornig* BNotO § 16 Bem 18, 19, **aA** (zu Unrecht) **OLG Colmar** OLG 23, 380, *BGB-RGRK* BGB §§ 925, 925a Bem 39, *Güthe* GBO § 29 Bem 55; dazu auch *Fuchs* ZBlFG 6, 489, *Kreß* BayNotZ 1919, 66. Zur Ermächtigung des Notars Genehmigungserklärungen entgegenzunehmen *§ 15 Bem 10*. Bei Bevollmächtigung eines Angestellten des Notars zur Erklärung bei der Auflassung durch einen Beteiligten kann regelmäßig keine Vergütung verlangt werden, es sei denn, daß etwas Abweichendes vereinbart ist; dazu für Hamburg **LG Hamburg** MDR 1964, 920 = DNotZ 1965, 448 Ls.

Die **Prokura** und die **Handlungsvollmacht** ermächtigen regelmäßig nicht zur Auflassung, § 49 Abs 2, § 54 Abs 2 HGB.

Die Nichtigkeit eines notariellen GrstVeräußerungsvertrags (dazu *Bem 74*) hat regelmäßig nicht die Nichtigkeit der in der Urkunde erteilten **Auflassungsvollmacht** zur Folge, **RG** RGZ 103, 300/104, 102/114, 351, **KG** JFG 1, 322; dazu auch *Bem 70*. Die Vollmacht muß bestehen zZ der Erklärung der Auflassung, **KG** OLG, 6, 17, KGJ 37, 221, darf also nicht später ausgestellt sein; auf den Zeitpunkt ihrer Beurkundung oder Beglaubigung kommt es dagegen nicht an. Die Auflassungsvollmacht ermächtigt regelmäßig auch zum Antrag auf Löschung einer nicht übernommenen Hypothek, **KG** OLG 23, 327. Zur Auflassung an einen Dritten, an den der Käufer die Rechte aus dem Kaufvertrag abgetreten hat, berechtigt die Auflassungsvollmacht regelmäßig nicht, **KG** KGJ 51, 202. Die Vollmacht zur Auflassung ist uneingeschränkt auszulegen, soweit sich aus ihr nichts anderes ergibt, da der GBBeamte nicht ohne weiteres genötigt ist, das innere Auftragsverhältnis und dessen Erfüllung nachzuprüfen; dazu *§ 18 Bem 101*.

Die Vertretungsmacht des Bevollmächtigten und des gesetzlichen Vertreters usw (dazu *§ 18 Bem 99ff.*) ist in gbmäßiger Form nachzuweisen. Bei rechtsgeschäftlicher Vollmacht genügt öffentliche Beglaubigung, **BayObLG** 10, 424. Die an sich formlose (§ 167 Abs 2 BGB) Auflassungsvollmacht unterliegt der Form des § 313 BGB, wenn sie Teil eines nach § 313 BGB formbedürftigen einheitlichen Geschäfts oder nur das äußere Gewand ist, unter dem eine Verpflichtung zur Eigentumsübertragung verborgen ist. Ob dies zutrifft, ist nach dem Umständen des Einzelfalls zu entscheiden, wobei es insbes auf den Willen der Beteiligten und den Zweck, der mit der Vollmachtserteilung verfolgt wird, ankommt. Die genannten Voraussetzungen sind häufig gegeben, wenn der Verkäufer den Käufer nach § 181 BGB ermächtigt, den Vertrag mit sich selbst abzuschließen oder wenn die Vollmacht für bestimmte Zeit unwiderruflich ist, **RG** RGZ 50, 168/79, 212/81, 51/104, 236/108, 125/110, 320, DNotZ 1933, 642, auch JW 1930, 1300, 3474, **BGH** WM 1965, 107, DNotZ 1965, 92 = FamRZ 1965, 495 = BB 1965, 847 = WM 1965, 1006 = DRspr I (125) 120cd, BWNotZ 1966, 196 Ls, **OLG Hamm** aaO, **OLG Koblenz** NJW 1949, 224 = DRspr I (113) 23b, **OLG München** DNotZ 1951, 31 (*Grussendorf*) = DRspr aaO 48f. **OLG Stuttgart** DNotZ 1950, 166 = DRspr aaO 39c, Justiz 1962, 179 = BWNotZ 1962, 176, **LG Stuttgart** WBNotZ 1962, 108 = DNotZ 1962, 646 Ls. Auch bei Befreiung von den Beschränkungen des § 181 BGB ist die Vollmacht formfrei, wenn sie nur eine die Geschäftsabwicklung erleichternde Ermächtigung bezweckt, **KG** JFG 16, 158. **OLG Hamm** aaO. Sie unterliegt der Formvorschrift des § 313 BGB jedenfalls dann, wenn sie den Bevollmächtigten ermächtigt, ohne Rücksicht auf etwaige abweichende Willensentschlüsse des Vollmachtgebers und selbst bei Nichtzustandekommen oder Unwirksamkeit des schuldrechtlichen Grundgeschäfts das Eigentum an sich selbst oder einen Dritten zu übertragen, **RG** RGZ 108,

125/110, 318. Dies gilt insbes, wenn zZ der Erteilung der Vollmacht der Eigentümer ein Kaufangebot gemacht hat, aber nicht feststeht, ob das Angebot angenommen werden wird, **RG** JW 1932, 1370. Die in einem GrstKaufvertrag dem Käufer erteilte Auflassungsvollmacht ist in der Regel nicht treuhänderisch, sondern eigennützig und unwiderruflich gegeben, **LG Kiel** NJW 1963, 716. Über den Fall einer unklaren notariellen Vollmacht an einen Makler **BGH** MDR 1965, 282 = LM § 173 BGB Nr 1.

§ 29 Abs 1 S 2 findet auf die rechtsgeschäftliche Vollmacht keine Anwendung, wohl aber auf den Nachweis der Vertretungsbefugnis des gesetzlichen Vertreters, des Testamentsvollstreckers, des Konkursverwalters usw. Der Umstand, daß ein Beteiligter nicht in der Lage ist, seine Vertretungsmacht sofort formgerecht nachzuweisen, berechtigt die zuständige Stelle (*Bem 33ff.*) nicht, die Entgegennahme der Auflassung zu verweigern; dazu *Bem 71ff.*

57 3. **Auflassung durch Vertreter ohne Vertretungsmacht**

Dazu *BGB-RGRK* BGB §§ 925, 925a Bem 34, *Güthe* GBO § 20 Bem 31, *Staudinger-Seufert* BGB 925, 925a Bem 65

Von dem Fall, daß der Vertreter seine Vertretungsmacht nicht nachzuweisen vermag, ist der Fall zu unterscheiden, daß der Vertreter des Veräußerers bzw des Erwerbers seine Erklärung in fremdem Namen abgibt, ohne von dem Vertretenen dazu ermächtigt zu sein. Beim Vertreter ohne Vertretungsmacht hängt die Wirksamkeit der Auflassung von der **Genehmigung** des Vertretenen ab, § 177 BGB. Dazu auch *§ 18 Bem 101.*

Erfolgt die Genehmigung, so ist eine Wiederholung der Auflassung nicht notwendig, **RG** RGZ 104, 359, **KG** OLG 2, 321/41, 156/43, 212, *BGB-RGRK* BGB §§ 925, 925a Bem 34, *Güthe* GBO § 20 Bem 31, 43, *Staudinger-Seufert* BGB § 925 Bem 65, **aA** (überholt) *Eccius* DJZ 1902, 61, 95; dazu auch **BayObLG** 15, 111. Für diese Genehmigung insbes bez der rückwirkenden Kraft sowie der Form und des Nachweises derselben, gilt das *Bem 55* Ausgeführte.

Die Erteilung der Genehmigung ist dem anderen Teil gegenüber abzugeben; nicht würde es genügen, sie dem GBA gegenüber zu erklären. Dem GBA ist der Nachweis in der Form des § 29 zu erbringen. Dazu **KG** OLG 6, 477, KGJ 34, 253/36, 199, *BGB-RGRK* aaO, *Staudinger-Seufert* BGB §§ 925, 925a Bem 65. Bez § 177 Abs 2 BGB kann vom GBA kein Nachweis verlangt werden; dazu *Staudinger-Seufert* aaO.

58 4. **Verfügungsbeschränkung bez des Auflassenden**

Dazu *BGB-RGRK*-BGB §§ 925, 925a Bem 23, *Güthe* GBO § 20 Bem 31, 42

Ist der **Auflassende im Zeitpunkt der Auflassungserklärung in der Verfügung beschränkt,** so wird die Auflassung durch die **Genehmigung** desjenigen, zu dessen Gunsten die Verfügungsbeschränkung besteht, oder des gesetzlichen Vertreters voll wirksam. Zu Genehmigung *Bem 55.*

Die **Verfügungsbeschränkungen** können sehr verschiedener Art sein; dazu *§ 13 Vorbem 118ff.* Es kann sich um absolute, relative oder rechtsgeschäftliche Verfügungsbeschränkungen handeln. Es kommen auch Beschränkungen der Vertretungsmacht in Betracht, insbes durch gesetzliche Vertretung; dazu *§ 18 Bem 99ff.* Die Vertretungsmacht, ob sie auf Gesetz oder Vollmacht beruht, kann ihrerseits Beschränkungen unterliegen. Zu erwähnen sind insbes Beschränkungen der Geschäftsfähigkeit (dazu *§ 13 Vorbem 179*), Beschränkung eines Erben durch einen Testamentsvollstrecker (*§ 13 Vorbem 139*) oder bei Güterständen (*§ 13 Vorbem 180*).

Ein **Minderjähriger** bedarf gemäß § 107 BGB zur Entgegennahme der Auflassung eines an ihn wirksam geschenkten Grst nicht der Einwilligung seines gesetzlichen Vertreters, **BayObLG** OLG 18, 212; dazu *Staudinger-Coing* BGB § 107 Bem 7. Auch wenn Schenker der gesetzliche Vertreter selbst ist, kann der Minderjährige die Auflassung entgegennehmen, ohne daß ein Pfleger bestellt zu werden braucht, **KG** JFG 13, 300. Dazu auch *§ 18 Bem 25, 110, § 19 Bem 46* (*4*).

Ist bei einem Minderjährigen usw die Genehmigung des Vormundschaftsgerichts nach §§ 1643, 1821 Abs 1 Z1 BGB erforderlich (dazu *§ 18 Bem 109ff.*), so ist ihre Wirksamkeit von der nachträglichen Genehmigung abhängig; durch diese wird die Auflassung rückwirkend wirksam, **KG** OLG 2, 1; dazu *BGB-RGRK* BGB §§ 925, 925a Bem 34 (b). Die Genehmigung kann nur dem gesetzlichen Vertreter gegenüber erteilt werden, § 1828 BGB, der sie dem Vertragsgegner nach § 1829 Abs 1 S 2 BGB mitteilen muß, **BayObLG** 19, 183. Diese Mitteilung kann auch durch schlüssige Handlung erfolgen, zB durch Erklärung der Auflassung an den anderen Teil unter Bezugnahme auf die zur Auflassung bereits erteilte Genehmigung, **RG** RGZ 121, 30, **KG** JFG 2, 118. Die Erteilung der Genehmigung an den gesetzlichen Vertreter und ihre Mitteilung durch diesen sind dem GBA in der Form des § 29 Abs 1 S 2 nachzuweisen, *BGB-RGRK* aaO, *Güthe* GBO § 20 Bem 43, *Kreß* BayNotZ 1915, 65, ua (hM), **aA** (überholt) *Bourier* DNotV 1918, 201/1919, 268; *§ 19 Bem 74.*

Behördliche und **staatsaufsichtliche Genehmigungen** (dazu *Bem 79ff., § 18 Bem 148ff., 159ff.*) stellen behördliche Verfügungsbeschränkungen dar, die durch Erteilung der Genehmigung beseitigt werden, **BGH** WM 1962, 909, *Haegele* GBRecht Bem 2061ff., *Horber* GBO § 19 Bem 10 (Aa), *Staudinger-Seufert* BGB §§ 925, 925a Bem 67n. Die Erteilung der Genehmigung bedeutet daher für den Vollzug im GB eine Voraussetzung, die zu berücksichtigen ist. Bei gesetzlicher Vertretung **öffentlicher Körperschaften,** insbes bei Gemeinden (dazu *§ 32 Bem 56ff., 60ff.*), sind die sich auf die Vertretungsmacht beziehende Vorschriften zu beachten; dazu zum Gemeinderecht **OLG Braunschweig** NJW 1966, 58 — Nds, **OLG Düsseldorf** JMBl NRW 1961, 133 = Rpfleger 1961, 46 (*Haegele*) — NWR, **OLG Köln** JMBl NRW 1961, 198 — NRW, **SchlHOLG** SchlHA 1960, 340 = JurBüro 1961, 262 = DNotZ 1961, 524 — SchlH. Behördliche und staatsaufsichtliche Genehmigungen sind keine Bedingungen iSd §§ 158ff. BGB, sondern sog Scheinbedingungen, Rechtsbedingungen (conditio juris); dazu *Staudinger-Coing* BGB § 158 Vorbem 13. Wird eine Gemeinde bei einem bürgerlichen Rechtsgeschäft nicht ordnungsgemäß vertreten (zB in Nds nur vom Stadtdirektor), so kann die zur Genehmigung zuständige Stelle (in Nds der Verwaltungsausschuß, § 68 ndsGemO) das Rechtsgeschäft nachträglich genehmigen, **BGH** NJW 1966, 2402.

Rechtsgeschäftliche Verfügungsbeschränkungen, die vereinbart sind, können die Möglichkeit der Verfügung über Grundbesitz einengen oder ausschließen. So kann sich jemand, auch ein Erblasser, verpflichten, über ein Grst nicht zu verfügen, also auch keine Auflassung zu erklären; ein solcher Vertrag bedarf nicht der Form des § 313 BGB, **BGH** NJW 1963, 1602 = LM § 137 BGB Nr 3, BWNotZ 1966, 194 Ls. Nach § 1136 BGB ist eine Vereinbarung zwischen GrstEigentümer und Grundpfandgläubiger nichtig, wonach der Eigentümer sich dem Gläubiger gegenüber verpflichtet, das Grst nicht zu veräußern oder nicht weiter zu belasten. Das Verbot solcher Vereinbarung bezieht sich nur gegenüber dem Grundpfandgläubiger; es gilt daher auch nicht, wenn der Grundpfandgläubiger zugleich Pächter und Ankaufsberechtigter usw ist und die Beschränkung auf Grund einer solchen Rechtsstellung vereinbart wird, **BGH** MDR 1966, 756 = BB 1966, 559 = DNotZ 1966, 739 = WM 1966, 590 = LM § 1136 BGB Nr 1 = DRspr I (154) 74c (dazu *§ 18 Bem 144*).

Grundsatz ist, daß derjenige, der über ein Grst oder ein Recht an ihm verfügen will, **im Zeitpunkt der Einigung** über die Rechtsänderung schon, **zZ der Eintragung** noch **zu der Verfügung befugt** sein muß, **BGH** BGHZ 27, 360 = NJW 1958, 1286, sowie NJW 1961, 783, **BayObLG** BayObLGZ 1954, 141 (146)/1956, 172 (177), **KG** JFG 1, 338 (340); dazu *Bem 53*. Es ist hM, daß in der vom Veräußerer erteilten Auflassung und Eintragungsbewilligung ohne weiteres dessen Einwilligung in die Verfügungen, die der Erwerber in der Zwischenzeit bis zu seiner Eintragung als Eigentümer mit Bezug auf das Grst trifft, liegt, **BGH** NJW 1961, 783, **RG** JW 1929, 742, RGZ 129, 150 (153)/135, 378 (382), **KG** DNotZ 1937, 284; dazu *§ 19 Bem 71, 72.* Eine Besonderheit und Ausnahme ergibt sich aus § 878 BGB, wonach eine nach §§ 873, 875, 877 BGB vom Berechtigten abgegebene Erklärung nicht dadurch unwirksam wird, daß der Berechtigte in der Verfügung beschränkt wird, nachdem die Erklärung für ihn bindend geworden ist und der Antrag auf Eintragung bei dem GBA gestellt worden ist. Soweit also diese Voraussetzungen vorliegen, ist eine **nachträgliche Verfügungsbeschränkung** ohne Wirkung auf die vereinbarte Verfügung. Vor der Eintragung im GB besteht nach § 873 BGB für die Beteiligten **Bindung** an die Einigung nur, wenn die Erklärungen formgerecht beurkundet, beim GBA eingereicht oder dem anderen Teile eine Eintragungsbewilligung ausgehändigt ist; zu dem letzteren Falle **OLG München** DNotZ 1966, 283 (*Ertl*), im übrigen *§ 19 Bem 31.* Bez Konkurs *Wörbelauer* § 878 BGB und der Konkurs des Grundpfandrechts-Schuldners DNotZ 1965, 580, auch *Bem 66, 67.*

59 5. **Auflassung an eine noch nicht existierende Person**

Dazu *Güthe* GBO § 20 Bem 41

Aus dem Erfordernis der Anwesenheit beider Teile ergibt sich, daß nur an eine **bereits existierende Person** aufgelassen werden kann.

Eine Besonderheit gilt jedoch für die **Aktiengesellschaft,** die **GmbH** und die bergwerkliche **Gewerkschaft.** Hier kann schon im Vorstadium, also bei Gründung eine Auflassung eines Grst auf die künftige AG usw erfolgen, die Eintragung der AG usw in das GB kann allerdings erst nach deren Entstehung vorgenommen werden. Dies ist hM. Bei der AG gründet sich diese Auffassung auf § 29 AktG nF, der dem § 22 Abs 1 AktG aF entspricht, wonach mit der Übernahme aller Aktien durch die Gründer der Gesellllschaft die AG errichtet ist. Es wird hiernach das Vorstadium der Gründung und die spätere AG als eine Einheit betrachtet; so insbes **RG** RGZ 131, 30, **BGH** GBHZ 20, 281/21, 242, **OLG Colmar** OLG 6, 486, *Gadow* (Großkommentar) AktG aF § 22 Bem 2ff. § 34 Bem 3ff. *Lutter* DNotZ 1934, 651, teilweise in der Begründung abweichend, im Ergebnis übereinstimmend *Lauterbach-Hueck* AktG aF § 22 Bem 2. Für die GmbH gilt dasselbe; so auch *Lutter* aaO, **aA** *Staub* GmbHG § 7 Bem 6. Auch die bergrechtliche Gewerkschaft ist gleichzustellen, *Lutter* aaO. Dazu auch **KG** JFG 14, 332, *Güthe* GBO § 20 Bem 41, ferner *Bem 65.*

60 6. **Auflassung mit mehreren Beteiligten**

Dazu *BGB-RGRK* BGB §§ 925, 925a Bem 16, 38, *Güthe* GBO § 20 Bem 31, *Palandt* BGB § 925 Bem 3(c), *Staudinger-Seufert* BGB §§ 925, 925a Bem 55

Wenn bei der Auflassung **mehrere als Berechtigte nach Bruchteilen** beteiligt sind, also Miteigentümer auflassen oder an Miteigentümer aufgelassen wird, so ist nicht erforderlich, daß sämtliche Beteiligte gleichzeitig anwesend sind. Es genügt, wenn zB zuerst der Miteigentümer *A* und dann der Miteigentümer *B* das Grst dem *C* aufläßt; *A* und *C*, ferner *B* und *C* müssen jeweils gleichzeitig anwesend sein. Dazu **KG** OLG 9, 342 sowie *BGB-RGRK* BGB §§ 925, 925a Bem 38 (d), *Güthe* BGO § 20 Bem 31, *Palandt* BGB § 925 Bem 3 (c), *Staudinger-Seufert* BGB §§ 925, 925a Bem 55.

Sind auf einer Seite **mehrere Gesamtberechtigte** (Erben, Gesellschafter usw) beteiligt, so ist die gleichzeitige Anwesenheit aller Berechtigten ebenfalls nicht erforderlich. Dies ist hM, insbes **KG** OLG 41, 156, *BGB-RGRK, Palandt* und *Staudinger-Seufert* aaO, **aA** (wohl überholt) *Güthe* GBO § 20 Bem 31.

Bei der Auflassung an mehrere Erwerber muß die Auflassungserklärung klar sein, also die **Art des Gemeinschaftsverhältnisses** und bei Bruchteilsgemeinschaft auch die Größe der Bruchteile erkennen lassen; dazu **OLG Hamm** JMBl NRW 1964, 208 = DNotZ 1965, 408 = JurBüro 1965, 85 = BWNotZ 1966, 111 Ls, **OLG Neustadt** DNotZ 1965, 613 = JurBüro 1965, 569, **OLG Zweibrücken** DNotZ 1965, 614 (*Hieber*), *BGB-RGRK* BGB §§ 925, 925a Bem 38, *Palandt* und *Staudinger-Seufert* aaO. Die Art des Gemeinschaftsverhältnisses muß iSd § 47 aus dem GB ersichtlich sein, wenn es sich um die bisherigen Eigentümer handelt, und sie muß in gleicher Art aus den Erklärungen der Beteiligten hervorgehen, wenn eine Eintragung neuer mehrerer Eigentümer erfolgen soll; dazu *Hieber* GrstErwerb durch Ehegatten DNotZ 1959, 463, *Leikam* Auflassung und Gemeinschaftsverhältnis BWNotZ 1966, 289, *Staudinger-Seufert* aaO, auch *Bem 62*. Entspricht die Auflassung den Anforderungen des § 47 nicht, so bedarf es ihrer Ergänzung durch die Vertragspartner **RG** RGZ 76, 409 (412), **BayObLG** BayObLGZ 1958, 353 = DNotZ 1959, 200 = Rpfleger 1959, 128 (*Bruhn*) = NJW 1959, 725 Ls = BWNotZ 1965, 165 Ls = DRspr I (150) 97a, **OLG Hamm** aaO, **OLG München** JFG 20, 52 (54), *Güthe* GBO § 47 Bem 13, *Horber* GBO § 47 Bem 2 (Cb); dazu *§ 47 Bem 31*. Wenn die Personen, von denen die antragstellenden Erwerber ihr Recht herleiten, zwar als Eigentümer im GB vermerkt sind, aber neben einer Reihe anderer Personen und ohne Angabe des für die Gemeinschaft maßgebenden Rechtsverhältnisses oder der Anteile der einzelnen Personen, so bedarf es der vorgängigen GBBerichtigung nach § 39; dazu **RG** RGZ 54, 85 (86), JW 1934, 2612, **KG** KGJ 41, 52 (54)/50, 149 (151), **OLG Hamm** aaO, *Güthe* GBO § 47 Bem 10, *Horber* GBO § 47 Bem 7 (b), im übrigen *§ 47 Bem 33*. Es kann die in der Auflassung enthaltene Angabe des Gemeinschaftsverhältnisses der Erwerber nicht einseitig durch letztere geändert werden, **BayObLG** und **OLG Zweibrücken** aaO. Die Auflassung an mehrere Erwerber ist unwirksam, wenn sich die Eintragung nicht auch auf die Art des Gemeinschaftsverhältnisses bezieht, **OLG Neustadt** aaO.

Das an mehrere Personen gerichtete **Angebot** auf Abschluß eines Vertrags, in dem die Vertragsgegner gemeinschaftlich die Vertragspartei bilden sollen, kann nur gemeinsam angenommen werden, § 145 BGB; lehnt ein Teil der Vertragsgegner ab, so entfällt grundsätzlich die Bindung der Annehmenden, **BGH** BB 1965, 349 = DB 1965, 468 = MittbayNotV 1965, 173 = LM § 145 BGB Nr 10. Die Ansprüche von Gesamtgläubigern iSd § 428 BGB auf Auflassung eines Grst können durch eine **Vormerkung** im GB gesichert werden, **BayObLG** NJW 1963, 2276 = BWNotZ 1963, 291 Ls.

c) Ausnahmen 61

Dazu *BGB-RGRK* BGB 925, 925a Bem 38ff., *Güthe* GBO § 20 Bem 32, *Horber* § 20 Bem 3 (Acβ), *Palandt* BGB § 925 Bem 3 (c), *Staudinger-Seufert* BGB §§ 925, 925a Bem 74ff.

Von dem Erfordernis der gleichzeitigen Anwesenheit beider Teile vor der zuständigen Stelle zur Erklärung der Auflassung bestehen Ausnahmen, nämlich
im Falle rechtskräftiger Verurteilung, *Bem 65*,
bei Auflassung im Versteigerungstermin gemäß landesrechtlicher Regelung, *Bem 63*,
bei buchungsfreien Grst gemäß Landesrecht, *Bem 64*.

1. Verurteilung zur Auflassungserklärung 62

Die Ausnahme besteht bei rechtskräftiger Verurteilung des Schuldners zur Erteilung oder Entgegennahme der Auflassung, § 894 ZPO. Dazu *BGB-RGRK* BGB §§ 925, 925a Bem 42ff., 51, *Güthe* GBO § 20 Bem 32, *Horber* GBO § 20 Bem 3 (Acβaa), *Staudinger-Seufert* BGB §§ 925, 925a Bem 74ff, ferner *Rahn* Die Problematik der Verurteilung Zug um Zug gegen Zahlung des Aufpreises BWNotZ 1966, 266, *Leikam* Die Verurteilung zur Auflassung gemäß § 894 ZPO aaO 314, *Rahn* aaO 316.

Dies gilt nur für **Urteile,** nicht auch für vollstreckbare Prozeßvergleiche; dazu **RG** RGZ 55, 57, **OLG Hamm** JMBl NRW 1965, 92 = MDR 1965, 584, *Staudinger-Seufert* BGB §§ 925, 925a Bem 74. Ist das Urteil nur vorläufig vollstreckbar, so kann nur eine Auflassungsvormerkung eingetragen (§ 885 ZPO) oder nach § 887 ZPO vorgegangen werden, **RG** RGZ 53, 80/55, 57. Gleichgültig ist, ob ein gewöhnliches Urteil vorliegt (Endurteil, Anerkenntnis- oder Versäumnisurteil usw) oder ob ein Vollstreckungsurteil in Frage steht, das die ZwV aus einem Schiedsspruch oder aus einem ausländischen Urteil ausspricht, §§ 722, 1042 ZPO. Wenn die Auflassungserklärung in den Vergleich selbst aufgenommen wird (dazu *Bem 37*), kommt § 894 ZPO nicht zur Anwendung und es bedarf keiner Vollstreckung; dazu *Staudinger-Seufert* aaO. Ist in einen Vergleich nur die Verpflichtung übernommen, ein Grst zu veräußern, so kann nicht nach §§ 887 ff. ZPO vollstreckt werden, **OLG Hamm** JMBl NRW 1965, 92 = MDR 1965, 584.

Durch das rechtskräftige Urteil wird nur die **Erklärung des Verurteilten vor dem GBA** usw ersetzt; er braucht nicht zu erscheinen, **RG** RGZ 76, 411. Dagegen genügt der bloße Antrag des Klägers unter Vorlage des Urteils nicht. Der im Prozeß obsiegende Teil muß daher — und zwar persönlich oder sein Vertreter (mit beglaubigter Vollmacht, da eine Prozeßvollmacht nicht genügt) — mit dem Urteil vor einer zuständigen Stelle erscheinen und vor dieser seine mündliche Auflassungserklärung abgeben, also die Auflassung erklären oder entgegennehmen, da vom Gesetz nur fingiert wird, daß der Verurteilte freiwillig erscheint und seine Erklärung abgibt, **RG** RGZ 31, 360/76, 411, *Staudinger-Seufert* BGB §§ 925, 925a Bem 74. Lautet das Urteil auf Auflassung an einen Dritten, so muß dieser zusammen mit dem Kläger die Auflassungserklärung vor dem GBA abgeben, **KG** KGJ 44, 221. Die Auflassungsform, also die Beurkundung (nicht bloß die öffentliche Beglaubigung) der Einigungserklärung muß auch hier gewahrt werden, **KG** JW 1936, 678 = HRR 1936, Nr 137. Nachträgliche Einreichung des Urteils genügt nicht, **KG** KGJ 49, 183. Vorzulegen ist eine mit dem Rechtskraftzeugnis (§ 706 ZPO) versehene Urteilsausfertigung; nicht notwendig ist eine vollstreckbare Ausfertigung (§ 724 ZPO) oder der Nachweis der Zustellung, *Güthe* GBO § 19 Bem 94. Nur im Falle des § 894 Abs 1 S 1 ZPO, bei der Verurteilung zur Auflassung Zug um Zug gegen eine Gegenleistung, bedarf es der Vorlegung einer vollstreckbaren Urteilsausfertigung, **RG** JR 1928, Nr 215; dazu *Rahn* aaO.

Der **Inhalt des Urteils** muß den bei Vornahme der Auflassung vor dem GBA zu stellenden Anforderungen entsprechen, **RG** RGZ 76, 412. Die Verurteilung ist gerichtet auf Abgabe einer auf Eigentumsübertragung gerichteten Erklärung; da jedoch auch Urteile der Auslegung nach § 133 BGB unterliegen und es auf deren Sinn, nicht unbedingt auf Textierung der Urteilsformel ankommt, ist eine Verurteilung zur *Bewilligung* der Eintragung des Erwerbers als genügend anzusehen; dazu *BGB-RGRK* BGB 925, 925a Bem 51, zur Auslegung des Urteilstenors **BGH** NJW 1962, 591 = MDR 1962, 397 = JZ 1962, 287 = BB 1962, 616 = DB 1962, 270 = WM 1962, 430 = ZZP 75, 119 (*Schwab*) = LM ZPO § 211 Nr 36, § 1042 Nr 8. Sind mehrere Personen zur Entgegennahme der Auflassung verurteilt, so muß das Urteil dem § 47 GBO entsprechen, **RG** RGZ 76, 409; dazu *BGB-RGRK* aaO, auch *Bem 60*. Die Auflassungserklärung des Verurteilten wird durch das Urteil mit der Wirkung ersetzt, daß sie in sich alles erhält, was zur Eintragung notwendig ist; dazu *Güthe* GBO § 19 Bem 97. Das Urteil kann in seinen Wirkungen nicht über die Auflassungserklärung selbst hinausgehen, insbes kann es eine anderweitig notwendige behördliche Genehmigung nicht ersetzen, insbes nicht eine Genehmigung des VormGer; dazu *BGB-RGRK* aaO Bem 43, auch *§ 19 Bem 46 (4)*.

Die Frage, ob bei Verurteilung zur Auflassungserklärung daneben noch eine **Eintragungsbewilligung** erforderlich ist, ist umstritten; dazu *Bem 77*.

Ist **der zur Auflassung Verurteilte noch nicht als Eigentümer eingetragen,** so muß der Kläger nach **§ 14** vorgehen. Veränderungen in der Geschäfts- und Verfügungsfähigkeit des Verurteilten zwischen Rechtskraft des Urteils und Abgabe der Auflassungserklärung durch den Kläger (Tod, Entmündigung, Konkurseröffnung usw) sind vom GBBeamten nicht zu berücksichtigen; dazu *Güthe* GBO § 19 Bem 97.

Über Auflassung in einem **Prozeßvergleich** *Bem 37.*

Bei Verurteilung zur Auflassung **Zug um Zug** gegen eine Gegenleistung, zB Zahlung des Kaufpreises, ist eine nach §§ 726, 730 ZPO erteilte vollstreckbare Ausfertigung des rechtskräftigen Urteils erforderlich; denn die Auflassungserklärung gilt hier erst mit der Erteilung einer vollstreckbaren Ausfertigung als abgegeben, § 894 Abs Abs 1 S 2 ZPO; dazu **RG** GruchBeitr 63, 507, *BGB-RGRK* aaO Bem 42 (dd). *Rahn* Die Problematik der Verurteilung zur Auflassung Zug um Zug gegen Zahlung des Kaufpreises BWNotZ 1966, 266, *Staudinger-Seufert* BGB §§ 925, 925a Bem 37. Gegenüber der Auflassung kann sich der Verpflichtete auf ein **Zurückbehaltungsrecht** gerufen, wenn die Voraussetzungen vorliegen, § 273 Abs 2 BGB; dazu **RG** WarnR 1912 Nr 417, *Staudinger-Seufert* BGB §§ 925, 925a Bem 34.

Mehrere Auflassungsempfänger können im Gesamtschuldverhältnis stehen, wenn die Voraussetzungen der §§ 421 ff. BGB vorliegen; die Art der Streitgenossenschaft richtet sich darnach, insbes ob es sich um eine notwendige Streitgenossenschaft handelt, §§ 59 ff. ZPO. Die Klage auf Auflassung gegen Miterben kann auch eine Gesamtschuldklare sein, so daß die Miterben nicht notwendige Streitgenossen sind, **BGH** NJW 1963, 1611 = MDR 1963, 666 = JZ 1964, 722 (*Bötticher*) = DB 1963, 1464 = WM 1963, 762 = BWNotZ 1963, 223 Ls = LM § 2058 BGB Nr 4 = DRspr I (170) 31d (Ergänzung zu **BGH** LM § 62 ZPO Nr 2). Ein Teilurteil gegen einen von mehreren notwendigen Streitgenossen ist zulässig, wenn die übrigen erklärt haben, zu der mit der Klage begehrten Leistung verpflichtet und bereit zu sein, **BGH** NJW 1962, 1722 = MDR 1962, 811 = BB 1962, 1177 = WM 1962, 937 = ZZP 76, 96 (*Baur*) = LM § 62 ZPO Nr 10.

Der — wenn auch seltene — Fall der **Erschleichung eines Urteils,** der zu Schadenersatz nach § 826 BGB verpflichtet, kann auch bei Auflassung eines Grst eintreten; dazu **BGH** NJW 1964, 1672 = MDR 1964, 836 = JR 1964, 345 = BB 1964, 1063 = DB 1964, 1256 = LM ZZP 64, 440 (*Bruns*) = LM § 826 (Fa) BGB Nr 15.

Zur **Zwangsvollstreckung** ist darauf hinzuweisen, daß ZwV in den Anspruch des Schuldners auf Übereignung eines Grst, wenn die Auflassung bereits erfolgt, aber noch nicht eingetragen ist, ohne Voreintragung nach § 39 nicht zulässig ist, **OLG Neustadt** MDR 1962, 486.

2. Auflassung im Versteigerungstermin 63

Eine weitere Ausnahme ist auf Grund landesrechtlicher Vorschriften im Rahmen des Art 143 Abs 2 EGBGB zulässig, nämlich wenn ein Gericht oder Notar ein Grst versteigert und die Auflassung noch in dem Versteigerungstermin stattfindet.

Es ist hinzuweisen auf folgendes **Landesrecht:** Baden-Württemberg Landesteil Baden § 16 AGGBO (GT 19), Bayern Art 82 AGBGB, Bremen §§ 18 AGBGB, Hessen Art 91 AGBGB, ehemaliges Land Preußen Art 26 § 2 AGBGB. Dazu *Horber* GBO § 20 Bem 3 (Ac $\beta\gamma\gamma$), *Palandt* BGB EG Art 143 Bem 3, *Staudinger-Seufert* BGB §§ 925, 925a Bem 78.

Voraussetzung ist, daß die Auflassung im Versteigerungstermin stattfindet; die Ausnahme gilt daher nicht, wenn sich der Versteigerer die Erteilung des Zuschlags für einen anderen Zeitpunkt vorbehält. Gleichgültig ist, ob die Versteigerung freiwillig oder im Wege der ZwV erfolgt, soweit nicht das betreffende Landesgesetz eine

Einschränkung macht; dazu **KG** Recht 1906 Nr 2371. Das Gericht muß zu dem Lande, dessen Gesetz anzuwenden ist, gehören; ein Notar muß in diesem Lande seinen Amtssitz haben. Die Vorschriften gelten auch für grstgleiche Rechte (dazu *Bem 28ff.*) soweit deren Übertragung sich in der Form der Auflassung vollzieht.

Für die freiwillige Versteigerung gilt noch folgendes: Die Ausnahme des § 181 S 2 FGG (*Anh*) gilt für die Auflassung nicht; dazu *Bem 51.* Da ein Vertrag bei freiwilliger Versteigerung vorliegt, kommt ein geringstes Gebot nicht in Betracht, wohl aber Versteigerungsbedingungen; dazu *Steiner-Riedel* ZVG § 44 Vorbem 2, Bem 10. Es darf aber nicht in den Versteigerungsbedingungen eine Übertragung des GrstEigentums an den Höchstbietenden ausgesprochen und gleichzeitig die Annahme dieser Erklärung zum Ausdruck gebracht werden, wenn die Verlesung erfolgt, bevor feststand, wer Höchstbietender wird, **OLG Karlsruhe** OLG 39, 217, *Staudinger-Seufert* BGB §§ 925, 925a Bem 52. Wenn der Bieter für einen anderen auftritt, so genügt es, wenn der wirkliche Steigerer noch im Termin benannt wird, **BayObLG** 14, 439 = Recht 1913 Nr 2877, *Staudinger-Seufert* aaO.

64 **3. Buchungsfreie Grundstücke**

Für die buchungsfreien Grste, die auch nach der Übereignung nicht buchungspflichtig werden, braucht im Rahmen der landesrechtlichen Vorbehalte des Art 127 EGBGB nicht notwendig eine gerichtliche oder notarielle Beurkundung der Einigung bei gleichzeitiger Anwesenheit stattzufinden, *Güthe* GBO § 20 Bem 34, *Horber* GBO § 20 Bem 3 (Acβ/$\beta\beta$). Dazu auch *Bem 25, 46, § 3 Bem 53ff., § 117 Bem 112.*

65 **6. Bedingung und Zeitbestimmung bei Auflassung**

Dazu *BGB-RGRK* BGB §§ 925, 925a Bem 53ff., *Horber* GBO § 20 Bem 4 (b), *Palandt* BGB § 925 Bem 5 (b), *Staudinger-Seufert* BGB §§ 925, 925a Bem 81

Nach § 925 Abs 2 BGB darf die **Auflassung nicht unter einer Bedingung oder einer Zeitbestimmung** erfolgen. Dies gilt nur für rechtsgeschäftliche Bedingungen, § 158 BGB, nicht für sog Rechtsbedingungen, also für Umstände, die kraft Gesetzes Voraussetzung der Wirksamkeit der Auflassung sind. Dazu *§ 13 Vorbem 177, § 16 Bem 7, 14.*

Solche **Rechtsbedingungen** sind Genehmigungen gerichtlicher oder behördlicher Art oder notwendige Zustimmungen Dritter, zB vormundschaftsgerichtliche Genehmigung, Genehmigung nach GrstVG, BBauG, Devisenrecht ua oder Zustimmung eines Ehegatten nach dem Güterrecht; dazu *Bem 79ff., § 13 Vorbem 24, 180, § 18 Bem 109ff., 148ff.*, zur Genehmigung des VormGer auch **OLG Celle** DNotZ 1957, 660, zum Verhältnis von Genehmigungen und Auflassungen *Bem 79e.* Ferner ist eine Rechtsbedingung bei Verfügungen durch einen Nichtberechtigten die Zustimmung des Berechtigten, **KG** OLG 4, 33/5, 419, bei Auflassung an die Gründer einer noch nicht eingetragenen AG die Entstehung der AG durch Eintragung, **OLG Colmar** OLG 6, 486, wobei für die GmbH und bergwerkliche Gewerkschaft dasselbe gilt (dazu *Bem 59*). Hierher gehört auch die vorherige Eintragung des Veräußerers (§ 39), wenn dieser das Grst selbst aufgelassen hat, aber noch nicht eingetragen ist, **RG** JW 1930, 133, **KG** OLG 2, 1 (2). Als eine Rechtsbedingung ist es auch anzusehen, wenn Brautleute vereinbaren, daß der Grundbesitz bei Eheschließung zum Gesamtgut der vereinbarten Gütergemeinschaft gehören soll, also nicht Vorbehaltsgut wird, §§ 1408, 1415, 1416, 1418 BGB, **BGH** NJW 1952, 1330 (zur früheren Errungenschaftsgemeinschaft). Eine **schuldrechtliche Vereinbarung** über den Zeitpunkt des Vollzugs der Auflassung ist zulässig, **OLG Düsseldorf** NJW 1954, 1041, ebenso **BGH** DB 1953, 572 = DRspr I (150) 57d; § 925 Abs 2 BGB steht solchen Abmachungen nicht entgegen.

Dasselbe gilt von einem Rücktrittsvorbehalt in einem Kaufvertrag; er bezieht sich im Zweifel nur auf den schuldrechtlichen Vertrag, **OLG Düsseldorf** JMBl NRW 1957, 160. Es kann auch vereinbart werden, daß die Übergabebedingungen erst im Zeitpunkt der Übergabe des Grst festgelegt werden und daß der Übergabevertrag unter diesem Vorbehalt erfolgt, **OLG Nürnberg** RdJ 1965, 17 = DRspr I (125) 115e. Dazu *Bem 79e.*

Wird eine solche Rechtsbedingung (zB die Genehmigung des Berechtigten) von den Beteiligten ausdrücklich zu einer **rechtsgeschäftlichen Bedingung** gemacht, also nicht nur die kraft Gesetzes notwendige Voraussetzung des Eigentumsübergangs im Vertrag wiederholt, so ist die Auflassung nichtig, **KG** OLG 20, 69, dazu *BGB-RGRK* BGB §§ 925, 925a Bem 54. Unanwendbar ist § 925 Abs 2 BGB, wenn zwar die Auflassung selbst bedingungslos, die hierzu erforderliche Zustimmung aber nur bedingt erteilt ist, **KG** KGJ 44, 191; dazu *BGB-RGRK* aaO Bem 35, *Staudinger-Seufert* BGB §§ 925, 925a Bem 81 (g). Zulässig ist es auch, daß zwar die Auflassung unbedingt erklärt, der Antrag auf deren Eintragung aber nach § 16 Abs 2 vom gleichzeitigen Vollzug einer anderen Eintragung (insbes einer Kaufpreishypothek) abhängig gemacht wird, **KG** JFG 1, 335, **BayObLG** 9, 164, *Güthe* GBO § 16 15, § 20 Bem 37, *Predari* GBO § 20 Bem 4; dazu *§ 16 Bem 8ff.* Zulässig ist weiter auch eine Auflassung unter Übernahme der schuldrechtlichen Verpflichtung zur Hypothekenregelung und demnächstigen Rückübertragung, **KG** OLG 18, 200.

Eine bedingt oder betagt erklärte Auflassung ist **nichtig.** Eine bedingte Auflassung wird auch nicht wirksam, wenn vor der Eintragung die Bedingung eintritt, **KG** OLG 41, 157. Wird einem Kaufvertrag, der die Vereinbarung enthält, daß er mit dem Eintritt einer Bedingung als nicht geschlossen gelten soll, die Auflassung angefügt, so ist anzunehmen, daß auch diese von der Bedingung betroffen wird, **BayObLG** 12, 733. Die Wirkung der bedingten Eigentumsübertragung kann erreicht werden bei aufschiebender Bedingung durch Eintragung einer **Vormerkung** für den Erwerber zur Sicherung seines Anspruchs auf Eigentumsübertragung, bei auflösender Bedingung durch gleichzeitige Eintragung der Auflassung und einer Vormerkung für den Veräußerer zur Sicherung seines Rückübertragungsanspruchs *BGB-RGRK* aaO Bem 53, *Güthe* GBO § 20 Bem 39, *Rößner* BayNotZ 1919, 151, 275, *Staudinger-Seufert* aaO Bem 81 (a, b).

7. Mehrere aufeinanderfolgende Auflassungen 66

Dazu *BGB-RGRK* BGB 925, 925a Bem 22, *Güthe* GBO § 20 Bem 45, *Palandt* BGB § 925 Bem 6 (b), *Staudinger-Seufert* BGB §§ 925, 925a Bem 57, 90

Liegen mehrere aufeinanderfolgende Auflassungen (zB *A* an *B*, *B* an *C*) vor, so kann ohne vorherige Zwischeneintragung des Ersterwerbers (*B*) die unmittelbare Eintragung des letzten Auflassungsempfängers (*C*) erfolgen, wenn — was regelmäßig der Fall sein wird — in der ersten Auflassung die (einseitige, nicht widerrufliche, **KG** JFG 2, 219) Einwilligung des eingetragenen Eigentümers in Weiterverfügungen des Auflassungsempfängers (§ 185 Abs 1 BGB) erblickt werden kann, **RG** RGZ 54, 368/129, 153/135, 382, JW 1929, 742, **KG** KGJ 53, 114, OLG 41, 147, JFG 2, 316/4, 307 (311). Dazu auch *§ 19 Bem 71, 75.*

Hat der erste Auflassungsempfänger Rechte an dem Grst bestellt und deren Eintragung **bewilligt** und beantragt, so kann die Einwilligung in weitere Verfügungen über das Grst nur mit der Maßgabe als erteilt gelten, daß diese Rechte auch bei unmittelbarer Eintragung des späteren Erwerbers zur Eintragung kommen, und zwar, wenn nichts anderes ausdrücklich zugelassen ist, mit dem Rang vor später bewilligten Rechten. In diesem Falle muß, damit die unmittelbare Eintragung des zweiten Erwerbers möglich wird, dieser die Eintragung der von dem ersten Auflassungsempfänger bestellten Rechte erneut bewilligen und beantragen oder nach § 185 Abs 2 BGB die von dem nicht berechtigten Ersterwerber vorgenommenen Verfügungen genehmigen, **KG** JFG 2, 316; dazu *BGB-RGRK* BGB §§ 925, 925a Bem 22, *Güthe* CBO § 20 Bem 45. § 39 Abs 1 steht der unmittelbaren Eintragung des letzten Auflassungsempfängers nicht entgegen; dazu *§ 39 Bem 15.* Diese ist auch dann noch zulässig, wenn der Veräußerer bereits die Eintragung des ersten Auflassungsempfängers beantragt hat; dieser Antrag muß nur bei der Antragstellung zugunsten des letzten Auflassungsempfängers zurückgenommen werden; dazu *Güthe* aaO. Die **Konkurseröffnung** über das Vermögen des ersten Auflassungsempfängers nach der Stellung des Eintragungsantrags und der Widerruf der Eintragungsbewilligung durch den Konkursverwalter hindern nicht die Eintragung des zweiten Auflassungsempfängers, **KG** DNotZ 1934, 284; dazu *Bem 58.*

67 **8. Wiederaufhebung der Auflassung**

Die Auflassung kann, solange sie nicht durch Eintragung im GB vollzogen ist, durch **Vereinbarung der Beteiligten** wieder aufgehoben werden, **KG** JFG 2, 319, **OLG Karlsruhe** JFG 1, 286, und zwar formlos, **RG** RGZ 65, 392, JW 1931, 2721, **KG** OLG 41, 147, *Mürl* BayNotV 1932, 268. Dem GBBeamten muß jedoch die Vereinbarung der Aufhebung in der Form des § 29 nachgewiesen werden; sonst ist sie für ihn unbeachtlich, **OLG Karlsruhe** JFG 1, 286. Wenn nach **KG** DNotV 1930, 366 der GBBeamte, falls er auf Grund offenkundiger oder ihm mitgeteilter Tatsachen Bedenken hat, ob die Auflassung noch wirksam ist, diesen Zweifeln von Amts wegen nachzugehen und auf ihre Beseitigung durch Zwischenverfügung hinzuwirken hat, so bezieht sich die Entscheidung auf die Prüfungspflicht des GBA. Ob bei dem entschiedenen Fall die strengen Voraussetzungen für einen ablehnenden Standpunkt bzw eine Zwischenverfügung vorlagen (dazu *§ 18 Bem 11, 141ff.*), erscheint zweifelhaft; nur wo die Nichtigkeit offensichtlich ist, darf das GBA die Eintragung nicht vorzunehmen, während es sonst den Beteiligten überlassen bleibt, die strittigen Vorgänge durch das Prozeßgericht zu klären.

Seitens der Veräußerers allein kann der Vollzug der Auflassung durch bloßen Widerruf derselben und der Eintragungsbewilligung nicht mehr gehindert werden, **BayObLG** 22, 214, 312, wohl aber durch eine **einstweilige Verfügung** des Prozeßgerichts, die dem Erwerber gebietet, seinen Eintragungsantrag zurückzuziehen oder die Urkunde dem GBA nicht vorzulegen. Der GBBeamte ist an eine solche einstweilige Verfügung gebunden. Dazu **RG** RGZ 117, 287/120, 118, **BayObLG** 22, 164, 214, 312, **KG** OLG 43, 65, JFG 1, 379, 383/2, 320, *Staudinger-Seufert* BGB §§ 925, 925a Bem 91, ferner auch **RG** RGZ 108, 329, *Fuchs* JW 1923, 763, *Rößner* BayNotZ 1920, 161 sowie *§ 18 Bem 21.* Dies gilt auch dann, wenn bei dem Erlaß der einstweiligen Verfügung der Eintragungsantrag bereits gestellt war, **RG** RGZ 117, 287, **KG** JFG 1, 379. Eine solche einstweilige Verfügung ist auch gegenüber dem Antragsrecht des Notars nach § 15 wirksam, **BayObLG** 22, 164.

Die **Auflassung** ist **bindend,** sobald sie nach § 925 BGB wirksam geworden ist, § 873 Abs 2 BGB findet daher keine Anwendung; dazu **OLG Colmar** OLG 5, 251, *Staudinger-Seufert* BGB § 873 Bem 52, §§ 925, 925a Bem 82, dazu auch *Bem 58.* Über Rücktrittsvorbehalt bei Kaufvertrag *Bem 65.* Da es kein dingliches Wiederkaufsrecht gibt (dazu *§ 13 Vorbem 22*), nur ein schuldrechtliches, kann es gemäß § 140 BGB in eine schuldrechtliche Rückkaufsverpflichtung umbedeutet werden, wenn dies dem Willen der Vertragsbeteiligten entspricht, **BGH** MDR 1965, 283 = JZ 1965, 215 = BB 1965, 106 = DNotZ 1965, 610 = WM 1965, 205 = WarnR 1964 Nr 271 = LM § 497 BGB Nr 6.

9. Abtretung des Auflassungsanspruchs 68

Die Abtretung des rechtswirksam und in der Form des § 313 BGB begründeten Anspruchs auf Übertragung des Eigentums, nämlich des Auflassungsanspruchs, gegen den eingetragenen Eigentümer bedarf nicht der Form des § 313 BGB; dazu **RG** RGZ 108, 114/111, 300/155, 176. Auf Grund der Abtretung kann der Abtretungsempfänger sich anstelle des Abtretenden die Auflassung erteilen und sich als Eigentümer im GB eintragen lassen, **RG** WarnR 1928 Nr 128; dazu auch *Bem 52*.

10. Pfändung des Auflassungsanspruchs 69

Dazu *BGB-RGRK* BGB §§ 925, 925a Bem 57, *Hieber* Die dingliche Anwartschaft bei der GrstÜbereignung DNotZ 1959, 350, *Hoche* Verpfändung und Pfändung des Anspruchs des GrstKäufers NJW 1955, 161, Die Pfändung des Anwartschaftsrechts aus der Auflassung NJW 1955, 931, *Horber* GBO § 26 Anh Bem 1, 3 (A, Bb), *Palandt* BGB § 925 Bem 6 (b), *Staudinger-Seufert* BGB §§ 925, 925a Bem 90, *Stöber* Forderungspfändung 491 ff.,
im übrigen Kommentierungen zu §§ 846, 848, 849, 855, 857 ZPO, insbes *Baumbach-Lauterbach, Stein-Jonas, Wieczorek*

Wird der **Anspruch auf Übertragung des Eigentums,** der Auflassungsanspruch (dazu *Bem 52*), **gepfändet,** und zwar auf Grund eines Vollstreckungstitels (dazu *§ 14 Bem 3 ff.*), der auch ein Arrestbefehl sein kann, so hat das Vollstreckungsgericht gleichzeitig mit der Erlassung des Pfändungsbeschlusses anzuordnen, daß das Grst an einen auf Antrag des Pfändungsgläubigers vom AG der belegenen Sache zu bestellenden Sequester herauszugeben ist, § 848 Abs 1 ZPO. Der **Sequester** wird durch den Bestellungsbeschluß zur Abgabe der Auflassungserklärung ermächtigt. Der Beschluß ist in Ausfertigung dem GBA vorzulegen; der Vorlegung des Pfändungsbeschlusses und der Zustellungsurkunden sowie des Vollstreckungstitels des Gläubigers bedarf es nicht, *Güthe* GBO § 14 Bem 4. Die Auflassung hat von dem zur Übertragung des Eigentums Verpflichteten an den Sequester zu erfolgen, § 848 Abs 2 S 1 ZPO, **OLG Rostock** JFG 1, 298. Nötigenfalls muß der Pfändungsgläubiger sich den Auflassungsanspruch nach §§ 846, 835 ZPO überweisen lassen und so dann den Verpflichteten auf Abgabe der Auflassungserklärung verklagen, § 894 ZPO. Als Eigentümer ist der Pfändungsschuldner, nicht der Sequester als solcher einzutragen, **OLG Rostock** OLG 43, 159 (160). Auch wenn die Auflassung bereits an den Pfändungsschuldner erfolgt, ist ist der Sequester berechtigt, den Antrag auf Eintragung des Schuldners zu stellen, **KG** JFG 3, 297/4, 339 (341). Dazu *Stöber* Forderungspfändung 491 ff.

Mit der Eintragung des Eigentumswechsels erlangt der Pfändungsgläubiger kraft Gesetzes eine **Sicherungshypothek** für seine Forderung an dem aufgelassenen Grst, die vom Sequester zur Eintragung zu bewilligen ist, § 848 Abs 2 S 2, 3 ZPO, die Eintragung der Sicherungshypothek ist GBBerichtigung, **RG** RGZ 71, 430, **OLG Rostock** OLG 43, 159 (160). Die Beschränkung des § 866 Abs 2 ZPO bez des Mindestbetrags von 500 DM, findet auf diese Sicherungshypothek keine Anwendung, **KG** OLG 1, 206/5, 458, *Stein-Jonas* ZPO § 848 Bem I, *Stöber* aaO 492, 496, **aA** *Güthe* GBO § 14 Bem 4; die abweichende Auffassung berücksichtigt nicht, daß § 866 Abs 3 ZPO bei Pfändung nicht zur Anwendung geeignet ist. Haben mehrere Gläubiger den Anspruch gepfändet, so richtet sich der Rang ihrer Sicherungshypotheken nach der Zeitfolge der Pfändungen; dazu *Güthe* aaO. Welcher Gläubiger die Bestellung des Sequesters beantragt hat, ist für die Rangfolge der Pfändungen unerheblich, **OLG Braunschweig** HRR 1935 Nr 1711. Ist gleichzeitig mit der Auflassung eine Kaufpreishypothek einzutragen, so geht diese der Sicherungshypothek des § 848 ZPO im Range vor, **KG** JFG 4, 339. Die Sicherungshypothek kann ohne Zustimmung des Vollstreckungsschuldners mit dem Vorrang vor einer bereits bestehenden Hypothek eingetragen werden, wenn deren Gläubiger die

Eintragung bewilligt hat oder zur Abgabe einer solchen Erklärung rechtskräftig verurteilt ist. Unter den gleichen Voraussetzungen bedarf es auch der Zustimmung des Eigentümers zu einer nachträglichen Rangänderung nicht, **KG** JFG 12, 304. War der gepfändete Auflassungsanspruch durch Vormerkung gesichert, so kann der Pfändungsgläubiger von den Inhabern der nach Eintragung der Vormerkung anspruchswidrig eingetragenen Rechte die Zustimmung dazu verlangen, daß seine Sicherungshypothek Rang vor ihren Rechten erhält; das GBA darf diesen Vorrang aber nur eintragen, wenn die Zustimmung nachgewiesen ist, **KG** JFG 8, 318.

Ist die Auflassung von dem Veräußerer an den Sequester erfolgt und hat dieser auch die Eintragung der Sicherungshypothek für den Pfändungsgläubiger bewilligt und beantragt, so darf ein 2. Erwerber, an den der Schuldner das Grst aufgelassen hat, erst eingetragen werden, nachdem nicht nur der Antrag auf Eintragung des Pfändungsschuldners als Eigentümer, sondern auch der Antrag auf Eintragung der Sicherungshypothek erledigt ist; die zeitliche Folge der Eintragungsanträge ist belanglos, **KG** JFG 7, 335.

Auch wenn der Auflassungsanspruch auf Grund eines Arrestes gepfändet ist, ist nach § 848 ZPO zu verfahren; der Pfändungsgläubiger erlangt alsdann mit dem Eigentumsübergang eine Arresthypothek, § 932 ZPO, also eine Höchstbetragshypothek in Höhe der Arrestabwendungssumme, **OLG Dresden** OLG 33, 112.

Das aus der bereits erfolgten Auflassung sich ergebende **Recht des Erwerbers auf Eintragung** im GB kann nach § 857 ZPO **gepfändet** werden. Die Pfändung berechtigt den Gläubiger anstelle des Erwerbers die Umschreibung des Grst auf dessen Namen zu beantragen. Zur Wirksamkeit der Pfändung des Rechts auf Umschreibung bedarf es nicht der Zustellung des Pfändungsbeschlusses an den Veräußerer als Drittschuldner. Mit der Umschreibung erlangt der Gläubiger kraft Gesetzes eine Sicherungshypothek an dem Grst für seine Forderung. Die Eintragung der Hypothek ist GBBerichtigung, **KG** JFG 4, 339, **BayObLG** OLG 9, 233, *Güthe* GBO § 14 Bem 4, *Stöber* aaO 496.

Diese Sicherungshypothek ist keine solche nach § 848 Abs 2 ZPO, sie ist aber nach den gleichen Grundsätzen zu behandeln. Sie kann auch auf Grund eines Arrestbefehls eingetragen werden und ist dann Arresthypothek nach § 932 ZPO. Eine vom Erwerber bewilligte Kaufpreisresthypothek geht dieser Sicherungshypothek im Range vor, **KG** JFG 4, 339. Der Gläubiger hat außer dem Pfändungsbeschluß und der Auflassungsverhandlung den vollstreckbaren Titel oder den Arrestbefehl zum Nachweis seiner Forderung vorzulegen. Der Pfändungsbeschluß ist unwirksam, wenn er nicht das Gebot an den Schuldner, sich jeder Verfügung über das gepfändete Recht zu enthalten (§§ 957, 929 ZPO), enthält, **KG** JFG 14, 131. Der Pfändungsschuldner kann nach erfolgter Pfändung seine Eintragung ohne Mitwirkung des Pfändungsgläubigers, also gleichzeitige Eintragung der Sicherungshypothek, nicht verlangen, **BayObLG** 32, 133 = JFG 9, 234.

Hat der Schuldner bereits auf Grund der an ihn erklärten Auflassung den **Antrag auf Eintragung** des Eigentumsübergangs beim GBA gestellt, so bedarf es keiner Pfändung des Auflassungsanspruchs. Der Gläubiger kann unmittelbar die **Eintragung einer Zwangshypothek** für sich beantragen. Ist die Eintragung des Schuldners als Eigentümer noch nicht erfolgt, so ist Zwischenverfügung (§ 18) zu erlassen, **KG** JFG 2, 448/4, 339 (341), *Güthe* GBO § 14 Bem 4. Eine **Pfändung** des Anwartschaftsrechts aus der Auflassung ist aber auch zu diesem Zeitpunkt noch zulässig und möglich; eine solche Pfändung wird wirksam mit der Zustellung des Pfändungsbeschlusses an den Grst-Veräußerer, die Zustellung an den Auflassungsempfänger ist keine Voraussetzung der

Wirksamkeit. Nach erfolgter Pfändung kann eine Umschreibung auf Grund des gestellten Antrags nur erfolgen, wenn die Zustimmung des Pfandgläubigers in gbmäßiger Form (§ 29) beigebracht wird, **LG Wuppertal** NJW 1963, 1255 = BWNotZ 1963, 217 Ls.

Für die nach Herausgabe des Besitzes an den Sequester mögliche ZwV in das Grst wahrt die Anspruchspfändung keine Anwartschaft, *Stöber* aaO 495. Der **Sequester** hat kein Recht zur Verwaltung, insbes zur Einziehung von Mieten usw; dies ist hM, insbes *Baumbach-Lauterbach* ZPO § 848 Bem 2 (B), *Stein-Jonas* ZPO § 848 Bem II, *Stöber* aaO, **aA** *Wiezorek* ZPO § 848 Bem B II. Da der Zweck der Sequestration beschränkt ist, ist für eine Verwaltungstätigkeit des Sequesters kein Raum; dazu auch *Stöber* aaO 495 Fußn 11.

In diesem Zusammenhang ist noch auf folgendes hinzuweisen: Das Recht auf Betreibung des Aufgebotsverfahrens gegen den unbekannten Hypothekengläubiger und das Anwartschaftsrecht auf den Erwerb der im Falle des Ergehens des Ausschlußurteils entstehenden **Eigentümergrundschuld** können zugunsten des Gläubigers des Grst-Eigentümers rechtswirksam gepfändet werden (dazu *§ 19 Bem 52*); diese Pfändung steht der Eintragung einer nachträglich zugunsten eines anderen Gläubigers bei der gleichen Post bewilligten Löschungsvormerkung *§ 52 Bem 13*) nicht entgegen, **OLG Frankfurt aM** NJW 1962, 640.

Soweit nichts Abweichendes erwähnt ist, gilt für die **Zwangshypothek** im übrigen das in *§ 19 Bem 50* Ausgeführte. Insbes gilt auch hier der Grundsatz, daß eine Zwangshypothek auch bei Eintragung im GB nicht entsteht, wenn es an einem wesentlichen Erfordernis der ZwV fehlt; dazu **OLG Saarbrücken** JBl Saar 1965, 8 = FamRZ 1965, 274 Ls.

11. Gültigkeit der Einigung 70

Dazu *BGB-RGRK* BGB §§ 925, 925a Bem 26ff., *Güthe* GBO § 20 Bem 42, 52, *Palandt* BGB § 925 Bem 5, *Staudinger-Seufert* BGB §§ 925, 925a Bem 22ff., 96

Die Auflassungserklärungen der Beteiligten können nichtig oder anfechtbar sein. Es gelten hier die allgemeinen Grundsätze über Willenserklärungen; dazu *§ 19 Bem 22* sowie *Riedel* Zur Anwendung der §§ 133, 157, 242 BGB im GrBVerkehr Rpfleger 1966, 356/1967, 6. Hier ist vor allem folgendes bedeutsam:

Nichtigkeit kommt in Frage, zB wegen Geschäftsunfähigkeit eines der mitwirkenden Beteiligten (**KG** OLG 43, 210, *Güthe* GBO § 20 Bem 42), wegen Verstoßes gegen Verbotsgesetze oder gegen die guten Sitten (§§ 134, 138 BGB), wegen Vorliegens einer Scheinerklärung (§ 117 BGB) oder eines geheimen Vorbehalts (§ 116 BGB), wegen Verstoßes gegen § 925 Abs 2 (dazu *Bem 65*) usw; dazu **RG** RGZ 78, 376, *Güthe* aaO Bem 52.

Das **Grundgeschäft** ist gerade bei der GrstÜbertragung von besonderer Wichtigkeit. Schuldrechtliches Grundgeschäft und dinglicher Vertrag (dazu *48a, § 18 Bem 141, 142*), also schuldrechtlicher Vertrag über Veräußerung eines Grst, insbes Kauf oder Schenkung, und dinglicher Vertrag, die Auflassung, stehen rechtlich an sich unabhängig nebeneinander, da römisch-rechtliche Gedankengänge auch unser modernes Recht noch beherrschen, wie sie im BGB ihren Niederschlag gefunden haben. In der Praxis des Lebens besteht allerdings häufig ein innerer Zusammenhang zwischen dem schuldrechtlichen und dem dinglichen Vertrag (dazu auch *Bem 79*), so daß nach § 139 BGB die Nichtigkeit des ersteren, auch wenn sie auf Anfechtung beruht, die Nichtigkeit des letzteren nach sich zieht. Allerdings ist die Nachprüfbarkeit für das GB beschränkt, und mit Recht, weil, wie die Prozesse in solchen Fällen zeigen, die Rechtslage meist viel zu kompliziert ist, als daß sie in dem Verfahren vor dem GBA einwandfrei und abschließend geprüft werden könnten. Aus der Gestaltung unseres Rechts heraus ist im Interesse der Rechtssicherheit davon auszugehen, daß regelmäßig die Nichtigkeit des schuldrechtlichen Grundgeschäfts nicht die Nichtigkeit der dinglichen Einigung, die Erfüllungsgeschäft ist, zur Folge hat, **RG** RGZ 63, 179/75, 74/78, 285/104, 102/111, 246, **KG** JFG 1, 372 **BayObLG** 9, 524/11, 392, *BGB-RGRK* BGB §§ 925, 925a Bem 26ff., *Staudinger-Seufert* BGB §§ 925, 925a Bem 31ff., 65, auch dann nicht, wenn beide Verträge in einer einzigen Urkunde zusammengefaßt sind; dazu **RG 74**, 44/104, 296/108, 150, **KG** OLG 43, 219, *Güthe* GBO § 20 Bem 52, auch *§ 18 Bem 151.* Wenn nur der schuldrechtliche Vertrag, nicht gleichzeitig der dingliche Vertrag ist, so ergibt sich wenn § 139 BGB nicht anzuwenden ist, die Rechtslage, daß aus dem Gesichtspunkt der ungerechtfertigten Bereicherung nach §§ 812ff. BGB ein Anspruch auf Rückgängigmachung des dinglichen Rechtsgeschäfts besteht, **RG** RGZ 63, 183/66, 389/86, 100/104, 103, *BGB-RGRK* aaO Bem 28(b). Diese Rechtskonstruktion führt also im wesentlichen zum gleichen Ergebnis wie bei Annahme der Nichtigkeit von Grund- und dinglichem Geschäft. § 139 BGB kommt nicht zur Anwendung, wenn die Nichtigkeit beide Arten von Rechtsgeschäften ergreift und also nicht nur Teilnichtigkeit vorliegt; dazu *BGB-RGRK* aaO Bem 28(d).

Der wichtigste Fall der Nichtigkeit des Grundgeschäfts bei GrstÜbereignungen ist der des **Formverstoßes gegen § 313 BGB.** Hiernach ist gerichtliche oder notarielle Form der Beurkundung (dazu *§ 29 Bem 45ff.*) vorgeschrieben, wobei der Formmangel allerdings bei Eintragung im GB heilt dh an sich nichtige Vertrag in vollem Umfange gültig wird. Bei teilweiser Nichtigkeit des schuldrechtlichen Vertrags, auch auf Grund von Anfechtung, kommt § 139 BGB zur Anwendung. Bei Formverstößen kann auch der Vertrag unter Umdeutung nach § 140 BGB entsprechend dem Vertragswillen der Parteien als ein anderer Vertrag schuldrechtlicher Art aufrechterhalten werden; dazu *Bem 67, § 18 Bem 141, 142.* Die §§ 125, 313 BGB bez der Form des GrstVertrags beschränken sich auf diesen selbst dh auf alle Vereinbarungen, die unter den Vertragsbeteiligten über Leistung und Gegenleistung getroffen werden und die Bestandteil des auf die Veräußerung gerichteten Vertrags bilden, **BGH** DNotZ 1966, 736, 737. Eine Vollmacht in Zusammenhang mit einer GrstVeräußerung bedarf nicht stets der Form des § 313 BGB, wohl aber, wenn bindende Vollmacht zur Veräußerung und Auflassung vorliegt, **BGH** DNotZ 1966, 92 = FamRZ 1965, 495 = WM 1965, 1006 = DRspr I (125) 120cd in ständiger Rspr, **RG** RGZ 108, 125 (126), *Staudinger-Coing* BGB § 167 Bem 7d; dazu *§ 18 Bem 100ff.*, im übrigen Kommentierungen zu BGB, insbes *BGB-RGRK, Palandt, Staudinger.* Von der Vollmacht zum schuldrechtlichen Vertrag ist die Auflassungsvollmacht (dazu *Bem 56*) zu unterscheiden. Da die Beurkundung des GrstVeräußerungsvertrags vorgeschrieben ist, haben frühere Zusicherungen eines Grst-Verkäufers über den Verkauf und die Übereignung eines Grst nicht ohne weiteres zur Folge, daß sich der Verkäufer nicht auf den Formmangel berufen kann, **BGH** WM 1965, 1113. Es müssen vielmehr besondere Umstände dazukommen, wenn nach Treu und Glauben (§ 242 BGB) der Einwand der Arglist Erfolg haben soll; dazu *Haegele* GB-Recht Bem 2064, Beschränkungen Bem 22, *Staudinger-Weber* BGB § 242 Bem D 56ff. Deshalb besagt **BGH** DNotZ 1966, 605:

„Nach der Rspr des **BGH** *(BGHZ 29, 7/10 = DNotZ 1959, 215 .....) müssen gesetzliche Formvorschriften im Interesse der Rechtssicherheit unbedingt eingehalten werden. Sie können nicht aus allgemeinen Billigkeitserwägungen außer acht gelassen werden. Es bleibt deshalb in der Regel jedem Beteiligten unbenommen, aus der Formnichtigkeit eines Rechtsgeschäfts die für ihn günstigen Rechtsfolgen herzuleiten. Ausnahmen sind nur in besonders liegenden Fällen statthaft. Ein solcher Ausnahmefall ist nicht schon dann gegeben, wenn die Nichtanerkennung eines formnichtigen Vertrages zu einem harten Ergebnis für den dadurch betroffenen Vertragsteil führen würde; das Ergebnis muß vielmehr schlechthin untragbar sein."*

Solche formlose Verträge, die für wirksam zu halten sind, werden vor allem als Vorverträge geschlossen im Rahmen des Siedlungs-Wohnungsbaues, denen dann später erst notarielle Beurkundungen folgen; dazu **BGH** BGHZ 16, 324 = BB 1955, 296 = LM § 313 BGB Nr 9, MDR 1965, 562 = BB 1965, 520 = LM aaO Nr 24, DVO/WohnungsgemeinnützigkeitsG Nr 2. § 133 (B) BGB Nr 11 Ls (auch zur Höhe des Kaufpreises, wenn im Kaufvorvertrag über ein Kaufeigenheim keine Vereinbarung über die Höhe des Kaufpreises getroffen wurde), NJW 1966, 1067 = BWNotZ 1966, 194 Ls, auch DNotZ 1966, 92. Ist ein GrstKaufvertrag wegen eines vom Verkäufer verschuldeten Formfehlers nichtig, dann hat der Käufer einen Schadenersatzanspruch, kann aber nicht Übereignung des den Gegenstand des formnichtigen Vertrags bildenden Grst verlangen, da dies Erfüllung wäre, **BGH** NJW 1965, 812, 1014 (*Marschall, von Bieberstein*) = MDR 1965, 369 = DNotZ 1965, 606 = BB 1965, 350 = DB 1965, 472 = WarnR 1965 Nr 28 = WM 1965, 315 = MittBayNotV 1965, 75 = LM § 276 (Fc) BGB Nr 2. Dazu auch *Coing* Form und Billigkeit im modernen Privatrecht DNotZ 1965 (Sonderheft über den Deutschen Notartag 1965).

Der Formmangel heilt durch die Eintragung der GrstÜbertragung in das GB, § 313 S 2 BGB. Die Heilung bezieht sich aber nur auf den wirklich vereinbarten Vertragsinhalt, den Gegenstand der Auflassung (dazu *Bem 52*). Hat sich jemand ohne Einhaltung der Form des § 313 BGB zur Abgabe eines bindenden Verkaufsangebots über ein Grst verpflichtet, so wird durch spätere formgerechte Beurkundung des Angebots und seiner nachträglichen Annahme der Formmangel jedenfalls dann nicht geheilt, wenn eine Verpflichtung des Angebotsempfängers, die nach dem Willen der Vertragsschließenden die Gegenleistung des Verkaufsangebots bilden soll, nicht mit in die Urkunde aufgenommen wird; dazu **RG** RGZ 169, 185, **BGH** MDR 1962, 400, 586 (*Thieme*) = DNotZ 1961, 314 = BB 1961, 305 = DB 1961, 469 = WM 1961, 353 = LM § 313 BGB Nr 19. Die Abänderung des notariellen Angebots eines GrstKaufvertrags vor seiner Annahme bedarf auch dann der gerichtlichen oder notariellen Beurkundung, wenn sie durch beiderseitige Vereinbarung für den Fall der Angebotsannahme erfolgt, nur die Beseitigung der Abwicklungsschwierigkeiten zum Gegenstand hat und die beiderseitigen Leistungspflichten nicht in ihrem Kern berührt, **BGH** MDR 1966, 488 = DNotZ 1966, 665 = BB 1966, 266 = DB 1966, 461 = WM 1966, 251 = LM § 313 BGB Nr 27 = DRspr I (125) 120a b; dazu auch **BGH** DNotZ 1958, 383 (*Hoche*) = Rpfleger 1958, 53 (*Bruhn*) = WM 1957, 1458 = BB 1957, 1164 = DB 1957, 1151 = LM aaO Nr 14 = DRspr I (125) 71c, auch *Hoche* DNotZ 1958, 346. Über Rücktrittsvorbehalt bei Kaufvertrag *Bem 65*.

Die Aufhebung des GrstVeräußerungsvertrags fällt nicht nur § 313 BGB und bedarf daher nicht dessen Form, **RG** RGZ 65, 392, *Palandt* BGB § 313 Bem 9. Erst wenn der Vertrag durch Auflassung und Eintragung im GB erfüllt ist, ist ein GrstÜbereignungsvertrag in der Form des § 313 BGB erforderlich; dazu *Palandt* aaO.

Dem Formzwang des § 313 BGB unterliegt auch nicht ein genehmigter Lotterievertrag, wenn als Preis ein von dritter Seite zur Verfügung gestelltes Grst ausgesetzt ist, **OLG Nürnberg** MDR 1966, 503 = DNotZ 1966, 402 = OLGZ 1966, 278.

Ein GrstVeräußerungsvertrag bzw die Auflassung kann auch **wegen Verstoßes gegen die guten Sitten nach § 138 BGB nichtig** sein. Es bedarf im Einzelfall besonderer Feststellung der Voraussetzungen. Eine Auflassung ist nicht schon deshalb unsittlich und unwirksam, weil der Auflassende durch die Eigentumsübertragung schuldrechtliche Ansprüche eines anderen verletzt; deshalb darf der GBBeamte die Eintragung einer Eigentumsübertragung von *A* auf *C* nicht deshalb ablehnen, weil er weiß, daß *A* das Grst vorher an *B* verkauft hat; dazu **RG** RGZ 81, 68, **KG** HRR 193 Nr 1373, **BayObLG** 23, 167. Der Verkauf eines Grst an einen Arzt ist nicht schon deshalb wegen Sittenwidrigkeit nichtig, weil sich der Arzt gegenüber dem Verkäufer außer zur Zahlung einer lebenslänglichen Rente zu freier ärztlicher Behandlung im Krankheitsfalle verpflichtet hat, **BGH** NJW 1965, 2005 = DNotZ 1966, 92 = MDR 1965, 649 = DB 1965, 930 = WarnR 1965 Nr 99 = WM 1966, 161 = BWNotZ 1966, 194 Ls = LM § 138 (Cf) BGB Nr 3. Ein GrstVeräußerungsvertrag enthält auch nicht allein deshalb einen Verstoß gegen die guten Sitten, weil in der notariellen Urkunde ein unrichtiger Kaufpreis zu dem Zweck angegeben ist, um dadurch Steuern zum Nachteil des Fiskus zu hinterziehen, **BGH** NJW 1966, 588 = MDR 1966, 306 = JZ 1966, 232 = Rpfleger 1966, 250 (*Haegele*) = BB 1966, 139 = DB 1966, 224 = WM 1966, 161 = ZMR 1966, 106 = LM § 138 (Aa) BGB Nr 14 = DRspr I (111) 37 b; dazu auch **BGH** JR 1965, 300 = MDR 1965, 561 = BB 1965, 521 = DB 1965, 660 = WarnR 1965 Nr 73 = WM 1965, 526 = BWNotZ 1965, 251 Ls zur Bedeutung der früheren Preis-Stopp-Vorschriften. Bei **Vermögensübernahme** kann der Schutz des **§ 419 BGB** eingreifen; eine Vermögensübernahme wird dem Gläubiger gegenüber als unwirksam betrachtet; dazu **OLG München** MDR 1965, 574 = DRspr I (128) 66 b, wonach der Übernehmer von Vermögen nicht persönlich für dinglich gesicherte Forderungen haftet. Bei Umgehungsgeschäften ist auch **§ 117 BGB** zu beachten; dazu *§ 19 Bem 22*.

Ein **Vertrag,** der **nicht genehmigt** werden kann, weil er nach den einschlägigen gesetzlichen Vorschriften nicht genehmigungsfähig ist, oder für den die behördliche Genehmigung versagt wird, verstößt gegen die einschlägigen gesetzlichen Vorschriften und ist **nach § 134 BGB nichtig,** kann also keine Wirksamkeit mehr erlangen; dazu *Haegele* GBRecht Bem 2064.

Über Nichtigkeit eines Vertrags, der eine **unmögliche oder gesetzwidrige Leistung** zum Inhalt hat, und Haftung bei Verschulden **§§ 306 ff. BGB,** auch **§ 275 BGB.** Dies hat vor allem Bedeutung bei notwendigen behördlichen Genehmigungen, wenn diese nicht erteilt werden; zu den Fällen solcher Genehmigungen ua *Bem 79 ff.*, *§ 18 Bem 149 ff.*, *159 ff.*, *§ 19 Bem 78 ff.* Auch bei Beurkundung eines unrichtigen Kaufpreises kann diese in Frage kommen, wenn sich die Genehmigung auf das unrichtige, nicht gewollte Geschäft mit dem falschen Kaufpreis bezieht und daher der Vertrag mit dem wirklich vereinbarten Kaufpreis nicht genehmigt ist. Dazu **BGH** MDR 1958, 593 = § 4 WohnsiedlG Nr 6 (das WSH ist zwar aufgehoben, die Rechtsgrundsätze der Entscheidung haben aber noch Bedeutung), BGHZ 37, 233 = NJW 1962, 1715 = MDR 1962, 727 = WM 1962, 1058 = LM § 19 BBauG Nr 1 (*Mattern*), BB 1964, 1363 = DB 1964, 1698 = WM 1964, 1195 = ZMR 1965, 298, **OLG Hamburg** MDR 1964, 232, **OLG Köln** OGHZ 2, 247 = NJW 1949, 821 = DNotZ 1950, 303 = RdL 1949, 205, *Clasen* Rechtsfolgen der notwendigen Genehmigung des Erfüllungsgeschäfts NJW 1963, 429, *Haegele* GBRecht Bem 2064, Beschränkungen Bem 83 mit Fußn 142 S 57, *Palandt* BGB § 117 Bem 3, § 313 Bem 13 (b), *Staudinger-Seufert* BGB §§ 925. 925 a Bem 67 c. Behördliche Genehmigungen haben in der Regel nicht die Bedeutung, daß ihr Fehlen von vorneherein Nichtigkeit der Auflassung zur Folge hat, sondern es tritt zunächst schwebende Unwirksamkeit ein, die dann später auf den Zeitpunkt des Rechtsgeschäfts, also des GrstVeräußerungsvertrags und der Auflassung zurückwirkt; es tritt im Regelfall als nachträgliche Unmöglichkeit ein, die die Erfüllung des schuldrechtlichen Vertrags unmöglich macht. Zur gültigen Auflassung gehört, daß die Genehmigung erteilt wird; Heilung des Mangels kann daher nur eintreten, wenn bis zur Eintragung im GB die behördliche Genehmigung erteilt ist, *Palandt* BGB § 925 Bem 7, *Pikalo-Bendel* GrstVG § 2 Bem E III, *Staudinger-Seufert* aaO Bem 65, 67 i.

Anfechtung der Auflassungserklärung ist ebenfalls im Rahmen der bestehenden Vorschriften zulässig, also insbes nach Maßgabe der §§ 119 ff. BGB, etwa bei Irrtum über die aufzulassende Fläche, *Staudinger-Seufert* aaO Bem 22, 23. Über *falsa demonstratio* ua *Bem 52*.

Die **Wirkung** einer nichtigen oder wirksam angefochtenen Auflassung ist, daß eine **Rechtsänderung nicht** herbeigeführt wird, daß die Auflassung wiederholt werden muß. Dies ist auch dann der Fall, wenn zwischenzeitlich die 1. Auflassung wieder aufgehoben wurde, *Güthe* GBO § 20 Bem 52. Wird eine nichtige Auflassung wiederholt, nachdem der Eigentumswechsel auf Grund derselben im GB bereits eingetragen ist, so ist diese Eintragung dahin zu berichtigen, daß die Auflassung erst zu jenem Zeitpunkt wirksam vorgenommen worden ist. Ein solcher Vermerk, der keine GBBerichtigung im eigentlichen Sinne ist, ist zulässig, **KG** JFG 4, 329 (334, 335). Eine steuerliche Unbedenklichkeitserklärung (*Bem 80*) ist zu dieser Eintragung nicht mehr erforderlich, wenn eine solche bereits früher ausgestellt wurde und sich die Vertragsvereinbarungen nicht geändert haben; dazu **KG** DNotZ 1927, 174.

Zur **Prüfung** des schuldrechtlichen Grundgeschäfts ist der GBBeamte auch dann nicht berechtigt, wenn die Auflassung von einer anderen Stelle als dem GBA erklärt worden ist; dazu *Bem 33ff.* Auch darf er die Eintragung der Eigentumsänderung nicht davon abhängig machen, daß ihm in diesem Falle der die Auflassung zugrunde liegende Veräußerungsvertrag vorgelegt wird; dazu AVRJM vom 11. Juli 1934 DJ sowie *Bem 48, 56, 74* und **OLG Düsseldorf** Rpfleger 1957, 413 = DRspr IV (473) 47 ab, **OLG Hamm** Rpfleger 1959, 127 (*Haegele*), **SchlHOLG** SchlHA 1957, 36 = DRspr aaO 39b.

In gewissen Fällen kann sich aber, wie bereits erwähnt wurde (dazu auch *§ 18 Bem 141*), die Unwirksamkeit des schuldrechtlichen Verpflichtungsgeschäfts auf die Auflassung erstrecken. Wenn der GBBeamte aus den ihm vorgelegten Urkunden oder aus beim GBA offenkundigen Tatsachen die sichere Überzeugung gewinnt, daß die Auflassung unwirksam, insbes unsittlich ist, so muß er die Eintragung ablehnen; dazu *§ 18 Bem 141.*

12. Entgegennahme der Auflassung 71

Dazu *Staudinger-Seufert* BGB §§ 925, 925a Bem 54

a) Pflicht zur Entgegennahme der Auflassung

Der GBBeamte oder sie sonst zur Entgegennahme der Auflassung zuständige Stelle (dazu *Bem 33ff.*) muß die Auflassung entgegennehmen, wenn die Beteiligten entsprechende Erklärungen abgeben wollen; dazu *Staudinger-Seufert* BGB §§ 925, 925a Bem 54. Wenn daher Eintragungshindernisse der Eintragung entgegenstehen, so berechtigt dies nicht dazu, die Entgegennahme der Auflassung abzulehnen. Es ist dann darüber in Zusammenhang mit der Eintragung zu entscheiden. Es kann gelegentlich der Auflassung nur darauf hingewiesen werden. Dazu **KG** KGJ 50, 156, **OLG Stuttgart** OLG 39, 260, **BayObLG** 18, 258, *Staudinger-Seufert* aaO.

Es kommt daher nicht darauf an, ob das Hindernis behebbar ist oder nicht und ob bei dem Verlangen der sofortigen Eintragung auch bei behebbarem Hindernis Ablehnung erfolgen könne; dazu **KG** KGJ 50, 156, **BayObLG** 18, 258, auch *§ 29 Bem 28.* Auch berechtigt der Umstand, daß der Veräußerer oder der Erwerber in der Geschäftsfähigkeit oder in der Verfügungsbefugnis beschränkt ist ,**OLG Stuttgart** OLG 6, 473, daß die Vollmacht nicht vorgelegt werden kann oder ein Vertreter ohne Vertretungsmacht auftritt, **KG** OLG 2, 321, **OLG Jena** OLG 5 418, daß der Veräußerer als Eigentümer im GB nicht eingetragen ist (dazu *Bem 54ff.*) oder daß das aufzulassende Grst (zB im Falle der Auflassung eines Teilstücks) noch keine eigene katastermäßige Bezeichnung (Flur- oder Parzellen-Nr ua) besitzt oder das Ergebnis der Vermessung noch nicht vorliegt, usw die zuständige Stelle nicht, die Entgegennahme der Auflassung zu verweigern. Dasselbe gilt, wenn die Beteiligten die Beurkundung der Auflassung ohne Eintragungsantrag (dazu *Bem 76*) verlangen, ferner wenn die Auflassung an eine in allgemeiner Gütergemeinschaft lebende Ehefrau ohne Zustimmung des Ehemannes zum Kaufvertrag und zur Auflassung erfolgt, **KG** KGJ 30, 207.

72 **b) Ablehnung der Entgegennahme der Auflassung**

Das GBA oder die sonst zuständige Stelle (*Bem 33ff.*) kann die Entgegennahme der Auflassung ablehnen,

wenn bei der Beurkundung besondere Gründe vorliegen, *Bem 73*,
ferner im Fall des § 925a BGB, *Bem 74*.

73 1. **Ablehnung aus besonderen Gründen**

Es kommen nur solche Gründe, die es rechtfertigen, die Beurkundung abzulehnen, in Frage; dazu *§ 29 Bem 28*.

So ist, wenn ein **Notar** die Beurkundung vornimmt, nach § 28 BNotO (*Anh*) die Prüfung der Geschäftsfähigkeit, nach § 29 aaO die Prüfung der Verfügungsbefugnis, nach § 30 aaO die Prüfung, ob behördliche Genehmigungen nötig sind, nach § 31 aaO bei Anlaß auch die Prüfung, ob das Geschäft mit den gesetzlichen Vorschriften in Einklang steht, ob es nichtig ist, veranlaßt; dazu auch *§ 1 Bem 76k, l, § 18 Bem 98*.

74 2. **Fall des § 925a BGB**

Dazu *BGB-RGRK* BGB §§ 925, 925a Bem 27, *Hesse-Saage-Fischer* GBO § 20 Bem IV, *Horber* GBO § 20 Bem 3 (Ad), *Palandt* BGB § 925a Bem 1 ,*Staudinger-Seufert* BGB §§ 925, 925a Bem 33

Nach § 925a BGB soll die Erklärung der Auflassung nur entgegengenommen werden, wenn die nach § 313 S 1 BGB erforderliche Urkunde über den Vertrag vorgelegt oder gleichzeitig errichtet wird.

Diese Vorschrift hat den Zweck, die Rechtssicherheit im GrstVerkehr zu fördern und die Beachtung der Formvorschrift des § 313 BGB zu sichern, die ihrerseits die Beteiligten vor der überstürzten und unüberlegten Veräußerung eines Grst bewahren soll. Nach § 98 GBO aF war die Regelung dem Landesrecht überlassen. Durch das Ges vom 11. Mai 1934 RGBl I 378 wurde eine reichseinheitliche Rechtslage geschaffen, die nunmehr durch § 925a BGB, der an die Stelle der erwähnten gesetzlichen Vorschrift getreten ist (Ges zur Wiederherstellung der Gesetzeseinheit usw vom 5. März 1953 BGBl I 33), übernommen wurde.

Obwohl es sich um eine **Soll-Vorschrift** handelt, muß sie in allen Fällen beachtet werden. Die Anwendung ist daher nicht in das Ermessen des GBBeamten usw gestellt. Daß die Bestimmung in die Form einer Soll-Vorschrift gekleidet ist, bedeutet nur, daß ihre Nichtbeachtung die Gültigkeit der Auflassung nicht berührt, **KG** DNotZ 1934, 862 = DJ 1934, 1511 = HRR 1934 Nr 1367; dazu *Palandt* BGB § 925a Bem 1, *Staudinger-Seufert* BGB §§ 925, 925a Bem 33.

Der Vorlegungszwang gilt bei der Auflassung von **Grst**, nicht aber bei der Bestellung oder Übertragung von Erbbaurechten, *Ingenstau* ErbbauVO § 11 Bem 23, oder bei Bestellung eines dinglichen Vorkaufsrechts, **RG** RGZ 110, 328.

Eine nach § 313 S 1 BGB **erforderliche Urkunde** ist eine solche über einen Vertrag, durch den sich ein Teil verpflichtet, das Eigentum an einem Grst zu übertragen. Nicht hierher gehören daher solche Urkunden, bei denen diese Vorschrift nicht einschlägig ist, **BayObLG** 18, 258, **OLG Nürnberg** RPflB 1929, 334. So kann zB, wenn der Veräußerungsvertrag im Ausland abgeschlossen wurde (Art 11 EGBGB; dazu **RG** RGZ 79, 78, JW 1926, 2860), die Vorlage des Vertrags nicht verlangt werden. Weiter ist § 313 BGB nicht anzuwenden, wenn die Auflassung nicht auf Grund eines Veräußerungsvertrags erfolgt, sondern die Veräußerung auf einem anderen Rechtsgrunde (zB einem Vermächtnis oder einer Wandlung (dazu **RG** RGZ 137, 294) beruht. In solchen Fällen ist bei der Eintragung vom GBBeamten die Angabe des der Veräußerung zugrunde liegenden Rechtsverhältnisses und, wenn Anlaß zu Bedenken gegen die Richtigkeit der Angabe besteht, deren Glaubhaftmachung zu verlangen.

Es muß sich um eine **formgerechte Urkunde** handeln, dh es muß gerichtliche oder notarielle Beurkundung vorliegen oder eine solche, die nach Art 142 EGBGB gleichgestellt ist (AVRJM vom 9. August 1934 DJ 1018). Nicht genügt die Vorlage eines privatschriftlichen Veräußerungsvertrags (AVRJM vom 11. Juli 1934 DJ 884). Ebensowenig ist die Vorlage einer Bescheinigung ausreichend, wonach bestätigt wird, daß ein rechtsverbindlicher Kaufvertrag in der Form des § 313 BGB abgeschlossen worden sei (Schreiben des RJM vom 27. September 1934 DNotZ 1934, 806). Dazu *Staudinger-Seufert* aaO, zu den landesrechtlichen Vorschriften *§ 117 Bem 119* sowie *Palandt* BGB EG Art 142 Bem 2, *Staudinger* BGB EG Art 142 Bem 4.

Im ehemaligen Preußen ist, wenn einer der Vertragsschließenden durch eine öffentliche Behörde vertreten ist, für die Beurkundung des Veräußerungsvertrags neben den Gerichten und Notaren auch der Beamte zuständig, der von dem Vorstand der zur Vertretung berufenen Behörde oder von der vorgesetzten Behörde bestimmt ist, Art 12 § 2 preuß AGBGB; dazu **RG** RGZ 72, 412, Diese Vorschrift gilt nur für entgeltliche GrstVeräußerungsverträge. Die unentgeltliche Verfügung über ein Grst bedarf nach § 518 Abs 1 S 1 BGB in allen Fällen der gerichtlichen oder notariellen Beurkundung, **KG** KGJ 34, 51, **OLG Köln** OLG 13, 420; dazu *Güthe* § 29 Bem 32. Die Formvorschrift ist auch gewahrt, wenn ein zwischen 2 Behörden in eigenen Angelegenheiten abgeschlossener Vertrag von den vertretungsberechtigten Vertretern der Behörden unterzeichnet wird, **KG** HRR 1937 Nr 1494 = DFG 1937, 186. Ferner sind nach Art 122 Abs. 1 S 3 prFGG, Art 12, § 3 preuß AGBGB im vormaligen Herzogtum Nassau an Orten, die nicht Sitz eines AG sind, neben den Gerichten und Notaren die Ortsgerichte zuständig, Kauf- und Tauschverträge über Grst ihres Amtsbezirks zu beurkunden, wenn der Kaufpreis oder der Wert der eingetauschten Grst nicht mehr als 500 DM beträgt. Über Rentengutsverträge Art 12 § 1 prAGBGB. In Siedlungs- und Ödlandssachen sind zur Beurkundung von Veräußerungeverträgen die von dem Oberpräsidenten beauftragten Beamten zuständig, § 34 Abs 2 prAGSiedlG, § 10 Abs 2 Ges über Landeskulturbehörden vom 3. Juni 1919 prGS 101; dazu **KG** JFG 5, 286, auch § 3 prVO vom 29. März 1933 GS 79. Für Niedersachsen ist auch auf das Ges vom 23. Dezember 1953 ndsGVBl 93 zu verweisen.

In Bayern sind zur Beurkundung des schuldrechtlichen Veräußerungsvertrags nur die Notare, nicht auch die GBÄmter zuständig, Art 15 Abs 2 AGGVG.

Im Land Baden-Württemberg ist für den Landesteil *Baden* auf § 6 AGGBO (*GT 19*) und § 36 aaO, für den Landesteil *Württenberg* auf Art 32 AGBGB (*GT 22*) hinzuweisen.

Die nach § 313 BGB erforderliche Beurkundung wird durch ein **Urteil** oder einen Prozeßvergleich ersetzt, **RG** RGZ 48, 183, **BayObLG** 4, 232; dazu auch *Bem 37, 62.*

Die **Vorlage** der Veräußerungsurkunde **entfällt,** wenn sie gleichzeitig mit der Erklärung der Auflassung errichtet wird. Dies braucht nicht unbedingt in derselben Urkunde zu geschehen.

Die zuständige Behörde (GBA ua) hat nur zu **prüfen,** ob die in § 313 BGB erforderliche Urkunde vorgelegt ist und ob sie einen den Formvorschriften dieser Bestimmung genügenden Vertrag enthält. Dagegen ist nicht zu prüfen, ob der Vertrag materielle Rechtswirksamkeit erlangt hat oder ob er etwa nachträglich wieder aufgehoben wurde; denn es muß nur das Kausalgeschäft, nicht etwa auch die Rechtswirksamkeit desselben nachgewiesen werden, **BayObLG** 11, 396/18, 258, 280, *Jung* BayNotZ 1912, 12. Überhaupt unterliegt der Inhalt des schuldrechtlichenVertrags in keiner Hinsicht der Prüfung der nach § 925 Abs 1 BGB zuständigen Stelle. Denn die Zweiteilung in schuldrechtlichen und dinglichen Vertrag besteht auch deshalb, um die Prüfungspflicht dadurch zu erleichtern, daß es nicht auf die Prüfung des Grundgeschäfts, sondern der abstrakten Auflassung ankommt; dazu **BayObLG** 9, 523/12, 478/22, 214, **KG** RJA 7, 55, *Bem 70, § 18 Bem 141, 142.*

75 IV. Eintragungsvoraussetzungen bei Auflassung

Dazu *BGB-RGRK* BGB §§ 925, 925a Bem 18ff., *Güthe* GBO § 20 Bem 48ff., *Hesse-Saage-Fischer* GBO § 20 Bem I, II, V, *Horber* GBO § 20 Bem 1, 6, *Palandt* BGB § 925 Bem 6ff., *Staudinger-Seufert* BGB §§ 925, 925a Bem 83ff., *Thieme* GBO § 20 Bem 5, 6

1. Einigung und Eintragung

Dazu *Güthe* GBO § 20 Bem 48, *Horber* GBO § 20 Bem 1

Auch die folgenden Ausführungen beschränken sich ebenso wie diejenigen zur Einigung (*Bem 32ff.*) auf die Eintragung bei **Auflassung.** Sie beziehen sich nicht auf die anderen Fälle, für die § 20 noch gilt (*Bem 28ff.*); über Erbbaurecht *§ 8 Bem 3ff.*, im übrigen *§ 117 Bem 14ff.*

Bei **Grsten** stehen, wenn ein Eigentumswechsel erfolgt, Einigung (Auflassung) und Eintragung nebeneinander. Formell-rechtlich ist von Bedeutung, daß die Einigung (Auflassung) Voraussetzung der Eintragung ist, da § 20 ausdrücklich sagt, daß die Eintragung nur erfolgen dürfe, wenn die erforderliche Einigung des Berechtigten und des anderen Teils erklärt ist; dazu *BGB-RGRK* BGB §§ 925, 925a Bem 18, *Güthe* GBO § 20 Bem 48. Ein Verstoß gegen diese Vorschrift berührt die materiell-rechtliche Wirksamkeit nicht; dazu *Bem 90.* Nach materiellen Recht muß zwar Einigung (Auflassung) und Eintragung nebeneinander vorliegen, doch ist die Reihenfolge gleichgültig; dazu *BGB-RGRK* aaO Bem 18, *Horber* GBO § 20 Bem 1, *Staudinger-Seufert* BGB §§ 925, 925a Bem 83.

Die **Blätter des Veränderungsnachweises** des Katasteramts (dazu *§ 5 Bem 120, 121*) brauchen zur Vorlage beim GBA nicht mit Schnur und Siegel verbunden zu werden, **LG Frankfurt aM** DNotz 1965, 688. Zu Fragen des Katasterrechts auch *Bem 5, 52.*

76 2. Eintragungsantrag

Dazu *Güthe* GBO § 20 Bem 49, *Horber* GBO § 20 Bem 5 (Aa), *Thieme* GBO § 20 Bem 5

Außer der Einigung ist weitere Voraussetzung für die Eintragung des Eigentumsübergangs usw der formlose Antrag, **§ 13**; dazu **KG** OLG 11, 158 (159). Der Eintragungsantrag braucht nicht gleichzeitig mit der Auflassung gestellt zu werden, **KG** OLG 11, 159, **BayObLG** 26, 33 (34), **aA** (überholt) **RG** RGZ 54, 383. Mängel des Eintragungsantrags sind auf die materielle Wirksamkeit der Einigung (Auflassung) ohne Einfluß, wenn nich im Einzelfall der Antrag Bestandteil der Einigung ist, also neben der formellen auch materielle Bedeutung hat, **KG** KGJ 43, 200, *Güthe* GBO § 20 Bem 49. In der Einigung (Auflassung) ist der Eintragungsantrag aber nicht notwendig enthalten; er kann aber darin zum Ausdruck kommen, wenn die Erklärung formellen und materiellen Inhalt hat, **RG** RGZ 129, 6. Die gleiche Frage taucht bei der Eintragungsbewilligung auf und ist in gleichem Sinne zu beantworten; dazu *Bem 77.*

Der GBBeamte hat zu prüfen, ob die beantragte Eintragung auf Grund der Einigung (Auflassung) erfolgen kann, *Bem 79, 89.*

77 3. Eintragungsbewilligung

Dazu *BGB-RGRK* BGB §§ 925, 925a Bem 18, *Güthe* GBO § 20 Bem 50, *Hesse-Saage-Fischer* GBO § 20 Bem I, *Horber* GBO § 20 Bem 1, *Staudinger-Seufert* GBB §§ 925, 925a Bem 83 *Thieme* GBO § 20 Bem 5

Die Frage, ob neben der Einigung noch eine Eintragungsbewilligung erforderlich ist, wird nicht einheitlich beantwortet. Während die gleiche Frage, die bei dem Eintragungsantrag ja ebenfalls auftaucht, wegen der Auslegungsmöglichkeit der abgegebenen Erklärungen (dazu *Bem 49ff., 76, § 13 Vorbem 12, Bem 13, § 19 Bem 11*) richtig je nach Inhalt formell- und materiell-rechtlich gedeutet wird, beurteilt man die Eintragungsbewilligung von der Praxis her gesehen anders. Man sieht überwiegend in der Bewilligung der Auflassung, also in der Einigung, zugleich die Eintragungsbewilligung, also als Art Anscheinsbeweis (Prima-facie-Beweis). Für den Regelfall wird dies auch zutreffen und genügt daher im allgemeinen. Juristisch betrachtet muß man sich aber im klaren darüber sein, daß Auflassung (Einigung) und Eintragungsbewilligung als materiell- und formell-rechtliche Tatbestände an sich nebeneinanderstehen, die inhaltlich jedoch identisch sein können; ob dies der Fall ist, bedarf vom Regefall ausgehend (dazu *§ 18 Bem 143*) keine Prüfung seitens des GBA, während eine Abweichung vom Regelfall, wenn sie behauptet oder geltend gemacht wird, dem GBA nachzuweisen ist. Zur rechtlichen Betrachtungsweise ist auf das formelle und materielle Konsensprinzip (dazu *E 9*) hinzuweisen, die sachlich voneinander zu trennen sind und selbständig einander gegenüberstehen; dazu *Bem 2.* So bedeuten die verschiedenen Auffassungen keine eigentlichen Gegensätze, wie es bei Betrachtung von Rspr und Literatur erscheint, sondern lediglich eine Gegenüberstellung einer formal-juristischen Schau und einer praktischen Handhabung des § 20. Die als abweichende Meinung angesehene Auffassung schließt also die normale Betrachtung, die als hM bezeichnet wird, nicht aus; insofern kann eigentlich keine Gegenüberstellung beider Auffassungen erfolgen. Die Meinung der Praxis, die auch den GBVerkehr erleichtert, wird insbes vertreten von **RG** RGZ 89, 32/141, 374, **BayObLG** BayObLGZ 1948/51, 426 (437), **KG** KGJ 48, 160, HRR 1930 Nr 1507/1931 Nr 1458, JFG 15, 155, **OLG München** JFG 15, 135, 284/20, 54, *Horber* GBO § 20 Bem 1, *Planck* BGB § 925 Bem 5, *Predari* GBO § 20 Bem 1, *Riggers* Ist zur Eintragung des GrstErwerbers außer dem Nachweis der Auflassung auch noch eine Eintragungsbewilligung erforderlich? JurBüro 1965, 881, *Staudinger-Seufert* BGB §§ 925, 925a Bem 83, *Thieme* GBO § 20 Bem 5. Hiervon können die GB-Ämter aus den angegebenen Gründen ausgehen. Zur danebenstehenden mehr juristischen Betrachtungsweise *du Chesne* Auflassung und Eintragungsbewilligung BayNotZ 1917, 41, *Güthe* GBO § 20 Bem 50, *Hesse-Saage-Fischer* GBO § 20 Bem I; hier kann man feststellen, daß diese Autoren teilweise die herrschende Praxis mißverstehen, weil sie die im Leben geltende Vermutung des Regelfalles außer Betracht lassen. Man sollte daher aus gemeinsamer Schau diese langjährige „Streitfrage" als erledigt betrachten. Die für den Regelfall aufgestellte Meinung schließt ja nicht aus, daß im Einzelfall nur Auflassung gewollt ist, wenn dies nur klar zum Ausdruck gebracht ist, so daß die tatsächliche Vermutung oder Fiktion als widerlegt betrachtet werden kann.

Die Eintragungsbewilligung braucht also nicht ausdrücklich ausgesprochen zu werden; dazu *§ 19 Bem 22.* Es muß nur außer der Einigung auch das Einverständnis des Veräußerers mit deren Eintragung unzweideutig zum Ausdruck kommen; dazu *Güthe* GBO § 20 Bem 50.

Eintragungsantrag (*Bem 76*) und Eintragungsbewilligung brauchen sich hier nicht zu decken; dazu *§ 13 Bem 14ff.* Dies gilt insbes dann, wenn ein in allgemeiner Gütergemeinschaft lebender Ehegatte, an den allein aufgelassen wurde, die Eintragung des anderen Ehegatten als Miteigentümer beantragt; dazu *§ 33 Bem 27ff.*

4. Eintragung und Tod des Auflassungsempfängers bzw -gebers 78

Stirbt der **Auflassungsempfänger vor** seiner **Eintragung,** so bedarf es zur Eintragung der Erben als Eigentümer keiner neuen Auflassung oder Eintragungsbewilligung. Erforderlich sind lediglich der Nachweis der Erbfolge (§ 35) und ein Antrag,

KG JFG 7, 322 (325), **BayObLG** 33, 299; dazu *BGB-RGRK* BGB §§ 925, 925a Bem 23, *Haegele* Die Rechtslage, wenn der Verkäufer oder Käufer eines Grst nach der GrstAuflassung, aber vor der Eigentumsumschreibung stirbt, BlGBW 1957, 148, auch *§ 19 Bem 77*.

Der **Tod des Auflassungsgebers vor** dem gbamtlichen **Vollzug** ist auf diese ohne Einfluß, § 130 Abs 2; dazu *BGB-RGRK* und *Haegele* aaO. Auch der Umstand, daß inzwischen schon der Erbe des Veräußerers als Eigentümer eingetragen ist, steht der Eintragung der Auflassung nicht entgegen. Es bedarf keiner neuen Eintragungsbewilligung des Erben, **BayObLG** 34, 68.

79

5. Sonstige Eintragungsvoraussetzungen

Dazu *BGB-RGRK* BGB §§ 925, 925a Bem 43, *Brand-Schnitzler* GBSachen §§ 67ff., *Güthe* GBO § 20 Bem 53ff., *Haegele* GBRecht Bem 2061ff., Merkbuch 132ff., Unterrichtsbriefe (Grst Recht 51), Beschränkungen Bem 1ff., *Haegele-Riedel* Handbuch II. Teil GBRecht, *Hesse-Saage-Fischer* GBO § 20 Bem V, *Horber* GBO § 20 Bem 6, *Krämer-Illner* GBPraxis §§ 52 (4), 156, 163, 234, *Palandt* BGB § 925 Bem 7, *Planck-Kettnaker* Führung des GBuchs 81, *Ripfel* GBRecht 28ff., 76ff., *Staudinger-Seufert* BGB §§ 925, 925a Bem 66ff., 85ff., *Thieme* GBO § 20 Bem 6

a) Allgemeines

Es ist weiter erforderlich, daß außer dem Antrag (*Bem 76*) und der Eintragungsbewilligung (*Bem 77*) auch die jeweils in Frage kommenden weiteren Eintragungsvoraussetzungen vorliegen. Soweit diese Voraussetzungen fehlen, sind sie als Eintragungshindernisse anzusehen.

Die **Hindernisse,** die zur Ablehnung der Entgegennahme der Auflassung nicht berechtigen, sind bei der Entscheidung über die Eintragung zu würdigen; dazu *Staudinger-Seufert* BGB §§ 925, 925a Bem 54. Über die Frage der Ablehnung der Entgegennahme der Auflassung *Bem 72ff.* Es wäre nicht zulässig in den Fällen, in denen ein Grund zur Ablehnung der GBEintragung vorliegt, schon die Entgegennahme der Auflassung abzulehnen, wenn diese gegenüber dem GBA erklärt wird. Die **Prüfung** des GBBeamten bei der Eintragung ist dieselbe wie auch sonst; dazu *§ 18 Bem 82ff.* Die Eintragung darf erst erfolgen, wenn der Eintragung keine Hindernisse entgegenstehen. Sonst ist sie abzulehnen, bzw eine Frist nach § 18 zu setzen, etwa bei fehlender Genehmigung einer Behörde oder wenn der Veräußerer nicht im GB eingetragen ist, wenn die Vertretungsmacht nicht nachgewiesen werden kann usw. Die Eintragung darf erst dann erfolgen, wenn die Beseitigung der Hindernisse in der durch § 29 vorgeschriebenen Form nachgewiesen ist. So ist auch der Nachweis zu führen, wenn dargelegt werden muß, daß bei einer Auflassungserklärung nur eine *falsa demonstratio* bei der Bezeichnung des Grst (dazu *Bem 52*) vorliegt, **BayObLG** 9, 356.

Es handelt sich um Veräußerungs- oder Erwerbsbeschränkungen auf Grund bundes- oder landesrechtlicher Vorschriften. Die wichtigsten sollen angeführt werden.

Es kommen insbes auf folgende Fälle in Betracht, wobei des Zusammenhangs wegen nicht nur **Veräußerungsbeschränkungen,** sondern auch **sonstige Beschränkungen,** wie insbes **Belastungsbeschränkungen,** miterwähnt werden (dazu auch *§ 18 Bem 148ff.*, *§ 19 Bem 78ff.*):

steuerliche Unbedenklichkeitsbescheinigung, *Bem 80*,
Genehmigung nach GrstVG, *Bem 81*,
Genehmigung nach BBauG, *Bem 83*,
Genehmigung bei Entschuldungsbetrieben, *Bem 84*,
Beschränkungen bei Heimstätte, *Bem 85*,
Beschränkungen nach LAVO, *Bem 86*,
gesetzliches Vorkaufsrecht nach RSiedlG und anderen Gesetzen, *Bem 87*,
sonstige Genehmigungen usw, *Bem 88*.

Zu den **behördlichen Genehmigungen** ist allgemein auf folgendes hinzuweisen: **79a**

1. Die behördlichen Genehmigungen haben den Charakter von **Verfügungsbeschränkungen;** dazu *Bem 58.* Solche Verfügungsbeschränkungen sind mit dem GG, insbes Art 14 aaO, vereinbar, auch wenn sie durch Gesetz neu begründet werden, wie zB die Regelung in § 2 GrstVG (*Anh*); dazu **BGH** WM 1965, 64 = DRspr II (285) 63b. Eine besondere Art der behördlichen Genehmigung ist die sog **Aufsichtsgenehmigung** insbes die staats- und dienstaufsichtliche Genehmigung (dazu *§ 18 Bem 159*) die Genehmigung nach dem BVersG (dazu *§ 13 Vorbem 128*) und dem VersAufsG (dazu *§ 13 Vorbem 150*); dazu *BGB-RGRK* BGB § 925, 925a Bem 13, 43. Stets handelt es sich um einen **staatlichen Hoheitsakt,** nicht um eine rechtsgeschäftliche Erklärung bzw Genehmigung; dazu *BGB-RGRK* aaO Bem 43, *Krämer-Illner* GBPraxis § 52 (4), *Haegele* GBRecht Bem 2061 ff. Es kommt entweder eine gerichtliche Entscheidung in Betracht, wie beim VormGer oder Landwirtschaftsgericht, soweit letzteres zuständig ist (dazu *Bem 81*), oder eine Verwaltungsentscheidung, die einen Verwaltungsakt darstellt (dazu *Staudinger-Seufert* BGB §§ 925, 925a Bem 67a. 67b), wie bei Entscheidungen im Rahmen des BBauG (dazu *Bem 83*) oder des GrstVG, soweit nicht Landwirtschaftsgerichte entscheiden (dazu *Bem 81*). Da die Genehmigung stets eine behördliche Entscheidung eines staatlichen Hoheitsträgers ist, kann sie nicht in den Bereich der reinen zivilrechtlichen rechtsgeschäftlichen Genehmigung gerückt und zum Tatbestand einer privatrechtlichen Willenerklärung gerechnet werden; so zu Unrecht *Staudinger-Seufert* BGB §§ 925, 925a 67, 67a ua bez der Genehmigung des VormGer, die aus diesem Gesichtspunkt heraus auch annehmen, die Genehmigung des VormGer werde durch eine Entscheidung des Prozeßgerichts mitersetzt (dazu *§ 18 Bem 25, 110, § 19 Bem 46*). Die Gründe für die staatliche Genehmigung können sehr verschieden, öffentlich-rechtliche Gesichtspunkte, wie Wirtschaftslenkung, oder Schutz des Schwachen und Unerfahrenen, wie bei dem Erfordernis der Genehmigung des VormGer; dazu *Brand-Schnitzler* GBSachen § 67, *Haegele* GBRecht Bem 1016 ff., *Staudinger-Seufert* aaO Bem. 67.

2. Das materiell- rechtliche **Rechtsgeschäft,** insbes der schuldrechtliche und der dingliche Vertrag (dazu *§ 18 Bem 141, 142*), wie der GrstVeräußerungsvertrag und die Auflassung, einerseits und die **behördliche Genehmigung** andererseits stehen **selbständig nebeneinander.** Das Rechtsgeschäft kann nichtig sein (dazu *Bem 70, § 19 Bem 22*), dann hat die behördliche Genehmigung, auch wenn sie erteilt wird, keinen Sinn; dazu *Staudinger-Seufert* aaO Bem 67b. Andrerseits ist bei Rechtswirksamkeit des materiell-rechtlichen Rechtsgeschäfts diese ohne Bedeutung, wenn die behördliche Genehmigung nicht erteilt wird; dazu *Staudinger-Seufert* aaO Bem 67b. Die Genehmigungsbehörde hat sich regelmäßig bei der Prüfung auf die Gesichtspunkte zu beschränken, die Gegenstand des Genehmigungsverfahrens sind; dazu **OLG Frankfurt aM** RdL 1951, 19, *Haegele* Beschränkungen Bem 83 mit Fußnote 140 S 56, *Staudinger-Seufert* aaO Bem 67b. Bei offensichtlicher Nichtigkeit des Vertrags ist es nach Rspr und Rechtspraxis zulässig, daß die Genehmigungsbehörde davon absieht, eine Genehmigung zu erteilen, **BGH** LM § 31 LVO Nr 4, MDR 1954, 29 = DNotZ 1953, 646 = RdL 1953, 326 = LM § 23 LVO Nr 24 = DRspr II (284) 81c, **BayObLG** BayObLGZ 1954, 118 = RdL 1954, 275 (*Wöhrmann*), **OLG Celle** MDR 1955, 746, **OLG Hamm** JMBl NRW 1954, 25, 107, **OLG Nürnberg** bayJMBl 1954, 276, *Haegele* aaO, *Staudinger-Seufert* aaO Bem Bem 67b. Deshalb ist auch eine Aussetzung des Genehmgigungsverfahrens regelmäßig nicht zulässig, wenn beim materiell-rechtlichen Vertrag Zweifel an seiner Gültigkeit bestehen, und zwar auch dann nicht, wen bereits ein Prozeß zwischen den Beteiligten anhängig ist, **OLG Nürnberg** aaO, *Staudinger-* **79b**

Seufert aaO Bem 67b. Ob Nebeneinanderlaufen eines Rechtsstreits über den Vertrag und des Genehmigungsverfahrens zweckmäßig ist, ist eine andere Frage; bei der langen Dauer von Prozessen und Genehmigungsverfahren ist es durchaus denkbar, daß beide Verfahren nebeneinander betrieben werden. Ob der Zivilprozeß nach § 148 ZPO wegen des Genehmgigungsverfahrens ausgesetzt wird, steht im Ermessen des Gerichts; wenn zu erwarten ist; daß die Genehmigung versagt wird, kann dies ein Anlaß für das Gericht zur Aussetzung sein (dazu *Bem 79e*). Umgekehrt gilt für das Genehmigungsverfahren dasselbe, wenn anzunehmen ist, daß der Vertrag in einem anhängigen Prozeß für unwirksam erklärt wird, da § 148 ZPO einen allgemeinen Rechtsgrundsatz enthält, der auch im Verwaltungsrecht gilt, soweit nicht aus besonderen gesetzlichen Vorschriften sich etwas anderes ergibt. Strittig ist, ob die Genehmigungsbehörde dann die materielle Wirksamkeit zu prüfen hat, wenn für einen am Vertrag nicht beteiligten Dritten ein Rechtsverlust durch die Genehmigung eintreten würde. Man wird diese Frage bejahen müssen; so insbes **BGH** NJW **1956, 142 = MDR** 1956, 479 = DNotZ 1956, 145 = RdL 1956, 87 sowie RdL 1961, 289, **OLG Hamm** JMBl NRW 1954, 107, *Haegele* aaO, **aA** *Staudinger-Seufert* aaO Bem 67b. Da jedoch der Genehmigungsbescheid Rechte Dritter berührt, muß dies die Genehmigungsbehörde berücksichtigen, auch wenn schließlich wegen Nichtigkeit des materiellen Vertrags der Genehmigungsbescheid keine Bedeutung hat. Es entsteht doch zwischenzeitlich uU ein längerer Zeitraum, in dem Rechte Dritter beeinträchtigt werden können.

79c 3. Andererseits besteht insofern ein Zusammenhang zwischen materiellem Rechtsgeschäft und der **Genehmigung,** als diese **nur für die Vereinbarungen** erteilt gilt, **die der Genehmigungsbehörde vorgelegt werden** und über die entschieden wird. Besteht eine Abweichung, etwa wenn ein anderer Kaufpreis als vereinbart in der notariellen Urkunde steht, so gilt der abweichende Vertrag nicht als genehmigt. Es kann dann bei einem nach § 117 Abs 2 BGB an sich wirksamen verdeckten Rechtsgeschäft die Genehmigung nicht als erteilt angesehen werden, wenn das Scheingeschäft genehmigt ist; dazu *Bem 70*. Es muß dann für den wirklich abgeschlossenen Vertrag noch um Genehmigung nachgesucht werden; solange ist das Rechtsgeschäft schwebend unwirksam, also trotz der scheinbar vorliegenden Genehmigung. Dasselbe gilt für nachträgliche Vertragsänderungen, die mit Vertragsbestandteil sind und daher zum Vertrag gehören; dazu *Haegele* Beschränkungen Bem 53, 83.

Die Genehmigung wird zu dem **Zeitpunkt** erteilt, in dem der Bescheid ergeht; bei Verfahren mit mehreren Instanzen ist unter Berücksichtigung der einschlägigen Vorschriften die Entscheidung der letzten Instanz maßgebend, bzw der letzten Tatsacheninstanz, wenn die Revisions- oder Rechtsbeschwerdeinstanz dem Rechtsmittel den Erfolg versagte. Wenn sich nachträglich der tatsächliche Sachverhalt verschiebt oder wenn zwischenzeitlich Vertragsänderungen eintreten oder eingetreten sind, so bezieht sich der Genehmigungsbescheid nicht; dazu *Staudinger-Seufert* aaO Bem 67c.

79d 4. Die **Genehmigung** kann sich auf das **Verpflichtungsgeschäft** oder auf den **dinglichen Vertrag,** wie die Auflassung, bzw auf beides beziehen, uU auf den **Vertragsentwurf,**falls die in Frage stehenden gesetzlichen Vorschriften die Genehmigung nicht klar aussprechen, welche Vereinbarung vorzulegen ist; dazu *Haegele* Beschränkungen Bem 42, 104, 107, *Staudinger-Seufert* aaO Bem 67e. Ein unzureichender Vertragsinhalt ermöglicht nicht die Nachprüfung, ob Versagungsgründe vorliegen oder nicht; er bildet daher keine geeignete Grundlage für die Entscheidung der Genehmigungsbehörde und führt daher zu einer Abweisung des Antrags aus verfahrensrechtlichen Gründen mangels Rechtsschutzbedürfnisses als unzulässig, **OLG München** DNotZ 1954, 314 (*Baur*) = RdL 1954, 148 (*Wöhrmann*) = DRspr II (284) 87b; es liegt dann keine Sachentscheidung vor und ermöglicht jederzeit die Neueinrichtung eines

Antrags mit vervollständigtem Vertrag, über den dann entschieden werden kann. Ein solcher Fall liegt etwa vor, wenn die Übergabe eines Anwesens vereinbart wird, aber der Inhalt desselben noch nicht festgelegt wird, sondern erst einer späteren Aussprache vorbehalten bleibt. Dasselbe gilt, wenn zB bez der einzelnen Vertragsvereinbarungen die Festlegung einem Schiedsgericht vorbehalten sind, das zu späterer Zeit entscheiden soll, **OLG München** RdL 1955, 196. Wenn ein Vertragsentwurf in gesetzlich zulässiger Weise der Genehmigungsbehörde zur Entscheidung vorgelegt wird, so kann darüber entschieden werden; dazu *Bem 82b*. Es muß dann allerdings der Vertragsentwurf seinem ganzen Inhalt nach unverändert Vertrag werden, wenn letzterer als genehmigt angesehen werden soll; dazu § 2 Abs 1 S 3 GrstVG (*Anh*). § 31 DONot (*Anh*) sieht diese Möglichkeit auch vor; dazu die Kostenvorschrift des § 145 KostO (*Anh*). Wenn der Notar einen solchen Entwurf fertigt, so ist er zur Antragstellung auch legitimiert. Die frühere Streitfrage, ob über einen Entwurf zu einem Vertrag entschieden werden kann, kann damit als geklärt gelten; diese Auffassung entsprach schon früher der hM, insbes **OLG Frankfurt aM** RdL 1951, 19 = ERspr aaO 39c, **OLG München** DNotz 1953, 662, *Haegele* Beschränkungen Bem 42, 104, *Lange* ArchZivPr 152, 248, *Pritsch* DNotz 1951, 297, *Staudinger-Seufert* aaO Bem 67e mit Fußn*) S 575, **aA** (überholt) **OLG Stuttgart** RdL 1949, 159 (*Oechßler*) = DRspr aaO 20d. Ein einseitiger Entwurf oder ein formgerechtes, bindendes Vertragsangebot sind dagegen nicht ausreichend, da hier nicht der beiderseitige Vertragswille keinen Ausdruck findet, **OLG München** DNotz 1953, 662, *Staudinger-Seufert* aaO Bem 67e. Die Genehmigung des schuldrechtlichen Verpflichtungsgeschäfts bezieht sich auch regelmäßig auf den dinglichen Vortrag und seinen Vollzug, da beides wirtschaftlich als Einheit aufzufassen ist (dazu *Bem 70*); dies ist allgemein anerkannt, *Haegele* aaO, *Horber* GBO § 19 Bem 10 (Ab), *Staudinger-Seufert* aaO Bem 67e. In § 2 Abs 1 S 2 GrstVG (*Anh*) hat diese Auffassung ihren gesetzlichen Niederschlag gefunden. Der Tod eines Beteiligten kann auf das Verfahren und die Entscheidung von Einfluß sein, insbes wenn der GrstErwerber bestimmte persönliche Eigenschaften besitzen muß; dazu *Haegele* Beschränkungen Bem 109.

5. Der **Bescheid** der Genehmigungsbehörde ist regelmäßig Endentscheidung, die eine abschließende Erklärung über die Frage der Genehmigung oder deren Versagung enthält. Es kann auch eine teilweise Genehmigung bzw eine teilweise Ablehnung erfolgen; so auch **BGH** NJW 1957, 1109 = RdL 1957, 211, = DRspr (284) 127d, *Pikalo-Bendel* GrstVG § 8 Bem F II 5, dazu *Haegele* Beschränkungen Bem 70 mit Fußn 109a. Wenn man meint, es gäbe nur eine globale Genehmigung oder Ablehnung, so ist dies nicht in jedem Falle zutreffend. Genehmigung unter Auflagen oder Bedingungen bedeutet übrigens auch schon eine teilweise Ablehnung, weil ja die Genehmigung die Erfüllung der Zusätze voraussetzt und es davon abhängt, ob die Beteiligten sich diesen Zusätzen fügen oder nicht. Andererseits haben sie es in der Hand, durch die Erfüllung der von der Genehmigungsbehörde gemachten Zusätze eine volle Genehmiging zu haben. Aber darüber hinaus können die Beteiligten sehr wohl ein Interesse auch daran haben, daß der Bescheid der Genehmigungsbehörde erkennen läßt, ob das vorgelegte Rechtsgeschäft usw nur teilweise genehmigt wird. Wird dann der Vertrag in dem genehmigten Umfange geschlossen, etwa wenn ein Entwurf zu einem Vertrag vorgelegt wurde, bzw wird ein Vertrag mit Rücksicht auf eine teilweise Genehmigung abgeändert und eingeschränkt und so dem Genehmigungsbescheid angepaßt, so wird auch auf diesem Wege erreicht, daß das Rechtsgeschäft usw zusammen mit der Genehmigung wirksam wird oder bleibt. Der **BGH** aaO führt aus: **79e**

„In allen Fällen, in denen, wie es die Regel bildet, über die Genehmigung des Vertrags nur einheitlich entschieden werden kann, ist der Eingriff in die Rechte der Vertragsparteien durch das öffentliche Interesse an der Versagung der Genehmigung gerechtfertigt und dient

er der Erreichung des vom Gesetzgeber mit dem Genehmigungsverfahren verfolgten Zweckes. ... Ergibt sich, daß einem realen Teil des zu prüfenden Rechtsgeschäfts ein öffentliches Interesse nicht entgegensteht, daß mit anderen Worten insoweit ein Versagungsgrund nicht vorliegt, so würde die Versagung der Genehmigung auch dieses Teiles des Vertrages der gesetzlichen Grundlage entbehren. Nach dem Gesagten würde also bei Ablehnung der Zulässigkeit der teilweisen Genehmigung eines Rechtsgeschäfts nicht nur möglicherweise ohne zwingenden Grund in die Rechte der Beteiligten eingegriffen werden, sondern dieser Eingriff sogar darüber hinaus gesetzwidrig sein."

Da ein Genehmigungsverfahren nur auf Antrag eingeleitet wird, darf eine Teilentscheidung nur ergehen, wenn sie nicht dem Willen der Beteiligten entspricht. Wenn also die Beteiligten nur eine einheitliche Entscheidung über die Genehmigung des Rechtsgeschäfts verlangen, darf kein Teilbescheid ergehen. Eine solche Entscheidung über einen Teil des Rechtsgeschäfts darf also nicht dem erkennbar zum Ausdruck gebrachten Willen der Beteiligten widersprechen. Haben mehrere Beteiligte Anträge auf Genehmigung gestellt, so sind diese selbständig zu beurteilen. Deshalb wird vom **BGH** aaO weiter ausgesprochen:

Die Genehmigungsbehörde ist verpflichtet, „einem beschränkten Genehmigungsantrag, dem kein Versagungsgrund entgegensteht, zu entsprechen, anstatt die Genehmigung gänzlich zu versagen, auch wenn die anderen Antragsteller mit einer solchen Entscheidung nicht einverstanden sind. ... Nur dann ist eine solche Genehmigung unzulässig, wenn keiner der Beteiligten sie begehrt, da die Genehmigungsbehörde den Gegenstand des Verfahrens nicht ihrerseits bestimmen kann, sondern auf einen entsprechenden Antrag eines Beteiligten angewiesen ist. Der Antrag auf beschränkte Genehmigung wird auch nicht stets ausdrücklich gestellt werden müssen, vielmehr genügt es, wenn sich das Einverständnis dieses Antragstellers mit einer eingeschränkten Genehmigung aus den ganzen Umständen ergibt."

Es kann also bei mehreren Beteiligten die Entscheidung den einzelnen gegenüber verschieden lauten. Bei Beteiligten, die mit keiner Beschränkung einverstanden sind, kann kein genehmigender Teilbescheid ergehen.

Es ist aber auch möglich, daß ein Zwischenbescheid ergeht, wenn dazu Veranlassung ist, insbes wenn der Sachverhalt noch nicht genügend aufgeklärt ist und deshalb noch Erhebungen nötig sind, wie etwa im Falle des § 6 GrstVG (*Anh*); dazu *Bem 82c*, *Haegele* Beschränkungen Bem 107.

Im Genehmigungsbescheid kann, wenn dies die in Frage stehenden Vorschriften zulassen, die Genehmigung unter Bedingungen, Befristungen, Auflagen oder bedingten Auflagen erteilt werden; dazu *Haegele* GBRecht Bem 2185ff., Beschränkungen Bem 87ff., 162ff., 268, 269, *Horber* GBO § 19 Bem 10 (Ac), *Pikalo-Bendel* GrstVG § 10 Bem E, *Staudinger-Seufert* BGB §§ 925, 925a Bem 67d. Hier wird also der Bescheid nicht vorbehaltlos erteilt, sondern unter Zusätzen, die erfüllt werden müssen. Auflagen und Bedingungen sind nur zulässig, wenn ein Versagungsgrund vorliegt und die Auflage(n) oder die Bedingung(en) geeignet sind, ihn auszuräumen. Auflagen und Bedingungen können gesetzlich begrenzt werden auf bestimmte Tatbestände, so daß nur im Rahmen der gesetzlichen Vorschriften Auflagen und Bedingungen ausgesprochen werden können. So sieht das GrstVG (*Anh*) in §§ 10, 11 aaO im Interesse einer einheitlichen Handhabung solche genaue Begrenzungen vor, insbes auch bez des Inhalts der Auflagen und Bedingungen; dazu *Pikalo-Bendel* GrstVG § 10 Bem F, § 11 Bem F. Andererseits ist es nach dem BBauG (*Anh*) bei der Genehmigung des Flächennutzungsplans nach § 6 aaO und beim Bodenverkehr nach § 20 aaO der Genehmigungsbehörde überlassen, welche Auflagen sie im Einzelfall bei Vorliegen von Versagungsgründen anordnen will; dazu *Heitzer-Oestreicher* BBauG § 6 Bem 2b, § 20 Bem 1b. Nachträglich können einem Bescheid außer im Rechtsmittelverfahren solche Bedingungen usw nicht beigefügt werden, wenn es nicht gesetzlich besonders vorgesehen ist. Die Bedingungen usw des Bescheids berühren die Auflassung als solche nicht und gelten daher nicht als unzulässige Bedingungen und Zeitbestimmungen iSd § 925 Abs 2 BGB; dies ist allgemein anerkannt, insbes **BGH** RdL 1955, 39 = BB 1954, 8 = Art III MRVO (BrZ) 84 Nr 8 = DRspr II (284) 93cde, **BayObLG** BayObLGZ 1953, 173 = MDR 1953, 751 = DNotZ 1953, 651 (*Keidel*) = JZ 1953, 698 (*Baur*) = DRspr II (284) 82c, **OLG München** DNotZ 1953, 651 (*Keidel*) sowie *Staudinger-Seufert* aaO Bem 67 d, auch *Bem 65*. **Auflagen** beeinflussen die sofortige Wirksamkeit des Genehmigungsbescheides nicht, brauchen daher auch vom GBA nicht beachtet zu werden, so daß es gleichgültig ist, ob sie im Zeitpunkt der Eintragung im GB erfüllt sind oder nicht; dazu **KG** JW 1937, 895 = HRR 1937 Nr 831, **OLG Koblenz** DRZ 1950, 282, *Haegele* GBRecht Bem 2186, *Horber* GBO § 19 Bem 10 (Ac), *Pikalo-Bendel* GrstVG § 10 Bem E I 1, II, H, *Staudinger-Seufert* aaO Bem 67d. Die Überwachung der Auflage obliegt allein der Genehmigungsbehörde bzw einer sonst zuständigen Behörde. Ergibt sich nachträglich, daß die bzw eine Auflage nicht erfüllt wird und daß mit Rücksicht hierauf die Genehmigung hinfällig wird, weil die Genehmigung wirksam widerrufen wurde, so ist dies dem GBA zur Kenntnis zu bringen, da dann das GB unrichtig geworden ist. Ein Widerruf der Genehmigung wegen Nichterfüllung von Auflagen bildet die Ausnahme; bei Verletzung von Auflagen hat die Behörde auf deren Erfüllung zu dringen und, wo eine gesetzliche Grundlage vorliegt, sie durch Ordnungsstrafen zu erzwingen, *Pikalo-Bendel* GrstVG § 10 Bem H III. Wenn es gesetzlich vorgesehen ist, wie zB nach § 10 Abs 2 GrstVG (*Anh*), oder wenn es sich aus dem Vertragsinhalt ergibt (Rücktrittsvorbehalt bei Nichterteilung oder mit Auflagen beschwerter Erteilung der Genehmigung; dazu *Bem 65*), kann bei Erteilung von Auflagen, die betroffene Partei vom Vertrag zurücktreten; in diesem Falle wird dann der Vertrag hinfällig und kommt im GB nicht zum Vollzug. Eine Auflageverpflichtung kann sich auch erledigen durch Erlöschen, insbes durch Vertragsrücktritt oder -aufhebung, Anfechtung des Vertrags, behördliche Aufhebung der Auflage infolge veränderter Umstände, wie Weiterveräußerung des Grst; dazu *Pikalo-Bendel* aaO Bem J. **Bedingungen** bei Genehmigungen bedeuten, daß die Genehmigung erst bei deren Erfüllung wirksam wird; dazu *Haegele* GBRecht Bem 2187, *Horber* aaO, *Pikalo-Bendel* GrstVG § 11 Bem E. Während die Auflage regelmäßig öffentlich-rechtlichen Charakter trägt und der Auflage des bürgerlichen Rechts nicht gleichzusetzen ist (dazu *Pikalo-Bendel* GrstVG § 10 Bem E II), kann die Bedingung sich auch auf die bürgerlich-rechtlichen Vertragsbestimmungen des Rechtsgeschäfts beziehen (dazu *Pikalo-Bendel* aaO § 11 Bem E I 2b, II, F II 1). Das GBA hat die Bedingungen zu beachten, da bei deren Eintritt die Genehmigung nicht als erteilt gilt, also der GBEintrag nicht erfolgen darf, wenn es sich um eine aufschiebende Bedingung handelt, bzw die erteilte Genehmigung entfällt, wenn es sich um eine auflösende Bedingung handelt, wodurch das GB unrichtig wird. Der Nachweis der Erfüllung der Bedingung oder Bedingungen des Genehmigungsbescheides muß dem GBA gegenüber in der Form des § 29 erfolgen; dazu *Haegele* GBRecht Bem 2192, *Horber* aaO, *Pikalo-Bendel* GrstVG § 11 Bem H II 2, *Staudinger-Seufert* aaO Bem 67d. Hierzu genügt die Bescheinigung der Genehmigungsbehörde, wie es auch § 11 Abs 2 GrstVG (*Anh*) bestimmt; dazu *Haegele* GBRecht Bem 2192, *Pikalo-Bendel* GrstVG § 11 Bem H II 2, **aA** (überholt) **BayObLG** BayObLGZ 1953, 173 wV aaO, *Staudinger-Seufert* aaO Bem 67d. Es ist auch ein sonstiger Nachweis möglich, etwa durch Vorlage eines notariellen Vertrags mit den erfüllten Bedingungen der Genehmigungsbehörde; dazu *Lange* GrstVG § 11 Bem 5, *Pikalo-Bendel* aaO. Daneben gibt es auch sog **bedingte Auflagen;** dazu *Pikalo-Bendel* GrstVG § 10 Bem E I 2. Ob es sich um eine Auflage oder Bedingung handelt, ist hier jeweils klarzustellen, und zwar wegen des verschiedenen rechtlichen Charakters von Auflage und Bedingung. Ist eine Klärung nicht möglich, etwa bei der Formulierung bei einer Genehmigung *mit der Maßgabe*, ohne daß die Gründe des Bescheids Aufschluß geben, so weiß das GBA nicht, welche Folgerungen es ziehen kann; daher hat es die Genehmigung als unwirksam anzusehen, **OLG Hamm** JMBl NRW 1953, 52, *Staudinger-Seufert* aaO Bem 67 d. Wenn ein Gesetz, wie zB § 10, 11 GrstVG (*Anh*) die Arten der Auflagen und Bedingungen abschließend aufzählt, ist diese Art von Auflage unzulässig; dazu *Pikalo-Bendel* aaO. Ein Genehmigungsbescheid kann auch eine **Zeitbestimmung,** also eine Befristung, enthalten, etwa daß die Genehmigung erst zu einem bestimmten Zeitpunkt wirksam wird; hier tritt die Wirksamkeit des Vertrags auch erst zu diesem Zeitpunkt ein. Gesetzlich kann eine solche Zeitbestimmung unzulässig sein, so im Bereich des GrstVG, wie etwa aus §§ 10, 11 GrstVG (*Anh*) gefolgert werden kann. Auflagen sind nur auf Antrag **abzuändern** oder **aufzuheben,** wie es für das GrstVG dessen § 22 Abs 4 aaO (*Anh*) vorsieht; dazu *Pikalo-Bendel* GrstVG § 22 Bem E V. Auch Bedingungen können auf Antrag von der Genehmigungsbehörde abgeändert oder aufgehoben werden, soweit dies nicht gesetzlich ausgeschlossen ist; dazu *Pikalo-Bendel* GrstVO § 11 Bem H III, IV. Bei **Vereitelung** des Bedingungseintritts seitens eines Beteiligten oder Dritten kann die Genehmigungsbehörde den erteilten Bescheid aufheben, *Pikalo-Bendel* GrstVG § 11 Bem H III 1; eine andere Frage, die aber hier nicht einschlägig ist, ist die, ob und wieweit der Geschädigte zum Ausgleich Ansprüche, insbes auf Schadenersatz, hat. Wird der bereits eingetretene Erfolg vereitelt, so kann eine Bescheinigung über den Erfolgseintritt widerrufen und eingezogen werden; dazu *Pikalo-Bendel* GrstVG § 11 Bem H III 2. Mit der Unwirksamkeit des Bedingungseintritts gilt die Genehmigung zu dem Rechtsgeschäft, das genehmigungspflichtig ist, als nicht erteilt; damit ist das GB unrichtig geworden und es kann dessen Berichtigung herbeigeführt werden. Erhält das GBA Kenntnis von der Nicht-Genehmigung, insbes durch Erhalt einer Mitteilung seitens der Genehmigungsbehörde, so ist ein Amtswiderspruch nach § 53 Abs 1 S 1 in das GB einzutragen (dazu *§ 53 Bem 2ff.*). Im Interesse der Rechtssicherheit kann das Gesetz Anordnungen treffen, wie es in § 7 Z 3 GrstVG (*Anh*) geschehen ist, wonach bei Eintragung einer Rechtsänderung auf Grund eines nicht genehmigten Rechtsgeschäfts nach Ablauf 1 Jahres das Rechtsgeschäft als genehmigt gilt, falls nicht vorher ein Widerspruch im GB eingetreten oder ein GBBerichtigungsantrag bzw ein Antrag oder Ersuchen auf Eintragung eines Widerspruchs gestellt worden ist; dazu *Pikalo-Bendel* GrstVG § 7 Bem G III.

Soweit ein **Genehmigungsbescheid** einer **Begründung** bedarf, wie nach § 20 GrstVG (*Anh*), eine Begründung jedoch fehlt, ist der Bescheid nicht nichtig, sondern nur anfechtbar, **OLG Köln** RdL 1965, 201 = DNotZ 1965, 758 Ls.

Wenn **mehrere Rechtsgeschäfte** gleichen Inhalts nacheinander vorliegen, wie zB mehrere GrstVerkäufe bez desselben Objekts nacheinander, so ist jedes **genehmigungspflichtig;** dazu **RG** RGZ 118, 113/129, 150 (153), *Horber* GBO § 19 Bem 10 (Ab), **aA** (überholt) **KG** DNotV 1930, 40 = HRR 1930 Nr 45.

Umgehungsgeschäfte, die ohne die erforderliche Genehmigung oder mit erschlichener Genehmigung geschlossen werden, sind Verträge, die gegen ein gesetzliches Verbot verstoßen, also nach § 134 BGB nichtig; dazu *Haegele* Beschränkungen Bem 62, 237, 377, *Pikalo-Bendel* GrstVG § 2 Bem E III 1, F III 21, § 37 Bem I 1, *Ripfel* GBRecht 75. Es muß sich allerdings um eine echte Umgehung der Genehmigungspflicht handeln, nicht um einen nach dem Gesetz zulässigen und von ihm bebilligten Weg, also eine bloße Ausnutzung der zugelassenen rechtlichen Möglichkeiten. So liegt etwa eine Umgehung des GrstVG vor, wenn durch sog Kettenverträge die Freigrenzen von kleinen GrstFlächen (dazu *Bem 82a*) umgangen werden; dazu *Besten* DNotZ 1955, 237, *Haegele* Beschränkungen Bem 62. Es muß sich also um Fälle handeln, in denen auf gesetzlich zulässige Weise wirtschaftlich derselbe Erfolg erzielt wird; dazu *Pikalo-Bendel* GrstVG § 2 Bem F III 2, § 4 Bem E II 6b. Der Erwerb eines Teilgrst, das die genehmigungspflichtige Mindestgröße nicht übersteigt, stellt für sich allein kein Umgehungsgeschäft dar, selbst wenn der Käufer beim Abschluß des Vertrags die Absicht hat, auch das restliche Grst zu erwerben, das zusammen mit dem zuerst erworbenen Grst die Mindestgröße übersteigt, **BGH** MDR 1962, 389 = RdL 1962, 98 = DNotZ 1962, 664 Ls = LM KRG 45 Art IV Nr 40/41. Es kommt also im wesentlichen auf die Einzelumstände des Falls an, wobei die Absicht und der Zweck der Veräußerung besonders überprüft werden müssen. Das GBA muß Umgehungsgeschäfte, die erkennbar sind, als nichtig betrachten und darf daher die beantragte GBEintragung nicht vornehmen. Es kann, wenn es Kenntnis erhält, einen Amtswiderspruch nach § 53 Abs 1 S 1 eintragen; auch, kann die Genehmigungsbehörde die Eintragung eines Widerspruchs verlangen, *Haegele* aaO. Die Genehmigungsbehörde kann, wenn die Genehmigung durch bewußt falsche Angaben erschlichen wurde, die erteilte Genehmigung widerrufen, **OLG Celle** RdL 1954, 46, **OLG Hamm** JMBl NRW 1954, 276, **OLG Köln** RdL 1954, 71, *Staudinger-Seufert* BGB §§ 925, 925a Bem 67g. Für die Eintragung eines Widerspruchs im GB gilt das bereits Ausgeführte. So wird die Rechtslage bis zur GBBerichtigung gegen Schutz des guten Glaubens klargestellt.

Das **GBA** hat zu **prüfen,** ob die erforderliche **Genehmigung erteilt** ist; dazu *§ 18 Bem 109, 148,* auch *Staudinger-Seufert* aaO Bem 67f. Die Beteiligten haben zu diesem Zwecke den erforderlichen Nachweis nach § 29 zu führen; bei Anlaß ist eine Zwischenverfügung nach § 18 (dazu *§ 18 Bem 40ff.*) zu erlassen. Es kann zu diesem Zwecke die Vorlage des Genehmigungsbescheides verlangen, wenn derselbe nicht von der Genehmigungsbehörde ohnedies zugeleitet wird. Ist zweifelhaft, ob eine Genehmigungspflicht besteht, so kann Anlaß bestehen, daß von der Genehmigungsbehörde ein sog Negativzeugnis ausgestellt wird, aus dem die Genehmigungsfreiheit ersichtlich ist, wie es auch in § 5 GrstVG (*Anh*) vorgesehen ist; dazu *Haegele* Beschränkungen Bem 85, 86, *Horber* GBO § 19 Bem 10 (Aa), *Pikalo-Bendel* GrstVG § 2 Bem D III 3f., § 5 Bem D, E, F. Das Negativattest steht der Erteilung einer Genehmigung nicht gleich, außer es besteht eine gesetzliche abweichende Regelung, welche die Gleichstellung ausspricht, wie im GrstVG (*Bem 82 c*); dazu **BGH** DNotZ 1966, 611 bez Genehmigung des VormGer, auch *§ 18 Bem 110.*

Das **Prozeßgericht** hat die Frage der Genehmigungsbedürftigkeit im Rahmen eines Zivilprozesses als Vorfrage zu prüfen, etwa in einem Amtshaftpflichtprozeß, **BGH** RdL 1952, 184 = DRspr II (284) 58b. Zur Frage der Aussetzung des Rechtsstreits *Bem 79b.*

Der Genehmigungsbescheid ist grundsätzlich endgültig und **unwiderruflich,** abgesehen von der Änderungsmöglichkeit im Rechtsmittelverfahren; dazu *Haegele* Beschränkungen Bem 63, *Horber* GBO § 19 Bem 10 (Ad), *Staudinger-Seufert* aaO Bem 67g. Es kann daher die Genehmigungsbehörde nicht ihren Bescheid abändern oder aufheben, soweit es nicht gesetzlich zugelassen ist. Dies gilt insbes, wenn in einem Verfahren nach dem GrstVG (*Anh*) der Genehmigungsbescheid der Genehmigungsbehörde durch Antrag auf gerichtliche Entscheidung angefochten ist; der Änderungs- oder Aufhebungsbescheid wäre ein nichtiger Verwaltungsakt, **OLG München** DNotZ 1965, 415. **Ausnahmen** ergeben sich in besonderen Fällen, nämlich bei Auflagen und Bedingungen sowie Umgehungsgeschäften, wie bereits erwähnt wurde. Wird eine Genehmigung vorbehaltlos dh ohne Auflagen und Bedingungen und auch ohne teilweise Zurückweisung des Antrags erteilt, so liegt regelmäßig keine Beschwer vor; dazu *Pikalo-Bendel* GrstVG § 3 Bem E I 1. Ein Genehmigungsbescheid kann von der Genehmigungsbehörde nur widerrufen werden, wenn die Genehmigung, insbes Auflagen und Bedingungen, durch unwahre Tatsachen und durch falsche Angaben erschlichen wurde; dazu **OLG Celle** RdL 1954, 46, **OLG Hamm** JMBl NRW 1954, 276 = DRspr II (284) 102 b, **OLG Köln** OGBHZ 2, 263 = RdL 1949, 261, RdL 1954, 71, RdL 1956, 193 = DRspr aaO

114b, *Haegele* Beschränkungen Bem 83, *Pikalo-Bendel* GrstVG § 10 Bem G II 3, § 11 Bem G, H, § 18 Vorbem D IV 2b, § 22 Bem E III 2, § 24 Bem D I.

Wird der **Genehmigung in vollem Umfange stattgeben,** dann ist der materiellrechtliche Vertrag voll wirksam, falls er nicht aus anderen Gründen, etwa wegen Verstoßes gegen § 138 BGB oder auf Grund Anfechtung nach §§ 119ff. BGB unwirksam ist (*Bem 79b*); dazu *Haegele* Beschränkungen Bem 83. Wird die Genehmigung **endgültig versagt,** und zwar rechtskräftig, dann ist das materielle Rechtsgeschäft endgültig unwirksam; dazu *Haegele* aaO Bem 84, *Staudinger-Seufert* aaO Bem 67h. Eine nachträgliche Genehmigung kommt darnach nicht mehr in Betracht, weil ja das Rechtsgeschäft nichtig ist, **RG** RGZ 102, 1/110, 356 (365) **OLG München** RdL 1949, 115, *Staudinger-Seufert* aaO Bem 67h. **Wiederaufnahme des Verfahrens** ist regelmäßig nicht zulässig, soweit nicht eine ausdrückliche gesetzliche Regelung erfolgt ist; dazu *Pikalo-Bendel* GrstVG § 18 Vorbem D IV 2d. Deshalb kann eine Aufrollung des Verfahrens auch nicht dadurch erreicht werden, daß die Versagung der Genehmigung widerrufen wird, **RG** RGZ 102, 1/103, 104, *Staudinger-Seufert* aaO Bem 67h. Bei einer **teilweisen Genehmigung** bzw **Versagung** gilt dies sinngemäß.

Von diesen Grundsätzen ausgehend, die durch die neuen Gesetze BBauG und GrstVG ihre Bestätigung gefunden haben, bestehen Bedenken gegen die früher in der Praxis vertretenen Auffassungen, daß eine Genehmigung bei Genehmigungsbedürftigkeit des Verpflichtungs- und Erfüllungsgeschäfts bis zum Abschluß des letzteren widerrufen werden könne, so **RG** RGZ 106, 142 (145), **KG** JFG 22, 336 (338), *Horber* GBO § 19 Bem 19 Bem 10 (Ad), und daß bei mehreren notwendigen Genehmigungen der Widerruf einer Genehmigung bis zur Erteilung der letzten Genehmigung möglich sei, so **OLG München** DNotZ 1951, 418 (*Hieber*) sowie *Horber* aaO. Diese Auffassungen lassen sich nicht aufrechterhalten, sie müssen von rechtsstaatlichen Gesichtspunkten aus als überholt bezeichnet werden. Eine behördliche Genehmigung ist unwiderruflich, also nicht frei abänderbar; die Möglichkeit der Abänderung ist auf einige besondere Tatbestände beschränkt, wie gegenwärtig allgemein anerkannt ist (dazu *Staudinger-Seufert* aaO Bem 67g.) Von hier aus gesehen ist es nicht zulässig, daß eine einmal erteilte Genehmigung für das Verpflichtungsgeschäft, die auch das Erfüllungsgeschäft mit umfaßt, ohne weiteres bis zum Abschluß des letzteren abänderbar wäre. Ebensowenig kann bei mehreren Genehmigungen ein Stadium der Abänderbarkeit solange bestehen, bis alle Genehmigungen erteilt sind. Dies würde eine Rechtsunsicherheit bedeuten. Dagegen ist es zulässig, wenn die Genehmigungsbehörde aus besonderen Gründen eine Verbescheidung für zu früh hält und daher den Bescheid zurückstellt, weil noch Aufklärungen nötig sind, deshalb auch zunächst nur einen **Zwischenbescheid** trifft. Soweit besondere Vorschriften bestehen, sind diese zu beachten, wie insbes § 6 GrstVG (*Anh*).

Das zu genehmigende Rechtsgeschäft ist bis zur Erteilung der behördlichen Genehmigung **schwebend unwirksam;** dazu **RG** RGZ 108, 94/123, 327/128, 372, JW 1924, 810, **KG** OLG 44, 143, **BayObLG** 22, 325, **OLG Hamm** JMBl NRW 1948, 51, 242, **OLG München** RdL 1949, 14, *Güthe* GBO 1862 (GrstVerkBek), *Haegele* GBRecht Bem 2064, Beschränkungen Bem 22, *Horber* GBO § 19 Bem 10 (Ad), *Pikalo-Bendel* GrstVG § 2 Bem E III, *Predari* GruchBeitr 62, 441, *Staudinger-Seufert* aaO Bem 67 l. Während des Schwebezustandes dh bis zur Genehmigung sind die Beteiligten an ihre Erklärungen gebunden, wenn sie formgerecht abgegeben sind; dazu *Haegele* Beschränkungen aaO. Liegt keine Erklärung in der gesetzlich erforderlichen Form vor, so sind die Beteiligten an ihre Erklärungen nur gebunden, wenn andernfalls ihr Verhalten gegen Treu und Glauben verstoßen würde; dazu *Bem 70* sowie *Haegele* Beschränkungen Bem 22 mit Fußn 46ff. S 24. Die Beteiligten haben auch die Verpflichtung, das zur Erlangung der Genehmigung Erforderliche zu tun und nach Treu und Glauben alles zu unterlassen, was der Genehmigung entgegenwirken könnte; dazu *Haegele* aaO Bem 22.

Der Zwischenzustand endet mit Genehmigung oder mit deren Versagung. Fällt während des Schwebezustandes die Genehmigungspflicht weg, weil die einschlägigen gesetzlichen Vorschriften aufgehoben werden, also Genehmigungsfreiheit, gesetzlich eingeführt wird, so ist das Rechtsgeschäft wirksam, gleichzeitig endet die Zeit der schwebenden Unwirksamkeit; dazu *Staudinger-Seufert* aaO Bem 67 l. Dagegen ist eine gesetzliche Aufhebung der Genehmigungspflicht ohne Bedeutung auf eine Rechtsgeschäft, wenn bereits rechtwirksam Ablehnung der behördlichen Genehmigung erfolgt ist und damit das Rechtsgeschäft nichtig geworden ist; es kann aber dann von den Beteiligten neu geschlossen werden. Gesetzliche Übergangsvorschriften können allerdings eine Regelung rückwirkend treffen, soweit dies ja nach dem Rechtsgebiet verfassungsmäßig zulässig ist, insbes auch bez anhängiger Verfahren. Wird eine Genehmigungspflicht gesetzlich neu begründet, so hat eine solche Regelung im Regelfall keine Rückwirkung; erfaßt werden vielmehr regelmäßig nur die Tatbestände, die seit Inkrafttreten des neuen Gesetzes unter das Gesetz fallen, *Horber* GBO § 19 Bem 10 (Ae), *Staudinger-Seufert* aaO Bem 67m. Das Gesetz kann allerdings besonderes Übergangsrecht schaffen, soweit verfassungsmäßig zulässig, auch rückwirkend. Darnach richtet es sich dann, ob Auflassungen usw, die im GB noch nicht vollzogen sind, unter die neu eingeführte Genehmigungspflicht fallen oder nicht. Das GBA hat dies zu beachten. Während der Schwebezeit kann eine Auflassungsvormerkung (dazu *§ 25 Bem 12*) in das GB eingetragen werden, **RG** RGZ 108, 91, während die Rechtsänderung selbst nicht vor der Verbescheidung eintragbar ist; dazu *Haegele* GBRecht Bem 2065, Beschränkungen Bem 22, *Pikalo-Bendel* GrstVG § 2 Bem E III 1b. Soweit zwischenzeitlich zu Unrecht eine GBEintragung erfolgte, die eine Rechtsänderung herbeiführte, kommt auch hier ein Amtswiderspruch nach § 53 Abs 1 S 1 in Frage; auch kann die Genehmigungsbehörde ein entsprechendes Ersuchen an das GBA stellen oder ein geschädigter Beteiligter betreibt die GBBerichtigung nach § 894 BGB.

Die erteilte Genehmigung hat, wenn die gesetzlichen Vorschriften nichts Abweichendes bestimmen, **rückwirkende Kraft;** es wird also das Rechtsgeschäft von Anfang an wirksam, § 184 BGB. Dies ist allgemein anerkannt; so insbes **RG** RGZ 108, 91 (94)/123, 327 (330)/125, 53 (57), *Haegele* Beschränkungen Bem 22, *Staudinger-Seufert* aaO Bem 67 m. Bei Versagung der Genehmigung wird das Rechtsgeschäft endgültig nichtig und die Erfüllung unmöglich **RG** RGZ 103, 104/106, 142; dazu *Bem 70*. Es kann dann nur ein völlig neuer Abschluß des Rechtsgeschäfts betätigt werden.

Die **steuerliche Unbedenklichkeitserklärung** steht den behördlichen Genehmigungen nicht gleich, sie hat keine materiell-rechtliche Wirkung; dazu *Bem 80c*.

Wie sich die **Verzögerung** der behördlichen Genehmigung auf das zugrunde liegende Rechtsgeschäft auswirkt, richtet sich nach dem jeweiligen Einzelfall. So hat die Verzögerung der Entscheidung des VormGer über die Genehmigung der Ausschlagungserklärung des gesetzlichen Vertreters des Erben die Bedeutung einer Verhinderung durch höhere Gewalt, wenn dadurch der Nachweis der Genehmigung innerhalb der 6 Wochenfrist des § 1944 Abs 1 BGB nicht geführt werden kann, § 1944 Abs 2 mit § 203 Abs 2 BGB; dazu **OLG Frankfurt aM** DNotZ 1966, 613, auch *§ 18 Bem 123*.

b) Steuerliche Unbedenklichkeitsbescheinigung und Aufklärung 80

Dazu *Alsen* Zur Frage, wann die grunderwerbsteuerliche Unbedenklichkeitsbescheinigung erteilt werden kann, DVR (Deutsche Verkehrsteuer-Rundschau) 1960, 145 (Steuer-Fund VIII 1106), *Bauer* GBEintragungen Z 312 S 99, *BGB-RGRK* BGB §§ 925, 925a Bem 25, *Brand-Schnitzler* GBSachen §§ 10, 68, *Coing* Wesen und Rechtsmittelfähigkeit steuerlicher Unbedenklichkeitsbescheinigungen unter besonderer Berücksichtigung strafrechtlicher Versagungsgründe DStZ (Deutsche Steuerzeitung) A 1961, 382, *Gluse* Die steuerliche Unbedenklichkeitsbescheinigung BlStA (Blätter für Steuerrecht, Sozialversicherung und Arbeitsrecht) W 1959, 51 (Steuer-

Fund VII 1184), *Göttlich* Amtsführung der Notare 153ff., 226/227, *Güthe* GBO § 20 Bem 55, *Haegele* GBRecht Bem 466, 1378, Merkbuch 202, Unterrichtsbriefe (GrstRecht 213/214), *Haegele-Riedel* RPfleger-Handbuch (Grunderwerbsteuerrecht), *Heinlein* Behördliche Beistandspflichten DStR (Deutsches Steuerrecht) 1959, 248 (Steuer-Fund VII 1181), *Hesse-Saage-Fischer* GBO § 20 Bem V 1, *Horber* GBO § 20 Bem 6 (A), *Kalbhenn* Die steuerlichen Unbedenklichkeitsbescheinigungen DStZ A 1953, 102, *Koselack* Wegfall alter Unbedenklichkeitsbescheinigungen bei der GrESt? DVR 1957, 132 (Steuer-Fund V 196), Schlußwort zur Frage des weiteren Wegfalls von Unbedenklichkeitsbescheinigungen bei der GrESt DVR 1958, 101 (Steuer-Fund VI 1843), *Krämer-Illner* GBPraxis § 224 (2), *Mattern* Steuerliche Unbedenklichkeitsbescheinigungen DStZ A 1951, 19 (Steuer-Fund I 3350), *Mielke* Die Bedeutung der amtlichen Unbedenklichkeitsbescheinigungen BP (Aus Beruf und Praxis) 8. Jahrgang Heft 7/8, *Palandt* BGB § 925 Bem 9, *Planck-Kettnaker* Führung des GB 74, *Prüting* Die Beistandspflicht der Gemeinden gegenüber den Finanzbehörden DGStZ (Deutsche Gemeindesteuerzeitung) 1953, 180 (Steuer-Fund I 3352), *Puttlitz* Unbedenklichkeitsbescheinigung und Umschreibung von Grsten im GB HW 1952, 246, *Sautermeister* Die steuerliche Unbedenklichkeitsbescheinigung NJW 1957, 1824, *Schettler* Zur Frage des Wegfalls aller Unbedenklichkeitsbescheinigungen bei der GrESt DVR 1958, 21 (Steuer-Fund VI 211), *Staudinger-Seufert* BGB §§ 925, 925a Bem 86, *Thieme* GBO § 20 Bem 6 (b), auch *Büttel* Zur Rechtsstellung der Notare gegenüber den Finanzämtern DNotZ 1966, 644,

Unbedenklichkeitsbescheinigungen bei Übernahme der Sofort- und Lastenausgleichsabgaben bei Grstwechsel StK (Steuerrecht in Kurzform) Gr 150, 1 (Steuer-Fund I 3351), Zur Praxis der Verweigerung steuerlicher Unbedenklichkeitsbescheinigungen StP (Der Steuerpraktiker) 1954, 151 (Steuer-Fund II 2243), Steuerliche Unbedenklichkeitsbescheinigungen FR (Finanz-Rundschau) 1954, 139 (Steuer-Fund II 2242), Pflichten der Notare DVR 1955, 78 (Steuer-Fund III 2413), im übrigen Kommentierungen zum GrEStG, insbes *Boruttau-Klein*, sowie NJW Steuer-Fundhefte (Steuer-Fund)

1. Die Grunderwerbsteuer gehört zum **Bereich des Landesrechts,** da der Bund nach Art 105 Abs 2 GG nur konkurrierende Gesetzgebung hat; dazu *Boruttau-Klein* GrEStG § 1 Vorbem 7. Daher ist im Bereich des GrEStG auch bez der Handhabung der Aufklärung der steuerpflichtigen Vorgänge das Verfahren in den einzelnen Ländern des BGebiets nicht einheitlich; dazu BMF Schreiben vom 22. Juni 1961 DNotZ 1961, 340. Übersendung von Abschriften notarieller Urkunden an die Finanzämter.

Da die **Ermittlung steuerlicher Vorgänge** und des steuerpflichtigen Betrags für den Staat sehr wichtig ist, insbes in einer Zeit angespannter Wirtschaftslage, besteht seit langem schon in der AO eine Regelung in §§ 160ff. AO, die Pflichten der Steuerpflichtigen und anderer Personen enthält.

Von besonderer Bedeutung ist die **Auskunftspflicht dritter Personen** über steuerpflichtige Vorgänge von Steuerschuldnern, die in §§ 175ff. AO geregelt ist. Rechtsanwälte, Notare, Steuerberater und -bevollmächtigte, Wirtschafts- und Buchprüfer, Ärzte ua und deren Hilfspersonal können bez Mandanten von ihrem Zeugnisverweigerungsrecht zur Wahrung des Berufsgeheimnisses Gebrauch machen, § 177 AO. Öffentliche Behörden und Beamte, insbesondere beamtete Notare, können bzw müssen Auskunft erteilen, es kann jedoch im Einzelfalle eine Schweigepflicht aus besonderen Gründen bestehen, § 179 Abs 1 AO. Zur Interessenkollission zwischen der Schweigepflicht des Notars und seiner Auskunftspflicht nach § 188 AO ist darauf hinzuweisen, daß der Notar den Finanzbehörden bzw Finanzgerichten gegenüber nicht nur zur Anzeige über die von ihm beurkundeten GrstKaufverträge, sondern auch zur Auskunft darüber verpflichtet ist, wann diese Verträge behördlich genehmigt worden sind, da diese Auskunft nicht unter seine Schweigepflicht fällt, **OLG Saarbrücken** JBl Saar 1965, 177 = NJW 1965, 2114 = SaBl 1965, 1895 = BWNotZ 1965, 351 Ls. Das Post-, Fernsprech- und Telegraphengeheimnis bleibt gewahrt, § 179 Abs 2 AO. Es bestehen auch **Anzeigepflichten,** vor allem von Behörden und berufsständischen Vertretungen, §§ 188ff. AO. Bei den Behörden handelt es sich hierbei um Beistandspflicht iSd Art 35 GG; dazu **OLG Saarbrücken** aaO. Es ist also nicht ein Akt der Finanzbefehlsgewalt, deshalb ist auch Erzwingbarkeit nicht möglich, § 202 Abs 2, 8 AO. Weigert sich ein Notar die Anzeigepflicht auszuführen oder die erbetene Auskunft zu geben, so hat seine vorgesetzte Dienstbehörde über die

Berechtigung des Ersuchens zu entscheiden; so **OLG Saarbrücken** aaO, *Seybold-Hornig* BNotO § 1 Bem 12. Da nicht auf eine sachliche Entscheidung des Notars hingewirkt wird, liegt auch kein Eingriff in die Unabhängigkeit des Notars vor, die § 18 BNotO(*Anh*) sicherstellt; dazu **OLG Saarbrücken** aaO, *Seybold-Hornig* aaO Bem 16. Auf die Schweigepflicht kann sich ein Notar in solchem Falle deshalb nicht berufen, weil eine der in § 18 Abs 1 BNotO(*Anh*) vorgesehenen Ausnahmen vorliegt, da § 189b AO den Notar zur Auskunft verpflichtet. Strittig ist, ob die Auskunftspflicht auch in Steuerermittlungs- und Steueraufsichtsverfahren besteht und ob sich der Notar in einem solchen Verfahren auf seine Schweigepflicht berufen kann; für Verneinung der Schweigepflicht insbes *Hübschmann-Hepp-Spitaler* AO § 177 Bem 4, § 188 Bem 9, *Riewwald* AO § 188 Bem 2, 3, *Tipke-Kruse* AO § 177 Bem 2, für Bejahung derselben vor allem *Seybold-Hornig* BNotO § 18 Bem 12. Wenn § 188 AO einschlägig ist, muß auch in solchen Verfahren die Auskunft gegeben werden, weil dies gesetzlich vorgeschrieben ist, **OLG Saarbrücken** aaO. Die Anzeigepflichten bestehen auch dann, wenn der Notar usw den Rechtsvorgang nicht für einen steuerpflichtigen Vorgang hält, **FG SchlH** EFG (Entscheidungen der Finanzgerichte) 1957, 414 (Steuer-Fund V 1880a). Wenn das Rechtsgeschäft aufschiebend bedingt oder (insbes wegen fehlender behördlicher Genehmigung) schwebend unwirksam ist (dazu *Bem 65, 70, 79*), besteht zunächst noch keine Anzeigepflicht, weil auch eine Unbedenklichkeitsbescheinigung nicht erteilt werden kann, während bei auflösender Bedingung die Pflicht zur Anzeige gegeben ist, weil eine Bescheinigung in diesem Falle auszustellen ist; dazu *Boruttau-Klein* GrEStG DVO § 9 Bem 35a. Über den Wegfall der Anzeigepflicht bei geringwertigen Grsten *Bem 80c*.

2. Neben den Anzeigepflichten bestehen auch für Behörden usw Pflichten bei **Beurkundungen** und beim **Vollzug von Erwerb** eines Grst, eines Erbbaurechts oder Erbpachtrechts im GB; in letzteren Fällen stellt das Finanzamt eine sog **Unbedenklichkeitsbescheinigung** aus. **80a**

In den einschlägigen Vorschriften der AO wird folgendes bestimmt:

AO **§ 188**[1])

(1) *Die Reichs-*[2]), *Staats- und Gemeindebehörden, die Beamten und Notare sowie die Verbände und Vertretungen von Betriebs- und Berufszweigen haben den Finanzämtern jede zur Durchführung der Besteuerung und der den Finanzämtern obliegenden Prüfung und Aufsicht dienliche Hilfe zu leisten, insbesondere Einsicht in ihre Bücher, Verhandlungen, Listen und Urkunden zu gewähren. Die Unverletzlichkeit des Post-, Telegraphen- und Fernsprechgeheimnisses bleibt unberührt.*

§ 189

Sämtliche Behörden, Beamten und Notare haben Steuervergehen, die sie dienstlich erfahren, den Finanzämtern mitzuteilen. Die Unverletzlichkeit des Post-, Telegraphen- und Fernsprechgeheimnisses bleibt unberührt.

§ 189a

(1) *Die Behörden, Beamten und Notare haben dem Finanzamt Anzeige zu erstatten über diejenigen Beurkundungen, Zeugnisse und Anordnungen, die für die Festsetzung einer Erbschaftssteuer (Schenkungssteuer) von Bedeutung sein können.*

(2) *Insbesondere haben anzuzeigen:*

1. *die Standesämter:* *die Sterbefälle,*

---

[1]) § 188 Abs 2, 3 AO sind nicht einschlägig. Nach Abs 2 aaO fallen Schuldbuchverwaltungen, Postscheckämter, Sparkassen und Banken, die die Stellung von Behörden haben, nicht unter diese Vorschrift. Abs 3 aaO betrifft die Zollverwaltung.

[2]) Nunmehr *Bundes-*.

2. *die Gerichte: die Erbscheine, die Zeugnisse über die Fortsetzung der Gütergemeinschaft, die Todeserklärungen und die Anordnungen von Nachlaßpflegschaften,*
3. *die Gerichte und die Notare: die eröffneten Verfügungen von Todes wegen, die abgewickelten Erbauseinandersetzungen und die beurkundeten Schenkungen und Zweckzuwendungen.*

(3) *Die Anzeigen sind an das für die Verwaltung der Erbschaftsteuer zuständige Finanzamt zu richten.*

§ 189 b

(1) *Die Behörden, Beamten und Notare haben dem Finanzamt Anzeige zu erstatten über:*
1. *Rechtsvorgänge, die sie beurkundet oder über die sie eine Urkunde entworfen und eine Unterschrift beglaubigt haben,*
wenn die Rechtsvorgänge unter das Grunderwerbsteuergesetz oder das Kapitalverkehrsteuergesetz fallen,
2. *Anträge auf Berichtigung des Grundbuchs, die sie beurkundet oder über die sie eine Urkunde entworfen und eine Unterschrift beglaubigt haben,*
wenn der Berichtigungsantrag darauf gestützt wird, daß bei einem Grundstück der Eigentümer oder bei einem Erbbaurecht oder Erbpachtrecht der Berechtigte gewechselt hat,
3. *Zuschlagsbeschlüsse im Zwangsversteigerungsverfahren, Enteignungsbeschlüsse und andere von der Behörde, dem Beamten oder dem Notar getroffenen Entscheidungen, durch die bei einem Grundstück ein Wechsel des Eigentümmers, bei einem Erbbaurecht oder Erbpachtrecht ein Wechsel des Berechtigten bewirkt wird.*

(2) *Die Anzeigen (Abs 1) sind auch dann zu erstatten, wenn es sich handelt um:*
1. *Rechtsvorgänge (Abs 1 Z 1), die von der Besteuerung ausgenommen sind,*
2. *Berichtigungsanträge (Abs 1 Z 2) und Entscheidungen (Abs 1 Z 3), die sich auf einen von der Besteuerung ausgenommenen Übergang des Eigentums eines Erbbaurechts oder eines Erbpachtrechts beziehen.*

(3) *Die Anzeigen sind zu richten:*
1. *soweit sie einen Rechtsvorgang, der unter das Grunderwerbsteuergesetz fällt, einen Antrag auf Berichtigung des Grundbuchs oder eine der im Abs 1 Z 3 bezeichneten Entscheidungen betreffen,*
an das für die Verwaltung der Grunderwerbsteuer zuständige Finanzamt;
2. *soweit sie einen Rechtsvorgang betreffen, der unter das Kapitalverkehrsteuergesetz fällt,*
an das für die Verwaltung der Kapitalverkehrsteuer zuständige Finanzamt.

(4) *Das Finanzamt, dem eine Anzeige erstattet worden ist, teilt den Inhalt der Anzeige anderen Finanzämtern mit, soweit die Anzeige für andere Finanzämter von Bedeutung ist.*

§ 189 c[1])

(1) *Die Behörden, Beamten und Notare dürfen Urkunden, die einen unter das Grunderwerbsteuergesetz oder das Kapitalverkehrsteuergesetz fallenden, anzeigepflichtigen Rechtsvorgang oder einen anzeigepflichtigen Antrag auf Berichtigung des Grundbuchs betreffen, den Beteiligten erst dann aushändigen und Ausfertigungen oder beglaubigte Abschriften solcher Urkunden den Beteiligten erst dann erteilen, wenn das Finanzamt den Empfang der Anzeige bestätigt oder sich mit der Aushändigung der Urkunden oder mit der Erteilung der Ausfertigungen oder beglaubigten Abschriften einverstanden erklärt hat.*

(3) *Die Abs 1 und 2 gelten nur für diejenigen Urkunden, die die Behörde, der Beamte oder der Notar errichtet oder die er entworfen und bei denen er eine Unterschrift beglaubigt hat........*

[1]) § 189c Abs 2 und Abs 3 S 2 AO beziehen sich auf die aufgehobene Urkundensteuer und sind daher gegenstandslos.

§ 189 d[1])

(1) *Der Erwerber eines Grundstücks, eines Erbbaurechts oder Erbpachtrechts darf in das Grundbuch erst dann eingetragen werden, wenn eine Bescheinigung des Finanzamts vorgelegt wird, daß der Eintragung steuerliche Bedenken nicht entgegenstehen.*

(3) *Das Finanzamt hat die Bescheinigung zu erteilen, wenn die Grunderwerbsteuer (einschließlich des Zuschlags) und die Kapitalverkehrssteuer entrichtet, sichergestellt oder gestundet worden sind oder wenn Steuerfreiheit gegeben ist. Es darf die Bescheinigung auch in anderen Fällen erteilen, wenn nach seinem Ermessen die Steuerforderung nicht gefährdet ist.*

(4) *Das Finanzamt soll in der Bescheinigung, die zur Vorlegung beim Grundbuchamt erteilt wird, den Einheitswert des Grundstücks angeben, wenn er dem Finanzamt bekannt ist.*

Ergänzend wird zur Grunderwerbsteuer zur Anzeigepflicht, zur Urkundenaushändigung und zur Unbedenklichkeitsbescheinigung noch angeordnet:

GrEStDVO **§ 2** Anzeigen der Behörden, Beamten und Notare (§ 189 b AO)

(1) *Die Behörden, Beamten und Notare haben Anzeige zu erstatten über*

1. *die folgenden Rechtsvorgänge, die sie beurkundet oder über die sie eine Urkunde entworfen und darauf eine Unterschrift beglaubigt haben:*
   a) *Grundstückskaufverträge und andere Rechtsgeschäfte, die den Anspruch auf Übereignung eines Grundstücks begründen, außerdem Angebote zum Abschluß solcher Geschäfte,*
   b) *Auflassungen, wenn kein Rechtsgeschäft vorausgegangen ist, das den Anspruch auf Übereignung begründet,*
   c) *Rechtsgeschäfte über ein Grundstück, die den Anspruch eines Übereignungsanspruchs oder der Rechte aus einem Meistgebot begründen,*
   d) *Rechtsgeschäfte, die den Anspruch auf Abtretung der Rechte aus einem Grundstückskaufangebot begründen. Dem Kaufangebot steht ein Angebot zum Abschluß eines anderen Vertrags gleich, kraft dessen die Übereignung eines Grundstücks verlangt werden kann,*
   e) *die Abtretung eines der unter c) und d) bezeichneten Rechte, wenn kein Rechtsgeschäft vorausgegangen ist, das den Anspruch auf Abtretung der Rechte begründet,*
   f) *Rechtsvorgänge, die es ohne Begründung eines Anspruchs auf Übereignung einem anderen rechtlich oder wirtschaftlich ermöglichen, ein Grundstück auf eigene Rechnung zu verwerten (Beispiele: Begründung und Auflösung von Treuhandverhältnissen, Wechsel des Treugebers),*
   g) *Rechtsgeschäfte, die den Anspruch auf Übertragung eines oder mehrerer Anteile einer Aktiengesellschaft, Kommanditgesellschaft auf Aktien, Gesellschaft mit beschränkter Haftung, bergrechtlichen Gewerkschaft, offenen Handelsgesellschaft, Kommanditgesellschaft oder Gesellschaft des bürgerlichen Rechts begründen, wenn zum Vermögen der Gesellschaft ein Grundstück gehört,*
   h) *die Übertragung von Anteilen der unter g) bezeichneten Gesellschaften, wenn kein schuldrechtliches Geschäft vorausgegangen ist, das den Anspruch auf Übertragung begründet,*
2. *Anträge auf Berichtigung des Grundbuchs, die sie beurkundet oder über die sie eine Urkunde entworfen und darauf eine Unterschrift beglaubigt haben, wenn der Antrag darauf gestützt wird, daß der Grundstückseigentümer gewechselt hat,*

---

[1]) § 189 d Abs 2 AO betrifft die Unbedenklichkeitsbescheinigung bei Eintragungen in das Handelsregister bez Kapitalgesellschaften.

3. *Zuschlagsbeschlüsse im Zwangsversteigerungsverfahren, Enteignungsbeschlüsse, Ausführungsanordnungen im Umlegungsverfahren und andere von der Behörde oder dem Beamten getroffene Entscheidungen, durch die ein Wechsel im Grundstückseigentum bewirkt wird.*

(2) *Die Anzeigepflicht bezieht sich auch auf*

1. *Erbbaurechte und Erbpachtrechte,*
2. *Gebäude, die auf fremdem Boden errichtet sind.*

(3) *Die Anzeigen sind binnen 2 Wochen nach der Beurkundung oder der Unterschriftsbeglaubigung oder der Bekanntgabe der Entscheidung zu erstatten, und zwar auch dann, wenn die Wirksamkeit des Erwerbvorgangs vom Eintritt einer Bedingung, dem Ablauf einer Frist oder von einer Genehmigung abhängt. Sie sind auch dann zu erstatten, wenn der Rechtsvorgang von der Besteuerung ausgenommen ist.*

(4) *Die Anzeigen sind an das zuständfge Finanzamt (§ 1) zu richten. Bezieht sich ein einheitlicher Erwerbsvorgang auf mehrere Grundstücke und sind für die Besteuerung mehrere Finanzämter zuständig (§ 1 Abs 1 Satz 2), so ist die Anzeige an jedes dieser Finanzämter zu richten.*

(5) *Die Absendung der Anzeige ist auf der Urschrift der Urkunde, in den Fällen, in denen eine Urkunde entworfen und darauf eine Unterschrift beglaubigt worden ist, auf der zurückzubehaltenden beglaubigten Abschrift zu vermerken.*

§ 4 Inhalt der Anzeigen[1])

Inhalt der Anzeigen

(1) *Die Anzeigen müssen enthalten:*

1. *Vorname, Zuname und Anschrift des Veräußerers und des Erwerbers, außerdem das Verwandtschafts- oder Schwägerschaftsverhältnis zwischen Veräußerer und Erwerber, soweit es bekannt ist,*
2. *die Bezeichnung des Grundstücks (Erbbaurechts, Erbpachtrechts) nach Grundbuch, Kataster, Straße und Hausnummer,*
3. *bei einem Grundstück, das zu einem land- oder fortwirtschaftlichen Betrieb gehört, und bei einem unbebauten Grundstück die Grundstücksgröße, bei einem bebauten Grundstück die Art der Bebauung, soweit sie bekannt ist,*
4. *die Bezeichnung des anzeigepflichtigen Vorgangs und den Tag der Beurkundung, bei einem Vorgang, der einer behördlichen Genehmigung bedarf, auch die Bezeichnung der Genehmigungsbehörde,*
5. *den Kaufpreis oder die sonstige Gegenleistung (§ 11 des Gesetzes),*

den Namen der Urkundsperson.

(2) *Die Anzeigen, die sich auf Anteile an einer Gesellschaft beziehen, müssen außerdem enthalten:*

1. *die Firma und den Ort der Geschäftsleitung (Sitz) der Gesellschaft,*
2. *die Bezeichnung des oder der Gesellschaftsanteile.*

(3) *Der Anzeige ist eine Abschrift der Urkunde über den Rechtsvorgang, den Antrag den Beschluß oder die Entscheidung beizufügen.*

§ 5 Empfangsbestätigung[2])

(1) *Das Finanzamt hat dem Anzeigenden den Empfang der Anzeige sofort zu bestätigen. Der Empfänger hat das Bestätigungsschreiben mit der Urkunde (Urschrift, beglaubigte Abschrift) zu verbinden.*

---

[1]) Dazu Veräußerungsanzeige — **Muster 1.**
[2]) Dazu Veräußerungsmitteilung — **Muster 2.**

(2) *Das Finanzamt hat den Inhalt der Anzeige alsbald nach ihrem Eingang dem Wohnsitzfinanzamt des Veräußerers, dem Wohnsitzfinanzamt des Erwerbers und der Bewertungsstelle mitzuteilen (§ 189b Abs 4 der Reichsabgabenordnung).*

§ 6 Urkundenaushändigung (§ 189c Abs 1, 3 AO)

(1) *Die Behörden, Beamten und Notare dürfen Urkunden, die einen unter das Grunderwerbsteuergesetz fallenden, anzeigepflichtigen Rechtsvorgang oder einen anzeigepflichtigen Antrag auf Berichtigung des Grundbuchs betreffen, den Beteiligten erst dann aushändigen und Ausfertigungen oder beglaubigte Abschriften solcher Urkunden den Beteiligten erst dann erteilen, wenn das Finanzamt den Empfang der Anzeige bestätigt oder sich mit der Aushändigung der Urkunden oder mit der Erteilung der Ausfertigungen oder beglaubigten Abschriften einverstanden erklärt hat.*

(2) *Abweichend von der Regelung im Abs 1 dürfen die Behörden, die Beamten und die Notare Urkunden (Ausfertigungen, beglaubigte Abschriften) über anzeigepflichtige Rechtsvorgänge und Anträge, schon bevor das Finanzamt den Empfang der Anzeige bestätigt hat, dem Grundbuchamt zuleiten, wenn die folgenden 3 Voraussetzungen erfüllt sind:*

1. *die Urkunde (Ausfertigung, beglaubigte Abschrift) muß einen Eintragungsantrag enthalten oder zusammen mit einem Antrag, der auf Grund des Urkundeninhalts eine Eintragung begehrt, dem Grundbuchamt vorgelegt werden,*
2. *die Anzeige muß an das Finanzamt spätestens in dem Zeitpunkt abgesandt werden, in dem die Behörde, der Beamte oder der Notar die für das Grundbuchamt bestimmte Urkunde (Ausfertigung, beglaubigte Abschrift) absendet,*
3. *die Behörde, der Beamte oder der Notar muß, bevor die Urkunde (Ausfertigung, beglaubigte Abschrift) an das Grundbuchamt abgesandt wird, in den Akten vermerken, daß der in Z 2 enthaltenen Vorschrift genügt worden ist. Der Aktenvermerk muß mit Datum versehen sein und die Unterschrift des zuständigen Beamten oder des Notars tragen.*

(3) *Dem Ersteher eines Grundstücks im Zwangsversteigerungsverfahren darf eine Ausfertigung des Zuschlagsbeschlusses in allen Fällen erteilt werden, bevor das Finanzamt den Empfang der Anzeige bestätigt hat.*

§ 9 Unbedenklichkeitsbescheinigung (§ 189d AO)

(1) *Der Eerwerber eines Grundstücks, eines Erbbaurechts oder eines Erbpachtrechts darf in das Grundbuch erst eingetragen werden, wenn eine Bescheinigung des zuständigen Finanzamts vorgelegt wird, daß der Eintragung steuerliche Bedenken nicht entgegenstehen.*

(2) *Das Finanzamt hat die Bescheinigung zu erteilen, wenn die Grunderwerbsteuer (einschließlich des Zuschlags) entrichtet, sichergestellt oder gestundet worden ist oder wenn Steuerfreiheit gegeben ist. Es darf sie auch in anderen Fällen erteilen, wenn nach seinem Ermessen die Steuerforderung nicht gefährdet ist.*

(3) *Die Unbedenklichkeitsbescheinigung wird regelmäßig dem erteilt, der die Steuer entrichtet hat oder zu entrichten hat, in den Fällen, in denen keine Steuer zu entrichten ist, dem Erwerber des Grundstücks. Die Unbedenklichkeitsbescheinigung kann auch*

1. *einer anderen Person, für die die Eintragung des Eigentumswechsels rechtliche Bedeutung hat,*
2. *der Behörde, dem Beamten oder dem Notar, der den Rechtsvorgang oder den Antrag auf Berichtigung des Grundbuchs beurkundet hat,*
3. *dem Grundbuchamt*

erteilt werden.

Finanzamt ....
Grunderwerbsteuerliste .... Nr. ... / 19 ..
Namensverzeichnis Nr. ....
(Vom Finanzamt auszufüllen)

Muster 1
(§ 4 Abs 1 GrEStDV)

Veräußerungsanzeige

1. Bezeichnung des veräußerten Grundbesitzes:

Grundbuch von .... Bd .... Bl ....
Gemarkung .... Artikel ....
Gemeinde ....
Straße und Hausnummer ....

2. Bebauungsart:

a) land- und forstwirtschaftlich genutzter Grundbesitz *)
Flächengröße .... ha ... a ... qm

b) Mietwohngrundstück, Geschäfts- (Fabrik-) Grundstück, gemischtgenutztes Grundstück, Einfamilienhaus, sonstiges bebautes Grundstück *)

c) unbebautes Grundstück (zB Bauland) *)
Flächengröße .... ha ... a ... qm

3. a) **Veräußerer:** Name ....
Anschrift ....

b) **Erwerber:** Name ....
Anschrift ....

c) Verwandtschaftsverhältnis ....

4. Rechtsvorgang:

Kauf, Tausch, freiwillige Versteigerung, Meistgebot, Abtretung (Übertragung) der Rechte, Vererbung, Schenkung *) ....
beurkundet: von ....
am .... 19 .. Geschäftszeichen ....

5. Gegenleistung:

Kaufpreis, Meistgebot *) .... DM
Davon entfallen

a) auf Grund und Boden und Gebäude (ohne Betriebsvorrichtungen) .... DM

b) auf Betriebsvorrichtungen, Inventar u. dgl. .... DM

Kaufpreisbelegung zu a)

1. Barzahlung .... DM
2. Übernommene Hypotheken .... DM
3. Restkaufgeld:
   hypothekatisch eingetragen .... DM
   gestundete, nicht eingetragene Beträge .... DM
4. Kapitalwert der vom Käufer übernommenen Lasten und Beschränkungen (zB Altenteil, Wohnungsrecht, Erbbaurecht, Erbpachtrecht, Verpflichtungen zur Duldung von Entwässerungsanlagen, Bauverbot für gewerbliche Betriebe) .... DM

6. Nach dem Vertrag zahlt die Wertzuwachssteuer: Veräußerer — Erwerber *).

....

(Unterschrift)

Diese Mitteilung ist für das Wohnsitzfinanzamt — des Veräußerers — des Erwerbers — für die Bewertungsstelle bestimmt *)

Ich bitte die Bewertungsstelle, mir den Einheitswert mitzuteilen.

An
das Finanzamt ....
in ....

*) Nichtzutreffendes ist zu streichen.

Finanzamt ....
Grunderwerbsteuerliste .... Nr..../ 19 ..
Namensverzeichnis Nr. ....
(Vom Finanzamt auszufüllen)

Muster 2
(§ 5 Abs 1 GrEStDV)

Veräußerungsmitteilung

1. Bezeichnung des veräußerten Grundbesitzes:

Grundbuch von .... Bd .... Bl .....
Gemarkung .... Artikel ....
Gemeinde ....
Straße und Hausnummer ....

2. Bebauungsart:

a) land- und forstwirtschaftlich genutzter Grundbesitz *)
Flächengröße .... ha ... a ... qm
b) Mietwohngrundstück, Geschäfts- (Fabrik-) Grundstück, gemischtgenutztes Grundstück, Einfamilienhaus, sonstiges bebautes Grundstück *)
c) unbebautes Grundstück (zB Bauland) *)
Flächengröße .... ha ... a ... qm

3. a) **Veräußerer:** Name ....
Anschrift ....
b) **Erwerber:** Name ....
Anschrift ....
c) Verwandtschaftsverhältnis ....

4. Rechtsvorgang:

Kauf, Tausch, freiwillige Versteigerung, Meistgebot, Abtretung (Übertragung) der Rechte, Vererbung, Schenkung *) ....
beurkundet: von ....
am .... 19 .. Geschäftszeichen ....

5. Gegenleistung:

Kaufpreis, Meistgebot *) .... DM
Davon entfallen
a) auf Grund und Boden und Gebäude (ohne Betriebsvorrichtungen) .... DM
b) auf Betriebsvorrichtungen, Inventar u. dgl. .... DM
Kaufpreisbelegung zu a)
1. Barzahlung .... DM
2. Übernommene Hypotheken .... DM
3. Restkaufgeld:
hypothekatisch eingetragen .... DM
gestundete, nicht eingetragene Beträge .... DM
4. Kapitalwert der vom Käufer übernommenen Lasten und Beschränkungen (zB Altenteil, Wohnungsrecht, Erbbaurecht, Erbpachtrecht, Verpflichtungen zur Duldung von Entwässerungsanlagen, Bauverbot für gewerbliche Betriebe) .... DM

6. Nach dem Vertrag zahlt die Wertzuwachssteuer: Veräußerer — Erwerber*).

....

(Unterschrift)

Diese Mitteilung ist für das Wohnsitzfinanzamt — des Veräußerers — des Erwerbers — für die Bewertungsstelle bestimmt *)

Ich bitte die Bewertungsstelle, mir den Einheitswert mitzuteilen.

An
das Finanzamt ....
in ....

---

*) Nichtzutreffendes ist zu streichen.

Für die **Durchführung der Beistandspflichten** der Gerichte und Notare hat die

AVRJM vom 21. Mai 1940 DJ 622 Nr 239

noch Bedeutung, soweit sie nicht durch Landesrecht gegenstandslos geworden ist (dazu *Boruttau-Klein* GrEStGDVO Bem 19):

Nach den §§ 2, 4 bis 6 und 9 GrEStDVO obliegen den Gerichten und Notaren verschiedene Beistandspflichten gegenüber den Finanzbehörden, insbesondere die Pflicht zur Anzeige steuerpflichtiger Tatbestände, zur Zurückbehaltung steuerpflichtiger Urkunden und zur Abhängigmachung der Grundbucheintragungen von der Beibringung der Unbedenklichkeitsbescheinigung. Ich weise die Gerichte und Notare sowie die sonstigen Urkundspersonen im Bereich der Justizverwaltung auf diese Vorschriften hin und bestimme ergänzend folgendes[1]*:*

I.

1. *Nachträgliche Änderungen oder Berichtigungen eines Vorgangs, über dem eine Veräußerungsanzeige erstattet worden ist, sind dem Finanzamt abschriftlich mitzuteilen.*

2. *Soweit die anzeigepflichtigen Rechtsvorgänge von einem Gericht beurkundet werden, sind die Veräußerungsanzeigen (§§ 2, 4 GrEStDVO) und die Vermerke über die Absendung der Anzeigen (§ 2 Abs 5, § 6 Abs 2 Z 3 GrEStDVO) von der Geschäftsstelle zu bewirken, dieser obliegt auch die Verbindung der Empfangsbestätigung (§ 2 Abs 6 aaO) mit der Urkunde.*

5. *Die Vorschriften über die Anzeigepflicht (§§ 2, 4 aaO) und das Verbot der Urkundenaushändigung (§ 6 aaO) sind auch von dem Amtsgericht zu beachten, das nach §§ 34, 39, 43 RNotO*[2]*) die Urkunden eines ausgeschiedenen Notars in Verwahrung nimmt. Das Amtsgericht hat daher vor der Erteilung einer Ausfertigung oder beglaubigten Abschrift aus den Akten des Notars zu prüfen, ob das Bestätigungsschreiben des Finanzamts mit der Urschrift der Urkunde verbunden ist (vgl § 5 Abs 1 GrEStDVO). Fehlt das Bestätigungsschreiben, so hat das Amtsgericht die Anzeige nachzuholen oder gegebenenfalls — wenn die Absendung der Veräußerungsanzeige vom Notar vermerkt ist — den Eingang zu überwachen.*

II.

Ortsgerichte, Hilfsbeamte von Gemeindegrundbuchämtern und ähnliche Stellen, die Grundstücksveräußerungen beurkunden, sind ebenfalls zur Erstattung der Veräußerungsanzeigen verpflichtet. Nähere Anordnungen erläßt der Oberlandesgerichtspräsident.

Hierzu ist insbes hinzuweisen auf folgendes neues **Landesrecht** wobei die Abgrenzung zur Durchführung des GrEStG nicht immer möglich ist:

Baden-Württemberg AVJM vom 21. Oktober 1966 301 Unbedenklichkeitsbescheinigung der Finanzämter/ErlFM vom 21. September 1966

ErlFM vom 8. Januar 1953 BStBl (Bundessteuerblatt) II 15 = DVR 1953, 80 = DStZ B 1953, 50 (Steuer-Fund I 3383) Beistandspflicht der Behörden, Beamten und Notare

Landesteil Württemberg-Baden ErlFM vom 2. Juni 1950 wübaFBl (Amtsblatt des FM) 105, 301 = BB 1950, 476 (Steuer-Fund I 18 160) Grunderwerbsteuer bei Übernahme der Umstellungsgrundschuld, der Soforthilfeabgabe und des Lastenausgleichs durch den Erwerber, ErlFM vom 11. März 1952 BStBl II 37 = BB 1952,

[1]) Der Erlaß ist großenteils durch Landesrecht gleichen oder ähnlichen Inhalts ersetzt. Abgedruckt ist lediglich der Teil des Erl, der für das GBRecht Bedeutung hat.

[2]) Nunmehr §§ 45, 51, 55 BNotO über die Aktenverwahrung usw beim AG bei vorläufiger Amtsenthebung eines Notars; dazu *Boruttau-Klein* GrEStG DVO § 6 Bem 27.

341 (Steuer-Fund I 18 162) Steuerberechnung bei Übernahme der Soforthilfeabgabe, des Lastenausgleichs und der Umstellungsgrundschuld durch den Erwerber Landesteil Württemberg-Hohenzollern ErlFM vom 26. Januar 1950 Inf (Die Information über Steuer und Wirtschaft für Industrie, Handel, Handwerk und Gewerbe) 1950, 172 (Steuer-Fund I 18 158) Grunderwerbsteuer, hier Ausscheiden von Gesellschaftern aus einer oHG und KG

Bayern BekJM vom 26. November 1956 JMBl 359 = BayBSVJu 157 Beistandspflichten der Gerichte und Notare bei Durchführung des GrEStG

Berlin Vfg vom 26. März 1956 berlStBl (Steuerblatt) 1956, 105 (Steuer-Fund IV 1728) Steuerliche Unbedenklichkeitsbescheinigungen

Hessen ErlFM vom 12. Juli 1949 hessFBl (Amtsblatt des FM) 221 = DStZ B 1950, 55 (Steuer-Fund I 18 157) GrstEinbringung in eine Kapitalgesellschaft
ErlIM vom 3. Januar 1951 DVR 1951, 48 (Steuer-Fund I 18 161) Grundsteuerpflicht bei Friedhofgelände
ErlJM vom 15. März 1960 JMBl 32/2. Januar 1962 JMBl 10/8. Oktober 1965 JMBl 445 Beistandspflicht der Behörden zur Durchführung der Besteuerung

Nordrhein-Westfalen ErlFM vom 17. Juni 1949 FR 1949, 239 (Steuer-Fund I 18 156) GrstEinbringung in eine Kapitalgesellschaft, ErlFM vom 4. Februar 1950 FR 1950, 64 (Steuer-Fund I 18 159) Steuerpflicht der Erwerbsvorgänge in den der deutschen Verwaltung entzogenen Grenzgebieten, ErlFM vom 16. März 1950 FR 1950, 203 (Steuer-Fund I 3369) Beistandspflicht der Behörden gemäß § 188 AO, ErlFM vom 20. März 1951 DB 1951, 497 (Steuer-Fund I 3371) Beistandspflicht der GBÄmter zur Durchführung der Besteuerung, ErlFM vom 2. Februar 1955 BB 1955, 305 = Inf 1955, 140 (Steuer-Fund III 2411 wV)
Köln Vfg vom 3. März 1953 DVR 1953, 78 = DStR B 1953, 159 (Steuer-Fund I 18 427) Grunderwerbsteuer, hier Unbedenklichkeitsbescheinigung in den Fällen des § 17 Abs 2 Z 1 GrEStG

Rheinland-Pfalz VfgFM vom 17. April 1950 BB 1950, 358 (Steuer-Fund I 3380), Steuerliche Unbedenklichkeitsbescheinigungen, ErlFM vom 2. April 1951 DB 1951 378 (Steuer-Fund I 3367) Erhöhung der Wertgrenze bei Unbedenklichkeitsbescheinigungen, ErlFM vom 4. November 1952 MinBl 1952, 865 = BB 1953, 195 = DVR 1953, 30 (Steuer-Fund O 18 185 wV) Grunderwerbsteuer bei Inanspruchnahme von Grsten zu militärischen Zwecken
Koblenz Vfg vom 13. Juli 1951 DB 1951, 634 = BB 1951, 693 (Steuer-Fund I 18 173) Grunderwerbsteuer bei der Umwandlung von Kapitalgesellschaften

80b 3. Nach § 5 Abs 1 GrEStDVO (*aaO Bem 80a*) haben die FÄmter über den Empfang der Anzeigen **Empfangsbestätigungen** auszustellen. Dazu ordnete ErlRMF vom 19. März 1943 RStBl 290 an, daß die Bestätigungen bis auf weiteres nicht mehr auszustellen sind. Es handelte sich um eine Maßnahme, die vor allem kriegsbedingt war. Deshalb wurde sie auch von den meisten Ländern wieder aufgehoben; dazu *Boruttau-Klein* GrEStG DVO § 5 Bem 25. Sie gilt noch fort zB in Baden-Württemberg, wie der Erl vom 8. Januar 1953 ersehen läßt, der durch den neuen Erl vom 21. September 1966 (Justiz 1966, 301), nicht aufgehoben wurde. Die Regelung des § 5 Abs 1 GrEStDVO (*aaO Bem 80a*) gilt auch für die Amtsgerichte, wenn sie Urkunden eines ausgeschiedenen Notars in Verwahrung haben; dazu AVRJM vom 21. Mai 1940 (*aaO Bem 80a*) Z 5.

§ 189c Abs 1, 3 AO, § 6 GrEStDVO (*aaO Bem 80a*) sehen bez Aushändigung von Urkunden eine sog **Urkundensperre** vor, um den Eingang der Steuer zu sichern. Im Regelfall endet die Sperre erst bei Empfangsbestätigung bez Anzeige oder bei vorheriger

Einverständniserklärung des FA. Auch diese Vorschrift gilt für die Amtsgerichte bei Urkundenverwahrung für einen ausgeschiedenen Notar; dazu AVRJM (*aaO Bem 80a*) Z 5. Die **Zuleitung an das Grundbuchamt** kann jedoch unter den erleichterten Voraussetzungen des § 6 Abs 2 GrEStDVO (*aaO Bem 80a*) erfolgen; die dort bezeichneten 3 Voraussetzungen müssen allerdings gleichzeitig, also kumulativ, vorliegen, es genügen nicht alternativ 1 oder 2 derselben. Dadurch soll erreicht werden, daß der GBVerkehr nicht gehemmt wird. Die Erklärung des Einverständnisses des FA nach § 6 Abs 1 aaO ist regelmäßig für den Einzelfall zu erteilen. Sie kann aber auf Antrag auch generell an beurkundende Stellen, wie Notariate erteilt werden, ev unter bestimmten Bedingungen. Für Rheinland-Pfalz besteht hierzu ein Erl vom 21. Juni 1958 MinBlRegierung 757, *Boruttau-Klein* aaO § 6 Bem 29. Diese generelle Befreiung auf Antrag bedeutet eine Erleichterung, um die Schwierigkeiten der Urkundensperre zu verringern, die eintreten, wenn bis zum Eingang der Empfangsbestätigung des FA warten müßte, da sie zuläßt, daß auch schon vorher, nämlich sofort bei Absendung der Urkunden an das FA, deren Aushändigung an die Beteiligten erfolgen darf. Darüber hinaus haben auch andere LFinantverwaltungen dies zugelassen dh ihr generelles Einverständnis erklärt, ohne jedoch einen Antrag zu fordern; dazu BMF Schreiben vom 26. Juli 1963 DNotZ 1964, 3/4. Zu erwähnen sind folgende Erlasse von Ländern:

Bayern EntschlJM vom 28. Juni 1949

Berlin Erl vom 31. Mai 1963 Steuer- und Zollblatt für Berlin 798

Bremen Erl vom 20. Dezember 1962

Hamburg Erl vom 29. Oktober 1962; dazu BekJM vom 30. November 1962 JVBl 1963, 7 Urkundenaushändigung nach § 6 GrEStDVO und § 3 Abs 5 KVStDVO

Hessen ErlFM vom 29. August 1962; dazu RdErlJM vom 5. September 1962 JMBl 100 Mitwirkung der Gerichte und Notare bei der Erhebung der Grunderwerbsteuer und Kapitalverkehrsteuern

Niedersachsen ErlFM vom 4. März 1964; dazu BekJM vom 18. März 1964 NdsRpfl 85 Urkundenaushändigung nach § 6 Abs 1 GrEStDVO und nach § 3 Abs 5 sowie § 38 Abs 3 KVStDVO 1960

Nordrhein-Westfalen ErlFM vom 29. Oktober 1962; dazu AVJM vom 16. November 1962 JMBl NRW 289 Grunderwerbsteuer und Kapitalverkehrsteuer, hier Urkundenaushändigung

Rheinland-Pfalz ErlFM vom 21. Juni 1958 und vom 31. August 1962; dazu BekJM vom 26. September 1962 JBl 152 Beistandspflichten der Behörden und Notare bei der Grunderwerbsteuer und der Gesellschaftsteuer, hier Zurückhaltung von Urkunden nach § 6 Abs 1 GrEStDVO und nach § 3 Abs 5 KVStDVO

Schleswig-Holstein ErlFM vom 10. Februar 1965 StEK (Steuererlasse in Karteiform) § 189c Nr 2 (Steuer-Fund XIII 1567 wV)

Niedersachsen und Schleswig-Holstein hatten zuvor eine ähnliche Regelung wie Rheinland-Pfalz (dazu DNotZ 1964, 3 Fußn 1), haben sie jedoch aufgegeben.

Baden-Württemberg richtet sich nach dem ErlRMJ vom 19. März 1943,

Saarland wendet § 6 GrEStDVO vom 7. Dezember 1958 ABl 1957, 245 an, wonach die vereinfachte Erledigung vorgesehen ist;

auch hier handelt es sich um Regelungen, die eine erleichterte Urkundenaushändigung zulassen, so daß praktisch in allen Ländern die sog Urkundensperre als aufgehoben anzusehen ist, wie auch das BMF in dem erwähnten Schreiben vom 26. Juli 1963 DNotZ 1964, 3 (4) feststellt.

80c Die gesetzliche Regelung bez der **Unbedenklichkeitsbescheinigung** in § 189d AO (*aaO Bem 80a*) ist mit dem GG, insbes Art 1, 2, 14, 19 GG, vereinbar, **OLG Celle** DNotZ 1955, 542, *Palandt* BGB § 925 Bem 9. Finanzamtliche Unbedenklichkeitsbescheinigungen gibt es aus verschiedenen Gründen und zu verschiedenen Zwecken, sie haben deshalb auch sehr unterschiedliche Bedeutung; dazu LitHinweise *Bem 80*, insbes *Sautermeister* Die steuerliche Unbedenklichkeitsbescheinigung NJW 1957, 1834.

Die Bescheinigung des FA kommt bei allen **Erwerbsvorgängen** bei einem Grst, Erbbaurecht und Erbpachtrecht in Betracht, die unter §§ 1, 2 GrEStG (*Anh*) fallen; dazu *Bem 96*. Der Erwerbsvorgang kann rechtsgeschäftlicher Art sein, wie Kauf-, Tausch, Schenkung usw, er kann auch auf Gesetz beruhen oder auf behördlichen Bescheid, da auch Erbfolge und Enteignung usw hierher gehören können; dazu *Boruttau-Klein* GrEStGDVO § 9 Bem 37. Unerheblich ist, ob Steuerpflicht besteht oder ob die Voraussetzungen für Steuerbefreiungen vorliegen; dazu *Boruttau-Klein* aaO Bem 37. Auch die Ersitzung nach § 927 BGB (dazu *Bem 19*) kann hierher gehören; dazu *Boruttau-Klein* aaO Bem 40. Auch wenn Abgaben nach dem LAG in Frage stehen, ist eine Unbedenklichkeitsbescheinigung auszustellen, und zwar erst dann, wenn auch wegen der Vermögensabgabe keine Bedenken bestehen; dazu *Boruttau-Klein* aaO Bem 41. Keine neue Unbedenklichkeitsbescheinigung ist erforderlich, wenn zu dem ursprünglichen Kaufvertrag eine solche erteilt wurde und später entsprechend der damals getroffenen Vereinbarung der Kaufpreis wegen bis zur Auflassung eingetretener Wertsteigerung erhöht wird, **OLG Celle** NJW 1957, 1242.

Wird der Erbanteil an einem Nachlaß, zu dem ein Grst gehört, an einen anderen Miterben oder an einen Dritten übertragen und soll das GB, in dem die ursprünglichen Miterben als Eigentümer des Grst in ungeteilter Erbengemeinschaft eingetragen sind, durch Eintragung des Erbteilserwerbers anstelle des ausscheidenden Miterben berichtigt werden, so bedarf es keiner Unbedenklichkeitsbescheinigung (dazu auch **KG** KGJ 52, 151, aaO); eine Ausnahme gilt nur, wenn die Erbteilsübertragung dazu führt, daß die sämtlichen Erbanteile in einer Person vereinigt sind, weill dann anstelle der erloschenen Erbengemeinschaft diese Einzelperson, ob sie ein Miterbe oder ein Dritter ist, Eigentümerin des NachlaßGrst geworden ist, **BayObLG** BayObLGZ 1957, 303 = Rpfleger 1958, 17 = NJW 1958, 345 Ls, **KG** DNotV 1927, 175/1929, 175, *Boruttau-Klein* GrEStG DVO § 9 Bem 38. Für Baden-Württemberg wird im ErlFM vom 21. September 1966 (dazu AVJM vom 21. Oktober 1966 Justiz 301) Abs 4 Z 1, 2 zur Umschreibung auf einen Alleinerben oder auf Miterben bzw auf den Alleinerben oder die Miterben des verstorbenen Alleinerben (Miterben) ausgeführt:

1. *Der Alleinerbe oder die Miterben können in das Grundbuch eingetragen werden, ohne daß eine Unbedenklichkeitsbescheinigung vorliegt, wenn der Alleinerbe oder die Miterben die Erbfolge durch einen Erbschein oder durch eine öffentlich beurkundete Verfügung von Todes wegen und die Niederschrift über die Eröffnung dieser Verfügung nachweisen, und wenn die Eintragung in das Grundbuch lediglich eine GBBerichtigung darstellt und eine Auflassung nicht stattfindet.*

2. *Ist der Alleinerbe oder ein Miterbe verstorben, bevor er als Erwerber in das Grundbuch eingetragen wurde, so können auch der Alleinerbe oder die Miterben als Erwerber in das Grundbuch eingetragen werden, ohne daß eine Unbedenklichkeitsbescheinigung vorliegt, wenn der Alleinerbe oder die Miterben ihr Erbrecht und das Erbrecht des verstorbenen Alleinerben oder Miterben durch die in Z 1 bezeichneten Urkunden nachweisen, und wenn die Eintragung in das Grundbuch lediglich eine GBBerichtigung darstellt und eine Auflassung nicht stattfindet.*

Ähnliche Regelungen haben auch andere Länder; dazu das LRecht *Bem 80a* und *c*.

Bei Kettengeschäften ist die Unbedenklichkeitsbescheinigung dem nach § 9 Abs 3 GrEStDVO (*aaO*) Berechtigten zu erteilen, wenn für den konkreten Erwerbsvorgang die Grunderwerbsteuer einschl des Zuschlags entrichtet, sichergestellt oder gestundet worden ist oder wenn Steuerfreiheit gegeben ist; dies gilt auch dann, wenn die für Vorerwerbe fälligen Steuern nicht bezahlt sind, **BFH** BStBl III 314 = NJW 1962, 2032 = DStZ (Deutsche Steuerzeitung) A 1962, 257 = DVR 1962, 150 = bayFBl (Mitteilungsblatt des FM) 1962, 1621 (Steuer-Fund X 1159), *Boruttau-Klein* aaO Bem 36, wV S 994. Bei Rückerstattung ist die Unbedenklichkeitsbescheinigung erforderlich, wenn der Rückerstattungsanspruch auf Erben übergegangen ist, während sie nicht benötigt wird für den Anspruch des Verfolgten selbst, **BGH** BGHZ 7, 53 = NJW 1952, 1056 Ls = LM Art 12 REG (BrZ) Nr 1 (*Pritsch*), **BayObLG** BayObLGZ 1948/51, 678 (681/2) = Rpfleger 1952, 189 = NJW 1952, 588 Ls, **aA** (überholt) **KG** JR 1951, 379. Nicht hierher gehört die Bestellung eines Erbbaurechts, da sie keine Übertragung ist, **RG** RGZ 116, 71, **RFH** JW 1930, 857, **OLG Celle** NdsRpfl 1955, 167 = Rpfleger 1952, 596. **LG Halle** aaO 334; es bedarf also in diesem Falle keiner Ausstellung einer Unbedenklichkeitsbescheinigung. Dasselbe gilt von der Auflassungsvormerkung (*§ 25 Bem 12*), da sie ebenfalls nicht Übertragung von Grundbesitz ist, sondern nur der Sicherung dient, **KG** RJA 17, 120, **OLG Celle** DNotZ 1953, 154. Wenn ein einzutragender Rechtsvorgang iSd GrEStG vorliegt, ist es gleichgültig, ob es sich um eine Eintragung rechtsändernder oder berichtigender Art handelt, **KG** KGJ 52, 152, JFG 13, 233, **BayObLG** BayObLGZ 1948/51, 678 (681/2), **OLG Celle** DNotZ 1953, 156, **OLG Rostock** JFG 1, 404; dazu *Bem 7ff*. Deshalb ist keine Bescheinigung notwendig zur Eintragung einer Erbanteilsübertragung, **KG** KGJ 52, 151, für Baden-Württemberg ErlFM vom 21. September 1966 (*aaO Bem 80c*); über Besonderheiten **BayObLG** BayObLGZ 1957, 303 wV aaO *Bem 80c*.

Der Erwerb eines Grst oder Erbbaurechts durch einen Ehegatten, wenn er bei Begründung einer Gütergemeinschaft stattfindet, bedeutet nur eine GBBerichtigung, es ist dies ein Fall der Ausnahme von der Besteuerung nach § 3 Zi 4 GrEStG(*Anh*); deshalb ist für Baden-Württemberg in dem ErlFM vom 21. September 1966 (dazu AVJM vom 21. Oktober 1966 Justiz 1966, 301 Unbedenklichkeitsbescheinigung der FÄmter) unter Abs 4 Z 4 angeordnet, daß die Rechtsänderung in das GB ohne Vorlage einer Unbedenklichkeitsbescheinigung eingetragen werden kann. Das GBA darf eine Bescheinigung der Steuerbehörde auch dann nicht verlangen, wenn in das GB lediglich eine Änderung der Firma oder die Sitzverlegung einer GmbH eingetragen werden soll und das GBA aus den eingereichten Unterlagen ersieht, daß die sämtlichen Geschäftsanteile auf einen Gesellschafter übergegangen sind, **KG** KGJ 52, 172. Dagegen bedarf es einer Bescheinigung bei Übergang von Gesamthands- in Bruchteilseigentum und umgekehrt sowie bei einer realen Teilung eines bisher im Miteigentum stehenden Grst, **RFH** RFHE 5, 19.

Nur zu einer **Eintragung** ist die Bescheinigung erforderlich. Sie ist daher entbehrlich, wenn der Erwerber bereits eingetragen ist, diese Eintragung aber wegen eines Mangels der Auflassung nicht zum Rechtserwerb geführt hat, dieser hierauf durch eine neue rechtswirksame Auflassung bewirkt wird und dann diese Tatsache (Umwandlung des Buch- in wahres Eigentum) im GB vermerkt wird, **KG** DNotV 1927, 17, **RFH** DVR 1929, 128; dazu auch **BayObLG** JFG 4, 326, wonach bei Nichtigkeit einer Auflassung die für diese erfolgte Sicherstellung der Grunderwerbsteuer nach der Absicht der Beteiligten und des Notars auf eine zweite Auflassung bezogen werden darf.

Die **Voraussetzungen,** unter denen eine Unbedenklichkeitsbescheinigung vom FA **erteilt** werden **muß,** sind aus § 9 Abs 2 S 1 GrEStGDVO ersichtlich, in S 2 aaO ist dann geregelt, wann eine solche Bescheinigung erteilt werden **darf;** dazu *Boruttau-Klein* GrEStGDVO § 9 Bem 42. Die Unbedenklichkeitsbescheinigung ist nötig bei Eintragungen im GB auf Grund von **Anträgen,** § 13. Dasselbe gilt bei Eintragungen auf Grund von **Ersuchen von Behörden** nach § 38, wenn die sonstigen Voraussetzungen erfüllt sind, **OLG Rostock** JFG 1, 104, *Güthe* GBO § 38 Bem 47. Bei GrstErwerben durch den Bund, ein Land oder eine Gemeinde kann in der Regel ohne Antrag vor Entrichtung der Grunderwerbsteuer eine Unbedenklichkeitsbescheinigung vom FA ausgestellt werden. Dies wird für Nordrhein-Westfalen durch Erl vom 5. März 1965 StEK AO § 189 d Nr 1 (Steuer-Fund XIII 1569) und für Rheinland-Pfalz durch ErlFM vom 5. Februar 1952 BStBl II 28 angeordnet, gilt aber wohl auch sonst, da die Steuer iSd § 9 Abs 2 GrEStGDVO (*aaO Bem 80b*) nicht gefährdet ist; dazu *Boruttau-Klein* GrEStGDVO § 9 Bem 42. Es kann jedoch auch für die FÄmter angeordnet werden, daß überhaupt keine Unbedenklichkeitsbescheinigung zu erteilen ist, wenn der Bund, ein Land oder eine Gemeinde Erwerber eines Grst, Erbbaurechts oder Erbpachtrechts sind; eine solche Anordnung besteht für Baden-Württemberg gemäß ErlFM vom 21. September 1966, auf die in der AVJM vom 21. Oktober 1966 Justiz 301 — Unbedenklichkeitsbescheinigung der FÄmter — hingewiesen ist. In einem solchen Falle haben dies die GBÄmter zu beachten, da dann eine Bescheinigung von FA nicht ausgestellt wird. Die GBEintragung ist vorzunehmen, ohne daß eine Unbedenklichkeitsbescheinigung vorliegt. Bei **Zwangsversteigerung** muß eine Unbedenklichkeitsbescheinigung vom VollstrGer dem Ersuchen nach § 130 ZVG beigefügt werden; dazu *Steiner-Riedel* ZVG § 130 Bem 2c,6, *Wilhelmi-Vogel-Zeller* ZVG § 130 Bem 4. Bei der Wiederversteigerung nach § 133 ZVG können wegen § 19 Abs 2 aaO leicht Schwierigkeiten entstehen, weil die Eintragung des Erstehers erst erfolgen kann, wenn die Grunderwerbsteuer bezahlt ist, und erst dann das neue Verfahren der Wiederversteigerung seinen Fortgang nehmen kann; dazu *Boruttau-Klein* GrEStGDVO § 9 Bem 47, *Steiner-Riedel* ZVG § 133 Bem 5, *Wilhelmi-Vogel-Zeller* ZVG § 133 Bem 2. Bayern hat durch BekJM vom 9. November 1956 BayBSJu II 276 Nr 39 — Vollzug des GrEStG im ZwVerstVerfahren —, die die BekJM vom 23. Januar 1940 JMBl nF III 352 Nr 420 ersetzt, eine Regelung getroffen, wonach das VollstrGer das FA um Erteilung einer Unbedenklichkeitsbescheinigung ersucht und das FA dem Ersuchen für die Eintragung des Erstehers aus dem vorangegangenen ZwVerstVerfahren nachkommt, während es selbst die Einziehung der Steuer beschleunigt, gegebenenfalls die Eintragung einer Sicherungspyothek an bereitester Stelle beantragt unter Beteiligung am neuen ZwVerstVerfahren. Eine solche Regelung mag zweckmäßig sein für den, der das Wiederversteigerungsverfahren betreibt, und für das VollstrGer, bei dem das Verfahren seinen Fortgang nehmen kann. Vom fiskalischen Standpunkt aus bestehen aber ernste Bedenken, stets nach dem Vorschlag der bayBekJM zu verfahren, unabhängig von dem Einzelfall und von der Möglichkeit der Einziehung der Steuer. Man wird daher nicht empfehlen können, nach dieser Bek zu verfahren, sondern das FA wird nach dem Einzelfalle prüfen müssen, was es verantworten kann. Ein Bedürfnis zu der Regelung in Bayern besteht wohl auch nicht, da Verfahren der Wiederversteigerung nicht allzu häufig sind. Man sollte daher erwägen, ob man die erwähnte Bek nicht aufhebt. Die Regelung des § 9 Abs 2 GrEStDVO (*aaO Bem 80a*) ist auch für diesen Fall geeignet. Bevor die Bescheinigung ausgestellt wird, muß feststehen, daß die Steuer bezahlt wird. Ob die Sicherung durch Vorauszahlungen oder durch ein Grundpfandrecht an einer Rangstelle, die zum Zuge kommt bei Durchführung des ZwVerstVerfahrens, erfolgt, ist dabei gleichgültig.

Es kann auch ein **Verzicht auf Vorlage** der Unbedenklichkeitsbescheinigung angeordnet werden. So hat man im Saarland mit Erl vom 19. Juli 1961 ABl 457 (Steuer-Fund IX 7348) eine solche Anordnung getroffen für den Fall des § 6 Abs 3 BFernstraßenG. Durch LRecht kann auch **Gebührenfreiheit** für die Ausstellung der Bescheinigung angeordnet werden, so Hamburg in einem Erl vom 5. März

1958 DB 1958, 356 = Stbg (Die Steuerberatung) 1958, 59 (Steuer-Fund VI 1847); dazu Kostenfreiheit für Unbedenklichkeitsbescheinigungen nach § 189d AO RGmbH (Rundschau für GmbH) 1958, 95 (Steuer-Fund VI 1844, 1846).

Die **Unbedenklichkeitsbescheinigung** wird vom FA regelmäßig **erteilt,** wenn die Steuer endgültig oder, falls dies nicht möglich ist, vorläufig festgesetzt wird, § 100 AO; dazu *Boruttau-Klein* GrEStGDVO § 9 Bem 35. Bei der Erteilung der Bescheinigung durch das FA handelt es sich um einen Verwaltungsakt, der anfechtbar ist. Die Frage der Steuerbefreiung ist selbständig zu beurteilen und kann aus der Bescheinigung nicht ohne weiteres entnommen werden, wenn sie nichts enthält, **BFH** BStBl III 1963, 219, *Boruttau-Klein* aaO DVO § 9 Bem 35b. Deshalb ist auch auf eine Verwirkung des Anspruchs auf Grunderwerbsteuer aus der Erteilung der Bescheinigung über die Unbedenklichkeit nach Treu und Glauben nur ausnahmsweise zu schließen, **BHF** BStBl III 1962, 496, *Boruttau-Klein* GrEStGDVO § 8 Bem 34d, § 9 Bem 49a. Bei auflösender Bedingung des Rechtsvorgangs, auf den sich die Bescheinigung bezieht, ist die Unbedenklichkeitsbescheinigung zu erteilen, auch wenn die Bedingung später eintritt, während bei aufschiebender Bedingung und (insbes wegen fehlender behördlicher Genehmigung) schwebender Unwirksamkeit des Rechtsgeschäfts usw (dazu *Bem 65, 70, 79*) die Bescheinigung nicht ausgestellt werden darf; dazu *Boruttau-Klein* GrEStGDVO § 9 Bem 35a.

Wie erwähnt, ist die Unbedenklichkeitsbescheinigung auch nötig, wenn **Ausnahmen von der Besteuerung** nach §§ 3ff. GrEStG(*Anh*) vorliegen; über diese Ausnahmen *Bem 96*. Es kann jedoch zur Vereinfachung des Geschäftsverkehrs in solchen Fällen von der Anzeigepflicht der Behörden usw bzw von der Ausstellung eines Unbedenklichkeitszeugnisses und dessen Vorlage an das GBA durch **landesrechtliche Anordnung** abgesehen wird, so daß die GBEintragung ohne solche Bescheinigung erfolgen kann; dazu *Brand-Schnitzler* GBSachen § 10 mit Fußn 1 S 26, *Boruttau-Klein* GrEStG DVO § 9 Bem 44ff. Solche Ausnahmen sah früher ErlRMF vom 2. Dezember 1944 RStBl 737 vor, insbes bei Erbfolge. Nunmehr ist Landesrecht an dessen Stelle getreten; dazu

Baden-Württemberg ErlFM vom 29. November 1952 BStBl II 1953, 1 = BB 1953, 21 = DStZ B 1953, 60 = DVR 1953, 95 (Steuer-Fund I 18 167) Wegfall von Unbedenklichkeitsbescheinigungen, ErlFM vom 21. September 1966; dazu AVJM vom 21. Oktober 1966 Justiz 301 Unbedenklichkeitsbescheinigung der Finanzämter

Bayern ErlFM vom 23. Oktober 1950 BB 1951, 218 = SDtZ B 1951, 52 = DVR 1951, 15 (Steuer-Fund I 18 164) Wegfall von Unbedenklichkeitsbescheinigungen

Bremen Erl vom 5. März 1953 DStZ B 1953, 158 (Steuer-Fund I 18 171) Wegfall von Unbedenklichkeitsbescheinigungen

Hamburg Erl vom 11. Juni 1952 BStBl II 71 = BB 1952, 298 = DB 1952, 612 = StP (Der Steuerpraktiker) 1952, 544 (Steuer-Fund I 18 157) Wegfall von Unbedenklichkeitsbescheinigungen

Hessen RdErlJM vom 15. März 1960 Beistandspflicht (aaO *Bem 80a*)

Niedersachsen ErlFM vom 29. November 1952 BStBl II 142 = BB 1953, 21 = DStR 1953, 54 = DStZ B 1953, 60 (Steuer-Fund I 19 168) Wegfall von Unbedenklichkeitsbescheinigungen

Nordrhein-Westfalen ErlFM vom 4. März 1953 BStBl II 39 = DB 1953, 203 = StP 1953, 264 (Steuer-Fund I 18 170) Wegfall von Unbedenklichkeitsbescheinigungen, ErlFM vom 5. März 1965 DStZ B 1965, 159 = StEK AO § 189d Nr 1 (Steuer-Fund XIII 1569) Unbedenklichkeitsbescheinigung bei GrstErwerb durch Bund, Land oder Gemeinde

Rheinland-Pfalz ErlFM vom 5. Februar 1952 BStBl II 28 = DStR 1952, 211 = DVR 1952, 48 (Steuer-Fund I 18 165) Grunderwerbsteuer, hier Wegfall von Unbedenklichkeitsbescheinigungen bei nachgewiesener Erbfolge

Schleswig-Holstein ErlFM vom 12. Januar 1953 BStBl II 112 (Steuer-Fund I 18 169) Verwaltungsvereinfachung bei der Grunderwerbsteuer, Wegfall von Unbedenklichkeitsbescheinigungen

Die Ausnahmen von der Ausstellung einer Unbedenklichkeitsbescheinigung beziehen sich teils auf Absehen hiervon bei Erwerb von geringwertigen Grsten nach § 3 Z 1 GrEStG(*Anh*), in Gütergemeinschaft nach § 3 Z 4 aaO und unter Verwandten nach § 3 Z 6 aaO, teils auf Umschreibung bei Erbfolge. Auch wird verschiedentlich eine Regelung darüber getroffen, wann nur 1 Unbedenklichkeitsbescheinigung anstelle von mehreren auszustellen ist. Die Anzeigepflichten nach § 2 GrEStGDVO (*aaO Bem 80a*) werden an sich durch Anordnungen über die Nichtausstellung von Unbedenklichkeitsbescheinigungen nicht berührt; umgekehrt hat jedoch eine Anordnung über das Absehen von Anzeigen zur Folge, daß in solchem Falle auch keine Bescheinigung ausgestellt wird.

Zulässig ist auch eine **befristete Unbedenklichkeitsbescheinigung,** wenn eine endgültige Klärung noch nicht vorliegt; es kann dann vorläufige Aussetzung des Vollzugs der Steuer erfolgen. Dies kann insbes in Frage kommen bei dem Fall des § 17 Abs 2 Z 1 GrEStG(*Anh*), wenn innerhalb von 2 Jahren Rückerwerb erfolgt, weil der Rückerwerb innerhalb dieser Frist nach **BFH** BStBl III 1953, 16 auch gbamtlich vollzogen sein muß; dazu *Boruttau-Klein* GrEStGDVO § 9 Bem 48.

Über die **Aushändigung** der Unbedenklichkeitsbescheinigung bestimmt § 9 Abs 3 GrStDVO (*aaO Bem 80a*) Näheres; dazu *Boruttau-Klein* aaO Bem 43.

Das **Grundbuchamt** hat nur zu **prüfen,** ob der Rechtsvorgang seiner Art nach unter das GrEStG(*Anh*) fällt bzw fallen kann und ob die Eintragung unmittelbar durch den steuerpflichtigen Rechtsvorgang veranlaßt wird; dazu *Hesse-Saage-Fischer* GBO § 20 Bem V 1. Wird nach dem Gesetz die Steuer nicht erhoben oder besteht Steuerfreiheit, so ist trotzdem eine Bescheinigung des Finanzamts vorzulegen, soweit nicht, wie erwähnt, abweichende Anordnungen vorhanden sind. Wird dem GBA eine Bescheinigung vorgelegt, so hat es nur zu prüfen, ob sie von der zuständigen Stelle erteilt ist und ob sie formell in Ordnung geht. In eine sachliche Prüfung hat das GBA nicht einzutreten. Eine erteilte Bescheinigung kann nicht nachträglich zurückgenommen oder geändert werden. Aus der Bescheinigung muß sich nur ergeben, daß der Eintragung des Erwerbers steuerliche Bedenken nicht entgegenstehen. Es kann nicht verlangt werden, daß die Bescheinigung sich auch auf bestimmte bei dem Eigentumsübergang noch in Betracht kommende Rechtsvorgänge, zB eine Vollmachtserteilung, erstreckt, **KG** KGJ 52, 147.

Wird trotz Vorliegens der gesetzlichen Voraussetzungen die Bescheinigung nicht beigebracht, so steht der Eintragung ein **Hindernis** entgegen. Regelmäßig ist hierwegen Zwischenverfügung nach **§ 18** zu erlassen, auch wenn der Mangel dem Antragsteller bei Einreichung seines Antrags bekannt war. Eine **sofortige Zurückweisung** ist bei Kenntnis des Mangels nur dann veranlaßt, wenn besondere Umstände vorliegen, **RG** RGZ 126, 107, **KG** KGJ 52, 149, OLG **41**, 23 (überholt die in DNotV 1928, 707, OLG 43, 178, vertretene Auffassung, wonach bei Kenntnis des Mangels Zwischenverfügung in keinem Fall am Platz sei); dazu *§ 18 Bem 17ff*. Gegenüber einer Entscheidung, welche die Notwendigkeit der steuerlichen Unbedenklichkeitsbescheinigung zu Unrecht verneint, ist auch das Finanzamt beschwerdeberechtigt, **KG** JFG 13, 233; dazu *Boruttau-Klein* GrEStGDVO § 9 Bem 39.

Das GBA hat zwar die Vorschriften über die steuerliche Unbedenklichkeitserklärung zu beachten und eine **Verletzung** derselben kann zu **Haftungen** führen, wie auch sonst bei Verletzung gbrechtlicher Bestimmungen; dazu *§ 2 Bem 147*. Es handelt sich hier nicht um eine Genehmigung wie sonst bei behördlichen Genehmigungen und deshalb ist die Wirkung auch eine verschiedene; dazu *Bem 79e*. Die Unbedenklichkeitsbescheinigung hat keine materiell-rechtliche Wirkung; dazu **BGH** BGHZ 5, 173 (178/179) = NJW 1952, 698 = BB 1952, 304 = LM § 18 Z 2 UmstG Nr 12 (*Pritsch*), ferner *Boruttau-Klein* aaO Bem 49, *Palandt* BGB § 925 Bem 9.

81 **c) Preisrechtliche Unbedenklichkeitsbescheinigung**

Dazu *Haegele* Beschränkungen Bem 359, *Hesse-Saage-Fischer* GBO § 20 Bem V 2, *Thieme* GBO § 20 Bem 6 (c)

Für den Grundbesitz sind die **Preisvorschriften seit dem 30. Oktober 1960 aufgehoben,** und zwar durch § 186 Z 65 BBauG; dazu *§ 18 Bem 156*. Es gibt daher im GBRecht und GrstRecht keine Preisvorschriften mehr. Eine **preisrechtliche Unbedenklichkeitsbescheinigung** ist daher **nicht mehr** erforderlich; sie darf auch nicht mehr ausgestellt werden, da keine gesetzliche Grundlage mehr vorhanden ist.

Über den früheren Rechtszustand 5. Auflage dieses Kommentars E 238 ff. Die Aufhebung der preisrechtlichen Beschränkungen hatte keine Rückwirkung, ließ daher abgelehnte dh nicht genehmigte Rechtsvorgänge unberührt, so daß diese nicht nachträglich wirksam wurden. Jedoch bedurften Rechtsgeschäfte, über deren Genehmigung noch nicht entschieden war, nach Inkrafttreten des neuen Rechts keiner Genehmigung mehr, wurden also wirksam; dazu *Bem 79e*.

82 **d) Genehmigung nach Grundstücksverkehrsgesetz**

Dazu zum **GrstVG** Kommentierungen insbes *Lange* (2. Aufl), *Pikalo-Bendel*, *Treutlein-Crusius*, *Vorwerk- von Spreckelsen*, *Wöhrmann*,

ferner *Baur* Neues Landwirtschaftsrecht JZ 1962, 695, *Bendel* Das Genehmigungsverfahren nach dem GrstVG bei Ausübung des siedlungsrechtlichen Vorkaufsrechts RdL 1962, 169, *Bergmann* System und Funktion des GrstVG BlGBW 1962, 202, Das neue GrstVerkehrsrecht SchlHA 1961, 251, 275, 311, *Bruns* Zum Zuweisungsverfahren nach dem GrstVG RdL 1962, 171, *Drummen* Die gerichtliche Zuweisung eines Betriebs nach den Bestimmungen des GrstVG MittRhNotK 1961, 851, *Ertl* Das GrstVG und seine bayerischen Ausführungsbestimmungen MittBayNotV 1962, 109, 307, Die Freigrenze zum GrstVG in Bayern RdL 1964, 113, Die Amtstätigkeit des Notars bei Rechtsgeschäften im Rahmen der Freigrenze zum GrstVG MittBayNotV 1964, 101, *Faßbender* Der Verzicht auf das Antragsrecht nach dem GrstVG DNotZ 1965, 467, Gesellschafterwechsel und Genehmigung nach dem GrstVG DNotZ 1966, 456, *Haegele* GBRecht Bem 2163 ff., Beschränkungen Bem 1 ff., Merkbuch 132 ff., Unterrichtsbriefe (Landwirtschaftsrecht 1 ff.), Das neue land- und forstwirtschaftliche GrstVerkehrsrecht Rpfleger 1961, 276, Zuweisungsverfahren nach dem GrstVG WGZ 1962, 160, Rechtskraftzeugnis bei vorbehaltsloser Erteilung der Genehmigung nach dem GrstVG? DNotZ 1964, 680/1965, 505, *Haegele-Riedel* RPfleger-Handbuch Landwirtschaftsrecht, unter Z III mit eingehenden LitHinweisen, unter Z IV IVa RsprÜbersicht, *Herminghausen* Zum neuen GrstVG DNotZ 1962, 450, 522, 592/1963, 153, 200, 284, 387, 464, Ankauf von Realgemeindeanteilen BB 1962, 1062, Zur Genehmigungsfreiheit im GrstVerkehr DNotZ 1965, 211, *Horber* GBO § 19 Bem 10 (Ba), § 20 Bem 6 (B), *Jung* Die Bodenverkehrsgenehmigung und ihre Versagungsgründe DVerwBl 1964, 131 (dazu DNotZ 1964, 357), Die Bauerwartung und ihre Bedeutung für die Wertregelung landwirtschaftlicher Grst BB 1964, 113 (dazu DNotZ 1964, 370), *Kahlke* Das Genehmigungsverfahren nach dem GrstVG bei Ausübung des siedlungsrechtlichen Vorkaufsrechts RdL 1962, 312, *Kneilmann* Ist § 9 Abs 1 Z 1 GrstVG mit dem GG vereinbar? RdL 1964, 287 = DRspr II (285) 61 a, 62 c, *Köhler* Das Vorkaufsrecht nach dem SiedlG idF des GrstVG BWNotZ 1963, 104, *Lange* Die wichtigsten Neuerungen des GrstVG NJW 1961, 1649, *Liermann* Die Genehmigungsfiktion des § 6 Abs 2 GrstVG bei Vertragsentwürfen MDR 1963, 723, *Palandt* BGB § 854 Einl Bem 7b, *Pannwitz* Aufhebung eines GrstVeräußerungsvertrags RdL 1964, 35, *Picalo* Die Neuordnung des GrstRechts nach dem GrstVG JR 1963, 170, *Roemer* Zweifelsfragen im GrstVG aus der Sicht des Notars DNotZ 1962, 485, *Rötelmann* Die Zuweisung nach dem

GrstVG DNotZ 1964, 82, Ist die Bestellung eines Erbbaurechts an einem landwirtschaftlichen Grst genehmigungspflichtig? MDR 1965, 539, *Schiffhauer* Ist das GrstVG im ZwVerstVerfahren zu beachten? RdL 1965, 228, *Schönheit* Die Änderung siedlungsrechtlicher Vorschriften durch das GrstVG MittRhNotK 1961, 949 (dazu DNotZ 1962, 202), *Schulte* Das neue GrstVG RdL 1962, 249, 277, Die Aufhebung eines GrstVeräußerungsvertrags im Genehmigungsverfahren nach dem GrstVG RdL 1964, 117, *Schwerin* Versagungsgründe für die Bodenverkehrsgenehmigung beim Verkauf von Grsten im „Außenbereich" DNotZ 1962, 236 (zu § 20 BBauG), von *Sprecheisen* Das neue GrstVG BAnz 1961 Nr 133 S 4, *Steppuhn* Das Erbbaurecht nach dem GrstVG DNotZ 1965, 387, *Treutlein* Zur Genehmigung der Erbbaurechtsbestellung nach dem GrstVG BlGBW 1965, 174, *Wöhrmann* Gang des Genehmigungsverfahrens nach dem GrstVG RdL 1962, 221, Numerus clausus für Auflagen und Bedingungen im GrstVG RdL 1962, 281 Der Einfluß des GrstVG auf die HöfeO (britZ) RdL 1963, 113,

zum **LwVG** Kommentierungen, insbes *Lange-Wulff*, *Pritsch*,

ferner *Haegele* Zur Neuregelung des gerichtlichen Verfahrens in Landwirtschaftssachen Rpfleger 1954, 214, 263, *Pritsch* Zur Abweichungsbeschwerde nach § 24 Abs 2 Z 1 LwVG im Lichte der höchstrichterlichen Rspr RdL 1959, 320,

im übrigen *DRspr* II (285), *LM* GrundstücksverkehrsG LwVG, *NJW* ZF III ff. Nr 39a, 40

Das **Landwirtschaftsrecht** ist ein sehr umfassendes Rechtsgebiet. Es bezieht sich insbes auf den Grundstücksverkehr, ferner auf das Recht der landwirtschaftlichen Entschuldung (dazu *Bem 84*), das Höfe- und Anerbenrecht (dazu *§ 3 Bem 159, § 117 Bem 18ff.*), die Flurbereinigung (dazu *§ 38 Bem 69ff., § 117 Bem 90*) sowie die Beschränkungen nach der LAVO (dazu *Bem 86*). Das Verfahren richtet sich ergänzend nach dem LwVG. Die LwVO britZ vom 2. Dezember 1947 wurde durch § 39 Abs 1 Z 2 GrstVG mit Ausnahme der §§ 34 bis 38, 44 Abs 3, 4 § 45 Abs 4 bis 6, § 56 Abs 4 S. 3, §§ 58, 59, 61, 63 aaO aufgehoben.

Der **Grundstücksverkehr** ist geregelt durch das Gesetz über Maßnahmen zur Verbesserung der Agrarstruktur und zur Sicherung land- und forstwirtschaftlicher Betriebe, das auch Grundstücksverkehrsgesetz genannt wird — GrstVG — vom 28. Juli 1961 BGBl I 1091, 1652, 2000 = BGBl III 7801—1 = SaBl 1961, 1341, 1808, 2289 (*Anh*). Zuvor herrschte eine große Uneinheitlichkeit, da nach Art IV KRG 45 im wesentlichen Landesrecht maßgebend war; dazu 5. Aufl dieses Kommentars E 154ff., § 20 Bem 82, auch *Pikalo-Bendel* GrstVG Einf A, C. Das neue Recht ist am 1. Januar 1962 in Kraft getreten, § 39 GrstVG.

Das GrstVG besteht aus 5 Abschnitten. Der 1. Abschn § 1ff. GrstVG(*Anh*) bezieht sich auf die rechtsgeschäftliche Veräußerung, der 2. Abschn §§ 13ff. GrstVG-(*Anh*) auf die gerichtliche Zuweisung eines Betriebs, der 3. Abschn §§ 19ff. GrstVG-(*Anh*) auf das Verfahren, der 4. Abschn §§ 27ff. GrstVG(*Anh*) auf siedlungsrechtliche Vorschriften und der Abschn 5. §§ 31ff. GrstVG auf Übergangs- und Schlußbestimmungen.

Das **Gesetz** über das **gerichtliche Verfahren** ind Landwirtschaftssachen — LwVG — vom 21. Juli 1953 BGBl I 667 = SaBl 872/26. Juli 1957 BGBl I 861 = SaBl 1277 = BGBl III 317—1/28. Juli 1961 BGBl I 1091 = SaBl 1341 gilt auch für Verfahren nach dem GrstVG, wie aus dessen § 1 Z 2 aaO hervorgeht.

Auch im Bereich der **HöfeO**, die für Hamburg, Niedersachsen, Nordrhein-Westfalen und Schleswig-Holstein gilt, ist das GrstVG einschlägig, auch wenn zu einem Übergabevertrag eine Genehmigung nötig ist, § 17 Abs 3 HöfeO(*Anh*) vom 24. April 1947 (Anl B zur VO britMilReg Nr 84) ABl MilRegbritZ 505/20. Juni 1948 ABl MilRegbritZ 982/24. August 1964 BGBl I 693 = SaBl 1253; dazu *Bem 82b*. Hierzu kommt § 31 Abs 2 GrstVG(*Anh*) ergänzend in Betracht. Der Abgrenzung dient auch § 31 Abs 1 GrstVG(*Anh*), wonach § 8 Z 2 GrstVG(*Anh*) auf Höfe iSd HöfeO nicht anzuwenden ist; dazu *Bem 82b*.

Auf einige wichtige Gesichtspunkte, insbes zur Genehmigung von Verfügungen über Grst, soll hingewiesen werden:

82a 1. Gegenstand des GrstVG ist **land- und forstwirtschaftlicher Grundbesitz**; dazu **§ 1 GrstVG** (*Anh*). Begrifflich hat sich gegenüber früher nichts geändert. Die Bezeichnung im Kataster oder Grundbuch ist nicht maßgebend, **OLG Nürnberg** bay JMBl 1954, 167. Auch die Hof- oder Erbhofeigenschaft schließt die Anwendung des Gesetzes nicht aus, für nur zu einigen, bereits erwähnten Besonderheiten; dazu *Pikalo-Bendel* GrstVG § 1 Bem D III 3a. J III 3, § 2 Bem E 2, § 31 Bem C, D. Der Begriff der Landwirtschaft wird durch § 1 Abs 2 GrstVG (*Anh*) klargestellt; dazu *Haegele* GBRecht Bem 2166, *Haegele-Riedel* RPfleger-Handbuch (Landwirtschaftsrecht IV, IVa §§ 1, 2 GrstVG), *Pikalo-Bendel* GrstVG § 1 Bem E II, auch *DRspr* II (285) 1. Der Begriff der Forstwirtschaft wird im GrstVG nicht erläutert, aber auch er ist im üblichen Sinne zu verstehen. Es geht hier um fortwirtschaftliche Bodennutzung, insbes um die Verwertung von Holz und anderen Walderzeugnissen; dazu bez eines Waldgrst **OLG Stuttgart** RdL 1953, 49.

Unter § 1 Abs 2 GrstVG(*Anh*) fällt ein Grst bei gegenwärtiger landwirtschaftlicher Nutzung, **OVG Münster** RdL 1954, 22, da es auf wirtschaftliche, nicht gbmäßige Seite ankommt, **BGH** MDR 1961, 674 = Rpfleger 1961, 290 = RdL 1961, 175 = DB 1961, 772 = DRspr II (284) 154a. Es kann sich um ein oder um mehrere Grst handeln, **BayObLG** Bay ObLGZ 1956, 11 = DRspr II (284) 112ab. Die landwirtschaftliche Nutzung kann auch uU unbedeutend sein, **BGH** NJW 1960, 124 = MDR 1960, 661, **SchlHOLG** SchlHA 1960, 109. Eine Obstplantage gehört hierher, **OLG Celle** Nds-Rpfl 1964, 130, auch ein abgetorftes, zu landwirtschaftlicher Nutzung noch nicht hergerichtetes für die Aufforstung bestimmtes Grst, **OLG Hamm** RdL 1953, 276 = DRspr II (284) 82ab, ebenso ein Grst, das gegenwärtig nicht landwirtschaftlich genutzt wird, aber landwirtschaftlicher Kultivierung zugeführt werden kann, **OLG Celle** RdL 1958, 10, **OLG Hamm** RdL 1953, 276, **OLG Karlsruhe** RdL 1962, 260 = DRspr II (285) 35a, **OLG München** RdL 1957, 241, **OLG Stuttgart** RdL 1952, 139 = DRspr II (285) ÜBl 1. Auch eine verpachtete Wiese eines Apothekers auf dem Lande wird landwirtschaftlich genützt, nämlich vom Pächter, **OLG Celle** Nds-Rpfl 1948, 167 = DRspr II (284) 7ab. Eine Hofstelle ist nicht erforderlich; es genügt, wenn ein Acker als Acker, eine Wiese als Wiese, eine Weide als Weide genutzt wird, daß Früchte gezogen und unmittelbar verwertet werden, **OLG Celle** aaO. Ackerbau braucht mit Viehhaltung nicht verbunden zu sein; wohl aber muß Viehhaltung mit der Bodenbenutzung verbunden sein, wenn sie zur Landwirtschaft gehören soll, **OLG Celle** aaO. Auch Binnen-Fischwasser und -teiche gehören zur Landwirtschaft, **OLG München** RdL 1961, 100 = DRspr II (284) 154b, **OLG Stuttgart** RdL 1953, 77. Eine Hofstelle, die einem landwirtschaftlichen Betriebe dient, ist auch zur Landwirtschaft zu rechnen, auch wenn sie zZ stillgelegt ist; dazu **BGH** MDR 1953, 287 = RdL 1953, 109, **OLG Celle** NdsRpfl 1964, 10, **OLG Frankfurt aM** RdL 1950, 112, DNotZ 1958, 148 = DRspr II (285) ÜBl 1. Es kann sich auch um Wegeflächen für land- oder forstwirtschaftliche Zwecke handeln, **OLG Hamm** RdL 1965, 293 = DRspr aaO 75b.

Ein Grst kann zweckentfremdet sein dh aus einem landwirtschaftlich genutzten Grst kann ein Grst werden, das nicht mehr unter § 1 Abs 2 GrstVG(*Anh*) einzureihen ist. Eine Hofstelle, die ihren bisherigen Verwendungszweck endgültig, nämlich bis auf weiteres aufgegeben hat, etwa durch Umwandlung in eine Verwendung für einen gewerblichen Zweck oder in einen auf lange Zeit vermieteten Laden mit Nebenräumen, dient nicht mehr landwirtschaftlicher Nutzung; dazu **BGH** RdL 1957, 43, **OLG Karlsruhe** RdL 1952, 96/1965, 67, **OLG München** RdL 1961, 51, **OLG Oldenburg** RdL 1956, 294, **OLG Stuttgart** RdL 1958, 294.

Es muß sich um ein **Grundstück** handeln, wenn das GrstVG(*Anh*) Anwendung finden soll, wie § 1 Abs 3 aaO ergibt. Der Begriff des Grst ist im Rechtssinne zu verstehen, also nicht als wirtschaftlicher Begriff; dazu *Pikalo-Bendel* GrstVG § 1 Bem H II 1, auch *§ 3 Bem 4*. Es genügt ein Teil eines Grst. Es kann sich um einen realen GrstTeil handeln. Es kann aber auch Miteigentum vorliegen; dazu *Pikalo-Bendel* GrstVG § 1 Bem H II 4, 5. Das Miteigenrumsverhältnis kann Miteigentum nach Bruchteilen oder zur gesamten Hand (dazu *§ 47 Bem 16ff.*) sein; dazu **BayObLG** BayObLGZ 1963, 101 = NJW 1963, 1455 = MDR 1963, 679 = RdL 1963, 152, = Rpfleger 1964, 121 (*Haegele*) = BWNotZ 1963, 305 Ls = DRspr II (285) 46b, **OLG München** MDR 1949, 758, RdL 1954, 304. Andererseits können auch mehrere Grste in Betracht kommen, wenn sie nur demselben bzw denselben Eigentümern gehören; dazu *Haegele* Beschränkungen Bem 37. Einem Grst stehen grstgleiche Rechte und selbständige Fischereirechte gleich, wenn dies Landesrecht nach § 2 Abs 3 Z 1 GrstVG(*Anh*) anordnet; dazu *Bem 82b*. Die Genehmigungsbedürftigkeit richtet sich bei der Veräußerung eines Miteigentumsanteils nach der Größe des Gesamtgrst, **BayObLG** aaO.

Genehmigungspflichtige Geschäfte sind nach **§ 2 GrstG**(*Anh*) die rechtsge- **82b**
schäftliche Veräußerung eines Grst und der dazu gehörige schuldrechtliche Vertrag, also Auflassung und Verpflichtungsgeschäft, aaO Abs 1, ferner der Veräußerung gleichstehende Rechtsgeschäfte, die im Gesetz (aaO Abs 2) abschließend aufgezählt sind, nämlich Einräumung und Veräußerung eines Miteigentumsanteils an einem Grst, die Veräußesung eines Erbanteils an einen Dritten, wobei der Nachlaß im wesentlichen aus einem land- oder forstwirtschaftlichem Betrieb besteht, und endlich die Bestellung eines Nießbrauchs an einem Grst. Eine ausdehende Auslegung ist unzulässig.

Wenn daher der 1. Abschn des GrstVG in der Überschrift nur von rechtsgeschäftlicher Veräußerung spricht, so handelt es sich doch nach dem Inhalt des § 2 Abs 1, 2 GrstVG(*Anh*) um Veräußerungs- und Belastungsbeschränkungen. Die Veräußerungsbeschränkungen beziehen sich auf § 2 Abs 1, Abs 2 Z 1, 2 aaO. Belastungsbeschränkung ist lediglich die Nießbrauchbestellung ,§ 2 Abs 2 Z 3 aaO; dazu *Haegele* Beschränkungen Bem 135ff. Eine Erörterung von Einzelfällen der Praxis mit Besprechung findet sich bei *Pikalo-Bendel* GrstVG § 2 Bem F III.

Veräußerungsbeschränkungen

Es kommt hier jede Art der **Veräußerung** von Grst in Betracht, ohne Rücksicht auf die Art des Rechtsgrundes, also Kauf, Tausch, Hofübergabe, Schenkung, freiwillige Versicherung usw; dazu *Haegele* GBRecht Bem 2169. Auch lebzeitige Schenkungen von Stückländereien unterliegen der Genehmigungspflicht, selbst wenn sie praktisch einer vorweggenommenen Erbfolge gleichkommen, **OLG Köln** RdL 1964, 13 = DRspr II (285) 52a. Der Begriff der Veräußerung ist iSd bürgerlichen Rechts zu verstehen, *Pikalo-Bendel* GrstVG § 2 Bem F I 1a, § 8 E I 2; die Veräußerung ist hiernach das Verfügungsgeschäft, nicht der schuldrechtliche Vertrag, *§ 13 Bem 119* sowie *Pikalo-Bendel* aaO § 8 E I 2, *Staudinger-Coing* BGB § 104 Einl Bem 74. Der Veräußerungs-Begriff wird jedoch durch § 2 Abs 2 GrstVG(*Anh*) erweitert und außerdem wird die Genehmigungspflicht nach § 2 Abs 1 GrstVG(*Anh*) auf den schuldrechtlichen Vertrag ausgedehnt. Dies muß bei der Anwendung des GrstVG(*Anh*) berücksichtigt werden. Da nur **rechtsgeschäftliche** Veräußerungen einschlägig sind, ist bei ZwVersteigerung nach dem ZVG oder bei Vollzug gesetzlicher Erbfolge das GrstVG nicht einschlägig. Ein Ankaufsrecht fällt unter das GrstVG, **OLG Celle** NdsRpfl 1963, 68; dazu nach *Pikalo-Bendel* GrstVG § 2 Bem F III 5. Die Genehmigung des Verpflichtungsgeschäfts bezieht sich finitiv auch auf die zugehörige Auflassung, § 2 Abs 1 S 2 GrstVG(*Anh*); dazu auch *Bem 79*, auch *Pikalo-Bendel* aaO Bem F II 2. Auch ein Vertragsentwurf, der identisch mit dem endgültigen Vertrag ist, kann Gegenstand des Genehmgiungsverfahrens sein, § 2 Abs 1 S 3 GrstVG(*Anh*); dazu *Bem 79*. Ergeben sich Änderungen, so ist eine neue Genehmigung erforderlich, weil für die Genehmigung ein einheitlicher endgültiger Vorgang vorliegen muß; über Abänderung von Verträgen auch *Pikalo-*

Bendel aaO Bem F III 1. Erforderlich ist, daß schuldrechtliches und dingliches Geschäft geschlossen werden, da nur dann eine Beurteilung des Zwecks der Rechtsänderung von der Genehmigungsbehörde erfolgen kann; dazu *Pikalo-Bendel* aaO Bem F II 3. Deshalb kann eine Auflassung ohne schuldrechtlichen Vertrag nicht genehmigt werden, während umgekehrt der schuldrechtliche Vertrag genehmigt werden kann, wobei aber vorausgesetzt wird, daß eine Auflassung gleichen Inhalts nachfolgt. Zu entscheiden ist über den zwischen den Beteiligten geschlossenen Vertrag mit seinem gesamten Inhalt, also bei einem Kaufvertrag auch über den Vertragsinhalt mit seinen Einzelheiten, wozu auch Belastungen gehören können. Insofern wird bei einer Entscheidung über Veräußerung von Grundbesitz tatsächlich über mehr entschieden, weil der Vertrag als Ganzes vorgelegt wird. Es wird also bei einem Vertragsganzen nicht nur über den Teil entschieden, der sich nur auf die eigentliche Veräußerung im engeren Sinne bezieht. Gerade deshalb wird ja in § 2 Abs 1 GrstVG(*Anh*) schuldrechtlicher und dinglicher Vertrag einheitlich aufgefaßt. Man muß sich freilich im klaren darüber sein, daß sich die Genehmigungspflicht und auch die Genehmigung nicht auf derartige Belastungen, die der Genehmigungspflicht nicht unterliegen mitbeziehen, daß vielmehr nur die gesamten Umstände des Falles zu würdigen sind. Wird also vorbehaltslos genehmigt, so bleiben derartige Belastungen unberührt. Auch ist zu beachten, daß sich Einflußnahmen der Genehmigungsbehörde auf den Vertrag im Rahmen der gesetzlichen Vorschriften, insbes der §§ 9, 10 GrstVG(*Anh*) halten müssen. Dazu im einzelnen, auch zu Streitfragen, *Haegele* Beschränkungen Bem 48ff., *Pikalo-Bendel* GrstVG § 2 Bem F III 28, § 10 Bem E, F, auch **OLG Düsseldorf** RdL 1965, 295 = DRspr II (285) 73a. Der auf Grund des Vorkaufsrechts zustande gekommene Kaufvertrag zwischen dem Vorkaufsberechtigten und dem -verpflichteten bedarf der Genehmigung auch dann, wenn das Vorkaufsrecht in einem genehmigten Veräußerungsvertrag vereinbart wurde, **OLG Düsseldorf** aaO. Bei Vermächtnissen, die auf Übertragung von Grundbesitz abzielen, besteht Genehmigungspflicht. Zweifelhaft ist, ob man auf die Verfügung von Todes wegen oder auf das dingliche Erfüllungsgeschäft, die Auflassung abzustellen hat. Mit Recht hat man sich in der Praxis überwiegend auf den letzteren Standpunkt gestellt; so insbes **OLG Hamm** JMBl NRW 1954, 154, RdL 1965, 120 = DNotZ 1965, 758 Ls = DRspr aaO 67d, RdL 1965, 298, **OLG München** RdL 1961, 286, *Haegele* aaO Bem 55 mit Fußn 88, *Pikalo-Bendel* aaO § 2 Bem F III 11a. Die Vollmacht zur GrstVeräußerung bedarf grundsätzlich keiner Genehmigung, außer wenn es sich um ein Umgehungsgeschäft handelt; dazu *Pikalo-Bendel* aaO F III 27.

Auch die **Einräumung** und die **Veräußerung eines Miteigentumsanteils** an einem Grst gehört hierher, § 2 Abs 2 Z 1 GrstVG(*Anh*). Es wird hierunter die Neuschaffung von Miteigentumsanteilen und deren Veräußerung verstanden; dazu *Pikalo-Bendel* GrstVG § 2 Bem F V 2a. Stets muß es sich um idelle, Anteile handeln, nicht um reale GrstTeile. Gesetzliche Entstehung von Gesamthandseigentum fällt nicht unter diese Vorschrift, da es sich um kein Rechtsgeschäft handelt; dauz die Fälle *Bem 7ff.* Wenn ein Ehevertrag geschlossen und Gütergemeinschaft begründet wird, so ist die Eigentumsänderung, die als Folge eintritt, GBBerichtigung, **OLG Celle** RdL 1950, 175 = DRspr II (284) 32a; dazu *Haegele* Beschränkungen Bem 48, 55, *Pikalo-Bendel* aaO Bem F III 10. Auseinandersetzungsverträge von Rechtsgemeinschaften sind dagegen genehmigungsbedürftig, auch wenn es sich um eine Gütergemeinschaft handelt; dazu *Pikalo-Bendel* aaO Bem F II 7, **aA** (jedoch überholt und gegenstandlos) **OLG Hamm** JMBl 1950, 118 bez beendeter Gütergemeinschaft. Über Veräußerung eines Grst-Teils auch *§ 7 Bem 14.*

Die **Veräußerung eines Erbteils** ist nach § 2 Abs 2 Z 2 GrstVG(*Anh*) genehmigungspflichtig, wenn das Grst bzw die Grstücke zum ungeteilten Nachlaß gehören, wenn weiter der Nachlaß im wesentlichen zu einem land- oder forstwirtschaftlichen Betrieb gehört und endlich die Veräußerung an einen anderen als an einen Mitwerben erfolgt; dazu *Haegele* Beschränkungen Bem 56, *Pikalo-Bendel* aaO Bem F V 2b. Nur wenn die 3 genannten Voraussetzungen erfüllt sind, besteht Genehmigungspflicht. Mit dieser Regelung beseitigte man eine lange Zeit bestehende Streitfrage. Daher ist stets zu prüfen, ob alle einzelnen Gesichtspunkte erfüllt sind, die die Genehmigung erforderlich machen. Fehlt auch nur einer von ihnen, so besteht Genehmigungsfreiheit. Insbes muß das Grst zu einem land- oder fortwirtschaftlichen Betrieb gehören; dazu *Haegele* aaO Bem 56, *Pikalo-Bendel* aaO Bem F V 2b) aa. Daran fehlt es, wenn zum Nachlaß eines Nichtlandwirts einige Feld- oder Waldgrstücke gehören, die der Erblasser nicht von einer Hofstelle aus bewirtschaftet hat, *Haegele* aaO. Die Voraussetzungen zur Genehmigungspflicht fehlen auch, wenn der Nachlaß nicht wesentlich aus einem solchen Betrieb besteht, ein solcher Betrieb vielmehr eine untergeordnete Rolle spielt. Hierbei wird man bei der Auslegung auf die Rspr zu §§ 419 und 1365 BGB zurückgreifen, *Pikalo-Bendel* aaO. Eine Erbteilsübertragung unter Miterben ist genehmigungsfrei, auch wenn diese seitens aller Miterben geschieht, so daß die Erbschaft auf einen von ihnen vereinigt ist. Wird dagegen an einen Dritten veräußert, so haben die Miterben nach §§ 2034 ff. BGB ein Vorkaufsrecht, das sie aber erst nach erteilter Genehmigung ausüben können; dazu *Pikalo-Bendel* aaO. Genehmigungspflicht besteht bei einer Umwandlung einer Erbengemeinschaft in eine Bruchteilsgemeinschaft im wegen der Erbauseinandersetzung, **OLG Oldenburg** NdsRpfl 1964, 195 = RdL 1964, 234 = DRspr II (285) 59a; dasselbe gilt von einer Veräußerung eines Grst im Wege der Erbauseinandersetzung an einen Miterben, **SchlHOLG** SchlHA 1963, 99 (*Scheyhing*) = DNotZ 1964, 120 = RdL 1963, 89 = DRspr aaO 43b. Wenn 3 Miterben zunächst entsprechende GrstAnteile an 2 Miterben, die Landwirte sind, übertragen und diese alsdann ihre Miterbenanteile an dem Restnachlaß an einen 3 Miterben abtreten, der nicht Landwirt ist, und besteht der Nachlaß im wesentlichen oder ausschließlich aus landwirtschaftlichen Grsten, die nicht zu einem selbständigen Hof gehören, so liegt nach **OLG Frankfurt aM** RdL 1962, 289 = DNotZ 1963, 377 Ls keine unzulässige Gesetzumgehung vor; immerhin bedarf es in solchen Fällen einer genauen Überprüfung, wenn die Beteiligten nicht den normalen Weg der Übertragung von Grundbesitz wählen. Wenn bei einer Erbauseinandersetzung Bedenken gegen die gewählte Art bestehen, so kann Anlaß bestehen, daß die Genehmigungsbehörde die Beteiligten auf einen zulässigen Weg für eine nach ihren Interessen notwendige Auseinandersetzung aufzeigt, **OLG Oldenburg** aaO. Über Erwerb des Alleineigentums an Nachlaßgrst durch einen Miterben, der durch vorherige Erbauseinandersetzung mit Genehmigung der Landwirtschaftsbehörde Miteigentümer zur ideellen Hälfte geworden ist, **OLG Celle** RdL 1966, 151 = DRspr II (285) 78c. Dazu auch **BGH** BGHZ 18, 380 = NJW 1956, 141 = RdL 1956, 50 = DRspr II (284) 105a, **KG** OLG 46, 225, JFG 17, 74, DNotZ 1936, 873 = JW 1936, 2757 = HRR 1936 Nr 1440, **OLG Stuttgart** DNotZ 1951, 556 = RdL 1951, 300 = DRspr aaO 46a, **LG Hagen** RdL 1954, 102, *Baur* DNotZ 1951, 310, *Haegele* DNotZ 1951, 323 = DRspr aaO 46a, Beschränkungen Bem 56, *Hesse-Saage-Fischer* GBO § 19 Bem III 1a δ aa, *Hopp* DJ 1937, 1344.

Belastungsbeschränkungen

Belastungsbeschränkungen bestanden früher in verschiedener Richtung, für Bestellung von Grundpfandrechten, teilweise sogar weitergehend für alle GrstBelastungen; dazu 5. Aufl dieses Kommentars E 163, *Haegele* Beschränkungen Bem 135. Nunmehr ist nach § 2 Abs 2 Z 3 GrstVG(*Anh*) lediglich die Bestellung eines Nießbrauchs (dazu *§ 13 Vorbem 73 ff.*) genehmigungspflichtig; dazu *Haegele* aaO Bem 136 ff., *Pikalo-Bendel* GrstVG § 2 Bem F III 9b, V 2c. Nicht hierher gehören die Überlassung der Ausübung des Nießbrauchs nach § 1059 S 1 BGB und die ausnahmsweise zulässige

Übertragung des Nießbrauchs nach §§ 1059a ff. BGB. Für die Nießbrauchbestellung für die Mutter des Hofeigentümers ist eine Genehmigung nötig, während früher nach Art II Z 4 MilRegVO Nr 84 britZ keine Genehmigungspflicht bestand, **OLG Celle** RdL 1962, 262 = MittRhNotK 1963, 34 = DNotZ 1963, 377 Ls. Die Ausnahmevorschrift des § 8 Z 2 GrstVG(*Anh*) findet nach § 31 Abs 1 aaO bei Höfen iSd HöfeO keine Anwendung; die Genehmigungspflicht bezieht sich aber nur auf die Bestellung eines dinglichen Nießbrauchs, nicht auch auf eine lediglich schuldrechtliche Vereinbarung dahin, daß dem Berechtigten die Nutzungen an einem Grst wie einem Nießbraucher zustehen sollen, **OLG Celle** NdsRpfl 1964, 10 = DNotZ 1964, 370 Ls. Die Begründung anderer Belastungen bedürfen also keiner Genehmigung mehr, insbes nicht das Vorkaufsrecht; dazu **BGH** DNotZ 1952, 529 = JZ 1952, 661 = RdL 1952, 266 = DRspr II (284) 64bc, **OLG Frankfurt aM** DNotZ 1952, 380 = RdL 1952, 179 = DRspr aaO 57d, **OLG Hamm** JMBl NRW 1953, 34, RdL 1953, 274, *Haegele* Beschränkungen Bem 50 mit Fußn 78 S 36, *Pikalo-Bendel* aaO F III 28, **aA** (überholt) **OLG Celle** NdsRpfl 1949, 89 = NJW 1949, 548. Ebensowenig bedarf die Bewilligung einer Auflassungsvormerkung der Genehmiging, **KG** RJA 17, 120; dazu *Pikalo-Bendel* aaO § 7 Bem E II.

Das Erbbaurecht ist ein grstgleiches Recht, das nach § 2 Abs 3 Z 1 GrstVG-(*Anh*) landesrechtlich einem Grst gleichgestellt werden kann; dazu *Bem 80*. Trifft dies zu, dann sind §§ 1, 2 Abs 1, 2 GrstVG(*Anh*) auf dasselbe anzuwenden. Hieraus folgt, daß Genehmigungspflicht besteht für Veräußerung, also Übertragung eines Erbbaurechts ua, und für die Belastung mit einem Nießbrauch (zu diesen Fällen *§ 8 Bem 32ff.*). Die Begründung des Erbbaurechts (dazu *§ 8 Bem 6*) dagegen ist keine Veräußerung. Da die Bestellung des Erbbaurechts eine Belastung des Grst darstellt (dazu *§ 8 Bem 14*), ergibt sich hieraus, daß sie genehmigungsfrei ist. Dies ist zwar bestritten, wird aber wie im bisherigen Recht wohl überwiegend bejaht; so insbes **OLG Hamm** RdL 1966, 120 = OLGZ 1966, 367 = DRspr II (285) 76a, *Haegele* Beschränkungen Bem 38 mit Fußn 70 S 33 mit zahlreichen Nachweisen, *Pikalo-Bendel* GrstVG § 2 Bem F III 9c, im übrigen auch LitHinweise *Bem 80*, **aA** (zu Unrecht) **LG Aurich** NdsRpfl 1965, 37 = NJW 1965, 543, 1182 (*Uibel*) = MDR 1965, 384 = RdL 1965, 40 = DNotZ 1965, 416 = DRspr II (285) 65a.

Landesrechtliche Erweiterungen oder Einengungen des Kreises der genehmigungspflichtigen Geschäfte sieht § 2 Abs 3 GrstVG(*Anh*) vor; dazu *Haegele* GBRecht Bem 2175, Beschränkungen Bem 61ff., *Haegele-Riedel* RPfleger-Handbuch Landwirtschaftsrecht I 5/6, *Pikalo-Bendel* GrstVG § 2 Bem G.

Erweiterung nach § 2 Abs 3 Z 1 GrstVG(*Anh*)

Sie bezieht sich auf die bereits erwähnte Ausdehnung der Genehmigungspflicht auf grstgleiche Rechte und selbständige Fischereirechte; dazu *Bem 82a*. Die Anführung der selbständigen Firschereirechte im Gesetz wäre entbehrlich gewesen, da diese den grstgleichen Rechten ohnedies zuzurechnen sind; dazu *§ 3 Bem 12ff.*, *§ 117 Bem 48ff.* Der Bereich der Rechte, auf die Ausdehnung erfolgen kann, ist groß. Das wichtigste Recht, für das eine Ausdehnung Bedeutung hat, ist das Erbaurecht. Zur Übertragung selbständiger Gerechtigkeiten nach Art 40 prAGBGB **BGH** BGHZ 6, 35 = RdL 1952, 219 = DRspr II (284) 64a, bei Beteiligung an einer Realgemeinde **BGH** RdL 1952, 266 = DRspr aaO 64bc, *Schulte* Selbständige Gerechtigkeiten und Verfügungsbeschränkungen nach dem KRG Nr 45 RdL 1953, 204 = DRspr aaO 77b. Bez Hauberggenossenschaft (Kreis Siegen) **BGH** NJW 1957, 790.

Das Wohnungseigentum und Teileigentum ist Sondereigentum an einer Wohnung in Verbindung mit einem Miteigentumsanteil an dem gemeinsamen Eigentum; dazu *§ 3 Bem 476*. Es ist also eine besondere Art des Eigentums; dazu *Palandt*

BGB WEG § 1 Überblick Bem 2, *Staudinger-Ring* BGB WEG § 1 Bem 6ff. Daher ist es nicht zu den grstgleichen Rechten einzuordnen, sondern wird dem Grst zugerechnet. Es bedarf also hier keiner lrechtlichen Ausdehnung.

Von der Befugnis der Erweiterung wurde bisher nur Gebrauch gemacht von

Nordrhein-Westfalen AGGrstVG vom 13. Februar 1962 GVBl 80; dazu *Haegele* GBRecht Bem 2168, Beschränkungen Bem 58, *Pikalo-Bendel* GrstVG § 2 Bem B II 3. Hiernach erfolgt Ausdehnung der Vorschriften des 1. Abschn des GrstVG(*Anh*) auf die Veräußerung von grstgleichen Rechten, die die land- und forstwirtschaftliche Nutzung eines Grst zum Gegenstand haben. Auf selbständige Fischereirechte erfolgte also keine Ausdehnung.

Wesentlich ist, daß ein Zusammenhang mit Land- oder Forstwirtschaft besteht. Land- oder fortwirtschaftliche Nutzung muß das grstgleiche Recht zum Gegenstand haben.

Einengung nach § 2 Abs 3 Z 2 GrstVG(*Anh*)

Es kann durch Landesrecht bestimmt werden, daß die Veräußerung von Grsten bis zu einer bestimmten Größe genehmigungsfrei bleiben, dazu *Haegele* GBRecht Bem 2175, Beschränkungen Bem 61ff., *Haegele-Riedel* RPfleger-Handbuch Landwirtschaftsrecht I 5/6, *Pikalo-Bendel* GrstVG § 2 Bem G III. Von der hier vorgesehenen Möglichkeit der Befreiung von der Genehmigungspflicht wurde nur im begrenztem Umfange Gebrauch gemacht, und zwar bis jetzt von

Baden-Württemberg Ges über die Freigrenze im land- und fortwirtschaftlichen GrstVerkehr vom 19. Juni 1962 GBl 43. Hiernach sind Veräußerungen von Grsten von der Genehmigungspflicht ausgenommen, die für sich allein oder zusammen mit anderen Grsten des Veräußerers, mit denen sie eine zusammenhängende Fläche bilden, folgende Größen übersteigen:

bei Veräußerung an eine Gemeinde oder einen Gemeindeverband, wenn das Grst im Gebiet der beteiligten Gemeinde oder des beteiligten Gemeindeverbandes gelegen ist 50 Ar,
in allen übrigen Fällen 10 Ar.

Dies gilt nicht für Veräußerungen, durch die die Fläche, die ein Veräußerer in demselben Gemeindegebiet während der vergangen 3 Jahre, die ab 1. Januar 1962 gerechnet werden, genehmigungsfrei veräußert hat, bei Veräußerungen an Gemeinden oder Gemeindeverbände auf mehr als 50 Ar, sonst auf mehr als 10 Ar ansteigen würde. Die Genehmigungsfreiheit gilt auch nicht für die Veräußerung eines Grst, auf dem sich die Hofstelle befindet oder die dem Weinbau oder dem Erwerbsgartenbau dient. Dazu gehört nicht Erwerbsobstbau, **OLG Karlsruhe** RdL 1964, 267, *Haegele* GBRecht Bem 2175 mit Fußn 2 S 538. Genehmigungsbedürftig ist auch die Veräußerung eines unter der Freigrenze liegenden Teilstücks von einem über der Freigrenze liegenden, mit dem Teilstück eine zusammenhängende Fläche bildenden Grst, **OLG Karlsruhe** RdL 1966, 39 = DRspr II (285) 77b.

Bayern AGGrstVG vom 21. Dezember 1961 GVBl 259 Art 2. Hiernach bedarf die Veräußerung von Grsten bis zur Größe von 1 ha.

Der Genehmigung bedarf es aber dann, wenn
aus einem landwirtschaftlichen Betrieb von mehr als 1 ha ein mit Gebäuden der Hofstelle besetztes Grst veräußert wird oder
innerhalb von 3 Jahren vor der Veräußerung aus dem gleichen Grundbesitz im Rahmen der Freigrenze land- oder fortswirtschaftliche Grste veräußert worden sind und bei Einrechnung dieser Veräußerung die Fläche von 1 ha überschritten wird; dabei gilt als Veräußerung der Abschluß des schuldrechtlichen Vertrags, falls ohne einen solchen ein Anspruch auf Übereignung besteht, die Auflassung.

Dazu *Ertl* aaO LitHinweise *Bem 82*. GrstVeräußerungen des Rechtsvorgängers des jetzigen Verkäufers sind bei der Freigrenze zu berücksichtigen, **OLG München** MittBayNotV 1964, 417 = RdL 1964, 212, *Haegele* GBRecht Bem 2175 Fußn 3 S 538. Unberücksichtigt bleiben nach KRG 45 oder GrstVG genehmigte Veräußerungen, **OLG Nürnberg** MittBayNotV 1964, 419 = RdL 1964, 210, **OLG München** RdL 1963, 63 = DRspr II (285) 41a, *Haegele* aaO. Nach **OLG München** RdL 1962, 125 = DNotZ 1962, 663 Ls = DRspr II (285) 31c ist es zulässig, daß bei Übergabe eines landwirtschaftlichen Anwesens ein Übergeber für sich selbst oder zur Versorgung „weichender Erben" zusammen 1 ha Grundbesitz zurückbehält, soweit nicht schon vorher im Rahmen der Freigrenze aus dem Anwesen Grste veräußert wurden. Bei einem Miteigentumsanteil richtet sich die Frage der Genehmigungsfreiheit nach der Größe des Gesamtgrst, **BayObLG** BayObLGZ 1963, 101 = NJW 1963, 1455 = MDR 1963, 679 = RdL 1963, 152 = Rpfleger 1964, 121 = DRspr aaO 46b.

Hessen Ges über die Genehmigungsfreiheit im Verkehr mit land- und forstwirtschaftlichen Grundstücken vom 17. April 1962 GVBl 219 = GVBl II 81—11. Genehmigungsfrei ist die Veräußerung eines Grst, wenn es kleiner als 0,25 ha sowie nicht bebaut ist und am 1. Januar 1961 als selbständiges Flurstück bestanden hat.

Die Frage der Umgehungsgeschäfte wird hier besonders bedeutsam, wenn man die Freigrenze durch Teilveräußerungen zu erreichen versucht; dazu *Bem 79e* sowie *Haegele* GBRecht Bem 2176, Beschränkungen Bem 62, *Pikalo-Bendel* GrstVG § 2 Bem G III 2, auch **BGH** BGHZ 21, 221 = NJW 1956, 1637 = RdL 1956, 247 = DRspr II (284) 117ab, **OLG Frankfurt aM** RdL 1951, 187/1953, 76 und 106 = DRspr aaO 70d, **OLG Koblenz** RdL 1954, 254 = DRspr II (284) 93a.

Genehmigungsfreie Geschäfte dh an sich nach §§ 1, 2 GrstVG(*Anh*) genehmigungspflichtige Rechtsvorgänge, die nach Bundesrecht keiner Genehmigung bedürfen, sind die in **§ 4 aaO** aufgezählten Fälle; dazu *Haegele* GBRecht Bem 2173ff., Beschränkungen Bem 60, *Haegele-Riedel* RPfleger-Handbuch Landwirtschaftsrecht I 5, *Pikalo-Bendel* GrstVG § 4 Bem E. Darüber hinaus wirkt sich als Genehmigungsfreiheit § 2 Abs 3 GrstVG(*Anh*) aus, je nachdem ob Landesrecht hierzu erlassen ist oder nicht. Soweit nach § 2 Abs 3 Z 1 aaO grstgleiche Rechte und Fischereirechte nicht in die Genehmigungspflicht einbezogen sind, bedeutet dies für dieselben Genehmigungsfreiheit. Soweit in einem Lande nach § 2 Abs 3 Z 2 aaO Freigrenzen geschaffen sind, ist eine Veräußerung usw unter der Freigrenze genehmigungsfrei. Von Interesse ist noch, daß § 4 GrstVG(*Anh*) von jeder Genehmigungspflicht ausnahmslos freistellt, während § 8 aaO zwar eine Genehmigung verlangt, aber der Genehmigungsbehörde zur Pflicht macht, daß die Genehmigung erteilt wird; dazu *Pikalo-Bendel* GrstVG § 4 Bem C, D, § 8 Bem C, D. In § 8 aaO werden gewisse Rechtsvorgänge von den Beschränkungen des § 9 aaO freigestellt, jedoch der lenkungsrechtlichen Prüfung unterstellt. Insofern stehen sich Genehmigungsfreiheit und -pflicht nicht völlig gleich; denn die Genehmigung nach § 8 aaO ist nicht reine Formalität. Von den in § 4 aaO aufgezählten Fällen ist nur ein Teil Freistellung im eigentlichen Sinne, während hier Tatbestände genannt werden, die bereits nach anderen gesetzlichen Vorschriften einer Regelung oder behördlichen Prüfung unterliegen und daher eine Genehmigung nach dem GrstVG entbehrlich erscheint, man also ein Doppelverfahren und mehrfache behördliche Überprüfung vermeiden will.

Genehmigungsfrei sind hiernach

Veräußerungen iSd §§ 1, 2 GrstVG(*Anh*), an denen der **Bund** oder ein **Land** (dazu *§ 3 Bem 55, 56, § 32 Bem 57ff.*) als Vertragsteil beteiligt ist, § 4 Z 1 GrstVG(*Anh*). Hierbei ist es gleichgültig, ob der Bund oder ein Land als Veräußerer oder Erwerber in Frage kommt und wer als Vertragspartner beteiligt ist, ob dies eine nach § 4 Z 1, 2 aaO befreite Person oder jemand ist, der an sich der Genehmigung unterliegen würde. Zu Bund und Land zählen auch die ihm zugehörigen Behörden, wie bei Bund Bundespost, Bundesbahn, Bundesautobahn usw; dazu *Haegele* Beschränkungen Bem 60. Wenn der Bund oder ein Land von *A* ein Grst kauft und es an *B* weiterverkauft, so kann zur Vereinfachung genehmigungsfrei unmittelbar von*A* an *B* veräußert werden, **OLG Celle** RdL 1960, 155, *Pikalo-Bendel* GrstVG § 4 Bem E I 2. Nicht dazu rechnen selbständige Körperschaften des öffentlichen Rechts, auch wenn sie Anstalten des Bundes oder der Länder wahrnehmen, wie beim Bund die Bundesbank oder bei den Ländern die Kreise und die Landesuniversitäten; dazu *Pikalo-Bendel* aaO. Gemeinde und Gemeindeverbände zählen ebenfalls nicht hierher, für die ist aber in § 8 Z 1 GrstVG-(*Anh*) eine Vergünstigung geschaffen;

Erwerb eines Grst durch eine mit den Rechten einer Körperschaft des öffentlichen Rechts ausgestatteten **Religionsgesellschaft** (dazu *§ 3 Bem 59ff.*, *§ 32 Bem 62ff.*), außer es handelt sich um einen land- oder forstwirtschaftlichen Betrieb, § 4 Z 2 GrstVG (*Anh*); dazu *Haegele* GBRecht Bem 2174, Beschränkungen Bem 60, *Pikalo-Bendel* GrstVG § 4 Bem E II. Der Erwerb von Grsten durch rechtsfähige kirchliche Anstalten oder Stiftungen, die den Aufgaben einer Religionsgesellschaft bestimmungsgemäß zu dienen haben, ist genehmigungspflichtig, **BGH** BGHZ 39, 299 = NJW 1963, 1920 = MDR 1963, 751 = RdL 1963, 204 = LM § 4 GrundstücksverkehrsG Nr 2 (*Piepenbrock*) = DRspr II (285) 49b = BWNotZ 1963, 288 Ls. Soweit Vermögensträger der öffentlich anerkannten Kirchen die Kirchengemeinden sind (dazu *§ 32 Bem 62ff.*), gilt dies auch für die Vorschrift des § 4 Z 2 GrstVG(*Anh*); so auch *Haegele* Beschränkungen Bem 60 mit Fußn 92 S 40, *Pikalo-Bendel* GrstVG § 4 Bem E II 4, auch **OLG Celle** RdL 1962, 70. Unter Religionsgesellschaften können auch Weltanschauungsgemeinschaften fallen; vorausgesetzt wird jedoch, daß sie die Eigenschaft einer Körperschaft des öffentlichen Rechts verliehen erhalten haben. Religionsgemeinschaften, die keine öffentlichrechtliche Körperschaften sind, unterliegen nicht der Genehmigungsfreiheit. Auch wenn eine Körperschaft des öffentlichen Rechts Grundbesitz erwirbt, entfällt die Vergünstigung bei Erwerb eines land- oder fortwirtschaftlichen Betriebs; dazu *Pikalo-Bendel* aaO Bem E II 6. An dieser Voraussetzung fehlt es bei Erwerb eines oder mehrerer Grst aus einem land- oder fortswirtschaftlichen Betrieb. Nicht unter diese Genehmigungsfreiheit fällt eine Veräußerung, die kein Erwerb ist, also ein Verkauf eines Grst.

Dazu kommen die Fälle, in denen die Genehmigungsfreiheit mit Rücksicht auf andere gesetzliche Regelungen besteht, nämlich bei

Veräußerung iSd §§ 1, 2 GrstVG(*Anh*) oder Ausübung des Vorkaufrechts der Durchführung eines **Flurbereinigungsverfahrens,** eines **Siedlungsverfahrens** oder eines Verfahrens nach § 37 **BundesvertriebenenG** (BVFG) dient, § 4 Z 3 GrstVG-(*Anh*); dazu *Haegele* GBRecht Bem 217, 2, Beschränkungen Bem 54, 60, *Haegele-Riedel* RPfleger-Handbuch Landwirtschaftsrecht I 5, *Pikalo-Bendel* GrstVG § 4 Bem E III. Hiernach ist die Erholung einer Genehmigung bei Veräußerungen usw entbehrlich, die sich abwickeln im Rahmen

eines Verfahrens der Flurbereinigung; dazu *Pikalo-Bendel* aaO Bem E III 1. Zu Veräußerungen im Rahmen der Flurbereinigung *Bem 17, § 38 Bem 69ff.*, *§ 117 Bem 90*;

eines Siedlungsverfahrens; dazu *Pikalo-Bendel* aaO Bem E III 2, *Lange* GrstVG § 4 Bem 3. Als Siedlungsverfahren kommen in Betracht Siedlungsverfahren nach Bundes- und Landesrecht, also insbes nach dem SiedlG nebst AusfGesetzen, aber auch nach anderen Gesetzen, die der Siedlung dienen, wie HG, Gesetzen über Kleinsiedlung und gemeinnütziges und soziales Wohnungswesen sowie Bodenreform; dazu *Pikalo-Bendel* aaO, auch *Bem 46, 87, § 38 Bem 61*. Die Veräußerung muß sich im Rahmen des Siedlungsverfahrens halten, wenn sie genehmigungsfrei sein soll; daher ist eine Genehmigung erforderlich, wenn ein Vorkaufsberechtigter einen Vertrag mit einem Dritten schließt, **BGH** RdL 1957, 18, *Pikalo-Bendel* aaO;

der Maßnahmen für Flüchtlinge und Vertriebene; dazu *Pikalo-Bendel* aaO Bem E III 3. Es muß allerdings eine Siedlungsbehörde mitwirken, wenn die Genehmigungsfreiheit zutreffen soll. Einschlägig können sein GrstErwerb in Durchführung der §§ 42, 44, 62, 63 BVFG und lrechtlicher Anordnungen; dazu Näheres bei *Pikalo-Bendel* aaO;

bei Veräußerungen von Grsten iSd §§ 1, 2 GrsVG(*Anh*), die im räumlichen Geltungsbereich eines Bebauungsplanes iSd § 30 BBauG(*Anh*) liegen, wenn also das **BundesbauG** zur Anwendung kommt, außer in den Falle, daß es sich um die Wirtschaftsstelle eines land- oder forstwirtschaftlichen Betriebs oder um Grste handelt, die im Bebauungsplan als Grst iSd § 1 GrstVG(*Anh*) ausgewiesen sind, § 4 Z 4 aaO; dazu *Haegele* GBRecht Bem 2174, Beschränkungen Bem 60, 272, 391, *Haegele-Riedel* RPfleger-Handbuch Landwirtschaftsrecht I 5, *Heitzer-Osterreicher* BBauG § 22 Bem, § 30 Bem 1 ff., *Pikalo-Bendel* GrstVG § 4 Bem E IV. Eine entsprechende Vorschrift über das Verhältnis von BBauG zum GrstVG enthält § 22 BBauG(*Anh*). In den gesetzlich erwähnten Ausnahmefällen ist eine Genehmigung nach dem GrstVG neben einer Genehmigung nach § 19 BBauG(*Anh*) erforderlich. Die doppelte Genehmigung kommt nur bei Veräußerungen in Betracht, nicht bei bloßen Teilungen, da das GrstVG sich nicht auf letztere bezieht; dazu *Heitzer-Oesterreicher* BBauG § 22 Bem.

Die Ausschließung der Genehmigungspflicht nach dem GrstVG bezieht sich nur auf Rechtsvorgänge im räumlichen Geltungsbereich eines Bebauungsplanes. Ein solcher Bebauungsplan — § 1 Abs 2 BBauG(*Anh*) — muß mindestens Festsetzungen über die Art und das Maß der baulichen Nutzung, über die überbaubaren GrstFlächen und über die örtlichen Verkehrsflächen enthalten, § 9 aaO, wie aus § 30 BBauG(*Anh*) ersichtlich ist. Wirtschaftsstelle umfaßt Wirtschaftsgebäude und Wohngebäude; land- oder fortswirtschaftlicher Betrieb ist sowohl Eigentümer- wie Pachtbetrieb, wenn nur die Wirtschaftsstelle dem Veräußerer gehört, *Pikalo-Bendel* aaO. Zum BBauG *Bem 83a*, zu § 8 Z 1 GrstVG(*Anh*), der das Gebiet des Bauleitplans umfaßt, *Bem 82c*.

Das Verhältnis zwischen BBauG und GrstVG wird ergänzend auch in § 8 Z 1 GrstVG(*Anh*) geregelt; dazu *Bem 82c*,

bei Veräußerung nach dem **bayerischen AlmG** vom 28. April 1932 BayBS IV 359, § 4 Z 5 GrstVG(*Anh*); dazu *§ 18 Bem 157*, im übrigen *Haegele* GBRecht Bem 2174, Beschränkungen Bem 60, *Haegele-Riedel* RPfleger-Handbuch Landwirtschaftsrecht I 5, *Pikalo-Bendel* GrstVG § 4 Bem E V.

82c Das **Genehmigungsverfahren** wird auf **Antrag** eingeleitet, § 3 Abs 1 GrstVG (*Anh*). Es erfolgt also keine Einleitung von Amts wegen. Die Antragsberechtigten sind in § 3 Abs 2 aaO genannt. Zurücknahme des Antrags kann bis zur Rechtskraft einer Entscheidung der Genehmigungsbehörde erfolgen; dazu *Pikalo-Bendel* GrstVG § 3 Bem E VII. Wird ein Antrag zurückgenommen, so entfällt eine Entscheidung. Bei oder nach Antragstellung ist der zu genehmigende Rechtsvorgang als Urkunde vorzulegen, also zB wenn ein notarieller Kaufvertrag vorliegt, dieser. Auch ein Vertragsentwurf kann in Vorlage gebracht werden, wenn der endgültige Vertrag ebenso abgeschlossen wird; dazu *Bem 79d*, auch *Haegele* GBRecht Bem 2193, Beschränkungen Bem 42, 104, 107, *Pikalo-Bendel* aaO Bem E II. Die Vertragsteile können ihren Genehmigungsantrag im Genehmigungsverfahren ohne Zustimmung des vorkaufsberechtigten Siedlungsunternehmens bis zum Zugang der Mitteilung über die Ausübung des Vorkaufsrechts nach § 21 GrstVG(*Anh*) zurücknehmen, **BGH** BGHZ 41, 114 = NJW 1964, 1677 = MDR 1964, 585 = RdL 1964, 122 = DNotZ 1965, 412 = Rpfleger 1964, 259 = WM 1964, 424 = LM § 6 GrundstücksverkehrsG Nr 3—5, § 12 aaO Nr 1ff. Ls, § 21 aaO Nr 1ff. (*Piepenbrock*) = DRspr II (285) 54ab. Im übrigen ist die Zurücknahme des Genehmigungsantrags bis zum rechtskräftigen Abschluß des Genehmigungsverfahrens zulässig, wobei in der Rechtsmittelinstanz die Zurücknahme nur möglich ist, wenn das Rechtsmittel zulässig ist, **BGH** NJW 1959, 1323 = MDR 1959, 479 Ls, 653 (*Rötelmann*) = RdL 1959, 1323 = LM § 14 LwVG Nr 1, **SchlHOLG** SchlHA 1957, 280.

Über den Antrag entscheidet die **Genehmigungsbehörde,** soweit nicht das Gericht zuständig ist, § 3 Abs 1 GrstVG(*Anh*); dazu *Haegele* GBRecht Bem 2177, 2178, Beschränkungen Bem 65ff., *Haegele-Riedel* RPfleger-Handbuch Landwirtschaftsrecht I 6ff., *Pikalo-Bendel* GrstVG § 3 Bem V. Genehmigungsbehörde ist nach den einschlägigen lrechtlichen Vorschriften in

Baden-Württemberg das Landwirtschaftsamt

Bayern die Kreisverwaltungsbehörde, bei Landkreis oder kreisfreier Gemeinde als Vertragsteil die Regierung, bei Bezirk als Vertragsteil das StMin für Ernährung, Landwirtschaft und Forsten

Bremen die Abteilung Ernährung und Landwirtschaft des für die Wirtschaft zuständigen Senators— Landwirtschaftsbehörde

Hamburg die Behörde für Ernährung und Landwirtschaft

Hessen die Land- und Forstwirtschaftskammer, in den Fällen des § 9 GrstVG (*Anh*) im Benehmen mit den Kulturämtern

Niedersachsen der Stadt- oder Landkreis

Nordrhein-Westfalen die Geschäftsführer der Kreisstelle der Landwirtschaftskammer als Landesbeauftragte im Kreis- untere Landwirtschaftsbehörden

Rheinland-Pfalz das Landratsamt, in kreisfreien Städten die Stadtverwaltung als untere Landwirtschaftsbehörde, bei Landkreis und kreisfreier Stadt als Vertragsteil die Bezirksregierung als obere Landwirtschaftsbehörde, bei Bezirksverband als Vertragsteil das Ministerium für Landwirtschaft, Weinbau und Forsten als oberste Landwirtschaftsbehörde

Saarland der Landrat, in der Stadt Saarbrücken der Oberbürgermeister, bei Beteiligung der genannten Behörden als Vertragsteil der Minister für Wirtschaft, Verkehr und Landwirtschaft

Schleswig-Holstein die Kreislandwirtschaftsbehörde, bei Gemeinde oder Gemeindeverband als Vertragsteil im Einvernehmen mit dem Landrat, in Städten mit mehr als 20000 Einwohnern mit dem Bürgermeister bzw Oberbürgermeister.

Ausnahmsweise ist die Genehmigungsbehörde nicht zuständig, sondern das Landwirtschaftsgericht; dazu *Haegele* Beschränkungen Bem 68. Es kommt dies insbes in Betracht

im Geltungsbereich der Höfeordnung bei Entscheidungen nach § 17 HöfeO (*Anh*) bez eines Übergabevertrags; dazu *Bem 82*. Hier ist das Landwirtschaftsgericht anstelle der Genehmigungsbehörde zur Entscheidung zuständig, wie sich aus § 17 Abs 3 HöfeO(*Anh*) ergibt. Es wird durch die gerichtliche Entscheidung eine solche nach dem GrstVG(*Anh*) entbehrlich; dazu ***Lange-Wulff*** HöfeO § 17 Bem 245 (Verfahrensrechtliches), 245a (Verhältnis zum GrstVG). Es ist auch darauf hinzuweisen, daß auch in diesem Verfahren Entwürfe zu Übergabeverträgen zur Entscheidung über die Genehmigung vorgelegt werden können, da den Vertragsschließenden nicht zugemutet werden kann, daß sie zuvor die Kosten für Beurkundung eines Vertrags aufwenden, ohne Gewißheit zu haben, daß derselbe genehmigt wird; dazu *Lange-Wulff* aaO Bem 245b,

bei Abschluß eines gerichtlichen Vergleichs vor dem Landwirtschaftsgericht, wenn dieses mit der Sache befaßt ist und der Vergleich sich auf nach dem GrstVG genehmigungspflichtige Vorgänge bezieht, ohne daß zuvor die Genehmigungsbehörde über die Sache entschieden hat, da nach § 1 Z 2, § 19 LwVG sachliche Zuständigkeit besteht. Es kann dann auch ein Negativzeugnis nach § 5 GrstVG(*Anh*) erteilt werden; dazu *Pikalo-Bendel* GrstVG § 5 Bem E II 1a)aa.

Die örtliche Zuständigkeit ergibt sich aus § 18 GrstVG(*Anh*).

Der **Bescheid** der Genehmigungsbehörde kann lauten auf Erteilung der Genehmigung, auf deren Versagung, auf Genehmigung unter Auflagen oder Bedingungen, §§ 8ff. GrstVG (*Anh*). Soweit es sachlich möglich ist, kann auch dem Antrag teilweise stattgegeben und der Antrag teilweise zurückgewiesen werden. Es kann auch Einstellung des Verfahrens erfolgen. Dazu *Haegele* GBRecht Bem 2179ff., Beschränkungen Bem 69ff. Merkbuch 136/137, *Haegele-Riedel* RPfleger-Handbuch Landwirtschaftsrecht I 8, *Pikalo-Bendel* GrstVG § 3 Bem F, im übrigen *Bem 79e*.

Es ist auf Antrag ein **Zeugnis über die Genehmigungsfreiheit** auszustellen, wenn zu einer Veräußerung iSd §§ 1, 2 GrstVG(*Anh*) eine Genehmigung nicht erforderlich ist, § 5 S 1 aaO. Das Zeugnis steht der Genehmigung gleich, § 5 S 2 aaO; dazu *Bem 79e*. Es handelt sich hier um ein Negativzeugnis. Im Regelfall stellt die Genehmigungsbehörde das Zeugnis aus, das Landwirtschaftsgericht nur, wenn es nach § 22 Abs 1 GrstVG(*Anh*) oder im Bereiche der HöfeO entscheidet oder vor ihm ein Vergleich geschlossen wird; dazu *Pikalo-Bendel* GrstVG § 5 Bem E II 1a. Antragsberechtigung besteht in demselben Umfang wie nach § 3 GrstVG(*Anh*); dazu *Pikalo-Bendel* aaO Bem E I 1c. Das GBA kann bei Zweifel an der Rechtslage von den Beteiligten, die einen Antrag zum GBA gestellt haben, die Vorlage eines solchen Zeugnisses verlangen. Das GBA selbst hat kein Antragsrecht. Für den Nachweis beim GBA ist § 7 GrstVG(*Anh*) maßgebend; dazu *Bem 82d*. Wenn es sich an die Genehmigungsbehörde oder das Landwirtschaftsgericht wegen der Frage der Genehmigungspflicht oder -freiheit wendet, so handelt es sich um Amtshilfe (dazu *§ 1 Bem 9*), die zu einer Auskunft führt, nicht aber ein Negativattest iSd § 5 GrstVG(*Anh*) ist. Einem Antrag auf ein Zeugnis nach § 5 aaO kann stattgegeben werden oder es kann Zurückweisung aus formellen Gründen (etwa bei fehlender Antragsberechtigung) oder aus sachlichen Gründen erfolgen; dazu *Pikalo-Bendel* aaO Bem E II 2b. Ist letzteres der Fall, so kann das GBA davon ausgehen, daß eine Genehmigung nötig ist. Umgekehrt — wenn ein Zeugnis erteilt ist, ist dies auch für das GBA bindend und es hat dieses zu beachten, auch wenn der GBBeamte persönlich anderer Auffassung ist; dazu **RG** Recht 1926 Nr 668, *Haegele* Beschränkungen Bem 86, *Pikalo-Bendel* aaO Bem F. Wegen der Wirkungen des Negativzeugnisses muß dasselbe erkennen lassen, daß die Veräußerung iSd §§ 1, 2 GrstVG(*Anh*) bzw ein Teil des Rechtsgeschäfts keiner Genehmigung nach dem GrstVG(*Anh*) bedarf; dazu *Pikalo-Bendel* aaO Bem E II 3. Bei Gesamtveräußerung in verschiedenen AGBezirken gelegenen Grundbesitzes von einer Genehmigungsbehörde oder Gericht für den Gesamtbesitz erteiltes Negativzeugnis bindet die anderen beteiligten Genehmigungsbehörden bzw Gerichte, auch im Falle einer

Kompetenzüberschreitung; dazu **OLG München** RdL 1962, 261 = DRspr II (285) 35b c bez gerichtlicher Entscheidung.

Damit die **Entscheidung** über den Antrag bzw die Anträge der Beteiligten sich nicht zu sehr verzögert, ist in § 6 GrstVG(*Anh*) eine Frist bestimmt, die durch **Zwischenbescheid** verlängert werden kann; dazu *Bem 79e*. Eine Fristverlängerung kommt vor allem in Betracht, wenn die vorgelegten Unterlagen seitens der Beteiligten ergänzt werden müssen oder Erhebungen veranlaßt sind. Die Frist beginnt ab Eingang der Urkunde über das zu genehmigende Rechtsgeschäft, wobei ein Vertragsentwurf ausreichend ist; dazu **BGH** BGHZ 41, 350 = NJW 1964, 1676 = MDR 1964, 668 = RdL 1964, 208 = WM 1964, 706 = RPfleger 1964, 339 (*Haegele*) = DNotZ 1965, 413 = ZMR 1965, 126 = BB 1964, 1025 Ls = LM § 6 GrundstücksverkehrsG Nr 6 (*Piepenbrock*) = DRspr II (285) 57c, **OLG München** RdL 1963, 241 = DRspr aaO 48a. Bei einer vertragsändernden Urkunde, die nicht nur eine Berichtigung einer offenbaren Unrichtigkeit ist, beginnt die Frist neu zu laufen, **SchlHOLG** SchlHA 1965, 280 = RdL 1965, 90 = DRspr aaO 68a. Die Verlängerung der Frist durch Zwischenbescheid auf 3 Monate gilt bei Nichtvorliegen der Voraussetzungen für die Ausübung des Vorkaufsrechts nach § 4 RSiedlG auf 2 Monate, **BGH** BGHZ 44, 202 = NJW 1966, 152 = MDR 1966, 135 = RdL 1966, 17 = WM 1966, 69 = LM aaO Nr 7 Ls, § 9 aaO Nr 6 (*Grell*) = DRspr II (285) 75c. Der Zwischenbescheid muß klare Angaben über die Fristverlängerung enthalten, **OLG München** RdL 1965, 170 = DRspr aaO 70b, er muß den Beginn und das Ende der verlängerten Frist angeben, **OLG München** RdL 1966, 262 = DRspr II (285) 82ab. Ein irrtümlich auf § 6 Abs 1 S 2, § 12 GrstVG(*Anh*) gestützter Zwischenbescheid verlängert die Entscheidungsfrist auf 2 Monate, **BGH** aaO. Ein Zwischenbescheid ist bez der Fristdauer auslegbar, **BGH** NJW 1966, 1408 = MDR 1966, 668 = BB 1966, 640 = LM § 6 GrundstücksverkehrsG Nr 8. Die Zustellung des Zwischenbescheids muß bei einem Erbauseinandersetzungsvertrag an alle Miterben ergehen, **OLG München** RdL 1966, 262 (wV aaO), sie kann auch an den zur Stellung des Genehmigungsantrags ermächtigten Notar erfolgen, **BGH** MDR 1963, 488 = RdL 1963,90 = Rpfleger 1963, 405 (*Haegele*) = WM 1963, 409 = LM § 6 GrundstücksverkehrsG Nr 1/2, § 9 aaO Nr 1 = DRspr II (285) 43c, **OLG Karlsruhe** RdL 1963, 121. Wenn innerhalb der Frist, und zwar der normalen oder der verlängerten, kein Bescheid ergeht, so gilt nach § 6 Abs 2 GrstVG(*Anh*) eine **Genehmigungsfiktion** dh die Genehmigung gilt als erteilt; dazu *Pikalo-Bendel* GrstVG § 6 Bem E V. Die Genehmigungsbehörde ist an ihre im Zwischenbescheid nach §§ 6, 12, GrstVG(*Anh*) vertretene Auffassung nicht gebunden, sie kann davon im weiteren Verlauf des Genehmigungsverfahrens abgehen, **BGH** BGHZ 41, 114 wV aaO *Bem 82c*. Hebt das Landwirtschaftsgericht im Einwendungsverfahren nach § 10 RSiedlG(*Anh*) die Mitteilung der Genehmigungsbehörde über die Ausübung des Vorkaufsrechts nach § 21 GrstVG (*Anh*) auf, so ist das vorkaufsberechtigte Siedlungsunternehmen beschwerdeberechtigt, **BGH** aaO. Wenn die Entscheidung über die Genehmigung oder die Genehmigung durch Fristablauf unanfechtbar geworden ist, hat die Genehmigungsbehörde auf Antrag hierüber ein **Zeugnis** auszustellen, § 6 Abs 3 GrstVG(*Anh*). Wird die Erteilung eines solchen Zeugnisses verweigert und gleichzeitig der Vertrag genehmigt, so sind die Vertragsteile durch die Verweigerung des Zeugnisses beschwert, solange die Genehmigung noch nicht rechtskräftig erteilt ist, **BGH** MDR 1963, 488 wV aaO *Bem 82b*.

§ 6 GrstVG(*Anh*) ist nach § 31 Abs 2 aaO auf **Hofübergabeverträge** iSd § 17 HöfeO nicht anzuwenden; dazu *Bem 82*, auch *Pikalo-Bendel* GrstVG § 6 Bem D III 2a. Für das sonstige Anerbenrecht gilt dies nicht.

Über die **Genehmigung** im allgemeinen *Bem 79e*. Der **Inhalt des Bescheids** ergibt sich aus §§ 8ff. GrstVG(*Anh*). Nach **§ 8 GrstVG**(*Anh*) besteht in den in dieser Vorschrift abschließend aufgezählten Fällen eine **Pflicht zur Genehmigung.** Es darf also, wenn die Voraussetzungen der dort genannten Fälle vorliegen, keine Versagung der Genehmigung oder keine Genehmigung unter Auflagen oder Bedingungen erfolgen; dazu *Pikalo-Bendel* GrstVG § 8 Bem D. Es sind dies folgende Tatbestände:

Beteiligung einer **Gemeinde** oder eines **Gemeindeverbands** (dazu *§ 2 Bem 64ff., § 32 Bem 60, 61*) an einer Veräußerung iSd §§ 1, 2 GrstVG(*Anh*), wenn das veräußerte Grst im Gebiet der Gemeinde oder des Gemeindeverbands liegt und durch einen Bauleitplan iSd § 1 Abs 2 BBauG(*Anh*) nachgewiesen wird, daß das Grst für andere als die in § 1 GrstVG(*Anh*) bezeichneten Zwecke vorgesehen ist, § 8 Z 1 GrstVG(*Anh*); dazu *Haegele* GBRecht Bem 2182, Beschränkungen Bem 72, *Haegele-Riedel* RPfleger-Handbuch Landwirtschaftsrecht I 8/9, *Pikalo-Bendel* aaO Bem E. Es kann sich um ein Grundstück oder um GrstTeile handeln, auf die Art der Nutzung im Zeitpunkt der Veräußerung kommt es nicht an. Das Grst muß aber im Gebiet der beteiligten Körperschaft liegen, dies kann aus dem GB leicht festgestellt werden; dazu *Pikalo-Bendel* aaO Bem E 13. Wen das betreffende Grst nur zum Teil im Gebiet der beteiligten Körperschaft liegt, so muß es sich um den überwiegenden Teil handeln, wenn die Vorschrift zur Anwendung kommen soll, da vom Gesetz nicht verlangt wird, daß das ganze Grst in diesem Bereich liegt; dazu *Pikal-Bendel* aaO. Da jedoch Grst iSd GrstVG(*Anh*) ein Grst im Rechtssinne ist (dazu *Bem 82a*), folgt daraus, daß mehrere Grste bez der Lage selbständig zu beurteilen sind. Es greift also bei mehreren Grsten nicht eine wirtschaftliche Betrachtungsweise Platz, indem der gesamte Grundbesitz, auf den sich die Veräußerung bezieht, wirtschaftlich als Einheit angesehen wird. Das Grst muß in einem Bauleitplan-Bereich liegen. Bauleitplan ist entweder ein Bauflächenplan oder ein Bebauungsplan, je nachdem ob er vorbereitender oder verbindlicher Art ist, §§ 1, 2 BBauG(*Anh*); zum BBauG *Bem 83a*. Der Bereich ist also weiter als nach § 4 Z 4 GrstVG(*Anh*); dazu *Bem 82b*. Der zukünftige Verwendungszweck des Grst darf nicht Land- oder Forstwirtschaft iSd § 1 GrstVG(*Anh*) sein; dazu *Bem 82a*. Die verschiedenen Voraussetzungen die § 8 Z 1 aaO fordert, müssen nebeneinander also kumuliativ vorliegen; sonst kommt die Vorschrift nicht zur Anwendung.

Veräußerung oder Übertragung in vorweggenommenere Erbfolge bei einem einheitlichen **geschlossenen** land- oder forstwirtschaftlichen **Betrieb** oder **Nießbrauchbestellung** an einem Grst, wenn Erwerber oder Nießbraucher entweder der Ehegatte des Eigentümers oder mit dem Eigentümer in gerader Linie oder bis zum 3. Grad in der Seitenlinie verwandt oder bis zum 2. Grad verschwägert ist, § 8 Z 2 GrstVG(*Anh*); dazu *Haegele* aaO, *Haegele-Riedel* RPfleger-Handbuch Landwirtschaft I 9, *Pikalo-Bendel* GrstVG § 8 Bem E II. Zunächst wird ein Verwandtschafts- oder Schwägerschaftsverhältnis iSd §§ 1589, 1590 BGB in dem im Gesetz angegebenen Grad vorausgesetzt, und zwar zwischen GrstEigentümer und Erwerber bzw Nießbraucher. Weitere Voraussetzung ist alternativ Veräußerung eines geschlossenen Betriebs iSd § 1 GrstVG(*Anh*) bzw Übertragung eines solchen Betriebs in vorweggenommener Erbfolge bzw Nießbrauchbestellung an einem Grst. Eine juristische Person scheidet hier aus, weil Verwandtschaft nur zwischen natürlichen Personen besteht; es genügt also nicht, daß in einer juristischen Person die Vertretung bei einer verwandten oder verschwägerten Person liegt. Auf jeder der beiden Seiten kann eine Mehrheit von Vertragsbeteiligten stehen, wenn nur die vom Gesetz geforderte Verwandtschaft oder Schwägerschaft besteht; so auch *Pikalo-Bendel* aaO Bem E II 1e, **aA** *Wöhrmann* Betriebsveräußerung nach § 8 Z 2 GrstVG an eine Personenmehrheit RdL 1964, 203 =

DRspr II (285) 58b. Es ist darauf hinzuweisen, daß die abweichende Meinung im Gesetzestext keine ausreichende Stütze findet und auch dem Sinn der Vorschrift widerspricht. Gerade bei der Vererbung kommt es doch häufig vor, daß eine Mehrheit als Erben in Betracht kommt, vor allem wenn Kinder des Erblassers vorhanden sind. Es muß eine einheitliche Übertragung des gesamten Grundbesitzes erfolgen, also ohne Abtrennung einzelner Grste. Bei einem gemischten Betrieb wird man zulassen müssen, daß nur der Betriebsteil iSd § 1 GrstVG(*Anh*) übertragen wird, wenn Trennbarkeit vorliegt; dazu *Pikalo-Bendel* aaO Bem E II 3a. Bei einem Nießbrauch kommt in Abweichung von den anderen beiden Alternativen der Vorschrift ein einzelnes Grst, ein GrstTeil oder eine Mehrheit von Grsten in Betracht; dazu *Pikalo-Bendel* aaO Bem E II 3c. Zum Nießbrauch **OLG Köln** DNotZ 1966, 553 bez einer Mutter, die für ihre Kinder eine Nießbrauchbestellung vornimmt, die praktisch auf eine Betriebsteilung abzielt, wobei die Frage des Umgehungsgeschäfts geprüft wird.

Nach § 31 Abs 1 GrstVG(*Anh*) ist § 8 aaO nicht anzuwenden, wenn im Geltungsbereich der **HöfeO** entschieden wird; dazu *Bem 82*, auch *Pikalo-Bendel* GrstVG § 8 Bem D III 2a. Bei anderen anerbenrechtlichen Regelungen gilt diese Beschränkung nicht.

Veräußerung eines **gemischten Betriebs im ganzen,** wobei die land- oder forstwirtschaftlich genutzte Fläche iSd § 1 GrstVG(*Anh*) nicht die Grundlage für eine selbständige Existenz bildet, § 8 Z 3 GrstVG(*Anh*); dazu *Haegele* aaO, *Haegele-Riedel* aaO, *Pikalo-Bendel* GrstVG § 8 Bem E III. Ein gemischter Betrieb besteht aus einem land- bzw forstwirtschaftlichen und einem oder mehreren gewerblichen Teilen; dazu *Pikalo-Bendel* GrstVG § 1 Bem F III, § 8 Bem E III 1. Hier wird nur verlangt, daß sich die Veräußerung auf den ganzen Betrieb bezieht. Die Erwerbung kann an verschiedene Personen erfolgen, wobei diese Teile des Betriebs erwerben können; dazu *Pikalo-Bendel* aaO Bem E III 2. Erwerber kann auch ein Nichtlandwirt sein, **OLG Karlsruhe** RdL 1962, 260 = DRspr II (285) 35d.

Veräußerung im Interesse einer **Grenzverbesserung,** § 8 Z 4 GrstVG(*Anh*); dazu *Haegele* aaO, *Haegele-Riedel* aaO, *Pikalo-Bendel* GrstVG § 8 Bem E IV. Es kann sich um Grenzberichtigung im Rahmen eines Nachbarstreits handeln (dazu *Bem 20*), *§ 5 Bem 14*, *§ 29 Bem 57*), wenn ein Vergleich geschlossen wird oder aber bei Flurbereinigung (dazu *§ 38 Bem 69ff.*, *§ 117 Bem 90*), um nur einige Beispiele zu nennen.

Grundstückstausch zur Verbesserung der Landbewirtschaftung oder aus anderen volkswirtschaftlich gerechtfertigten Gründen, wobei der etwaige Geldausgleich nur mehr als ¼ des höheren GrstWerts ausmachen darf, § 8 Z 5 GrstVG(*Anh*); dazu *Haegele* aaO, *Haegele-Riedel* aaO, *Pikalo-Bendel* GrstVG § 8 Bem E V. Man wird auch sog Ringtauschverträge hierunter einreihen; dazu *Pikalo-Bendel* aaO Bem E V 1b. Auch hier können Gesichtspunkte der Flurbereinigung (dazu *§ 38 Bem 69ff.*), *§ 117 Bem 90ff.*) von Bedeutung sein.

Veräußerung eines Grst zur Vermeidung einer **Enteignung** oder einer **bergrechtlichen Grundabtretung,** wenn an die Person veräußert wird, zu dessen Gunsten es enteignet werden könnte oder abgetreten werden müßte, oder Veräußerung an denjenigen erfolgt, der das Eigentum auf Grund gesetzlicher Verpflichtung übernehmen müßte, § 8 Z 6 GrstVG(*Anh*); dazu *Haegele* aaO, *Haegele-Riedel* aaO, *Pikalo-Bendel* GrstVG § 8 Bem E VI. Es handelt sich also um freiwillige Auflassungen, um Enteignung zu vermeiden; dazu *Bem 45*,

§ 29 Bem 58ff., § 38 Bem 76ff., § 117 Bem 32ff., 74ff. Die gesetzliche Verpflichtung zur Übernahme von Grundbesitz besteht nach § 40 Abs 2 BBauG als Entschädigung; dazu *Pikalo-Bendel* aaO Bem E VI 3.

Erwerb von **Ersatzland** in 3 Fällen, § 8 Z 7 GrstVG(*Anh*); dazu *Haegele* aaO, *Haegele-Riedel* aaO, *Pikalo-Bendel* GrstVG § 8 Bem E VII. Die Voraussetzungen liegen vor,

a) soweit der Erwerber auf das Ersatzland zur **Sicherung seiner Existenz** oder zur **Aufrechterhaltung seines** persönlich bewirtschafteten **Betriebs** angewiesen ist; dazu *Pikalo-Bendel* aaO Bem E VII 2, 3,

b) soweit das Ersatzland zur **Erfüllung von dem Erwerber wesensgemäß obliegenden Aufgaben** zu dienen bestimmt ist und es sich bei dem Ersatzland nicht um einen land- oder forstwirtschaftlichen Betrieb handelt; dazu *Pikalo-Bendel* aaO Bem E VII 4,

c) soweit eine **Gemeinde** oder ein **Gemeindeverband** (dazu *§ 2 Bem 64ff., § 32 Bem 60, 61*) das Ersatzland **zur alsbaldigen Verpachtung oder Veräußerung an einen** bestimmten von ihr oder von ihm verdrängten **Landwirt** benötigt; dazu *Pikalo-Bendel* aaO Bem E VII 5, auch **OLG Frankfurt aM** RdL 1962, 69 = DNotZ 1962, 664 Ls, **OLG Hamm** RdL 1965, 202 = DRspr II (285) 71e, **OLG Köln** RdL 1961, 288.

Abgesehen von den unter § 8 GrstVG(*Anh*) fallenden Tatbeständen kann die Genehmigungsbehörde **Versagung der Genehmigung** oder **Beschränkung** derselben **durch Auflagen oder Bedingungen** anordnen, §§ 9ff. GrstVG(*Anh*); dazu *Haegele* GBRecht Bem 2179ff., Beschränkungen Bem 73ff., *Haegele-Riedel* RPfleger-Handbuch Landwirtschaftsrecht I 9ff., *Pikalo-Bendel* GrstVG §§ 9 bis 11 mit Bem, ferner *DRspr* II (285), *LM* GrundstücksverkehrsG, *NJW ZF* IXff. Nr 40. Zu allgemeinen Fragen ist auf *Bem 79e* zu verweisen. Da hier nach dem Einzelfall auf Grund näherer Prüfung der Verhältnisse entschieden wird, ist für das GBA nur das Ergebnis, nämlich der Bescheid der Genehmigungsbehörde von Bedeutung, während die Einzelheiten bez der Versagungsgründe und der Auflagen und Bedingungen in diesem Zusammenhang nicht interessieren. Die meisten zur Genehmigung anstehenden Fälle sind nach §§ 9ff., GrstVG(*Anh*) zu entscheiden, so daß § 9 aaO als Kernvorschrift des Abschnitts über die Genehmigungen gilt; dazu *Pikalo-Bendel* GrstVG § 9 Bem D I 1.

Wenn die Voraussetzungen vorliegen, unter denen nach dem **RSiedlG das Vorkaufsrecht** ausgeübt werden kann (dazu *Bem 87*), so hat die Genehmigungsbehörde, bevor sie über den Antrag auf Genehmigung entscheidet, den Vertrag der Siedlungsbehörde zur Herbeiführung einer Erklärung über die Ausübung des Vorkaufsrechts durch die vorkaufsberechtigte Stelle vorzulegen, § 12 GrstVG(*Anh*). Im Rahmen eines Einwendungsverfahrens nach § 10 RSiedlG(*Anh*) steht dem Landwirtschaftsgericht auch die Prüfung der Frage zu, ob die Vorkaufsrechtsausübung aus verfahrensrechtlichen Gründen, zB wegen Zurücknahme des Genehmigungsantrags, rechtswirksam ist, **BGH** BGHZ 41, 114 wV aaO *Bem 82c*. Das siedlungsrechtliche Vorkaufsrecht besteht nicht, wenn eine GrstVeränßerung unter einer Auflage genehmigt werden kann, **BGH** NJW 1965, 816 = MDR 1965, 284 = RdL 1965, 45 = Rpfleger 1965, 223 (*Haegele*) = § 10 GrundstücksverkehrsG Nr 1. Das RSiedlG(*Anh*) wurde durch § 28 GrstVG geändert und dem GrstVerkehrsrecht angeglichen; dazu *Pikalo-Bendel* GrstVG § 28 Bem 1ff., zum Verhältnis der Vorschriften des GrstVG und RSiedlG aaO § 12 Bem D III 4. Die Mitteilungen über die Ausübung des Vorkaufsrechts ist in § 21 GrstVG(*Anh*) geregelt. Ist der Kaufvertrag vor der Zustellung der Mitteilung über die Ausübung des Vorkaufsrechts geändert worden, so ist die Mitteilung gegenstandslos, **OLG München** RdL 1965, 170. Wird das Vorkaufsrecht ausgeübt, so muß die Genehmigungsbehörde lediglich diese Erklärung den Vertragsbeteiligten mitteilen, darf aber nicht die Genehmigung zu dem von ihnen abgeschlossenen Kaufvertrag versagen, **OLG Oldenburg** NdsRpfl 1964, 197 = BWNotZ 1965, 38 Ls = DRspr II (285) 60a.

Eine **Einstellung des Genehmigungsverfahrens** kommt nur in den Fällen der §§ 4 und 8 GrstVG(*Anh*) in Betracht; in der Rechtsmittelinstanz setzt dies die Zulässigkeit des Rechtsmittels voraus, **BGH** DNotZ 1962, 500 = MDR 1962, 388 = RdL 1962, 97. Dies wird zwar für die Übergangsregelung in § 32 Abs 2 GrstVG ausgesprochen, gilt aber darüber hinaus auch sonst.

Das **Genehmigungsverfahren** ist in §§ 18ff. GrstVG(*Anh*) geregelt, in § 18 aaO bez der örtlichen Zuständigkeit, in § 19 aaO bez Anhörung der land- und forstwirtschaftlichen Berufsvertretung (dazu *Haegele* Beschränkungen Bem 106, *Pikalo-Bendel* GrstVG § 19 Bem E I 2b bez der in den einzelnen Ländern bestehenden Bernfsvertretungen), in § 20 GrstVG(*Anh*) bez Begründung der Entscheidung (dazu *Bem 79e*) und deren Zustellung nebst Belehrung über Rechtsmittel, in § 21 aaO bez der bernits erwähnten Mitteilung über die Ausübung des siedlungsrechtlichen Vorkaufsrechts, in 23 a aO bez Gebühren- und Auslagenfreiheit.

Antrag auf **gerichtliche Entscheidung** kann nach Maßgabe des § 22 GrstVG (*Anh*) gestellt werden, und zwar, wenn die Genehmigungsbehörde eine Genehmigung versagt oder unter Auflagen und Bedingungen erteilt hat, wenn sie ein Zeugnis nach § 5 aaO über die Genehmigungsfreiheit oder nach § 6 Abs 3 aaO über die Genehmigung verweigert. In diesem Verfahren kann auch der Antrag auf Änderung von Auflagen gestellt werden, wenn sich die Verhältnisse, die für die Erteilung der Auflage maßgebend waren, wesentlich geändert haben, § 22 Abs 4 GrstVG(*Anh*); dazu **OLG München** RdL 1965, 263 = DRspr II (285) 72cd. Eine unzulässige Auflage muß auch aufgehoben werden, wenn keine wesentliche Änderung der Verhältnisse eingetreten ist, **OLG Hamm** RdL 1964, 238 = DRspr II (285) 59c. Im gerichtlichen Verfahren können auch Bedingungen abgeändert oder aufgehoben werden, **OLG München** aaO. Dagegen ist die Anrufung des Gerichts unzulässig gegen die Erteilung eines Zeugnisses über die Genehmigungsfreiheit, **OLG Celle** NdsRpfl 1960, 79. Im übrigen richtet sich das Verfahren vor den Landwirtschaftsgerichten nach dem LwVG (dazu *Bem 82*), in dessen § 1 Z 2 aaO ausdrücklich die Anwendbarkeit der Vorschriften des GrstVG angeordnet ist; dazu *Haegele* Beschränkungen Bem 115ff., *Pikalo-Bendel* GrstVG § 22 Bem D III 5.

Die Stellung, die das **Grundbuchamt** einnimmt, wenn es um die Frage der Genehmigung nach dem GrstVG(*Anh*) geht, ist aus § 7 aaO ersichtlich. Das GBA darf eine Rechtsänderung in das GB erst eintragen, wenn bei einem **genehmigungsbedürftigen Rechtsgeschäft** iSd §§ 1, 2 GrstVG(*Anh*) die Unanfechtbarkeit der Genehmigung nachgewiesen ist, § 7 Abs 1 aaO; dazu *Haegele* GBRecht Bem 2192, Beschränkungen Bem 45, 126, *Pikalo-Bendel* GrstVG § 2 Bem E III, § 7 Bem E. Der Nachweis der Unanfechtbarkeit ist auch dann nötig, wenn die Genehmigung ausdrücklich uneingeschränkt erfolgt ist, **OLG Frankfurt aM** DNotZ 1965, 502 (*Haegele*) = DRspr II (285) 71d, *Haegele* Rechtskraftzeugnis bei vorbehaltsloser Genehmigung nach dem GrstVG? DNotZ 1964, 680. Der Nachweis erfolgt in der Form des § 29, **LG Traunstein** DNotZ 1964, 123 = DRspr IV (475) 80b; dazu auch *Lange* GrstVG § 7 Bem 3, § 22 Bem 2, *Pikalo-Bendel* GrstVG § 7 Bem E III 2b. Eine Bescheinigung des beurkundenden Notars, daß die Versagung der Genehmigung durch die Genehmigungsbehörde rechtsunwirksam sei, ersetzt nicht den gesetzlich erforderlichen Nachweis, **LG Offenburg** RdL 1965, 118.

Nicht der Genehmigung unterliegende Rechtsgeschäfte hat das GBA ohne weiteres einzutragen. Hieraus folgt, daß das GBA bei der Vorlage von Eintragungsanträgen zu **prüfen** hat, ob Genehmigungsbedürftigkeit nach dem GrstVG(*Anh*) in Frage kommt oder mindestens möglich ist; dazu **BayObLG** DNotZ 1953, 439 = DRspr II (284) 75b unter Hinweis auf **BGH** RdL 1952, 184 = DRspr aaO 58b, ferner **OLG Hamm** RdL 1952, 77, **LG Itzehoe** SchlHA 1948, 163 = DRspr aaO 8b, *Haegele* Beschränkungen Bem 85, *Pikalo-Bendel* GrstVG § 7 Bem E I; dazu auch *Bem 79, § 18 Bem 89, 150.* Ob allerdings die Genehmigung erforderlich ist und bejahendenfalls erteilt wird, hat die Genehmigungsbehörde, bei Antrag auf gerichtliche Entscheidung das Landwirtschaftsgericht zu entscheiden. Deren Entscheidung ist für das GBA bindend, auch wenn sie unrichtig ist, **RG** Recht 1926 Nr 668. Die Genehmigungsbehörde hat Entscheidungsbefugnis nur, wenn das GrstVG(*Anh*) anwendbar ist. Kommt die Genehmigungsbehörde zu dem Ergebnis, daß keine Genehmigungsfähigkeit besteht, also das GrstVG-(*Anh*) nicht anzuwenden ist, dann hat es nach § 5 aaO ein Negativzeugnis auszustellen; dazu *Bem 82c.* Das GBA hat im Rahmen seiner Prüfung zu erwägen, ob Genehmigungsbedürftigkeit nach §§ 1, 2 GrstVG(*Anh*) besteht, bejahendenfalls ob nach § 4 aaO genehmigungsfreie Rechtsgeschäfte vorliegen (dazu *Bem 82c*). Bei zweifelhafter Rechtslage, auch wenn unklar ist, ob ein Umgehungsgeschäft vorliegt (**KG** JFG 17, 74), kann es nach § 18 durch Zwischenverfügung dem Antragsteller aufgeben, den Nachweis der Genehmigung bzw bei Entbehrlichkeit derselben diesen Nachweis durch ein Zeugnis nach § 5 aaO zu führen; dazu **KG** OLG 44, 143, *Pikalo-Bendel* GrstVG § 7 Bem E I. Für die Form des Nachweises ist § 29 maßgebend; dazu *§ 29 Bem 16.* Nur bei Offenkundigkeit ist ein solcher Nachweis entbehrlich; dazu *§ 29 Bem 69, 70.* Diese Prüfung gilt bei allen Arten von Eintragungen, ob sie rechtsbegründender oder nur feststellender Art sind; dazu *Pikalo-Bendel* aaO Bem E II. Eine Auflassungsvormerkung kann eingetragen werden; dazu *Bem 79e, 82b.*

Zum Nachweis der Genehmigung gehört bei Genehmigung unter einer aufschiebenden Bedingung (dazu *Bem 79e, 82c*), daß die Bedingung eingetreten ist; dazu *Haegele* GBRecht Bem 2192, *Pikalo-Bendel* aaO Bem E III 1, 2, auch *Bem 79e.* Die Beteiligten können nach § 11 Abs 2 GrstVG(*Anh*) bei der Genehmigungsbehörde eine Bescheinigung über den Eintritt der Bedingung beantragen, die sie dem GBA dann vorlegen können. Bei Auflagen wird die Wirksamkeit der Genehmigung nicht beeinflußt; dazu *Bem 79e, 82c.* Im übrigen wird der Nachweis der Genehmigung durch ein Zeugnis nach § 6 Abs 3 GrstVG(*Anh*) geführt; dazu *Bem 82c,* auch *Pikalo-Bendel* aaO Bem E III 2. Der Nachweis kann auch in sonstiger Weise erbracht werden; dazu *Lange* GrstVG § 7 Bem 5, *Pikalo-Bendel* aaO. Wenn das Landwirtschaftsgericht entschieden hat, ist ein Rechtskraftzeugnis nach § 9 LwVG, § 31 FGG von den Beteiligten zu beantragen und dem GBA vorzulegen.

Ist im GB **auf Grund eines nicht genehmigten Rechtsgeschäfts eine Rechtsänderung eingetragen,** so hat das GB auf Ersuchen der Genehmigungsbehörde oder des Vorsitzenden des Gerichts, das nach § 22 GrstVG(*Anh*) zu entscheiden hat, falls nach ihrem Ermessen eine Genehmigung erforderlich ist, einen **Widerspruch im GB einzutragen,** § 7 Abs 2 S 1 GrstVG(*Anh*); dazu *Pikalo-Bendel* GrstVG § 7 Bem F. auch **OLG Oldenburg** NdsRpfl 1963, 276 = RdL 1963, 319 = DRspr II (285) 52b, **LG Düsseldorf** RdL 1965, 42 = DRspr aaO 64b. Die Eintragung des Widerspruchs erfolgt auf Ersuchen gemäß § 38; dazu *§ 38 Bem 11ff., 52.* Dem GBA steht ein Nachprüfungsrecht bez des Ersuchens nicht zu, es hat dasselbe auszuführen, **KG** OLG 44, 167. Es kann den Vollzug der Eintragung nur dann ablehnen, wenn ihm positiv bekannt ist, daß inzwischen die Genehmigungsbehörde den Rechtsvorgang rechtskräftig genehmigt hat; dazu **OLG Köln** RdL 1961, 237, *Pikalo-Bendel* aaO Bem F I 3. Der **Widerspruch ist zu löschen,** wenn die Genehmigungsbehörde oder der Vorsitzende des Gerichts darum gemäß § 38 ersucht oder wenn dem GBA die Unanfechtbarkeit der Genehmigung nachgewiesen wird, § 7 Abs 2 S 2 GrstVG(*Anh*); dazu *Pikalo-Bendel* aaO Bem F II. Hiernach hat die Löschung des Widerspruchs entweder auf Ersuchen oder bei Nachweis der Genehmigung zu erfolgen. Gegen das Ersuchen um Widerspruchseintragung haben die Betroffenen kein Rechtsmittel, wohl aber haben sie bei Eintragung und Löschung des Widerspruchs im GB die Beschwerde nach § 71. Die ersuchende Behörde hat bei Eintragungs- und Löschungsersuchen im Falle einer Ablehnung die Beschwerde nach § 71. Dazu *Bem 83b*.

Daneben besteht für das GBA die Möglichkeit zur **Eintragung eines Amtswiderspruchs** nach § 53 Abs 1 S 2, wie sich aus § 7 Abs 2 S 3 GrstVG(*Anh*) ergibt; dazu *Pikalo-Bendel* aaO Bem F. Über die Eintragungsvoraussetzungen *§ 53 Bem 2ff*. Die Löschung desselben erfolgt nach § 53 Abs 2 S 2 von Amts wegen, wenn die Voraussetzungen hierzu vorliegen; dazu **KG** HRR 1935 Nr 131, *§ 53 Bem 51ff*. Daneben besteht bei Unrichtigkeitsnachweis oder auf Antrag die Möglichkeit zur Löschung nach § 22, dazu *§ 53 Bem 62*, auch *Pikalo-Bendel* aaO Bem F II d. Die Eintragung des Widerspruchs auf Ersuchen oder von Amts wegen kann auch gegenstandslos geworden sein, weil die Beteiligten den Vertrag rückgängig gemacht haben oder das Genehmigungsverfahren nicht mehr weiterbetreiben. In solchen Fällen zB kann dann auch eine Löschung des Amtswiderspruchs auf Antrag und Bewilligung des oder der Betroffenen erfolgen; dazu auch **KG** JFG 1, 392, *Güthe* 1862 (GrstVerkBek), *Ricks* GB Praxis 174. Die Eintragung eines Widerspruchs kann von der Genehmigungsbehörde nach rechtskräftiger Erteilung des Zuschlags und Eintragung des Erstehers im GB nicht verlangt werden, weil sie der Meinung ist, daß der Ersteher die Genehmigungsfreiheit im ZwVVerfahren zum Grst.-werb mißbraucht hat, **OLG Karlsruhe** RdL 1966, 153 = DRspr II (285) 81a. Der a Grund des § 7 Abs 2 GrstVG(Anh) eingetragene Widerspruch zersört den guten Glauben des Erwerbers, beschränkt aber den Eigentümer in der Verfügung über sein Recht nicht und stellt insbes kein der ZwVerst entgegenstehendes Recht iDs § 28 ZVG dar, **AG Waldbröl** RdL 1963, 319 = DNotZ 1964, 370 Ls. Dazu *Bem 83b*.

Im Interesse der Klarstellung der Rechtslage bestimmt § 7 Abs 3 GrstVG(*Anh*), daß dann, wenn **die auf Grund eines nicht genehmigten Rechtsgeschäfts vorgenommene Eintragung einer Rechtsänderung im GB 1 Jahr** besteht, die **Genehmigung** fiktiv als **erteilt** gilt, außer wenn vor Ablauf der Frist ein Widerspruch im GB eingetragen worden ist oder Antrag auf GBBerichtigung oder ein Ersuchen auf Eintragung eines Widerspruchs gestellt worden ist; dazu *Pikalo-Bendel* GrstVG § 7 Bem G. Dies bezieht sich auf ein Rechtsgeschäft, das genehmigungsbedürftig ist, aber nicht genehmigt oder bei dem die Genehmigung versagt wurde.

2. Das Verfahren über **gerichtliche Zuweisung eines Betriebs** ist in §§ 13 ff. **82d**
GrstVG(*Anh*) geregelt; dazu *Haegele* Beschränkungen Bem 31, *Pikalo-Bendel* GrstVG § 13 Vorbem C, D. Es soll mit dieser Regelung der Zersplitterung von land- und forstwirtschaftlichem Grundbesitz entgegengewirkt werden, damit eine ähnliche Wirkung wie im Höfe- und Anerbenrecht erreicht wird. Deshalb hann, wenn ein **landwirtschaftlicher Betrieb einer durch gesetzliche Erbfolge entstandenen Erbengemeinschaft** gehört, das Landwirtschaftsgericht auf Antrag eines Miterben die Gesamtheit der Grste des Betriebs einem der Miterben zuweisen, § 13 Abs 1 S 1 GrstVG(*Anh*).

Die **Wirkung** der Zuweisung ergibt sich aus § 13 Abs 2 GrstVG(*Anh*). Das Eigentum an dem zugewiesenen Betrieb geht mit Rechtskraft der Entscheidung oder zu einem später bestimmten Zeitpunkt auf den Erwerber über. Nach Abschluß des Verfahrens **ersucht** der Vorsitzende des Gerichts des 1. Rechtszugs das **GBA um Eintragung des Erwerbers,** § 25a LwVG; dazu *Pikalo-Bendel* GrstVG § 13 Bem K II 4. Das GBA hat, da es ein Ersuchen nach § 38 ist, nur die Ordnungsmäßigkeit des Ersuchens zu prüfen; dazu *§ 38 Bem 11ff*. Nach Bejahung dieser Frage hat es die GBEintragung vorzunehmen.

FSC
www.fsc.org
MIX
Papier | Fördert gute Waldnutzung
FSC® C083411

Kolibri 360 GmbH
Ferdinand-Jühlke-Straße 7
99095 Erfurt, Deutschland
produktsicherheit@kolibri360.de